Mittelalterliche Handschriften und Fragmente der ehemaligen Reichsgerichtsbibliothek in der Bibliothek des Bundesverwaltungsgerichts Leipzig

Mittelalterliche Handschriften und Fragmente der ehemaligen Reichsgerichtsbibliothek in der Bibliothek des Bundesverwaltungsgerichts Leipzig

Beschrieben von Matthias Eifler

2020
Harrassowitz Verlag · Wiesbaden

Gedruckt mit Unterstützung der Deutschen Forschungsgemeinschaft sowie des Bundesverwaltungsgerichts Leipzig.

Bibliografische Information der Deutschen Nationalbibliothek
Die Deutsche Nationalbibliothek verzeichnet diese Publikation in der Deutschen Nationalbibliografie; detaillierte bibliografische Daten sind im Internet über https://dnb.de abrufbar.

Bibliographic information published by the Deutsche Nationalbibliothek
The Deutsche Nationalbibliothek lists this publication in the Deutsche Nationalbibliografie; detailed bibliographic data are available on the Internet at https://dnb.de

Informationen zum Verlagsprogramm finden Sie unter
https://www.harrassowitz-verlag.de

© Otto Harrassowitz GmbH & Co. KG, Wiesbaden 2020
Das Werk einschließlich aller seiner Teile ist urheberrechtlich geschützt. Jede Verwertung außerhalb der engen Grenzen des Urheberrechtsgesetzes ist ohne Zustimmung des Verlages unzulässig und strafbar. Das gilt insbesondere für Vervielfältigungen jeder Art, Übersetzungen, Mikroverfilmungen und für die Einspeicherung in elektronische Systeme.
Gedruckt auf alterungsbeständigem Papier.
Druck und Verarbeitung: Memminger MedienCentrum AG
Printed in Germany
ISBN 978-3-447-11488-2

Inhalt

Einleitung	VII
Zur Reichsgerichtsbibliothek und zur Erwerbung der mittelalterlichen Handschriften	X
Informationen zum Bestand	XV
Italienische Rechtshandschriften und Stadtrechte	XV
Juristische Handschriften aus dem deutschsprachigen Raum	XIX
Fragmente	XX
Danksagungen	XXV
Literaturverzeichnis	XXIX
Online-Rechercheinstrumente	XXXVIII
Verzeichnis spezieller Abkürzungen	XXXIX
Übersicht der beschriebenen Handschriften	1
Beschreibungen der Handschriften	9
Zitierte Handschriften	243
Initienregister	246
Personen-, Orts- und Sachregister	255
Nachweis der Sequenzen, Hymnen und Antiphonen	292
Weitere Repertoriumsnachweise	293

Einleitung

In Deutschland werden rund 90 Prozent der mittelalterlichen Handschriften in großen wissenschaftlichen Bibliotheken sowie in Archiven und Museen aufbewahrt.[1] Die Erschließung dieser Bestände hat in den vergangenen Jahrzehnten dank der kontinuierlichen Förderung durch die Deutsche Forschungsgemeinschaft (DFG) deutliche Fortschritte gemacht. Wo keine modernen wissenschaftlichen Kataloge[2] vorhanden sind, existieren in der Regel zumindest Verzeichnisse des 19. Jahrhunderts, die der Forschung einen Überblick über den Handschriftenbesitz einzelner Institutionen und über die enthaltenen Texte geben. Ganz anders ist die Erschließungssituation bei den mittelalterlichen Codices, die sich in kleinen Sammlungen (staatlichen und kommunalen Archiven, Museen und Bibliotheken sowie in kirchlichen Einrichtungen verschiedener Art) befinden: Ihre Erschließung steht für weite Gebiete Deutschlands noch völlig aus.[3] Das Handschriftenzentrum in der Universitätsbibliothek Leipzig[4] engagiert sich seit

---

1 Die folgenden Angaben gehen zurück auf den von Christoph Mackert erstellten DFG-Antrag zum Projekt „Erschließung von Kleinsammlungen in Ostdeutschland", 03.06. 2015. Nach einer Erhebung der sechs deutschen Handschriftenzentren aus dem Jahr 2008, deren Ergebnisse in der Übersicht der Handschriftensammlungen in Deutschland publiziert sind (http://www.manuscripta-mediaevalia.de/area/2/Handschriftensammlungen.html), werden ca. 54.000 von insgesamt ca. 60.000 mittelalterlichen Handschriften in Deutschland in großen wissenschaftlichen Bibliotheken sowie in Archiven und Museen aufbewahrt. Bei allen im Folgenden genannten Internetquellen erfolgte der letzte Zugriff im April 2020.

2 Nach den Erhebungen der Handschriftenzentren (siehe vor. Anm.) ist die wissenschaftliche Katalogisierung in den Sammlungen mittlerer Größe (ca. 100–500 mittelalterliche Handschriften) weitgehend abgeschlossen, bei den größeren Sammlungen sind zumindest umfangreiche Bestandssegmente schon gut erschlossen.

3 Die Erhebung von 2008 (siehe Anm. 1) geht von mindestens 1.700 unkatalogisierten Handschriften in kleinen Sammlungen aus, wobei aufgrund der schlechten Nachweissituation mit einer hohen Dunkelziffer zu rechnen ist.

4 Zum Leipziger Handschriftenzentrum sowie zu den dort durchgeführten Projekten vgl. https://www.ub.uni-leipzig.de/forschungsbibliothek/handschriftenzentrum, sowie Christoph MACKERT, Das Leipziger Handschriftenzentrum. An der Schnittstelle zwischen Bibliothek und Forschung, in: BIS – Das Magazin der Bibliotheken in Sachsen 5 (2012), H. 4, S. 176–179, Onlinepublikation: http://nbn-resolving.de/urn:nbn:de:bsz:14-qucosa-96613.

seiner Gründung im Jahr 2000 sehr aktiv auf dem Gebiet der Streubestandserschließung. Um verlässliche Informationen über die erhaltenen Bestände zu erlangen, nahm der Leiter des Leipziger Handschriftenzentrums Dr. Christoph Mackert Kontakte zu handschriftenbesitzenden Institutionen im Einzugsbereich des Leipziger Zentrums (Sachsen, Sachsen-Anhalt und Thüringen) auf und führte zahlreiche Sichtungen vor Ort durch.[5] Nach langjähriger Projektvorbereitung konnte von September 2010 bis Dezember 2015 ein von der DFG gefördertes Pilotprojekt durchgeführt werden, welches mit der Erschließung dieser Bestände begann.[6] Bearbeitet wurden insgesamt 107 Manuskripte und Handschriftenfragmente aus dem späten 8. bis zum frühen 16. Jahrhundert aus acht Einrichtungen in Sachsen und Sachsen-Anhalt. Außer der Domstiftsbibliothek Naumburg, der Stiftsbibliothek Zeitz, der Katholischen Pfarrbibliothek in Jauernick bei Görlitz sowie Schloss Rochlitz waren vier Einrichtungen aus Leipzig beteiligt, nämlich die Bibliothek des Bundesverwaltungsgerichts, das Buch- und Schriftmuseum in der Deutschen Nationalbibliothek, die Stadtbibliothek sowie das Stadtgeschichtliche Museum.[7] Die im Projekt bearbeiteten Codices und Fragmente wurden im Rahmen einer von der DFG angeregten Pilotphase zur Digitalisierung mittelalterlicher Handschriften in der Universitätsbibliothek Leipzig digitalisiert.[8] Alle Beschreibungen und zugehörigen Digitalisate wurden unmittelbar nach der Fertigstellung auf der Projektseite[9] im zentralen deutschen Handschriftenportal *Manuscripta Mediaevalia* zur Verfügung gestellt und sollen künftig in dem im Aufbau befindlichen *Handschriftenportal*[10] präsentiert werden. Die während der kodikologischen Untersuchung der Papierhandschriften erhobenen Wasserzeichenbelege wurden in die Datenbank *Wasserzeichen-Informationssystem* (WZIS)[11] eingegeben, wo sie über die Funktion „Institutionen und Bestände" institutionsbezogen recherchierbar sind.

Unter den beteiligten acht Sammlungen brachte die Bibliothek des Bundesverwaltungsgerichts in Leipzig den umfangreichsten Bestand in das Projekt ein.

---

5 Vgl. Christoph MACKERT, Ein reicher Fundus für Neuentdeckungen, in: BIS – Das Magazin der Bibliotheken in Sachsen 3 (2010), H. 4, S. 250–253, Onlinepublikation: http://nbn-resolving.de/urn:nbn:de:bsz:14-qucosa-63303, hier v. a. S. 251f.
6 Vgl. https://www.ub.uni-leipzig.de/forschungsbibliothek/projekte/projekte-chronologisch/kleinsammlungen-mittelalterlicher-handschriften-erschliessung.
7 Angaben zu den einzelnen Projektpartnern und ihren Beständen finden sich auf der Projektseite: http://www.manuscripta-mediaevalia.de/info/projectinfo/leipzig-klein.html.
8 Vgl. https://www.ub.uni-leipzig.de/forschungsbibliothek/projekte/projekte-chronologisch/kleinsammlungen-mittelalterlicher-handschriften-digitalisierung.
9 Vgl. Anm. 7.
10 Vgl. https://www.handschriftenzentren.de/handschriftenportal.
11 Vgl. http://www.wasserzeichen-online.de.

Hier werden seit 2002 die historischen Bestände der ehemaligen Reichsgerichtsbibliothek, insgesamt ca. 74.500 Bände, aufbewahrt.[12] Dazu zählt die Handschriftensammlung, die nach Angaben von Gero Dolezalek aus ca. 450 Handschriften, aufgestellt unter 297 Signaturen, sowie rund 200 Fragmenten besteht.[13] Aus diesem historischen Bestand wurden 23 mittelalterliche Vollhandschriften, sieben Teilhandschriften sowie 13 Fragmente ausgewählt und in das Projekt aufgenommen. Bei den Handschriften der ehemaligen Reichsgerichtsbibliothek handelt es sich nicht um geschlossene Bestände einer seit dem Spätmittelalter historisch gewachsenen Sammlung (wie dies zum Beispiel in der Domstiftsbibliothek Naumburg[14] oder der Pfarrbibliothek Jauernick der Fall ist). Durch antiquarische Erwerbungen kamen hier seit dem letzten Viertel des 19. Jahrhunderts sehr unterschiedliche historische Bestände zusammen, wobei der Schwerpunkt natürlich bei juristischem Material liegt. Die Handschriften und Fragmente der Reichsgerichtsbibliothek sind in einer 2005 von Gero Dolezalek angelegten, online verfügbaren summarischen Liste[15] verzeichnet, die jede Signatur mit einem Kurzeintrag versieht und auch knappe Angaben zur Provenienz gibt. In einem 2010 vorgelegten Aufsatz hat Dolezalek zudem einen Überblick über die erhaltenen Bestände gegeben und die ältesten Handschriften und Fragmente näher behandelt.[16] Im hier vorgestellten DFG-Projekt wurde eine Tiefenerschließung der ausgewählten mittelalterlichen Bestände vorgenommen,

---

12 Zur Geschichte und Bestandsentwicklung der Reichsgerichtsbibliothek vgl. Friederike DAUER, Die Bibliothek des Reichsgerichts (Arbeitshefte der Arbeitsgemeinschaft für juristisches Bibliotheks- und Dokumentationswesen 24), Graz, Feldkirch 2013, v. a. S. 33–118; Jochen OTTO / Dietrich PANNIER / Heinz HOLECZEK, Karlsruhe 4: Bibliothek des Bundesgerichtshofes, in: Wolfgang KEHR (Hg.), Handbuch der Historischen Buchbestände, Bd. 18: Baden-Württemberg und Saarland I–S, Hildesheim/Zürich/New York 1994, S. 65–80. Vgl. auch http://www.bverwg.de/bundesverwaltungsgericht/informationsdienste/bibliothek/reichsgerichtsbibliothek.php.
13 Vgl. Gero DOLEZALEK, Juristische Handschriften aus der Zeit der Glossatoren in der Bibliothek des Reichsgerichts, in: Detlev FISCHER / Marcus OBERT (Hg.), Festschrift für Dietrich Pannier zum 65. Geburtstag am 24. Juni 2010, Köln 2010, S. 5–19, hier S. 8f. Von den Handschriften weist DOLEZALEK rund 40 dem Mittelalter, 72 dem Zeitraum 1500–1700 und 64 der Zeit bis 1800 zu, der Rest stammt aus der Zeit nach 1800.
14 Vgl. Matthias EIFLER, Zum Buchbesitz Naumburger Kanoniker im 15. Jahrhundert – Ergebnisse eines Erschließungsprojekts am Leipziger Handschriftenzentrum, in: Leipziger Jahrbuch zur Buchgeschichte 23 (2015), S. 41–60.
15 Vgl. http://home.uni-leipzig.de/juraroma/manuscr/RgMsMatr.html.
16 Vgl. DOLEZALEK, Juristische Handschriften (wie Anm. 13), S. 8f. zu den historischen Beständen. Ebd., S. 9–15 zu den ältesten Handschriften und Fragmenten: MS 2° H 2328, Fragment 3, 6, 55, 73, MS 2° B 3565.

wodurch der Forschung weitgehend neues, bislang unbekanntes Material zur Verfügung gestellt werden konnte.

Der vorliegende Katalog versammelt die im Projekt angefertigten Beschreibungen der mittelalterlichen Handschriften und ausgewählter Fragmente aus der Bibliothek des Bundesverwaltungsgerichts. Die Ergebnisse zu den Beständen der anderen sieben am Projekt beteiligten Institutionen werden in einem separaten Katalog publiziert.

Zur Reichsgerichtsbibliothek und zur Erwerbung der mittelalterlichen Handschriften

Am 1. Oktober 1879 wurde in Leipzig das Reichsgericht als für Zivil- und Strafsachen zuständiges oberstes Gericht des Deutschen Reichs eröffnet. Von Anfang an beherbergte das Gericht auch eine eigene Bibliothek, deren Grundstock die etwa 20.000 Bände umfassende Sammlung des in Leipzig ansässigen Reichsoberhandelsgerichts bildete.[17] Die Leitung der Reichsgerichtsbibliothek übertrug man einem bibliothekarisch ausgebildeten und wissenschaftlich qualifizierten Juristen.[18] Nachdem die Bibliothek zunächst wie das Gericht in der Georgenhalle in der Goethestraße eine erste Unterkunft gefunden hatte, konnte sie 1895 in das neu gebaute Reichsgerichtsgebäude umziehen, in dem auch entsprechende Räumlichkeiten und Magazine für die Bibliothek bestanden.[19]

Die Reichsgerichtsbibliothek entwickelte sich vor allem unter der Leitung des ersten Bibliotheksdirektors Karl Schulz (1844–1929), der sein Amt 38 Jahre lang bis 1917 ausübte,[20] zur größten und bedeutendsten Gerichtsbibliothek Deutsch-

---

17 Zur Bibliothek des Reichsoberhandelsgerichts, dessen Sammlungsschwerpunkt entsprechend der Zuständigkeit des Gerichts v. a. bei Literatur zum Handels-, See- und Versicherungsrecht lag, vgl. DAUER, Bibliothek des Reichsgerichts (wie Anm. 12), S. 34–38.
18 Vgl. DAUER, Bibliothek des Reichsgerichts (wie Anm. 12), S. 38.
19 Vgl. ebd., S. 39, 52. Zur Gründung des Reichsgerichts und zur Erbauung und Geschichte des 1895 eröffneten Reichsgerichtsgebäudes vgl.: Symposion 120 Jahre Reichsgerichtsgebäude. Veranstaltung des Bundesgerichtshofs und des Bundesverwaltungsgerichts am 29.–30. Oktober 2015 in Leipzig, hg. von Bettina LIMPERG und Prof. Dr. Dr. h.c. Klaus RENNERT, München 2016.
20 Vgl. DAUER, Bibliothek des Reichsgerichts (wie Anm. 12), S. 55–58. Der Leiter der Reichsgerichtsbibliothek wurde seit 1898 Oberbibliothekar, seit 1909 Direktor genannt. Vgl. Hans SCHULZ, Die Bibliothek des Reichsgerichts, in: Adolf LOBE (Hg.), Fünfzig Jahre Reichsgericht am 1. Oktober 1929, Berlin/Leipzig 1929, S. 38–53, hier S. 38.

lands.[21] Nach Einschätzung Gero Dolezaleks entstand hier „durch umsichtige Erwerbungspolitik insbesondere des ersten Bibliothekars, Karl Schulz [...] eine bis ins Mittelalter hinab reichende Dokumentation europäischer Rechtskultur, die Schritt halten kann mit den juristischen Abteilungen von historisch gewachsenen großen Bibliotheken in Rom, Paris, Madrid, Wien, Edinburgh und anderswo."[22] Bis zum Ersten Weltkrieg wuchs der Bestand auf ca. 170.000 Bände an, darunter ca. 81 Handschriften und 238 Inkunabeln. Seit 1880 stand ein fester Etat für Neuanschaffungen zur Verfügung: Er belief sich 1880/81 auf 17.000 Reichsmark und wuchs bis zur Jahrhundertwende (1900) auf ca. 33.000 Reichsmark.[23] Dabei bestand die Aufgabe der Bibliothek vor allem darin, die Richter des Reichsgerichts mit aktueller juristischer Fachliteratur zu versorgen. Dass daneben in so großem Umfang auch historische Bestände gekauft wurden, war sicher vor allem den persönlichen Interessen des Bibliotheksdirektors Schulz zu verdanken, der sich zu einem rechtshistorischen Thema (der deutschen Fassung des Sachsenspiegels)[24] habilitiert und als außerordentlicher Professor des deutschen Rechts an der Universität Jena gewirkt hatte. Die unter Schulz erworbenen Handschriften wurden jedoch in den von ihm herausgegebenen Bestandskatalogen nicht aufgeführt.[25]

Eine Untersuchung der Daten zur Erwerbung der mittelalterlichen Handschriften (etwa durch die Auswertung der Zugangsbücher oder der Provenienz-

---

21 Zur Bestandsentwicklung vgl. den von Karl Schulz herausgegebenen gedruckten Katalog (2 Teile: 1882, ca. 45.000 Bde. und 1890, ca. 75.000 Bde.), der von 1900 bis 1918 mit Zugangsverzeichnissen jahrgangsweise fortgesetzt wurde. Das Anwachsen der Bestände und die Neuordnung der Bibliothek machten die Edition eines neuen Katalogs erforderlich: Er wurde 1911 in Angriff genommen, der Druck aber aus Kostengründen abgebrochen. Vgl. HOLECZEK, Bibliothek des Bundesgerichtshofes (wie Anm. 12), S. 67.
22 Zit. nach DOLEZALEK, Juristische Handschriften (wie Anm. 13), S. 5f.
23 Genaue Zahlen bei Karl SCHULZ, Zur Geschichte der Bibliothek des Reichsgerichts, Leipzig 1904 (Separatabdruck aus: Die ersten 25 Jahre des Reichsgerichts: Sonderheft des Sächsischen Archivs für Deutsches Bürgerliches Recht zum 25jährigen Bestehen des höchsten deutschen Gerichtshofs), S. 203–216, hier S. 212f., sowie DAUER, Bibliothek des Reichsgerichts (wie Anm. 12), S. 62–65.
24 Vgl. DAUER, ebd., S. 55f.
25 DOLEZALEK, Juristische Handschriften (wie Anm. 13), S. 5, Anm. 1, gibt dafür als Motiv an: „Vermutlich wollte Karl Schulz es vermeiden, mögliche Kritiker auf seine großzügige Ankaufspolitik aufmerksam zu machen." Vgl. ebd., S. 9: „Dass hier Handschriften gekauft wurden, diente offensichtlich vor allem rechtsgeschichtlichem Interesse, und es geschah zugleich auch zur Förderung des Prestiges der Bibliothek". Zu den von Schulz herausgegebenen Katalogen s. o. Anm. 21.

vermerke in den einzelnen Bänden)[26] zeigt, dass deren Kauf fast ausschließlich in die Amtszeit des Direktors Karl Schulz fiel und hauptsächlich über Leipziger, kaum dagegen über auswärtige Antiquariate erfolgte. Von den 20 Handschriften, bei denen eine solche Erwerbung über die Zugangsbücher nachweisbar ist, wurden 16 zwischen 1879 und 1904 über die Serig'sche Buchhandlung in Leipzig angekauft,[27] die auch sonst bevorzugt für die Lieferung von Fachliteratur an die Bibliothek herangezogen wurde.[28] Auch zahlreiche Inkunabeln und Frühdrucke, unter anderem solche, aus denen einige der unten noch vorzustellenden Fragmente ausgelöst wurden,[29] kaufte man bei Serig. Von der Antiquariats- und Verlagsbuchhandlung Otto Harrassowitz in Leipzig bezog man 1896 und 1909 zwei mehrbändige Werke, auf die unten noch zurückzukommen sein wird.[30] Dagegen wurde z. B. nur ein Band 1884 bei Max Cohen und Sohn in Bonn gekauft.[31]

---

26 Eine systematische Untersuchung der Erwerbungsdaten für alle historischen Bestände der Reichsgerichtsbibliothek liegt bislang noch nicht vor und konnte im Rahmen des auf die mittelalterlichen Handschriften und Fragmente beschränkten Projekts nicht geleistet werden. Die im Folgenden genannten Angaben beziehen sich nur auf die im Projekt bearbeiteten Stücke.

27 Gekauft wurden bei der Serig'schen Buchhandlung folgende mittelalterliche Handschriften (in Klammern Erwerbungsdatum und Preis in Reichsmark): MS 8° NA 5255 (05.12.1879, 8,50 RM), MS 4° B 2668 (04.11.1880, 6,- RM), MS 4° R 6351 (24.06.1892, 71,- RM), MS 4° R 7536 (29.03.1894, 40,- RM), MS 4° R 6739 (30.03.1895, 12,- RM), MS 4° E 850 (31.12.1895, 3,40 RM), MS 4° E 5164 (31.12.1895, 10,50 RM), MS 4° R 2425 (31.12.1895, 3,50 RM), MS 8° A 13703 (31.12.1895, 19,- RM), MS 8° R 7520 (04.03.1897, 7,50 RM), MS 2° R 6593 (14.07.1899, 67,- RM), MS 2° R 7787 (14.07.1899, 25,- RM), MS 2° E 2785 (06.12.1899, 8,- RM), MS 8° P 14110 (15.02.1900, 24,50 RM), MS 4° B 6023 (30.06.1900, 27,50 RM) und MS 2° B 3565 (30.09.1904, 35,- RM).

28 Nach dem Bericht des ersten Bibliotheksdirektors erfolgte die Grundausstattung mit der nötigen Fachliteratur durch die Buchhandlung Asher & Co. in Berlin, die in den folgenden Jahren auch die Versorgung mit ausländischer Fachliteratur übernahm. Die in Deutschland gedruckte Literatur wurde jedoch vorzugsweise von der Serig'schen Buchhandlung in Leipzig bezogen. Vgl. SCHULZ, Zur Geschichte der Bibliothek des Reichsgerichts (wie Anm. 23), S. 204.

29 Bei Serig kaufte man z. B. am 24.03.1881 Inc 4+ E 3366, den Trägerband des Servatius-Fragments (MS 4° Ph. 1767), und am 14.11.1881 den fünfbändigen Druck 2+B 2879, die Trägerbände von MS nov. 1 (olim Fragm. 28) und MS nov. 2 (olim Fragm. 34).

30 Von der Antiquariats- und Verlagsbuchhandlung Otto Harrassowitz wurden MS 4° H 3365/1–3 am 30.03.1896 für 10 Reichsmark pro Band und MS 2° H 797/1–2 am 12.07.1909 für 45 Reichsmark pro Band erworben.

31 Am 15.09.1884 für 20 Reichsmark: MS 4° A 10842 (Siegfried Plaghal: *Excerpta novorum iurium*). Zum Inhalt s. u.

Die Reihe der Ankäufe bei Serig in Leipzig setzte ein mit einem Stadtbuch von Groningen (MS 8° NA 5255), das man am 5. Dezember 1879 für 8,50 Reichsmark kaufte; im folgenden Jahr, am 4. November 1880, erwarb man eine juristische Sammelhandschrift (MS 4° B 2668) für 6 Reichsmark. Von 1892 bis 1899 kaufte man dann durchgängig italienische Stadtrechte und Rechtshandschriften: Codices aus Como, Brenna bei Siena, Novara bei Mailand, Vicenza, Mantua, Florenz und Umbrien (Foligno und Perugia).[32] Dabei schwankten die Preise sehr stark: Während man 1892 für einen aus Handschrift und Druck zusammengesetzten Sammelband aus Como (MS 4° R 6351) 71 Reichsmark bezahlte, waren eine *Ars notariae* und ein Formularbuch, ebenfalls aus Como (MS 4° E 850 und MS 4° R 2425), 1895 für nur 3,40 bzw. 3,50 Reichsmark zu haben. 1900 kaufte man über Serig auch eine englische Handschrift (MS 8° P 14110) und 1904 eine Fragment-Sammlung (MS 2° B 3565, s. u.).

Mindestens acht bei Serig erworbene Handschriften[33] stammen aus der Sammlung des Mailänder Historikers Carlo Morbio (1811–1881)[34], dessen ca. 2.200 Nummern umfassende Handschriftensammlung 1889 durch das Leipziger Antiquariat List & Francke versteigert worden war.[35] Im Exemplar des zugehörigen Auktionskatalogs aus der Staatsbibliothek Berlin[36] finden sich Bleistifteinträge zu einzelnen Nummern: zu Preis und Käufer, dabei auch mehrfach der Eintrag *Schulz*. Man kann also nachvollziehen, für welche Bände der Bibliotheksdirektor Karl Schulz sich vormerken ließ, und welche schließlich für die Reichsgerichtsbibliothek angeschafft wurden. Allerdings erfolgte der Ankauf nicht direkt bei dieser Leipziger Auktion, sondern drei bis zehn Jahre später über die Serig'sche Buchhandlung. Dass die Bibliothek des Bundesverwaltungsgerichts über Bestände aus der Morbio-Sammlung verfügt, war vor Projektbeginn nicht bekannt. Bislang wusste man nur von Handschriften aus dieser Sammlung in verschiedenen

---

32 Codices aus Como (MS 4° R 6351, MS 4° E 850, MS 4° R 2425), Brenna bei Siena (MS 4° R 7536), Novara bei Mailand (MS 4° R 6739), Vicenza (MS 8° R 7520), Mantua (MS 2° R 6593), Florenz (MS 8° A 13703, MS 2° R 7787) und Umbrien (MS 2° E 2785: Foligno und Perugia).
33 MS 4° R 6351, MS 4° R 6739, MS 4° E 850, MS 4° E 5164, MS 4° R 2425, MS 8° A 13703, MS 8° R 7520 und MS 2° E 2785.
34 Zu Carlo Morbio vgl. Carlo FRATI, Dizionario Bio-Bibliografico dei Bibliotecari e Bibliofili Italiani dal sec. XIV al XIX [...] (Biblioteca di Bibliografia Italiana XIII), Florenz 1934, S. 378f., mit Liste der von Morbio herausgegebenen Werke sowie weiterer Lit.
35 Vgl. den Auktionskatalog: Verzeichnis einer Sammlung wertvoller Handschriften und Bücher [...] aus der Hinterlassenschaft des Herrn Cavaliere Carlo Morbio in Mailand, welche am 24. Juni 1889 [...] durch List und Francke in Leipzig [...] versteigert wird, Leipzig 1889.
36 Berlin, SBB-PK, Ap 16831.

italienischen Bibliotheken (Mailand, Novara, Genua und Rom)[37] sowie in Berlin, Halle und München.[38] Auch für die italienische Forschung war das ein neuer Befund.[39] Sicher wäre es lohnend, auch die Druckbestände der Bibliothek des Bundesverwaltungsgerichts noch einmal systematisch zu durchsuchen, unter denen sich möglicherweise weitere Stücke aus der Morbio-Sammlung identifizieren lassen, etwa aufgrund von Bleistifteinträgen wie *Aus Auktion Morbio* oder durch den Vergleich mit dem Auktionskatalog.

Die Bände aus der Morbio-Sammlung zeigen exemplarisch, wie die Codices berühmter Vorbesitzer über Leipziger Antiquariate in den Besitz der Reichsgerichtsbibliothek gelangten. Andere berühmte Vorbesitzer werden im Folgenden genannt werden.

Das weitere Schicksal der Reichsgerichtsbibliothek kann hier nur kurz geschildert werden. Bis zum Ersten Weltkrieg war der Bestand der Reichsgerichtsbibliothek auf ca. 170.000 Bände angewachsen.[40] Die historischen Bestände blieben im Zweiten Weltkrieg weitgehend verschont[41] und gelangten 1950 in den Besitz der Bibliothek des Obersten Gerichts der DDR in Berlin. 1974 wurden Teile an die Staatsbibliothek und das Zentralantiquariat abgegeben und andere in die Staatsreserven nach Oranienburg und Forst ausgelagert.[42]

Nach der deutschen Wiedervereinigung wurden die Bestände in den Jahren 1990 bis 1992 dem Bundesgerichtshof in Karlsruhe eingegliedert. Die in der Staatsreserve gelagerten Bücher wiesen starke Verfallserscheinungen auf, was umfangreiche Restaurierungsmaßnahmen nötig machte. Nachdem das Bundesver-

---

37 Teile der Morbio-Sammlung gelangten in die Biblioteca Braidense in Mailand (156 Handschriften) und die Biblioteca Civica di Novara, Morbios Archiv wiederum in die Biblioteca Ambrosiana in Mailand. Vgl. http://www.braidense.it/risorse/manoscritti_en.php. Einzelne Handschriften befinden sich nach Ausweis der *Manus online*-Datenbank auch in der Biblioteca Universitaria in Genua und in der Biblioteca Nazionale Centrale in Rom.
38 Nach *Manuscripta Mediaevalia* sieben Handschriften in der Staatsbibliothek Berlin, zwölf Handschriften in der ULB Halle und eine Handschrift in der BSB München.
39 Ich danke v. a. Frau Dr. Marta Mangini (Universität Mailand), mit der ich eine längere Korrespondenz über die Morbio-Sammlung und einzelne italienische Stadtrechte geführt habe und der ich viele wichtige Hinweise verdanke.
40 Vgl. DAUER, Bibliothek des Reichsgerichts (wie Anm. 12), S. 70f., 83.
41 Den von Paul Güntzel vorgenommenen Auslagerungen der historischen Bestände ist es zu verdanken, dass bei dem schweren Luftangriff auf Leipzig am 6. April 1945, bei dem auch das Reichsgerichtsgebäude stark beschädigt und das Bibliotheksmagazin zerstört wurde, die historischen Bestände nicht verloren gingen, während ca. 20.000 Bände zumeist neuerer Literatur zerstört wurden. Vgl. ebd., S. 117f.
42 Vgl. DAUER, Bibliothek des Reichsgerichts (wie Anm. 12), S. 126.

waltungsgericht von Berlin nach Leipzig verlegt worden war, kam es zu einer langen Standortkontroverse, die 1997 mit einem Kompromiss endete: Die Sammlung wurde geteilt, die Bibliothek des Leipziger Bundesverwaltungsgerichts beherbergt heute die historischen Bestände, nämlich ca. 74.500 Bände der ehemaligen Reichsgerichtsbibliothek.[43] 2002 wurden die Bestände endgültig nach Leipzig überführt.

Informationen zum Bestand

Es ist bereits erwähnt worden, dass es sich bei der historischen Sammlung der Reichsgerichtsbibliothek nicht um einen über die Jahrhunderte kontinuierlich gewachsenen Bestand handelt, sondern hier durch antiquarische Erwerbungen im letzten Viertel des 19. und frühen 20. Jahrhundert sehr verschiedene Materialien zusammenkamen, wobei der Hauptanteil bei juristischer Literatur lag. Neben italienischen Rechtshandschriften und Stadtrechten finden sich juristische Handschriften aus dem deutschsprachigen Raum, Einzelstücke aus England und den Niederlanden sowie Fragmente unterschiedlichen Inhalts. Im Folgenden sollen einige bemerkenswerte und von der Forschung bislang kaum wahrgenommene Stücke des Projektbestandes kurz vorgestellt werden. Dabei kann keine ausführliche Würdigung der einzelnen Codices und Fragmente erfolgen, sondern ist auf die jeweilige Beschreibung zu verweisen, wo sich ausführliche Literaturangaben und sonstige Belege zu den hier nur knapp angesprochenen inhaltlichen bzw. provenienzgeschichtlichen Merkmalen finden.[44]

Italienische Rechtshandschriften und Stadtrechte

Als älteste vollständige Handschrift der Sammlung – bei den Fragmenten gibt es, wie zu zeigen sein wird, weit ältere Stücke – ist eine *Decretum Gratiani*-Handschrift (MS 2° H 2328) anzusehen, die Ende des 12. oder Anfang des 13. Jahrhunderts in Oberitalien, wohl in Bologna, entstand. Da dieser Codex noch im Verlauf des 13. Jahrhunderts mit verschiedenen Schichten von Glossen (vorjohanneische Glosse – *Glossa ordinaria* des Johannes Teutonicus – Griffelglossen) versehen wurde, dürfte er für die Erforschung der Kommentierung des *Decretum Gratiani* von Bedeutung sein. Der Band war zunächst im Besitz eines Domini-

---

43 Vgl. ausführlich Dauer, ebd., S. 131–162.
44 Vgl. auch den vom Verfasser angefertigten Beitrag mit dem Titel „Die mittelalterlichen Handschriften und Fragmente der ehemaligen Reichsgerichtsbibliothek. Ergebnisse eines Erschließungsprojektes am Leipziger Handschriftenzentrum" im Tagungsband zu dem 2015 im Bundesverwaltungsgericht veranstalteten Symposion „120 Jahre Reichsgerichtsgebäude" (s. o. Anm. 19), S. 147–170.

kanerkonvents (wohl des Klosters San Domenico in Bologna). 1918 gelangte er als Geschenk des Erich von Rath (Bibliotheksdirektor von 1917–21)[45] in die Reichsgerichtsbibliothek, ohne dass zu ermitteln war, auf welchem Weg dieser die Handschrift erworben hat.

Die älteste datierte Handschrift (MS 4° E 5162) stammt aus dem Jahr 1339 und wurde in Mittelitalien (wohl im Gebiet um Rimini oder Arezzo) angelegt. Der Band wurde nach Ausweis des Kolophons am 7. März 1339 von *Magister Albertutius de Arimino* (Rimini) abgeschlossen. Er überliefert einerseits eines der wichtigsten Werke zur Notariatskunst, die um 1255 verfasste *Summa artis notariae ‚Aurora'* des Bologneser Notars Rolandinus Passagerii († 1300), andererseits eine bislang unbekannte Fortsetzung dieses Textes, die sogenannte *Aurora nova*. Der im Kolophon bezeugte Verfasser *Albertus Plebe sancti Stephani* stammte vielleicht aus dem kleinen Ort Pieve Santo Stefano (ca. 50 km nordöstlich von Arezzo) und ist evtl. mit einem in Florenz bezeugten Notar gleichzusetzen. Der Codex war 1785 im Besitz eines *Conte Benedetto Rosetti* in Forli, gelangte nach 1810 in die Sammlung des berühmten englischen Bibliophilen Sir Thomas Phillipps (1792–1872) und wurde 1899 durch Sotheby's versteigert. Wann Karl Schulz ihn für die Reichsgerichtsbibliothek erwarb, ist nicht mehr feststellbar, weil die Zugangsnummer fehlt.

Auch unter den zwischen 1892 bis 1899 über Leipziger Antiquariate gekauften italienischen Stadtrechten gibt es mehrere unikal überlieferte und bislang unbekannte Texte. Dies trifft zu auf die 1417 verfassten Statuten (MS 4° R 7536) der kleinen Kommune Brenna, 15 Kilometer südwestlich von Siena, aber auch auf das Statutenbuch der Bruderschaft der Zimmerleute (*fraglia de' maestri del legname*) von Vicenza (MS 8° R 7520). Bei beiden Bänden handelt es sich um die offiziellen, bis weit in die Neuzeit benutzten Statutenbücher der Kommune bzw. Bruderschaft, was sich beim Band aus Brenna etwa am ursprünglich eingefügten Siegel zeigt. In beiden Codices finden sich zahlreiche Bestätigungen der Statuten und Nachträge, in denen eine Vielzahl teilweise in der archivalischen Überlieferung nicht zu fassender Personennamen genannt wird: Sie bieten somit reiches prosopographisches Material für die Erforschung der italienischen Stadtgeschichte. Während das Statutenbuch von Vicenza aus der Morbio-Sammlung stammt, waren die Statuten von Brenna im 19. Jahrhundert im Besitz des römischen Finanzministers Giacomo Manzoni (1816–89) und gelangten 1894 über die Serig'sche Buchhandlung in die Reichsgerichtsbibliothek.

Aus der Morbio-Sammlung stammen auch zwei Formular- und Statutenbücher sowie eine *Ars notariae* aus Como (MS 4° E 850, MS 4° R 2425, MS 4° R 6351). In diesen der italienischen Forschung bisher unbekannten Codices finden

---

45 Vgl. DAUER, Bibliothek des Reichsgerichts (wie Anm. 122), S. 58f.

sich Namen von Notaren, die in den Matrikelbüchern von Como nachgewiesen sind, darüber hinaus aber auch dort nicht verzeichnete Personen. Dies betrifft das um 1464 begonnene handschriftliche Statutenbuch von Como (MS 4° R 6351), das im frühen 17. Jahrhundert mit einem Druck von Statuten von 1592 zusammengebunden wurde und in das kontinuierlich bis mindestens 1635 die Namen der Mitglieder des Collegium iurisconsultorum von Como eingetragen wurden. Es handelt sich wohl um das offizielle Statutenbuch des Collegiums. Auch im 1507 verfassten, auf ältere Dokumente zurückgreifenden Formularbuch von Como (MS 4° R 2425: *Formularium instrumentorum civitatis Comensis*) sind zahlreiche Notare aus Como und Gravedona verzeichnet. Diese Bände dürften also für die Erforschung der spätmittelalterlichen und frühneuzeitlichen Stadtgeschichte von Como von Relevanz sein.

Aus der Sammlung des römischen Antiquars Pio Luzzietti stammen zwei 1899 für die Reichsgerichtsbibliothek erworbene Statutenbücher aus Mantua (MS 2° R 6593) und Florenz (MS 2° R 7787). Die nach 1462 angelegte Handschrift aus Mantua wurde mit zahlreichen Nachträgen von Notaren bzw. Sekretären der Markgrafen von Mantua versehen, wobei mehrere in der Literatur nicht nachweisbare Personennamen genannt sind. Erst im 18. Jahrhundert wurde dieser Handschriftenteil, vielleicht auf Betreiben eines Sammlers, mit einem jüngeren Faszikel vereint, der nach der Mitte des 16. Jahrhunderts geschriebene Statuten der Ärzte von Mantua enthält. In beiden Handschriftenteilen findet sich reiches prosopographisches Material zur Stadt- und Medizingeschichte von Mantua.

Aus der Morbio-Sammlung stammt ebenso eine juristische Sammelhandschrift (MS 8° 13703), die am 13. August 1468 in Florenz abgeschlossen wurde. Der Band wurde im Auftrag des Florentiner Notars Piero di Bartolomeo Galeotti da Pescia angelegt und war zu dessen eigenem Gebrauch bestimmt. Der Notar ergänzte eigenhändig die kleineren Texte am Ende des Bandes (fol. 130^r–180^v), die Tintenfoliierung sowie das Register und ließ den Codex mit dem Wappen der Familie Galeotti da Pescia (fol. 1^r) versehen. Bislang kannte man vier von Piero di Bartolomeo angelegte italienische und lateinische Handschriften, die heute sämtlich in Florenz aufbewahrt werden; der vorliegende Band war hingegen unbekannt. Auch inhaltlich ist er von Interesse, da Kolophone und Einträge von einer guten Kenntnis der Verhältnisse an der juristischen Fakultät in Perugia zeugen, die der Schreiber vielleicht während seiner eigenen Ausbildung erworben hat. Der Codex enthält neben der umfangreichen *Summa quaestionum ‚Compendiosa'* des Tancredus de Corneto (wirksam am Übergang vom 13. zum 14. Jahrhundert) kürzere Texte von Bartolus de Saxoferrato († 1357) und seinem Schüler Baldus de Ubaldis († 1400). Enthalten ist auch ein (hier evtl. unikal überlieferter) *Ordo iudiciarius* des Prokurators von Perugia Jacobus Gentilis (fol. 156^r–162^r), der vielleicht mit einem zwischen 1415 und 1429 nachgewiesenen Lehrer für Zivilrecht an der Universität Perugia (Lorenzo di Iacopo Gentili) identisch ist.

Mit qualitätvollen Deckfarbeninitialen ist ein zweibändiges Repertorium zum Zivilrecht des Doktors beider Rechte und Rechtslehrers in Bologna, Perugia, Florenz und Ferrara Antonius de Butrio († 1408) ausgestattet. Die beiden Handschriften (MS 2° H 797/1–2) entstanden nach Ausweis der Wasserzeichen und des Buchschmucks Ende des 14. oder Anfang des 15. Jahrhunderts in Oberitalien. Der Text ist nur in wenigen Handschriften überliefert; die vorliegende zweibändige Abschrift des Werks sowie die *Additiones* in Band 2 waren der Forschung bislang unbekannt. Bemerkenswert ist die Besitzgeschichte der beiden Bände im 18. Jahrhundert. Obwohl ein späterer Eigentümer die neuzeitlichen Besitzeinträge radiert und damit getilgt hat, verrät die alte Signatur *K. theca 3* auf dem vorderen Spiegel, dass sich die Codices spätestens im 18. Jahrhundert im Besitz der sogenannten Parkabtei, eines Prämonstratenserstifts in Heverlee (heute Stadtteil von Löwen in Belgien), befanden. Auch der Einband trägt das für die Abtei typische Supralibros: ein Bündel mit drei Maiglöckchenstengeln, umgeben von der Inschrift *PARCHENSIS BIBLIOTHECÆ*. Zahlreiche Bände der Bibliotheca Parcensis wurden nach der zeitweiligen Schließung der Parkabtei 1829 durch die Chorherren verkauft, waren später Teil der Sammlung des bereits erwähnten Sir Thomas Phillipps und kamen 1890/91 in die Bibliothèque Royale in Brüssel. Bislang konnten 258 Handschriften der Parkabtei (ohne die aus der Bibliothek des Bundesverwaltungsgerichts) nachgewiesen werden. Die beiden Leipziger Handschriften haben offensichtlich einen anderen Weg genommen als die restlichen Parkabtei-Codices. Wie die beiden Exlibris auf dem vorderen Spiegel zeigen, waren sie um 1835 im Besitz des Londoner Juristen John Lee († 1866) und später im Eigentum des schottischen Oberst George Henderson junior († nach 1905). Am 2./3. März 1909 wurden die Bände von Sotheby's in London versteigert und von der Antiquariats- und Verlagsbuchhandlung Otto Harrassowitz (Leipzig) erworben. Harrassowitz wiederum verkaufte sie am 12. Juli 1909 für 45 Reichsmark pro Band an die Reichsgerichtsbibliothek.

Neben den italienischen Stadtrechten und Rechtshandschriften verfügt die Sammlung auch über eine Handschrift aus England, die im Jahr 1900 angekauft wurde: eine im 2. Drittel des 14. Jahrhunderts vermutlich in Nordengland zusammengestellte Sammlung von königlichen Beschlüssen, ein sogenanntes *Register of writs* (MS 8° P 14110). Auch ein Codex in niederländischer Sprache (MS 8° NA 5255) ist vorhanden. Er wurde im 4. Jahrzehnt des 16. Jahrhunderts in den nördlichen Niederlanden angelegt und enthält das Stadt- und Oldermannsbuch der Stadt Groningen sowie das Landrecht des kleinen Ortes Selwerd (heute Stadtteil von Groningen). Das Groninger Stadtbuch ist die erste mittelalterliche Handschrift, die nachweislich für die Bibliothek des Reichsgerichts angekauft wurde: am 5. Dezember 1879 und somit nur zwei Monate nach der Gründung des Reichsgerichts und der Bestallung von Karl Schulz als Bibliothekar.

Juristische Handschriften aus dem deutschsprachigen Raum

Neben den italienischen Codices bilden Rechtshandschriften aus dem deutschsprachigen Raum den zweiten großen Schwerpunkt innerhalb der Sammlung mittelalterlicher Handschriften in der Reichsgerichtsbibliothek.

In den Kontext der universitären Rechtsgelehrsamkeit verweisen drei Bände (MS 4° H 3365/1–3), die eine *Lectura* zu den Dekretalen, also zur wichtigsten Kirchenrechtssammlung des Mittelalters, enthalten. Den Bänden aus der Reichsgerichtsbibliothek, welche die Vorlesungen zu den Büchern I, II und V der Dekretalen enthalten, konnte ein zugehöriger und teilweise von derselben Hand geschriebener Codex in der Leipziger Universitätsbibliothek (Ms 1108) mit der *Lectura* zu Buch IV zugewiesen werden. Im 2. und 4. Band finden sich Hinweise, dass die hier dokumentierte Vorlesung an der Erfurter Universität gehalten wurde, und zwar in den Jahren 1392–98, also unmittelbar nach der Eröffnung der *Alma mater Erfordensis* im Jahr 1392; diese Befunde wurden auch durch die Wasserzeichen bestätigt. Es handelt sich somit um die älteste erhaltene Vorlesungsabschrift der Erfurter Universität, die zudem einem konkreten Autor, nämlich ihrem ersten Ordinarius für kanonisches Recht Conradus Dryburg († 1410) zugewiesen werden kann. Dryburg versammelte in diesen offenbar als Handexemplare benutzten Bänden nicht nur seine Vorlesung, sondern in Ms 1108 auch Urkundenmaterial zu seinen zahlreichen kirchlichen Pfründen. Dryburg war eine der Schlüsselfiguren bei der Gründung der Erfurter Universität und prägte als erster Ordinarius, Rektor und Vizekanzler gerade ihre Frühphase maßgeblich. So ist es zu erklären, dass er in den letzten Band (MS 4° H 3365/3) eine Kladde von 24 Seiten einbinden ließ, die unbekannte Texte zur Frühgeschichte der Universität enthält. Darunter finden sich Urkunden, die bislang nur durch spätere Abschriften oder überhaupt nicht bekannt waren.

In den Bereich des Zivilrechts führt eine nach Ausweis der Wasserzeichen um 1462/63 geschriebene *Lectura* über den ersten Teil des *Corpus Iuris Civilis*, die *Institutiones* (MS 4° B 6023). Auf eine Entstehung an der Universität Heidelberg verweist neben den Wasserzeichen auch die Bindung in einer Heidelberger Werkstatt. Auch dieser Kommentar kann sehr wahrscheinlich einem konkreten Autor zugewiesen werden, nämlich dem von 1460 bis 1469 tätigen ersten Lehrer der *Institutiones* an der Heidelberger Universität Hartmann Becker (Pistoris) von Eppingen. Im letzten Drittel des 15. Jahrhunderts trugen spätere Benutzer Nachträge auf dem leeren ersten Blatt ein: neben deutschen Versen in Geheimschrift auch ein bislang unediertes deutsches Liebesgedicht in südrheinfränkischer Schreibsprache (*Hubsch, zertlich, fin, nach wunsch gestalt* ...). Spätestens am Beginn des 16. Jahrhunderts war der Band im Besitz des Büchersammlers und Pfarrers in Biberach Hildebrand (Hilprand) Brandenburg, der 1505 in die Kartause Buxheim eintrat und dieser seine ca. 450 Bände umfassende Bibliothek übereignete. Bislang konnten 143 Bände aus der Bibliothek Brandenburgs identifiziert werden, wobei diese Handschrift unbekannt war.

In den Kontext der städtischen Rechtspflege verweist ein Codex (MS 4° A 10842), der eine alphabetisch geordnete Exzerptsammlung aus Texten zu den *Nova iura* (also den nach den Dekretalen Gregors IX. erschienenen Kirchenrechtssammlungen) sowie aus den entsprechenden Glossenwerken enthält, zu der bislang keine Parallelüberlieferung ermittelt werden konnte. Als Autor der Sammlung wird Syfridus (Siegfried) Plaghal († 1476) genannt, der nach seinem Rechtsstudium 1457 zunächst Rechtsberater (*Iuris consultus*) der Stadt Bamberg und von 1467 bis 1475 der bedeutendste Nürnberger Ratsjurist war. Die Sammlung wurde nach Ausweis des rubrizierten Textbeginns am 30. Mai 1457 in Bamberg abgeschlossen, als Plaghal Lizenziat des kanonischen Rechts war, also noch vor seiner Promotion zum Doctor decretorum (1463). Die Zeit- und Ortsangabe bezieht sich aber nicht auf die vorliegende Handschrift, sondern auf deren Vorlage. Auch die Wasserzeichen zeigen, dass diese Handschrift nicht 1457, sondern um 1470–75 im fränkisch-schwäbischen Raum geschrieben wurde. Im 16. Jahrhundert war der Codex im Besitz eines nicht näher identifizierten Michel Krebs, der vielleicht ebenfalls (Rats-?)Jurist war. Im Jahr 1884 wurde der Band schließlich von der Buchhandlung Max Cohen und Sohn (Bonn) für 20 Reichsmark an die Bibliothek des Reichsgerichts verkauft.

Eine juristische Sammelhandschrift (MS 4° B 2668), die um 1476 im östlichen Mitteldeutschland angefertigt wurde, versammelt kirchenrechtliche Texte zum Thema Beichte und Messfeier und stammt vielleicht aus dem Besitz eines Geistlichen. Neben weit verbreiteten Texten wie dem *Directorium curatorum* des Johannes Urbach enthält sie auch selten überlieferte Texte, etwa das *Promptuarium iuris canonici* eines Autors namens Apetczko. Möglicherweise ist dieser mit einem an der Leipziger Universität nachgewiesenen Studenten mit diesem polnischen Namen identisch. Auch bei den Wasserzeichen und bei der Gestaltung des Einbands gibt es Bezüge zu Leipzig.

Fragmente

Aufgrund der großen Menge an Fragmentüberlieferung in den jeweiligen Einrichtungen konnten im Rahmen des DFG-Projektes nur ausgewählte Fragmente der Projektpartner bearbeitet werden. Aufgenommen wurden Stücke, die vor dem 12. Jahrhundert zu datieren sind, seltene oder volkssprachige Texte überliefern bzw. bemerkenswerten Buchschmuck aufweisen.

Eine Fragmentsammlung (MS 2° B 3565) wurde bereits als solche von der Bibliothek des Reichsgerichts angekauft. Es handelt sich um eine vom Professor der juristischen Fakultät in Bonn Eduard Böcking (1802–1870) zusammengestellte Mappe mit Fragmenten der *Digesten* und des *Codex Iustinianus*, die 1904 erworben wurde. Die 16 Blätter stammen aus acht verschiedenen Handschriften, die durch den paläographischen Befund in die Zeit vom 12. bis zum 14. Jahrhundert zu datieren und nach Italien, Frankreich und England zu lokalisieren sind.[46] Bei den anderen Fragmenten handelt es sich um Makulatur aus Handschriften und Drucken der Reichsgerichtsbibliothek, die zu unterschiedlichen Zeiten aus den Bänden ausgelöst wurde. Einige im späten 19. Jahrhundert oder in der ersten Hälfte des 20. Jahrhunderts aus den Bänden gelöste Stücke wurden noch in das Signaturensystem eingeordnet, so das 1890 entdeckte Servatius-Fragment (MS 4° Ph. 1767). Gleiches gilt für ein Horaz-Fragment (MS 4° Ph. 1941) und für Fragmente aus vier liturgischen Handschriften (MS 2° Philos. 373), die im Jahr 1941 in Klebepappen einer fünfbändigen Digestenausgabe gefunden wurden.[47] Andere aus den Bindungen stammende Einzel- oder Doppelblätter versah man hingegen mit der Signatur „Fragment 1–…", wobei nicht konsequent dokumentiert wurde, wann ein Stück aus welchem Band ausgelöst wurde.[48] 1974 wurden 31 Handschriftenfragmente der Sammlung vom Obersten Gericht der DDR an die Staatsbibliothek Berlin (Ost) überführt und dort bis 1979 von Ursula Winter katalogisiert.[49] Drei Stücke (Fragment 14, 26 und 29) wurden wegen ihres Alters (11. bzw. 12. Jahrhundert) auch in das vorgestellte Erschlie-

---

46 Zu dieser Sammlung vgl. auch Vgl. DOLEZALEK, Juristische Handschriften (wie Anm. 13), S. 17–19.
47 Zur Auslösung dieser Fragmente vgl. Hildegard HÄRTWIG, Ein Fundbericht aus der Bibliothek des Reichsgerichts, in: Zentralblatt für Bibliothekswesen 58 (1941), S. 105–133.
48 Nach DOLEZALEKs Übersicht von 2005 (wie Anm. 17) läuft die Fragment-Nummerierung bis Fragment 112, wobei auch zahlreiche Druckfragmente enthalten sind. Daneben werden ca. 20 Fragmente ohne Nummer verzeichnet.
49 Die Beschreibungen sind verfügbar unter: http://www.manuscripta-mediaevalia.de/dokumente/html/obj31121001 etc. bis …/obj31121033. Zu Fragment 14 vgl. auch Ursula WINTER, Ein neues Fragment einer karolingischen Sammelhandschrift, in: Philologus 123 (1979), S. 174–180.

ßungsprojekt aufgenommen, wobei die Neubearbeitung zu zusätzlichen Erkenntnissen führte.[50]

Im Zuge der umfangreichen Restaurierungsmaßnahmen, die nach der Überführung der Bestände nach Karlsruhe erfolgten, wurden zahlreiche weitere Fragmente aus den Trägerbänden gelöst, von denen nach einer Sichtung durch Christoph Mackert nach den oben genannten Kriterien zehn Fragmente in das Projekt aufgenommen wurden. Dabei wurden bei Fragmenten, die aus ein oder zwei Blättern bestanden, die bereits vergebenen Signaturen beibehalten (Fragment 37, 47, 109). Den umfangreicheren, acht bis 34 Blatt umfassenden Bruchstück-Sammlungen, die als eigenständige Teilhandschriften anzusehen sind, wurden MS-Signaturen (MS nov. 1–7) vergeben. Bei vier dieser umfangreichen Sammlungen (MS nov. 1–3 und 6) handelt es sich um Material, das im Jahr 2000 bei Restaurierungen aus Klebepappen der einstigen Einbände ausgelöst wurde.

Unter den Fragmenten begegnet nicht nur rechtshistorisches Material, sondern auch Stücke, die für Wissenschaftlerinnen und Wissenschaftler aus anderen Fachbereichen (etwa der Klassischen Philologie, Germanistik, Theologie sowie Musik- und Liturgiewissenschaft) von Bedeutung sind. So finden sich Texte der antiken Klassiker Horaz und Terenz (Fragm. 14 und MS 4° Ph. 1941) sowie der Seneca-Kommentar des englischen Dominikaners Nicolaus Trevetus [† nach 1334] (MS nov. 6).[51] Vorhanden sind Bruchstücke einer wohl in Umbrien (evtl. in Cascia) geschriebenen Predigtsammlung, unter anderem mit Sermones des franziskanischen Volkspredigers Jacobus de Marchia [† 1476] (MS nov. 5).[52] Aber auch umfangreiche, aus Italien und dem deutschsprachigen Raum stammende liturgische Fragmente sind erhalten.[53] Zu erwähnen sind auch Teile einer wohl aus dem Raum Halle/Saale stammenden Sammelhandschrift des Sächsi-

---

50 So wurden bei Fragm. 26 und 29 die Trägerbände identifiziert und Lokalisierungen vorgeschlagen. Die aufgrund paläographischer Kriterien angesetzten Datierungen weichen bei diesen Fragmenten von den Ergebnissen WINTERS und DOLEZALEKS ab.
51 MS nov. 6 (olim Fragment 45): Nicolaus Trevetus: Kommentar zu Seneca ‚Troades', Oberitalien (Lombardei?), um 1464–69.
52 MS nov. 5 (olim Fragment 46): Collectio sermonum (Jacobus de Marchia, Jacobus de Voragine sowie weitere Predigten), Mittelitalien (Umbrien, evtl. Cascia ?), 15. Jh., Mitte.
53 Fragment 29: *Lectionarium officii*, Mittelitalien (Toskana/Florenz?), 12. Jh., 2. / 3. Viertel, 4 Blätter; Fragment 37: *Passionale* (10./11. Mai), Mittelitalien?, 12. Jh., 2. Hälfte, 2 Blätter; MS nov. 2 (olim Fragm. 34): *Missale Franciscanum*, Franziskanerkloster in Deutschland (Mitteldeutschland oder Brandenburg?), 13. Jh., 3. oder 4. Jahrzehnt (vor 1235), 8 Doppelblätter, und MS nov. 3 (olim Fragm. 35): *Breviarium Franciscanum*, Oberitalien (Emilia-Romagna, Bologna?), ausgehendes 14. Jh. / 1. Viertel 15. Jh., 33 Blätter.

schen und Magdeburgischen Rechts.⁵⁴ Einige besonders alte bzw. inhaltlich bemerkenswerte Fragmente sollen abschließend vorgestellt werden.

Das älteste, in das ausgehende 8. Jahrhundert zu setzende Fragment des gesamten Projektbestands ist heute nicht mehr vorhanden. Es bestand aus zwei übereinander geklebten Doppelblättern und diente als vorderer Spiegel eines Sachsenspiegel-Drucks von 1516 (4+ C 6463). Zu unbekanntem Zeitpunkt zwischen 1888 und 1904 waren die Blätter mit einem Ausschnitt des Sakramentars von Autun entfernt worden. Deshalb kann das Fragment nur noch anhand des Abklatsches (also des spiegelbildlichen Abdrucks der Tinte) auf dem vorderen Innendeckel rekonstruiert werden. Noch erhalten ist das als hinterer Spiegel in diesen Druck eingeklebte Doppelblatt. Das Blatt, das nach paläographischem Befund im 1. Viertel des 9. Jahrhunderts, vielleicht in Hersfeld oder Fulda, geschrieben wurde, enthält den Kommentar zum Lukasevangelium des angelsächsischen Benediktiners Beda Venerabilis († 735). Der Trägerband, ein 1516 in Augsburg gedruckter Sachsenspiegel, war, wie der Kaufeintrag auf dem Vorsatzblatt zeigt, 1520 im Eigentum des Fritzlarer Humanisten und Stadtschreibers Conradus Kluppel († um 1541). Dieser legte eine umfangreiche Büchersammlung an, die er zum Teil dem Augustiner-Chorherrenstift Volkhardinghausen (heute Stadtteil von Bad Arolsen) überließ und die nach der Säkularisierung des Stiftes 1576 in die Fürstlich Waldeckische Hofbibliothek Arolsen gelangte. Bei einer Dublettenaktion der Hofbibliothek Arolsen 1856 wurde der Band dann zunächst von Hugo Böhlau in Halle/Saale erworben und 1888 über Harrassowitz für 8,90 Reichsmark an die Reichsgerichtsbibliothek verkauft.

In die 1. Hälfte des 10. Jahrhunderts verweisen vier Streifen eines Blattes, die Ausschnitte aus einem Traktat zur Zeitberechnung, dem *Liber de computo*, überliefern (Fragment 105). Ob das Werk, dessen Verfasser sich im Prolog *Helpericus* nennt, dem Gelehrten Helpericus von Auxerre († nach 873) zuzuweisen ist, ist bislang nicht sicher geklärt. Das Leipziger Fragment gehört zu den ältesten Textzeugen des Werkes und wurde bislang von der Forschung nicht berücksichtigt. Dass es wohl aus einer in Frankreich geschriebenen Handschrift stammt, legen die Umstände der Auffindung im Trägerband (8+ H 3388) nahe. Wie ein Wappen-Exlibris auf dem vorderen Spiegel zeigt, befand sich der Band im 18. Jahrhundert im Besitz des im Elsass lebenden Nicolas de Corberon. 1891 wurde der Druck von Serig an die Reichsgerichtsbibliothek verkauft.

---

54 MS nov. 1 (olim Fragm. 28): Fragmente aus Eike von Repgow: Sachsenspiegel / ‚Weichbildchronik' / ‚Weichbild-Vulgata' („Sächsisches Weichbild") / ‚Magdeburger Dienstrecht', nordöstl. Thüringen / Süden des Erzbistums Magdeburg (evtl. Raum Halle?), um 1480–90, 34 Blätter.

Von besonderer Bedeutung für die germanistische Forschung sind vier Streifen eines Fragments des *Servatius* von Heinrich von Veldeke (MS 4° Ph. 1767). Die Fragmente stammen aus der ältesten erhaltenen Handschrift des Werkes (*Hs. I*), die im 2. Viertel des 13. Jahrhunderts im Raum Maastricht entstanden ist. Zu den Leipziger Bruchstücken gehören Fragmente in der Bayerischen Staatsbibliothek und der Universitätsbibliothek München, wobei letztere 1944 zerstört wurden. Außer durch die Fragmente von *Hs. I* ist der Text nur in einem um 1470 in Maastricht geschriebenen vollständigen Codex (*Hs. II*) überliefert.[55] Das zeigt, wie wertvoll und kostbar die Fragmente von *Hs. I* für die germanistische Forschung sind, wenngleich sie insgesamt nur knapp 8 Prozent der 487 Verse der Servatius-Dichtung überliefern. Die Leipziger Fragmente wurden 1890 in einer Inkunabel der Reichsgerichtsbibliothek entdeckt, 1898 ausgelöst und im folgenden Jahr von Loius Scharpé ediert, sind also – was den Textbestand betrifft – seit über 130 Jahren bekannt. Allerdings galten sie in der 2. Hälfte des 20. Jahrhunderts lange Zeit als verschollen, bis sie bei den Sichtungsarbeiten für das hier vorgestellte Erschließungsprojekt wieder aufgefunden wurden. Im Zuge der Bearbeitung im Projekt ging es vor allem darum, Informationen zum Trägerband zu ermitteln, den die germanistische Forschung bislang kaum beachtet hat. Diese Inkunabel (Inc 4+ E 3366), eine 1488 in Straßburg gedruckte Sammlung juristischer Traktate, wurde wahrscheinlich in einer Augsburger Werkstatt gebunden. Fügt man die Informationen zum Leipziger Trägerband und zu den Trägerbänden der zugehörigen Münchner Fragmente zusammen, so ist anzunehmen, dass die Makulierung der Servatius-Handschrift zwischen 1481 und 1490 im bayerischen Raum (wohl im Großraum München) erfolgte.[56] Dazu passt auch ein als hinterer Spiegel im Leipziger Druck eingefügtes Blatt, das in der Forschung bisher keine Beachtung fand. Auf Papier, das durch das Wasserzeichen auf ‚um 1487' zu datieren ist, wurde hier eine 112 Einträge umfassende alphabetische Wortliste mit Pflanzen- und Kräuternamen geschrieben, vielleicht ein verworfenes Register zu den *Synonima apotecariorum*. Die Schreibsprache ist als westliches Mittelbairisch einzuordnen, was ebenfalls zum Großraum München passt, auf den die Provenienzvermerke der Trägerbände verweisen. Auch dies spricht für eine Makulierung der Servatius-Handschrift in diesem Raum. Wie ein Eintrag auf dem Titelblatt zeigt, war der Trägerband in der zweiten Hälfte des 17. Jahrhunderts im Besitz des Doktors beider Rechte Gallus Kröner, der Sekretär und Richter im Zisterzienserkloster Langheim (heute Ortsteil von Lichtenfels/Ober-

---

55 Einzel- und Literaturnachweise zu den zugehörigen Fragmenten von Hs. I und der vollständigen Hs II in der Beschreibung. Weitere Nachweise zur Sekundärliteratur im „Handschriftencensus": http://www.handschriftencensus.de/werke/1396.
56 Einzelangaben und Argumentation in der Beschreibung.

franken) war. 1881 wurde der Band dann von der Serig'schen Buchhandlung für die Reichsgerichtsbibliothek erworben.

Danksagungen

Die Erschließung der mittelalterlichen Handschriften und Fragmente der ehemaligen Reichsgerichtsbibliothek wurde möglich dank der großzügigen Förderung des Projektes durch die Deutsche Forschungsgemeinschaft. Großer Dank gilt auch der Leipziger Universitätsbibliothek, die umfangreiche Eigenleistungen in Form von Personalkosten für die Projektsteuerung und Qualitätssicherung, von Ausgaben für studentische Hilfskräfte sowie im Bereich Literatur- und Datenbankversorgung und EDV-Betreuung aufgebracht hat. Dass die Erschließung in dem in der Universitätsbibliothek angesiedelten Handschriftenzentrum und somit in räumlicher Nähe zur Bibliothek des Bundesverwaltungsgerichts erfolgte, erwies sich als vorteilhaft. So konnten die Bestände unkompliziert in die Universitätsbibliothek transportiert sowie vom Bearbeiter Recherchen in der Bibliothek des Bundesverwaltungsgerichts durchgeführt werden. Ich danke der Bibliotheksleiterin Petra Willich sowie ihren Kolleginnen Silvia Schmidt und Carola Ihle sehr herzlich für alle Unterstützung und die Bereitstellung des nötigen Materials.

Weiterhin ist Anita Hellmich zu nennen, die das Projekt als wissenschaftliche Hilfskraft maßgeblich mitgetragen hat. Sie war verantwortlich für die Bestimmung der Wasserzeichen und andere kodikologische Untersuchungen und übernahm die Hauptarbeit bei der Eingabe der Erschließungsdaten in die Datenbank *Manuscripta Mediaevalia*. Frau Hellmich trug außerdem den Hauptanteil bei der Erstellung der umfangreichen Register. Unterstützt wurde sie vor allem bei den Registerarbeiten von wissenschaftlichen und studentischen Hilfskräften, die am Leipziger Handschriftenzentrum tätig waren oder sind, vor allem von Burkhard Krieger, Franz Schollmeyer, Michaela Senft und Maxi Stolze. Besonderer Dank gilt Katrin Sturm, die zahlreiche Arbeitsabläufe koordinierte und für die zeitnahe Online-Veröffentlichung der Beschreibungen, die Bereitstellung der Digitalisate und die regelmäßige Aktualisierung der Projektseite sorgte. Auch mehrere Praktikantinnen und Praktikanten, die in den Jahren 2011 und 2012 Praktika am Handschriftenzentrum absolvierten, unterstützten das Projekt, indem sie Wasserzeichen abnahmen oder paläographische und kunsthistorische Vergleiche durchführten. Zu nennen sind (in alphabetischer Reihenfolge): Frank Buschmann, Matthias Fejes, Rico Heyl, Ivonne Kornemann, Marthe Krokowski, Robina Prillwitz, Annalisa Ricchizzi und Mirjam Uhlmann. Beraten wurden sie dabei von Corinna Meinel, die die Belege in die Wasserzeichendatenbank WZIS einarbeitete. Annalisa Ricchizzi (Friedrich Schiller Universität Jena) ist außerdem zu danken für die vorgenommene Untersuchung der Schreibsprache und des Inhalts der Statuten aus Brenna und Vicenza (MS 4° R 7536 und MS 8° R 7520), Frank Buschmann für die Bestimmung der Schreibsprache des deutschsprachigen Fragmentes in Inc 4+ E 3366.

Es ist eine gute Tradition des Leipziger Handschriftenzentrums, dass ein Großteil der hier angefertigten Handschriftenbeschreibungen vor ihrer Veröffentlichung gemeinsam im Team besprochen werden. Ich danke deshalb sehr herzlich meinen Kolleginnen und Kollegen Dr. Friederike Berger, Dr. Werner Hoffmann, Dr. Burkhard Krieger, Dr. Christoph Mackert, Dr. Almuth Märker und Katrin Sturm, aber auch Dr. Nicole Eichenberger, die von 2012 bis 2013 zum Team gehörte, sowie allen an diesen Besprechungen beteiligten wissenschaftlichen und studentischen Hilfskräften sehr herzlich für alle wichtigen Ratschläge und Anregungen während, aber auch außerhalb dieser Besprechungen. Werner Hoffmann ist insbesondere für die Analyse der Schreibsprache der enthaltenen deutschen und niederländischen Texte zu danken, Katrin Sturm und Christoph Mackert für zahlreiche wichtige Hinweise zur paläographischen Einordnung, Almuth Märker für den gewissenhaften Korrekturdurchgang durch einzelne Beschreibungen sowie für Hinweise aus dem Bereich Restaurierung und Bestandserhaltung.

Zu danken ist auch den Mitarbeiterinnen und Mitarbeitern der Restaurierungsabteilung der Universitätsbibliothek Leipzig, vor allem ihrem Leiter Jörg Graf sowie Ute Feller und Mina Rakelmann, die das Projekt von restauratorischer Seite begleitet haben. Bei einigen Bänden mussten der Bearbeitung zunächst konservatorische Sicherungsmaßnahmen vorausgehen, die mit der Bibliothek des Bundesverwaltungsgerichts abgesprochen wurden.

Neben den Leipziger Kolleginnen und Kollegen unterstützten auch zahlreiche weitere Spezialistinnen und Spezialisten das Projekt durch wertvolle Auskünfte. Für Hinweise bei der Bearbeitung der Handschriften aus Como (MS 4° E 850, MS 4° R 2425, MS 4° R 6351) bin ich Frau Dr. Marta L. Mangini (Università di Milano, Dipartimento di Scienze Storiche e della Documentazione Storica) zu großem Dank verpflichtet. Sie half durch Schriftvergleiche, Schreiber und Vorbesitzer zu identifizieren (MS 4° E 850 und MS 4° E 5164), gab aber auch wichtige Hinweise zur Sammlung des Mailänder Historikers Carlo Morbio. Frau Dr. Giovanna Murano (Florenz) unterstützte mich mit Auskünften zur Bibliothek des Dominikanerkonvents in Bologna (MS 2° H 2328). Zu danken ist ebenfalls Grazia De Nitis vom Archivio di Stato die Siena, die bei Recherchen zum Stadtrecht von Brenna (MS 4° R 7536) behilflich war. Für Hinweise zu neuzeitlichen Wasserzeichen ist Andrea Lothe (DNB Leipzig, Deutsches Buch- und Schriftmuseum) sehr herzlich zu danken. Auskünfte zu einzelnen Einbänden oder Provenienzmerkmalen verdanke ich (in alphabetischer Reihenfolge) Katharina Bethge

(Wittenberg), Andrea Beyer (Bautzen), Prof. Dr. Franz Fuchs (Würzburg), Dr. Stefan Knoch (Bamberg), Prof. Dr. Ulrich Seelbach (Bielefeld) sowie dem inzwischen verstorbenen Dr. Konrad von Rabenau (Leipzig/Schöneiche).

Dass die in den Jahren 2011 und 2012 angefertigten und über die Handschriftendatenbank *Manuscripta Mediaevalia* veröffentlichten Ergebnisse des Projektes nun auch in Form eines gedruckten Handschriftenkatalogs vorgelegt werden können, verdankt sich einem von der Deutschen Forschungsgemeinschaft gewährten Publikationskostenzuschuss, wäre aber auch ohne die tatkräftige Unterstützung des Bundesverwaltungsgerichts nicht möglich geworden. Besonderer Dank gilt Matthias Piontek (Leipzig) für die gründliche Lektüre des Druckmanuskripts. Weiterhin ist dem Harrassowitz Verlag für die gute und verlässliche Betreuung während der Drucklegung zu danken, insbesondere Michael Fröhlich von der Herstellungsleitung sowie Maria Kurz, die die Einrichtung des Manuskripts übernahm. Abschließend danke ich allen, die das Projekt unterstützt und zu seinem Gelingen beigetragen haben.

Leipzig, im April 2020   Matthias Eifler

Literaturverzeichnis

ADB = Allgemeine Deutsche Biographie, hg. durch die Historische Commission bei der Königl. Akademie der Wissenschaften, 56 Bde., Leipzig 1875–1912 [recherchierbar über Deutsche Biographie, s. u.].

ADLER, Buchverschluss und Buchbeschlag = Georg ADLER, Handbuch Buchverschluss und Buchbeschlag. Terminologie und Geschichte im deutschsprachigen Raum, in den Niederlanden und Italien vom frühen Mittelalter bis in die Gegenwart, Wiesbaden 2010.

AH = Analecta Hymnica medii aevi, hg. von Guido Maria DREVES und Clemens BLUME, 55 Bde., Leipzig 1886–1922.

AMRHEIN, Prälaten Aschaffenburg = August AMRHEIN, Die Prälaten und Canoniker des ehemaligen Collegiatstiftes St. Peter und Alexander in Aschaffenburg, in: Archiv des Historischen Vereins von Unterfranken und Aschaffenburg 26 (1882), S. 1–394.

AMS = Antiphonale missarum sextuplex, édité par René-Jean HESBERT, ND der Ausgabe Rom 1935, Freiburg/Br. 1985.

ASCARELLI, Tipografia Cinquecentina Italiana = Fernanda ASCARELLI, La Tipografia Cinquecentina Italiana, Florenz 1953.

AUKTIONSSKATALOG MORBIO-SAMMLUNG 1889 = Verzeichnis einer Sammlung wertvoller Handschriften und Bücher [...] aus der Hinterlassenschaft des Herrn Cavaliere Carlo Morbio in Mailand, welche am 24. Juni 1889 [...] durch List und Francke in Leipzig [...] versteigert wird, Leipzig 1889.

BHL = Bibliotheca Hagiographica Latina antiquae et mediae aetatis, ediderunt Socii Bollandiani, 2 Bde., (Subsidia Hagiographica 6), Brüssel 1898–1901.

BIBBIE MINIATE I/II = Bibbie miniate della Biblioteca Medicea Laurenziana di Firenze, a cura di Laura ALIDORI, Lucia BENASSAI etc. (Biblioteche e Archivi 12 / 15), 2 Bde., Firenze 2003 und 2006.

BLOOMFIELD, Incipits = Morton W. BLOOMFIELD, Bertrand-Georges GUYOT u. a. (Hg.), Incipits of Latin Works on the Virtues and Vices, 1100–1500 A. D. (The Mediaeval Academy of America 88), Cambridge, Mass. 1979.

BORSA, Clavis typographorum I–II = Gedeon BORSA, Clavis typographorum librariorumque Italiae 1465–1600, 2 Bde., Budapest 1980.

BRIQUET = Charles M. BRIQUET, Les filigranes. Dictionnaire historique des marques du papier dès leur apparition vers 1282 jusqu'en 1600, 4 Bde., Paris 1907.

CANOVA MARIANI, Parole dipinte = Parole dipinte. La miniatura a Padova dal medioevo al settecento. Progetto e coordinamento scientifico Giordana CANOVA MARIANI; catalogo a cura di Giovanna BALDISSIN MOLLI, Giordana CANOVA MARIANI, Federica TONIOLO, Modena 1999.

CAO = Renato-Joanne HESBERT, Corpus antiphonalium officii, 6 Bde., Rom 1963–1979 [recherchierbar über Cantus-DB, s. u.].

CASAMASSIMA, Iter Germanicum = Emanuele CASAMASSIMA, Iter Germanicum (Codices operum Bartoli a Saxoferrato recensiti 1), Florenz 1971.

CCCM = Corpus Christianorum. Continuatio mediaevalis, Bd.1ff., Turnhout 1966ff.

CCSL = Corpus Christianorum series Latina, Bd.1ff., Turnhout 1953ff.
CHELAZZI (Hg.), Catalogo della raccolta = Corrado CHELAZZI (Hg.), Catalogo della raccolta di statuti, consuetudini, leggi, decreti, ordini e privilegi dei comuni, delle associazioni e degli enti locali italiani dal medioevo alla fine del secolo XVIII, 3 Bde., Rom, Florenz 1943–1955.
CIPRIANI, Codici Miniati = Renata CIPRIANI, Codici Miniati dell'Ambrosiana, Vicenza 1968.
COLOPHONS = Bénédictins du Bouveret, Colophons de manuscrits occidentaux des origines au XVIe siècle (Spicilegii Friburgensis Subsidia 2–7), Bd. 1–6, Fribourg 1965–1982.
CORDELIANI, Traités de comput = Alfred CORDELIANI, Les traités de comput du haut moyen âge (526–1003), in: Archivum latinitatis medii aevi 17 (1942), S. 51–72.
CPL = Eligius DEKKERS, Clavis patrvm Latinorvm: qva in Corpvs Christianorvm edendvm optimas qvasqve scriptorvm recensiones a Tertvlliano ad Bedam, Ed. tertia, Steenbrug 1995 (CCSL).
DA = Deutsches Archiv für Erforschung des Mittelalters, Jg. 1ff., 1937ff.
DANIEL/SCHOTT/ZAHN, München, UB III/2 = Natalia DANIEL, Gerhard SCHOTT, Peter ZAHN, Die lateinischen mittelalterlichen Handschriften der Universitätsbibliothek München, Die Handschriften aus der Folioreihe, Hälfte 2 (Die Handschriften der Universitätsbibliothek München III/2), Wiesbaden 1979.
Datierte Hss. Österreich II = Franz UNTERKIRCHER, Die datierten Handschriften der Österreichischen Nationalbibliothek von 1401 bis 1450 (Katalog der datierten Handschriften in lateinischer Schrift in Österreich II), 2 Bde., Wien 1971.
DE MARINIS, Italienische Renaissance-Einbände = Die italienischen Renaissance-Einbände der Bibliothek Fürstenberg, Einführung von Hans Fürstenberg, Einbandbeschreibungen von Tammaro DE MARINIS, Hamburg 1966.
DE RICCI, Census I und II = Seymour DE RICCI, Census of Medieval and Renaissance Manuscripts in The United States and Canada, 2 Bde., New York 1935, 1937 (ND 1991).
DESHUSSES = Jean DESHUSSES, Le sacramentaire Grégorien, ses principales formes d'après les plus anciens manuscrits (Spicilegium Friburgense 16, 24, 28), 3 Bde., Fribourg 1971, 1979, 1982.
DISTELBRINK, Bonaventurae scripta = Balduinus DISTELBRINK, Bonaventurae scripta authentica dubia vel spuria critice recensita (Subsidia scientifica Franciscalia 5), Rom 1975.
Diz. Biogr. Ital. = Dizionario Biografico degli Italiani, hg. vom Istituto della Enciclopedia Italiana, Rom 1960ff.
DOLEZALEK, Repertorium manuscriptorum = Gero DOLEZALEK, Repertorium manuscriptorum veterum Codicis Iustiniani (Ius commune, Sonderhefte, Texte und Monographien 23), 2 Bde., Frankfurt/M. 1985.
DOLEZALEK, Verzeichnis Hss. = Gero DOLEZALEK, Verzeichnis der Handschriften zum römischen Recht bis 1600, 4 Bde., Frankfurt/M. 1972.
EIFLER, Bibliothek des Erfurter Petersklosters = Matthias EIFLER, Die Bibliothek des Erfurter Petersklosters im späten Mittelalter. Buchkultur und Literaturrezeption im Kontext der Bursfelder Klosterreform (Veröffentlichungen der Historischen Kommission für Thüringen, Kleine Reihe 51), 2 Bde., Köln/Weimar/Wien 2017.
EIFLER, Handschriften und Fragmente der ehemaligen Reichsgerichtsbibliothek = Matthias EIFLER, Die mittelalterlichen Handschriften und Fragmente der ehemaligen Reichsgerichtsbibliothek. Ergebnisse eines Erschließungsprojektes am Leipziger Handschriftenzentrum, in: Symposion 120 Jahre Reichsgerichtsgebäude. Veranstaltung des Bundesgerichtshofs und des Bundesverwaltungsgerichts am 29.–30. Oktober 2015 in Leipzig, hg. von Bettina LIMPERG und Klaus RENNERT, München 2016, S. 147–170.

EINEDER, Paper-mills Austro-Hungarian Empire = Georg EINEDER, The ancient paper-mills of the former Austro-Hungarian Empire, and their watermarks (Monumenta chartae papyraceae historiam illustrantia VIII), Hilversum 1960.

ERLER, Matrikel Leipzig = Die Matrikel der Universität Leipzig (Codex Diplomaticus Saxoniae Regiae, II,16–18), hg. v. Georg ERLER, 3 Bde., Leipzig 1895–1902.

EUBEL Hierarchia Catholica I–III = Konrad EUBEL, Hierarchia Catholica medii aevi, 3 Bde., Münster 1898–1910.

FINGERNAGEL, Illum. Hss. Berlin II = Andreas FINGERNAGEL, Die illuminierten lateinischen Handschriften süd-, west- und nordeuropäischer Provenienz der Staatsbibliothek zu Berlin Preussischer Kulturbesitz, 4.–12. Jahrhundert, 2 Teile (Staatsbibliothek zu Berlin Preussischer Kulturbesitz, Dritte Reihe: Illuminierte Handschriften, Bd. 2), Wiesbaden 1999.

FISCHER, UB Erlangen II = Hans FISCHER, Die lateinischen Papierhandschriften der Universitätsbibliothek Erlangen (Katalog der Handschriften der Universitätsbibliothek Erlangen, Neubearbeitung, Bd. II), Erlangen 1936.

FONTANA, Statuti I–III = Leone FONTANA, Bibliografia degli statuti dei comuni dell'Italia superiore, 3 Bde., Mailand 1907.

FRANZ, Messe = Adolph FRANZ, Die Messe im deutschen Mittelalter. Beiträge zur Geschichte der Liturgie und des religiösen Volkslebens, Freiburg/Br. 1902, ND Darmstadt 1963.

FRIEDBERG I–II = Emil Ludwig RICHTER / Emil FRIEDBERG (Hg.), Corpus iuris canonici, 2 Bde., Leipzig 1879/1882 (ND Graz 1959).

FRIEDBERG, Leipziger Juristenfakultät = Emil FRIEDBERG, Die Leipziger Juristenfakultät, ihre Doktoren und ihr Heim (Festschrift zur Feier des 500jährigen Bestehens der Universität Leipzig, Bd. 2), Leipzig 1909.

GEHRT, Augsburg IV = Wolf GEHRT, Die Handschriften der Staats- und Stadtbibliothek Augsburg 2° Cod 251–400e (Handschriftenkataloge der Staats- und Stadtbibliothek Augsburg, Bd. IV), Wiesbaden 1989.

GENTILE, Codici palatini I = Luigi GENTILE, Codici palatini (Cataloghi dei manoscritti della R. Biblioteca Nazionale Centrale di Firenze), Bd. I, Rom 1889.

GID, Reliures Françaises I–II = Denise GID, Catalogue des reliures françaises estampées à froid, XVe – XVIe siècle de la Bibliothèque Mazarine, Paris 1984.

Graf zu LEININGEN-WESTERBURG, Deutsche und oesterreichische Bibliothekszeichen = Karl Erich Graf zu LEININGEN-WESTERBURG, Deutsche und oesterreichische Bibliothekszeichen – Exlibris. Ein Handbuch für Sammler, Bücher- und Kunstfreunde, Stuttgart 1901.

GRAMSCH, Erfurt – Die älteste Hochschule Deutschlands = Robert GRAMSCH, Erfurt – Die älteste Hochschule Deutschlands. Vom Generalstudium zur Universität (Schriften des Vereins für die Geschichte und Altertumskunde von Erfurt 9), Erfurt 2012

GRAMSCH, Erfurter Juristen = Robert GRAMSCH, Erfurter Juristen im Spätmittelalter. Die Karrieremuster und Tätigkeitsfelder einer gelehrten Elite des 14. und 15. Jahrhunderts (Education and society in the Middle Ages and Renaissance 17), Leiden/Boston 2003, mit Personenkatalog auf CD-ROM.

GROTEFEND, Zeitrechnung I–II = Hermann GROTEFEND, Zeitrechnung des deutschen Mittelalters und der Neuzeit, 2 Bde., Hannover 1892, 1898, ND Aalen 1984.

HAEBLER, Rollen- und Plattenstempel = Rollen- und Plattenstempel des XVI. Jahrhunderts, unter Mitwirkung von Ilse SCHUNKE verzeichnet von Konrad HAEBLER (Sammlung bibliothekswissenschaftlicher Arbeiten 41), 2 Bde., Leipzig 1928/29.

HAMESSE (Hg.), Rep. initiorum I–III = Jacqueline HAMESSE (Hg.), Repertorium initiorum manuscriptorum Latinorum Medii Aevi (Textes et études du Moyen Age 42, 1–3), 3 Bde., Louvain-la-Neuve 2007–2009.

HEINEMANN, Wolfenbüttel, Aug. IV = Otto VON HEINEMANN, Die Augusteischen Handschriften IV, des ganzen Werkes VII. Bd. (Kataloge der Herzog-August-Bibliothek Wolfenbüttel Abt. II/7), Wolfenbüttel 1900.

HELSSIG, UB Leipzig IV/3 = Die lateinischen und deutschen Handschriften der Universitäts-Bibliothek zu Leipzig, Bd. 3: Die juristischen Handschriften beschrieben von Rudolf HELSSIG (Katalog der Handschriften der Universitäts-Bibliothek Leipzig, Abteilung IV), Leipzig 1905, ND Wiesbaden 1996.

HENKEL, Schultexte = Nikolaus HENKEL, Deutsche Übersetzungen lateinischer Schultexte, ihre Verbreitung und Funktion im Mittelalter und in der frühen Neuzeit; mit einem Verzeichnis der Texte (MTU 90), München/Zürich 1988.

HERMANN, Illum. Hss. Österreich N. F. II = Hermann Julius HERMANN, Die deutschen romanischen Handschriften (Beschreibendes Verzeichnis der illuminierten Handschriften in Österreich, N. F., Bd. II), Leipzig 1926.

HOBSON, Humanists and Bookbinders = Anthony HOBSON, Humanists and Bookbinders. The Origin and Diffusion of the Humanist Bookbinding 1449–1559. With a Census of Historiated Plaquette and Medaillon Bindings of the Renaissance, Cambrigde 1989.

HOFFMANN/HAUKE, StiftB Aschaffenburg = Josef HOFFMANN / Hermann HAUKE, Die Handschriften der Stiftsbibliothek und der Stiftskirche zu Aschaffenburg (Veröffentlichungen des Geschichts- und Kunstvereins Aschaffenburg 16), Aschaffenburg 1978.

JAENIG (Hg.), Liber confraternitatis = Karl JAENIG (Hg.), Liber confraternitatis B. M. de Anima Teutonicorum de Urbe, Rom 1875.

JAMMERS (Hg.), Bibliotheksstempel = Bibliotheksstempel. Besitzvermerke von Bibliotheken in der Bundesrepublik Deutschland [Hg. von Antonius JAMMERS] (Beiträge aus der Staatsbibliothek zu Berlin – Preußischer Kulturbesitz Bd. 6), Wiesbaden 1998.

JANSEN-SIEBEN, Repertorium = Ria JANSEN-SIEBEN, Repertorium van de Middelnederlandse artesliteratur, Utrecht 1989.

KAEPPELI = Thomas KAEPPELI, Scriptores Ordinis Praedicatorum medii aevi, Bd. 1–3, Rom 1970–1980; Thomas KAEPPELI und Emilio PANELLA, Scriptores Ordinis Praedicatorum medii aevi, Bd. 4, Rom 1993.

KELLER, Ansbach I = Karl Heinz KELLER, Katalog der lateinischen Handschriften der Staatlichen Bibliothek (Schloßbibliothek Ansbach), Bd. I: Ms. lat. 1 – Ms. lat 93, Wiesbaden 1994.

KER, MMBL I–V = Neil R. KER (Hg.), Medieval Manuscripts in British Librarys, 5 Bde., Oxford 1969–2003.

KIST, Matrikel = Johannes KIST, Die Matrikel der Geistlichkeit des Bistums Bamberg 1400–1556 (Veröffentlichungen der Gesellschaft für fränkische Geschichte Reihe 4 / Bd. 7), Würzburg 1965.

KLEINEIDAM I–IV = Erich KLEINEIDAM, Universitas studii Erffordensis. 4 Bde: Bd. I: Überblick über die Geschichte der Universität Erfurt im Mittelalter. 1392–1460 (Erfurter theologische Studien 14), ²Leipzig 1985; Bd. II: 1460–1521 (Erfurter theologische Studien 22), ²Leipzig 1992; Bd. III: Die Zeit der Reformation und Gegenreformation 1521–1632 (Erfurter theologische Studien 42), ²Leipzig 1983; Bd. IV: Die Barock- und Aufklärungszeit von 1633 bis zum Untergang 1816 (Erfurter theologische Studien 47), Leipzig ²1988.

KLEIN-ILBECK/OTT, Jena 2 = Bettina KLEIN-ILBECK, Joachin OTT, Die mittelalterlichen lateinischen Handschriften der Signaturreihen außerhalb der Electoralis-Gruppe (Die Handschriften der Thüringer Universitäts- und Landesbibliothek Jena, Bd. 2), Wiesbaden 2009.

KNOD, Deutsche Studenten Bologna = Gustav C. KNOD (Bearb.), Deutsche Studenten in Bologna (1289–1562), Biographischer Index zu den Acta nationis Germanicae universitatis Bononiensis, Berlin 1899.

KORNRUMPF/VÖLKER, UB München 1 = Gisela KORNRUMPF und Paul-Gerhard VÖLKER, Die deutschen mittelalterlichen Handschriften der Universitätsbibliothek München (Die Handschriften der Universitätsbibliothek München 1), Wiesbaden 1968.

KRISTELLER, Iter Italicum I/1 = Paul Oskar KRISTELLER, Iter italicum, Bd. 1 Italy, Teil 1: Agrigento to Novara, London 1965.

KRISTELLER/CRANZ, Catalogus Translationum et Commentariorum I–VI = Catalogus Translationum et Commentariorum: Medieval and Renaissance Latin Translation and Commentaries, hg. von Paul Oskar KRISTELLER (Bd. 1 und 2) und Ferdinand Edward CRANZ (Bd. 3–6), Washington 1960–1986.

KUTTNER, Repertorium I = Stephan KUTTNER, Repertorium der Kanonistik (1140–1234), Podromus corporis glossarum, Bd. I, Cittá del Vaticano 1937.

KYRISS, Gotische Einbände I und II/1–3 = Ernst KYRISS, Verzierte gotische Einbände im alten deutschen Sprachgebiet, [Textband], Stuttgart, 1951, Tafelband 1–3, Stuttgart, 1953–1958.

L'ENGLE/GIBBS (Hg.), Illuminating the Law = Susan L'ENGLE / Robert GIBBS (Hg.), Illuminating the Law. Legal Manuscripts in Cambridge Collections [Cambridge, Fitzwilliam Museum, 3 Nov. – 16 Dec. 2001], London 2001.

LEHMANN/GLAUNING, Handschriftenbruchstücke UB München = Paul LEHMANN und Otto GLAUNING, Mittelalterliche Handschriftenbruchstücke der Universitätsbibliothek und des Georgianum zu München (Zentralblatt für Bibliothekswesen. Beiheft 72), Leipzig 1940.

LEROQUAIS, Bréviaires = Victor LEROQUAIS, Les bréviaires manuscrits des bibliothèques publiques de France, 5 Bde., Paris 1934.

LexMA = Robert-Henri BAUTIER, Robert AUTY u. a. (Hg.), Lexikon des Mittelalters, 10 Bde., München 1980–1999.

LIKHACHEV = Likhachev's Watermarks, hg. v. J. S. G. SIMMONS u. Bé VAN GINNEKEN-VAN DE KASTEELE (Monumenta Chartae Papyraceae Historiam Illustrantia XV), Amsterdam 1994, 2 Bde.

LOH, IBAK, Folge 1ff. = Gerhard LOH (Bearb.), Internationale Bibliographie der Antiquariats-, Auktions- und Kunstkataloge, Folge 1–17, Leipzig 1975–2010.

LOH, Leipziger Buchbinder = Gerhard LOH, Die Leipziger Buchbinder im 15. Jahrhundert, Diss. masch., Leipzig 1988.

LORENZ (Hg.), Bücher, Bibliotheken und Schriftkultur der Kartäuser = Bücher, Bibliotheken und Schriftkultur der Kartäuser, Festgabe zum 65. Geburtstag von Edward Potkowski, hg. von Sönke LORENZ (Contubernium 59), Stuttgart 2002.

MAFFEI, I Codici del Collegio di Spagna = I Codici del Collegio di Spagna, studiati e descritti da Domenico MAFFEI, Ennio CORTESE u. a. (Orbis Academicvs V), Mailand 1992.

MANITIUS, Geschichte I = Max MANITIUS, Geschichte der lateinischen Literatur des Mittelalters, Bd. 1: Von Justinian bis zur Mitte des 10. Jahrhunderts, München 1911, ND 2005.

MANOSCRITTI DATATI = I manoscritti datati d'Italia, hg. von der Società Internazionale per lo Studio del Medioevo Latino, Bd. 1–20, Galuzzo 1996–2009.

Manoscritti medievali Toscana Iff. = Giovanna Murano, Simona Bianchi etc. (Hg.), Manoscritti medievali della Toscana, Florenz 1998ff., im Einzelnen Bd. 1 (1998): Pistoia, Bd. 2 (1999): Prato, Bd. 3 (2002): Grosseto, Livorno, Massa Carrara, Bd. 4 (2003): Arezzo, Bd. 5 (2011): Arezzo, Cortona etc.

Manzoni, Bibliografia I–II = Luigi Manzoni, Bibliografia statutaria e storica italiana: Bibliografia degli statuti, ordini e leggi dei municipii italiani, 2 Bde., Bologna 1876/1879.

Mazal, Europäische Einbandkunst = Otto Mazal, Europäische Einbandkunst aus Mittelalter und Neuzeit. Ausstellung der Handschriften- und Inkunabelsammlung der Österreichischen Nationalbibliothek, Prunksaal 22. Mai – 26. Oktober 1990, Graz 1990.

MBK II = Mittelalterliche Bibliothekskataloge Deutschlands und der Schweiz, II. Band: Bistum Mainz. Erfurt, bearb. von Paul Lehmann, München 1928.

MBK III/1 = Mittelalterliche Bibliothekskataloge Deutschlands und der Schweiz, III. Band, 1. Teil: Bistum Augsburg, bearb. von Paul Ruf, München 1932.

MBK III/3 = Mittelalterliche Bibliothekskataloge Deutschlands und der Schweiz, III. Band, 3. Teil: Bistum Bamberg, bearb. von Paul Ruf, München 1939.

Meier, Domkapitel zu Goslar und Halberstadt = Rudolf Meier, Die Domkapitel zu Goslar und Halberstadt in ihrer persönlichen Zusammensetzung im Mittelalter (VMPIfG 5, StudGermSacra1), Göttingen 1967.

Meier, Stellung der Ordensleute = Ludger Meier, Die Stellung der Ordensleute in der Erfurter theologischen Fakultät, in: Josef Koch (Hg.), Humanismus, Mystik und Kunst in der Welt des Mittelalters (Studien und Texte zur Geistesgeschichte des Mittelalters 3), Leiden, Köln ^{2}1959, S. 137–145.

Mombritius, Sanctuarium = Boninus Mombritius, Sanctuarium seu Vitae sanctorum, 2 Bde., Paris 1910.

Mommsen/Krüger Corpus Iuris Civilis = Corpus Iuris Civilis, recognovit Theodorus Mommsen, retractavit Paulus Krueger, 3 Bde., Berlin ^{15}1928.

Monasticon Cartusiense II = Monasticon Cartusiense, Bd. II, hg. von Gerhard Schlegel und James Hogg (Analecta Cartusiana 185:2), Salzburg 2004.

Morpurgo, Manoscritti italiani = Salomone Morpurgo, Manoscritti italiani (I manoscritti della R. Biblioteca Riccardiana di Firenze, Bd. I, Indice e cataloghi 15), Rom 1900.

Moser, Fnhdt. Gramm. I/1 = Virgil Moser, Frühneuhochdeutsche Grammatik (Germanische Bibliothek 17), Bd. I/1, Heidelberg 1929.

NDB = Neue deutsche Biographie, hg. von der Historischen Kommission bei der Bayerischen Akademie der Wissenschaften, Bd. 1ff., Berlin 1953ff. [recherchierbar über Deutsche Biographie, s. u.]

Neske, StadtB Nürnberg 3 = Ingeborg Neske, Die lateinischen mittelalterlichen Handschriften: Juristische Handschriften (Die Handschriften der Stadtbibliothek Nürnberg 3), Wiesbaden 1991.

Neske, StadtB Nürnberg 4 = Ingeborg Neske, Die lateinischen mittelalterlichen Handschriften: Varia: 13.–15. und 16.–18. Jahrhundert (Die Handschriften der Stadtbibliothek Nürnberg 4), Wiesbaden 1997.

Oppitz, Rechtsbücher I–III = Ulrich-Dieter Oppitz, Deutsche Rechtsbücher des Mittelalters, Bd. 1–2: Beschreibung der Handschriften, Köln, Wien 1990, Bd. 3: Abbildung der Fragmente, Köln, Wien 1992.

OVERMANN, UB Erfurter Stifter und Klöster I–III = Alfred OVERMANN, Urkundenbuch der Erfurter Stifter und Klöster (Geschichtsquellen der Provinz Sachsen und des Freistaates Anhalt, N.R. 5, 7, 16), 3 Bde., Magdeburg 1926, 1929, 1934.

PÄCHT/ALEXANDER, Illuminated Mss. II = Otto PÄCHT und J. J. G. ALEXANDER, Illuminated Manuscripts in the Bodleian Library Oxford, 2: Italian School, Oxford 1970.

PENSEL/STAHL, Dt. Hss. UB Leipzig = Verzeichnis der deutschen mittelalterlichen Handschriften in der Universitätsbibliothek Leipzig, bearbeitet von Franzjosef PENSEL, zum Druck gebracht von Irene STAHL (Deutsche Texte des Mittelalters LXX/3), Berlin 1977.

PFEIL, Halle = Brigitte PFEIL, Katalog der deutschen und niederländischen Handschriften des Mittelalters in der Universitäts- und Landesbibliothek Sachsen-Anhalt in Halle (Saale) (Schriften zum Bibliotheks- und Büchereiwesen in Sachsen-Anhalt 89/1–2), 2 Bde., Halle (Saale) 2007.

PICCARD = Gerhard PICCARD, Wasserzeichen (Baden-Württemberg: Veröffentlichungen der Staatlichen Archivverwaltung Baden-Württemberg / Sonderreihe 1–17), 17 Bde., Stuttgart 1961–1997.

PL = Patrologiae Cursus Completus, Series Latina, hg. von Jacques-Paul MIGNE, 221 Bde., Paris 1844–1855.

POWITZ, Frankfurt II/1 = Die Handschriften des Dominikanerklosters und des Leonhardstifts in Frankfurt am Main, beschrieben von Gerhardt POWITZ (Kataloge der Stadt- und Universitätsbibliothek Frankfurt am Main II/1), Frankfurt / M. 1968.

POWITZ, Textus cum commento = Gerhardt POWITZ, Textus cum commento, in: Codices manuscripti 5 (1979), S. 80–89.

QFIAB = Quellen und Forschungen aus italienischen Archiven und Bibliotheken, hg. vom Deutschen Historischen Institut in Rom.

Rep. Germ. II = Repertorium Germanicum. Verzeichnis der in den päpstlichen Registern und Kameralakten vorkommenden Personen, Kirchen und Orte des Deutschen Reiches [...] vom Beginn des Schismas bis zur Reformation, Bd. II: Urban VI., Bonifaz IX., Innozenz VII. und Gregor XII. 1378–1415, Berlin 1961 (Nachdr. d. Ausg. aus den Jahren 1933–1938).

Rep. Germ. VII = Repertorium Germanicum VII. Verzeichnis der in den Registern und Kameralakten Calixts III. vorkommenden Personen, Kirchen und Orte des Deutschen Reiches [...] 1455–1458, bearb. von Ernst PITZ, Tübingen 1989.

Rep. Germ. VIII = Repertorium Germanicum VIII. Verzeichnis der in den Registern und Kameralakten Pius' II. vorkommenden Personen, Kirchen und Orte des Deutschen Reiches [...] 1458–1464, bearb. von Dieter BROSIUS und Ulrich SCHESCHKEWITZ, Tübingen 1993.

RESKE, Buchdrucker 16./17. Jh. = Christoph RESKE, Die Buchdrucker des 16. und 17. Jahrhunderts im deutschen Sprachgebiet (Beiträge zum Buch- und Bibliothekswesen 51), Wiesbaden 2007.

RIESE, Anthologia Latina I/2 = Alexander RIESE (Hg.), Anthologia Latina sive poesis Latinae supplementum. Pars prior. Carmina in codicibvs scripta, Fasc. 2, Leipzig 1906.

ROBINSON (Hg.), Dated and Datable Manuscripts = P[amela] R. ROBINSON (Hg.), Dated and Datable Manuscripts c. 888–1600 in London Libraries, 2 Bde., London 2003.

ROSE, Berlin II/1–3 = Valentin ROSE, Verzeichnis der lateinischen Handschriften der Königlichen Bibliothek zu Berlin, Bd. II: Die Handschriften der kurfürstlichen Bibliothek und der kurfürstlichen Lande, 1.–3. Abteilung, Berlin 1901–1905.

SACK, Inkunabeln Freiburg I–III = Vera SACK, Die Inkunabeln der Universitätsbibliothek und anderer öffentlicher Sammlungen in Freiburg im Breisgau und Umgebung (Kataloge der Universitätsbibliothek Freiburg im Breisgau II/1–3), 3 Teile, Wiesbaden 1985.

SAVIGNY, Geschichte I–VII = Friedrich Carl von SAVIGNY, Geschichte des Römischen Rechts im Mittelalter, 7 Bde., Heidelberg 1834–1851.

SCHADT, Arbores = Hermann SCHADT, Die Darstellungen der Arbores Consanguinitatis und der Arbores Affinitatis. Bildschemata in juristischen Handschriften, Tübingen 1982.

SCHÄFFER, Bibliotheca Büloviana III = Georg Heinrich SCHÄFFER, Bibliotheca Büloviana, d. i. systematisches Verzeichniß der zum Nachlasse des verstorbenen Herrn Stiftungsregierungsraths Friedr. Gottl. Jul. v. Bülow [...] gehörigen [...] Sammlung von Büchern und Handschriften aus allen Fächern der Wissenschaften, Dritter Theil (Handschriften), Sangerhausen 1836.

SCHALLER/KÖNSGEN, Initia = Dieter SCHALLER / Ewald KÖNSGEN, Initia carminum Latinorum saeculo undecimo antiquiorum, Göttingen 1977.

SCHMIDT (Hg.), UB Hochstift Halberstadt I–IV = Gustav SCHMIDT (Hg.), Urkundenbuch des Hochstifts Halberstadt und seiner Bischöfe (Publikationen aus den königlich-preußischen Staatsarchiven 17, 21, 27, 40), 4 Bde., Osnabrück 1883–1889.

SCHNEIDER, BSB München V,8 = Die Deutschen Handschriften der Bayerischen Staatsbibliothek München. Die mittelalterlichen Fragmente Cgm 5249–5250, beschrieben von Karin SCHNEIDER, mit vier Beschreibungen von Elisabeth WUNDERLE (Catalogus codicum manu scriptorum Bibliothecae Monacensis V,8), Wiesbaden 2005.

SCHREIBER, HB Holz- und Metallschnitte = Wilhelm Ludwig SCHREIBER, Handbuch der Holz- und Metallschnitte des XV. Jahrhunderts, 8 Bde., Leipzig 1927, ND Stuttgart 1969.

SCHULTE, GQ = Johann Friedrich VON SCHULTE, Geschichte der Quellen und Literatur des canonischen Rechts, 3 Bde., Stuttgart 1875–1877.

SCHULZ, Bibliothek des Reichsgerichts = Karl SCHULZ, Zur Geschichte der Bibliothek des Reichsgerichts, Leipzig 1904 (Separatabdruck aus: Die ersten 25 Jahre des Reichsgerichts: Sonderheft des Sächsischen Archivs für Deutsches Bürgerliches Recht zum 25jährigen Bestehen des höchsten deutschen Gerichtshofs), S. 203–216.

SCHUM, Verzeichnis = Beschreibendes Verzeichniss der Amplonianischen Handschriften-Sammlung zu Erfurt, bearb. u. hg. mit einem Vorworte über Amplonius und die Geschichte seiner Sammlung von Wilhelm SCHUM, Berlin 1887.

SINCLAIR, Western Manuscripts Australia = Keith V. SINCLAIR, Descriptive catalogue of Medieval and Renaissance Western manuscripts in Australia, Sydney 1969.

SONNTAG, Kollegiatstift St. Marien Erfurt = Franz Peter SONNTAG, Das Kollegiatstift St. Marien zu Erfurt von 1117–1400. Ein Beitrag zur Geschichte seiner Verfassung, seiner Mitglieder und seines Wirkens (Erfurter Theologische Studien 13), Leipzig 1962.

SORBELLI (Hg.), Inventari dei Manoscritti = Inventari dei Manoscritti delle biblioteche d'Italia, begr. von Guiseppe MAZZATINTI, hg. von Fortunato PINTOR (Bd. 11–13) und Albano SORBELLI (Bd. 14–75), 112 Bde., Florenz 1890–2007.

S-S I–II = Ilse SCHUNKE, Die Schwenke-Sammlung gotischer Stempel- und Einbanddurchreibungen nach Motiven geordnet und nach Werkstätten bestimmt und beschrieben, Bd. I: Einzelstempel (Beiträge zur Inkunabelkunde III,7), Berlin 1979; Ilse SCHUNKE und Konrad VON RABENAU, Die Schwenke-Sammlung gotischer Stempel- und Einbanddurchreibungen nach Motiven geordnet und nach Werkstätten bestimmt und beschrieben, Bd. II: Werkstätten (Beiträge zur Inkunabelkunde III,10), Berlin 1996.

STEGMÜLLER, RB = Friedrich STEGMÜLLER, Repertorium biblicum medii aevi, 11 Bde., Madrid 1950–80 (vgl. Datenbank: www.repbib.uni-trier.de).

STOLLEIS (Hg.), Juristen = Michael STOLLEIS (Hg.), Juristen. Ein biographisches Lexikon, von der Antike bis zum 20. Jahrhundert, München 2001.

STOOKER/VERBEIJ, Collecties = Karl STOOKER / Theo VERBEIJ, Collecties op orde: Middelnederlandse handschriften uit kloosters en semi-religieuze gemeenschappen in de Nederlanden (Miscellanea Neerlandica 15/16), 2 Teile, Leuven 1997.

Tesori miniati = Tesori miniati. Codici et Inconaboli dei Fondo Antichi di Bergamo e Brescia [Bergamo, Palazzo della Ragione, 3 marzo – 1 maggio 1995; Brescia, Monastero di S. Giulia, 18 maggio – 16 luglio 1995], a cura di Maria Luisa GATTI PERER e Mario MARUBBI, Mailand 1995.

THORNDIKE/KIBRE = Lynn THORNDIKE and Pearl KIBRE, A Catalogue of Incipits of Mediaeval Scientific Writings in Latin (The Mediaeval Academy of America Publication 29), London ²1963.

THURN, UB Würzburg I = Hans THURN, Die Handschriften der Zisterzienserabtei Ebrach (Die Handschriften der Universitätsbibliothek Würzburg I), Wiesbaden 1970.

TIEL, UB Utrecht I = P[ieter] A[nton] TIEL, Catalogus codicum manu scriptorum Bibliothecae Universitatis Rheno-Trajectanae, Utrecht 1887.

TOEPKE (Hg.), Matrikel Heidelberg = Die Matrikel der Universität Heidelberg von 1386 bis 1662, Bd. 1–3,2 hg. v. Gustav TOEPKE, Bd. 4–7 [1704–1807] hg. v. Paul HINTZELMANN, Heidelberg 1884–1916.

TRAUBE, Vorlesungen und Abhandlungen III = Ludwig TRAUBE, Vorlesungen und Abhandlungen, Bd. 3: Kleine Schriften, hg. von Samuel BRANDT, München 1920.

TREIER, Redende Exlibris = Albert TREIER, Redende Exlibris. Geschichte und Kunstform des deutschen Bücherzeichens (Buchwissenschaftliche Beiträge aus dem Deutschen Bucharchiv München 17), Wiesbaden 1986.

VAN DIJK = Stephen J. P. van Dijk (Hg.), Sources of the modern Roman liturgy. The ordinals of Haymo of Faversham and related documents (1243–1307) (Studia et documenta Franciscana 1–2), 2 Bde., Leiden 1963.

VAN DIJK, Ordinal = Stephen J. P. VAN DIJK (†), completed by John HAZELDEN WALKER, The Ordinal of the Papal Court from Innocent III to Boniface VIII and Related Documents (Spicilegium Friburgense 22), Fribourg 1975.

²VL = Die deutsche Literatur des Mittelalters. Verfasserlexikon, 2. völlig neu bearbeitete Auflage, hg. von Kurt RUH u. a., 14 Bde., Berlin/New York 1978–2008.

WALTERS, Corpus Christi = Barbara R. WALTERS, Vincent CORRIGAN, Peter T. RICKETTS, The Feast of Corpus Christi, University Park 2006.

WALTHER, Initia = Hans WALTHER, Initia carminum ac versuum medii aevi posterioris latinorum (Carmina medii aevi posterioris latina I), Göttingen 1959. Nachträge 1–4 in: Mittellateinisches Jahrbuch 7 (1972), 8 u. 9 (1973), 12 (1977).

WARNECKE, Deutsche Bücherzeichen = Friedrich WARNECKE, Die deutschen Bücherzeichen (Exlibris) von ihrem Ursprunge bis zur Gegenwart, Berlin 1890.

WATTENBACH, Deutschlands Geschichtsquellen I = Wilhelm WATTENBACH, Deutschlands Geschichtsquellen mit Mittelalter bis zur Mitte des 13. Jahrhunderts, Stuttgart/Berlin ⁷1904.

WEISSENBORN = J. C. Hermann WEISSENBORN, Acten der Erfurter Universitaet (Geschichtsquellen der Provinz Sachsen 8,1–3), 3 Bde., Halle 1881–1899.

WENDEHORST, Stift Neumünster Würzburg = Alfred WENDEHORST, Das Stift Neumünster in Würzburg (Germania sacra N.F. 26: Die Bistümer der Kirchenprovinz Mainz, Bd. 4), Berlin u. a. 1989.

WILLOWEIT, Juristisches Studium Heidelberg = Dietmar WILLOWEIT, Das juristische Studium in Heidelberg und die Lizenziaten der Juristenfakultät von 1386 bis 1436, in: Wilhelm DOERR (Hg.), Semper apertus. Sechshundert Jahre Ruprecht-Karls-Universität Heidelberg 1386–1986, Festschrift in sechs Bänden, Bd. I: Mittelalter und Frühe Neuzeit, Berlin, Heidelberg u.a. 1985, S. 85–135.

ZfdA = Zeitschrift für deutsches Altertum und deutsche Literatur, Jg. 1ff., 1841ff.

ZINNER, Astronomische Hss. = E. ZINNER, Verzeichnis der astronomischen Handschriften des deutschen Kulturgebietes, München 1925.

ZONGHI'S WATERMARKS = E. J. LABARRE (Hg.), Zonghi's Watermarks (Aurelio & Augusto Zonghi – A. F. Gaparinetti) (Monumenta Chartæ Papyraceæ Historiam Illustrantia III), Hilversum 1953.

ZUMKELLER, Manuskripte = Adolar ZUMKELLER, Manuskripte von Werken der Autoren des Augustiner-Eremitenordens in mitteleuropäischen Bibliotheken (Cassiciacum 20), Würzburg 1966.

Online-Recherchinstrumente

BBKL = Biographisch-bibliographisches Kirchenlexikon: https://www.bbkl.de.

Cantus-DB = Cantus: A Database for Latin Ecclesiastical Chant – Inventories of Chant Sources: cantus.uwaterloo.ca.

Deutsche Biographie (ADB/NDB): https://www.deutsche-biographie.de.

DOLEZALEK, Liste 2005 = Gero. R. DOLEZALEK, Manuscripts of Canon law and Roman law. Notes from literature and from catalogues: http://www.uni-leipzig.de/~jurarom/manuscr/index.htm.

EBDB = Einbanddatenbank: www.hist-einband.de.

EDIT16 = Censimento nazionale delle edizioni italiane del XVI secolo, hg. vom Istituto Centrale per il catalogo unico delle biblioteche italiane e per le informazioni bibliografiche, vgl. http://edit16.iccu.sbn.it/web_iccu/imain.htm.

GRIMM, Dt. Wb = Deutsches Wörterbuch von Jacob Grimm und Wilhelm Grimm, vgl. Online-Ausgabe: https://www.dwds.de/d/woerterbuecher.

GW = Gesamtkatalog der Wiegendrucke: https://www.gesamtkatalogderwiegendrucke.de.

Handschriftencensus = Handschriftencensus. Eine Bestandsaufnahme der handschriftlichen Überlieferung deutschsprachiger Texte des Mittelalters: http://www.handschriftencensus.de.

INKA = Inkunabelkatalog: http://www.inka.uni-tuebingen.de.

KRÄMER, Scriptores = Sigrid Krämer, Scriptores Possessoresque Codicum Medii Aevi.

LLT = Library of Latin Texts, http://www.brepolis.net.

Mhd. Wb. = Mittelhochdeutsches Wörterbuch, http://www.mhdwb-online.de/index.html.

NEEDHAM, IPI = Paul NEEDHAM, Index Possessorum Incunabulorum, vgl. https://data.cerl.org/ipi/_search.

RAG = Repertorium Academicum Germanicum): https://rag-online.org.

Sächs. Biografie = Sächsische Biografie, hg. vom Institut für Sächsische Geschichte und Volkskunde e.V., bearb. von Martina SCHATTKOWSKY, vgl.: http://isgv.serveftp.org/saebi/.

SCHNEYER, Sermones-DB = Repertorium der Lateinischen Sermones des Mittelalters für die Zeit von 1350–1500.

VD16 = Verzeichnis der im deutschen Sprachbereich erschienenen Drucke des 16. Jahrhunderts: https://www.bsb-muenchen.de/sammlungen/historische-drucke/recherche/vd-16.

VD17 = Verzeichnis der im deutschen Sprachraum erschienenen Drucke des 17. Jahrhunderts: http://www.vd17.de.
WZIS = Wasserzeichen-Informationssystem: https://www.wasserzeichen-online.de.
WZMA = Wasserzeichen in mittelalterliche Handschriften in Bibliotheken Österreichs, Sloweniens, Südtirols und Ungarns: www.wzma.at.

Verzeichnis spezieller Abkürzungen

All.vers = Alleluiavers
Ant. = Antiphona
bair. = bairisch
Bf. = Bischof
Bl. / Bll. = Blatt / Blätter
BMV = Beatae Mariae Virginis
BVerwG = Bundesverwaltungsgericht
cf. = confessor
Coll. = Collecta
Comm. = Communio
Compl. = Ad Complendum
Dom. = Dominica
dt. = deutsch
Ebf. = Erzbischof
Ep. = Epistola
Ev. = Evangelium
Fasz. = Faszikel
Fer. = Feria
Grad. = Graduale
H = Hand

HD = Hinterdeckel
Hebd. = Hebdomada(e)
Hl. = Heilige(r)
Hs. / Hss. = Handschrift / Handschriften
Intr. = Introitus
Inv. = Invitatorium
Jh. / Jh.s = Jahrhundert / Jahrhunderts
Lect. = Lectio
m. = martyr(is)
NH = Nachtragshand
Noct. = Nocturna
Off. = Offertorium
Postcomm. = Postcommunio
Quadr. = Quadragesima(e)
Resp. = Responsorium
Secr. = Secreta
VD = Vorderdeckel
virg. = virgo / virginis
Wz. = Wasserzeichen

Die Abkürzungen der Bücher der Bibel folgen der Vulgata-Ausgabe von Weber-Gryson.

Übersicht der beschriebenen Handschriften

MS 2° B 3565   11
Digesten und Codex Iustinianus, Fragmente
Pergament · 16 Bll. aus 8 Hss. · variierende Größe: 28–39 × 20–24 · (Nord-?) Italien / Frankreich / England · 12. Jh., 1. Hälfte bis 14. Jh., 3. Viertel

MS 2° E 2785   17
Juristischer Sammelband mit Handschrift (Johannes de Imola und Angelus de Gambilionibus Aretinus) und Drucken (Bartholomäus Cepolla und Lanfrancus de Oriano)
Papier · IV + 384 + I Bll. · 40,5 × 28,5 · Umbrien (Foligno und Perugia) (I: Hs.) · 1463 (I: Hs.) / 1485 und um 1492–94 (II: Drucke)

MS 2° H 797/1   23
Antonius de Butrio: Repertorium in iure civili, pars I
Papier · III + 318 + II Bll. · 37,5 × 25,5 · Oberitalien · 14. Jh., Ende / 15. Jh., Anfang

MS 2° H 797/2   27
Antonius de Butrio: Repertorium in iure civili, pars II
Papier · II + 310 + I Bll. · 37,5 × 25,5 · Oberitalien · 14. Jh., Ende / 15. Jh., Anfang

MS 2° H 2328   29
Decretum Gratiani, mit älterer Glosse und Glossa ordinaria des Johannes Teutonicus in der Bearbeitung des Bartholomaeus Brixiensis
Pergament · I + 259 + I Bll. · 40,5–42 × 26,5 · Oberitalien (Bologna?) · 12. Jh., Ende bzw. 13. Jh., Anfang / 13. Jh., 2. Viertel

MS 2° Philos. 373   33
Sammelband mit Fragmenten von vier liturgischen Handschriften: Breviarium (I) und Missale (II–IV)
Pergament · 22 Bll. · 30,5–37,5 × 20–29 · Südwestdeutschland (III: Bistum Worms) · um 1300 (II) / 14. Jh., 1. Viertel (I) / 14. Jh., 2. Hälfte (III) / 15. Jh. (IV)

MS 2° R 6593   40
Liber statutorum communis Mantuae (Liber I–III und VII), mit Ergänzungen und Nachträgen · Statuta magnificorum dominorum medicorum almae civitatis Mantuae
Papier · I + 180 + I Bll. · 42 × 28,5 · Mantua · 15. Jh., 7. oder 8. Jahrzehnt (nach 1462), Nachträge bis 1517 (I) / 16. Jh., 6. Jahrzehnt (II)

MS 2° R 7787   49
Statuta populi et communis Florentiae (1415), liber II (De causis civilibus)
Papier · II + 41 + I Bll. · 41 × 28,5 · Toskana (Florenz?) · um 1455–64

MS 4° A 10842   52
Siegfried Plaghal: Excerpta novorum iurium
Papier · I + 227 + I Bll. · 29,5 × 21 · Franken (?) · um 1470–75

MS 4° B 2668   54
Juristische Sammelhandschrift: Expositio titulorum legalium, Johannes Urbach, Guillelmus Durantis, Apetczko etc.
Papier · I + 238 Bll. · 32,5 × 21,5 · östliches Mitteldeutschland · 1476

MS 4° B 6023   60
Lectura super libros Institutionum
Papier · I + 277 + I Bll. · 31,5 × 21,5 · Südwestdeutschland (Heidelberg?) · um 1462/63

Übersicht der beschriebenen Handschriften 3

MS 4° E 850 69
Ars notariae
Papier · I + 168 + I Bll. · 30,5 × 20 · nördl. Lombardei (Como) · 1510

MS 4° E 5162 74
Rolandinus Passagerii: Apparatus super Summa notariae (‚Aurora'), cum commento Petri de Unzola / Albertus de Plebe sancti Stephani: ‚Aurora nova'
Pergament · II + 49 + II + 1 Bll. · 33 × 23,5 · Mittelitalien (Gebiet um Rimini oder Arezzo) · 1339

MS 4° E 5164 79
Rolandinus Passagerii: Summa artis notariae, Tractatus de notulis
Papier · IV + 127 + II Bll. · 28,5 × 21 · Oberitalien (Mailand?) · 15. Jh., 7. Jahrzehnt

MS 4° H 3365/1 83
Conradus Dryburg: Lectura primi libri Decretalium
Papier · I + 320 Bll. · 29,5–31 × 21 · Erfurt · 1392–95

MS 4° H 3365/2 90
Conradus Dryburg: Lectura secundi libri Decretalium · Urkundenkonzept (Nachtrag?)
Papier · I + 275 Bll. · 31 × 21,5 · Erfurt · um 1392–95 (1392/93)

MS 4° H 3365/3 93
Conradus Dryburg: Lectura quinti libri Decretalium · Akten zur Gründungsgeschichte der Erfurter Universität (1390–1405)
Papier · II + 229 Bll. · 31 × 21,5 · Erfurt · um 1395–98

MS 4° Ph. 1767 103
Heinrich von Veldeke: Servatius, Fragment
Pergament · 4 Streifen verschiedener Größe (urspr. ca. 16 × 12–12,5) · ostlimburgisch (Raum Maastricht?) · 13. Jh., 2. Viertel (?)

MS 4° Ph. 1941   109
    Quintus Horatius Flaccus, Fragmente
    Papier · III + 15 + III Bll. · 29 × 19,5–21,5 · Südwestdeutschland (Oberrhein?, Heidelberg?) · um 1465–70, wohl 1466

MS 4° R 2425   113
    Formularium instrumentorum civitatis Comensis
    Papier · I + 119 + VII Bll. · 29 × 20 · Como · 1507 / Nachträge bis 1590

MS 4° R 6351   120
    Statuta civitatis et episcopatus Cumarum (Handschrift) / Statuta Collegii iurisconsultorum Comensium (Druck)
    Papier · I + 297 + I Bll. · 27,5 × 19,5 · Como · um 1464 und um 1605 (Hs.) / 1592 (Druck)

MS 4° R 6739   129
    Statuta civitatis Novariae
    Papier · III + 130 + V Bll. · 30 × 20 · Lombardei (Novara?) · 15. Jh., 2. Hälfte (zwischen 1460 und 1485)

MS 4° R 7536   134
    Statuti e ordinamenti del commune di Brenna presso Siena (Statuten der Gemeinde Brenna bei Siena)
    Pergament · II + 16 + II Bll. · 24,5 × 18 · Toskana (Brenna oder Siena) · 1417–21 / Nachträge 1423–1463

MS 4° R 7786, eingeheftete Urkunden   140
    Päpstliche Mandate für Collescipoli (Ortsteil von Terni)
    Pergament · 7 Urkunden · 5–10,5 × 33–43 · Rom und Genazzano (bei Palestrina) · 1428–1492

MS 8° A 13703   142
    Juristische Sammelhandschrift: Tancredus de Corneto, Bartolus de Saxoferrato, Baldus de Ubaldis etc.
    Papier · I + 198 + I Bll. · 23 × 17 · Toskana (Florenz?) · 1468

MS 8° NA 5255 150
  Stadtbuch, Privilegien und Oldermannsbuch der Stadt Groningen · Landrecht von Selwerd, Schreiben des Selwerder Amtmanns Johann Schaffer
  Papier · 199 Bll. · 20 × 14,5 · nordöstliche Niederlande (Groningen oder Selwerd) · 16. Jh., 4. Jahrzehnt (nach 19.03.1537)

MS 8° P 14110 157
  Registrum brevium regum Angliae
  Pergament · I + 233 Bll. · 13 × 8,5 · (Nord-?) England · 14. Jh., 2. Drittel

MS 8° R 7520 161
  Statuti della fraglia (corporazione) de' maestri del legname di Vicenza (Statuten der Bruderschaft der Zimmerleute von Vicenza), mit lat. und ital. Ergänzungen
  Pergament · I + 44 + I Bll. · 21,5 × 15 · Vicenza · 15. Jh., 2. Viertel (vor 1440) / Ergänzungen bis 1662

Inc 4+ E 3366, hinterer Spiegel 170
  Alphabetische Wortliste mit Pflanzen- und Kräuternamen, dt. (verworfenes Register zu den Synonima apotecariorum?)
  Papier · 1 Bl. · 28,5 × ca. 19,5 · westmittelbair. Raum · um 1487

4+ C 6463, Spiegel 172
  Liber sacramentorum Augustodunensis (Fragment 1, Abklatsch) / Beda Venerabilis: In Lucae evangelium expositio (Fragment 2)
  Pergament · (4 Bll.) + 2 Bll. · mind. 17 × 18 (Fragm. 1) / 20 × 15 (Fragm. 2) · Autun? (Fragm. 1) / Hessen, evtl. Hersfeld oder Fulda (Fragm. 2) · ausgehendes 8. Jh. (Fragm. 1) / 9. Jh., 1. Viertel (Fragm. 2)

MS nov. 1 (olim Fragm 28) 176
  Fragmente einer Sammelhs. des Sächsischen und Magdeburgischen Rechts: Eike von Repgow: Sachsenspiegel / ‚Weichbildchronik' / ‚Weichbild-Vulgata' (‚Sächsisches Weichbild') / ‚Magdeburger Dienstrecht'

Papier · 34 Bll. · 29–30 × 21–21,5 · nordöstl. Thüringen / Süden des Erzbistums Magdeburg (evtl. Raum Halle?) · um 1480–90

MS nov. 2 (olim Fragm. 34) 187
Missale Franciscanum, Fragmente: Proprium de sanctis, Commune Sanctorum, Dedicatio ecclesiae, Missae votivae
Pergament · 8 Doppelbll. · 30,5 × 22 · Franziskanerkloster in Deutschland (Mitteldeutschland oder Brandenburg?) · 13. Jh., 3. oder 4. Jahrzehnt (vor 1235)

MS nov. 3 (olim Fragm. 35) 193
Breviarium Franciscanum, Auszug aus dem Sanctorale
Pergament · 33 Bll. · urspr. ca. 41 × 25 · Oberitalien (Emilia-Romagna, Bologna?) · ausgehendes 14. Jh. / 1. Viertel 15. Jh.

MS nov. 4/1 und 4/2 (olim Fragm. 38 und 39) 202
Lectionarium (Augustinus, Hieronymus, Beda Venerabilis, Maximus Taurinensis), Fragmente
Pergament · 6 + 2 Bll. · 39–40 × (rekonstr.) 32,5–33 · Oberitalien (Emilia-Romagna?) · 12. Jh., 1. Hälfte

MS nov. 5 (olim Fragment 46) 206
Collectio sermonum (Jacobus de Marchia, Jacobus de Voragine sowie weitere Predigten)
Pergament und Papier · 28 Bll. · (mind. 31) × 21 · Mittelitalien (Umbrien, evtl. Cascia?) · 15. Jh., Mitte

MS nov. 6 (olim Fragment 45) 219
Nicolaus Trevetus: Kommentar zu Seneca ‚Troades'
Papier · 10 Bll. · 27,5 × 20,5 · Oberitalien (Lombardei?) · um 1464–69

MS nov. 7 (olim Fragm. 67) 222
Corpus iuris civilis. Digestum vetus mit der Glossa ordinaria des Accursius Florentinus, Fragmente
Pergament · 21 größere und kleinere Textfragmente sowie weitere Fragmente · max. 45,5 × 30 · Oberitalien (Bologna?) · 14. Jh., Beginn

Übersicht der beschriebenen Handschriften

Fragment 14   226
Fragment einer philologischen Sammelhandschrift: Notitia urbis Romae regionum XIV · ‚Versus Scottorum' · Decimius Magnus Ausonius · Publius Terentius Afer
Pergament · 1 Doppelbl. · 22 × 18 · Süddeutschland / Österreich (?) · 11. Jh., 1. Hälfte

Fragment 26   229
Decretales Pseudo-Isidorianae
Pergament · 1 Doppelbl. · 35,5 × 24,5 · Oberitalien (Bologna?) · 11. Jh., 1. Hälfte

Fragment 29   231
Lectionarium officii, mit Lesungen aus: Augustinus Hipponensis: In Iohannis evangelium tractatus, Fragment
Pergament · 4 Bll. · 48 × 30 (urspr. ca. 36) · Mittelitalien (Toskana/Florenz?) · 12. Jh., 2. / 3. Viertel

Fragment 37   234
Passionale, Fragment: 10./11. Mai
Pergament · Fragmente von 2 Bll. · 42–44 × 26,5–28,5 · Mittelitalien (?) · 12. Jh., 2. Hälfte

Fragment 47   237
Graduale, Fragment
Pergament · 2 Bll. · 15 × 39 (Bl. 1/2) bzw. 9–11 × 12–14 (Bl. 2a) · Süddeutschland / Österreich (?) · 14. Jh., 1. Viertel

Fragment 109   239
Helpericus (Autissiodorensis?): Liber de computo, Fragment
Pergament · Fragmente eines Einzelblattes · (rekonstruiert: ca. 20,5 × ?) · Frankreich (?) · 10. Jh., 1. Hälfte

Beschreibungen der Handschriften

MS 2° B 3565
Digesten und Codex Iustinianus, Fragmente

Pergament · 16 Bll. aus 8 Hss. · variierende Größe: 28–39 × 20–24 · (Nord-?) Italien / Frankreich / England · 12. Jh., 1. Hälfte bis 14. Jh., 3. Viertel

Zustand: Auf den Versoseiten Kleisterspuren, dadurch z. T. Schrift verwischt (z. B. Bl. 1–3, 7, 8); Wurmlöcher von alten Einbänden. Ränder z. T. brüchig (Bl. 1 und 2, 13), dadurch Textverlust bei den Marginalglossen. Bl. 16 am oberen Seitenrand Beschädigungen durch Brandspuren. Flecken, z. B. Bl. 16^r.

Kodikologie: Moderne Bleistiftfoliierung: *1–16*. Es handelt sich um eine Sammlung von 16 Einzelblättern aus acht Handschriften. Im Folgenden die Angaben zur Kodikologie für die Fragmente jeder Handschrift separat vor dem Inhalt (s. u. Nr. 1–16).

Einband: Mappe, überzogen mit grün-braunem Sprenkelpapier, nach 1905 (vgl. beiliegender Auftragszettel für den Buchbinder: *Von Herrn Hengst eine Mappe anzufertigen*), Titelschild mit Tintenaufschrift, s. u. Geschichte. Darin älterer Pappumschlag, darauf aufgeklebt Übersicht zum Inhalt von der Hand Eduard Böckings (s. u. Geschichte). Heute innerhalb dieses Umschlags die einzelnen Fragmente in separate graue Papphüllen gelegt, darauf Bleistifteinträge zur Kodikologie und zum Inhalt von G. Dolezalek (2005).

Geschichte: Die 16 Einzelblätter stammen aus sieben Digesten-Hss. und einer Codex-Iustinianus-Hs., die nach Ausweis des paläographischen Befunds an verschiedenen Orten und zu unterschiedlichem Zeitpunkt entstanden:
– (Nord-?) Italien: 12. Jh., 1. Hälfte (Nr. 14); 12. Jh., 2. Hälfte (Nr. 1–2); 12. Jh., letztes Viertel (Nr. 13, 15–16); 13. Jh., letztes Viertel / 14. Jh., 1. Viertel (Nr. 4);
– Nordfrankreich (?): 13. Jh., 2. Drittel (Nr. 3);
– (Süd-?) Frankreich, 13. Jh., 2./3. Viertel (Nr. 5);
– Frankreich oder England: 14. Jh., 2. Drittel (Nr. 6–12).

Die Blätter dienten als Spiegel und Vorsatzblätter von verschiedenen Hss. und Drucken (s. u. Auktionskatalog 1871), u. a. eines Bandes mit griechischem Inhalt (s. u. Nr. 4), und wurden wohl im 19. Jh. (vor 1871) abgelöst. Auf Bl. 13^r am oberen Seitenrand ein Kaufeintrag (16. Jh.) der sich auf den ehemaligen Trägerband bezieht: *Pro hoc Leyico* (?) *Hittorpio soluit flor. 10 str. 10*. Möglicherweise handelt es sich um den Kölner Verleger und Buchhändler Gottfried Hittorp (1485–1573) oder den mit diesem verwandten Kölner Theologen und Dekan des Kollegiatstifts St. Kunibert, Melchior Hittorp (um 1525–1584), vgl. L. ENNEN, in: ADB 12 (1880), S. 506f. Weiterhin bei Nr. 3 und 4 frühneuzeitliche Bibliothekssignaturen: 3^r: *A · 4 ·*, darunter: *N : 12*; 4^r: *R*, darunter: *· III · 24*. 15^r Aufschrift (17./18. Jh.) *Maria Carmeli Maria Rosaris*.

Die Sammlung wurde zusammengestellt von Eduard Böcking (1802–1870, Jurist und Historiker, seit 1835 Professor an der juristischen Fakultät der Universität Bonn, vgl. R. VON STINTZING, Art. ‚Böcking, Eduard', in: ADB 2 [1875], S. 785–787), vgl. Aufschrift der Mappe: *Fragmenta manuscriptorum Digestorum coll. Ed. Boecking*. Sehr wahrscheinlich legte Böcking die Sammlung im Zuge der Arbeit an seinem wissenschaftlichen Hauptwerk, den unvollendet gebliebenen „Pandekten des Römischen Privatrechts", an. Auf den einzelnen Bll.

finden sich Tinteneinträge (wohl von der Hand Böckings?) zum Inhalt der einzelnen Stücke. Auch die Anordnung und Zuweisung der Stücke wurde offensichtlich von Böcking vorgenommen, s. vorn auf die Mappe aufgeklebte Übersicht mit Einträgen zum Inhalt, sowie Inhaltsangaben auf den einzelnen Blättern, jeweils in Tinte. Auf den letzten Blättern (Nr. 13–16) Bleistiftaufschrift am oberen oder unteren Seitenrand: *Pf.*
Nach Böckings Tod wurde seine Bibliothek in Bonn versteigert, vgl. Eduard Böcking's Bibliothek, Versteigerung in Bonn, Montag den 5. Juni 1871 [...] unter Leitung der Herren J. M. Heberle in Cöln und M. Lempertz in Bonn im Auctionslokale von M. Lempertz in Bonn, Bonn 1871, 3 Bde., 1. Abth.: Jurisprudenz, hier S. 3, Nr. 21: „Sammlung von Pergament-Vorsatzblättern, von alten Handschriften u. Drucken abgelöst, theilw. Fragmente jurist. Inhalts. 36 Blätter in Umschlag. fol.". Vgl. auch aufgelebte Katalognummer auf der älteren Mappe: *21*.
Die Fragmente wurden am 30.09.1904 für 35 Reichsmark von der Serig'schen Buchhandlung Leipzig an die Bibliothek des Reichsgerichts verkauft, vgl. Zugangsbuch Nr. 8 (1904–08), Zugangsnummer 59115.
Von den 1871 verkauften Blättern hier nur 16 Bll. erhalten, deren Ordnung offensichtlich durch Böcking persönlich vorgenommen worden war. Ob die restlichen 20 Bll. (vielleicht nichtjuristischen Inhalts?) ebenfalls vom Reichsgericht angekauft wurden und wo sie sich heute befinden, ist nicht bekannt. Auf dem Spiegel der jüngeren und auf der älteren Mappe Stempel der Bibliothek des Bundesgerichtshofs.

Literatur:
– DOLEZALEK Liste 2005: http://www.uni-leipzig.de/~jurarom/manuscr/RgMsMatr.html.;
– EIFLER, Handschriften und Fragmente der ehemaligen Reichsgerichtsbibliothek, S. 165.

Nr. 1–2)

Kodikologie: Zwei aufeinanderfolgende Einzelbll. aus einer Handschrift, fortlaufender Text, wohl durchgeschnittenes inneres Doppelbl. der Lage, beide Bll. in der Mitte geknickt, Bleistiftfoliierung: *1* und *2*. Größe 33,5 × 23,5, Schriftraum Haupttext 26 × 12. 2 Spalten, 49 Zeilen. Praegothica von einer Hand, (Nord-?) Italien, 12. Jh., 2. Hälfte (DOLEZALEK: „etwa um 1160, Norditalien"). Rubriziert: ein- und zweizeilige rote Lombarden, in den Marginalglossen ornamental gestaltete Tinteninitialen. Interlinear- und Marginalglossen von mindestens drei Händen (12. und 13. Jh.), Randzeichnungen mit Tinte: 1rb Tierkopf, Figur im Halbprofil mit Zeigehand, 2rb zwei Pferde.

Nr. 1 und 2): Digestum vetus: D.7.1.13.7–D.7.1.36.2.

(1ra–2vb) [... ad alium modum] *conuertere: excolere enim quod inuenit potest qualitate edium non inmutata.* ... *Et Iulianus quidem libro xxxv. D*[igestorum] (2ra: D.7.1.25.3) *scripsit, quod* [interlinear eingefügt: *fructuario*] *adquiri non potest proprietario queri.* ... – ... *in quo seruus sit mortuus, usus f*[ructus aestimetur].
Edition: MOMMSEN/KRÜGER, Corpus Iuris Civilis, Bd. I, S. 129–131.

Nr. 3)

Kodikologie: Einzelbl. aus einer Hs., Bleistiftfoliierung: *3*). Größe 25,5 × 21, Schriftraum Haupttext 17,5 × 9,5. Tintenliniierung der Zeilen. 2 Spalten, 44 Zeilen, darum als Rahmen Marginalglossierung (Glossa ordinaria) bis 49 Zeilen. Frühgotische Minuskel von zwei Händen (Grundtext in dunklerer, Glosse in hellerer Tinte), Grundtext: Nordfrankreich (?), 13. Jh., 2. Drittel (DOLEZALEK: „s. XIII. England"), Glosse: Nordfrankreich/England (?), 13. Jh., 3. Drittel. Rubriziert: alternierend rote und blaue Paragraphenzeichen sowie einzeilige Lombarden mit Fleuronnéausläufern. Seitentitel (rot-blaue Buchzählung) beschnitten. 3^v Leimreste und Textverlust, v. a. bei den Glossen. 3^r unten frühneuzeitliche Bibliothekssignatur, s. o. Geschichte.

Nr. 3): Digestum vetus: D.9.3.5.1–9.4.4.2.

(3^{ra-vb}) [… ipsum eorum] *nomine teneri Trebatius ait: quod uerum est. Idem erit dicendum et si qui*[s] *amicis suis modica hospitiola distribuit* [sonst: distribuerit]. … – … *uidendum est: nisi forte pretor unam* [poenam a domino exigi voluit. …].

Nach DOLEZALEK mit Glossa ordinaria.
Edition: MOMMSEN/KRÜGER, Bd. I, S. 163–165.

Nr. 4)

Kodikologie: Einzelbl. aus einer Hs., Bleistiftfoliierung: *6*, 2012 ergänzt: *4*. Größe 31,5 × 20,5 (unten und an den Seiten beschnitten), Schriftraum Haupttext 23 × 12,5, Klammerkommentar mind. 29,5 × 20. Tintenliniierung der Zeilen. 2 Spalten, 40 Zeilen, Kommentar bis 67 Zeilen. Rotunda von einer Hand, (Nord-?) Italien, 13. Jh., letztes Viertel / 14. Jh., 1. Viertel (DOLEZALEK: „s. XIV, Germania?"). Klammerkommentar wohl vom Schreiber, aber in hellerer Tinte (in die Rubrizierung einbezogen), außerdem weitere Marginalglossen. Rubriziert: alternierend blaue und rote Paragraphenzeichen, zwei- bis dreizeilige blaue und einzeilige rote Initialen (mit Repräsentanten), rot-blaue Seitentitel: *L IIII*, Zeigehand auf 4^v. Am Rand Löcher von zwei Schließenbefestigungen, auf 4^r Kleisterspuren, Schrift abgerieben (Textverlust). 4^v oben frühneuzeitliche Bibliothekssignatur, s. o. Geschichte, sowie Tinteneinträge verschiedener Hände (15./16. Jh., humanistische Minuskel): *hein start,* darunter: ἀνάγω τὴν ναῦο(ν) *id est: e portu in altum educo,* zwischen den Textspalten: *Demosthenes van Enchhuesen* (Enkhuizen, Prov. Nordholland), vielleicht Hinweis auf den (griechischen?) Trägerband.

Nr. 4): Digestum infortiatum: D.28.5.47–28.5.53.

(4^{ra-va}) [… ac pater familias] *factus soluisset.* (28.5.48) *Si ita* [scriptum] *fuerit:* [Titius, immo] *Seius* [heres esto, Seium solum here]*dem fore* [respondit. …] … – … *Seruus hereditarius heres institui potest,* [si modo testamenti …]

Nach DOLEZALEK mit Glossa ordinaria.
Edition: MOMMSEN/KRÜGER, Bd. I, S. 423.

Nr. 5)

Kodikologie: Einzelbl. aus einer Hs., Bleistiftfoliierung: 5. Nach Inhaltsangabe in der vorn auf die Mappe aufgeklebten Übersicht fehlt wahrscheinlich ein weiteres Blatt, das bis D.28.6.39 weiterlief (s. u.). Größe 30 × 22, oben und unten (leicht schräg) beschnitten, dabei oben Textverlust bei Glosse. Schriftraum 21,5 × 12. 2 Spalten, 57 Zeilen. Textualis, (Süd-?) Frankreich, 13. Jh., 2./3. Viertel (DOLEZALEK: „s. XII. 2., mit Glossen aus selber Zeit"), Marginalglossen nicht rubriziert, Frankreich, 13. Jh., 2. Hälfte.
Rubriziert: alternierend blaue und rote Paragraphenzeichen, sowie 2zeilige blaue und einzeilige rote Initialen. 5^v Leder- und Kleisterspuren, Schrift stark abgegriffen und schwer lesbar.

Nr. 5): Digestum infortiatum: D.28.5.87.–28.6.10.6.

(5^{ra-vb}) [Iam dubitari non potest suos quoque heredes] *sub hac condicione institui posse, ut, si uoluissent, heredes sumpte* [sonst: essent], … – … *Scevola tamen libro decimo quaestionum putat vel hoc adrogatori permittendum, que sen*[tentia habet rationem …].
Nach DOLEZALEK „mit Glossenapparat des AZO PORTIUS, schwarz", vgl. dazu: DOLEZALEK, Repertorium manuscriptorum, Bd. I, Nr. 7f, S. 499f.
Edition: MOMMSEN/KRÜGER, Bd. I, S. 426–428.
Das folgende Blatt aus ders. Hs. (Text bis D.28.6.39 nach Übersicht vorn und Tinteneintrag Böckings auf der Rectoseite: *Sequens folium decursit ad L. 39 pr. [verb. „et ab eo alterum"] eiusdem Lib. XXVIII.*6) fehlte bereits bei der Bestandaufnahme durch DOLEZALEK 2005, vgl. den entsprechenden Bleistifteintrag auf der Mappe.

Nr. 6–12)

Kodikologie: 7 Einzelbll. aus einer Handschrift, Bleistiftfoliierung: *6–12*, dabei Nr. 6 ursprünglich wohl als Nr. 5 gezählt, vgl. Foliierung: *(5)* 6. Auf 7^r, 8^r, 10^r und 11^v Kleisterspuren und Spuren des Leders vom ehemaligen Einband, z. T. Schrift verwischt und Initialen durch Farbfraß ausgefallen (z. B. Nr. 10 und 11). Größe bei den einzelnen Bll. leicht abweichend: 28–29 × 20–21 (Nr. 10 durch Feuchtigkeit verzogen: 27 × 19,5), jeweils unten und an einer Seite beschnitten. Schriftraum Haupttext: 22,5–25 × 11–12, mit Klammerkommentar 28–29 × 20. Tintenliniierung der Zeilen. 2 Spalten, 46–49 Zeilen. Teilweise linksgeneigte Textualis in variierender Schriftgröße, Frankreich oder England, 14. Jh., 2. Drittel (DOLEZALEK: „s. XIV Francia/Anglia"). Klammerkommentar wohl von anderer Hand, bis 70 Zeilen (beschnitten), in Rubrizierung einbezogen. Außerdem Marginalglossen in Kursive, z. B. 6ra. Rubriziert: alternierend blaue und rote Paragraphenzeichen, zwei- bis dreizeilige blaue und selten einzeilige rote Lombarden mit einfachem Knospenfleuronné und Fadenranken, im Klammerkommentar ähnliche ein- bis zweizeilige Lombarden sowie rote Paragraphenzeichen, rot-blaue Seitentitel: *L XII* bzw. *XIII*. Zeigehand: 6ra.

Nr. 6–12): Digestum infortiatum, mit Glossa ordinaria.

(Nr. 6) **D.36.1.80.7–36.1.80.16.**
(6^{ra-vb}) [Fidei autem vestrae man]*do, Gai Seii* (!) *etc.* [Druck: et Lucia Titia, uti post obitum vestrum reddatis restituatis] *Titio et Sempronio semissem patrimonii et portionis eius* ... – ... *et post restitutam hereditatem mansisse.* (36.1.80.16) *Heres* [eius, qui post mortem suam rogatus ...].
Edition: MOMMSEN/KRÜGER, Bd. I, S. 577f.

(Nr. 7) **D.36.2.17–36.2.26, prol.**
(7^{ra-vb}) [... sed aditae heredi] *tate* [sonst: -is] *cedit: et ideo impedimento non est regula iuris* ... – ... (36.2.26.) *'Firmio Eliodoro fratri meo dari volo quinquaginta ex redditu praediorum meorum futuri anni postea'. Non videri* [condicionem additam ...].
Edition: MOMMSEN/KRÜGER, Bd. I, S. 580f.

(Nr. 8) **D.37.5.5.6–37.5.15.1.**
(8^{ra-vb}) [Schrift auf 8^r verwischt:] *Sed et si portio hereditatis fuerit adscripta ei, qui ex liberis parentibusve est,* ... – ... *Sed si unus emancipatus scriptus heres sit, alter praeteritus et utrique contra tabulas bonorum possessionem* [acceperint ...]
Edition: MOMMSEN/KRÜGER, Bd. I, S. 593f.

(Nr. 9) **D.37.11.2.6–37.12.1.4.**
[Siquis ita instituerit heredes: ,uter ex fratribus meis Seiam] *uxorem duxerit, ex dodrante mihi heres esto'* ... – ... *filius si forte militare ceperit: nam diuus* [pius rescripsit patrem ...].
Edition: MOMMSEN/KRÜGER, Bd. I, S. 604f.

(Nr. 10) **D.37.4.6.4–37.4.12.1.**
(10^{ra-vb}) [... quamdiu quis in familia alie]*na sit. Ceterum emancipatus ad bonorum possessionem parentium naturalium uenit* ... – ... *uideatur petere bonorum possessionem, si uero ille* [non possit optinere hereditatem, ...].
Edition: MOMMSEN/KRÜGER, Bd. I, S. 588f.

(Nr. 11) **D.37.10.1.11–37.10.3.13.**
(11^{ra-vb}) [Si mater subiecti partus arguatur, an differenda sit quaestio] *propter statum pueri, quaeritur. Et si quidem pupilli status in dubium deuocatur,* ... – ... *rectissime Iulianus libro vicensimo quarto digestorum scribit exceptione eum summovendum: contentus enim esse debet* [hac praerogativa, ...].
Edition: MOMMSEN/KRÜGER, Bd. I, S. 601f.

(Nr. 12) D.37.6.2.6–37.6.10.

(12^(ra–vb)) [Si ex emancipato filio nepos emancipatus] *mortuo patre simul et auo bonorum possessionem utriusque acceperit, … – … Sceuola. Si filius in potestate heres institutus adeat et emancipato petente bonorum* [possessionem contra tabulas ipse non petat, …].

Edition: MOMMSEN/KRÜGER, Bd. I, S. 595f.

Nr. 13)

Kodikologie: Einzelbl. aus einer Hs., Bleistiftfoliierung: *13).* Größe 32,5 × 23,5 (unten und an einer Seite beschnitten), Schriftraum Haupttext 26 × 13. Blindliniierung der Zeilen. 2 Spalten, 40 Zeilen. Praegothica von einer Hand, (Nord-) Italien, 12. Jh., letztes Viertel (DOLEZALEK: „s. XII.2, Norditalien"). Rubriziert: alternierend ein- bis zweizeilige rote und blaue Lombarden sowie Paragraphenzeichen. Von jüngerer Hand (13. Jh., 2. Hälfte) sehr eng geschriebener Klammerkommentar, bis zu 92 Zeilen, nachträglich mit Paragraphenzeichen (ebenfalls alternierend rot und blau) versehen. 13^r am oberen Rand Kaufeintrag zum Trägerband, s. o. Geschichte.

Nr. 13): Digestum novum: D.41.2.2–41.2.8.

(13^(ra–vb)) [Sed hoc iure utimur, ut et possidere et usucapere municipes possint idque] *eis per servum et per liberam personam adquiratur… – …* [13^v Schrift durch Überklebung abgerieben] *… ita nulla amittitur, nisi in qua utrumque in contrarium* [actum est.]

Edition: MOMMSEN/KRÜGER, Bd. I, S. 698f.
Glossen: nach DOLEZALEK Interlinearglosse des MARTINUS GOSIA (Bologneser Rechtslehrer, † 1158/1166) sowie marginal (auf Rasur?) Glossa ordinaria.

Nr. 14)

Kodikologie: gefaltetes Einzelbl. aus einer Hs., Bleistiftfoliierung: *14.* Größe 39 × 24, Schriftraum Haupttext 27,5 × 13. Blindliniierung der Zeilen. 2 Spalten, 54 Zeilen. Praegothica von einer Hand, (Nord-) Italien, 12. Jh., 1. Hälfte (DOLEZALEK: „s XII medies, Norditalien"). Rubriziert: einzeilige rote Lombarden. Interlinearglossen (12. Jh., 2. Hälfte) und Marginalglosse (13. Jh., 2. Hälfte), mit roten Unterstreichungen der kommentierten Passagen.

Nr. 14): Digestum novum: D.50.16.86–50.16.130.

(14^(va–vb)) >C<*elsus* [libro] *quinto digestorum.* >Q<*uid aliud sunt 'iura praediorum' quam praedia qualiter se habentia: ut bonitas, salubritas, amplitudo? … – …* >L<*ege obuenire hereditatem non inproprie quis dixerit et eam, quae ex testamento* [defertur, quia lege duodecim tabularum testamentariae hereditates confirmantur. …].

Edition: MOMMSEN/KRÜGER, Bd. I, S. 912–914.
Nach DOLEZALEK mit wenigen interlineraren Glossen (12. Jh., 2. Hälfte), marginal Glossa ordinaria (13. Jh., 2. Hälfte).

Nr. 15 und 16)

Kodikologie: 2 Einzelbll. aus einer Hs., Bleistiftfoliierung: *15* und *16*. Größe 30,5 × 22,5, Schriftraum Haupttext 25 × 12,5. Blindliniierung der Zeilen. 2 Spalten, 51 Zeilen. Praegothica von einer Hand, (Nord-?) Italien, 12. Jh., letztes Viertel (DOLEZALEK: „etwa um 1170, Norditalien"). Wenige interlineare und marginale Glossen, wohl zeitnah. Rubriziert: rote Überschriften, zweizeilige rot-blaue Initialen, selten rote Paragraphenzeichen. Auf 16^{rb-va} Initialen am Textrand über mehrere Zeilen verlängert und in Federzeichnung mit Rot und Blau als Fisch oder Tiergestalten mit Maske ausgebildet; 16ra am linken Rand Zeichnung eines Tiers (Hase?). Am oberen Rand von 16^r Buchzählung: *viiii*.

Nr. 15 und 16): Codex Justinianus: C.8.53.32–8.53.36.1 und C.9.13.1.1c–9.18.7.

(15^{ra-vb}) [… quicumque testimonium] *suum non in competenti ut dictum est loco uel iudicio praebuerint, … – … quas uiri religiosissimi* [sonst: *gloriosissimi*] *magistri militum fortissimis praestant militibus tam ex sua substa*[ntia quam ex spoliis hostium, …].

(16^{ra-vb}) [… et nihilo minus omnes viri spectabiles] *duces et uiri clarissimi rectores prouinciarum nec non alii cuiuslibet ordinis iudices, … – … si quis magus uel magicis contaminibus a*[dsuetus, qui maleficus vulgi consuetudine nuncupatur, …].

Edition: MOMMSEN/KRÜGER, Bd. II, S. 364f. und 378–380.

MS 2° E 2785
Juristischer Sammelband mit Handschrift (Johannes de Imola und Angelus de Gambilionibus Aretinus) und Drucken (Bartholomäus Cepolla und Lanfrancus de Oriano)

Papier · IV + 384 + I Bll. · 40,5 × 28,5 · Umbrien (Foligno und Perugia) (I: Hs.) · 1463 (I: Hs.) / 1485 und um 1492–94 (II: Drucke)

Zustand: Feuchtigkeitsflecken, v. a. am Beginn (z. B. Bl. 3–10), z. T. Tinte verwischt (Bl. 50), weitere Flecken (z. B. Bl. 193, 225), am Beginn (Bl. 1–20) mechanische Abdrücke durch Fremdkörper im Buchblock. Löcher mit Pergament überklebt (z. B. Bl. 111). 2000 restauriert (vgl. Dok.-Nr. 28/35), dabei Fehlstellen durch Anfaserung ergänzt, Vorsatzbll. aus modernem Papier (vorn Bl. I, hinten Bl. V) eingefügt.

Kodikologie: Der Band ist aus einer Handschrift (Fasz. I) und zwei Drucken (Fasz. II) zusammengesetzt. Separate zeitgenössische Tintenfoliierung in Fasz. I und II, dabei in Fasz. I 136 und 186 doppelt vergeben. Durchgängige Bleistiftoliierung März 2011: *I–IV, 1–384, V*.

Einband: Zeitgenössischer Halbband, nach 1492–94, 2 Schließen verloren. Lederbezug bei der Restaurierung 2000 erneuert (s. u. Beilage Bl. II), dabei vorn und hinten Vorsatzblätter aus modernem Papier (Bl. I und V) und vorn Beilagen mit Angaben zum Band (Bl. II–IV) eingeheftet. Auf dem Rücken rotes Titelschild mit Goldprägung.

Geschichte: Die Hs. (Fasz. I) wurde, wohl im Zusammenhang mit dem Rechtsstudium an einer italienischen Universität (Perugia?), von zwei aus Deutschland stammenden (Lohn-?) Schreibern angelegt, s. u. Schreibereintrag 225rb. Der zweite Haupttext (61ra–225rb) wurde demnach zunächst von dem Schreiber Geor[g]ius begonnen (61ra–154vb) und wenig später von Petrus Adeln Petri (Petrus de Porcis / de Porcellis) fortgeführt und am 19. November 1463 in Foligno (Umbrien) abgeschlossen. Ebenfalls von Petrus Adeln Petri wurde am 24. Dezember 1463 der erste Haupttext (11ra–57va) abgeschlossen, s. u. Schreibereintrag 57va. Der an dieser Hs. beteiligte (Lohn-?) Schreiber Petrus Adeln Petri (de Porcellis) schloss im folgenden Jahr nach der Fertigstellung der vorliegenden Hs. im Auftrag des Schulmeisters von Foligno eine Hs. mit Lactantius-Texten ab, die sich in Pesaro, Biblioteca Oliveriana, ms. 32 erhalten hat (140^v: „Peritissimus artis grammaticae necnon oratoriae magister Johannes Alleurus Fulginas Gimnasii Fulginei tunc rector scribi fecit. Petrus Adelupetri de Porcellis de Alamania clericus dioc. Moguntinensis de Moguntia scripsit a. d. millesimo quadringentesimo sexagesimo quarto, sexta die mensis Martii, 9. finivit.", 168^v: „… finit a. d. M.cccc.Lxiiii XV die mensis Martii per manus Petri Adelupetri de Porcellis Moguntini de Alamania etc."), vgl. SORBELLI (Hg.), Inventari dei Manoscritti, Bd. 29 (1923), S. 16f.; COLOPHONS V, Nr. 15290; KRÄMER, Scriptores.

Fasz. I (Hs.) und II (Drucke) des vorliegenden Bandes wurden nach 1492–94 (zum Druckdatum des 2. Drucks s. u.) zusammengebunden. Sowohl die Hs. als auch die Drucke wurden von einer Hand (H 3), wohl ebenfalls in Umbrien (s. u. Verweis auf Perugia) durchgearbeitet und mit Marginalglossen und Paratexten versehen; diese Einträge erfolgten in verschiedenen zeitlichen Stufen (differierender Schriftduktus und verschiedene Tintenfarben). Die Marginalglossen wurden z. T. auf die Streifen zur Falzverstärkung (s. u. Faszikel I, Fragmente) geschrieben (z. B. 15^v, 16^r, 76^r), also zumindest teilweise erst nach der Bindung eingetragen. Von H 3 stammt auch das Register zum zweiten Haupttext (1^r, 2ra–8va), der Nachtrag auf 225vb–230ra sowie das unvollständige Inhaltsverzeichnis des gesamten Bandes, das den ersten Druck berücksichtigt (230$^{va–vb}$). Dieser Schreiber gab in einer Marginalglosse auf 225va an, dass die vorliegende Hs. ursprünglich umfangreicher war und ein Teil entfernt wurde, und verwies auf eine Handschrift (*Lectura ordinaria super tota instituta*) im Besitz seines Sohnes Pier Mactias in Perugia. In der Glosse auf 230va wird ein weiterer, in ein Pergamentkopert gebundener Codex erwähnt. Klärungsbedürftig ist die Bedeutung des Eintrags auf 225rb, in dem das Datum 18. April 1465 und die Ortsangabe *in sancto Seuerino* (evtl. San Severino Marche, ca. 70 km nö. von Foligno) genannt werden.

Aus der Sammlung des Carlo Morbio (Historiker und Bibliophiler in Mailand, 1811–1881), verzeichnet im Katalog zur Versteigerung seiner Handschriftensammlung im Jahr 1889 durch das Leipziger Antiquariat [Felix] List & [Hermann Richard] Francke, vgl. AUKTIONSSKATALOG MORBIO-SAMMLUNG 1889, Nr. 400, S. 45: „Imola, Joh. de, Repetitio super capitulo Contigat. Angeli de Gambilionibus, de Aretio, Commentum super actionibus Institutionum. 228 Bll. gr. fol. Holzbd." (mit Bleistifteintrag zum Preis: *6.50*).

Am 06.12.1899 wurde der Band von „Serig" (Leipzig, Serig'sche Buchhandlung) für 8 Reichsmark an die Bibliothek des Reichsgerichts verkauft, vgl. Zugangsbuch Nr. 7, 1899–1904, Zugangsnummer: 48592, sowie Bleistifteinträge auf dem Vorsatzbl. III). Auf III^r Stempel der Bibliothek des Reichsgerichts sowie der Bibliotheken des Bundesgerichtshofs und des BVerwG.

Beilagen mit Angaben zum Band (Bl. II–IV), wohl nach 1899 im Reichsgericht angelegt und ursprünglich lose beiliegend, bei der Restaurierung 2000 eingeheftet:
Bl. II (wiederverwendetes Papier: Postkarte an Reichsgericht): Anweisungen für Buchbinder zur Erneuerung des Rückenleders: „Buchbinder. Der originelle Einband dürfte zu erhalten sein (auch zur Vermeidung größerer Einbandskosten): Es lässt sich wohl ein neuer Lederrücken machen ...", sowie Angaben zum Titelschild.
Bl. III, IV: Angaben zum Inhalt des Sammelbandes, von derselben Hand Bleistifteinträge der Titel im Sammelband.
Literatur: DOLEZALEK Liste 2005: http://www.uni-leipzig.de/~jurarom/manuscr/RgMsMatr. html.

Faszikel I (Handschrift)

Bl. 1–230. Wz.: Lagen 1–2, 4–6, 18, 21–23: Buchstabe R, darüber einkonturiges Kreuz, Bindedraht als Mittelachse, Formenpaar (R und *R), bei größerem Format typverwandt mit WZIS IT5235-PO-29075 (Firenze 1461) und BRIQUET, Nr. 8941 (Palermo 1467); Lagen 3, 7–11, 16, 19–20: Werkzeug – Leiter, Formenpaar (L und *L), Typ BRIQUET, Nr. 5909 (Siena 1460–65), Lage 3 (nur Bl. 25): Werkzeug Schneiderschere (S), Typ BRIQUET, Nr. 3685 (Firenze 1459/60), Lage 11 (nur Bl. 106): Kardinalshut (H), Typ WZIS DE8100-PO-31973 (Mittelitalien 1464), Lagen 12–17, 20: Werkzeug – Karren, Formenpaar (K und *K), bei größerem Format typverwandt mit WZIS DE6300-PO-122776 (Landshut 1458) und BRIQUET, Nr. 3544 (Lucca 1434).
Lagen: 23 V^{230}. In beiden Haupttexten unterschiedliche Gestaltung der Lagenfoliierung und Reklamanten, jeweils von den Schreibern: (11ra–57va): Lagenfoliierung: 11^{r}–15^{r} *a 1–5* etc. bis 51^{r}–55^{r} *e 1–5*, Reklamanten am rechten unteren Seitenrand: 20^{v}, 30^{v}, 40^{v}, 50^{v}; (61ra–225rb) 61^{r}–65^{r} *A 1–5* bis 131^{r}–135^{r} *H 1–5*, ab Lage 15 ohne Buchstaben; Reklamanten am unteren Seitenrand in der Mitte der Seite, z. T. mit Zierstrichen: 70^{v}, 80^{v}, 90^{v}, 100^{v} etc., zusätzlich Zwischenüberschriften auf jeder Rectoseite am rechten Rand.
Schriftraum: 25,4–28,6 × 17–17,5. 2 Spalten. 60–64 Zeilen. 3 Hände: H 1 (Petrus Adeln Petri [de Porcellis], Rotunda, dat. 1463): 11ra–57va, 155ra–225rb, H 2 (Georgius, Rotunda, vor 1463, auffällig: Schriftspalten poliert, leichte Linksneigung der Schrift, Schaft des d stark nach li. gerichtet, Oberlängen in der ersten Zeile verlängert, Bogen des g in der letzten Zeile stark vergrößert und verziert): 61ra–154vb, H 3 (Kursive, z. T. nach 1492–94): 1^{r}, 2ra–8va, 225va–230ra, 230$^{va–vb}$. Rubrizierung. Überschriften in vergrößerten Buchstaben. 11ra 4zeilige und 61ra ca. 11zeilige rotbraune C-Initiale (von späterer Hand?), 11ra Buchstabenkörper mit Fleuronné ausgefüllt und gerahmt, 61ra im Typus einer Spaltleisteninitiale, Binnenfeld viergeteilt mit floralem Dekor, zur weiteren Textgliederung einfache 5zeilige rotbraune Lombarden bzw. erste Buchstaben der Überschriften mit roter Verzierung in Form eines Paragraphenzeichens versehen bzw. als cadellenartige Tintenlombarden mit roten Konturbegleitstrichen (z. B. 137ra) ausgeführt, im hinteren Bereich (175ra, 190vb, 200va, 208va–210ra etc.) diese Buchstaben wohl erst nachträglich in dunklerer Tinte ausgeführt. Marginale Federzeichnungen, wohl von

späteren Händen: 47ra männliche Halbfigur, mit zwei verlängerten Zeigefingern auf Text bzw. vorangehende Seite weisend, 158va: zwei Münzen (?), jeweils mit Perlkreis sowie mit Kreuz bzw. Büste in Frontalansicht als Münzbild. An den Textspalten z. T. Anstreichungen (von H3?) mit Zeichnungen und Drolerien, z. B. 154va Bein, 156vb Drache, 162vb Kopf, 183vb männliche Figur mit Ring, 184va Mönch im Profil, 185vb Kranz, 192vb Stiftkonturzeichnung eines Pferdes, 193vb weibliches Gesicht, weiterhin Profilfratzen (z. B. 52va, 167va, 182vb, 183ra, 196ra, 215vb) und Zeigehände (z. B.: 6va, 15vb, 29va, 63rb, 67rb, 71rb, 90rb, 121rb, 153vb, 196vb etc.).

Fragment: Verstärkung der Lagen an den Außenseiten und in der Mitte durch bis ca. 4,0 cm breite Streifen aus Papier oder sehr dünnem Pergament (?), teils beschriftet (z. B. 10^{v}–11^{r}, 25^{v}–26^{r}, 35^{v}–36^{r}, 40^{v}–41^{r} etc.), jeweils ca. 5 Zeilen, wohl italienische Rotunda?, Schrift verwischt und nicht lesbar. Die in der Mitte eingefügten Falzstreifen wurden teilweise von der Marginalglosse (s. o. Geschichte) beschrieben, z. B. 15^{v}, 16^{r}, 76^{r}.

1^{r} [H 3:] **Tabula zu Angelus de Gambilionibus de Aretio: Lectura in titulum de actionibus.**
(verworfener Textbeginn?) [A]*BSENS: si non compareat quid requiritur, ut contra eum* ..., bricht im Lemma ‚Actiones' ab, s. u. 2ra–8va.

1^{r} [H 3:] **Tabelle, evtl. kalendarisch-astronomische Tafel (?).**
Größe: 24 × 25 cm, unterteilt in 20 Zeilen (1–19: Buchstaben A–T) und 12 Spalten (Buchstaben G, F, M, A, M, G, L, A, S, O, N, D), links daneben (Jahres?-) Zahlen: *1487, 1470, 1490.* 1^{v} leer.

2ra–8va [H 3:] **Tabula zu Angelus de Gambilionibus de Aretio: Lectura in titulum de actionibus.**
[am oberen Seitenrand:] *Aue maria gratia plena* ...; *Absens: Si non compareat* [quid] *requiritur, ut contra eum possit formari iudicium* ... – ... *Vsurarius ma*[nifestus quis dicatur] *et quomodo probetur* [vide] *in § ex maleficiis. Finis tabule super toto comento de actionibus institutionum editus per Angelo de Aretio.* Vgl. verworfenen Textbeginn 1^{r}.

Auf den Text 61ra–225rb bezogene Auszüge aus der Tabula über die Lectura in Institutiones, vgl. Druck: Venedig: Baptista de Tortis, 15.II.1488/89, vgl. GW10508 (eingesehenes Digitalisat: http://daten.digitale-sammlungen.de/~db/0005/bsb00053016/images/, 1^{v}–7^{r}).

(8va) [H 3:] **Formular für juristische Verhandlung.**
[C]*oram vobis domino A.* (?) ... *etc. P. agit contra D.* [interlinear eingefügt: *heredes*] *etc. dicens, quod quodam Jo*[hannes] *in suo ultimo testamento legauit* ... – ... *forma libelli pro legato per titularum secundum Papiensem* [Bernardus Papiensis, Summa] *folio 199.*

Rest von 8va sowie 8vb–10^{v} leer.

11ra–57va **Johannes de Imola: Repetitio super capitulo 'Cum contigat de iure iurando' (X 2.24.28).**
[Überschrift, 17./18. Jh.: *Repetitio Johannis de Imola super capitulo 'Cum contigat'*]
>C<*um contingat: Non audiatur mulier contra alienationem rei dotalis cui sponte consensit et non contrauenire iurauit ... – ... predicta et singula correctioni et declarationi cuiuslibet melius sentientis. De*[o] *gratias.*
Im 15. Jh. mehrfach gedruckt, u. a. Venedig: Philippus Pincius, 12.I.1496 (vgl. GW M14132, eingesehenes Digitalisat: http://daten.digitale-sammlungen.de/~db/0005/bsb00054599/images/, A2^r–E6^r).
Zu den Druckausgaben vgl. SCHULTE, GQ 2, S. 298, Nr. 6, Anm. 20. Auch in München, UB, 2° Cod. Ms. 301 (Kanonist. Sammelhs., Pavia, um 1472/73), 1ra–32ra, vgl. DANIEL/SCHOTT/ZAHN, München, UB III/2, S. 50.
In den Marginalglossen Verweise auf die abweichenden Stellungnahmen italienischer Kanonisten, z. B. Antonius de Butrio (26ra), Johannes de Lignano (26ra, 34ra), Bartholomäus Salicetus (34ra, 38ra), Jacobus de Belvisio (34ra).

Daran (57va): Schreibereintrag: *Petrus Adeln Petri de Porcellis de Alamania Moguntinus scripsit anno domini m° cccc° lxiii°, xxiiii die Decembris.*

Rest von 57va und 57vb–60^v leer.

61ra–225rb **Angelus de Gambilionibus Aretinus: Lectura super titulo de actionibus Institutionum (= Inst. IV,6).**
Yhesus Christus. (61ra–rb) [Prologus:] >C<*Um omnis ciuilis status ex cetu quodam et hominum congregatione secundum veras leges uiuentium constitui uideatur* ...; (61rb–225rb) [Lectura:] *De actionibus. Rubrica:* >E<*t licet glossa infra in nigro tacite videatur continuar istam rubricam, quia* [sonst: cum] *supra dictum est de obligatione ... – ... eroga*[tione] *mili*[taris] [interlinear eingefügt: *anno*(ne), marginal eingefügt: *libro xii°*] *quod tene menti perpetuo. Laus deo nostro.*
Zitate aus den Institutiones jeweils in vergrößerter Auszeichnungsschrift.
Im 15. Jh. mehrfach gedruckt: [Venedig: Wendelin von Speyer, um 1473], Löwen: [Jan Veldener], um 1475, Toulouse: [Johann Parix], 29.IV.1480, vgl. GW 10492–10494. Auch als Teil der Lectura in Institutiones, vgl. Druck: Venedig: Baptista de Tortis, 15.II.1488/89, vgl. GW 10508 (eingesehenes Digitalisat: http://daten.digitale-sammlungen.de/~db/0005/bsb 00053016/images, 144^r–207^v). Auch in Köln, Erzbischöfliche Diözesan- und Dombibliothek, Cod. 1031 (vgl. Kurzkatalogisat: http://www.ceec.uni-koeln.de/ceec-cgi/kleioc/0010/exec/katk/%22kn28–1031%22), sowie in Jena, ThULB, Ms. Prov. f. 164, vgl. KLEIN-ILBECK/OTT, Jena 2, S. 289. Zum Verfasser und Werk vgl. SCHULTE, GQ 2, S. 365 mit Anm. 2.

Daran (225rb): Schreibereintrag (H 2): *Hoc opus breue scriptor Geor*[g]*ius quodam Almanie genitus sua inceperat manu scribere, sed medio dimisit tedio motus. Cui*

finem dedit Petrus Teotonicus Adeln Petri de Porcis natus Moguntie ciuis. Quem tu virgo pia seruo per tempora longa. Anno mil° qua° sexa° tertio Fulgnei (?) decima nona mensis Nouembris.
Eintrag der Glossenhand (H 3): *Compleui xviii. Aprilis uidere (?), 1465 in sancto Seuerino pltro. (?) in (?) se officii.*

Die Angabe *in sancto Seuerino* kann sich nicht auf die Datierung beziehen, da ein Datum (18. April) zuvor angegeben und nach GROTEFEND kein Heiligenfest für den Hl. Severinus für dieses Datum nachzuweisen (z. B. Severinus, ein Märtyrer der Quatuor Coronati: 08.11) ist. Möglicherweise bezieht sich die Angabe auf den Ortsnamen San Severino Marche [ca. 70 km nö. von Foligno, früherer Name: Septempeda], dessen Bischof und Patron der Hl. Severinus war (Gedenktag 08.01 oder 26.04.).

225va–230ra [H 3:] **De exceptionibus, mit Bezug auf Angelus de Gambilionibus Aretinus: In quatuor Institutionum libros commentaria** (unvollst.).
Am Rand Verweiszeichen mit Hinweis: *Require infra in titulo de excepti*[ionibus] *in § Preterea* [= Inst. IV,13,3] *etiam viij[a] carta v.*(?) *31° ad tale signum, quia*(?) *deficiebat folium 324 et recordare, quod habes titulum de exceptionibus de per se, quod hinc abmouisti q.*(?) *multum in co*[…?]*eptus et quod habes in lectura ordinaria super tota instituta, quam Perusii habet Pier Mactias filius meus.* Vgl. unten 230[va].
31°: Excipitur contra actorem quod prepostere agitur … 32°: Repelluntur agentes tempore feriarum … – … bo. dan. dic. vt ibi, bricht ab. Rest der Spalte 230[ra] und 230[rb] leer

Vgl. Druck: Angelus de Gambilionibus Aretinus: In quattvor Institvtionvm Iustiniani libros commentaria, Venedig 1609, S. 346.

230[va–vb] [H 3:] **Inhaltsverzeichnis zum gesamten Band**.
Tabula contentorum in hoc libro. Repertorium actionum Angeli de Aretio. (s. o. 61[ra]–225[rb]). *Capituli 'Cum contigat' Repertorium Iohannis de Ymola. 11.* (s. o. 11[ra]–57[va]) *… Seruitutum Tractatus secundum d*[ominum] *Bartholomeum Cepolla* (s. u. Bl. 231–337), bricht bei Nachweis zu cap. 23 (244[v]) ab.
Darunter von ders. Hand Verweis auf weiteres Register: *Titulum de exc*[eptionibus, s. o. 225va] *vide, quid habes de per se ligatas cum copertis de pergameno.*

Faszikel II (2 Drucke)

Separate zeitgenössische Foliierung der beiden Drucke, von dieser Hand Seitenverweise in den Registern. Tintenlombarden, nur auf 236ra rote Lombarde. Marginalglossen von H 3 des Handschriftenteils (s. o. Fasz. I) und jüngeren Händen.
Am Rand Federzeichnungen mit Bezug zum Text: 246rb Haus, daneben: *domum figurat*, 246va Burg/Palazzo, daneben: *domum multum delectabilem* …, 248va Fenster, 249va Tierkopf (Pferd?), 250vb männliche Halbfigur mit bärtigem Gesicht im Profil, 253vb Leiter, daneben: *in scalis*, 254rb Mauer mit Tor, 255va Fenster, 256va Doppeltor, 260ra Leiter, 263rb Fenster,

264rb Kamin, 265vb Wasserröhre, daneben: *canale*, 266va gebogenes Rohr (?), daneben: *armatura*, 267vb Baum, 279vb Pferd, 288ra: *sella* (Sattel?), 295rb Pferdekopf mit Halfter, 305rb Brunnen, daneben: *fons*. Zahlreiche Zeigehände.

231^{r} von H 3 ursprünglich Register zum folgenden Druck (im Druck vorhanden, vgl. Bl. 231va–234rb) geplant, aber bis auf Überschrift nicht ausgeführt: *Omnipotentis. Tabula seruitutum urbanorum praediorum.*

Bl. 231–337 Cepolla, Bartholomäus: De servitutibus praediorum. Darin: Cautelae. Venedig: Andreas de Bonetis, 20.VIII.1485. GW 6499; ISTC ic00393000. Bestehend aus drei Teilen (Reihenfolge gegenüber Angabe bei GW vertauscht):
Bl. 231–268: 1. De servitutibus urbanorum praediorum.
Bl. 269–306: 3. De servitutibus rusticorum praediorum.
Bl. 307–337: 2. Cautelae.

Bl. 338–384 Lanfrancus de Oriano: Repetitiones. [Bologna: Heinrich von Haarlem, Druckdatum nach ISTC: um 1492–93 / um 1494]. GW M17000; ISTC il00054000. Die letzte Lage (4 Bll.) fehlt.

MS 2° H 797/1
Antonius de Butrio: Repertorium in iure civili, pars I

Papier · III + 318 + II Bll. · 37,5 × 25,5 · Oberitalien · 14. Jh., Ende / 15. Jh., Anfang

Zustand: Hanfbünde brüchig. Feuchtigkeitsschäden am oberen linken Rand und in der Bindung, Schimmelschäden im Oktober 2004 behandelt, vgl. Eintrag vorderer Spiegel oben.

Kodikologie: Bleistiftfoliierung Februar 2011: *1–318*, dabei Vorsatzblätter vorn mit *I–III* und hinten mit *IV–V* bezeichnet. Wz.: Bl. III (wohl von der ursprünglichen Bindung, s. u. Einband): Dreiberg, mit einkonturiger Stange, Variante zu WZIS DE5580-Clm6539_46 (Venedig, nach 1402) und DE4860-Ms1186_73 (hier nur auf einem Bl.: wiederverwendetes Restpapier, vor 1415–20 [vgl. die anderen Wz. dieser Hs.], Nordfrankreich), bei anderer Stellung der Bindedrähte Typ WZIS DE4620-PO-150233 (Rom 1406) und IT8190-PO-150171 (Chambery 1402/03), Lagen 1–21: 2 verschlungene Säulen, Formenpaar, davon eine Form Typ WZIS IT6810-PO-100304 (Pavia 1428), Lage 22–27: Kirschen (3 Kirschen an geraden Stilen), Formenpaar, bei abweichender Größe Typgruppe PICCARD II, 344–351 (kleiner, Mailand, Pavia 1397–1405) und II, 435–441 (größer, Oberitalien 1356–77), vgl. auch BRIQUET 7421 (Mailand 1396), Lagen 28–31: Bock – Kopf ohne Beizeichen, Formenpaar, bei abweichender Stellung der Bindedrähte Typ WZIS IT1650-PO-85646 (Como 1414). Außer dem Wz. auf dem Vorsatzbl. III diese Wz. sämtlich auch in MS 2° H 797/2.
Lagen: I^{III} + (VI-2)^{10} + 27 V^{280} + VI^{292} + 2 V^{312} + (IV-2)^{318}, 1 Bl. nach Bl. 1 und 8 und 2 Bll. nach Bl. 318 herausgeschnitten (wohl kein Textverlust). Lagenfoliierung (meist beschnitten):

z. B. 3ʳ *a ii*[i], 4ʳ *a iiii*, 23ʳ *c iii*, 42ʳ *f ii* etc. bis 314ʳ *F* [ii]. Reklamanten mittig auf unterem Seitenrand, bis 100ᵛ mit gepunktetem Kreuz und Kreis umgeben, vgl. 10ᵛ, 20ᵛ, 30ᵛ, 40ᵛ etc., danach ohne Verzierung und auf 180ʳ und 190ʳ ausgelassen.

Schriftraum 26,5 × 19. 2 Spalten. 59 Zeilen. Schleifenlose Bastarda von einer Hand, Lemmata in vergrößerter Textualis. Rubriziert: Paragraphenzeichen vor jedem Abschnitt alternierend rot und blau. Vergleichsbeispiele zur Schrift s. MANOSCRITTI DATATI XV, Tafel 10 (Cortona 1407); MANOSCRITTI DATATI II, Tafel XVI (Mailand 1414); Datierte Hss. Österreich II/2, Abb. 65 (Verona 1409).

Am Beginn ursprünglich Deckfarbeninitiale zum Buchstaben A (vor 1909 herausgeschnitten, s. u. Geschichte), li. daneben über die ganze Seite reichende Akanthusranke in Blau, Grün und Violett, mit Punkten aus Blattgold. Am Beginn der Abschnitte zu den einzelnen Buchstaben jeweils qualitätvolle, z. T. beschnittene Deckfarbeninitialen (5,0–6,5 × 5,0–7,5) in Blau, Rot, Gelb, Grün, weiß gehöht, Buchstabenkörper mit Akanthusranken ausgefüllt, als Ausläufer Akanthusranken, daran Goldpunkte, die mit gelber Farbe und dunkler Höhung imitiert sind: 26ʳᵃ: *B*, 31ᵛᵃ: *C*, 75ᵛᵃ: *D*, 103ʳᵇ: *E*, 134ʳᵇ: *F*, 168ᵛᵃ: *G*, 177ᵛᵇ: *H*, 182ʳᵇ: *I*, 235ᵛᵇ: *K*, 236ʳᵃ: *L*, 270ʳᵃ: *M*, 293ʳᵃ: *N*, 305ᵛᵃ: *O*. Vergleichsbeispiele zum Buchschmuck s. CANOVA MARIANI, Parole dipinte, Nr. 54 (1390–1404), Nr. 62 (14. Jh., letztes Jahrzehnt), Nr. 63 (1401); MANOSCRITTI DATATI VII, Tafel VI (Padua 1395); MANOSCRITTI DATATI IV, Tafel XVII (Padua 1408). Zur weiteren Gliederung 2zeilige rote und blaue Lombarden.

Einband: Von einer ursprünglich zeitnahen Bindung (15. Jh., 1. Jahrzehnt) stammen die Vorsatzbll. II/III und IV (s. o. Wz. Bl. III). Neubindung Anfang des 18. Jh.s: brauner Kalbsledereinband, Schnitt rot gesprenkelt, Rücken mit vergoldeten Stempeln geprägt. Dabei zwei weitere Vorsatzbll. aus neuzeitl. Papier (Bl. I und V) eingefügt. Auf VD und HD ehemals vergoldetes Supralibros des Prämonstratenserstifts Parkabtei (Abdij van 't Park) in Heverlee (s. u. Geschichte): Bündel mit drei Maiglöckchenstengeln, umgeben von Inschrift: *PARCHENSIS BIBLIOTHECÆ*, durch Kratzspuren unleserlich gemacht, vgl. Émile VAN BALBERGHE, Les manuscrits médiévaux de l'Abbaye de Parc, recueil d'articles (Documenta et opuscula 13), Brüssel 1992, S. 70–81 mit Abb. vergleichbarer Einbände und dieses Supralibros.

Bei der Neubindung vorn und hinten Spiegel und Vorsatzbll. aus modernem Papier (Bl. I und II) eingefügt und Fehlstellen (herausgeschnittene ältere Besitzeinträge und Wappen, s. u. Geschichte) repariert, dazu wurde offensichtlich das alte hintere Vorsatzblatt verwendet.

Geschichte: Beide Bände (MS 2° H 797/1 und 2) wurden von einem Schreiber, sehr wahrscheinlich am Ende des 14. bzw. Anfang des 15. Jh.s geschrieben. Das verwendete Papier, der paläographische Befund sowie der Initialstil und Buchschmuck weisen auf eine Entstehung in Oberitalien. Die erste Bindung erfolgte zeitnah (wohl im 1. Jahrzehnt des 15. Jh.s), s. o. Wz. Bl. III.

Auf dem vorderen Spiegel alte Bibliothekssignatur (18. Jh.?): *K. theca 3.*, solche Signaturen in zahlreichen Bänden aus der Bibliotheca Parcensis, der Bibliothek des Prämonstratenserstifts Parkabtei (Abdij van 't Park) in Heverlee (Stadtteil von Löwen, Belgien) erhalten, vgl. VAN BALBERGHE, Les manuscrits médiévaux [s. o.], S. 81–86 (mit Abb. S. 82f.), hier S. 84 Übersicht über die bislang aufgefundenen Signaturen der Bibliothek der Parkabtei. Dabei waren unter ‚I theca' Hss. theologischen und liturgischen Inhalts, unter ‚K theca' Hss. juristischen Inhalts aufgestellt (I theca II–IX, XI–XII: insges. 129 Hss., K theca I–V, VII–XI: insgesamt

79 Hss. aufgefunden). Zur hier verwendeten Signatur ‚K theca III (oder 3)' wurden bislang vier Hss. (ohne diese Hss.) ermittelt: Nicolaus de Tudeschis (Panormitanus, 2 Bde.), Johannes Lignano und Antonius de Butrio (s. u.). Einzelbelege auch bei Joseph VAN DEN GHEYN, Catalogue des manuscrits de la Bibliothèque Royale de Belgique, Bd. 4, Brüssel 1904, Nr. 2642 (I. theca V), Nr. 2507, 2571 und 2572 (K. theca I), 2584, 2722, 2723 (K. theca II), 2589 [u. a. Werke des Petrus de Ancharano und Antonius de Butrio] (K. theca III), 2588, 2594, 2727, 2729–2731 (K. theca VII); zahlreiche zusätzliche Belege in weiteren Bänden des Katalogs von VAN DEN GHEYN. Für die Herkunft aus der Parkabtei spricht weiterhin der typische Einband des 18. Jh.s mit dem für das Stift typischen Supralibros, s. o. Einband. Zur Geschichte des Stifts vgl. Albert D'HAENENS, ‚Abbaye de Parc a Heverlee', in: Ursmer BERLIÈRE (Hg.), Monasticon Belge, Teil IV: Province de Brabant, Bd. 3, ND Liège 1969, S. 773–827. Nach der zeitweiligen Schließung der Parkabtei 1797 wurden die Kunstschätze und Bücher 1829 durch die Chorherren verkauft. Zahlreiche Bände der Bibliotheca Parcensis waren später Teil der Sammlung des Sir Thomas Phillipps (zu ihm vgl. die Beschreibung von BVerwG, MS 4° E 5162) und kamen von dort 1890/91 in die Bibliothèque Royale de Belgique in Brüssel, s. GHEYN, a. a. O. Bei VAN BALBERGHE, Les manuscrits médiévaux [s. o.], S. 157–166, sind 258 Handschriften der Parkabtei (ohne die vorliegenden Hss. des BVerwG) nachgewiesen, dabei befinden sich die umfangreichsten Bestände in Brüssel.

Wahrscheinlich bevor die beiden Hss. in die Parkabtei kamen, wurde auf dem vorderen Vorsatzblatt (III^v) der Ortsname eines älteren Besitzeintrages (17. Jh.?) herausgeschnitten: *Bibliothecae* [...], darunter Inhaltsangabe von ders. Hand: *Repertorij Antonij de Butrio pars 1^a a Litt. A: vsque P: exclusive*; Titeleintrag von ders. Hand und Besitzeintrag von einer anderen Hand (mit radiertem Ortsnamen) auch in MS 2° H 797/2, 1^r. Wahrscheinlich zu einem früheren Zeitpunkt wurden ein Wappen am unteren Seitenrand von 1^r (vgl. Schnittspuren auf den folgenden Bll.) sowie weitere (Besitz-?) Einträge am oberen Seitenrand von 1^r herausgeschnitten. Alle drei Fehlstellen sind jeweils mit Papier hinterklebt, das dieselbe Siebstruktur wie das Vorsatzbll. (Bl. III) aufweist. Für diese wohl im Zusammenhang mit der Neubindung in der Parkabtei vorgenommenen Reparaturen wurde also offensichtlich das hintere Vorsatzblatt ausgelöst (vgl. die fehlenden Bll. nach Bl. 318 und den Falzrest vor der letzten Lage).

Die beiden Bände waren um 1835 im Besitz des John Lee (geb. John Fiott, 1783–1866, Jurist, Astronom, Mathematiker und seit 1828 Mitglied der Society of Antiquaries of London), vgl. sein Exlibris auf dem vorderen Spiegel oben: viergeteiltes Wappen, in zwei Feldern Anker, darüber Bär in Ketten und aufsteigendes Pferd mit Lilie, darunter Motto: ‚*VERUM ATQUE DECENS*', darüber Tinteneintrag des Vorbesitzers: *J. Lee. Doctors Commons. Repaired. N° 4/94 London*. Zum Exlibris vgl. Bernard BURKE, The General Armory of England, Scotland, Ireland and Wales [...], London 1878, Bd. 2, S. 593. John Lee war im Besitz von mindestens zwei weiteren Hss. der Parkabtei, heute in: London, Library of the Oratory, Ms. 12744 (Decisiones Rotae, Johannes Calderinus), und Sidney, UL, MS. Nicholson 12 (Antonius de Butrio, Commentaria in V Libros Decretalium), vgl. VAN BALBERGHE, Les manuscrits médiévaux [s. o.], S. 115f.; KER, MMBL I, S. 176–178; SINCLAIR, Western Manuscripts Australia, Nr. 110, S. 192f., beide Hss. sind mit ähnlichen Einträgen seiner Hand (jeweils datiert 1835) und Exlibris versehen.

Darunter Exlibris eines weiteren Vorbesitzers: George Henderson junior (geb. 1845, † nach 1905, Esquire of Heverswood, Colonel [Oberst] in the Queen's Own Royal West Kent Regiment, u. a. Fellow der Society of Antiquaries, Scotland): Schildförmiges Wappen mit drei nach links weisenden Pfeilen und Hermelin, darüber Schleife und Hand, die einen achtzackigen Stern hält, darüber Halbmond und Spruchband mit der Devise „*SOLA VIRTUS NOBILITAT*", darunter: *George Henderson Junr*. und vgl. Arthur Charles FOX-DAVIES, Armorial Families. A Directoty of Gentlemen of Coat-armour, 5th edition, Edinburgh 1905, S. 650f., mit Abbildung eines ähnlichen Wappens.

Am 2./3. März 1909 auf der Auktion Sotheby, Wilkinson und Hodge, London (Nr. 700) angeboten, und von der Antiquariats- und Verlagsbuchhandlung Otto Harrassowitz (Leipzig) erworben, vgl. Bleistifteintrag Bl. I^r (wohl von Karl Schulz [Direktor der Bibliothek des Reichsgerichts 1879–1917] geschrieben): *Aus Auktion Sotheby, Wilkinson & Hodge 2–3 März 1909 – London. No. 700 Butrio (A. de) Repertorium, Manuscript, written in gothic letters, red, blue and black, with large coloured ornamental initials, 2 vol. calf, 1 leaf with a design in colours and gold, partely cut away. Saec. XVI. M 45 –*, sowie Verweise auf Lit. zum Autor (SCHULTE und FANTUZZI) und zur Parallelüberlieferung (s. u. Inhalt). Am 12. Juli 1909 von der Antiquariats- und Verlagsbuchhandlung Otto Harrassowitz für 45, – Reichsmark pro Band an die Bibliothek des Reichsgerichts verkauft, vgl. Zugangsbuch Nr. 9, 1908–12, Zugangsnummer: 70744, sowie Bleistifteintrag 1^r: *70744*. Weitere (Los-?)Nummern, wohl von früheren Verkäufen: in Bleistift auf VD und in Tinte auf II^r *92*, auf II^r links daneben *214*, rechts daneben (mit Bleistift) *4/94*, darunter *N°. 5*. Stempel der Bibliothek des Reichsgerichts auf 1^r sowie der Bibliotheken des Bundesgerichtshofs (durchgestrichen) und des BVerwG auf III^v.

Literatur:
– DOLEZALEK Liste 2005: http://www.uni-leipzig.de/~jurarom/manuscr/RgMsMatr.html;
– EIFLER, Handschriften und Fragmente der ehemaligen Reichsgerichtsbibliothek, S. 157–159, mit Abb. 2 (MS 2° H 797/2, 1^r).

Vorderer Spiegel: Exlibris der Vorbesitzer, s. o. Geschichte.

1ra–316vb Antonius de Butrio: Repertorium in iure civili (pars I: A–O).
[De dictione A.] *Uide C*[odex] *'de nuptiis' l. A caligato* (C.5,4,21) *per Cynum. Item quandoque notat causam efficientem ... – ... quod canis non est numerandus inter peccudes.* [10 Zeilen frei, dann von anderer Hand:] *Explicit prima pars R*[epertorii?] *Butrii etc.*

Bei SCHULTE, GQ II, S. 293, als Parallelüberlieferung nur Milano, Biblioteca Ambrosiana, A. 243 angegeben (wohl A. 243 sup., da A. 243 inf. wegen des enthaltenen Textes [Caesar: Commentariorum belli gallici et civilis libri, vgl. CIPRIANI, Codici Miniati, S. 159f.] nicht in Frage kommt). Weiterhin überliefert in Augsburg, StB, 2° Cod 270 (Nürnberg 1446), vgl. GEHRT, Augsburg IV, S. 19, Leipzig, UB, Ms 1060 (Köln, 15. Jh.), vgl. HELSSIG, UB Leipzig IV/3, S. 184, und Salamanca, UB, Ms. 2445 (15. Jh.), vgl. Catálogo de manuscritos de la Biblioteca Universitaria de Salamanca, Bd. 2, Salamanca 2002, S. 820f. Die vorliegende zweibändige Abschrift des Werks sowie die Additiones in Bd. 2 waren der Forschung hingegen bislang unbekannt.

Die Angaben von Karl Schulz (?) zur Parallelüberlieferung auf I^r (Bologna, Collegio di Spagna, Cod. 120 [15. Jh., 1. Hälfte, vgl. MAFFEI, I Codici del Collegio di Spagna, S. 356f.] und Wien, ÖNB, Cod. 5020 [= Jur. Can. 9, 15. Jh., vgl. Tabulae codicum manu scriptorum ... in Bibliotheca Palatina Vindobonensis asservatorum, Bd. 4 (Wien 1870), S. 4]) beziehen sich hingegen auf das „Repertorium in iure canonico" des Antonius de Butrio, vgl. SCHULTE, GQ II, S. 293; DOLEZALEK, Manuscripts of Canon Law and Roman Law (http://www.uni-leipzig.de/~jurarom/manuscr/Can&RomL/authors/10142.htm). Auf I^r weiterhin der Verweis auf Giovanni FANTUZZI, Notizie Degli Scrittori Bolognesi, Bologna 1782, Bd. II, S. 367, wo eine weitere Abschrift des Rep. in iure can. genannt wird, die 1782 in Venedig (Bibliothek des Kanonikerstift S. Giorgio in Alga) vorhanden war.

Zum Autor (geb. ca. 1338 in Bologna, Studium in Bologna, 1384 Doktor des römischen und 1387 des kanonischen Rechts, Rechtslehrer in Bologna, Perugia, Florenz und Ferrara, † 1408) vgl. FANTUZZI, Notizie (s. o.), Bd. II, S. 353–367; Luigi PROSDOCIMI, ‚Antonio da Budrio (Antonius de Butrio)', in: Diz. Biogr. Ital. 3 (1961), Sp. 540–543; J. MÜLLER, in: STOLLEIS (Hg.), Juristen, S. 37; Peter H. GÖRG, in: BBKL 30 (2009), Sp. 177–180, mit weiterer Lit.

217ra–218vb sowie hintere Vorsatzbll. (Bll. IV und V) leer.

MS 2° H 797/2
Antonius de Butrio: Repertorium in iure civili, pars II

Papier · II + 310 + I Bll. · 37,5 × 25,5 · Oberitalien · 14. Jh., Ende / 15. Jh., Anfang

Zustand: Hanfbünde brüchig. Feuchtigkeitsschäden am VD und Rücken. Vorsatzbl. I lose. Wurmgänge Bl. 1–20. An einigen Stellen Tintenfraß, z. B. Bl. 301, 304.

Kodikologie: Bleistiftfoliierung Februar 2011: *1–310*, dabei Vorsatzblätter vorn mit *I–II* und hinten mit *III* bezeichnet. Wz.: Bl. II: Buchstabe ME, in den Repertorien nicht nachgewiesen, Lagen 1–10, 12–25, 31: Bock – Kopf ohne Beizeichen, Formenpaar, bei abweichender Stellung der Bindedrähte Typ WZIS IT1650-PO-85646 (Como 1414), Lage 11, 25–31: Kirschen (3 Kirschen an geraden Stilen), Formenpaar, bei abweichender Größe Typgruppe PICCARD II, 344–351 (kleiner, Mailand, Pavia 1397–1405) und II, 435–441 (größer, Oberitalien 1356–77), vgl. auch BRIQUET 7421 (Mailand 1396), Lage 19: 2 verschlungene Säulen, Formenpaar, davon eine Form Typ WZIS IT6810-PO-100304 (Pavia 1428). Außer dem Wz. auf dem Vorsatzbl. II diese Wz. sämtlich in MS 2° H 797/1.
Lagen: (I–1)^{II} + 31 V^{310}, Vorsatzbl. II: Einzelbl., dessen Gegenbl. fehlt, auf Bl. 1 geklebt. Lagenfoliierung (meist beschnitten): z. B. 2^r *a* [ii], 12^r *b* [ii], 23^r *c* [iii] etc. Reklamanten mittig auf unterem Seitenrand: 10^v, 20^v, 30^r etc.
Schriftraum 26,5 × 19. 2 Spalten. 59 Zeilen. Schleifenlose Bastarda von einer Hand, Lemmata in vergrößerter Textualis. Rubriziert: Paragraphenzeichen vor jedem Abschnitt alternierend rot und blau.
Am Beginn der Abschnitte zu den einzelnen Buchstaben jeweils qualitätvolle Deckfarbeninitialen (6,5–7 × 5,5–6) in Blau, Rot, Gelb, Grün, Gold, weiß gehöht, Buchstabenkörper mit Akanthusranken ausgefüllt, als Ausläufer Akanthusranken, daran Goldpunkte, die mit gelber Farbe und dunkler Höhung imitiert sind: 1ra: *P*, 105vb: *Q*, 113va: *R*, 137va: *S*, 198va: *T*, 235ra: *U*. Wohl von jüngerer Hand in einigen vergrößerten Buchstaben der Lemmata Fleuronnéelemente eingetragen, vgl. 1ra, 251rb.

Vergleichsbeispiele zur Schrift und zum Buchschmuck s. MS 2° H 797/1.

Einband: Vorsatzbl. II von anderem Papier als in MS 2° H 797/1, s. o. Wz. Neubindung Anfang des 18. Jh.s: brauner Kalbsledereinband, Schnitt rot gesprenkelt, Rücken mit vergoldeten Stempeln geprägt. Dabei zwei weitere Vorsatzbll. aus neuzeitl. Papier (Bl. I und III) eingefügt. Auf VD und HD ehemals vergoldetes Supralibros des Prämonstratenserstifts Parkabtei (Abdij van 't Park) in Heverlee (s. Geschichte MS 2° H 797/1): Bündel mit drei Maiglöckchenstengeln, umgeben Inschrift: *PARCHENSIS BIBLIOTHECÆ*, durch Kratzspuren unleserlich gemacht, vgl. VAN BALBERGHE, Les manuscrits médiévaux [s. MS 2° H 797/1], S. 70–81 mit Abb. vergleichbarer Einbände und dieses Supralibros.
Bei der Bindung vorn und hinten Spiegel und Vorsatzbll. aus modernem Papier (Bl. I und III) eingefügt.

Geschichte: Beide Bände (MS 2° H 797/1 und 2) wurden von einem Schreiber, sehr wahrscheinlich am Ende des 14. bzw. Anfang des 15. Jh.s geschrieben. Das verwendete Papier, der paläographische Befund sowie der Initialstil und Buchschmuck weisen auf eine Entstehung in Oberitalien. Die erste Bindung erfolgte zeitnah (wohl im 1. Jahrzehnt des 15. Jh.s), s. MS 2° H 797/1, Einband und Geschichte.
Auf 1^r Besitzeintrag einer nicht näher bestimmbaren Bibliothek (17. Jh.?) mit radiertem Ortsnamen *Bibliothecae B*[...], am unteren Seitenrand Titel (18. Jh.) *Repertorij Antonij de Butrio 2da Pars a Litt: P: usque ad finem*, Titeleintrag von ders. Hand auch in MS 2° H 797/1, III^v, dort auch Besitzeintrag (dieser Hand) und Wappen eines Vorbesitzers herausgeschnitten.
Auf dem vorderen Spiegel alte Bibliothekssignatur aus der Bibliothek des Prämonstratenserstifts Parkabtei (Abdij van 't Park) in Heverlee (18. Jh.?): *K. theca 3.*, s. MS 2° H 797/1. Für die Herkunft aus der Parkabtei spricht weiterhin der typische Einband des 18. Jh.s mit dem für das Stift typischen Supralibros, s. o. Einband.
Auf dem vorderem Spiegel Exlibris des Vorbesitzers John Lee († 1866), von seiner Hand am oberen Rand Tinteneintrag: *J. Lee. Doctors Commons. Repaired. N° 4/94 London*. Darunter Exlibris des Vorbesitzers George Henderson junior († nach 1905). Zu beiden Vorbesitzern, zum Verkauf auf der Auktion Sotheby, Wilkinson und Hodge, London am 2./3. März 1909 sowie zum Ankauf durch das Reichsgericht am 12. Juli 1909 s. MS 2° H 797/1, Geschichte, sowie Bleistifteintrag der Zugangsnummer 1^r: *70744*. Weitere (Los-?)Nummern wohl von früheren Verkäufen: in Bleistift auf VD und in Tinte auf II^r *92*, auf II^r links daneben *192*, rechts daneben (mit Bleistift) *4/94*, darunter *N°. 5*. Stempel der Bibliothek des Reichsgerichts auf 1^r sowie der Bibliotheken des Bundesgerichtshofs (durchgestrichen) und des BVerwG auf II^v.

Literatur:
– DOLEZALEK Liste 2005: http://www.uni-leipzig.de/~jurarom/manuscr/RgMsMatr.html.;
– EIFLER, Handschriften und Fragmente der ehemaligen Reichsgerichtsbibliothek, S. 157–159, mit Abb. 2 (MS 2° H 797/2, 1^r).

Vorderer Spiegel: Exlibris der Vorbesitzer, s. o. Geschichte.

1ra–251ra Antonius de Butrio: Repertorium in iure civili (pars II: P-U).

>P<*atientia: Exigit scientiam procedere ex sciencia patientiam, ex patientia consensu, ff. de aqua* [et aquae] *plu*[viae] *arcend*[ae]*, § Labeo* (D.39.3.7.) ... – ... *Uxor militis*

punienda est in centum, ff. de sena[toribus], *l. femine* (D.1.9.1.), *Guido de Suz*[aria]. *Deo gratias. Antonius.* Rest der Spalte leer.

Zur Parallelüberlieferung (ohne diese Hs. und die folgenden Additiones) vgl. MS 2° H 797/1.

251rb–306va **Additiones zum Repertorium in iure civili.**
In fine verbi 'accusacio' sequitur additio talis: Nemo sine accusatore punitur. 'Unde nemo te accusat, nec ego te condemno' (vgl. Io 8,10f.), *ff. de mune*[ribus] *et hone*[ribus], *§ Rescri*[pto], *§ Si quis accusatorem* (D.50.4.6.2) … – … *Iudex potest fide iubere pro parte, ff. de fur*[tis], *Si quis uxori, § Si fugitivus* (D.47.8.2.25), *in glossa etc. etc. etc.*

Am Seitenrand jeweils Eintrag vom Schreiber: *addicio*.

Rest von 306^v und Bl. 307–310 bei vorbereiteter Seiteneinrichtung leer.

MS 2° H 2328
Decretum Gratiani, mit älterer Glosse und Glossa ordinaria des Johannes Teutonicus in der Bearbeitung des Bartholomaeus Brixiensis

Pergament · I + 259 + I Bll. · 40,5–42 × 26,5 · Oberitalien (Bologna?) · 12. Jh., Ende bzw. 13. Jh., Anfang / 13. Jh., 2. Viertel

Zustand: Einzelne Seiten, v. a. am Beginn, nachgedunkelt und fleckig. Farben der Initialzierleisten und Initialen z. T. auf Versoseite durchgeschlagen, z. B. 96^r, 106^r, 110^v und 198^r. Bei der Neubindung (nach 1918, s. u.) Risse im Pergament mit Pergamentstreifen überklebt (z. B. Bl. 9, 16/17, 46–49, 111 und 172) und lose Bll. mit Pergamentstreifen befestigt (z. B. 242/243).

Kodikologie: Bleistiftfoliierung Juli 2011: *1–259*, dabei Vorsatzbll. vorn und hinten als *I* und *II* gezählt. Die vor den Blattverlusten (s. u. Lagen) eingetragene alte Tintenfoliierung (frühe Neuzeit?) reichte bis Bl. 272, und überspringt jetzt jeweils ein Bl. nach Bl. 47, 75, 205, 207, 216, 248, 252, 263, 270 sowie zwei Bll. nach Bl. 147 und 239. Lagen: 5 IV^{40} + (IV-1)^{47} + 3 IV^{71} + (IV-1)^{78} + 8 IV^{142} + (IV-2)^{148} + 6 IV^{196} + (IV-2)^{202} + IV^{210} + (IV-1)^{217} + IV^{225} + (IV-1)^{232} + (IV-1)^{239} + (IV-2)^{245} + (IV-1)^{252} + (IV-1)^{259}; Reklamanten: 8^v, 16^v, 24^v, 32^v, 40^v etc. bis 254^v; es fehlen jeweils ein Bl. nach Bl. 47, 74, 201, 202, 210, 239, 242, 258 sowie zwei Bll. nach Bl. 146 und 232 (vgl. alte Foliierung und z. T. Falzreste). Regelmäßige Anordnung der Pergamentblätter (Haar- auf Haar- und Fleisch- auf Fleischseite), dabei Größe leicht variierend (40,5–42).

Schriftraum 26–26,5 × 13,5. Haupttext: 2 Spalten, 53 Zeilen, gotische Textualis von einer Hand, 12. Jh., Ende bzw. 13. Jh., Anfang; ältere Glosse wohl zeitnah von anderer Hand in etwas altertümlicher Schrift; dabei ursprünglich wohl nur sparsame Glossierung (vgl. 210^v–231^v). Jüngere Glosse: gotische Textualis von einer Hand, 13. Jh., 2. Viertel, dicht um den Text gelegt (Vier-Spalten-Klammerform nach POWITZ, Textus cum commento, S. 62, Nr. 6, und S. 84f.). Weiterhin am unteren Seitenrand teilweise mehrzeilige Griffelglossen, gotische

Minuskel, 13. Jh., erst nach der jüngeren Ausstattung. Zu den verschiedenen Phasen der Niederschrift und Ausstattung s. u. sowie Geschichte.

<u>Ältere Ausstattung</u> (zeitnah zu Haupttext und älterer Glosse, 12. Jh., Ende bzw. 13. Jh., Anfang): Obwohl der Hauptschreiber Repräsentanten zur Ausstattung des Haupttextes und der Glossen sowie zur Kapitelgliederung eingetragen hatte, erfolgte zunächst nur an wenigen Stellen im hinteren Bereich eine sparsame Ausstattung mit 1–8zeiligen grünen Initialen (z. B. 66ra, 104^{rb-vb}, 105^{va-vb}, 107ra–110rb, 135ra–142vb, 165ra–172rb, 173vb–180rb, 182rb–185va und 197ra–210rb), z. T. als Silhouetten-Initialen (z. B. 105vb, 136vb, 142rb) oder mit roten Ornamenten verziert (z. B. 103va–104ra, 169vb, 173ra und 185^{ra-rb}), z. T. auch nur vorgezeichnet und nicht vollständig ausgeführt (z. B. 107^{ra-rb} und 201va). Diese grünen Initialen wurden teilweise im Zuge der jüngeren Ausstattung mit roter oder blauer Farbe übermalt.

<u>Jüngere Ausstattung</u> mit roter und blauer Farbe (13. Jh. 1. Drittel): Am Anfang der Partes bzw. Causae jeweils Initialfeld für den ersten bzw. die ersten beiden Buchstaben (Größe 7–7,5 × 4–4,5) nicht ausgeführt, daneben mit Fleuronné verzierte, ein- oder zweizeilige Leiste mit dicht nebeneinandergesetzten blau-roten Zierbuchstaben in unterschiedlicher Größe (1ra [HU]>*MANUM GENUS*< [Pars I], 64ra [Q]>*UIDAM*< [Pars II, Causa I], 78ra [Q]>*UIDAM EPISCOPUS*< [Pars II, Causa II], vgl. auch 91ra, 96vb, 98ra, 98vb, 102ra, 106vb, 109rb, 110vb etc.). Am unteren Rand dieser Seiten teilweise (1^{r}, 64^{r}, 78^{r}, 91^{r}, 110^{v}, 129^{r}, 149^{r}, 156^{v} etc.) vom letzten Initialbuchstaben der Spalte abgeleitete Fleuronné-Ausläufer mit Profilfratzen, von deren Mündern fächerförmig waagerechte blau-rote symmetrische Fleuronné-Stäbe ausgehen, die mit Spiralen, Knospen, Perlen und Palmetten besetzt sind, Ausführung in einfacher Form oder mehrfach übereinander angeordnet (z. B. 64^{r}, 129^{r} und 188^{v}). Diese Fleuronné-Stäbe wurden z. T. radiert, um die jüngere Glosse einzutragen (1^{r} und 64^{r}). Zur weiteren Textgliederung wurden nach den Repräsentanten des Hauptschreibers sowohl im Haupttext als auch in der älteren Glosse 1–3zeilige blaue und rote Lombarden, mit Ausläufern oder einfachen Zierstrichen in der Gegenfarbe, eingetragen. Dabei z. T. die älteren grünen Initialen (s. o.) übermalt. Nur in Distinctio II (64^{r}–239^{r}) blau-rote Seitentitel zur Unterscheidung der Causae, dort selten auch ältere Kapitelzählung und Seitentitel in Tinte am oberen Seitenrand (129^{r}, 146^{r} und 148^{r}), diese meist bei der Bindung beschnitten. Wohl im Zuge dieser jüngeren Ausstattung auch rubrizierte Kapitelüberschriften eingetragen, dabei die Schrift der Haupthand nachgeahmt. Schrift z. T. unsicher, verwischt und ungleichmäßig und, da der Platz nicht ausreichte, teilweise senkrecht neben der Spalte eingetragen (z. B. 84ra, 96vb, 111ra, 135vb und 165va).

237^{v} ganzseitige Darstellung des Arbor consanguinitatis, nach SCHADT, Arbores, S. 144–148, kanonisches Stemma, Typ 7; erhalten nur die Tafeln mit der Abstammungsfolge, eine ursprünglich wohl geplante Präsentationsfigur wurde nicht ausgeführt, vgl. ebd., Abb. 61 und 62 (Bamberg, SB, Can. fol. 14 und Cambridge, Sidney Sussex College, MS 101, zu diesen Hss. s. u. Geschichte).

Einband: Auf die ursprüngl. Bindung in einen Holzdeckeleinband verweisen die Löcher und Rostflecken auf den ersten und letzten Blättern (Bl. 1–19 und 249–259). Im ersten Viertel des 20. Jh.s (um 1918?) Neubindung in einen mit graugesprenkeltem Papier bezogenen Pappeinband mit Pergamentrücken und -ecken (sehr ähnliche Einbandgestaltung bei MS 2° R 7787); auf dem Rücken Titelaufschrift: *Gratianus decretum P. 1–3 distinctio 1–5*. Bei der Neubindung Spiegel und Vorsatzbll. vorn und hinten aus modernem Papier eingefügt.

Geschichte: Die Handschrift entstand in Oberitalien, evtl. in Bologna (vgl. paläographischer Befund und Buchschmuck). Die Niederschrift und Ausstattung erfolgte in verschiedenen Phasen:
1) Der Haupttext und die ältere ‚vorjohanneische' Glosse (s. u. Inhalt) wurde am Ende des 12. Jh.s bzw. Anfang des 13. Jh.s von zwei Händen geschrieben (paläographischer Befund), dabei wurde der Codex nur sparsam mit grünen Initialen versehen (s. o. Kodikologie: Ältere Ausstattung).
2) Erst nach einer zeitlichen Verzögerung (13. Jh., 1. Drittel) wurde die Handschrift mit ‚modernerem' rot-blauen Buchschmuck verziert, dabei wurden die älteren grünen Initialen übermalt (s. o. Kodikologie: Jüngere Ausstattung). In Bezug auf die Anlage und Ausstattung besteht eine stilistische Übereinstimmung mit einer Gruppe von etwas früher (12. Jh., Ende), wohl in Bologna entstandenen Decretum-Gratiani-Hss., die einen ähnlichen Initialschmuck (z. B. Zierbuchstabenfelder, Fleuronnéstäbe in einfacheren Formen) aufweisen, vgl. L'ENGLE/ GIBBS (Hg.), Illuminating the Law, Cat. No. 1, S. 105–110 (Cambridge, Sidney Sussex College, MS 101), hier S. 107, u. a. Bamberg, SB, Can. fol. 14, vgl. ebd., Abb. 1d–1f. Mit dieser Gruppe stimmt auch die Ausführung des Arbor consanguinitatis (s. o. Kodikologie) überein. Weitere Vergleichsbeispiele: München, BSB, Clm 14024 (Bologna?, zwischen 1218 und 1234), Digitalisat: http://daten.digitale-sammlungen.de/bsb00032724/image_1 und Clm 27337 (Italien?, 13. Jh.), Digitalisat: http://daten.digitale-sammlungen.de/bsb00026736/image_1.
3) Danach (13. Jh., 2. Viertel) wurde die jüngere Glosse (= Glossa ordinaria des JOHANNES TEUTONICUS in der Bearbeitung des BARTHOLOMAEUS BRIXIENSIS, s. u. Inhalt) eingetragen. Die Glosse teilweise ohne Rücksicht auf die blau-roten Initialen der jüngeren Ausstattung eingetragen (z. B. 111ra, 130ra und 174ra), z. T. wurden auch Fleuronneéstäbe radiert, um Platz für die Glosse zu schaffen (z. B. 1^r und 64^r).
4) Erst danach, aber dem paläographischen Befund zufolge noch im 13. Jh., wurden zum Teil mehrzeilige Griffelglossen eingetragen, vgl. 182^r (Griffelglosse berücksichtigt blau-rote Ausstattung).
Im 13. Jh. war die Hs. im Besitz eines Dominikanerkonvents, vgl. den teilweise radierten Besitzeintrag am unteren Seitenrand von 1^r: *Decreta armarii fratrum predicatorum de* [Rest radiert]. Weiterer Eintrag (15. Jh.) am unteren Rand des letzten Blattes (259^v): *totum decretum in uno uolumine cum rubrica in* [*r' d' s*?, Lesung am Ende unsicher, vielleicht Hinweis auf die Aufstellung in der Bibliothek (?), s. u.]. Darüber von anderer Hand: *In 2°* (?) *Ex parte maris n° j°* (wohl Stellenverweis?). Eine Herkunft aus der Bibliothek des Dominikanerkonvents in Bologna ist zu erwägen, aber nicht mit Sicherheit zu beweisen. Ein ähnlicher Besitzeintrag aus dem 13. Jh. („liber armarii fratrum predicatorum de Bon[onia]") findet sich auch in der Handschrift aus dem Dominikanerkonvent Bologna, Biblioteca comunale dell'Archiginnasio, A 1036, vgl. Giovanna MURANO, I libri di uno Studium generale: l'antica libraria del Convento di San Domenico di Bologna, in: Annali di storia delle università italiane 13 (2009), S. 287–304, hier S. 293 (Online-Ausgabe verfügbar über: https://centri.unibo.it/cisui/it/pubblicazioni/annali-di-storia-delle-universita-italiane); zur Hs. vgl. SORBELLI (Hg.), Inventari dei Manoscritti 32 (Bologna), S. 140. Ähnliche Besitzeinträge des 13. Jh.s auch in weiteren Hss. des Konventes in der Biblioteca comunale dell'Archiginnasio, z. B. in der Form ‚Iste liber est Armarii [Conventus] fratrum predicatorum sancti Dominici de Bononia' (z. B. A 918, A 920, A 954), in einem Fall auch mit einem vorangestellten Titel (A 919: ‚Postille Armarii

Conventus fratrum predicatorum sancti Dominici de Bononia'), vgl. SORBELLI (Hg.), ebd., S. 89–91 und 112. Nach freundlicher Auskunft von Dr. Giovanna Murano (Florenz, schriftliche Mitteilung vom 13.01.2012) war in der Bibliothek eine, allerdings zweibändige, Decretum-Ausgabe vorhanden, die „A latere vero sinistro, In prima bancha a sinistris in ingressu librarie" aufgestellt war. Weiterhin ist bekannt, dass 1230 ein „magister Petrus de Tusco romanus [...] res omnes et possessiones, videlicet domum [...] cum omnibus aliis rebus mobilibus et immobilibus, quas habeo Bononie, et libros tam decretorum et legum quam theologiae ecclesiae S. Nicolay praedicatorum de Bononia" überließ, vgl. Venturino ALCE / Alfonso D'AMATO, La Biblioteca di San Domenico in Bologna (Collana di monografie delle biblioteche d'Italia 5), Florenz 1961, S. 123 mit Anm. 19. Da der Besitzeintrag auf 1^r am Ende radiert ist und die Vorsatzbll. fehlen, kann nicht entschieden werden, ob ursprünglich weitere für Bände aus der Bibliothek von San Domenico in Bologna typische Merkmale vorhanden waren (z. B. häufig unmittelbar nach dem Besitzeintrag Angaben zum Aufbewahrungsort innerhalb der Sammlung [nach dem Muster ‚a sin.' = a sinistra; ‚in i. b.' = in I° bancha] sowie meist auf Vorsatzbll. eingetragene Signatur-Vermerke des 16. Jh.s in schwarzer Tinte). Zur Bibliothek des Dominikanerklosters Bologna vgl. auch Luisa AVELLINI, Note sui domenicani, i libri e l'umanesimo a Bologna, in: Vincenzo FERA / Giacomo FERRAÚ (Hg.), Filologia umanistica per Gianvito Resta (Medioevo e Umanesimo, 94), Padua 1997, Bd. 1, S. 106–127; Letizia PELLEGRINI, La biblioteca e i codici di San Domenico (secc. XIII-XV), in: Roberto Lambertini (Hg.), Praedicatores – doctores. Lo Studium generale dei frati Predicatori nella cultura bolognese tra il '200 e il '300 (Memorie domenicane N.S. 39, 2009), Florenz 2010, S. 143–160.
Die Hs. wurde am 7. Mai 1918 durch Erich von Rath (1881–1948, Direktor der Bibliothek des Reichsgerichts von 1917–21, später Direktor der UB Bonn) an die Bibliothek des Reichsgerichts geschenkt, vgl. Bleistifteinträge auf Vorsatzbl. I^r *Geschenk des Herrn Bibliotheksdirektors Dr. von Rath. 7.5.18.*, und auf dem vorderen Spiegel: *90725*. Vgl. auch den Eintrag im Zugangsbuch Nr. 11 (1917–22), Zugangsnummer 90725: *Decretum Gratiani. Handschrift des 14. Jh. auf Pergament, geb. Geschenk des Herrn Bibliotheksdirektors Dr. von Rath*. Stempel der Bibliotheken des Reichsgerichts auf 1^v und des Bundesgerichtshofs auf I^r.

Literatur:
– DOLEZALEK Liste 2005: http://www.uni-leipzig.de/~jurarom/manuscr/RgMsMatr.html;
– EIFLER, Handschriften und Fragmente der ehemaligen Reichsgerichtsbibliothek, S. 152f., mit Abb. 1 (1^r).

1ra–259vb **Decretum Gratiani, mit älterer Glosse und Glossa ordinaria des Johannes Teutonicus in der Bearbeitung des Bartholomaeus Brixiensis**, unvollständig.
[Text:] >*Incipit concordia discordantium canonum, ac primum de iure constitutionis nature;* R[ubrica]<. [HU] >*MANUM GENUS*< *duobus regitur, naturali uidelicet iure et moribus. ... – ... nisi quod uiderit patrem facientem.*
[Marginalglosse am Beginn auf Rasur eingetragen, stark abgegriffen und schwer lesbar, Prolog fehlt, 1ra:] *Tractaturus G*[ratianus] *etc. ut in precedenti I xcvii. di. cc^a dno. I^{pagi}* [danach weitgehend übereinstimmend mit Glossa ordinaria (s. u.):] *in*

consuetudinario uel [in iure] *humano scripto* [vel] *non scripto. Sed non ego uolo quod alter mihi det rem suam* ...; [1ʳᵇ:] *Ad intelligentiam istorum nota quod natura dicitur multis modis: quandoque dicitur natura vis insita rebus* ... – ... [259ᵛᵇ:] ... *Sepe solet* [korr. aus solus] *similis filius esse patri et magistro discipulus. xxiiii q. i. cum beatissimus.*

Unterteilt in: (1ʳᵃ–63ᵛᵇ) Pars I; (64ʳᵃ–239ᵛᵇ) Pars II; (240ʳᵃ–259ᵛᵇ) Pars III; dabei Ende von Pars II und Beginn von Pars III durch Blattverlust (nach Bl. 239) nicht erhalten. Zu weiteren Textverlusten durch fehlende Blätter s. o. Kodikologie. Nur in Pars II einzelne Causae durch Seitentitel und Initialschmuck (s. o.) hervorgehoben: (64ʳᵃ–78ʳᵃ) causa I, (78ʳᵃ–91ʳᵃ) causa II, (91ʳᵃ–96ᵛᵇ) causa III etc. bis (239ʳᵇ⁻ᵛᵇ) causa XXXVI (unvollst.).

Edition (Text): FRIEDBERG I, Sp. 1–1432.

Der Codex wurde in drei Phasen glossiert:

1) ältere, ‚vorjohanneische' Glossen (zweiter Typ nach KUTTNER, Repertorium I, S. 4–6), in schwarzer bzw. brauner Tinte, wohl zeitnah zum Haupttext von anderer Hand in etwas altertümlicher Schrift, in Rubrizierung einbezogen (z. B. 3ᵛᵃ–4ʳᵇ, 6ᵛᵇ–7ᵛᵇ, 13ʳᵃ⁻ʳᵇ etc.), oft in triangularer Form: Einträge zur Gliederung der Texte, Worterklärungen, Allegationsreihen und Verweise auf Autoritäten, z. B. Augustinus (2ʳᵇ, 4ʳᵃ, 9ᵛᵃ), Isidor und Basilius (8ʳᵇ), zur ursprünglichen Ausstattung des Codex vgl. 210ᵛ–231ᵛ, wo nur diese ältesten Glossen eingetragen sind. Um die jüngere Glosse einzutragen, wurden am Anfang Teile dieser Glosse radiert.

2) jüngere Glosse (= Glossa ordinaria des JOHANNES TEUTONICUS in der Bearbeitung des BARTHOLOMAEUS BRIXIENSIS) in brauner oder schwarzer Tinte, 13. Jh., 2. Viertel, z. T. über den radierten blau-roten Distinctio-Initialen bzw. Fleuronnéstäben eingetragen (s. o. Kodikologie). Glossa ordinaria nicht ediert, vgl. Druck Mainz: Peter Schöffer, 13.VIII.1472, GW 11353 (eingesehenes Digitalisat: http://daten.digitale-sammlungen.de/bsb00036987/image_1). Zur Glossa ordinaria des Johannes Teutonicus und ihrer Bearbeitung durch Bartholomaeus Brixiensis, vgl. KUTTNER, Repertorium I, S. 93–99 und S. 103–115 (jeweils mit Listen zur hsl. Überlieferung, ohne diese Hs.).

3) z. T. mehrzeilige Griffelglossen (13. Jh.) am unteren Seitenrand, schwer lesbar, z. B. 3ᵛ–5ᵛ, 44ʳ, 77ᵛ, 94ʳ, 99ᵛ–100ʳ, 127ᵛ–128ʳ, 178ʳ–184ʳ.

46ᵛ am unteren Seitenrand Nachtrag vom Schreiber der jüngeren Glosse: Distichon *Argue quod licitum tibi sit tua iura tueri / quodque resisto tibi non potes inde queri.*

MS 2° Philos. 373
Sammelband mit Fragmenten von vier liturgischen Handschriften: Breviarium (I) und Missale (II–IV)

Pergament · 22 Bll. · 30,5–37,5 × 20–29 · Südwestdeutschland (III: Bistum Worms) · um 1300 (II) / 14. Jh., 1. Viertel (I) / 14. Jh., 2. Hälfte (III) / 15. Jh. (IV)

Zustand: Bll. nach Verwendung als Einbandmakulatur für ca. 29 32 × 20–21,5 cm große

Bände (s. u. Geschichte) z. T. stark gebräunt oder fleckig, v. a. auf den Seiten, auf denen einst ein Lederüberzug aufgeklebt war (s. u. Geschichte). Tinte verblasst und Schrift teilweise unleserlich, z. T. nur die rubrizierten Passagen und die nachträglichen Tintenergänzungen besser lesbar (z. B. Bl. 9, 13), auf anderen Blättern rubrizierte Passagen verwischt (z. B. Bl. 18), Lesbarkeit z. T. außerdem durch Abklatsche von Druckmakulatur erschwert (Bl. 13^r, 14^r). An den Falzen des ehemaligen Einbands Pergament eingerissen, durch Fehlstellen Textverluste.

Kodikologie: Bleistiftfoliierung, um 1941: *1, 5–20*, im Januar 2012 bei Bl. 2–4 und den nicht gezählten Falzstreifen nach Bl. 14 (jetzt *14 a* und *14b*) ergänzt. Die Fragmente stammen aus vier verschiedenen Hss. und werden im Folgenden separat beschrieben: (I) Bl. 1–4, (II) Bl. 5–8, (III) Bl. 9–14, 14a, 14b, (IV) Bl. 15–20.

Teil I (Bl. 1–4). Drittes und zweites inneres Doppelblatt einer Lage, deren inneres Blatt fehlt, ursprüngliche Anordnung: 4^{ra-vb} – 2ra–3vb – 1^{ra-vb}, dabei Textanschluss von 4vb zu 2ra und von 3vb zu 1ra, aber nicht von 2vb zu 3ra. Größe: 30,5–31 × 23. Schriftspiegel: 22 × 17, 2 Spalten, 30 Zeilen, bei Notenzeilen entsprechend weniger (Bl. 4rb: 24 Text- und Notenzeilen), Textualis, 14. Jh., 1. Viertel, 4^r am oberer Seitenrand Nachtrag von jüngerer Hand (14. Jh., 2. Hälfte). Rubriziert: Rubriken, liturgische Abkürzungen. 2zeilige rote Lombarden. Gotisierte Neumen in 4-Linien-System mit c- und f-Schlüssel und roter f-Linie.

Teil II (Bl. 5–8). Zweites und inneres Doppelblatt des ersten Quaternio einer Hs., vgl. Foliierung am oberen Seitenrand. Bl. 5^r = >*ii*<, Bl. 6^r = >*iiii*<, Bl. 7^r = >*v*<, Bl. 8^r = >*vii*<. Größe: 32 × 20–22,5. Schriftspiegel: 23,5 × 16, 2 Spalten, 28 Zeilen, bei Notenzeilen entsprechend weniger (Bl. 6ra: 20 Text- und Notenzeilen), Textualis, 13. Jh., letztes Viertel / 14. Jh., 1. Viertel (um 1300?). Rubriziert: Rubriken, Foliierung, Strichelung der Majuskeln. 2- und 3zeilige rote Lombarden sowie 4–8zeilige I-Initialen bei Evangelien, weitere geplante zweizeilige Initialen am Beginn der Lesungen nicht ausgeführt. Gotisierte Neumen in 4-Linien-System mit c-Schlüssel und roter f-Linie.

Teil III (Bl. 9–14, 14a und 14b). Sechs aneinandergeheftete Einzelbll. und zwei schmale zusammengehörige Streifen, wohl aus drei aufeinanderfolgenden Lagen einer Hs. (vgl. mittelalterliche Foliierung am oberen Seitenrand: >*Clxiii*<, >*Clxx*<, >*Clxxii*<, >*Clxxiii*<, >*Clxxvi*<, >*Clxxvii*<, >*Clxxxiiii*<). Größe: 36–37,5 × 26,5–27,5 (Bl. 11 am Rand beschnitten: 31–31,5 × 20–20,5). Schriftspiegel: 27 × 19, 2 Spalten, 36–37 Zeilen, bei Notenzeilen entsprechend weniger (Bl. 14: 18 Text- und Notenzeilen), Textura, 14. Jh., 2. Hälfte. Rubriziert: Rubriken, Foliierung, 2- und 3zeilige rote Lombarden. 11^v, 12^r und 13^v auf dem oberen Rand Nachträge von Händen des 15. Jh.
Auf Bl. 13^r und 14^r Abklatsch von Druckmakulatur: Officia Ambrosii, Leipzig: Stöckel, Wolfgang 1512, vgl. VD16 A 2209, Lib. I, cap. xl und xlix = Bl. Ei^v und Evi^r (vgl. Digitalisat: http://daten.digitale-sammlungen.de/bsb00019381/image_55 und … image_64). Von diesem Druck waren nach HÄRTWIG, Fundbericht, S. 126, 62 Blätter (Bogen A–M) Teil der Klebepappe.

Teil IV (Bl. 15–20). Zwei Doppel- und zwei aneinandergeheftete beschnittene Einzelbll., die Doppelbll. bildeten ursprünglich wohl das äußere und innere Doppelblatt eines Quinio, vgl. mittelalterliche Foliierung am oberen Seitenrand (17^r: >*lxxvi*< [?], 18^r: >*lxxx*<, 19^r: >*lxxxi*<, 20^r: >*lxxxv*< [?]) sowie Reklamant auf 20^v; Bl. 16 wohl aus der vorhergehenden Lage (wohl

Bl. lxxiv, da der Textverlust zwischen 16vb und 17ra ungefähr einem Blatt entspricht); das erste Blatt (Bl. 15) am oberen Rand, das zweite (Bl. 16) am oberen Rand und an der Seite beschnitten, die restlichen Bll. mit Fehlstellen am unteren Seitenrand (jeweils Textverluste), Größe: 35,5 × 29 (Bl. 15: 31,5 × 26; Bl. 16: 31,5 × 15,5–17), Schriftspiegel: 26,5 × 19,5, 2 Spalten, 30 Zeilen, Textura, 15. Jh., Psalmen und Gesänge in kleinerem Schriftgrad als Lesungen. Rubriziert: mehrzeilige liturgische Anweisungen (verwischt), Foliierung, Strichelung der Majuskeln. 1zeilige rote Lombarden, in den ersten Zeilen (17ra, 18ra, 20ra, 20vb) vergrößerte cadellenartige Buchstaben in Tinte und Rot.

Einband: grauer Pappeinband (um 1941), s. u. Geschichte. Auf VD Titelschild *Bruchstücke liturgischer Handschriften*, auf dem Rücken Titel- und Signaturschild, jeweils aus grauem Papier.

Geschichte: Die Fragmente stammen aus vier verschiedenen Hss. (einem Brevier sowie drei Missale-Codices), die nach Ausweis des paläographischen Befundes zu unterschiedlichem Zeitpunkt entstanden: um 1300 (II) / 14. Jh., 1. Viertel (I) / 14. Jh., 2. Hälfte (III) / 15. Jh. (IV), zu korrigieren die Datierung aller Fragmente in das 15. Jh. bei HÄRTWIG, Fundbericht (s. u.), S. 107. In Analogie zu den anderen Materialien, mit denen gemeinsam sie nach 1572 im Heidelberger Raum als Makulatur für fünf Bucheinbände verwendet wurden (s. u.), ist eine Herkunft aus dem südwestdeutschen Raum (Raum Heidelberg) anzunehmen. Das wird bestätigt durch Teil III, da sowohl die Abfolge der Heiligenfeste als auch der Inhalt weitgehend mit Wormser Kalendarien sowie mit dem ca. 1490 gedruckten Missale des Bistums Worms übereinstimmen, s. u. Inhalt.
Die Fragmente wurden kurz vor 1941 aus den Einbänden einer fünfbändigen Digestenausgabe von 1508/09 (BVerwG, 2+ B 2851) ausgelöst. Dabei dienten die Pergamentblätter als Überzug von Klebepappen und waren nochmals mit braunem Leder überklebt. Die Umstände der Auffindung und die weiteren ausgelösten Materialien werden ausführlich beschrieben bei: Hildegard HÄRTWIG, Ein Fundbericht aus der Bibliothek des Reichsgerichts, in: Zentralblatt für Bibliothekswesen 58 (1941), S. 105–133, hier v. a. S. 105f. Aus diesen Klebepappen stammt auch das Horaz-Fragment BVerwG, MS 4° Ph. 1941 (s. Beschreibung). Auf weitere in diesen Klebepappen verwendete Materialen (z. B. einen ebd., S. 126, erwähnten Druck von 1512) deuten Abklatsche auf Bl. 13^r und 14^r, s. u. Inhalt. Aufgrund der verwendeten Makulatur kann davon ausgegangen werden, dass die Bindung der Trägerbände bald nach 1572 im Heidelberger Raum angefertigt wurde und diese im 17. Jh. im Besitz verschiedener Personen waren, die mit der Heidelberger Universität in Verbindung standen, vgl. Einzelnachweise in der Beschreibung von BVerwG, MS 4° Ph. 1941. Hier auch Angaben zur Erwerbung der Trägerbände für die Bibliothek des Reichsgerichts im Jahr 1882.
Auf dem vorderen Spiegel Stempel des Reichsgerichts und des Bundesgerichtshofs und Bleistifteinträge des Bibliothekars, u. a.: *[Im Hs.katalog verzeichnet.]* sowie die alte Signatur *Theol. II 7a*.

Literatur:
– HÄRTWIG, Fundbericht (s. o.), S. 105–107;
– DOLEZALEK Liste 2005: http://www.uni-leipzig.de/~jurarom/manuscr/RgMsMatr.html.

Teil I (Bl. 1–4) Aus dem Breviarium: Proprium de tempore, Feria VI. Hebd. III. Quadragesimae bis Feria V. Hebd. IV. Quadragesimae.

(4^{ra-rb}) **Fer. VI. Hebd. III. Quadragesimae:** Lect. [... erat autem Ioseph] *pulcra facie et decorus aspectu* ... Gn 39,6–15, (4^{ra-rb}) Capit. Ex 32,12, (4rb) Ant. >D<*omine, ut uideo, propheta es tu* ... (CAO 2394), Orationes: >I<*eiunia nostra, quesumus, domine, benigno fauore prosequere* ..., >P<*resta quesumus, omnipotens deus, ut qui in tua protectione confidimus* ..., Ant. >U<*eri adoratores adorabunt patrem* ... (CAO 5367), 4^r am oberer Seitenrand von jüngerer Hand (14. Jh.) Capitulum ergänzt;
(4^{rb-vb}) **Sabb. Hebd. III. Quadr.:** Lect. Gn 39,16–40,8, (4vb) Lectio: Ex 32,14, Ant. >I<*nclinauit se Ihesus scribebat in terram* (!) ... (CAO 3320), Orationes;
(4vb) **Dom. IV. Quadr.:** Lect. Gal 4,27, Ant. >N<*emo te condempnauit mulier* ... (CAO 3873), bricht ab, Textanschluss s. u. 2ra.

(2^{ra-vb}) **Dom. IV. Quadr.:** Ant. [Nemo te condemnavit ... amplius noli (s. o 4vb)] *peccare*, Int.: >P<*opulus domini et oues pascue eius* ... (CAO 1113), Lect. Gn 40,9–13, (2^{ra-rb}) Resp. >L<*ocutus est dominus ad Mo*[ysen] ... (CAO 7908), (2^{rb-va}) Lect. Gn 40,14–19, (2va) Resp. >S<*tetit Moyses coram pharaone* ... (CAO 7708), Lect. Gn 41,1–4, (2^{va-vb}) Resp. >C<*antemus domino, gloriose enim honorificatus est* ... (CAO 6270), (2vb) Lect. >S<*tabat Moyses in monte, non armis sed precibus pugnaturus* ... = PS.-JOHANNES CHRYSOSTOMUS: Sermo de Moyse.

Zwischen 2vb und 3ra fehlt ein Doppelbl.

(3^{ra-vb}) **Dom. IV. Quadr.:** Lect. Ex 1,1–10 (Beginn fehlt), Resp. >U<*os, qui transituri estis Iordanem* ... (CAO 7916), Lect. Ex 1,11–14, (3^{ra-rb}) Resp. >S<*icut fui cum Moyse* ... (CAO 7658), (3rb) Lect. III Reg 3,28, Ant. >A<*uferte ista hinc, dicit dominus* ... (CAO 1530), Oratio: [Praesta, quaesumus, domine,] *deus, ut, obseruationes sacras annua deuotione recolentes* ..., (3^{rb-va}) Ant. >S<*oluite templum hoc, dicit dominus* ... (CAO 4982), (3va) Lect. Ex 1,15–21, (3^{va-vb}) Resp. >P<*opule meus, quid feci aut quid molestus fui tibi* ... (CAO 7393), (3vb) Lect. Ex 1,22–2,4, Resp. >A<*dduxi vos per desertum quadraginta annos* ... (CAO 6030), bricht ab, Textanschluss s. u. 1ra.

(1ra) **Dom IV. Quadr.:** Resp. [Adduxi vos per desertum ... non sunt attrita (s. o. 3vb)] *uestimenta vestra manna* ... (CAO 6030), Resp. >P<*opule meus, quid feci* ... (s. o. 3^{va-vb}), Lectio: Ex 32,7, Ant. >Q<*uid me queritis interficere hominem* ... (CAO 4525), Oratio: *Miserere, quesumus domine, populo tuo, et continuis tribulationibus laborantem* ...;

(1ʳᵃ⁻ᵛᵃ) **Fer. III. Hebd. IV. Quadr.**: Ant. >U<*num opus feci et ammiramini* ... (CAO 5275), (1ʳᵇ) Ant. >N<*emo in eum misit manum* ... (CAO 3871), (1ʳᵇ⁻ᵛᵃ) Lectiones: Ex 2,5–12, Ez 36,23;

(1ᵛᵃ) **Fer. IV. Hebd. IV. Quadr.**: Ant. >R<*abbi, quis peccavit homo iste* ... (CAO 4571), Orationes: >D<*eus, qui et iustis premia meritorum* ..., >*Super populum oratio*<: >P<*ateant aures misericordie tue, domine* ..., (1ᵛᵇ) Ant. >I<*lle homo, qui dicitur Ihesus, lutum fecit* ... (CAO 3171), Ant. *A seculo non est auditum* ... (CAO 1194);

(1ᵛᵇ) **Fer. V. Hebd. IV. Quadr.**: Lect. Ex 2,13–15, bricht ab.

Teil II (Bl. 5–8) Aus dem Missale: Proprium de tempore, Dominica I. Adventus bis Feria VI. post Dominicam IV. Adventus.

(5ʳᵃ, >*ii*<) **Dominica I. Adventus**: Communio: [Dominus dabit benig]*nitatem, et terra nostra* ... (AMS 1ᵇ), Compl. >S<*uscipiamus, domine, misericordiam tuam* ..., (5ʳᵃ⁻ʳᵇ) **Feria IV**: Ep. Iac 5,7–10, Ev. Mt 3,1–6 (Rubrik: >*Secundam Lucam*<!), (5ʳᵇ⁻ᵛᵇ) **Feria VI**: Ep. Tit 2,1–10, Ev. Lc 3,7–18.
(5ᵛᵇ) nur Rubrik: >*Dominica iiᵃ*<.

(6ʳᵃ⁻ʳᵇ, >*iiii*<) **Dominica II. Adventus**: [Beginn fehlt], Ev. Mc 13,29–31, Off. [D]*eus, tu conuertens uiuificabis nos* ..., Secr. >P<*lacare, domine,* ..., Comm. *Ierusalem, surge et sta in excelso* ..., (6ʳᵇ) Compl. >R<*epleti cibo spiritalis alimonie* ...;
(6ʳᵃ⁻ᵛᵃ) **Feria IV**: Lect. Mal 3,1–4,6, (6ᵛᵃ⁻ᵛᵇ) Ev. Lc 9,3–9;
(6ᵛᵇ⁻7ʳᵃ) **Feria VI**: Ep. II Cor 3,18–4,5;

(7ʳᵃ, >*v*<) Ev. Mt 11,11–15, (7ʳᵃ⁻7ᵛᵇ) **Dominica III. Adventus**: Intr. >G<*audete in domino semper* ... (AMS 4), (7ʳᵇ) Coll. >A<*urem tuam, quesumus, domine,* ..., (7ʳᵇ⁻ᵛᵃ) Ep. I Cor 4,2–5, (7ᵛᵃ) Grad. >Q<*ui sedes, domine, super Cherubin* ..., (7ᵛᵃ⁻ᵛᵇ) Ev. Mt 11,2–10, (7ᵛᵇ) Off. >B<*enedixisti*, bricht ab.

(8ʳᵃ⁻ᵛᵃ, >*vii*<) **Dominica IV. Adventus**: [Beginn fehlt], Grad. >L<*audem domini loquetur os meum* ..., (8ʳᵃ⁻ʳᵇ) Ev. Lc 1,26–38, (8ʳᵇ⁻ᵛᵃ) Off. *Confortamini et iam nolite timere* ..., (8ᵛᵃ) Secr. >E<*cclesie tue, domine, munera placatus assume* ..., Comm. [E]*cce virgo concipiet et pariet filium* ..., Compl. *Tuorum nos, domine, largitate* ...;
(8ᵛᵃ⁻ᵛᵇ) **Feria VI.**: Intr. [P]*rope esto, domine, et omnes uie tue ueritas initio cognoui* ..., (8ᵛᵇ) Coll. *Excita, quesumus, domine, potenciam tuam, et ueni* ..., Lect. Is 11,1–5.

Teil III (Bl. 9–14, 14a, 14b) Aus dem Missale: Proprium de sanctis, 15.–24. Januar, 6. und 19.–29. Mai, 11.–24. Juni, 2.–15. Juli, 15.–17. August.

Die Abfolge der Heiligenfeste stimmt weitgehend überein mit dem Kalendar des Bistums Worms, vgl. GROTEFEND, Zeitrechnung, Bd. II, S. 205–208. Weitgehende inhaltliche Übereinstimmungen bestehen auch zum Missale Wormatiense (Worms). [Basel: Michael Wenssler, um 1490, im Folgenden: Miss. Worm.], vgl. GW M24840 (eingesehenes Digitalisat: http://tudigit.ulb.tu-darmstadt.de/show/inc-v-117).

Nur Bl. 14 mit Neumen, bei den Gesängen zu den restlichen Festen (mit Ausnahme der Sequenzen) nur rubrizierte Stellenverweise.

(9^{ra-vb}, >*Clxiii*<) Postcommunio zu **Mauri abbatis** (15.01.), **Marcelli papae** (16.01), **Anthonii monachi** (17.01.), (9^{ra-rb}) **Priscae virg.** (18.01.), (9rb) **Marii et Marthae** (19.01.), (9^{rb-va}) **Fabiani et Sebastiani** (20.01.), (9va) **Agnetis virg.** (21.01.), (9va) **Vincentii et Anasta[sii]** (22.01.), **Emerentianae virg.** (23.01.), **Timothei ap.** (24.01.), nur Oratio und Epistola.

Weitgehend übereinstimmend mit dem Miss. Worm. (s. o.), fol. CXXIX^{r-v}, Abweichung: am 22.01. außer Vincentius auch Anastasius, an diesem Tag nach GROTEFEND, Zeitrechnung, Bd. II, S. 61, im Bistum Speyer sowie in Ordenskalendarien: Augustiner-Eremiten, Benediktiner und Franziskaner.

(Bl. 14a/b: zwei zusammengehörige Falzreste, >*Clxx*<)
(Recto) **Johannis ante portam latinam** (06.05.), [Textverlust], (Verso) **Potentianae sive Prudentianae virg.** (19.05.), **Urbani papae** (25.05.), **Maximini ep.** (ep. Treviren.: 29.05.).

Übereinstimmend mit dem Miss. Worm. (s. o.), fol. CXLI^r, CXLII^v.

(10^{ra-vb}, >*Clxxii*<) **Barnabae ap.** (11.06), nur Communio und Postcommunio; >*Onufrii eximii heremitarum*< (11.06.), (10^{ra-rb}) **Basilidis, Cyrini et Nazarii** (12.06.), (10rb) **Viti, Modesti et Crescentiae** (15.06.), (10^{rb-va}) **Marci et Marcelliani** (18.06.), (10va) **Gervasii et Prothasii** (19.06.), **Albani m.** (21.06.), (10vb) **Decem milium militum** (22.06.), **In vigilia sancti Johannis baptistae** (23.06.).
(11^{ra-vb}, >*Clxxiii*<) **In vigilia sancti Johannis baptistae** (23.06.), Lectio bis Postcommunio (11^{rb-vb}) **In die sancto** (24.06.), mit Verweis auf Sequenz (11^{va-vb}) >*S<ancti Baptiste, Christi preconis, sollemnia* ... (AH 53, Nr. 163: NOTKER BALBULUS).

Weitgehend übereinstimmend mit dem Miss. Worm. (s. o.), fol. CXLIIII^r–CXLVII^v.

Auffällig ist die Rubrik zum Onuphrius-Fest >*Onufrii eximii heremitarum*<, die auf eine besondere Verehrung dieses Heiligen verweisen könnte. Zum variierenden Termin des Festtages (Halle: 08.06.; Augsburg, Hamburg: 10.06.; Basel, Freising, Worms: 11.06.; Konstanz, Mainz: 13.06.) vgl. GROTEFEND, Zeitrechnung, Bd. II, S. 147. Zu seiner Verehrung im Westen vgl. Roland STIEGLECKER, Die Renaissance eines Heiligen, Sebastian Brant und Onuphrius eremita (Gratia, Bamberger Schriften zur Renaissanceforschung 37), Wiesbaden 2001, S. 178–201.

(12^{ra-vb}, >*Clxxvi*<) **Visitatio BMV** (02.07.), mit Sequenz [Veni, praecelsa domina …, am Anfang unvollständig = AH 54, Nr. 193], am oberen Rand von 12^r nachgetragen Offertorium *Filie regum in honore tuo astitit regina* …, (12^{rb-va}) **Processi et Martiniani** (02.07.), (12va) **Udalrici confessoris** (04.07.), Verweise auf Gesänge in dunklerer Tinte nachgetragen: Intr. *Sacerdotes tui* [induantur], Grad. *Ecce sacerdos* [magnus], All.vers. *Elegi te* …; (12^{va-vb}) **In octava Petri et Pauli apostolorum** (06.07.);
(13^{ra-vb}, >*Clxxvii*<) **Kiliani et sociorum eius** (08.07.), **Septem fratrum martyrum** (10.07.), (13rb) **In translatione s. Benedicti** (11.07.), (13^{rb-va}) **Margarethae virginis** (13.07.), (13va) **Heinrici imperatoris** (14.07.), (13vb) **In divisione apostolorum** (15.07.), mit Sequenz: *Celi ennarant gloriam dei filii* … (AH 50, Nr. 267, Str. 1–6a: GODESCALCUS LINTBURGENSIS [Mönch in Limburg an der Hardt, † 1098]), am oberen Seitenrand Collecta nachgetragen.

Weitgehend übereinstimmend mit dem Miss. Worm. (s. o.), fol. CL^r–CLIII^r (ohne diese Sequenzen).

(14^{ra-vb}, >*Clxxxiiii*<) **Assumptio BMV** (15.08.), Grad. >*A<udi, filia, et vide* …, All.vers. *Assumpta est Maria in celum* …, (14^{ra-va}) Sequenz: *Congaudent angelorum chori* … (AH 53, Nr. 104: NOTKER BALBULUS), (14vb) **In octava s. Laurentii** (17.08.), bricht im Evangelium ab.

Weitgehend übereinstimmend mit dem Miss. Worm. (s. o.), fol. CLX^v–CLXI^v (ohne diese Sequenz).

Teil IV (Bl. 15–20) Aus dem Missale: Proprium de tempore, Feria IV. post Palmarum bis Feria VI. in Parasceve.

(15^{ra-vb}) Mc 15,4–46;
(16^{ra-vb}, lxxiv [?]) **Feria IV. post Palmarum**: Tractus [Beginn fehlt: Domine, exaudi orationem me]*am et clamor meus ad te ueniat* … (Ps 101,2–5 und 14), >*Passio domini nostri Ihesu Christi secundum Lucam*< Lc 22,1–38; [zwischen 16vb und 17ra fehlt ein Bl.];
(17^{ra-vb}, >*lxxvi*< [?]) Lc 23,8–50;
(18^{ra-vb}, >*lxxx*<) **In Cena domini**: Io 13,8–15; Verweis auf Off. *Dextera domini* [fecit virtutem] und Praefatio de s. cruce: *Qui salutem humani generis*; (18^{ra-rb}) Secreta: >*I<pse tibi, quesumus, domine sancte, pater omnipotens, sacrificium* …; (18rb) Canon und Communio >*D<ominus Ihesus, postquam cenauit cum discipulis suis* …; (18va) Postcommunio >*R<efecti vitalibus alimentis* …;

(18^(va–vb)) **Feria VI. in Parasceve** Lectio: Os 6,1–6, (18vb) Tractus *Domine, audivi auditum tuum* …, Lectio: Ex 12,1, umfangreiche liturgische Anweisungen (v. a. auf Bl. 18^(ra–vb)) verwischt und nicht lesbar;
(19^(ra–rb), >*lxxxi*<) Lectio: Ex 12,1–11; (19^(rb–va)) Tractus *Eripe me, domine, ab homine malo* …, (19^(va–vb)) Passio: Io 18,1–16;
(20^(ra–vb), >*lxxxv*< [?]) Passio: Io 19,9–39.

MS 2° R 6593
Liber statutorum communis Mantuae (Liber I–III und VII), mit Ergänzungen und Nachträgen · Statuta magnificorum dominorum medicorum almae civitatis Mantuae

Papier · I + 180 + I Bll. · 42 × 28,5 · Mantua · 15. Jh., 7. oder 8. Jahrzehnt (nach 1462), Nachträge bis 1517 (I) / 16. Jh., 6. Jahrzehnt (II)

Zustand: Wasserränder und Schimmelflecken, v. a. am Ende (Bl. 147–180). Blätter an den unteren Rändern teilweise schadhaft und brüchig, bei einer früheren Restaurierung im Zuge der Bindung (Mitte [?] 18. Jh., s. u. Einband) durch z. T. bis zu 12 cm breite Papierstreifen (von mittelalterlichem Papier) stabilisiert (z. B. Bl. 1–6, 157–163).

Kodikologie: Die Hs. besteht aus zwei Faszikeln: I (Bl. 1–169), II (Bl. 170–180). Bleistiftfoliierung September 2011: *1–180*, dabei Vorsatzbll. vorn und hinten als *I* und *II* gezählt. In Fasz. I separate frühneuzeitliche Tintenfoliierung der einzelnen Bücher der Statuten; in Fasz. II keine zeitgenössische Foliierung.

Einband: Beide Faszikel wurden bis zum letzten Viertel des 18. Jh.s separat aufbewahrt, vgl. nicht übereinstimmende Wasserränder am Übergang von Fasz. I zu Fasz. II (Bl. 169/170). Um 1789 (s. u. Wz.) erfolgte eine Neubindung, bei der die Faszikel zusammengeführt wurden. Pappeinband, mit braunem, mit Schwamm schwarz getupftem Kleisterpapier überzogen, Rückenleder mit vergoldeten Ornamenten, Schnitt rot gefärbt. Bei der Bindung wurde für die Spiegel unbeschriebenes Papier der Hs. mit Seiteneinrichtung verwendet (s. u. Fasz. I, Kodikologie). Für die Vorsatzbll. vorn und hinten (jetzt *I* und *II*) wurde dabei modernes Papier verwendet, Wz.: Bl. I: Buchstaben *CFA*, darüber Krone, ähnliches Zeichen vgl. Clemente LUNELLI, La cartiera di San Colombano: i Fredrigoni cartai a Rovereto nel '700, Verona 1988, Abb. Nr. 22 (datiert 1789); Bl. II: großes Wappen mit Helmzier und Krone, darunter Buchstaben *A*[…]*D* (?), in den Repertorien nicht nachgewiesen (herzlicher Dank an Frau A. Lothe, DNB, für die Auskunft zu diesen Wz.). Nach der Erwerbung durch das Reichsgericht 1899 wurde auf dem Rücken ein rotes Titelschild aus Leder aufgeklebt: *STATUTA CIVITATIS MANTUÆ*; vgl. beiliegenden Zettel mit Bleistifteintrag (Karl Schulz?): Zugangsnummer und Signatur der Bibliothek des Reichsgerichts sowie Anweisung für Buchbinder: *Titel aufdrucken* …

Geschichte: Es sind drei Entstehungsabschnitte zu unterscheiden:
1) Der Haupttext von Fasz. I (1^(ra)–5^(vb), 7^(ra)–153^(va), 157^(ra)–164^(ra)) und die zughörigen Ergänzungen

(153va–156rb) wurden von zwei Händen (H 1 und H 2), nach Ausweis der Wz.belege im 7. oder 8. Jahrzehnt des 15. Jh.s., in Mantua geschrieben. Da in den ebenfalls von der Haupthand H 1 geschriebenen Ergänzungen zu den Statuten (153va–156rb) auch ein Mandat vom Herzog von Mantua Ludovico II. (1444–78) vom 07.05.1462 aufgenommen wurde, auf das ältere Mandate (1432, 1451) sowie Buch VII der Statuten (157ra–164ra) folgen, scheint die Niederschrift erst nach 1462 erfolgt zu sein. In den Ergänzungen finden sich Namenseinträge mehrerer am markgräflichen Hof von Mantua tätiger Notare und Sekretäre, die zum Teil nachweisbar sind in: Axel Jürgen BEHNE, Das Archiv der Gonzaga von Mantua im Spätmittelalter, Marburg 1991 [im Folgenden: BEHNE, Archiv der Gonzaga]; DERS., Antichi inventari dell'archivio Gonzaga (Pubblicazioni degli archivi di stato, strumenti CXVII), Rom 1993 [im Folgenden: BEHNE, Antichi inventari]. Einzelnachweise s. u. Inhalt.
Das Mandat von 1462 wurde von Marsilio Andreasi (um 1430–1480) ausgestellt, der seit ca. 1450 Sekretär und später Erster Kanzler der markgräflichen Kanzlei war und 1456 ein Inventar eines Teils des Gonzaga-Archivs (sog. Volta Inferior) anlegte, vgl. BEHNE, Archiv der Gonzaga, S. 61, 66–69, 72; DERS., Antichi inventari, Nr. 40100E21, S. 246. Der Vergleich mit dem Autograph des Marsilius Andreasi (Inventarium scripturarum et privilegiorum Volte Inferioris, 1456, Beginn, Abb. bei BEHNE, Archiv der Gonzaga, S. 219) weist zwar Ähnlichkeiten mit H 2 der vorliegenden Hs. auf, lässt eine eindeutige Zuweisung von H 2 an Marsilius aber nicht zu. Eine zeitgenössische Darstellung dieses Sekretärs, der als „die prominenteste Figur der Mantuaner Verwaltung des Quattrocento" gilt, findet sich in dem bis 1474 von Andrea Mantegna an der Nordwand der Camera degli Sposi im Palazzo Ducale in Mantua ausgeführten Fresko „Der Hof von Mantua" (Detail: Der Herzog Ludovico Gonzaga im Gespräch mit dem Sekretär Marsilio Andreasi), vgl. BEHNE, Archiv der Gonzaga, S. 69f.
2) Nach Fertigstellung des Haupttextes trugen mindestens 13 verschiedene Notare auf den leeren Blättern mit Seiteneinrichtung vom Haupttext (164^r–167^v) italienische und lateinische Nachträge (Schreiben an den Herzog zu Mantua, Ergänzungen zu den Statuten) aus den Jahren 1444–1517 ein. Nach Ausweis der Datierungen handelt es sich zum Teil um Abschriften älterer Dokumente, zum Teil um jüngere Zusätze. Dabei auch Namensnennung einzelner Notare und Schreiber, s. u. Inhalt.
3) Die am Ende der Hs. eingeheftete Lage (170ra–180va = Fasz. II) wurde nach Wz.befund wahrscheinlich im 6. Jahrzehnt des 16. Jh.s geschrieben und enthält die Statuten der Ärzte von Mantua von 1539, als Notar nennt sich hier und im Nachtrag Johannes Franciscus de Veronensibus. Erst im 18. Jh. (um 1789) wurden Fasz. I und II zusammengebunden, s. o. Einband.
Vorbesitzer: Um 1896 im Besitz des Antiquars Pio Luzzietti in Rom, vgl. den Bleistifteintrag auf I^r: *Luzzietti, Cat. 96, No. 224 (Statuti)* <u>Statuta</u> *Cois. Mantuae. Mss. del sec. XV. Il primo libro riguarda la parte criminale, il secondo la materia civile (il potestà, il vicario e i giudici); il terzo dell'uffizio e potestà del guidice, delle liti e delle gabelle.* Darunter von anderer Hand Bleistifteintrag: *Ueber die Anhänge vergl. den Cat.* Ebenfalls im Luzzietti-Katalog von [18]96 verzeichnet waren drei weitere Bände der Bibliothek des BVerwG: MS 2° R 7787 (Statuta populi et communis Florentiae, Luzzietti, Cat. 96. No. 194, s. Beschreibung) sowie MS 4° R 7395 (Statuti di Napoli, 17. Jh., Luzzietti, Cat. 96. No. 172) und MS 8° R 7438 (Statuti originali di San Vito, Luzzietti, Cat. 96. No. 217). Beim genannten Katalog handelt es sich wahrscheinlich um: Catalogo della libreria antiquaria P. Luzzietti. Periodico mensile. Roma.
Die Hs. ist hingegen nicht identisch mit einer Abschrift der Statuten von Mantua aus dem

15./16. Jh., die im Katalog zur Versteigerung der Handschriftensammlung Carlo Marbios im Jahr 1889 durch das Leipziger Antiquariat [Felix] List & [Hermann Richard] Francke, erwähnt ist. Vgl. AUKTIONSKATALOG MORBIO-SAMMLUNG 1889, Nr. 943, S. 120: „Mantua. Statuta Mantuae, Bl. 1 criminalia, Bl. 65 civilia. Saec XV–XVI mit Nachträgen und Randnotizen Saec. XVI–XVII. 149 Bll. fol. Hldr. Auf dem ersten Blatt: Ad usum Caroli Calvagni ... qui pro isto hac die 26. Sept. 1757 solvit domino bibliothecario Franc. Bianchi libros XV monetae Mantuae." (mit Bleistifteintrag zum Preis: *3.50* und zum Käufer *Schulz*). Im vorliegenden Band findet sich weder der erwähnte Kaufeintrag noch stimmen die Angaben zur Blattzahl, zum Einband und zum Preis überein. Diese Hs. aus der Morbio-Sammlung ist in der Bibliothek des BVerwG nicht mehr nachweisbar.

Die Hs. wurde am 14.07.1899 durch die Serig'sche Buchhandlung Leipzig für 67 Reichsmark an die Bibliothek des Reichsgerichts verkauft, vgl. Zugangsbuch Nr. 6, 1894–99, Zugangsnummer: *47937*, sowie Tintenintrag auf dem vorderen Spiegel: *47937* und Bleistifteintrag I^r zum Preis: *M. 67*. Am selben Tag wurden auch die oben genannten drei weiteren Bände aus der Luzzietti-Sammlung (Zugangsnummer: 47933, 47935 und 47936) von Serig an das Reichsgericht verkauft. Auf I^r Stempel der Bibliothek des Reichsgerichts, auf I^v Stempel der Bibliotheken des Bundesgerichtshofs (durchgestrichen) und des BVerwG.

Literatur: DOLEZALEK Liste 2005: http://www.uni-leipzig.de/~jurarom/manuscr/RgMsMatr.html.

Faszikel I

Bl. 1–169. Papier Großregalformat. Wz.: Lage 1–18: Fabelwesen, Drache, ohne Beizeichen, Formenpaar, bei abweichender Form, Höhe und Bindedrahtabstand Typ WZIS AT3800-PO-124031 (Innsbruck 1460), weitere Belege dieses Typs bei abweichender Form seit Mitte des 15. Jh. in Italien, u. a. in Mantua, vgl. WZIS AT3800-PO-124006 (1477) und AT3800-PO-124028 (1479), BRIQUET, Nr. 2672 (1478); dieses Wz. auch bei den Spiegeln vorn und hinten. Lagen: III^6 + 16 V^{166}+ (IV-1[?]-4)^{169}; aus der letzten Lage bei Restaurierung zwei Doppelbll. sowie mindestens ein weiteres Blatt für die Spiegel ausgelöst; querständige Reklamanten: 16^v, 26^v, 36^v etc. bis 146^v.

Schriftraum (Haupttext 1ra–164ra): 24 × 17–18. 2 Spalten, 47 Zeilen. Humanistische Minuskel von zwei Schreibern: H 1: 1ra–5vb (Register), 67ra–164ra; H 2: 7ra–62rb. Rubriziert: Kapitelüberschriften und rote Strichelung der Anfangsbuchstaben. Am Beginn der einzelnen Bücher Feldinitialen in verschiedener Größe (7ra: 13 Zeilen, 67ra: 11 Zeilen, und 107ra: 7 Zeilen): blau-roter bzw. blauer Buchstabenstamm, teilweise mit Aussparmotiven, Binnenfelder und Feld aus rotem Knospenfleuronné gebildet, Ausläufer der Buchstaben ebenfalls mit Fleuronné besetzt. Bei Buch VII lediglich schlichte rote siebenzeilige Lombarde. Zur weiteren Textgliederung am Beginn der Abschnitte jeweils zweizeilige rote Lombarden.

Nachträge: (164^r–167^v) Ergänzungen aus den Jahren 1444–1517 ohne festen Schriftspiegel, einspaltig bzw. auf 165^r zweispaltig, bis zu 62 Zeilen (166^r), kursive Schriften von mindesten 13 verschiedenen Händen (s. u. Datierung und Nennung der Schreibernamen), nicht rubriziert.

1^(ra)–5^(vb) **Register zum Liber statutorum communis Mantuae, Liber I–III und VII.**
>*Rubrice primi libri statutorum communis Mantue.< Prohemium statutorum communis Mantue. De sacramento prestando ad manutenendum prefatum dominum Franciscum Capitaneum ... Liber primus de voluminibus statutorum communis Mantue de regimine et electione domini potestatis* ..., jeweils mehrere Statuten zusammengefasst (*aca.* = acta?).

Am unteren Seitenrand von 1^r Eintrag von jüngerer Hand: *Statuta Criminalia.* Mit Nachträgen jüngerer Hände: 4^(va) am Ende der Spalte: *De pena non soluentium seu soluere neglegentium gabellas.* (s. u. 140^(ra)), 5^(rb) am Ende der Spalte: *Quod nullus officialis audet aliquid accipere ultra eius salarium* (s. u. 152^(rb–va)).

Rest von 5^(vb) sowie 6^(r–v) leer.

7^(ra)–153^(va) **Liber statutorum communis Mantuae, Liber I–III (1396–1404, mit Ergänzungen aus den Jahren 1407/1408).**
Von den zwölf Büchern der zwischen 1396 bis 1404 im Auftrag des Kapitäns von Mantua und Reichsvikars Francesco I. Gonzaga (1382–1407) vom Doktor utr. iur. Raffaele Fulgosio (s. u.) zusammengestellten Liber statutorum communis Mantuae hier das Prooemium sowie die ersten drei Bücher, dazwischen jeweils leere Seiten: (8^(va)–62^(rb)) Liber I (Wahl des Podestà und seine Rechtssprechung bezüglich des Strafrechts), (67^(ra)–101^(vb)) Liber II (Rechtssprechung des Podestà in Zivilsachen; Berufungsrichter), (107^(ra)–153^(va)) Liber III (Rechtssprechung des Steuerrichters und Liste der Zölle des Staates). Unten (157^(ra)–164^(ra)) weiterhin Liber VII (Felder und Weinberge). Am Ende von Liber II und III teilweise (aus der Vorlage übernommene) Datierungen einzelner wohl ergänzter Statuten aus den Jahren 1407 bzw. 1408 sowie Nennung von Notaren.
Nicht ediert. Zur Entstehung vgl. Mario VAINI, Gli statuti di Francesco Gonzaga IV Capitano. Prime ricerche, in: Atti e memorie dell'Accademia Virgiliana di Mantova LVI (1988), S. 187–214; Isabella LAZZARINI, Das Stadtrecht in einer städtischen Signorie: Die Mantuaner Statuten von den Bonacolsi bis zu den Gonzaga (1313–1404), in: Giorgio CHITTOLINI / Dietmar WILLOWEIT (Hg.), Statuten, Städte und Territorien zwischen Mittelalter und Neuzeit in Italien und Deutschland (Schriften des Italienisch-Deutschen Historischen Instituts in Trient 3), Berlin 1992, S. 295–323, hier S. 308–316. Außer dieser Hs. haben sich aus dem 15. Jh. zwei vollständige Abschriften in Pergamentcodices (Mantua, Archivio di Stato, Archivio Gonzaga, b. 2003; Mantua, Biblioteca Communale, Ms. 775) und zwei unvollständige Abschriften in Papiercodices (Mantua, Archivio di Stato, AG, b. 2004; Mantua, Biblioteca Communale, Ms. 93) sowie mehrere Abschriften der folgenden Jahrhunderte erhalten, vgl. VAINI, Gli statuti, S. 192 und 208; LAZZARINI, Stadtrecht, S. 309 mit Anm. 40 (jeweils ohne diese Hs.). Bei FONTANA, Statuti II, S. 151f., zwar die Hs. aus der Morbio-Sammlung, aber diese Hs. nicht erwähnt. Zum Kompilator Raffaele Fulgosio (1367–1427, 1390 in Padua zum Doktor utr. iur. promoviert) vgl. VAINI: Gli statuti (s. o.), S. 191; Annalisa BELLONI, Professori giuristi a Padova nel sec. XV. Profili bio-bibliografici di cattedre (Studien zur europäischen Rechtsgeschichte 28), Frankfurt/M. 1986, S. 306–311.

(7ra–8rb) [Prooemium:] >Liber primus<. >Incipiunt statuta communis Mantue<. >A<d honorem et reuerentiam domini nostri Yhesu Christi et beate Marie uirginis et beatorum apostolorum Petri et Andree, et uictoriosi sancti Michaelis archangeli, Lazari, necnon sancti Romani imperii, necnon persone et amicorum magnifici domini domini Francisci de Gonzagha [Francesco I. Gonzaga (1382–1407)] capitanei et domini generalis communis, populi et ciuitatis Mantue atque districtus sacri imperii in dicta ciuitate et eius comitatu et districtu et aliorum plurimorum locorum vicarii generalis. >Q<uoniam humana conditio ad malum prona de facili labitur ad delicta ... – ... pro commune Mantue aprobata, intelligatur et ex certa scientia confirmata.; (8rb–va) [4 einführende Statuten:] >De sacramento prestando ad manutenendum prefatum dominum Franciscum Capitaneum<. >Q<Uilibet autem de ciuitate et districtu Mantue teneatur et debeat iurare et manutenere predictum dominum Franciscum Capitaneum ... – ... plus et minus arbitrio domini Capitanei.;
(8va–62rb) [Liber I, 118 Kapitel, lt. Register 1ra–2ra (s. o.) mit einführenden Kapiteln zu 55 acta zusammengefasst:] >Liber primus de uoluminibus statutorum communis Mantue de regimine et electione domini potestatis<. >S<Tatuimus, quod in ciuitate Mantue debeat esse dominus potestas, qui sit progenie nobilis ... – ... >N<e hedificiorum ruinis Mantuana ciuitas deformat presens statutum. (Rest von 62rb und 62v–66v leer);
(67ra–101vb) [Liber II, 70 Kapitel, lt. Register 2va–3ra (s. o.) zu 35 acta zusammengefasst:] >Liber secundus de uolumine statutorum communis Mantue. De offitio domini potestatis et vicarij et iudicum in causis ciuilibus<. >S<Tatuimus et ordinamus, quod dominus potestas, qui nunc est ... – ... [am Ende Datierungen einzelner Statuten:] (100va–101ra) >De casibus in quibus appellari non posset nec admitti debeat.< ... per iudicem gabellarum communis Mantue die 14. Jullij 1404 [14.07.1404]. (100vb–101ra) Addicientes declarareque volentes in causis datiorum vel gabellarum ... – ... publicatum fuit die viij. Jullij M°ccccviij [08.07.1408]. ... (Rest von 101vb und 102r–106v leer);
(107ra–153va) [Liber III, 157 Kapitel, lt. Register 3va–5rb (s. o.) zu 48 acta zusammengefasst:] >Liber tercius de uolumine statutorum communis Mantue. De offitio et potestate iudicis condemnationum et gabellarum<. >E<T indemnitati communis Mantue circa condemnationes et gabellas in commune Mantue ... – ... [am Ende Datierungen einzelner Statuten bzw. Nennung einzelner Notare:] (148va–vb) >De datio tracte bladorum soluendo< ... Factum fuit dictum statutum die quinto Marcij 1407 [05.03.1407]; (152ra–va) >Quod nullus officialis audeat aliquid accipere ultra eius salarium< ... (152va) ... Hoc statutum fuit dictatum et notatum per dominum abbatem sancti Andree de Mantua ... die prima mensis Aprillis millesimo quadringentesimo tercio [01.04.1403] et scriptum per me Barth[olom]eum de Aldrouandis. Reperitur in primo libro voluminis statutorum communis Mantue ...; (152va–vb) >Quod naute cum eorum nauibus oneratis ...< ... Hoc statutum registratum fuit per

me Benedictum de Nicolis notarium.; (152va–153ra) >*De ordine solutionis fiende per Malagrios existentes ad herbaticum super territorio Mantuano*< ... *Dictum statutum factum et dictatum fuit ... die x. mensis Februarij 1407* [10.02.1407]; (153^{ra-va}) >*De modo et forma procedendi contra debitores magnifici domini Mantue et communis Mantue* ...< ... *sine strepitu et figura iudicii. Publicatum fuit die Sabato quintodecimo mensis Decembris Millesimo quadringentesimo octauo, indictione prima* [15.12.1408]. *Finis.*

Keine Kapitelzählung (vgl. aber Zusammenfassung mehrerer Kapitel zu ‚acta' lt. Register). Zum Teil umfangreiche marginale Nachträge von verschiedenen Händen des 15. und 16. Jh.s.: teilweise datierte Ausführungen zur Gültigkeit einzelner Statuten (z. B. 29^v, 100vb: 1531), Verweise auf andere Statuten (z. B. 32^v: Statut vom 07.02.1430; 88^v: Statut des Markgrafs Ludovico II. von Mantua vom 19.04.1469, Notar: Johannes Arrivabenis), Quellenverweise (z. B. 67rb), und Ergänzungen (z. B. 126^v). Marginalglossen z. T. beschnitten (z. B. 87^v).

153va–156rb **Ergänzungen der Statuten durch die Markgrafen von Mantua (Gianfrancesco I. Gonzaga [1407–44] und Ludovico II. [1444–78]) und ihre Sekretäre bzw. Notare, 1417–1462.**

(1) (153^{va-vb}) *Nos Johannesfranciscus de Gonzagha Mant*[uae Marchio ...] *etc. Recolentes cuiusdam statuti positi in volumine statutorum communis nostri Mantue sub rubrica 'De pena non soluentium ...'* [s. o. 140ra] *inter cetera disponentis* ..., dat. 17.11.1417, Notar: *Christophorus de Ariuabenis* ...

Zu Christoforus de Arrivabenis (1422), vgl. BEHNE, Antichi inventari, Nr. 20300009$_3$, S. 60.

(2) (153vb) *De consensu nostro. Mandatum illustrissimi et eximii domini nostri Mantue civitatis. Est quod de quibuscumque* ..., dat. 15.12.1430, Sekretär: *Paulus de Michaelibus prefati illustri domini secretarius ... ex relatione Johannis de Crema,* darunter Eintrag des Notars: *R*[egistratum?] *fuit presens mandatum per me Beneuenutum de Grandeis notarium ad offitium datiorum communis Mantue* ..., dat. 10.01.1431.

Zu Paulus de Michaelibus (Paolo de Micheli, * um 1405, markgräflicher Sekretär, zuständig wohl für die Verwaltung und Ordnung des Archivs der Gonzaga, † 1455) vgl. BEHNE, Archiv der Gonzaga, S. 59–61; zu Johannes de Crema, vgl. BEHNE, Antichi inventari, Nr. 30800059, S. 216.

(3) (153vb–154ra) *De consensu domini. Mandatum illustrissimi p*[raesidis] *et eximii domini Marchionis Mantue etc. Est quod si officialis bini ad minutum uel unus ex eis repiretur* (!) ..., dat. 09.06.1436, Sekretär: *Matheus de Sfondratis secretarius* ... [s. u. Nr. 8], darunter Eintrag des Notars: *Suprascriptum editum siue mandatum in scripta forma registratum fuit ab autentico Johannis de Crema* [s. o. Nr. 2] *releuatum per me Jacobum de Bolzotis notarium publicum ... in Massaria communis* ...

(4) (154^{ra-rb}) *De consensu nostro. Johannesfranciscus Marchio Mantue etc. Supplicato nobis per Andream de Ponte conductionem* ..., dat. 08.08.1436, Sekretär: *Johannes*

Thomeus de Donesmontis prefati illustrissimi domini secretarius visa supra signata …, darunter Eintrag des Notars: *Suprascriptum editum siue decretum seu mandatum … in forma qua supra legitur et scriptum est, registratum fuit per me Lodouicum de Constantia notarium … et eximii legum doct. domini Jeronimi de Pretis iud*[ex] *datiorum* …, dat. 22.08.1436.

(5) (154[rb–va]) *De consensu domini. Johannesfranciscus Marchio Mantue etc. Intendentes quantum possimus datiariis* …, dat. 28.03.1444, Sekretär: *Johannes de Crema*, darunter: *Registratum in libro notariorum officii rectorie car. 18.*

Zu Johannes de Crema vgl. BEHNE, Antichi inventari, Nr. 3080059, S. 216.

(6) (154[va–vb]) [Ergänzung zu den Statuten:] >*De modo et forma procedendi contra debitores. Magnifici domini Mantue et communis Mantue contra bona dictorum debitorum* …<. >*I*<*tem quod dicta tenuta dictorum bonorum* …, dat. 15.12.1408.

(7) (154vb–156ra) *De consensu nostro. Ludouicus Marchio Mantue etc. Ducalis Locutenens generalis etc. Sentientes, quod nouis* (155ra) *inuentionibus et interpetrationibus* (!) *lites contrahuntur in longum* …, dat. 07.05.1462, Sekretäre: *Ego Simon* …, *Marsilius de Andriasiis prefati illustrissimi domini nostri secretarius ad eius mandatum subscripsit*, darunter: *Car. Archi. Raymundus.*

Zu Marsilio Andreasi s. o. Geschichte.

(8) (156ra) *De consensu domini. Johannesfranciscus Marchio Mantue etc.* …, dat. 20.01.1432, Sekretär: *Matheus de Sfondratis prelibati illustrissimi domini nostri secretarius subscripsit* … [s. o. Nr. 3];

(9) (156[ra–rb]) *In libro cridarum in car. 53 in parte ultima de pannis et caligis forensibus non conducendis.* …, dat. 07.12.1451, Sekretär: *Petrus de Ariuabenis prefati illustri domini nostri secretarius … Carolus de Agnellis collecteralis* (!) …, darunter Eintrag des Notars: *Publicatum fuit … per Petrum Tubetam communis Mantue in locis solitis platearum* …, dat. 08.12.1451. Rest von 156rb sowie 156[v] leer.

Zu den Gride (öffentlich ausgerufene Anordnungen mit rechtsverbindlichem Charakter) vgl. BEHNE, Archiv der Gonzaga, S. 33 mit Anm. 88; zu Carlo di Agnellis (1450) vgl. DERS., Antichi inventari, Nr. 40104007, S. 228.

157ra–164ra Liber statutorum communis Mantuae, Liber VII.

>*Liber septimus statutorum communis Mantue. De custodia vignalium infra tria milliaria*<. >*P*<*rimo statuimus et ordinamus, quod custodia uignalium extendatur et sit per tria miliaria* … – … *per malgarios in predictis casibus.*

Eingeteilt in 50 Kapitel ohne Kapitelzählung, lt. Register 5[va–vb] (s. o.) zu 7 acta zusammengefasst. Zur Entstehungsgeschichte und Überlieferung s. o. 7ra.

164ʳ–167ᵛ [Nachträge von mehreren Händen auf ursprünglich leeren Blättern:] **Abschriften von Schreiben an den Herzog von Mantua und anderen Dokumenten, 1444–1517, ital.-lat.**

Einige der genannten Notare nachgewiesen bei Isabella LAZZARINI, Il linguaggio del territorio fra principe e comunità. Il giuramento di fedeltà a Federico Gonzaga (Mantova 1479), Florenz 2009 (Reti Medivali E-Book 13, vgl. http://centri.univr.it/RM/e-book/dwnld/Lazzarini_e Book.pdf) [im Folgenden: LAZZARINI, Linguaggio].

(1) (164ʳ) *Marchio Mantue etc.* [am linken Seitenrand Titel: *pro damnis datis.*] *Carrisime noster. Nuj intendemo per le querelle che alcuni nostri subditi da e medo et citadini nostri Mantuani hanno facto* …, dat. 23.04.1488, Notar (?): *Hector cons*[cripsit?].

Evtl. identisch mit Hector de Agnellis, vgl. LAZZARINI, Linguaggio, S. 132, 229;

(2) (164ʳ) *Spectabilis legum doctoris, tamquam frater noster Honor*[…?] *hauendo scritto* …, dat. 30.03.1468, erwähnt: *Lazaro de Scarampis* (?);
(3) (164ᵛ) *Marchio Mantue etc. Ducalis gubernator generalis etc. Carrisime noster. Intendemo nuj che se trouo fora de molti citadini g.* (?) *de la citade* …, dat. 27.10.1480, erwähnt *Lucido de Mastinis*.

Zu Lucido Mastino vgl. LAZZARINI, Linguaggio, S. 187 mit Anm. 10;

(4) (164ᵛ) *De damnis datis* …, dat. 22.11.1453, erwähnt *Johannes de Malatestis*;
(5) (165ʳ) …, dat. 18.08.1512, Notar: *Cristoforus de Ariuabenis canonicus Mantue* …, darunter: *An*[…?] *Campora notarius* …;
(6) (165ʳ, zweispaltig) *Copia ex libro tercio statutorum Mantue sub rubrica 'De becariis* … '…, dat. 26.02.1470, Notar: [*D?*]*e Turrius de Ariuabenis prefati magnifici domini sindici* …;
(7) (165ᵛ) …, dat. 18.01.1473;
(8) (166ʳ) *Copia ordin. et cridarum* …, dat. 25.08.1498 / 05.12.1499, Notare: *Publicata fuit* … [mehrere unleserlichen Namen] … *Lecta per me Ludoui*[*cum*] *Zorzonum notarium loro Ludouici de Burchis* … *Renouatus fuit scripta* … *per Filippum Scopulum* … *presentibus domino Be*[*r?*]*nadeo de Gorno et sp. domino Tomasso Pendale testibus*;
(9–11) (166ᵛ) *Marchio Mantue etc.* …, dat. 1507, 1502 und 22.08.1492;
(12) (167ʳ) *Copia extracta a L°* [Ludovico?] *proclamatu Mant. 28.* …, dat. 29.08.1444, *Publicatum fuit* … *pro Petrum Tubitum* (s. o. 156ʳᵃ⁻ʳᵇ) …, Notar: *Ego Antonius filius egregii uiri Lodouici de Carnibus* … *ciuitatis Mantue publicus imperiali auctoritate notarius* …;
(13) (167ᵛ) …, dat. 17.06.1517, *Alfonsus dux Ferrarie* [Alfonso I. d'Este, 1505–34 Herzog von Ferrara].

Rest von 167ᵛ und 168ʳ–169ᵛ leer.

Faszikel II

Bl. 170–180. Papier Großregalformat. Wz.: Lilie, mit zwei Staubblättern, darunter Buchstabe M, bei abweichender Größe Typ WZIS AT3800-PO-127930 (Mantua 1556), AT3800-PO-127928 (Mantua 1561) und DE4620-PO-127925 (Trient 1563). Lage: V^{180}; Lagenzusammensetzung nach Heftung bei Restaurierung unklar, vielleicht ursprünglich mit Papierfalzen zusammengeheftete Einzelbll.?; Reklamanten auf den einzelnen Seiten: 170^v, 171^v, 173^v, 175^v, 176^v, 177^v. Schriftraum: 29,5 × 20,5. 2 Spalten, 35–36 Zeilen, humanistische Minuskel von einem Schreiber (16. Jh., 6. Jahrzehnt, wohl Johannes Franciscus de Veronensibus, s. u.), nicht rubriziert.

170ra–180va [**Nachtrag, 1539:**] **Statuta magnificorum dominorum medicorum almae civitatis Mantuae.**
(170ra–171rb) [Promulgation:] *IN CHRISTI NOMINE AMEN. Anno a Natiuitate Millesimo Quingentesimo Trigesimo nono, indictione duodecima, tempore serenissimi principis et domini domini Caroli diuina ei fauente clementia Romanorum Imperatoris semper augusti, die Martis penultimo mensis Aprilis 1539* [29.04.1539], *de sera hora vigesima uel circa, magnifici et clarissimi Jureconsulti, dominus Nazarius Scopulus ducalis auditor, et dominus Antonius Delphinus sindicus et commisarius generalis ambo, ducales consiliarii et senatores dignissimi ... – ... Nomina omnium et singularom dominorum Medicorum, qui fuerunt presentes publicationi prędictę, et iurauerunt ut supra, sequuntur, videlicet:* [(171^{ra-rb}) Liste der 19 anwesenden Mitglieder:] *Prefatus Magnificus D. Hieronymus Gabloneta Viceprior, Mag. D. Ludovicus Panicia, Mag. D. Baptista Cremaschus, Sp*[ectabilis] *D. Philippus Arriuabenus ... – ... Mag. D. Julius Delphinus et et Sp. D. Laurentius Staghellinus;* [(171rb) Liste der 10 abwesenden Mitglieder:] *Nomina uero aliorum absentium, qui non iurauerunt: Sp. D. Baptista Fięra, Mag^{cus} Eques D. Jacobus Arriuabenus, Sp. D. Jo:Maria Facinus ... – ... Sp. D. Camillus Suardus et Sp. D. Caternus Arnulphus*;
(171^{rb-va}) [Prologus:] *IN DEI NOMINE ... FEDERICVS DVX MANTUAE MARCHIO MONTISFERRATI etc.* [Federico II. Gonzaga (1519–1540)] *Cum deceat unumquemque optimum principem in rebus suis ...*;
(171va–177ra) [Text:] *STATVTA MAGNIFICORVM DOMINORVM MEDICORUM ALMĘ CIVITATIS MANTUĘ sequuntur, uidelicet: DE CONVOCATIONE dominorum Medicorum, et Collegio faciendo, et electione primi prioris. CAPitulo primo ... – ... ex dispositione Juris aliæ egregiæ personę,*
am Ende (180ra) Eintrag des Notars: *Ego Johannes Franciscus filius probi viri domini Johannis Iacobi de Veronensibus publicus apostolica et imperiali auctoritatibus notarius ac prefatorum magnificorum et clarissimorum ducalium Senatorum notarius, et scriba, suprascriptorum statutorum in hoc uolumine manu mea ... scripsi meque in eorum fidem cum meis signo, nomine et cognomine consuetis subscripsi*, daneben Notariatszeichen mit Monogramm *I F V.*

Eingeteilt in 32 Kapitel.
Zu Nazario Scopulo („qui Mantuæ sub Frederico, Francisco, Guilelmo Principibus, Senatui & auditorio 40. annos de iure respondit", † 1568), vgl. Janus GRUTERUS: Chronicon Chronicorvm Ecclesiastico-Politicvm [...], Frankfurt 1614, Bd. II, S. 1269 (vgl. Digitalisat: http://reader.digitale-sammlungen.de/resolve/display/bsb10024990.html). Zu den genannten, in Mantua tätigen Ärzten Giacomo Arrivabene („excelentissimae artium et medicinae doctor", † 1542) und Girolamo Gabbioneta († 1553) vgl. Guido REBECCHINI, Portraits by Objects. Three ‚Studioli' in sixteenth century Mantua, in: DERS. / P. JACKSON (Hg.), Mantova e il Rinascimento italiano. Studi in onore di David S. Chambers, Mantua 2011, S. 77–94. Giulio Delfino Arzt in Mantua und Professor in Pavia (†1564), Verfasser von medizinischen Werken (In III Galeni artis medicinalis lib. explanatio und Quaestiones medicinales, Venedig 1557 und 1559), vgl. EDIT16, Nr. CNCE 16438/16439. Camillo Suardi Verfasser eines medizinischen Drucks: Dogma de putredine, o. O. und J (um 1539), vgl. EDIT16, Nr. CNCE 29517.

(180^{rb-va}) [**Nachtrag, 1539**].
Die Ueneris uigesimo octauo mensis Nouembris M.D.XXXIX [28.11.1539]. *Ad tollendum omnem difficultatem seu dubium, quod unquam oriri posset super uerbis statuti* ... – ... am Ende Eintrag des Notars: *Ego Johannes Franciscus de Ueronensibus notarius ... manu mea scripsi et subscripsi.*

Rest der Seite und II^{r-v} leer.

MS 2° R 7787
Statuta populi et communis Florentiae (1415), liber II (De causis civilibus)

Papier · II + 41 + I Bll. · 41 × 28,5 · Toskana (Florenz?) · um 1455–64

Zustand: Erstes und letztes Blatt fleckig (vielleicht nach Aufbewahrung ohne Einband). Papier v. a. am unteren Seitenrand stark fleckig und abgegriffen. Wohl im Zuge der Neubindung um 1918 (s. u. Einband) Risse im Papier auf Bl. 1 und 2 mit Papierstreifen überklebt und Lagenmitten mit Papierstreifen verstärkt (z. B. Bl. 1/2, Bl. 36/37).

Kodikologie: Bleistiftfoliierung Januar 2012: *1–41*, neue Vorsatzblätter vorn und hinten als *I* und *III*, altes Vorsatzblatt vorn als *II* gezählt. Frühneuzeitl. Tintenfoliierung ab dem heutigen Bl. 3 (ohne Zählung des Registers am Beginn): *1–39*. Papier Großregalformat. Wz.: Lage 1 (Register, nur Bl. 2) sowie Lagen 3–5: Dreiberg, in dieser Größe und mit diesem Bindedrahtabstand, aber bei leicht abweichender Form Typ WZIS IT1365-PO-150036 (Brescia 1456), IT5235-PO-150094 (Malpaga 1462) und IT5235-PO-150095 (Brescia 1462); Lage 2: Kardinalshut, weite, aber kurze Schnur, Kopfteil durch Kontur von Krempe abgegrenzt, Formenpaar, in dieser Größe, aber bei abweichendem Bindedrahtabstand Typ WZIS DE8100-PO-31972 (Venedig 1471), DE8100-PO-31973 bis ...–31975 (Mittelitalien 1465); in kleinerer Form Typ IT5235-PO-31971 (Florenz 1459) und IT5235-PO-31970 (Florenz 1460).

Lagen: I² + (V-1)¹¹ + 3 V⁴¹; Reklamanten: 21ᵛ, 31ᵛ; es fehlt ein Bl. nach Bl. 11 (kein Textverlust).

Schriftraum und Seiteneinrichtung je nach Schreiber variierend: 1ᵛ–2ᵛ: Schriftraum 29,5–32 × 19, 1 Spalte, 41–48 Zeilen; 3ʳ–11ᵛ: Schriftraum 29,5–33 × 18–19, 1 Spalte, 41–46 Zeilen; 12ʳ–38ᵛ: Schriftraum 27,5 × 18–18,5, 1 Spalte, 47–48 Zeilen. Humanistische Kursive von drei Händen: H 1: 1ᵛ–2ᵛ (Register), H 2: 3ʳ–11ᵛ, H 3: 12ʳ–38ᵛ, bei H 1 und 2 höheres kalligraphisches Niveau (Übergang zur humanistischen Minuskel). Rubrizierung: gesamtes Register in roter Tinte, von dieser Hand (H 1) durchgängig die roten Überschriften im Text. Wohl ebenfalls von H 1 Paragraphenzeichen am Satzbeginn und unregelmäßige Buchzählung am oberen Seitenrand (*I*, z. T. später ergänzt zu *II*). Kapitelzählung am linken Rand in dem von H 2 geschriebenen Teil in roter Tinte und mit römischen Zahlen (von H 1 eingefügt?), in dem von H 3 geschriebenen Teil in schwarzer Tinte und mit arabischen Zahlen (teilweise beschnitten). Zwei- bis dreizeilige Initialen am Beginn der Rubriken geplant (Repräsentanten), aber nur am Textbeginn (wohl ebenfalls von H 1) ausgeführt: schlichte rote Lombarde mit Aussparungen und Andeutung von Fleuronnéausläufern.

Einband: Auf einen ursprünglichen Holzdeckeleinband verweisen die Wurmlöcher auf den letzten Blättern (Bll. 24–41). Im ersten Viertel des 20. Jh.s (um 1918?) Neubindung in einen mit graugesprenkeltem Papier bezogenen Pappeinband mit Pergamentrücken und -ecken (sehr ähnliche Einbandgestaltung bei dem 1918 an die Bibliothek des Reichsgerichts geschenkten Band MS 2° H 2328); auf dem Rücken Titelaufschrift: *Statutum Florentiae*. Bei der Neubindung Spiegel und Vorsatzbll. vorn und hinten aus modernem Papier (Bl. *I* und *III*) eingefügt.

Geschichte: Die Entstehung der Hs. kann durch die Wz.befunde auf das 3. Viertel des 15. Jh.s, wohl auf den Zeitraum um 1455–65, eingegrenzt werden. Die Hs. entstand mit großer Wahrscheinlichkeit in Florenz, der Schreiber des umfangreichsten Teils (H 3) war wohl ein Notar, vgl. das bei der Schlussformel am Ende (38ᵛ) eingefügte Notariatszeichen mit Monogramm *AMG* (?), darüber Kreuz oder *T*. Auf eine Entstehung vor 1464 verweisen die Marginalglossen mit Hinweisen auf spätere Ergänzungen zu den Statuten (hier die ältesten Verweise auf das Jahr 1464, s. u. 18ᵛ). Die Handschrift wurde durch solche Nachträge bis in die 1570er Jahre aktualisiert. Auf dem alten Vorsatzblatt (Bl. IIʳ) am unteren Seitenrand mit Tinte eingerahmtes Monogramm eines Vorbesitzers (frühe Neuzeit): *V. H. I.* Auf dieser Seite am oberen Seitenrand unleserlicher Tinteneintrag: *hbo* (?). Auf 1ʳ zweizeiliger (Besitz-?)Eintrag gestrichen: *Questo libro e ch*[…]*ANN ANN° 4 I*ᴵⱽᴵ*[…] in SC*[…]; darunter weiterer ebenfalls gestrichener zweizeiliger Eintrag.

Vorbesitzer: Um 1896 im Besitz des Antiquars Pio Luzzietti in Rom, vgl. Bleistifteintrag IIʳ: *Luzzietti, Cat. 96. No. 194: Statuti Fiorentini. Decimario antico*, danach Zitat wohl aus diesem Auktionskatalog: *Mss. cartaceo latino di carte 36 precedute dall' indice. Importantissimo per la storia degli Statuti*. Darunter Angaben zum Preis: *(L. 26. 25). M. 25*. Ebenfalls im Luzzietti-Katalog von [18]96 verzeichnet waren drei weitere Bände der Bibliothek des BVerwG: MS 2° R 6593 (Statuta civitatis Mantuae, nach 1462, Cat. 96, No. 224, s. Beschreibung) sowie MS 4° R 7395 (Statuti di Napoli, 17. Jh., Luzzietti, Cat. 96. No. 172) und MS 8° R 7438 (Statuti originali di San Vito, Luzzietti, Cat. 96. No. 217).

Die Hs. wurde am 14.07.1899 von der Serig'schen Buchhandlung Leipzig für 25 Reichsmark an die Bibliothek des Reichsgerichts verkauft, vgl. Zugangsbuch Nr. 6, 1894–1899, Zugangsnummer: 47935, sowie Bleistifteintrag auf II^r: *47935*. Am selben Tag wurden auch die oben genannten drei weiteren Bände aus der Luzzietti-Sammlung (Zugangsnummer: 47933, 47936 und 47937) von Serig an das Reichsgericht verkauft. Stempel der Bibliotheken des Reichsgerichts auf II^r sowie des Bundesgerichtshofs (durchgestrichen) und des BVerwG auf II^v.

Literatur: DOLEZALEK Liste 2005: http://www.uni-leipzig.de/~jurarom/manuscr/RgMsMatr. html.

1^v–2^v **Register.**
>*II. De modo procedendi in ciuilibus causis.* R[ubrica] *1. De modo probandi mortem, filiationem, tabellionatum et iurisdictionem.* R[ubrica] *2. ... – ... De gabella soluenda pro satisdacione in causa ciuili. 132.*<

3^r–38^v **Statuta populi et communis Florentiae (1415), liber II (De causis civilibus).**
>*De modo procedendi in ciuilibus causis. Rubrica i*<. >S<*tatuimus, quod tempora causarum ciuilium et mistarum* [Druck: mixtarum] *quarumcumque sint,* [Druck: et] *esse intelligantur sexaginta dierum utilium ... – ... et absque solutione ghabelle supradicte. Amen.* [abgesetzt:] *Laus deo sit* >*semper amen*<, darunter Notariatszeichen mit Monogramm *AMG* (?), darüber Kreuz oder *T*.

Druck: Statuta populi et communis Florentiae publica auctoritate collecta castigata et praeposita anno salutis MCCCCXV, Freiburg: Apud Michaelem Kluch [eigentlich Florenz: Bonducciana], Tom. I–III, 1778–83, hier Bd. I, S. 109–226.
Hier nur Buch II (unterteilt in 132 Rubriken) der insgesamt fünf Bücher umfassenden Statuten von Florenz von 1415. Es handelt sich um eine umfassende Neubearbeitung der älteren Statuten von 1322/1325 (vgl. Romolo CAGGESE [Hg.], Statuti della Repubblica Fiorentina, 2 Bde., Florenz 1910 und 1921), die 1414/15 von einer Kommission unter Leitung der Rechtsgelehrten Bartolomeo Volpi da Socino und Paolo di Castro erarbeitet wurde und bis 1530 als definitive Rechtsgrundlage der Kommune galt. Zur Entstehung vgl. CHELAZZI (Hg.), Catalogo della raccolta, Bd. III, S. 96f.; Giuseppe BISCIONE (Hg.), Archivio di Stato di Firenze: Statuti del Comune di Firenze nell' Archivio di Stato. Tradizione archivistica e ordinamenti (Pubblicazioni degli Archivi di Stato, Strumenti CLXXXV), Rom 2009, [vgl. Onlineausgabe: http://www.archivi.beniculturali.it/DGA-free/Strumenti/Strumenti_CLXXXV.pdf], S. 59–132, 649–674, zur Überlieferung, häufig separat in einzelnen Büchern (ohne diese Hs.), vgl. ebd, Inventario Nr. 25–30, S. 718–734.
Korrekturen der Schreiber sowie Marginalglossen von verschiedenen Händen des 15. und 16. Jh.s: Stellenverweise sowie Hinweise auf spätere Ergänzungen der Statuten (zwischen 1464 und 1578), z. B.: (3^r) 27.07.1477, (5^v) 06.07.1476, (6^v) 13.09.1479, (10^v) 1558/1564, (11^v) 06.06.1476, (13^r) 23.07.1477, (16^r) 14.10.1477, (17^r) 15.02.1531 und 28.02.(?).1528, (18^v) 16.04.1464, (19^r) 21.06.1491, (28^r) 1553, (28^v) 15.03.1556 und 1576, (29^r) 13.02.1554, (31^r) 1578, (37^r) 15.07.1564. Unterstreichungen (z. B. 11^r, 17^r, 18^r) und Zeigehände (z. B. 19^r).

39^r–41^v leer.

MS 4° A 10842
Siegfried Plaghal: Excerpta novorum iurium

Papier · I + 227 + I Bll. · 29,5 × 21 · Franken (?) · um 1470–75

Zustand: Vor allem im hinteren Bereich Feuchtigkeitsflecken. Mehrere lose Bll. bei Neubindung im 19. Jh. auf Textilfalzen eingeheftet (s. u. Kodikologie).

Kodikologie: Bleistiftfoliierung Februar 2011: *1–227*, die Vorsatzblätter vorn und hinten als *I* und *II* bezeichnet. Zeitgenössische rote Foliierung, nur auf den ersten Bll. (Bl. 1–4). Wz.: durchgängig Waage mit gerader Waagschale, Formenpaar (W und *W), W Variante zu WZIS DE8085-PO-116197 (Schwäbisch-Gmünd 1473) und DE6300-PO-116198 (Rothenburg o. d. Tauber 1472), *W Variante zu WZIS DE6300-PO-116199 (Rothenburg o. d. Tauber 1472), vgl. auch Typ PICCARD V,I, 269/270 (Rothenburg o. d. Tauber 1472); nur Bl. 9/10 (wohl älteres Restpapier): Ochsenkopf, darüber zweikonturige Stange mit Blume, darunter zweikonturiges Kreuz, Formenpaar (OK und *OK), davon *OK Typ WZIS AT3800-PO-70210 (Kempten 1469), vgl. auch Typ PICCARD II,XIII,727 (Aalen, Fulda, Kempten, Nürnberg 1467–69).

Lagen: (VI-1)^{11} + 19 VI^{227}; wahrscheinlich fehlt ein Blatt vor Bl. 1 (kein Textverlust); bei Neubindung im 19. Jh. wurden jeweils Textilfalze um die beiden Außenbll. der Lagen gelegt und lose Bll. (mit Bleistiftfoliierung unter der rb-Spalte markiert, vgl. Bl. 1, 3, 10, 14, 22, 26, 34, 38 etc.) auf Textilfalzen in die Bindung eingeheftet.

Schriftraum: 22 × 13,5, 2 Spalten, 37 Zeilen. Kursive von einer Hand, Marginalglossen vom Schreiber (z. B. 22^r, 27^v). Rubrizierung: Überschriften, Unterstreichungen. 1ra am Beginn des Schreibereintrags 10zeilige rote Cadelle, 1rb am Beginn des ersten Abschnitts 6zeilige A-Initiale mit cadellenartigen Verzierungen. Geplante Initialen am Beginn der Abschnitte zu den einzelnen Buchstaben teilweise nicht ausgeführt: B (28ra), C (35ra), D (59vb), E (72ra), O (157ra), P (162va), Q (187va), R (188ra); teilweise in differierender Ausführung: F (97rb) und L (142ra) Fleuronné-Initialen mit ornamental gespaltenem Buchstabenkörper, 97rb in Rot mit Maske als Besatz, 142ra in Rot und Schwarz; G (103va), H (118rb), T (213rb) und U (220ra) vergrößerte Lombarden mit Aussparungen und Ausläufern; S (198vb) rot umrandete, als Flechtband gestaltete Initiale; M (148va), N (155va) und X (226va) schlichte rote Lombarde; Y (227rb) rot umrandete Lombarde, I (122vb) Tintencadelle mit roten Punkten. Zur weiteren Gliederung 1zeilige rote Lombarden am Beginn der einzelnen Lemmata.

Einband: Moderner Einband, 19. Jh., Pappdeckel mit Marmorpapier, heller Lederrücken mit schwarzem Titelschild und Titelprägung: *Plaghal, Excerpta nouorum jurium*, Vorsatzbll. und Spiegel aus Papier des 19. Jh.s.

Geschichte: Die Hs. wurde nach Ausweis des. Wz.befunds um 1470–75 auf im fränkischen und schwäbischen Raum verwendeten Papier angefertigt. Zum Autor, dem Bamberger Stadtjuristen (Iuris consultus) Siegfried Plaghal, und zur Entstehung des Werks im Jahr 1457, s. u. 1ra.

Siegfried Plaghal (auch Plachal, Planckthal) wurde in Aschaffenburg geboren. Um 1455 studierte er (in Rom?) kanonisches Recht (vgl. Rep. Germ. VII, Nr. 2562), war 1457 Lizenziat des kanonischen Rechts (*in sacris canonibus licenciatus*, s. u. 1ra) und wurde vor 21.07.1463 zum Doctor decretorum promoviert (vgl. Rep. Germ. VIII, Nr. 5209). Wohl in dieser Zeit trat er der Bruderschaft S. Maria dell'Anima in Rom bei (vgl. JAENIG [Hg.], Liber confraternitatis, S. 73, Nr. 143: *Sifridus Plachal decret. doctor, can. s. Johannis Novi mon. Herbipol.*). 1457 war er Iuris consultus der Stadt Bamberg (s. u. 1ra), von 1467 bis 1475 der bedeutendste Nürnberger Ratsjurist. Neben seinen weltlichen Ämtern erwarb Plaghal mehrere geistliche Pfründen. 1452 wurde er als Inhaber der Pfarrei Michelbach in Bamberg zum Priester geweiht. Zu unbekanntem Zeitpunkt (1457/58?) war er Inhaber einer Domvikarie in Bamberg. Seit dem 27. April 1462 war er Kanoniker und von 1464–67 Scholaster am Stift St. Peter und Alexander in Aschaffenburg. Vor 1464 war er außerdem Inhaber eines Kanonikats am Stift Neumünster in Würzburg (bereits vor 24. November 1458 war er mit diesem Kanonikat providiert worden, vgl. Rep. Germ. VIII, Nr. 5209). Er starb am 22. Juli 1476. Vgl. WILL, Gelehrtenlexikon, Bd. 3, S. 203; AMRHEIN, Prälaten Aschaffenburg, S. 291 Nr. 4; KIST, Matrikel, Nr. 544; STOBBE, Rechtsquellen, S. 60, Anm. (Liste der Stadtjuristen Nürnbergs); WENDEHORST, Stift Neumünster Würzburg, S. 534; Friedrich Wolfgang ELLINGER, Die Juristen der Reichsstadt Nürnberg vom 15. bis 17. Jahrhundert, Diss. masch., Nürnberg 1950, S. 55; DERS., Die Juristen der Reichsstadt Nürnberg vom 15. bis 17. Jahrhundert (Kurzfassung) in: Reichsstadt Nürnberg, Altdorf und Hersbruck. Genealogica, Heraldica, Juridica (Freie Schriftenfolge der Gesellschaft für Familienforschung in Franken. Bd. 6), Nürnberg 1954, S. 130–228, hier S. 161f.; Eberhard ISENMANN, „Pares curiae" und „väterliche, alte und freie Lehen". Lehnrechtliche Konsilien deutscher Juristen des 15. Jahrhunderts, in: Franz FUCHS u. a. (Hg.), König, Fürsten und Reich im 15. Jahrhundert (Beihefte zu J. F. Böhmer, Regesta Imperii 29), Köln 2009, S. 231–288, hier S. 254 mit weiterer Lit.

Plaghal schenkte mindestens drei Hss. an die Ratsbibliothek der Stadt Nürnberg: Nürnberg, StadtB, Cent. II, 73 (Guido de Baysio, Oberitalien, 14. Jh., 1. Hälfte), Cent. II, 80 (Ludowicus Pontanus de Roma, 15. Jh., Mitte) und Cent. II, 95 (Paulus de Castro, Nürnberg, 1470), jeweils mit fast gleichlautendem Schenkungsvermerk und Wappen des Vorbesitzers, vgl. NESKE, StadtB Nürnberg 3, S. 55, 64f., 80f., 167; KRÄMER, Scriptores. Auch das Benediktinerkloster St. Egidien in Nürnberg bedachte er mit Büchern, u. a. einem zweibändigen Bibeldruck, vgl. MBK III/3, S. 423²³⁻²⁷. Wohl ebenfalls aus Plaghals Besitz stammt die Hs. Aschaffenburg, Stiftsbibliothek, Ms. Pap. 9 (Prozessprotokoll, Nürnberg, nach 1472), vgl. HOFFMANN/HAUKE, StiftB Aschaffenburg, S. 98f. (dort Plaghal als ‚korher und schulmaister des Stifts zu Awschaffennpurg' bezeichnet). Ein Rechtsgutachten Plaghals auch enthalten in Nürnberg, StadtB, Cent. VI, 11, 349r–353v, vgl. NESKE, StadtB Nürnberg 3, S. 133.

191va rubrizierter Eintrag eines späteren Benutzers (16. Jh.): *Michel Krebs*.

Die Hs. wurde am 15.09.1884 von der Buchhandlung Max Cohen und Sohn (Bonn) für 20 Reichsmark an die Bibliothek des Reichsgerichts verkauft, vgl. Zugangsbuch Nr. 4, 1883–1889, Zugangsnummer: 19059. 1r Stempel der Bibliothek des Reichsgerichts, Vorsatz vorn, Versoseite: Stempel der Bibliothek des Bundesgerichtshofs sowie Stempel der Bibliothek des BVerwG.

Literatur:
– DOLEZALEK Liste 2005: http://www.uni-leipzig.de/~jurarom/manuscr/RgMsMatr.html;
– EIFLER, Handschriften und Fragmente der ehemaligen Reichsgerichtsbibliothek, S. 164f., mit Abb. 9 (MS 4° A 10842, 1r).

1^(rb)–227^(rb) **Siegfried Plaghal: Excerpta novorum iurium** (Repertorium Libri Sexti, Clementinarum et Extravagantium, alphabeticum).

(1^(ra)) [einleitende Angaben zu Autor und Entstehung des Werks:] >*Incipiunt excerpta nouorum iurium per venerabilem virum dominum Syfridum Plaghal in sacris canonibus licenciatus offic*[ialis]*que Bambergensis de anno domini M° cccc lvii° penultima Maii in inclita Bambergense ciuitate secundum ordinem alphabeti recollecta et completa. Quibus fidem placeat adhiberi, cum nil de suo addidit, sed totum ex textibus et glosellis autenticis recepit prout de hoc in fine cuiuslibet paragraphi ad loca autentica eorundem nouorum iurium habentur remissiones.*<.
(1^(ra–rb)) Übersicht der Lemmata zum Buchstaben A.
(1^(rb)–227^(rb)) [Text:] >*A*< *Hec dictio coniuncta numero dierum excludit illam diem cui adiungitur* … – … >*Y*<*Hesus hebraice dicitur latine salvator. Et de hoc glorioso nomine Jhesus, quod est super omne nomen,* … *Et idem Jhesus dignetur huius repertorii collectorem una cum ipsum repertorium diligenter studentibus in iuris canonici scientia sue* (!) *ingenti lumine illustrare, ipsosque ab omni iniustitia preservare. Amen.* (227^(rb)) *Expliciunt excerpta nouorum iurium.*

Alphabetisch geordnete Exzerptsammlung aus den Texten zu den Nova iura (Liber Sextus, Clementinen). Am Anfang jedes Buchstabens Liste der Lemmata. Im Text und am Ende der Lemmata jeweils Verweise auf die Quellen (s. o. Schreibereintrag): *li vi* (Liber Sextus), *in cle* (in Clementinas), *glo. in cle.* (z. B. 3^(ra), Glossa in Clementinas, evtl. des JOHANNES ANDREAE), *archid.* (z. B. 1^(va), 2^(va), Archidiaconus / GUIDO DE BAISIO), *secundum Host.* (z. B. 2^(rb), HENRICUS DE SEGUSIO / HOSTIENSIS), *Jo. Monachi* (z. B. 2^(ra), JOHANNES MONACHUS, wohl Glossa aurea zum Liber Sextus), sowie mehrfach (z. B. 3^(vb), 29^(ra)): *Panor* (PANORMITANUS = NICOLAUS DE TUDESCHIS).
Selten Korrekturen (z. B. 166^(va) rubriziert) und marginale Glossen vom Schreiber, z. B. 22^(rb), 27^(va), 51^(rb); Passagen durch Zeigehände oder Notazeichen in roter Tinte hervorgehoben, z. B. 32^(va), 33^(va), 38^(vb), 44^(ra), 45^(rb) etc.

Rest von 227^(rb) sowie 227^(v) leer.

MS 4° B 2668
Juristische Sammelhandschrift: Expositio titulorum legalium, Johannes Urbach, Guillelmus Durantis, Apetczko etc.

Papier · I + 238 Bll. · 32,5 × 21,5 · östliches Mitteldeutschland · 1476

Zustand: Flecken auf dem ersten und letzten Bl. sowie auf Bl. 131, Tintenflecken (u. a. Bl. 3^(v), 143^(r), 146^(v)–150^(r)), Bl. 125 am Rand beschädigt, sonst gut erhalten.

Kodikologie: Bleistiftfoliierung März 2011: *1–238*, das Vorsatzblatt vorn bezeichnet als *I*. Wz.: Lagen 1–6, 15–20: Dreiberg mit zweikonturiger Stange und zweikonturigem Kreuz, Formenpaar (DB 1 und *DB 1), Varianten zu WZIS DE1335-PO-151532 (Braunschweig

1476) und DE8085-PO-151701 (Ilsfeld 1476), Lagen 7–14: Dreiberg mit zweikonturiger Stange und zweikonturigem Kreuz, Formenpaar (DB 2 und *DB 2), davon *DB 2 Variante zu WZIS DE4620-PO-151638 (Leipzig 1477).
Lagen: VI^{12} + (VI-1)^{23} + 8 VI^{119} + (VI-1)^{130}+ 9 VI^{238}, jeweils ein Bl. herausgeschnitten nach Bl. 22 (Textverlust) und Bl. 129 (kein Textverlust), Reklamanten: 12^v, 23^v, 35^v, 47^v etc. bis 226^v. Schriftraum 23,5–24 × 13,8–14. 1 Spalte, 44–50 Zeilen. Bastarda von einer Hand. Rubrizierung vom Schreiber: Überschriften, Seitentitel und Buchzählung. Tituli im ersten Text (1^r–119^r) in größerem Schriftgrad und eingerückt. 1^r, 104^r, 120^r, 121^r, 167^r, u. ö. 4–8zeilige blaue bzw. rote Lombarden, Binnenfeld gelb gefüllt, z. T. mit Aussparmotiven und Ausläufern.

Einband: zeitgenössischer Holzdeckeleinband, überzogen mit braunem Kalbsleder, mit einfachen Streicheisenlinien in rechteckige Felder geteilt, Leder stark abgenutzt, dadurch Stempel kaum zu erkennen. Mittelfeld mit dicht nebeneinandergesetztem Einzelstempel ausgefüllt: Herz, durchstochen, rhomb. nach links (Größe: 2,2 cm), an den Ansätzen der Bünde weiterer Stempel: drei Kreise bzw. Kleeblatt (Größe: 1,4 cm), beide Stempel bei S-S, EBDB nicht nachweisbar. Herz-Stempel ähnlich einem bei LOH, Leipziger Buchbinder, Tafel 13, Nr. 39, für die Werkstatt ‚Leipzig, Hans Wetherhan' nachgewiesenen Stempel. LOH, ebd., S. 66f., weist für die ca. 1445 bis ca. 1480, hauptsächlich für die Leipziger Universität tätige Werkstatt 40 erhaltene Einbände nach (vgl. Anlage 3, Bl. 2) und sieht als Charakteristikum der Werkstatt ein „komplettes Ausfüllen des Mittelrahmens mit nur einem Stempel" an. Bei einer Sichtung der von LOH dieser Werkstatt zugewiesenen 26 Einbände der UB Leipzig konnte der Herz-Stempel jedoch nicht nachgewiesen werden. Insgesamt weicht das Schema der Deckeleinteilung bei diesem Band von dem bei den ‚Wetherhan'-Einbänden üblichen ab, wo das dicht mit Einzelstempeln (häufig Pelikan) ausgefüllte Mittelfeld von einem oder zwei aus einfachen Streicheisenlinien gebildeten Rahmen mit weiteren Stempeln umgeben wird. Zwei Schließen mit rechteckigem Fensterlager erhalten, davon bei einer Riemenhaken verloren. Schnitt gelb gefärbt. Rücken mit braunem Leder erneuert, dabei Reste des alten Leders auf das neue geklebt, auf dem Rücken rotes Titelschild mit Goldprägung: *DECLARATIO TITULORUM LEGALIUM / 1489*, die Jahresangabe bezieht sich wohl fälschlich auf das Druckdatum des ersten Textes. Sehr wahrscheinlich wurde zu unbekanntem Zeitpunkt ein Spiegel entfernt.

Fragment: zur Verstärkung in den Lagenmitten ca. 1 cm breite Streifen aus längs bzw. seltener quer zerschnittenem Pergamentblatt bzw. -blättern, Größe mindestens 32,5 × 32,5, beidseitig beschriftet nach Bl. 53, 89, 113, 136, 148, 172, 184, 220, 232, 2 Spalten, Schriftraum ca. 27 × 23, 32 Zeilen, Textualis, 14. Jh. (?), rubriziert, rote und blaue Fleuronné-Initiale (nach Bl. 53, 148, 232 sichtbar), Inhalt: wohl liturgischer Text, bei längs beschnittenen Streifen nur einzelne Buchstaben lesbar, nach Bl. 220: *... dicentes quia hic homo cepit e*[*dificare ...*] (Lc 14,30).

Geschichte: Die Hs. wurde 1476 von einem Schreiber angelegt, s. Datierung 119^r, vgl. auch Wz.befund. Das Entstehungsgebiet kann grob auf den östlichen mitteldeutschen Bereich eingegrenzt werden. Dafür spricht außer dem Wz.befund (s. o. *DB 2 Variante zu 1477 in Leipzig verwendetem Papier) die Entstehung und der singuläre Druck des ersten Textes in Leipzig sowie der Einband, der für Leipziger Einbände typische Gestaltungsmerkmale aufweist, s. o. Einband. Der Text auf 167^r–236^v scheint hingegen v. a. in Brandenburg verbreitet gewesen zu sein und wurde evtl. von einem aus Niederschlesien stammenden, an der Leipziger Universität immatrikulierten Autor verfasst (s. u. Inhalt). Der Buchschmuck (v. a. die gelb ausgefüllten Initialen) weist jedoch eher auf den südlichen (böhmischen?) Bereich. Die Textzusammenstellung ab 120^r (Texte im Zusammenhang mit der Beichte) deutet evtl. auf einen Geistlichen als Vorbesitzer; gegen eine Verwendung im Lehrbetrieb spricht hingegen das fast völlige Fehlen von Glossen.

Die Hs. war seit spätestens 1856 im Besitz der Serig'schen Buchhandlung in Leipzig (s. u. Beilage) und wurde am 04.11.1880 für 6,- Reichsmark für die Bibliothek des Reichsgerichts erworben, vgl. Zugangsbuch Nr. 3, 1879–1883, Zugangsnummer: 10694, sowie Eintrag auf Bl. I^{r-v}, s. u. Beilage. Stempel der Bibliothek des Reichsgerichts auf 1^r sowie der Bibliotheken des Bundesgerichtshofs und des BVerwG auf I^r.

Beilage Bl. I: Zettel mit Angaben zum Inhalt der Hs. (19. Jh., im 20. Jh. mit Bleistift korrigiert): *Manuscript, enth. Index alphab. titul Legalium ... – Rubrica de penis et remissionibus. – Incipit director. per Joh. Aurbach* [interlinear eingefügt: doctorem] *decretor. compos. pro institut. co*[korr.: *si*]*mplic. presbyterorum in cura animarum. II. Part – ... Promptuar. iur. Apetzko (Hoc sine dubio nomen autor. est ...). fol. (1451*[korr.: 76]*) Hlzbd. Sauber geschrieben und rein gehalten, circa 250 Blät. Manuscr. Verz. V. Serig's Antiquarium Lpz. 1856.* (Verweis auf Bücher-Verzeichnis von Serig's Antiquarium, 1856: Dresden, SLUB, Cat.libr.0262 [nicht eingesehen], vgl. LOH, IBAK, Folge 10, 1990, S. 143); auf I^v aufgeklebter Zettel (aus Auktionskatalog?): *a u 111 Der Serig'schen Buchh. in Leipzig.*

Literatur: DOLEZALEK Liste 2005: http://www.uni-leipzig.de/~jurarom/manuscr/RgMsMatr.html.

1^r–119^r **Expositio titulorum legalium.**
>*Sequuntur tituli legales*<. (1^{r-v}) [Prologus:] >C<*Vm nichil studiosius in omnibus* [interlinear eingefügt: *rebus*] *reperiatur quam legum auctoritas ... – ... Que omnia valde sunt notanda et menti tenenda.* (1^v–119^r) [Text:] *Sequuntur tituli libri institucionum secundum ordinem alphabeti. Et primo incipiende* (!) *a titulis de A, hec est, qui incipiuntur ab ista littera A, et posterius de B secundum ordinem alphabeti.* >*Adopcionibus*<. >A<*doptio est legitimus actus, per quem quis efficitur filius ... – ...* (118^v) ... *Vasallo qui contra constituciones Lotarij feudum alienauit ... l. i.* (119^r) *ff. 'quod metus causa* [gestum erit' = D. 4.2.1]. *Hec supra dicta pro aliquali exposicionem et breui titulorum iuris ciuilis sufficiant ad dei laudem. Amen. 1476.*

Eingeteilt nach den Büchern des Corpus Iuris Civilis: (1^v–14^r) Institutiones, (15^r–84^r) Codex Iustinianus, (84^v–104^v) Digesten, unterteilt in Digestum vetus (Pandectae), Infortiatum und Digestum novum, (104^v–116^r) Liber Authenticorum (Novellae), (116^r–119^r) Libri feudorum, dazwischen z. T. leere Seiten (Rest von 14^r und 14^v, Rest von 101^v). Wenige Marginalglossen von späterer Hand auf 1^r–2^r.

Zum Werk und Inhalt vgl. STINZING, Geschichte, S. 49–51, hier S. 51 ein Leipziger Autor angenommen. Auch in Leipzig, UB, Ms 907, 1^r–144^r (danach der Text am 4.10.1474 ‚in Liptczk' abgeschlossen), vgl. HELSSIG, UB Leipzig IV/3, S. 31f., sowie in Berlin, SBB-PK, Ms. lat. fol. 304 (Leipzig, um 1475), 1^r–173^v, vgl. Beschreibung von Jürgen Geiß-Wunderlich: http://www.manuscripta-mediaevalia.de/dokumente/html/obj31278406. Das Werk wurde am 14.VII.1489 in Leipzig von Moritz Brandis gedruckt, vgl. GW 8226 sowie Digitalisat des Exemplars der SBB-PK: https://digital.staatsbibliothek-berlin.de/werkansicht/?PPN=PPN86925619X; eine weitere Ausgabe ist nicht bekannt, vgl. auch die Bleistiftnotiz 1ʳ (20. Jh.): *Gedruckt unter dem Titel Declaratio titulorum legalium Leipzig 1489.*

Rest von 119ʳ sowie 119ᵛ leer.

120ʳ–130ʳ **Rubrica de poenitentiis et remissionibus** (Lectura über X 5.38.12/13).
>*Rubrica de pe*[nitentiis] *et re*[missionibus]<. (120ʳ–121ʳ) [Prologus:] >*U<lso de penis, que infliguntur in foro contentioso et iudiciali et pro manifestis* ... (121ʳ–130ʳ) [Text:] >*O<mnis* (= X 5.38.12: Omnis utriusque sexus fidelis ..., vgl. FRIEDBERG II, Sp. 887f.) *Quilibet doli capax tenetur saltem semel in anno confiteri suo proprio sacerdoti* ... – ... *spiritum sanctum misit insignum benedictionis eterne. Ad quam nos perducat omnipotens deus. Amen.*
Ein Text mit diesem Incipit auch in Wolfenbüttel, HAB, Cod. Guelf. 81.9 Aug. 2° (Braunschweig?, 1475/76), 200ʳ–214ᵛ, vgl. HEINEMANN, Wolfenbüttel, Aug. IV, S. 25.

130ʳ **De officio missae (nach Ps.-Bonaventura: Tabula ante celebrationem missae consideranda).**
>*Nota circa officium misse*<. *Nota: Sacerdos volens digne celebrare, primo accedat cum intencionis discussione, scilicet* (?) *ne* [gestrichen: *sacerdos*] *propter vanam gloriam, propter verecundiam vel propter timorem celebret* ... – ... *propter reuerentiam excellentissime diuinitatis Christi. Hec Bonauentura* [Wort gestrichen und interlinear eingefügt: *Ro*(manae ?)] *ecclesie cardinalis etc.*
Auch in Ansbach, Staatliche Bibliothek (Schloßbibliothek), Ms. lat. 19, 272ᵛᵃ⁻ᵛᵇ, vgl. KELLER, Ansbach I, S. 65. Zum Werk vgl. FRANZ, Messe, S. 463 mit Anm. 1, 474f.; DISTELBRINK, Bonaventurae scripta, Nr. 225, S. 200f.

130ᵛ–156ᵛ **Johannes Urbach (Auerbach): Summa de auditione confessionis et de sacramentis (= Directorium curatorum).**
>*Incipit directorium per dominum Johannem Awrbach egregium doctorem decretorum compositum pro instructione simplicium presbiterorum in cura animarum*<. (130ᵛ) [Prologus:] >*A<d laudem dei, animarum salutem curatorumque simplicium breuem et simplicem directionem infra scripta ex textu iuris canonici doctorum dictis* ... (130ᵛ–156ᵛ) [Text:] >*De practica, modis et instructionibus, quibus uti* ... *debeat confessor in audicionem confessionum* .... *Et primo de actu, audicione, confesssione et interrogacionibus* ...<. >*S<I iuxta legis sentenciam ciuilis inportantibus* [sonst: *in pertractantibus*] *causas rerum prophanarum iuris, in quo uersantur* ... – ... *Exurgat deus et dissipentur inimici eius et fugiant etc.*

Drucke: GW 2852–2854; eingesehenes Digitalisat: Augsburg: Günther Zainer, 1469 (GW 2852), vgl. http://daten.digitale-sammlungen.de/~db/0004/bsb00043204/images.
Das 1420 erstmals bezeugte Werk war im Mittelalter sehr häufig überliefert, v. a. weil verschiedene Synodalstatuten (z. B. Eichstätt 1434 und 1447, Brixen 1449 und 1453, Augsburg 1452) mit Bezug auf ein Dekret des Basler Konzils die Pfarrer der jeweiligen Diözese aufforderten, den Text binnen Jahresfrist anzuschaffen. Zur bislang noch nicht systematisch erforschten Überlieferung (jeweils ohne diese Hs.) vgl. SCHULTE, GQ II, S. 447f. mit Anm. 2; Hartmut BOOCKMANN, Art. ‚Urbach (Auerbach), Johannes', in: ²VL 10 (1999), Sp. 117–121, hier Sp. 120 (danach allein in der BSB München 50 Textzeugen); BLOOMFIELD, Incipits, Nr. 252. Zum Verfasser, der sehr wahrscheinlich seit 1405 an der Erfurter Universität studierte, in Heidelberg zum Doctor decretorum promoviert wurde und möglicherweise an seinem Lebensende (nach 1422) als Pfründner in das Erfurter Petersklosters eintrat, vgl. BOOCKMANN, ebd., Sp. 118; DERS., Aus den Handakten des Kanonisten Johannes Urbach (Auerbach), in: DA 28 (1972), S. 497–532, hier S. 530f.

156^v–162^v Johannes Urbach (Auerbach) (?): Tractatus de restitutionibus et qualiter sit restitutio facienda.

>*Tractatus de restitucionibus et qualiter sit restitutio facienda*<. >*Q*<*oniam, sicut scriptum est, mendaces sunt filii hominum* ... (Ps 61,10), *multi casus occurrunt confessoribus, in quibus alter decipit alterum* ... – ... *ne nimia seueritas uel remissio perire faciat, quos discreta poterat equitas revocare etc.*

Dieser Traktat wie hier häufig mit dem Directorium curatorum Urbachs und dem Durantis-Exzerpt (s. u.) überliefert und möglicherweise ebenfalls als Werk des Johannes Urbach anzusehen. Zur Überlieferung und Verfasserfrage vgl. BOOCKMANN, Handakten (s. o. 130^v), S. 529, Anm. 91 (ohne diese Hs.). Vgl. auch BLOOMFIELD, Incipits, Nr. 5028.

162^v–164^v Guillelmus Durantis: De penitentiis et remissionibus (Auszug aus: Repertorium aureum iuris canonici).

>*Repertorium aureum Wilhelmi Duranti*<. >*A*<*N circumstancie uel dignitas aggrauant peccatum, xl dies homo Extra de iureiurando 'Cum quidam'* (X 2.24.12, vgl. FRIEDBERG II, Sp. 363) ... – ... *usque ad quod tempus. Et sic est finis huius operis, sit laus et gloria Christo. Amen.*

Druck: GW 9145–9147. Eingesehenes Digitalisat: Venedig: Paganinus de Paganinis, 21.II. 1496/97 (GW 9147), 60va–61vb, vgl. http://daten.digitale-sammlungen.de/~db/0005/bsb000 52551/images. Zur Überlieferung vgl. SCHULTE, GQ II, S. 152f. mit Anm. 38 (ohne diese Hs.).

Rest von 164^v und 165^r–166^v am Lagenende leer.

167^r–236^v Apetczko: Promptuarium iuris canonici.

>*Assit in principio sancta Maria. Promptuarium iuris Apetczko*< (167^r) [Prologus:] >*O*<*mnium habere memoriam pocius est diuinitatis quam humanitatis* ... *Sunt tamen nonnulli, qui, licet ius canonicum bene studuerunt, dum tamen secularibus*

negociis presertim in curiis principum ac curis monasteriorum, ecclesiarum, siue animarum siue domesticarum inuoluantur, contigit interdum, ut id, quod in iure sepius legerunt, ab aliis interrogati ... in prompto de facili non patet responsio. Verum quia ego Apeczko iuris ignarus, sed eciam obliuiosus ea, que sepius perlegi, postmodum aliquo temporis intervallo oblivio, ... quapropter presens opusculum in nomine domini aggediar, in quo de materia quesita, ubi de hoc in iure tractatur. Pro [sonst: per] *remissiones hic conscriptas facilius poterit inueniri omnium legencium correctioni humiliter me submittens. Quod quidem opusculum promptuarium opto nuncupari. In quo mihi deo propicio talem ordinem intendo obseruare ...* (167^r–236^v) [Text:] *>L<Iber Decretorum distinctus est in tres partes, quarum prima vocatur Distinctiones, secunda Cause, tercia De Consecracione ...* (167^v) *... >A<bbas est nomen dignitatis de electione ... – ... de verborum significatione, abbate, in apostolis* (?). *Et sic est finis.'*

Eingeteilt in Lemmata von ‚Abbas' bis ‚Xpus (Christus)'.
Dieser Text als ‚Promptuarium iuris abecedarium optimum' unter dem Verfassernamen ‚Apeczko' auch überliefert in Berlin, SBB-PK, Ms. theol. lat. fol. 228, 260^r–385^r (vgl. ROSE, Berlin II/2, Nr. 668, S. 638–641), Ms. lat. fol. 176 (Brandenburg, Franziskanerkloster), 8^r–202^r (vgl. ROSE, ebd., Nr. 669, S. 641f., ohne Autornennung), und Ms. lat. fol. 208 (Brandenburg), 235^r–237^r (nur die Vorrede, vgl. ROSE, ebd., S. 644). Eine unvollständige Abschrift auch erhalten in Dessau, ALB, Georg Hs. 265.4°, 9^r–111^v, vgl. FLIEGE, Dessau, S. 99f.
Wohl nicht zu verifizieren ist die Angabe bei ROSE (s. o.), S. 639f., wonach als Verfasser des Promptuariums der 1381 urkundlich als Propst von Berlin nachgewiesene Apeczco anzusehen ist. Hinzuweisen ist hingegen auf mehrere Studenten im Umkreis der Universität Leipzig mit dem (polnischen) Namen Apeczko (‚Apeczko Rogewicz plebanus in Soraw', immatrikuliert Sommersemester 1419, und ‚Johannes Apeczkonis de Bonczlaw', immatrikuliert Sommersemester 1421, vgl. ERLER, Matrikel I, S. 60, a 10, S. 67, a 12), sowie auf den 1418/19 als Schreiber und Besitzer von Büchern erwähnten ‚Apeczko Nuendorf, presbiter ... in studio Lypczensi' (vgl. KRÄMER, Scriptores; COLOPHONS I, Nr. 1290, MADAN, Oxford V, S. 13f., Nr. 24436).
Für das letzte Drittel des 15. Jh.s ist v. a. Apatcz Kolo (Apicius Colo) zu nennen, der aus Guben (Niederlausitz) stammte, im Sommersemester 1466 an der Leipziger Universität in der Natio Misnensium immatrikuliert wurde (vgl. ERLER, Matrikel I, S. 258, a 10: ‚Apatcz Kolo de Gobbyn'), 1467 an die Universität Bologna wechselte und hier vor 1477 Lizenziat des kanonischen Rechts wurde (vgl. KNOD, Deutsche Studenten Bologna, Nr. 1794, S. 260). Zur Biographie (seit 1477 Kanzler des Herzogs von Liegnitz und Glogau, seit 1481 Scholaster in Glogau, seit 1485 Kommisar des Bf.s von Breslau, seit 1491 Kanoniker im Breslauer Domkapitel, † 14.2.1517), vgl. Paul PFOTENHAUER, Schlesier auf der Universität Bologna 1453–1500, in: Zeitschrift des Vereins für die Geschichte Schlesiens 29 (1895), S. 268–278, hier S. 270; Gerhard ZIMMERMANN, Das Breslauer Domkapitel im Zeitalter der Reformation und Gegenreformation 1500–1600 (Historisch-diplomatische Forschungen 2), Weimar 1938, S. 211f. Vgl. auch SCHULTE, GQ, II, S. 487, zu einer in Bologna kopierten Hs. (Breslau, UB, II F. 107, mit Schreibereintrag: „Hoc Repertorium fam. doct. Salustii in utriusque juris facultate editum et diligenter confectum, cuius exemplar cum magna difficultate ego Apicius

Colo ... dum essem in studio Bononiensi quasi furtive acquisivi et partem illius manu propria et aliorum scriptorum auxilio conscribi feci ..."). Zur Bibliothek des Apicius Colo, die gut mit juristischer Literatur ausgestattet war und die er nach seinem Tod dem Dominikanerkloster in Breslau hinterließ, vgl. Alfred SWIERK, Beiträge zur Geschichte schlesischer Privatbibliotheken bis zum Anfang des 16. Jahrhunderts, in: Archiv für schlesische Kirchengeschichte 27 (1969), S. 75–97, hier S. 82; KRÄMER, Scriptores, mit weiterer Lit.

236^v–237^r **Tituli Decretalium Gregorii IX versificati.**
>Primus liber< Summum constitue reptum [sonst: rescriptum] *consue postul, electus transla usuque renuntia supplen, tempus scrutinium ... – ... peniteat sententia ver post regula iuris.*

Vgl. WALTHER, Initia, Nr. 18797. Vom Schreiber über jedem Wort jeweils die vollständigen Tituli nachgetragen: *Summum* [*De summa trinitate et fide catholica* = X.1.1] *constitue* [*De constitucionibis* = X.1.2] *reptum* [*De rescriptis* = X.1.3] *consue* [*De consuetudines* = X.1.4] *postul* [*De postulacione prelatorum* = X.1.5] etc. Am Seitenrand rubrizierte Bucheinteilung.
Auch überliefert in Erfurt, UB, Dep. Erf. CA 2° 188 (Fasz. I: Italien?, Mitte 14. Jh.), 47^v, vgl. SCHUM, Verzeichnis, S. 118f. Zur weiteren hsl. Überlieferung vgl. Manuscripta Mediaevalia.

237^v–238^v leer.

MS 4° B 6023
Lectura super libros Institutionum

Papier · I + 277 + I Bll. · 31,5 × 21,5 · Südwestdeutschland (Heidelberg?) · um 1462/63

Zustand: Flecken (Bl. 1, 53), sonst gut erhalten. Bindung des VD brüchig.

Kodikologie: Bleistiftfoliierung Februar 2011: *I, 1–277, II*. Wz.: durchgängig Säule, mit Beizeichen Krone, ohne weiteres Beizeichen, ohne Kapitell, wohl Formenpaar, Varianten zu WZIS DE6300-PO-100245 (Heidenheim 1462) und DE6300-PO-100246 (Lauingen 1463); vorderer Spiegel und hinteres Vorsatz (kleineres Format: 30 × 21): Buchstabe P, zweikonturig, Typ WZIS DE4200-PO-108443 (o. O. 1462–65). Lagen: 17 VI^{204} + 2 V^{224} + 4 VI^{272} + (IV–3)^{277}, es fehlen 3 Bll. nach Bl. 277 (kein Textverlust feststellbar), regelmäßig am Lagenende Reklamanten: 12^v, 24^v, 36^v etc., ab der dritten Lage (25^r) Lagenfoliierung *1–12* erhalten.
Schriftraum: (3^r–276^v) 21–24,5 × 10,5–12,8, Texte auf 1^r–2^v und Schema auf II^v ohne festen Schriftraum eingetragen. 1 Spalte. 34–54 Zeilen. 2 Schreiber: H 1 (Bastarda, wechselnder Schriftduktus sowie wechselnde Tintenfarbe und Zeilenzahl): 1^v–130^r, 141^r, Z. 14–276^v, II^v, H 2 (Kursive): 133^r–141^r, Z. 13; auf 1^r Nachträge von mindestens 7 späteren Benutzern (NH 1–5 und 7: 15. Jh., letztes Drittel, bzw. NH 6: 16. Jh., Anfang), s. u. Inhalt. Teilweise rubrizierte Seitentitel der Schreiber auf 27^r–147^r, 186^r–193^r, fehlende Seitentitel z. T. von jüngerer Hand (16. Jh.) ergänzt, z. B. 225^r, 237^r–246^r von dieser Hand auch Marginalglossen. Weiter-

hin teilweise umfangreiche Marginalglossen von H 1, z. T. rubriziert oder mit roten Unterstreichungen (s. u. Inhalt), weitere Marginalglossen von jüngerer Kursivhand. Zeigehände (z. B. 18^r, 20^r, 23^v, 27^r, 52^v). Überschriften in roter und einmalig (60^r: Inst. I,21) blauer Tinte. Am Textbeginn 5zeilige Tintenlombarde mit Fleuronné und Ausläufer. Zur weiteren Textgliederung anfangs selten, später häufiger 2–8zeilige Lombarden in Tinte oder roter Farbe (z. B. 26^v, 38^v, 41^r, 43^r, 52^v). Am Rand z. T. Federzeichnungen, z. T. mit Textbezug und rubriziert: 21^r Krone, daneben: *quid est tyrannus et tyrannides*, am linken Abschluss dieser Zeile Profilfratze, 21^v Bischofsstab, daneben: *de excessibus prelatorum*, 29^v Schwert, daneben: *rigor: suis stipendiis militare ...*, am Ende Verweis: *... in capitulo ‚Quia nonnulli de magis*[tris]*' per Hen*[ricum] *Boick*, 62^r Gesichter eines älteren und jüngeren Mannes, daneben: *Nota etates*. Weitere Federzeichnungen wohl von späterem Benutzer, nicht rubriziert und ohne Textbezug: 1^r Gesicht im Profil, galoppierendes Pferd (angeschnitten), 119^r Turm mit Zinnen. Zu zwei ganzseitigen Schemata (122^r Arbor consanguinitatis, 124^r Arbor affinitatis) s. u. Inhalt.

Einband: Holzdeckeleinband mit hellem Schweinslederbezug, wohl zeitnah zur Fertigstellung der Hs., s. o. Wz. vorderer Spiegel und hinteres Vorsatz (um 1462–65). Einteilung des VD und HD durch vierfache Streicheisenlinien in rechteckige und trapezförmige Felder, darin dicht aneinandergesetzt folgende Einzelstempel: im Mittelfeld: 1) Evangelistensymbol Johannes: Adler mit gespreizten Flügeln auf Schriftrolle, quadratisch, Größe 2,7 cm, vgl. EBDB s023958, an den Ecken des Mittelfelds: 2) Rosette, fünfblättrig, Größe 1,0 cm, vgl. EBDB s023962, umlaufende Randleiste: 3) Agnus Dei mit Kreuzstab, quadratisch, Größe 2,0 cm, vgl. EBDB s023959, in den Eckfeldern: 4) Rosette mit 2 Blattkränzen, fünfblättrig, Größe 2,6 cm, vgl. EBDB s023960. 2 Messingschließen in Y-Form erhalten. Auf VD Titelschild aus Pergament (2,5 × 6 cm): *Lectura super libros institutionum*.
Die Stempel sind in der EBDB der Werkstatt ‚Heidelberg, Johannes Attribut II' (w002980) zugeordnet. Die EBDB weist dieser Werkstatt die Einbände von zwei Hss. zu: Erlangen, UB, Ms. 502 (= Irm. 669: Thomas de Aquino: Quaestiones super I. librum Sententiarum, 1461) sowie Ms. 527 (= Irm. 623: Henricus de Gorrichem: Compendium Summae Theologiae Thomae de Aquino, 1461), beide Hss. wurden von den Heilsbronner Zisterziensern Konrad Ockers und Johann Seiler während ihres Studiums an der Universität Heidelberg für ihr Kloster erworben, vgl. FISCHER, UB Erlangen II, S. 104, 135f. Eine Prüfung ergab, dass die Hss. in Erlangen und die vorliegende Hs. eine übereinstimmende Deckelgliederung durch Streicheisenlinien sowie ähnliche Schließen aufweisen. Während bei Ms. 502 die Stempelanordnung fast identisch mit der vorliegenden Hs. ist (abweichend: statt Rosette s023962 wird Rosette s023961 verwendet), variiert sie bei Ms. 527 stärker (hier zusätzlich Stempel s023963 verwendet).
Weiterhin zählt die EBDB die Einbände von zwei Drucken zu dieser Werkstatt: Karlsruhe, BLB, Ei 47 (Gratianus: Decretum. Venedig: Nicolas Jenson, 1477, vgl. GW 11357, aus dem Besitz des Sigismundus Rauch) und Dg 213 (Isidorus Hispalensis: Sententiae. [Köln: Johann Landen, um 1496], vgl. GW M15290, zusammengebunden mit zwei Drucken von 1510 und 1514, aus dem Besitz der Zisterzienserinnen in Lichtenthal), vgl. INKA (http://www.inka.uni-tuebingen.de), Nr. 11000674 und 11000839. Ei 47 weist ein ähnliches Schema der Deckeleinteilung wie die Bände in Leipzig und Erlangen auf, allerdings werden andere Stempel verwendet. Hingegen weicht die Deckeleinteilung und Stempelverwendung bei Dg 213 vollkommen von den anderen Bänden ab.

In der EBDB wird als Wirkungszeit der Werkstatt ‚Heidelberg, Johannes Attribut II' unter ausschließlicher Berücksichtigung der Drucke „um 1477–1514" angegeben, ein früherer Werkstattabschnitt (‚Johannes-Attribut I') wurde hingegen nicht angesetzt. Sowohl der vorliegende Band als auch die beiden Hss. in Erlangen beweisen jedoch, dass die Werkstatt bereits seit den frühen 1460er Jahren tätig war. Aufgrund der oben genannten Einbandmerkmale ist davon auszugehen, dass es sich um zwei Werkstattabschnitte handelt, die nur durch einen Stempel (Blattwerk s023963) verbunden sind: Abschnitt I (Erlangen, UB, Ms. 502 und Ms. 527; Leipzig, BVerwG, MS 4° B 6023) mit den Stempeln s023958-s023963: um 1461–65; Abschnitt II (Karlsruhe, BLB, Ei 47 und Dg 213) mit den Stempeln s023963-s023968: nach 1477 bzw. 1514.

Für die Angaben zu den Einbänden ist Sigrid Kohlmann, UB Erlangen, und Dr. Ute Obhof, BLB Karlsruhe, herzlich zu danken.

Fragment 1: vorderer Spiegel, mit Papier überklebt, nur schmaler Streifen (29,5 × 1) vor Bl. 1 sichtbar: Pergament, 28 Zeilen erhalten, karolingische Minuskel, 11. Jh., rubriziert. 3zeilige I-Initiale, bei den Gesängen in kleinerem Schriftgrad interlineare Neumen. Inhalt: **Missale**, Lesungen, Gesänge, Evangelium: >*I*<*Ni*[llo tempore ...] und >*Ome*[lia]<, nur einzelne Buchstaben lesbar.

Fragment 2: schmale Pergamentstreifen in den Lagenmitten, bis zu 2,0 cm breit, weitgehend unbeschriftet, einseitig beschriftet nur nach Bl. 54, 114, 126, 49 Zeilen erhalten, Kursive, 14. Jh., 2. Hälfte (?), **Fragment einer dt. Urkunde**, nur einzelne Buchstaben lesbar.

Geschichte: Die Hs. wurde von zwei Schreibern, nach Ausweis der Wz. um 1462/63 im südwestdt. Raum, geschrieben. Für eine Entstehung an der Universität Heidelberg spricht die zeitnahe Bindung in einer Heidelberger Werkstatt, s. o. Einband. Möglicherweise entstand der Band im Kontext der seit Mitte des 15. Jh.s greifbaren Bestrebungen, an der Heidelberger juristischen Fakultät neben den kanonistischen Lekturen auch Lekturen des weltlichen Rechts aufzubauen, die 1452 zur Einrichtung einer Lektur für den Codex Iustinianus und einer Lizenziatspfründe für einen Lehrer der Institutiones führte, vgl. Günther DICKEL, Die Heidelberger juristische Fakultät – Stufen und Wandlungen ihrer Entwicklung, in: Gerhard HINZ (Hg.), Aus der Geschichte der Universität Heidelberg und ihrer Fakultäten (Ruperto-Carola, Sonderbd.), Heidelberg 1961, S. 163–234, hier S. 167–169. Als erste Lektoren für den Codex lehrten daraufhin Johannes Schröder (1455–60), Johannes Bissinger (1461–63) und Peter Wacker von Sinsheim (1463–69), als erster Lektor für die Institutionen Hartmann Becker (Pistoris) von Eppingen (1460–69), vgl. August THORBECKE, Die älteste Zeit der Universität Heidelberg 1386–1449, Heidelberg 1886, S. 100f. sowie S. 89*–90* mit Anm. 278. Sehr wahrscheinlich ist Hartmann Becker (Pistoris) von Eppingen († 1495) als Verfasser der vorliegenden Lectura zu den Institutionen anzusehen, zur Biographie s. u. Inhalt. Zwei wenig jüngere Benutzer (NH 1 und 7) trugen auf 1^r einen dt. Eintrag in Geheimschrift sowie ein dt. Gedicht ein, nach Ausweis der Schreibsprache (südrheinfränkisch) wohl zeitnah zur Anfertigung der Hs. und bevor diese durch den aus Schwaben stammenden Vorbesitzer in das schwäbische Sprachgebiet gelangte.

Beim Vorbesitzer der Hs. handelt es sich um den berühmten Büchersammler und späteren Mönch der Kartause Buxheim, Hildebrand Brandenburg, vgl. das kolorierte Exlibris Brandenburgs auf 1^r sowie darunter den Schenkungseintrag, Anfang 16. Jh. (nach Mai 1506, s. u.):

XIV. *Liber Cartusiensis in Buchshaim prope Memmingen, proueniens a confratre nostro domino Hilprando Brandenburg de Bibraco* [Biberach], *donato sacerdote, continens lecturam super Institutiones. Oretur pro eo et pro quibus desiderauit.* Exlibris und gleichlautende Schenkungseinträge derselben Buxheimer Bibliothekarshand auch in zahlreichen anderen Büchern aus Brandenburgs Besitz, s. u. Weiterer Besitzeintrag 3ʳ (18. Jh.): *Ex MS. Bibliotheca PP. Carthusianorum Buxiæ.*
Hildebrand Brandenburg entstammte der einflussreichsten und vermögendsten Familie Biberachs und wurde 1442 als Sohn des Bürgermeisters Eberhard II. Brandenburg geboren. Er studierte seit 1459 an der Universität Wien, seit spätestens 1467 widmete er sich an der Universität Pavia juristischen Studien, 1468 war er an der Universität Basel eingeschrieben. Bei einem zweiten Studienaufenthalt in Pavia schrieb er 1469 eine heute nicht mehr nachweisbare kirchenrechtliche Hs. (vgl. NEEDHAM 1996 [s. u.], S. 109, Nr. 31: >*Repertorium juris canonici seundum ordinem alphabeticum per Hilprand Brandenburg de Bibraco scriptum tempore studii sui in Papiensi universitate 1469*<.). Nach 1469 kehrte er nach Basel zurück, wo er 1471 Rektor der Universität war. 1473 erhielt er die Priesterweihe und war seit 1473 Kaplan und später Pfarrer an der Pfarrkirche Biberach und 1484–94 Kanoniker am Hl.-Kreuz-Stift Stuttgart. Im Herbst 1505 begann Hildebrand Brandenburg sein Noviziat in der Kartause Buxheim, seit Mai 1506 war er Donatpriester (Weltgeistlicher, der dem Orden nicht durch ein Gelübde verpflichtet war, aber durch einen jederzeit kündbaren Vertrag zur Einhaltung der kartäusischen Lebensweise verpflichtet war, vgl. AUGE [s. u.], S. 414); er starb am 12. Januar 1514 in Buxheim. Vgl. Oliver AUGE, Frömmigkeit, Bildung, Bücherliebe – Konstanten im Leben des Buxheimer Kartäusers Hilprand Brandenburg (1442–1514), in: LORENZ (Hg.), Bücher, Bibliotheken und Schriftkultur der Kartäuser, S. 399–421, hier S. 402–410, mit weiterer Lit. Wahrscheinlich bereits seit seiner Studienzeit hatte Brandenburg eine umfangreiche Büchersammlung angelegt. Erste Bücherschenkungen an die Kartause Buxheim erfolgten 1479 und 1484, vgl. MBK III/1, S. 82⁹⁻¹¹. Mit seinem Eintritt in Buxheim 1505 ging seine gesamte Büchersammlung (nach Ausweis des Liber benefactorum der Kartause „450 bücher gross und klein", vgl. MBK III/1, S. 82¹⁵) an die Kartause über. Auf eigene Kosten ließ Brandenburg außerdem im Erdgeschoss des Bibliotheksgebäudes an der Nordwestecke des Kreuzgangs bis 1508 eine Annenkapelle einrichten. Bislang konnten aus der Bibliothek Brandenburgs 143 Bände (37 Hss. und 105 Inkunabeln, 1 Post-Inkunabel) identifiziert werden, vgl. Paul NEEDHAM, The Library of Hilprand Brandenburg, in: Bibliothek und Wissenschaft 29 (1996), S. 95–125, ergänzt durch DENS., Thirteen more Books from the Library of Hilprand Brandenburg, in: Einbandforschung 4 (1999), S. 23–25; dabei diese der Forschung bislang unbekannte Hs. nicht berücksichtigt.
Seit spätestens 1505 war die Hs. im Besitz der Bibliothek der Kartause Buxheim. Nach der Säkularisation der Kartause fielen die Klostergebäude und die bewegliche Habe einschließlich der Bibliothek zunächst an die Grafen von Ostein und 1810 an die Grafen von Waldbott-Bassenheim, diese ließen die Bibliothek 1883 versteigern, wobei die meisten Bücher vom Antiquariat Ludwig Rosenthal (München) erworben wurden, vgl. Ulrich FAUST, Art. ‚Buxheim', in: MONASTICON CARTUSIENSE II, S. 372–380, hier S. 377; William WHOBREY, Die Buxheimer Kartausenbibliothek, in: James HOGG (Hg.), Die Reichskartause Buxheim 1402–2002 und der Kartäuserorden (AC 182), Salzburg 2003–04, 2 Bde, hier Bd. 1, S. 37–44. Zum weiteren Schicksal der Bibliothek vgl. Volker HONEMANN, The Buxheim collection and its dispersal, in: Renaissance Studies 9/2 (Juni 1995), S. 166–188. Zur Rekonstruktion der

Bibliothek vgl. die von Prof. William Whobrey (Yale University) betreute Internet-Seite ‚Charterhouse Buxheim and its Library', vgl. http://buxheimlibrary.org/introduction/ (Stand: März 2020, hier auch eine Übersicht zu den Bänden aus dem Besitz des Hildebrand Brandenburg: http://buxheimlibrary.org/library-history/hilprand-brandenburg/). Im Handschriftenteil des Katalogs zur Versteigerung von 1883 (Catalog der Bibliothek des ehem. Carthäuserklosters Buxheim aus dem Besitze seiner Erlaucht des Herrn Hugo Grafen von Waldbott-Bassenheim: […], welche unter […] Carl Förster […] am 20. September 1883 und den folgenden Tagen […] durch den Antiquar Carl Fr. Mayer […] versteigert werden wird, München 1883 [Carl Förster'sche Kunstauction 30: Abtheilung II, Bibliotheca Buxiana Kunstauction], S. 128–151) ist dieser Band nicht verzeichnet.

Am 30.06.1900 von der Serig'schen Buchhandlung Leipzig für 27,50 Reichsmark für die Bibliothek des Reichsgerichts erworben, vgl. Zugangsbuch Nr. 7, 1899–1904, Zugangsnummer: 49933, sowie Bleistifteinträge auf dem vorderen Spiegel. Stempel der Bibliothek des Reichsgerichts auf I^r sowie der Bibliotheken des Bundesgerichtshofs und des BVerwG auf I^v.

Beilage: am 22. Juni 1937 in Marquartstein (Oberbayern) abgefasster, vierseitiger, aber am Ende unvollständiger Brief eines Münchener Bibliothekars an den Kollegen des Reichsgerichts zum Gedicht auf 1^v. Der Verfasser bezeichnet sich selbst als „Bibliothekar, der sich immer mit ähnlichen Dingen zu beschäftigen hatte". Bleistiftfoliierung Januar 2012: *1–4* (nur Bl. 4 doppelseitig beschrieben). Inhalt: Bl. 1: Transkription des Gedichts nach dieser Hs.; Bl. 2: neuhochdt. Übersetzung; Bl. 3: Transkription nach München, BSB, Cgm 810 (s. u. Inhalt); Bl. 4: Brief (doppelseitig, am Ende unvollständig). Nach freundlicher Auskunft von Prof. Franz Fuchs (Würzburg, schriftl. Mitteilung vom 13.03.15) handelt es sich um einen Brief des Münchner Historikers und Bibliothekars Georg Leidinger (1870–1945) an den Bibliothekar des Reichsgerichts Dr. Paul Güntzel. Im Nachlass Leidigers (München, BSB, Leidingeriana I. l, Personalia / Verschiedenes …) findet sich ein Schreiben Güntzels an Leidinger (25.03.1937), mit dem Photokopien des Gedichts übersandt wurden, ein Antwortschreiben Leidingers (10.04.1937), mit dem er eine Auswertung des Gedichts ankündigte, sowie eine vollständige, eine weitere Seite umfassende Kopie des oben genannten Schreibens vom 22.06.1937.

Literatur:
– DOLEZALEK Liste 2005: http://www.uni-leipzig.de/~jurarom/manuscr/RgMsMatr.html.;
– EIFLER, Handschriften und Fragmente der ehemaligen Reichsgerichtsbibliothek, S. 160–162, mit Abb. 7 (I^r Exlibris und Besitzeintrag).

I^r aufgeklebtes koloriertes Exlibris Hildebrand Brandenburgs: Engel mit braunem Gewand und ausgebreiteten grün-roten Flügeln, in seinen Händen blaues, unten abgerundetes Wappenschild, darauf nach rechts schreitender Ochse mit Nasenring, dessen geweihartig geteilter Schwanz nach oben gebogen ist. Das Exlibris wurde auf rückseitig bedruckte Makulatur (15 Zeilen erhalten) gedruckt. Darunter Schenkungseintrag, Anfang 16. Jh. (nach 1506), s. o. Geschichte.

Zum Exlibris, das als eines der ältesten deutschen Exlibris gilt, vgl. WARNECKE, Deutsche Bücherzeichen, S. 8f. (mit Abb.); Graf zu LEININGEN-WESTERBURG, Deutsche und oesterreichische Bibliothekszeichen, S. 101f. (mit Abb. Titelblatt); SCHREIBER, HB Holz- und

Metallschnitte, Bd. IV, Nr. 2038, S. 148f.; TREIER, Redende Exlibris, S. 10, 18. Zum Exlibris vgl. auch die Internet-Seite ‚Charterhouse Buxheim and its Library' (s. o.): http://buxheim library.org/library-history/hilprand-brandenburg/ (Stand März 2020).

1ʳ Nachträge und Federproben von verschiedenen Händen (NH 1–5 und 7: 15. Jh., letztes Drittel, bzw. NH 6: 16. Jh., Anfang)

(1ʳ oberer Rand) [NH 1:] **Dt. Verse (?) in Geheimschrift.**
[li. Spalte, Anfang verloren (?):] *Nkei nfr osteche* [‚Kein fro stechen'] / *Nj malte rwi swerde* [‚Im alter wis werded'] / *Dgeschú dkin dstorbe nbal* [‚Geschuᵉd kind storben balz'] / *Zic hho nde nrucke ngesnút* [‚Ich hon den rucken gesnurt'] / *Zic hho nbrosa mgehustu* [‚Ich hon brosam gehustun'] / ... / *lfoge* / *sgan* / *vs* / ..., [re. Spalte:] *she ruot zmi cde rgan* ... / *Wurzbruder reynd sil* / ... / *Lmi nbúde lli ti mhailge noe* [‚Min buᵉdel lit im hailgen oel'] / *Lmi nbúde lis tuo ntufe lhúte ngemach* [‚Min buᵉdel ist von tufel huᵉten gemacht'] / *Sic huersta nmic hs ofi ldaru mal skal fum bdi ehomi* [‚Ich verstan mich so fil darum als kalf umb die homim (?)'] ...

16 Zeilen in 2 Spalten. Wohl jeweils der erste Buchstabe des folgenden Wortes an das Ende des vorangehenden zu ziehen, auch bei Zeilenumbruch.

(1ʳ darunter, obere Blatthälfte) [NH 2, Kursive:] Skizze eines arbor consanguinitatis, darüber geschrieben Federproben von mehreren Händen, u. a.:
a) [NH 3, Bastarda, verwischt:] *Imperaui egomet michi omnia assentari* ... (PUBLIUS TERENTIUS AFER: Eunuchus, v. 252f.);
b) [NH 4, Bastarda:] *In nomine domini anno domini Millesimoquadringentesimoquinquagesimo, milleno quingeno ..., Ich Johan van Entequant.*
Zwei Personen namens Petrus Enttequack und Heinricus Entenquack sind 1389 an der Heidelberger Universität nachgewiesen, vgl. TOEPKE (Hg.), Matrikel Heidelberg I, 39 und 41.

c) [NH 5, Auszeichnungsschrift:] *Bernhard*;
d) [NH 6, kopfständig:] *magistri*.

(1ʳ untere Blatthälfte) [NH 7, Kursive:] **Dt. Liebesgedicht.**
Hubsch, zertlich, fin, nach wunsch gestalt, / von rechter schön ist all ir lieb, / die lib und lobes hat gewalt. / Ir schön ich krön ab allen wib / ... – ... / und hilft mir dick uß lasters not, / wen ich gedenck an brun und rot.
Zwiegespräch zwischen Liebhaber und Geliebter. 5 Strophen von jeweils 8 Versen, Strophen abgesetzt, Verse nicht abgesetzt.
Nicht ediert (s. o. Beilage mit vollständiger Transkription). Eine nur 3 Strophen umfassende, stark abweichende bair. Textfassung überliefert in Hartmann Schedels Liederbuch, ca. 1460–67 (München, BSB, Cgm 810), 3ᵛ–4ʳ, vgl. SCHNEIDER, BSB München V,5, S. 409–420, hier

S. 410. Edition nach Cgm 810: Robert EITNER, Das deutsche Lied des XV. und XVI. Jahrhunderts in Wort, Melodie und mehrstimmigem Tonsatz, Bd. II: Handschriften des 15. Jahrhunderts, Berlin 1880, Nr. 27, S. 22f., 82 (Abdruck des Textes und Transkription der Melodie). Vgl. Paul SAPPLER, ‚Schedels Liederbuch', in: ²VL 8 (1992), Sp. 625–628, mit Verweis auf weitere Lit., u. a. Faksimile von Cgm 810.
Schreibsprache: südrheinfränkisch.

1ᵛ **Laurentius Valla: Laudatio iuris civilis** (De linguae latinae elegantia, lib. III, praefatio).
Laurentius de Valla extollit ius ciuile. Relegi [sonst: Perlegi] *proxime quinquaginta Digestorum libros ex plerisque iurisconsultorum voluminibus excerptos. Et relegi quum libenter, ... – ... et breui sententia dignitatem atque amplitudinem comparabit.*

Druck: Köln 1555 (VD16 V 252), eingesehenes Digitalisat: http://www.mdz-nbn-resolving.de/urn/resolver.pl?urn=urn:nbn:de:bvb:12-bsb10185677–0), S. 202–205. Vgl. Johannes VAHLEN, Laurentii Vallae opuscula tria, Wien 1869, S. 51.

2ʳᵃ **Verse über den Pflichterbteil nach der Lex Falcidia, mit Verweisen auf den Codex Iustinianus.**
Debita quarta datur natis in rebus auorum / restituendorum retinetur quarta bonorum / ... – ... liberti quartam bona dant de iure patrono.

14 Verse, abgesetzt. Anfangs in Interlinearglossen Verweise auf Codex Iustinianus: *C de inof*[ficioso] *testa*[menta] (= C 3.28.0.) ...; *C ad* [senatus consultum] *Trebel*[lianum] (= C 6.49.0.) ...; *C ad le*[gem] *Falci*[diam] (= C 6.50.0.) ...

2ʳᵇ **Thematische Zusammenstellung von Auszügen aus den Digesten und Dekretalen sowie aus Isidorus Hispalensis.**
In conuentionibus contrahentium uoluntatem potius quam uerba ... (D. 50. 16,219). *Item mendax peccator carere debeat impetratis ...* (X I.3.15). *... Ysidorus de summo bono:* [Non] *Incipientibus premium promittitur, sed perseuerantibus datur* (Isidorus Hispalensis, Sententiae II.7.1). ...

2ᵛ **Notiz über Vorworte zu juristischen Werken.**
Prohemia veteres scriptores suis libris ... Capita librorum sunt prohemia ... – ... quodam motu ingrediat.

7 Zeilen. Rest der Seite leer.

3ʳ–276ᵛ **Lectura super libros Institutionum.**
(3ʳ⁻ᵛ) [Prologus:] *Ad gloriam, magnificentiam et honorem ineffabilis altissimi numinis ... Cum noctue oculus solis splendorem perspicere neque intellectus noster altitudinem incomprehensibilis dei concipere ... Profecto sanctissimus imperator Iusti-*

nianus, qui lex est animata in terris [ut] *in Auth. de consuli*[bus] *§ fin.* [= Nov. 105,2,4] ...;

(3ᵛ–26ᵛ) [14 einführende Quaestiones zu den Geltungsbereichen von Zivilrecht und kanonischem Recht:] *Vtrum de iure sit sciencia tam ciuili quam canonico* [Wort gestrichen] *et quid est subiectum attribucionis iuris ciuilis et quid sit subiectum iuris canonici ...*, darin u. a.:

(11ʳ–13ᵛ) Quaestio 10: Ausführungen zur translatio imperii vom Römischen zum Heiligen Römischen Reich: *Queritur 10ᵐᵒ, qualiter translatum est imperium et quot modis* (?) *et qualiter uenit, quod Teutonici hodie possident imperium ...* (13ʳ) *... Otto primus imperauit xii annis et imperauit in Italia et in Almania ... tandem in Maydenburg ecclesiam sancti Mauricii mire pulchritudinis fabricauit ...*;

(13ᵛ–18ᵛ) Quaestio 11: Ausführungen zur Wahl des deutschen Kaisers durch die Kurfürsten: *Queritur undecimo, qui habent eligere imperatores et quis confirmare et ex quibus causis. ...* (13ᵛ–14ʳ) [Carolus rex, IV., Bulla aurea, Prooemium:] *Iam accedo ad Bullam auream que sic incipit: In nomine sancte et indiuidue trinitatis ... Karolus quartus diuina fauente clemencia Romanorum imperator ... Omne regnum in se* [ipsum] *diuisum desolabitur, nam* (14ʳ) *principes ejus facti sunt socii furum ... – ... Sub anno domini millesimo ccclvi°, indictione nona, 4ᵗᵒ idus Januarii, regnorum nostrorum anno decimo, imperii vero primo* [10. Jan. 1356]; es folgen (14ʳ–18ᵛ) Ausführungen zu cap. I–XVII der Bulla aurea: *Sequitur primus titulus cuius rubrica sic incipit: Qualis debet esse conductus principum electorum et a quibus ...*;

Nur Prooemium vollst. zitiert, vgl. Wolfgang D. FRITZ, Die Goldene Bulle Kaiser Karls IV. vom Jahre 1356, Text (MGH, Leges, Fontes iuris Germanici antiqui in usum scholarum seperatim editi 11), Weimar 1972, S. 44–73.

(18ᵛ–26ᵛ) *Nam venio ad ultimam partem ... Per cuius expedicionem ego quero, quod est tributum, uectigal, theolonium ... – ... Expedito rubro uenio ad nigrum.*;

(26ᵛ–276ᵛ) [Lectura super libros Institutionum:] *Imperatoriam maiestatem. Propter sustentacionem et gubernacionem rei publice non solum sunt necessaria arma, sed etiam leges ...*, (26ᵛ–66ʳ) Liber I, (66ᵛ–111ʳ) Liber II, (111ᵛ–155ʳ) Liber III, (155ᵛ–276ᵛ) Liber IV, *... Sunt preterea: Lex Iulia ambitus et lex Iulia repetundarum ... inferrunt diuersas penas, de quibus vide supra in secunda parte istius summe in quatuor ultimis questionibus etc. etc. etc.*

Keine Bucheinteilung, ab 27ʳ anfangs regelmäßig, später (ab 148ʳ) nur vereinzelt von H 1 Kapitel als Seitentitel am oberen rechten Seitenrand ausgeführt, z. T. in Rubrizierung einbezogen. Leere Seiten innerhalb der Lagen (z. B. 50ᵛ, 90ᵛ) bzw. Lücken im Text (z. B. 92ʳ⁻ᵛ, 94ʳ⁻ᵛ, 155ʳ), jeweils ohne erkennbaren Textverlust, evtl. war ursprünglich die Einfügung weiterer Schemata geplant (s. u. 122ʳ und 124ʳ). Weiterhin leere Seiten am Lagenende (130ᵛ–132ᵛ) bei anschließendem Schreiberwechsel. Durchgängig teilweise umfangreiche (z. B. 43ʳ, 58ʳ, 72ᵛ, 100ᵛ) Marginalglossen von H 1, z. T. rubriziert (8ʳ), mit roten Unterstreichungen

(z. B. 31ʳ, 59ʳ) und Streichungen (56ʳ), weitere Marginalglossen von jüngerer Kursivhand. In den Glossen Verweise auf HENRICUS BOHICUS (29ᵛ – s. o. Kodikologie) sowie auf folgende Werke: Novella des JOHANNES ANDREAE (35ʳ), Summa aurea des HOSTIENSIS (39ᵛ), Lectura des JOHANNES DE PLATEA (85ᵛ) sowie Lectura super arborem consanguinitatis et affinitatis des JOHANNES ANDREAE (s. u. 120ᵛ–126ʳ).

Als Verfasser ist sehr wahrscheinlich der erste Inhaber der Lektur zu den Institutionen an der Heidelberger juristischen Fakultät, Hartmann Becker (Pistoris) von Eppingen, anzusehen, s. o. Geschichte. Hartmann Becker wurde ca. 1432 in Eppingen geboren, immatrikulierte sich 1448 an der Universität Heidelberg und wurde 1451 Magister der Artistenfakultät. Für die Jahre 1451–56 ist sein Aufenthalt unbekannt (Studium in Italien?), im Januar 1456 kehrte er an die Universität Heidelberg zurück und legte hier am 1. März 1459 sein Bakkalaureats- und am 5. Februar 1465 sein Lizenziatsexamen in beiden Rechten ab; am 17. Oktober 1469 wurde er zum Dr. iur. utr. promoviert. Hartmann Becker war vom 29. April 1460 bis August 1469 der erste Inhaber der fünften Lektur (Institutionen) und durchlief in den folgenden Jahren die restlichen Lekturen der juristischen Fakultät (1469–72: vierte Lektur: Codex, 1472–92: dritte Lektur: Nova iura, ab 1492: erste Lektur: Dekretalen). Er übernahm wichtige Ämter an der Heidelberger Universität (1465/66 und 1469 Propst des Artistenkollegs, 1463/64, 1471, 1477/78, 1483/84, 1489/90 Rektor der Universität, 1492–95 Dekan der juristischen Fakultät und Vizekanzler) und besaß u. a. Kanonikate und Präbenden am St. Andreas-Stift in Worms (1469–72) und am Heiliggeist-Stift in Heidelberg (1469–1495). Er starb vor dem 13. Mai 1495 in Heidelberg. Vgl. TOEPKE (Hg.), Matrikel Heidelberg I, S. 256, 309, 333 u. ö., II, S. 391, 398, 515 u. ö., sowie (jeweils mit weiteren Einzelnachweisen) Dagmar DRÜLL, Heidelberger Gelehrtenlexikon, Bd. 1: 1386–1651, Berlin, Heidelberg 2002, S. 200–202, 571; RAG (Repertorium Academicum Germanicum): https://resource.database.rag-online.org/ngTJ8K476 SL25ipTnTMifRfG4UG.

Zwischen 120ᵛ und 125ᵛ (nach dem Beginn von Inst. III,6: De gradibus cognationis) **Lectura super arborem consanguinitatis et affinitatis des Johannes Andreae** eingefügt.

(120ᵛ) ... *Et quia in ista materia leges habent aliam considerationem quam canones, ideo ... prosequor lecturam, quam fecit Jo*[hannes] *An*[dreae] *circa arbores* ... *Quantum ad primum queritur primo, ad quid fuit arboris inuentio necessaria, secundo an sit autentica, tercio quare ponitur arbor* [in] *decretalibus* ..., (122ʳ) ganzseitiges Schema des Arbor consanguinitatis mit rubrizierter Beschriftung: *Ascendentium et descendentium quot sunt persone, de quibus queritur ... tot sunt gradus inter eos* ..., mit Gegenüberstellung der Aussagen *secundum canones* und *secundum leges*, (123ʳ) *De arbore affinitatis et eius materiam transeamus, et primo videndum, quid sit affinitas* ..., (124ʳ) ganzseitiges Schema des Arbor affinitatis, (125ᵛ) ... *in qua uniuersi fideles et precipue studentes perseuerent per gratiam eius, qui est benedictus ... Amen. Ex nouella Jo*[hannis] *An*[dreae].

Vgl. Druck: Johannes Andreae: Lectura super arboribus consanguinitatis et affinitatis, Nürnberg, [nicht nach 1476], vgl. GW 1682 (eingesehenes Digitalisat: http://daten.digitale-sammlungen.de/~db/0002/bsb00027837/images). Zu dem auch in Inkunabeldrucken üblichen

Darstellungstyp (‚Reines Baumschema') vgl. SCHADT, Arbores, S. 321–323, 337–341, mit Vergleichsbeispielen.

277ʳ–IIʳ leer.

IIᵛ [Nachtrag von H 1:] **Moraltheologisches Schema.**
Utrum voluntas habeatur pro facto [...] *aut uoluntas uersatur.* [mit Schweifklammern:] *In bonis aut habemus respectum quo ad ... In malis ut si queritur, quomodo delecta perfecta aut imperfecta puniantur ...*

hinterer Spiegel [Nachtrag von H 1:] Notiz über finanzielle Verpflichtungen eines Universitätsangehörigen.
[durchgestrichen:] *Magister Johannes obligatur: ii solidi denarii antique monete, iii solidi denarii noue monete* ... [nicht durchgestrichen:] *Item xii solidi denarii Purificacionis b*[eatae Mariae virginis].

MS 4° E 850
Ars notariae

Papier · I + 168 + I Bll. · 30,5 × 20 · nördl. Lombardei (Como) · 1510

Zustand: Papier besonders am Beginn (Bl. 1–19) an den Rändern ausgebrochen, teilweise Textverlust (z. B. Bl. 19 oberer Seitenrand: Textverlust in der ersten Zeile); einzelne Seiten fleckig und abgegriffen. Im Oktober 2004 wurde eine Schimmelbehandlung durchgeführt, vgl. Eintrag auf vorderem Spiegel. Bei der Bindung im 19. Jh. eingefügte Spiegel und Vorsatzbll. sauer.

Kodikologie: Bleistiftfoliierung Juli 2011: *1–168,* Vorsatzbll. vorn und hinten als *I* und *II* gezählt. Bei der frühneuzeitlichen Tintenfoliierung (von NH 1, s. u. Schrift) wurde das Register (Bl. 1–6) nicht gezählt. Aufgrund der Neubindung im 19. Jh. Lagenanordnung unklar und lediglich bei drei Lagen (Bl. 51–70, 71–90, 151–168: zwei Zehner-Lagen und eine Neuner-Lage) zu rekonstruieren.

Wz.: Bl. 1–18 (wohl zwei Lagen, Reklamant auf 11ᵛ): Schlange, zweikonturig ohne Stab, Bindedrahtberührung, Formenpaar (S 1 + *S 1), dieser Typ mit diesem Bindedrahtabstand ausschließlich in der Lombardei belegt, vgl. WZIS IT1650-PO-43384 (Como 1501) und IT1650-PO-43385 (Gravedona 1503), BRIQUET 13641 (Milano 1513);
Bl. 19–50 (Lagenzusammensetzung nicht rekonstruierbar): Kugel mit einkonturigem Reif, darüber einkonturiges Kreuz, Formenpaar (K 1 + *K 1), Typ WZIS IT1650-PO-160228 (Gravedona 1508);
Bl. 51–70 (wohl eine Zehner-Lage, Reklamant auf 70ᵛ): keine Wz.;
Bl. 71–90 (wohl eine Zehner-Lage), Kugel mit einkonturigem Reif, darüber einkonturiges Kreuz, Formenpaar (K 2 + *K 2), Typ WZIS IT1650-PO-160228 (Gravedona 1508);
Bl. 91–168 (Lagenzusammensetzung nicht rekonstruierbar, am Ende wohl eine Neuner-

Lage): S 1 und *S 1, s. o., sowie Schlange, zweikonturig ohne Stab, ohne Bindedrahtberührung, Formenpaar (S 2 + *S 2), Variante zu WZIS IT1650-PO-43498 (Como 1512).
Schriftraum: Register (1ʳ–6ʳ) 23 × 12–13, Haupttext 22–23 × 12,5–13,5. 1 Spalte. 40–47 Zeilen. Stark gekürzte humanistische Minuskel, wohl durchgängig von einem Schreiber (Mafiolus de Greppis?, s. u. Geschichte) in wechselndem Schriftduktus und z. T. wechselnder Tintenfarbe; auffällige Buchstabenform: weit nach links ausschwingendes v. Kommentierte Wörter am Beginn der Abschnitte (z. B. Teile der Urkunden) und Beginn der Beispielurkunden (*Anno*) in vergrößerter Schrift. Am linken Rand Kapitelüberschriften vom Schreiber, z. T. nachgetragen von jüngerer Hand (NH 1, 16. Jh., 2. Hälfte?), z. B. 19ʳ, 27ʳ, 49ʳ. Marginalglossen und interlineare Korrekturen vom Schreiber und NH 1. Auf den ursprünglich leeren Seiten 148ʳ und 150ᵛ Nachträge von zwei jüngeren Händen (NH 2 und NH 3, 16. Jh., 2. Hälfte). Vgl. unten Geschichte.
Keine Rubrizierung. Auf 7ʳ und 19ʳ am oberen Seitenrand kalligraphisch gestaltetes *Yhs.*-Monogramm. Am Textbeginn 19ʳ schlichte Tintenlombarde. Anfangsbuchstaben der Lemmata teilweise (nachträglich?) mit schlichtem Knospenfleuronnè oder Füllung des Binnenfeldes verziert, z. B. 34ᵛ, 51ʳ, teilweise Gesichter in Anfangsbuchstaben eingezeichnet, z. B. 57ʳ. Ungelenke Schmuckrahmungen von Reklamanten in Tinte: 50ᵛ Ranke, evtl. mit Kopf (?), 65ᵛ Fleuronnéstab mit Figur. Randzeichnung in Tinte 82ᵛ (an Buchstaben *D*): zwei Gesichter im Profil, das eine mit Arm und erhobener Schwurhand, darunter *diuissio*.

Einband: Buchblock nicht beschnitten, ursprüngliche Bindung wohl zeitnah (s. u., Geschichte). Im 19. Jh. Neubindung wohl auf Veranlassung des Besitzers Carlo Morbio: Einband mit Kleisterpapier und Rücken aus Leder, auf dem Rücken Titel: *Cartolario notarile del XV. secolo*. Dabei Spiegel und Vorsatzbll. vorn und hinten (Bl. *I* und *II*) eingefügt.

Geschichte: Die Hs. wurde von einem Schreiber angelegt und am 28. Juni 1510 in Como abgeschlossen, vgl. Schreibereintrag und Datierung 167ᵛ. Nach Ausweis der Wz. (s. o. Kodikologie) erfolgte die Niederschrift in zwei Phasen: Der Schreiber kopierte zunächst Abschnitt 1 des Textes (Bl. 19–90, Papier mit Wz. K 1 + *K 1 und K 2 + *K 2) und brach die Niederschrift mitten im Text ab. Auf anderem Papier (Wz. S 1 + *S 1 und S 2 + *S 2) schrieb er Abschnitte 2 und 3 des Textes (Bl. 91–168) sowie das Register und den Textbeginn (Bl. 1–18). Das verwendete Papier ist jeweils nur in der nördlichen Lombardei belegt. Die zwischen den drei größeren Abschnitten des Textes eingefügten leeren Seiten (Rest von 88ᵛ und 89ʳ–90ᵛ, Rest von 147ᵛ sowie 148ʳ–150ᵛ) waren wohl für Nachträge geplant. Nach Angabe des Kolophons auf 167ᵛ war der Schreiber zum Zeitpunkt der Niederschrift 37 Jahre alt und verfasste den Text im Auftrag seiner Vorgesetzten vom *Colegi*[um] *Cumani Notariorum* (wohl identisch mit dem ‚Collegium notariorum civitatis et episcopatus Cumarum', s. u. Lit.). Nach Schriftvergleich mit der Matrikel der Notare von Como (Archivio di Stato di Como, ASC, vol. 109, 139ᵛ) durch Dr. Marta L. Mangini (Università di Milano, Dipartimento di Scienze Storiche e della Documentazione Storica) handelt es sich beim Schreiber möglicherweise um Mafiolus de Greppis, am 20. Januar 1488 in der Matrikel verzeichnet (freundliche Mitteilung vom 09.09.2011). Zu diesem vgl. Marta L. MANGINI, Il notariato a Como. Liber matricule notariorum civitatis et episcopatus Cumarum (1420–1605), Varese 2007, Nr. II,818, S. 385. Für eine Entstehung in der nördlichen Lombardei sprechen außer dem Kolophon und den Wz.belegen auch die Jahreszählung *secundum consuetudinem Lombardie* (vgl. 19ʳ) sowie Verweise auf Orte in der Lombardei, z. B. 7ᵛ Civiash (6 km nö. Como?), 28ʳ Casate (40 km w.

von Mailand), 97ᵛ und 109ʳ Sondrio (95 km nö. Como). Der Text enthält lateinische und italienische Urkundenentwürfe, auch die lateinischen Passagen sind durch italienische orthographische Formen gekennzeichnet. Bei der ersten Bindung wurden, wohl als Beispiele, weitere, ebenfalls vom Hauptschreiber 1510 ausgestellte und ursprünglich selbständige Urkunden eingefügt (7ᵛ: 24.02.1510, 11ʳ: 18.10.1510), vgl. auch Tinteneintrag 168ʳ (19. Jh.?) mit Nennung dieser beiden Daten in italienischer Form *1510. 18 Ottobre. 1510. 24 Febr*[ari]*o*. In diesen Urkunden werden mehrere Mitglieder der Mailänder Familie de Schenardi sowie Johannes Vinzalius (evtl. identisch mit dem Herausgeber von 1496 in Mailand erschienenen juristischen Drucken) genannt, s. u. Inhalt. Eine jüngere Hand (16. Jh., 2. Hälfte?) versah den Band mit einer Tintenfoliierung und trug die Folioangaben und Ergänzungen im Register ein, von dieser Hand auch Marginalglossen und nachgetragene Kapitelüberschriften am Rand sowie die Stellenverweise auf 168ᵛ. Auf den ursprünglich leeren Blättern 148ʳ und 150ᵛ finden sich Nachträge von zwei weiteren Händen aus der 2. Hälfte des 16. Jh.s (NH 2 und NH 3), in denen ebenfalls Ortsnamen der nördlichen Lombardei sowie der Bischof von Como Gianantonio Volpi (1559–88) erwähnt werden.

Zum Notariatswesen in Como und den erhaltenen Quellen (ohne diese der Forschung bislang unbekannte Hs.) vgl. Marta L. MANGINI, Il notariato a Como (s. o.); DIES., 'Reformetur et fiat collegium unum notariorum civitatus et episcopatus Cumarum'. Notariato e documento notarile nell'antica diocesi di Como (Saec. XIV ex. – XVI in.), Diss. Università degli Studi di Milano, 2005.

Vorbesitzer: Carlo Morbio (Historiker und Bibliophiler in Mailand, 1811–1881), vgl. Bleistifteintrag auf Bl. Iʳ *Mo*[rbio]. *3.10*, verzeichnet im Katalog zur Versteigerung seiner Handschriftensammlung im Jahr 1889 durch das Leipziger Antiquariat [Felix] List & [Hermann Richard] Francke, vgl. AUKTIONSSKATALOG MORBIO-SAMMLUNG 1889, Nr. 659, S. 74: „Como. Cartolario notarile. Hand- und Formelbuch mit vielen Urkunden a. 1510. 160 Bll. fol. Hfrz.". Wohl von Morbios Hand stammt die rote Markierung der Datierung auf 167ᵛ, er veranlasste wohl auch die Neubindung.

Die Hs. wurde am 31.12.1895 von Serig (Serig'sche Buchhandlung Leipzig) für 3,40 Reichsmark an die Bibliothek des Reichsgerichts verkauft, vgl. Zugangsbuch Nr. 6, 1894–1899, Zugangsnummer: 40988, sowie Bleistifteintrag vorderer Spiegel: *40988*. Zum gleichen Zeitpunkt wurden über Serig weitere ebenfalls aus der Morbio-Sammlung stammende Hss. an das Reichsgericht verkauft und dort unter benachbarten Zugangsnummern verzeichnet, vgl. MS 4° R 2425 (Zugangsnummer 40990), MS 4° E 5164 (Zugangsnummer 40991) und MS 8° A 13703 (Zugangsnummer 40992). Stempel der Bibliotheken des Reichsgerichts auf 1ʳ und des Bundesgerichtshofs auf Iᵛ. Zu weiteren Hss. aus der Morbio-Sammlung, die zwischen 1892 und 1899 an die Sammlung des Reichsgerichts verkauft wurden, s. Einleitung.

Literatur: DOLEZALEK Liste 2005: http://www.uni-leipzig.de/~jurarom/manuscr/RgMsMatr.html.

1ʳ–6ʳ **Register.**
Rubrica presentis cartularii. Quid sit notaria: In fol. i. Diffinitio artis notarie: in fol. i …

Die Einträge im Register vom Hauptschreiber zunächst ohne Seitenverweise. NH 1 versah das Register nur auf 1ʳ–4ʳ mit Folioangaben (bis fol. 140 der alten Zählung, jetzt 146ʳ). Dabei wurden die eingebundenen Urkunden (7ᵛ–8ᵛ, 11ʳ–14ᵛ) sowie der Schlussteil (151ʳ–167ᵛ) nicht berücksichtigt.

Rest von 6ʳ, 6ᵛ (bis auf Eintrag am unteren Seitenrand: *354*) und obere Hälfte von 7ʳ leer.

7ʳ–8ᵛ, 11ʳ–14ᵛ, 19ʳ–88ᵛ, 91ʳ–147ᵛ, 151ʳ–167ᵛ **Ars notariae**.
(7ʳ⁻ᵛ) [Einführung:] [am oberen Seitenrand *Yhs.*-Monogramm, danach halbe Seite leer]. *Diffinitio notarie. Officium autem notarie est dig*[n]*itas et auctoritas ad legitimorum hominum negotiorum nota de publico introducta … Et nota, quod ars notarie consistit in tribus, videlicet in contractibus, distractibus et ultimis voluntatibus et in actibus iudicalibus … – … unde descendo ad anotationem contractus emptionis et venditionis in forma communi et postmodum reuertar ad singulas eius partes. Et hinc principio licet a me temerario adsit rogo Maria meo.*

(7ᵛ–8ᵛ) [Beispielurkunde:] *Venditio in forma comuni* (!). *In nomine domini amen. Anno a natiuitate eiusdem millesimo quingentessimo decimo, indictione tertiadecima, die Merchurii vigessimoquarto mensis Februarii* [24.02.1510]. *D. Antonius de Immel* (?) *filius quondam domini Johannis habitor Son*ʳⁱⁱ [Sondrii?] *plebis in Aze* (Civiash 6 km nö. Como?) [Ter?]*zierii Superioris vallis Cumensis diocesis fecit et facit venditionem … in manibus d. Petri de Dinon*ᵉ *filius quondam domini Sigismondi …* Der 24. Februar 1510 war ein Sonntag und kein Mittwoch. (9ʳ–10ᵛ) leer;
(11ʳ–13ᵛ) [Beispielurkunden:] *Preceptum ad comparendum coram domino vicario ad fatiendum* (!) *rationem …, Millesimo quingentessimo die Veneris* [gestrichen: *vigessimo oct.*] *decimo octauo mensis Octobris* [18.10.1510], erwähnt: (11ʳ) *I*[uris] *u*[triusque] *doctor Johannes Vinzalius vicarius magnifici domini Capitani Vallis* […] *ad petitionem et instantiam Francisci de Schenardis de Triximo* (?), (10ᵛ) *ad petitionem et instantiam Antonii de Schenardis*, (11ᵛ) *ad petitionem et instantiam Iohannispetri et Marci de Schenardis*, (12ᵛ) *ad petitionem et instantiam Laurentii de Stupanis*, (Rest von 13ᵛ leer);
(14ʳ⁻ᵛ) [Beispielurkunde, wohl ebenfalls von der Hand des Hauptschreibers:] *Tutela in ca*[usa?] *formo. In nomine domini amen. Anno etc. Coram spectabile* (!) *viro domino Achontii* (?) *de Curte vicario ga. militis ac comitis domini … super quodam bancho sito et posito …*

Bei einigen der genannten Personen handelt es sich sehr wahrscheinlich um Mitglieder der Mailänder Familie Schenardi. Johannes Vinzalius ist evtl. identisch mit dem Herausgeber der Consilia des Franciscus Curtius (Mailand 1496, vgl. GW 07864) und dem Beiträger der Practica iudicalis des Johannes Petrus de Ferrariis (Mailand 1496 und Lyon 1499, vgl. GW 09824 und 09825).

15ʳ–18ᵛ leer bis auf Federprobe 18ᵛ: *Cui fortte*.

(19ʳ–167ᵛ) Text, durch leere Seiten unterteilt in 3 Abschnitte:
(19ʳ) [am oberen Seitenrand *Yhs.*-Monogramm, Einleitung:] *Preterea quia instrumentorum aliqua requi*[runt] *pticia.* (?) *que non potest probari ... – ... prout infra per ordinem patebit.*;
(19ʳ–88ᵛ) [Abschnitt 1:] *De inuocatione domini. In nomine domini: hec est sancta inuocatio sine qua nulum* (!) *opus ad optatum finem perduci potest ... – ... etiam post mortem mariti potest ipsa* [mulier ..., bricht ab, gesamter letzter Abschnitt wird auf 91ʳ wiederholt; (Rest von 88ᵛ und 89ʳ–90ᵛ leer);
(91ʳ–147ᵛ) [Abschnitt 2:] *De cessione fienda per mulierem creditoribus viri de iuribus dotalibus. Nunc est uidendum de cessione coacta, que fit per mulierem de iuribus suis dotalibus ... – ... et presentis*; (Rest von 147ᵛ sowie 148ᵛ–150ʳ leer, 148ʳ und 150ᵛ von NH 2 und NH 3 beschriftet, s. u.)
(151ʳ–167ᵛ) [Abschnitt 3:] *De materia testamentorum.* [H]*omo uero per tot varios et multiplices contractus et distractus ac causas vel agitatas deducitur ad senectutem ... – ... Et debebunt etiam eius expense computari in eius racione.*

Am Beginn allgemeine erklärende Passagen zum Abfassen einer Urkunde (Invocatio, Datierung etc.). Ab 21ʳ folgen lateinische und italienische Urkundenentwürfe, beginnend jeweils mit *Anno etc.* (z. B. 21ʳ, 24ᵛ, 25ᵛ usw.), dabei Platzhalter für Namensformen [N. de tali loco], z. T. in italienischer Schreibung: (21ʳ) *Ambrosius de Talli*, (24ᵛ) *Aluysius de Talli*, (25ᵛ, 38ʳ, 40ʳ) *Petrus de Tali* bzw. (39ʳ) *Pedro de Tali*, (33ᵛ, 34ʳ) *Jacobus de Tali*, (40ʳ) *Francischus de Tali*, (42ᵛ) *Michaella de Tali*, (61ᵛ, 63ᵛ, 64ʳ) *Fiorbelina filia domini Christofori de Tali*, etc.; daneben aber auch Namensformen mit lokalem Bezug: (28ʳ) *vicarius domini Alpinoli de Cassate Capitani* (evtl. Casate, 40 km w. von Mailand?), (57ʳ) *capitanus sedens in Bancho*, (97ᵛ) *Jacobus de Tali ... habitator Sondrii* und (109ʳ) *actum Sondrii* (Sondrio, nördl. Lombardei, 95 km nö. Como). Die italienischen Urkundenentwürfe meist eingeleitet mit *Et vulgarizando*, z. B. 49ʳ, 49ᵛ, 52ʳ, 56ʳ, 64ʳ, 65ʳ, 81ʳ, 83ʳ.

(167ᵛ) Schreibereintrag und Datierung: *Et quia tot homines tot voluntates et tot capita tot sententie, ideo si toto tempore uite mee non parcerem calamo ad scribendum, non esset possibille scribere et anotare naturas contractuum et distractuum, qui in dies accidunt notariis ad anotandum ... Ideo huic meo temerario operi finem facio hodie, qui est vigessimusoctauus Iunii, hora vigessimasecundo, anno mccccdecimo annoque etatis mee trigesimo septimo meque ieyunante vigiliam hodiernam sancti Petri ad honorem domini nostri Yhesu Christi, quibus honor et gloria sit ... Et si male superiora per me anotata sunt ascribatur paucitati et debilitati intelectus mey. Et de erroribus a me commissis dominis superioribus meis Abatibus Colegii Cumani Notariorum indulgentiam peto.*

Zu erhaltenen Formularbüchern und Artes notariae des 15. und 16. Jh.s aus dem Raum Como, Lugano, Bellinzona und Valtellina (ohne diese Hs.) vgl. Marta Luigiana MANGINI, 'Infrascripta sunt necessaria sciri ad artem notarie'. Un formulario notarile valtellinese della fine del XIV secolo, in: Archivio Storico Lombardo, Ser. 12, Vol. 10, Anno CXXX (2004), S. 305–350, hier S. 306f. mit Anm. 3–8 mit Verweis auf weitere Lit.

148ʳ, 150ᵛ **Nachträge auf urspr. leeren Seiten** (16. Jh., 2. Hälfte).
(148ʳ) [NH 2:] *Reputatio. Antonius filius Georgi filii Chudini* …;
(150ᵛ) [NH 3:] *Forma apprehensionis siue introitus fienda per aliquem presbyterum unius ecclesie seu etiam unius capelle* …, erwähnt: *Nicolaus* [interlinear korr.: *Nicholaus*] *mᵃ clericus* …, *Reverendissimi in Christo patris ac Domini nostri Domini Jo*[hanni] *Anto*[nii] *Vulpii Dei gratia Episcopi Comensis* (Gianantonio Volpi, Bf. von Como 1559–88) sowie die Kirche in *Amignano communis Burmii* (Bormio, 60 km nö. Sondrio).

Rest von 167ᵛ sowie 168ʳ⁻ᵛ leer bis auf Datumseinträge 168ʳ (19. Jh., s. o. Geschichte) und Nachtrag auf 168ᵛ von NH 1 (s. o. Geschichte) mit Stellenverweisen.

MS 4° E 5162
Rolandinus Passagerii: Apparatus super Summa notariae (‚Aurora'), cum commento Petri de Unzola / Albertus de Plebe sancti Stephani: ‚Aurora nova'

Pergament · II + 49 + II + 1 Bll. · 33 × 23,5 · Mittelitalien (Gebiet um Rimini oder Arezzo) · 1339

Zustand: Einige Seiten fleckig (z. B. Bl. 1, 6–9, 12–15, 25, 39/40), teilweise Schrift verwischt (z. B. Bl. 9), Pergament z. T. gebräunt. Zu unbekanntem Zeitpunkt im 20. Jh. restauriert (z. B. brüchiges Papier Vorsatzbl. I stabilisiert). Restaurierung November 2013 (Werkstatt Uwe Löscher, Leipzig, vgl. Restaurierungsprotokoll vom 25.11.2013): Buchblock auseinandergenommen und gesäubert, Risse mit Japanpapier geschlossen, Neubindung (s. u. Einband).

Kodikologie: Bleistiftfoliierung Juli 2011: *0* (fliegendes Bl. vorn), *I–II* (Vorsatzbll. vorn), *1–49*, *III–V* (Vorsatzbll. hinten), *VI* (fliegendes Bl. hinten). Ältere Bleistiftpaginierung jeder zweiten Seite (Ende 19. Jh.?) *1–99*. Wz. Vorsatzbll. I und III (wiederverwendetes Papier, s. u. Geschichte): Krone im Kreis, diese Typgruppe in kleinerem Format in den 1480er Jahren ausschließlich in Mittelitalien verbreitet, vgl. PICCARD Nr. 51690/91 (Rom 1485), 51696 (Urbino 1485), 51698 (Montepulciano 1486), ZONGHI'S WATERMARKS Nr. 267–269 (Fabriano 1481, 1488); BRIQUET 4862 (Rom 1483/84). Lagen: 3 IV²⁴ + (IV-1)³¹ + IV³⁹ + V⁴⁹; nach Bl. 29 ein Bl. herausgeschnitten (Textverlust). Regelmäßige Anordnung der Pergamentblätter (Haar- auf Haar- und Fleisch- auf Fleischseite).
Schriftraum 25 × 16,5. 2 Spalten. 59–60 Zeilen. Rotunda von einer Hand. Rubriziert (Überschriften, kommentierte Urkundenbestandteile, nur im ersten Teil bei Kapitelbeginn rote Kapitelzahlen am oberen Seitenrand: 21ʳ, 25ʳ, 33ᵛ), Repräsentanten für Überschriften und Initialen, z. B. 22ᵛ. Bei Text- und Kapitelbeginn qualitätvolle 5–8zeilige Initialen (1ʳᵃ *S*, 21ʳᵇ *Q*, 25ʳᵇ *L*, 33ᵛᵇ *I*, 36ᵛᵇ *N*, 38ᵛᵇ *S*): blaues rechteckiges Feld mit weißer Konturzeichnung,

darin rosafarbener oder violetter Buchstabenstamm mit Profilblättern in Rot, Blau und Grün, weiß gehöht, am Initialfeld als Ausläufer Profilblätter in Rosa, Rot, Hellgrün und Blau. Zur weiteren Textgliederung zweizeilige Lombarden alternierend in Rot und Blau; auch bei Beginn von cap. 7 (43rb) nur schlichte blaue Lombarde. Marginalglossen vom Schreiber und von zwei jüngeren Händen (14. Jh., 2. Hälfte), z. T. beschnitten (s. u. Inhalt). Zeigehände von späterem Benutzer (z. B. 2vb, 3rb–4vb, 7rb etc.) sowie mehrfach Randbemerkung *qo* [conclusio?, commento?] (3va, 4ra, 6rb etc.).

Einband: Von einer ersten Bindung stammt sehr wahrscheinlich das Urkundenfragment von 1326 (s. u. Fragment, Bl. V). Bei einer Neubindung Mitte der 1480er Jahre wurden je zwei Vorsatzbll. aus Papier vorn und hinten (jetzt Bl. I–II, III–IV) eingefügt, s. o. Wz. sowie Geschichte. Die Rostflecken von zwei Schließen sowie die Wurmlöcher auf diesen Vorsatzbll. und Bl. 36–49 zeigen, dass es sich wohl um einen Holzdeckeleinband handelte. Das Urkundenfragment vom ersten Einband wurde dabei offenbar als vorderer Spiegel wiederverwendet (jetzt freistehend als Bl. V).
Im 19. Jh. Neubindung in braunes Kalbsleder, Spiegel und fliegende Blätter aus Marmorpapier, auf dem Rücken Titelschild mit vergoldeter Schrift: *ROLANDINI AURORA*. Bei der Neubindung Blätter z. T. auf Papierfalze geklebt, z. B. Bl. I und II.
Ende 2013 im Zuge der Restaurierung Neubindung in Konservierungsband: Halbledereinband mit Holzdeckeln und hellem Kalbslederbezug, dabei vorn und hinten jeweils Spiegel und fliegendes Blatt aus Papier eingefügt. Buchschuh aus Archivkarton. Abgelöster Einband des 19. Jahrhunderts jetzt separat aufbewahrt.

Fragment: Bl. V (zunächst freistehend, dann wohl vorderer Spiegel, dabei war die Rectoseite auf Deckel geklebt, vgl. Leim- und Rostspuren sowie Reste von Papier, jetzt als letztes Bl. eingeheftet), Größe 32,5 × 21–22,5, am Rand beschnitten, kein fester Schriftspiegel, Recto- 36 bzw. Versoseite 21 Zeilen, Kursive von zwei Händen (Rectoseite: um 1326, Versoseite: 14. Jh., 2. Hälfte).
Inhalt: Rectoseite: **Urkunde**, Datierung (Z. 2) *millesimo ccc xx s*[ex]*to* [1326] *indictione nona*, ausgestellt zugunsten der *parrochialis ecc*[lesia sancti] *Johannis W*[…] *Arimino* (Z. 3), erwähnt werden: *Fabri Gaudentius Feltrell*[us …]*, Vincolus Manfredi*, unten: *filio quondam Martini Angelini Benecca*[…]*, Nos Ariminutius de Valle, Leonardinus Gaudentius, […], Salutarius, Marcus.* [hier einige Zeilen radiert und von späterer Hand (humanistische Kursive, 15. Jh.) überschrieben: *Stefano de Dulcino* und *Stefano de Dulcino da Saduran*[beschnitten]. Weiterhin kopfständige Einträge am unteren Rand.
Nachtrag (Federprobe?) am unteren Rand der Rectoseite: *Me legat et disscat* (!) *quod mea musa docet. Moribus*, darunter dieser Satz wiederholt, Auszug aus dem FACETUS, vgl. Barthélemy HAUREAU, Notice sur les œvres authentiques ou supposées de Jean de Garlande, in: Notices et extraits des manuscrits de la Bibliothèque Nationale et autres bibliothèques, Bd. XXVII,2 (1879), S. 16 (Moribus et vita quisquis vult esse facetus / Me legat et discat quae mea musa notat); Edition: Alfred MOREL-FATIO, Le Livre de courtoisie, in: Romania 15 (1886), S. 192–235, hier S. 224, vgl. WALTHER, Initia, Nr. 11220; HENKEL, Schultexte, S. 312–314 mit weiterer Lit.;
Versoseite: **Sermo oder Rede eines Juristen** o. ä. von anderer Hand (14. Jh., 2. Hälfte [wohl vor Mitte der 1380er Jahre], evtl. identisch mit der zweiten jüngeren Glossenhand, s. u. Inhalt): *Quoniam principium sit potentissima pars cuiuslibet rei, ideo, domini nostri carissimi, super-*

num et perfectum auxilium est implorandum … (Z. 4) *debent considerari videlicet, primo* […] *principium, secundo modum, tertio finis* …, am Ende Verweis auf Digesten: *ut ff. de le. mij°* (?) *l. legatus § ornatum*, Rest der Seite leer bis auf Eintrag des Vorbesitzers (1783) und Bleistifteinträge (19. Jh.), s. u. Geschichte. In der Einleitungsformel evtl. Bezug auf PETRUS BLESENSIS jr., Speculum iuris canonici (Incipit des Kapitelverz.: Potentissima pars est uniusque rei principium …), vgl. SCHULTE, GQ I, S. 207.

Geschichte: Die Hs. wurde am 7. März 1339 von Magister Albertutius de Arimino [Rimini] abgeschlossen, vgl. Schreibereintrag und Datierung 49vb; der Schreiber bei KRÄMER, Scriptores und COLOPHONS nicht genannt. Die Datierung wird durch den paläographischen Befund und den Stil des Buchschmucks bestätigt, s. Vergleichsbeispiele in: Manoscritti datati 15, Nr. 9, Tafel 3* (Murano 1335) sowie (Buchschmuck) Tesori miniati, Kat. Nr. 24, S. 99 (Como 1322); CANOVA MARIANI, Parole dipinte, Kat. Nr. 24, S. 95 (Padua, 14. Jh., 2. Jahrzehnt). Auf eine Entstehung in Mittelitalien (Gebiet um Rimini oder Arezzo) weisen die Herkunft des Schreibers sowie die bei den Bindungen verwendeten Materialien (s. u.). Der Verfasser des zweiten Textes stammt sehr wahrscheinlich aus dem Ort Pieve Santo Stefano (östl. Toskana, ca. 50 km nö. Arezzo) und ist mit einem 1247 in Florenz bezeugten städtischen Notar identisch, s. u. Inhalt. Von einer ersten zeitnahen Bindung stammt sehr wahrscheinlich die jetzt als Bl. V eingefügte Urkunde von 1326 für die Pfarrkirche SS. Giovanni [e Paolo?] in Rimini (evtl. aus dem Besitz des aus Rimini stammenden Schreibers). Auf der Versoseite dieses Blattes trug ein Vorbesitzer einen Sermo oder eine Rede eines Juristen ein, die Hand ist wohl identisch mit einer der beiden Glossenhände, die die Marginalglossen zum Text schrieben. Eine Neubindung in einen Holzdeckeleinband erfolgte Mitte der 1480er Jahre unter Verwendung von ausschließlich in Mittelitalien verwendetem Papier für die Vorsatzbll., s. o. Wz., vgl. auch den Eintrag (Federprobe?) auf dem vorderen Vorsatz (Bl. I^r): *In Christi nomine anno anno ab ipsius natiuitate millesimo quadragentesimo octua*[gesimo?] *quinto*. Bei dieser Bindung wurde die Pergamenturkunde der ersten Bindung als vorderer Spiegel verwendet (jetzt freistehend als Bl. V, s. o. Fragment).

Vorbesitzer: Auf dem hinterem Vorsatz (Bl. III^r) Eintrag eines früheren Besitzers (16. Jh.): + *yhs 1560 alli* (?) *23* [in Spiegelschrift:] *yhs*, darunter achtzeiliger italien. Eintrag, wohl von jüngerer Hand, s. u. Auf dem Vorderschnitt frühneuzeitliche Schnittbeschriftung, evtl. Signatur (durch Neubindung Lesung unsicher) · *I I* (oder *M*?) · *48*. Im Jahr 1785 war die Hs. im Besitz des Conte Benedetto Rosetti (1737–1810, Mitglied der Accademia dei Filergiti in Forli), vgl. Eintrag auf dem ehemals vorderen Spiegel (jetzt V^v): *Comitis Benedicti Rosetti Patr. Foroliu. 1785*. Die Accademia dei Filergiti war eine antike Akademie mit Sitz in Forli, die 1370 von Jacobo Allegretti wiederbegründet wurde und bis 1848 bestand. Vgl. Giorgio Viviano Marchesi BUONACCORSI, Memorie storiche dell'antica, ed insigne Accademia de' Filergiti della città di Forli' […], Forlì 1741 (hier mehrere Angehörige der Familie Rosetti erwähnt, u. a. S. 265 den evtl. mit dem Vorbesitzer verwandten Benedetto Rosetti [1708: „Dottor di Leggi, e in oggi Conte di Mangialupo"]); Carmelo CORDARO, Un'accademia forlivese (I "Filergiti"): cenno storico con appendice epistolare, Palermo 1918.

Wohl nach 1810 gelangte der Codex in den Besitz des englischen Bibliophilen und Sammlers Sir Thomas Phillipps (1792–1872), vgl. Tinteneinträge I^r *9069 Ph* und *Phillipps 9069* sowie Bleistifteinträge I^r *Aus Auktion Phillipps* und V^v *Rolandini 9069 Ph.*, weiterhin Tinteneintrag I^r *Old N°. 10*. 1899 auf einer Auktion bei Sotheby's versteigert, vgl. Bleistifteintrag auf Bl. I^r:

Ha 16/6 99. Catalogue Sotheby 5 Juni 1899. No. 1015. Darunter Auszug aus dem Auktionskatalog (wohl von Karl Schulz [Direktor der Bibliothek des Reichsgerichts 1879–1917] geschrieben): <u>Catalogue:</u> <u>Rolandini</u> <u>„Aurora"</u> *vel artis Notariae, cum commento magistri Alberti de Sancti Stephani Comitatus Aretii, – manuscript of the fourteenth century, written in double columns by an Italian scribe, on vellum, with capital letters elegantly illuminated, titles in red, calf. – folio 1329.* Auf der Seite unten Literaturverweis *Bethmann Hollweg, Civilprocess. 6* (s. u. Inhalt). Da eine Zugangsnummer fehlt, ist der genaue Termin der Erwerbung des Bandes durch das Reichsgericht (wohl bald nach 1899, vor 1917, s. o.) nicht mehr zu ermitteln.

Literatur:
- DOLEZALEK Liste 2005: http://www.uni-leipzig.de/~jurarom/manuscr/RgMsMatr.html;
- EIFLER, Handschriften und Fragmente der ehemaligen Reichsgerichtsbibliothek, S. 153f., mit Abb. 2 (Kolophon 49vb).

1^r Federprobe (1485), s. o. Geschichte. Darunter Titeleintrag in Tinte: *Magistri Rolandi 1339.* Darunter Phillipps-Signatur und Einträge aus Auktionen, s. o. Geschichte.

1ra–49vb **Rolandinus Passagerii: Apparatus super Summa notariae ('Aurora'), cum commento Petri de Unzola / Fortsetzung des Albertus de Plebe sancti Stephani: 'Aurora nova'**

Die beiden Textteile sind nicht voneinander abgesetzt und weisen eine durchgehende Einteilung in sieben Kapitel auf.

(1ra–36vb) **Rolandinus Passagerii: Apparatus super Summa notariae ('Aurora'), cum commento Petri de Unzola.**
>*Incipit liber, qui uocatur 'Aurora' a magistro Rolandino compositus. Adsit principio uirgo Maria nostro.*<; [1$^{ra–rb}$ Prologus, pars I:] >*S<olet aromatum esse natura, ut longe magis contrita redoleant ...*; [1$^{rb–vb}$ Prologus, pars II:] >*In Christi nomine. Amen*<. >*L<iber iste artis notarie summa generali uocabulo nuncupatur ... – ...* (1va) ... *et ipsius fundamentum est artis notarie teorica et practica.* [1$^{va–vb}$ Kommentar zum Prologus, pars II:] *Intentio uero est specialis et propria ... – ... qualiter mores et uoluntates h. (?) hominum scripturis autenticis disponantur.*;
[1vb–36vb Text:] >*Incipit primum capitulum circa textum*<. >*I<n ultima parte prohemii dicitur, quod opus istud per decem capitula partitum est. Verum quia liber intendit artis notarie tradere documenta ... ut ff. de aquirendo re*[rum] *do*[minio] *l. i.* (D.41.1.1) [direkt anschließend Beginn des Kommentars:] *et ipsam in vii primis capitulis ordinate describit ... – ...* [Ende des Textes:] *... § 'Iam multa uidimus' et in uersiculo: In eo uero qui locat.* [direkt anschließend Ende des Kommentars:] *Hoc instrumentum locationis operarum distinguitur per tres partes. In prima locatio paciscitur conductori.*

Die Praefatio (In medio ecclesiae apparuit os eius ...) fehlt. Den Textabschnitten folgen jeweils ohne Absatz und Hervorhebung die Kommentarabschnitte nach Petrus de Unzola (gegenüber dem Druck nur die Schlusspartien). Am Übergang von Kap. 3 zu 4 Textverlust durch Verlust eines Blattes nach Bl. 29. Marginalglossen vom Schreiber (z. B. 3rb) und von zwei jüngeren Händen (14. Jh., 2. Hälfte, z. B. 2^r, 16^v, 22^v–23^r, 26^v–27^r, 32^r), bei der Bindung z. T. beschnitten (z. B. 17^v, 22^v): Ergänzungen sowie Verweise auf Parallelstellen (z. B. 26va: *nota de hac materia ... in apparatu notularum ...*).

Druck (mit umfangreicherem Kommentar): Rolandinus Passageris: Apparatus super summa notariae, quae Aurora nuncupatur. Mit Beig. von Petrus de Unzola. Vicenza: Rigo di Ca Zeno, 21.IV.1485. GW M38613 (vgl. Digitalisat der BN Madrid, über GW einsehbar). Zur Überlieferung (ohne die Fortsetzung des Albertus de Plebe s. Stephani). vgl. DOLEZALEK, Verzeichnis Hss., Teil IV (ohne Seitenzahlen), Iter Italicum, Bd. 7 (Index), S. 469.

Zum Bologneser Notar Rolandinus (Rodulphini) Passagerii († 1300), der seit 1255 das wichtigste Handbuch der Notariatskunst (Summa artis notariae ‚Aurora') sowie einen unvollendeten Kommentar zu diesem veröffentlichte, der vom Notar Petrus de Unzola († 1312) vollendet und kommentiert wurde, vgl. Moritz August von BETHMANN-HOLLWEG, Der Civilprozeß des gemeinen Rechts in geschichtlicher Entwicklung, Bd. 6.: Der germanisch-romanische Civilprozeß im Mittelalter, Teil 3: Vom zwölften bis fünfzehnten Jahrhundert: Der römisch-canonische Civilprozeß, Bonn 1874, S. 175–184 (s. o. Geschichte: Lit.verweis auf I^r); Antonio ERA, Di Rolandini Passeggeri e della sue „Summa artis notariae", in: Rivista di Storia del Diritto Italiano 7 (1934), S. 388–407; Il Notariato nella Civiltà Italiana. Biografie notarili dall'VIII al XX secolo, Mailand 1961, S. 436–443, 458f.; P[eter] WEIMAR, Art. ‚Rolandinus Passagerii', in: LexMA VII (1995), Sp. 959; DERS. Art. ‚Ars notariae', in: LexMA I (1980), Sp. 1045–1047, jeweils mit weiterer Lit.

(36vb–49vb) **Fortsetzung des Albertus de Plebe sancti Stephani: ‚Aurora nova'.**
>*Incipit aurora noua*<. (36vb) [Prologus:] >*N*<*E presumptuose mea iniecta uideatur in alterius messes uberes parua manus ... idcirco ego Albertus de Plebe sancti Stephani comitatus Aretii humilis notariorum minister ... non tamquam successor in opere tanti uiri, cuius vestimenti infima tangere non sum dignus, sed ut interim studentibus in hac arte tam doctoribus in legendo quam scolaribus in studendo proficiam ...*; (36vb–49vb) [Text:] >*Instrumentum locationis de seruiendo rubrica*<. >*S*<*upra de contractibus, quibus dominia rerum et iura ab uno in alterum transferuntur, dictum est. Nunc sequitur de contractibus ... – ... Notandum est etiam, quod commissa est aliqua interdictione, ea videntur commissa sine quibus iurisdictio explicari non potest.*

(49vb) *Explicit commentum Magistri Alberti de Plebe sancti Stephani comitatus Aretii super quibusdam contractibus summe magistri Rolandini.* [Zeile frei] *Deo gratias Amen. Amen. ...* [Zeile frei] *Anno domini millesimo CCC° xxx° viiii°, die vii^a Martii.* [zwei Zeilen frei] *Uannes* (?) *magistri Albertutii de Arimino ciuis*. Daran Schreibervers, s. u.

Marginalglossen nur von zweiter jüngerer Glossenhand (14. Jh., 2. Hälfte, z. B. 42^r, 46^r–47^r, 48^v, 49^r), bei der Bindung z. T. beschnitten (z. B. 42^r, 48^v): Ergänzungen sowie Verweise auf Parallelstellen.

Keine Edition ermittelt. Nach Ausweis des Prologs und Kolophons (36vb und 49vb) wurde die hier (unikal?) überlieferte Fortsetzung zum Werk des Rolandinus Passagerii (,Aurora nova') von Magister Albertus de Plebe sancti Stephani verfasst, der sich als *humilis notariorum minister* bezeichnet. Die Herkunftsangabe *de Plebe sancti Stephani comitatus Aretii* ist wahrscheinlich mit dem Ort Pieve Santo Stefano gleichzusetzen, s. o. Geschichte. Sehr wahrscheinlich ist der Verfasser identisch mit einem 1247 in Florenz nachgewiesenen städtischen Notar, vgl. Pietro SANTINI, Documenti dell'Antica Constituzione del Commune di Firenze, Florenz 1895 (Documenti di Storia Italiana 10), S. LXXI und 496 (Ego Albertus notarius de plebe Sancti Stefani predictis interfui, subscripsi et publicavi.).

(49vb) [Unter Kolophon von anderer Hand in dunklerer Tinte Schreiberversi:] *Laude*[am Ende von anderer Hand korrigiert: *-ris*] *Christe, quia liber explicit iste* (ähnlich COLOPHONS VI, Nr. 22158: Lauderis Christe, quia finitur liber iste). Danach wohl Notariatszeichen mit Kreuz.
Am oberen Seitenrand: hebräischer Eintrag.

III^r Eintrag von zwei Vorbesitzern des 16. Jh.s, s. o. Geschichte.
+ *yhs 1560 alli 23 8br.* (ottobre);
darunter achtzeiliges italien. Gedicht, wohl von jüngerer Hand (17./18. Jh.?): *Sia manifesto a chiunche legera / questo, che scritto appai su questa pagine. / No già l'opre amirande di cartagine / Qual' no' aproda' a chi le Cantera. / Ma sonno bene, queste cui le sapra / Né causan letitia summa che le immagine / delli passati soi fatt' han' provagine / in terra di lor' fine.*

III^v und IV^{r-v} leer.

V^{r-v} (ehemals vorderer Spiegel) s. o. Fragment.

MS 4° E 5164
Rolandinus Passagerii: Summa artis notariae, Tractatus de notulis

Papier · IV + 127 + II Bll. · 28,5 × 21 · Oberitalien (Mailand?) · 15. Jh., 7. Jahrzehnt

Zustand: Wasserflecken auf den ersten Bll. (Bl. III–IV, 1–16) sowie auf Bl. 91; im hinteren Bereich im Falz und teilweise (Bl. 113–121) auf der gesamten Seite großflächige Flecken, wohl von einer über Bl. 115/116 ausgeschütteten Flüssigkeit. Ausbrüche durch Farbfraß bei Initiale auf 1ra (Textverlust auf 1vb).

Kodikologie: zeitgenössische Tintenfoliierung: *1–123*; im Januar 2012 Bleistiftfoliierung: *I–II, III–IV* (Vorsatzbll. vorn, dabei III–IV alte Vorsatzbll., I–II bei der Bindung eingefügt), *1–127, V–VI* (bei der Bindung eingefügte Vorsatzbll. hinten)

Wz.: Bl. I: wohl Wappen (Wz. nicht abzunehmen, da das Bl. mit neuem Vorsatz verleimt ist); Lagen 1–11: Kiefernzapfen, Formenpaar, Typ WZIS DE6300-PO-129673 (Schlettstadt 1470) und DE8085-PO-129674 (Kurpfalz 1462); Lagen 12 und 13: zweikonturiges lateinisches Kreuz, Wiederkreuz/Kleeblattkreuz, gegabelt, Formenpaar, Typ WZIS DE6300-PO-125816 (Nördlingen 1461) und DE7320-PO-125814 (Rothenburg 1469), Lage 14: achtblättrige Blume mit Stempel, ohne Stängel (Regalformat, Bindedrähte waagerecht), Typ WZIS DE6300-PO-126666 (Stuttgart 1462), Vorsatzbll. hinten (Bl. V und VI): Adler (Regalformat), nur unterer Abschnitt erhalten, keine Vergleichsbelege ermittelt, ein ähnliches Wz. auch auf dem hinteren Vorsatz von BVerwG, MS 8° A 13703 (Toskana [Florenz?], 1468).
Lagen: Lagenanordnung am Beginn und Ende bei Neubindung verändert, ursprünglich (rekonstruiert): $II^{IV} + 9 V^{90} + (V-1)^{99} + V^{109} + IV^{117} + III^{123} + II^{127}$; es fehlt ein Bl. nach Bl. 94, Falzstreifen an Bl. 93 angeklebt (kein Textverlust).
Schriftraum: 19,5–20 × 13–14. 2 Spalten, 33–35 Zeilen. Humanistische Minuskel auf niedrigem kalligraphischen Niveau von 2 Händen: H 1: Text 1ra–121vb, H 2: Register 122ra–126rb. Interlineare und marginale Korrekturen und Ergänzungen vom Schreiber, Marginalglossen von einer zeitnahen Hand sowie vom Vorbesitzer Nicolaus de Rova (s. u. Inhalt).
Rubriziert: Überschriften. Am Beginn des Textes 7zeilige Feldinitiale *A* (4,5 × 4): blauer Buchstabenkörper (evtl. ursprünglich mit Kupfergrün verziert, durch Farbfraß teilweise zerstört), im Binnenfeld weiße, rot umrandete Blattranke, am linken Rand Fleuronnéstab. Am Beginn der restlichen Kapitel geplante 5- bis 9zeilige Initialen nicht ausgeführt (Kap. 2: 23rb, Kap. 3: 27vb, Kap. 4: 37vb etc. bis Kap. 10: 102vb, vgl. Repräsentanten). Zur weiteren Textgliederung geplante Lombarden nur an wenigen Stellen (vielleicht von späterer Hand) als zwei- bis dreizeilige rote Lombarden ausgeführt: 1^r, 3^r, 5^v–6^r, 8^v, nur auf diesen Seiten auch rote Paragraphenzeichen zur Textgliederung.

Einband: Auf den ursprünglichen Holzdeckeleinband verweisen die Wurmlöcher am unteren Rand der ersten und letzten Bll. (Bl. III–IV, 1–22 sowie Bl. 83–127). Neubindung im 19. Jh. (in Italien, vgl. auch Eintrag im Morbio-Katalog, dort als „Hfrz." = Halbfranzband): Pappdeckel, überzogen mit rotbraunem Kleisterpapier, brauner Lederrücken, darauf vergoldeter Titel: *ROLANDI SUMMA INSTRUMENTORUM FORMULE*, sowie unten: *MS. DEL XV. SECOLO*. Bei der Bindung Vorsatzbll. vorn (Bl. I und II) und hinten (Bl. V und VI) eingefügt. Spiegel sowie erstes und letztes Vorsatzbl. mit blaugrauem Papier überzogen.

Geschichte: Die Hs. entstand nach Ausweis des Wz.befundes im 7. Jahrzehnt des 15. Jh.s, nach Ausweis des Schriftbefundes und Buchschmucks in Oberitalien, s. Vergleichsbeispiele für die Gestaltung der Zierinitiale in Manoscritti datati X (Milano), Tafel 50 (Pavia 1469). Die spätere Besitzgeschichte (s. u.) zeigt, dass sich die Hs. spätestens Anfang des 16. Jh.s in Mailand befand. Der Codex wechselte mehrfach die Besitzer: vgl. Eintrag 126^v: *Iste liber Summe Rolandini est mey Nicolay de Rova causa unius alius, qui habuit frater Bonifatius de Sancto Gallo, et iste* [Wort gestrichen] *habuit* (?) *loco illius a presbitero Francesco fratre dicti fratris Bonifatii et hoc de anno 1498 de mense septembris*. Nicolaus de Rova nennt sich mehrfach auch in den Marginalglossen auf 45^v/46^r. Auf Bl. IV^v Eintrag eines weiteren Vorbesitzers: *Liber iste est mey Pas*[ii] *de Isolanis, filii quondam domini Gottardi, notarius publicus Mediolanensis, p*[orta] *Z*[ovia]*, p*[arochiae] *s. Victoris ad Croxetam, Mediolani emptus ab uno meo socio* [danach von anderer Hand:] *Dedi*[t?] *Josefo Sossago*. Darunter: *Huius si dominum · cupiet quis forte libelli / Noscere* [interlinear eingefügt und durchgestrichen: *ea*] *que supra · Nomina scripta legat*.

Während die im ersten Besitzeintrag genannten Personen nicht identifiziert werden konnten, ist der spätere Besitzer Pasio de Isolanis von 1505 bis 1552 als Notar in Mailand nachweisbar, vgl. Mailand, Archivio di Stato, Atti dei notai, bb. 6801–6813, vgl. http://www.archivio distatomilano.it/strumenti-di-ricerca-on-line/notai/dettagli/5907 (Stand 19.01.2012, herzlicher Dank an Dr. Marta L. Mangini, Mailand, für die schriftliche Auskunft vom 01.12.2011). Er war wohnhaft im Mailänder Pfarrbezirk San Vittore alla Crocetta; die im Besitzeintrag genannte *Porta Zovia* ist mit der Porta Giovia (heute Porta Sempione) gleichzusetzen. Vorbesitzer: Carlo Morbio (Historiker und Bibliophiler in Mailand, 1811–1881), vgl. Bleistifteintrag auf Bl. I^r *Mo*[rbio]. *9.50.*, verzeichnet im Katalog zur Versteigerung seiner Handschriftensammlung im Jahr 1889 durch das Leipziger Antiquariat [Felix] List & [Hermann Richard] Francke, vgl. AUKTIONSSKATALOG MORBIO-SAMMLUNG 1889, Nr. 531, S. 58: „Rolandinus. Summa super contractuum et instrumentorum formulas. ‚Antiquis temporibus'. Saec. XV. 126 Bll. fol. Hfrz." (im Exemplar der SBB-PK Berlin mit Bleistifteintrag zum Preis: *9.50*).
Am 31.12.1895 wurde die Hs. von der Serig'schen Buchhandlung Leipzig für 10,50 Reichsmark an die Bibliothek des Reichsgerichts verkauft, vgl. Zugangsbuch Nr. 6, 1894–1899, Zugangsnummer: 40991, sowie Tinteneintrag vorderer Spiegel: *40991*. Zum gleichen Zeitpunkt wurden über Serig weitere ebenfalls aus der Morbio-Sammlung stammende Hss. an das Reichsgericht verkauft und dort unter benachbarten Zugangsnummern verzeichnet, vgl. MS 4° E 850 (Zugangsnummer 40988), MS 4° R 2425 (Zugangsnummer 40990) und MS 8° A 13703 (Zugangsnummer 40992), zu weiteren Bänden aus der Morbio-Sammlung in der ehemaligen Bibliothek des Reichsgerichts s. Einleitung. Stempel der Bibliotheken des Reichsgerichts auf III^r sowie des Bundesgerichtshofs (durchgestrichen) und des BVerwG auf III^v.

Literatur: DOLEZALEK Liste 2005: http://www.uni-leipzig.de/~jurarom/manuscr/RgMsMatr.html.

III^r Titel (frühe Neuzeit): *Summa Rolandini Instrumentorum formule*. Rest der Seite und III^v–IV^r leer. IV^v Eintrag des Vorbesitzers, s. o. Geschichte.

1ra–106vb Rolandinus Passagerii: Summa artis notariae.
[1^r am oberen Seitenrand Eintrag, wohl vom Vorbesitzer Pasio de Isolanis (vgl. IV^v): *Rubricha generalis huius totius libri adest in fine*, s. u. 122ra–126rb]. (1^{ra-rb}) [Prologus:] >A<*ntiquis temporibus super contractuum et instrumentorum formas et ordines fuerunt per quosdam uiros prudentes ... – ... exercitatis tamen plerumque poterit non obesse.*, (1rb–106vb) [Text:] >I<*ncipit primum capitulum immobilium et mobilium rerum diuersis titulis et causis continens dationes.* >*Instrumentum arrarum rubrica*<. >I<*n nomine domini amen. Anno eiusdem M° ducentessimo quinquegessimo quinto ... – ... per omnia similitudinis puritatem.* >*De operis conclusione actio gratiarum R*[olandini].< [E]*Cce iam quicquid ego Rolandinus minimus notariorum minister ... bonorum omnium tribuantur auctori, cui laus et honor et gloria in secula seculorum. Amen.* Rest der Spalte leer.

Eingeteilt in 10 Kapitel (Kap. 1–7: Verträge, Kap. 8: letzter Wille, Kap. 9: gerichtliche Handlungen und Kap. 10: Lehre von den Abschriften und Erneuerungen der Urkunden). Wohl vom Schreiber interlineare Glossen (synonyme Begriffe), interlineare und marginale Korrekturen sowie Marginalglossen zur Gliederung und Ergänzung eingefügt. Außerdem teilweise umfangreiche Marginalglossen einer zeitnahen Hand, z. B. 13ra Ausführungen zur Lex Falcidia, 17rb Erklärung des Begriffs emphiteosim (melioratio), 52va Verweis: *Et continentur his versibus: Vt liber seruus fiat, sunt ista necesse / annis viginti maiorem qui venditur esse / ...* (4 Verse), 103rb Ausführungen zu weiterem Werk. Weiterhin auf Bl. 45^v/46^r Marginalglossen des Vorbesitzers Nicolaus de Rova (s. o. Geschichte): vier Einträge zur Rubrik >*Instrumentum bo*[n]*um datorum ad laborandum*< (u. a. Verweis auf Digesten und ‚Aurora novissima' des Rolandinus Passagerii), darunter jeweils: *Nic*[h]*olaus de Rova*.
Druck: im 15. Jh. mehrfach gedruckt, u. a. Venedig: Simon Bevilaqua, 9.IX.1492 (GW M38645, vgl. eingesehenes Digitalisat der BU Valencia: http://trobes.uv.es/tmp/_webpac2_ 1483867.8791), a$_1$^{r}–h$_6$^{r} (Page 3–127). Weitere Drucke vgl. GW M38631, M38633-M38635, M38640-M38642 und M38644. Zum Werk und weiteren Druckausgaben vgl. SAVIGNY, Geschichte V, S. 542–545; zum Verfasser vgl. MS 4° E 5162. Zur handschriftlichen Überlieferung (ohne diese Hs.) vgl. DOLEZALEK, Verzeichnis Hss. III; HAMESSE (Hg.), Rep. Initiorum III, Nr. 3049.

107ra–121vb **Rolandinus Passagerii: Tractatus de notulis.**
>*Incipit notule R*[olandini]<. (107^{ra-rb}) [Prologus:] [T]*Ractaturi de arte notarie primo videamus, quid sit notaria et quid notarius ... – ... tertio de instrumentis et de instrumentorum fide.*, (107rb–121vb) [Text:] >*Quid sit contractus et de contractuum diuissionibus.*< [C]*ontractus est proprie unde ultro citroque ... – ... De ultimis vero voluntatibus et iudiciis nihil plusquam dictum est, in summa requiras. Deo gratias amen.* Rest der Spalte leer.
Druck: Venedig 1492 (s. o. 1ra), h$_6$^{r}–i$_7$^{v} (Page 127–144). Zum Werk (theoretische Einleitung zu den sieben ersten Kapiteln der Summa artis notariae, also zu den Verträgen) sowie seiner Überlieferung (häufig als Fortsetzung der ‚Summa artis notariae', ohne diese Hs.) vgl. SAVIGNY, Geschichte V, S. 542–545; DOLEZALEK, Verzeichnis Hss. III.

122ra–126rb **Zweispaltiges Register**, mit Folioangaben.
Rubricha. Instrumentum arrarum – in fo[lio] *1. Instrumentum venditionis fo*[lio] *2. ... – ... De instrumentis – fo*[lio] *120*, darunter in hellerer Tinte von anderer Hand (wohl vom Vorbesitzer Pasio de Isolanis, vgl. IV^v): *Finis. Deo gratias Amen.* Rest von 126rb leer.

126^v Eintrag des Vorbesitzers, s. o. Geschichte

MS 4° H 3365/1
Conradus Dryburg: Lectura primi libri Decretalium
Papier · I + 320 Bll. · 29,5–31 × 21 · Erfurt · 1392–95

Zustand: Rostflecken auf ersten und letzten Bll. durch Nägel der Beschläge auf VD und HD, Wurmgänge in beiden Deckeln und Bll. 1–92 sowie 207–320.

Kodikologie: Bleistiftfoliierung Januar 2011: Vorsatzbl. vorn: *I, 1–320*. Zeitgenössische Paginierung wohl des Schreibers: *1–656*. Wz.: Lagen 1–4, 14–19 (Bl. I, 1–41, 151–224): Ochsenkopf mit einkonturiger Stange und Blume, Formenpaar (OK 1 und *OK 1), davon OK 1 Variante zu WZIS DE2040-PO-65279 (o. O. 1397) bzw. Typ BRIQUET, Nr. 14741 (Eilenburg, Weimar 1394, Jena 1395 u. a.), *OK 1 Variante zu WZIS DE2040-PO-65283 (o. O. 1397); Lagen 5–13 (Bl. 42–148): zweikonturiges, ungebrochenes P, darüber zweikonturiges Kreuz, Formenpaar (P und *P), Varianten zu WZIS DE1335-PO-106628 (Braunschweig 1390) und DE1335-PO-106633 (Braunschweig 1386), dieses Wz. auch in Leipzig, UB, Ms 1108 (s. u.); Lagen 20, 24, 25 (Bl. 225–236, 275–276, 281–282, 285–286, 289, 292, 294–295): Ochsenkopf mit einkonturiger Stange und Kreis, Formenpaar (OK 2 und *OK 2), davon *OK 2 Variante zu WZIS DE2730-PO-64678 (Frankfurt 1392) und DE9045-PO-64682 (Würzburg 1393); Lagen 21–25 (Bl. 237–274, 277–280, 283–284, 287–288, 290–291, 293, 296): Ochsenkopf mit einkonturiger Stange und Stern, Formenpaar (OK 3 und *OK 3), davon *OK 3 Typ WZIS DE4500-PO-78994 (o. O. 1390); Lage 26 (Bl. 297/308, 299/305, 301): das gleiche Motiv, Formenpaar (OK 4 und *OK 4), Typgruppe PICCARD II,2, VIII, 185–186 (Nürnberg 1388); Lage 26 und 27 (Bl. 300, 303–304, 310/319, 312/317, 314/315): das gleiche Motiv, Formenpaar (OK 5 und *OK 5), davon *OK 5 Typ WZIS DE8085-PO-78825 (Ellwangen 1391); Lage 27 (Bl. 309/320, 313/316): Ochsenkopf mit einkonturiger Stange und Kreuz (OK 6), Typ WZIS IT5235-PO-78218 (Genova 1391). Lagen: 3 VI^{35} + (VI-6)^{41} + 8 VI^{137} + (VI+1)^{150} + 3 VI^{186} + VII^{200} + (VII-1)^{214} + (VII-4)^{224} + 8 VI^{320}, es fehlen 6 Bll. nach Bl. 41 (kein Textverlust feststellbar), 1 Bl. nach Bl. 214 (Textverlust), 4 Bll. nach Bl. 224 (kein Textverlust feststellbar), nach Bl. 138 Schaltzettel von geringerem Format (18,5 × 19,5) eingefügt (jetzt Bl. 139), in Lage 5–13 und Lage 20–27 (geringeres Format [29,5 cm] und wenig älteres Papier) Lagenzählung vom Schreiber: 42^r *primus*, 54^r *2us*, 66^r *3us* etc. bis 138^r *9*, sowie 225^r *x^{us}*, 238^r *xi*, etc. bis 309^r *xvij*.
Schriftraum 22,5–24 × 13–16. 1 Spalte. 35–48 Zeilen. Kursive von einer Hand (evtl. Autograph des Conradus Dryburg) in wechselnder Tintenfarbe, zahlreiche interlineare Korrekturen, Streichungen und Marginalglossen vom Schreiber. Nicht rubriziert, schlichte 1–2zeilige Tintenlombarden vom Schreiber. Zeigehände, z. B. 60^r, 160^r.

Einband: Zeitgenössischer Holzdeckeleinband mit grün eingefärbtem Schafleder überzogen, zwischen 1405 und 1410. Die Bindung erfolgte wohl im Auftrag Conrad Dryburgs in einer Erfurter Werkstatt (s. Verwendung von Urkunden, u. a. aus Erfurt, zur Lagenverstärkung und als Einbandmakulatur), der Terminus post quem für die Bindung ergibt sich aus dem jüngsten Text der Sammlung, einer in MS H 4° 3365/3 eingebundenen Urkunde für die Erfurter Universität vom 12.09.1405, der Terminus ante quem durch Dryburgs Todesdatum 13.05.1410. VD und HD durch einfache Streicheisenlinien in rechteckige und dreieckige Felder geteilt. Zwei schildförmige Hakenverschlüsse, Wulstlager (vgl. ADLER, Buchverschluss und Buchbeschlag, S. 23: Typ BV.5.3.1.c1.) auf dem VD erhalten, Rest der Verschlüsse verloren. Ursprünglich auf dem VD und HD je fünf Massivbuckel in Knospenform (vgl. ebd, S. 40: Typ BB.1.5.), davon nur zwei auf VD erhalten. Buchblock nicht beschnitten. Auf dem VD zwei übereinander geklebte Signaturschilder s. u. Geschichte. Auf VD innen unbeschrifteter Pergamentstreifen 28 × 8,5), auf HD Spiegelverklebung, wohl ebenfalls aus Pergament (32,5 × 5) abgelöst, weiterhin spiegelverkehrter Abklatsch eines weiteren herausgelösten Fragments.

Eine sehr ähnliche Einbandgestaltung weisen die zugehörigen Bände Leipzig, BVerwG, MS H 4° 3365/2, MS H 4° 3365/3 und Leipzig, UB, Ms 1108 (s. u. Geschichte) auf.

Fragmente: zur Verstärkung in den Lagenmitten ca. 2 cm breite Streifen aus quer bzw. häufiger längs zerschnittenem Pergamentblatt bzw. -blättern, urspr. Größe mindestens 30 × 30 cm, einseitig beschriftet nach Bl. 17, 29, 41, 71, 193, 266, 278 und 302, gotische Kursive, 3 bzw. 42–45 Zeilen erhalten, Inhalt: **Abschrift einer lat. Urkunde, wohl ausgestellt von Papst Bonifatius IX. (1389–1404), 14. Jh., letztes Jahrzehnt (Januar 1395?)**, s. u., für eine geistliche Einrichtung im Bistum Bremen (?): (nach Bl. 266) [... servus] *seruor*[um dei ...] (nach Bl. 17) *... necnon a cessatione diuinorum et interdicto, donec a nobis aliud habueris in mandatis, ... loco Bremen*[si] ..., (nach Bl. 71) ... *penis predictis duces et comites et barones et nobiles* ..., (nach Bl. 266) Rest einer Datierung [M CCC]*lxxxx*[qui]*nto*, (nach Bl. 278) *mensis Januarii sub nostro sigillo presentibus appenso.*

Geschichte: Es handelt sich um Band 1 (Buch I) einer wohl vierbändigen Lectura zu den Dekretalen, die an der 1392 gegründeten Erfurter Universität im Gründungsjahr begonnen und 1395 teilweise abgeschlossen wurde und von der außer diesem Band noch Bd. 2 (Buch II = Leipzig, BVerwG, MS 4° 3365/2), Bd. 3 (Buch IV = Leipzig, UB, Ms 1108) und Bd. 4 (Buch V= Leipzig, BVerwG, MS 4° 3365/3) erhalten sind; ob darüber hinaus eine Lectura zu Buch III vorhanden war, ist nicht bekannt. Nach Ausweis des Wz.befunds (s. o. Kodikologie) wurde Bd. 1 (MS 4° 3365/1) um 1392 begonnen und 1395 abgeschlossen, vgl. auch Datierung 1^r. Dabei wurden zunächst wohl Lagen 5–13 und 20–27 beschriftet (wenig älteres Papier [1390–93], kleineres Format, eigene Lagenzählung, geringerer Schriftspiegel) und erst 1395 die restlichen Lagen hinzugefügt. Bd. 2 entstand ebenfalls um 1392–95 (Wz.befund), die Lectura in Bd. 3 (104^r–160^r, s. u.) wurde am 09.08.1393 begonnen (Datierung 104^r), während Bd. 4 wohl erst um 1395–98 (Wz.befund) niedergeschrieben wurde. Beim Autor und sehr wahrscheinlich auch Schreiber handelt es sich nach Ausweis mehrerer, in den Bänden verstreuter Hinweise (vgl. MS 4° 3365/2, 273^v–274^v, MS 4° 3365/3, 215^v–219^v, Ms 1108, 162^r–218^r) um den ersten Ordinarius der Erfurter Universität Conradus Dryburg (zur Biographie s. u.). Die vielen Streichungen, Korrekturen, Interlinear- und Marginalglossen lassen vermuten, dass es sich um seine persönlichen Handexemplare handelt, an denen er weiterhin arbeitete. Die Bindung aller vier Bände erfolgte zwischen 1405 und 1410 wohl im Auftrag Dryburgs in einer Erfurter Werkstatt (s. o. Einband). Eine ebenfalls vierbändige Abschrift von Dryburgs Lectura zu den Dekretalen ist auch durch Einträge in den Bibliothekskatalogen der Erfurter Universität (s. u.) bezeugt.

Conradus Dryburg war bürgerlicher Herkunft und stammte aus Brakel (Westfalen). 1375 wurde er an der Universität Prag immatrikuliert, wo er 1378 zum Magister in artibus promoviert, im selben Jahr als Angehöriger der Natio Saxonum für das Studium der Jurisprudenz immatrikuliert und 1381 Baccalarius iuris wurde (vgl. Matrikel Prag, I,1, S. 166f., 179f., 202;

II,1, S. 124f.). Im Wintersemester 1387 wurde er an der Universität Heidelberg intituliert, wo er 1388 zum Baccalarius in decretis, 1390 zum Licenciatus in decretis und 1391 zum Doctor decretorum und somit zum ersten Doktor der 1386 gegründeten Universität promoviert wurde (TOEPKE [Hg.], Matrikel Heidelberg, I, S. 25, und II, S. 524; WILLOWEIT, Juristisches Studium Heidelberg, S. 102). Ostern 1392 wurde er als Erster nach dem Rektor in der Matrikel der neu gegründeten Erfurter Universität eingetragen (WEISSENBORN I, S. 36, a 1–6: „Dominus Conradus de Dryborg, decretorum doctor et in artibus magr., prepositus ecclesie Bardewicensis, Halberstadensis et Verdensis ecclesiarum canonicus, primus huius alme universitatis in iure canonico ordinarius et primus sallariatus", vgl. Abb. bei GRAMSCH, Schülerkreis [s. u.], S. 43). Im Wintersemester 1397/98 war er Rektor, seit 1398 Vizekanzler der Universität (also Stellvertreter des Mainzer Ebf.s als Kanzler der Universität, WEISSENBORN I, S. XIV, XXIII, 51). Vgl. KLEINEIDAM I, S. 319f. u. ö.; GRAMSCH, Erfurter Juristen, PK Nr. 135 u. ö. Neben seinen universitären Verpflichtungen war Conrad Dryburg Inhaber folgender Ämter und Pfründen: Ende 1387 Pfarrer in Osterwieck, ab 1389 Domkanoniker in Halberstadt, 1391 Propst in Bardowick (Lkr. Lüneburg) sowie Generalvikar des Bischofs von Verden, 1392 Domherr in Verden, 1397–1403 Kanoniker der Stifte St. Marien und St. Severi in Erfurt, 1402 Dekan des Stifts St. Marien in Erfurt, 1402 Domkanoniker in Hildesheim und Schwerin, 1402/03 Inhaber von Vikarien an der Pfarrkirche St. Johannis in Lüneburg, dem Verdener Dom und der Nikolaikirche in Wismar, ab Ende 1402 oder Anfang 1403 bis zu seinem Tod am 13. Mai 1410 Domdechant in Halberstadt. Vgl. Rep. Germ. II, S. 172f.; SONNTAG, Kollegiatstift St. Marien Erfurt, Nr. 31, S. 245; MEIER, Domkapitel zu Goslar und Halberstadt, Nr. 76, S. 256f.; Robert GRAMSCH, Der Schülerkreis des Konrad von Dryburg: Ein westfälisches Gelehrtennetzwerk in Erfurt, Rostock und Lübeck im 15. Jahrhundert, in: Jahrbuch für Erfurter Geschichte 3 (2008), S. 39–63, hier S. 44–48. Nach GRAMSCH, ebd., S. 44f., ist anzunehmen, dass ein Aufenthalt Dryburgs in Rom im Mai 1389, gemeinsam mit dem Heidelberger Theologieprofessor Konrad von Soltau, eng mit den bislang erst unvollständig geklärten Vorgängen um die Ausstellung der zweiten Gründungsbulle für die Universität Erfurt am 4. Mai 1389 durch Papst Urban VI. (WEISSENBORN I, S. 3–5) in Verbindung zu setzen ist und Dryburg somit als wichtige Person bei der endgültigen Gründung der Erfurter Universität anzusehen ist. Zu den historischen Hintergründen vgl. GRAMSCH, Erfurt – Die älteste Hochschule Deutschlands, S. 75–92, hier v. a. S. 80–84, 90f. zum Anteil Dryburgs bei der Universitätsgründung.
Conradus Dryburg stiftete der Bibliothek des Collegium universitatis der Erfurter Universität nach 1403 (bereits als Halberstädter Dekan, s. u. Eintrag im Katalog) 12 Codices und 1410 testamentarisch weitere 12 Bände, darunter eine ungebundene Abschrift („in sexternis") seiner Lectura zu den Dekretalen, die auf Veranlassung des Collegium universitatis bereits vor 1408 (s. u.) in vier Bände gebunden und in der Bibliothek aufgestellt wurde, vgl. das 1407 von Nicolaus Hopfgarten begonnene Verzeichnis der Wohltäter der Bibliothek des Collegium universitatis und ihrer Schenkungen, vgl. MBK II, S. 112[17]–113[1-7]: „Item honrabilis vir mag. Conradus Dryborg, decanus ecclesie Halberstadiensis, decretorum doctor, primus ordinarius in iure canonico huius studii, contulit 12 libros, quorum quinque fuerunt in asseribus, qui sequuntur. ... (S. 113) Idem mag. Conradus Dryborg tempore obitus sui sive anno Domini 1410 dedit circa – pentecost. pro libraria collegii totum corpus legum in octo voluminibus, bene ligatus ad asseres, circumductis et pergameneis. Item protunc legavit eciam totam lecturam suam super quatuor (!) libris decretalium in sexternis, et iam sunt ligata sollemnia quatuor

volumina ad asseres ex illis, cuius anima cum aliis benefactoribus liberarie requiescat in pace Christi. Idem etiam contulit decretalium V. pulchrum." Dryburgs Lectura wird erwähnt in Nicolaus Hopfgartens Standortregister von 1408, vgl. MBK II, S. 120[27f.]: „Lectura decretalium mag. Conradi Dryborg in quatuor voluminibus ligatis ad asseres, scripta super pappiro." Sie wird ebenfalls erwähnt unter der Sign. P 8–11 im nach 1497 abgeschlossenen Standortregister des Collegium universitatis, vgl. MBK II, S. 163[19–24] (hier als Buch I–IV der Dekretalen), sowie unter der Sign. HH 11–14 im um 1510 abgeschlossenen Standortverzeichnis, vgl. MBK II, S. 200[3–6] (hier als Buch I–III und V der Dekretalen). Die Einträge in den Katalogen des Collegium universitatis zeigen, dass die Abschrift von Dryburgs Lectura aus vier Bänden bestand; ob die Lectura zu Buch IV oder V fehlte, ist nicht zu entscheiden, da die Einträge nicht eindeutig sind.

Da die 1410 von Dryburg der Universitätsbibliothek gestiftete Lectura noch um 1510 nachweislich im Besitz der Universitätsbibliothek war, in den vorliegenden Bänden aber Besitzeinträge des Erfurter Petersklosters aus dem 3. Viertel des 15. Jh.s erhalten sind (s. u.), muss neben der in den Katalogen der alten Erfurter Universitätsbibliothek genannten Abschrift von Dryburgs Lectura ein weiteres Exemplar (wohl das Autorenexemplar?) existiert haben, das nach Dryburgs Tod 1410 verkauft wurde (s. u. Kaufeinträge) und zu unbekanntem Zeitpunkt (vor dem 3. Viertel des 15. Jh.s) in die Bibliothek des Petersklosters gelangte. Dass es sich dabei bereits ursprünglich nur um vier Bände handelte und keine Lectura zu Buch III vorhanden war, beweisen die alten Klostersignaturen *F XVI – F XVIIII* (s. u.).

Zugehörig zu den Bänden aus dem BVerwG ist die Hs. Leipzig, UB, Ms 1108, vgl. HELSSIG, UB Leipzig IV/3, S. 244–246, ohne Erwähnung Dryburgs. Die Hs. weist große Übereinstimmungen mit MS 4° 3365/1–3 auf: sie wurde teilweise auf demselben Papier und (91[r]–160[r]) von derselben Hand geschrieben, von derselben Hand foliiert und mit einem Register (nur bis 160[r]) versehen, auch der Einband weist eine sehr ähnliche Gestaltung auf. Die Hs. gelangte wohl auf demselben Weg wie MS H 4° 3365/1–3 vor dem 3. Viertel des 15. Jh.s (s. u. Besitzeintrag und Signatur) in die Bibliothek des Petersklosters und nach der Säkularisation der Klosters 1803 zunächst in die Sammlung Friedrich Gottlieb von Bülows, allerdings nach deren Versteigerung 1836 anders als MS 4° 3365/1–3 (s. u.) in den Besitz des Juristen Friedrich August Biener (1787–1861, vgl. Theodor MUTHER, in: ADB 2 [1875], S. 626–627) und nach dessen Tod in die UB Leipzig. Ms 1108 enthält neben der Lectura zu Buch IV der Decretalen von Johannes de Lignano (1[r]–89[v]) zwei weitere Texte zu Buch IV der Dekretalen (91[r]–102[r] [Lage 9, lt. Wz. um 1386/87], sowie 104[r]–160[r], vgl. 104[r] Datierung: *Anno domini Millesimo CCC[mo] L°XXXXIII°. Et incepta eodem anno in vigilia Laurentii* [09.08.1393] *in Erfordia*), von denen der erste als noch in Heidelberg angefertigte Vorarbeit und der zweite als Dryburgs persönliches Handexemplar zur Lectura zu Buch IV der Dekretalen anzusehen sind. In der Hs. folgt auf 162[r]–218[r] eine umfangreiche Abschriftensammlung aus den Jahren 1390–97, z. T. von Dryburgs Hand, die sich auf seine Pfründen und Ämter bezieht, hier mehrfach Conradus Dryburg als Kanoniker in Halberstadt, Hildesheim und Verden (z. B. 186[r], 187[v]–189[v], 194[r]–197[v], 209[r–v], 210[r–v], 213[r]–214[v]), Propst in Bardowick (z. B. 185[r–v]) bzw. Generalvikar des Bischofs von Verden (z. B. 200[r], 217[r]) erwähnt. Unter diesen Abschriften dürften sich mehrere bislang unbekannte Dokumente zur Karriere Dryburgs und zur Geschichte der jeweiligen geistlichen Institutionen befinden.

Auf I[r] Kaufeintrag mit Preisangabe *pro viii flor*[enis], gleichlautende Einträge auch in MS H 4° 3365/2, 1[r], und Ms 1108, I[r]. Auf I[r] Besitzeintrag des Erfurter Benediktinerklosters St. Peter und Paul: *Liber sancti Petri in Erfordia* (15. Jh., 3. Viertel), Besitzeinträge von derselben Hand auch in MS H 4° 3365/2, I^r, MS H 4° 3365/3, 1^r, und Ms 1108, I^r, sowie in zahlreichen weiteren Hss. des Petersklosters, vgl. EIFLER, Bibliothek des Erfurter Petersklosters, Bd. I, S. 144–147. Auf VD Signaturschild (Größe: 2 × 5) der Klosterbibliothek *F* [...], Zahl durch Überklebung mit weiterem Signaturschild (3,5 × 3) nicht lesbar, auf diesem: *F xvi*. Die zugehörigen Signaturen finden sich auf Band 2 (*F xvii*) und 3 (urspr. [F xvii?]*ii*, überklebt mit Signaturschild: *G xi*); auch bei Ms 1108 wurde eine ältere Signatur [F xvi?]*ii* überklebt mit *G viii 8*. Wie die vier Bände aus dem Besitz Dryburgs in die Bibliothek des Petersklosters gelangten, kann nur vermutet werden. Vielleicht wurden sie von Nicolaus Beyer, einem Nachfolger Dryburgs an der Erfurter juristischen Fakultät (1417 Decretorum doctor, seit 1425 Inhaber des Lehrstuhls für Nova iura) gekauft, und gelangten in das Peterskloster, als sich Beyer an seinem Lebensende (ca. 1438) dorthin zurückzog und dem Kloster „quosdam libros" überließ, vgl. KLEINEIDAM I, S. 326f., 404 u. ö.; GRAMSCH, Erfurter Juristen, S. 261 u. ö., PK Nr. 60 mit weiteren Nachweisen zur Biographie; FRANK, Peterskloster, S. 415.

Zu dem in der Mitte der 1470er Jahre eingeführten Signaturensystem in der Bibliothek des Erfurter Petersklosters vgl. ausführlich EIFLER, Bibliothek des Erfurter Petersklosters, Bd. I, S. 168f., S. 179f., Bd. II, S. 1067–1070 (diese Hss. erwähnt). Die Signaturengruppen E, F, und G umfassten insgesamt mind. 108 Bände juristischer und kirchenrechtlicher Literatur. Dabei hatte die Signaturengruppe F ihren Schwerpunkt offensichtlich zumindest teilweise bei Dekretalenkommentaren. Erhalten sind außer MS H 4° 3365/1–3 und Ms 1108 folgende Bände der Klosterbibliothek mit Signaturen aus der Gruppe F: *F VIII*: juristische Sammelhandschrift (Acta Concilii Basiliensis et Constantiensis, Vocabularius iuris, Joh. Auerbach: Processus iudicii etc.): Berlin, SBB-PK, Ms. lat. fol. 862 (vgl. THEELE, Handschriften, Nr. 23, S. 83; EIFLER, Kat. I, Nr. 37); *F XI*: Bohuslaus von Prag: Notata quinti Decretalium: Prag, Bibl. des Nationalmuseums, XVII C 23 (vgl. EIFLER, Kat. I, Nr. 303); *F XXVI* (korr. aus *F XXV*?): Heinrich Bohicus: Distinctiones in libr. II et III. Decretalium: Weimar, HAAB, Fol 51 (vgl. BUSHEY, Weimar I, S. 173f.; EIFLER, Kat. I, Nr. 334); *F XXVIIII 29*: Heinrich Bohicus: Super quinque Decretalium: Berlin, SBB-PK, Ms. lat. fol. 863 (vgl. THEELE, Handschriften, Nr. 24, S. 83; EIFLER, Kat. I, Nr. 38), sowie die Inkunabel *F xxxuiii*: Tudeschis, Nicolaus de: Lectura super secundo-quinto libro decretalium, Nürnberg: Anton Koberger 1485/86. Bd. IV–VI von insges. 6 Bänden, vgl. GW M47828: Erfurt, UB, Dep. Erf. I 2° 224 (vgl. EIFLER, Kat. II, Nr. 102).

Die Bände MS H 4° 3365/1–3 und Ms 1108 können nur teilweise mit den im Bibliothekskatalog des Petersklosters von 1783 erwähnten Lecturae zu den Dekretalen gleichgesetzt werden: „[in Folio] ... *92) Exposicio siue lectura quinque Decretalium* [Buch I–V in einem Band?], ... *174a) Lectura super 1mum Decretal. b) Lectura super 2mum Decretal.* [Buch I und II in einem Band?], ... *181) Lectura super (2^{dum}) Decretal.* (= MS H 4° 3365/2?)", vgl. THEELE, Handschriften, S. 66; EIFLER, ebd., Bd. II, S. 1105f. Die Handschriften nicht erwähnt im Katalog bei THEELE, Handschriften, und bei KRÄMER.

Die Bände gelangten nach der Säkularisation des Petersklosters 1803 sehr wahrscheinlich zunächst in die Sammlung Friedrich Gottlieb von Bülows und sind evtl. identisch mit folgenden, im Katalog zur Versteigerung der Bibliotheca Büloviana 1836 genannten Bänden: [Theologie, In Folio:] *220. Lectura super V. librum decretalium, ..., 227a. Lectura super II. librum decretalium, ..., 231. Lectura super I. librum decretalium*, vgl. SCHÄFFER, Bibliotheca Büloviana III, S. 22f. Um die Mitte des 19. Jh.s waren sie im Besitz des englischen Antiquars Gillyat

Sumner (1793–1875), Woodmansey (bei Beverley, Yorkshire), vgl. die getilgten Besitzeinträge in MS H 4° 3365/2 und 3. Sumner war bis 1855–57 auch im Besitz dreier weiterer Hss. des Erfurter Peterklosters, heute in Stonyhurst (Lancashire), Jesuit's College Library, Ms. 81, vgl. KER, MMBL IV, S. 478, Dublin, The University of Dublin, Trinity College Library, TCD MS 11059, vgl. DE RICCI, Census I, S. 1064f. (zum früherem Aufbewahrungsort Pittsfield), sowie Washington (D. C.), Library of Congress, Ms. 17 (Ms. Ac. 271), vgl. ebd. I, S. 148. Zu unbekanntem Zeitpunkt (vor 1896) waren die Bände Bestandteil einer (englischen?) Auktion, vgl. Aufkleber *Lot 526* auf dem Rücken von MS H 4° 3365/2 bzw. *526* auf dem Rücken von MS H 4° 3365/3. Ob die Bände des BVerwG wie die genannten Bände aus dem Peterskloster bereits Mitte des 19. Jh.s durch Sumner verkauft oder beim Verkauf der Sumner-Sammlung durch Christopher Greensides 1877 (vgl. Catalogue of the very Valuable Collection of Old Manuscripts ... and a valuable library ... collected by the late Gillyatt Sumner ... which will be sold ... by Mr. Christopher Greensides ... on Wednesday, the 31th October, 1877, and two following days, ..., nicht eingesehen) veräußert wurden, kann nicht mehr entschieden werden. Am 30.03.1896 wurden die drei Bände von der Antiquariats- und Verlagsbuchhandlung Otto Harrassowitz (Leipzig) für 10 Reichsmark pro Band an die Bibliothek des Reichsgerichts verkauft, vgl. Zugangsbuch Nr. 6, 1894–1899, Zugangsnummer: 41452, sowie Bleistifteinträge I^r: *41452* und *M. 10.-*. Stempel der Bibliotheken des Bundesgerichtshofs und des BVerwG auf I^v.

Literatur:
- DOLEZALEK Liste 2005: http://www.uni-leipzig.de/~jurarom/manuscr/RgMsMatr.html;
- EIFLER, Handschriften und Fragmente der ehemaligen Reichsgerichtsbibliothek, S. 162–164, mit Abb. 8 (MS 4° H 3365/3, 219^v);
- EIFLER, Bibliothek des Erfurter Peterklosters, Bd. I, S. 352–355 u. ö., Bd. II, S. 858–860 und S. 862: Kat. I, Nr. 221–223 und Nr. 229 sowie S. 1243, Abb. 77 (MS 4° H 3365/2, 1^r).

I^r Kapitelverzeichnis zu Liber I der Decretalen mit Seitenangabe. Besitzeintrag s. o. Geschichte.

I^v Eintrag des Schreibers: *Uenerabiles domini mei ac amici carissimi pro reincepcione decretaliu[m* ...,Textverlust durch Zerstörung des Blattes?] *audientes et studientes* ..., darunter: *In hoc actu restat scientiam sacra sacrorum canonum recommendare* ...

1^r–313^v **Conradus Dryburg: Lectura primi libri Decretalium.**

(1^r) oberer Seitenrand: Datierung *Pro nouo priuilegio* (?) *huius studii in reincepcione decretalium factus anno domini m ccc lxxxxv.*, s. o. Geschichte.

(1^r–6^r) **Prologus zur gesamten Lectura.**
>Q<*uecumque scripta sunt ad nostram doctrinam scripta sunt* ... (Rm 15,4). *Beatus Augustinus lux et norma fidelium* ... – ... *et iuste in hoc seculo uiuentibus, ad quam nos perducat Christus, dei patris sapientia ... Amen.*

Wohl nicht vollständig ausgearbeitet: 2ᵛ–3ʳ, 3ᵛ–4ʳ, 5ʳ, 5ᵛ in den Text eingefügte Listen von Stichpunkten.

Daran: 8zeiliger Nachtrag des Schreibers in hellerer Tinte zum Beginn seiner Lectura: *Gregorius de more legencium* (s. 6ᵛ) ... *prima glossa ‚expedire'. Sed ego primo tractabo de tribus* ...

(6ᵛ–15ʳ) **Lectura zur Promulgationsbulle 'Rex pacificus'.**
Gregorius etc. Scias, quod de more legencium est primo primam glossam expedire ... (8ᵛ) ... *Rex pacificus hic ponitur exordium, in quo Gregorius compylator iuris principaliter intendit ostendere* ... – ... *alii vii respiciunt deum secundum naturam assumptam.*

(15ʳ–40ᵛ) **Lectura zu X I.1.1.**
Firmiter credimus. Decretales siue constitucio ista propter plurima, [gestrichen: *qua*] *qua succentis* [gestrichen: *continet*] *uerbis continet* ... – ... *insana concordat* ... *in Clementinas.*

41ʳ nachgetragene Glossen zu X I.1. Rest von 41ᵛ sowie 41ᵛ–42ʳ leer.

(42ᵛ–313ᵛ) **Lectura zu X I.1.2–I.43.14.**
In nomine Christi amen. Lectura collecta Erfordie. Aggrediendo lecturam eidem decretalium licet necesse non sit sacrorum canonum scienciam ... – ... *quod in breui uisuri sumus, quos absentes dolemus. Et concedat nobis dominus deus, quod omnium meorum mutua visio* [interlinear eingefügt: *sit*] *in patria. Amen.*
Nach Tit. I,28 am Lagenende Rest von 224ʳ sowie 224ᵛ leer. Fortsetzung auf 225ʳ mit I,29 ‚De officio et potestate iudicis delegati'.

314ʳ–317ʳ **Repetitio zu X 1.40.5, c. 'Sacris est canonibus'.**
(314ʳ) [ursprünglich leer, später von Schreiber Reinschrift des folgenden Textbeginns eingetragen:] *In nomine patris* ... *Amen. Reuerendi patres et domini etc. In presenti actu repetiturus capitulum ‚Sacris' quod* ... *quinque erunt facienda ad instar* ... *quinque librorum Decretalium, quinque uulnerum Christi, quinque stigmatum Francisci,* ... *Deo nobis auxilium prebente* ... Rest der Seite leer.
(314ᵛ–317ʳ) [erster Abschnitt mit zahlreichen Korrekturen, vgl. Reinschrift 314ʳ:] *In hec presenti actu* ... *Deo nobis auxilium prebente* ... *Uerba ista sunt sacratissimi principis Iustiniani · C · de episcopis et clericis* [= Codex Iustiniani 1.3.54] ... – ... *sanctorum ciuium peruenire ualeamus. Quod nobis prestare dignetur* ... Rest der Seite und 317ᵛ leer.
Zahlreiche Streichungen und Korrekturen vom Schreiber.

318ʳ–319ᵛ **Repetitio zu X 1.41.10, c. 'Beneficio restitutionis'.**
‚Beneficio' Casus se summat et materia ... 'Restitutio denegata ecclesiae ulterius sibi non conceditur ...'... – ... effectus horum iurium etc. Rest der Seite und 320ʳ leer.

320ᵛ **Juristische Notizen (Stellenverweise und Kommentare o. ä.).**
In titulo ‚Ad aures' dicit Innocentius (?) ... [evtl. Verweis auf: X 1.3.8 oder 1.11.5: Ad aures nostras te significante pervenit ...].
Durch Paragraphenzeichen gegliederte Notizen.

MS 4° H 3365/2
Conradus Dryburg: Lectura secundi libri Decretalium · Urkundenkonzept (Nachtrag?)

Papier · I + 275 Bll. · 31 × 21,5 · Erfurt · um 1392–95 (1392/93)

Zustand: Rostflecken durch Nägel der Beschläge auf VD und HD.

Kodikologie: Bleistiftfoliierung Januar 2011: Vorsatzbl. vorn: *I, 1–275.* Zeitgenössische Paginierung, wohl des Schreibers: *1–552.* Wz. (in den Lagen gemischt, nur z. T. Formenpaare zu ermitteln): Lagen 1–5 (Bl. 1/12, 14, 18–21, 27, 30, 33, 36, 38, 49, 55, 56): Ochsenkopf mit einkonturiger Stange und Stern (OK 1), Typ WZIS DE8730-PO-78742 (Wesel 1393/94); Lagen 1–3 und 5 (Bl. 4, 5, 8, 9, 17, 22–24, 28, 29, 34, 35, 51, 53, 58, 60): das gleiche Motiv, Formenpaar (OK 2 + *OK 2), dabei OK 2 Typgruppe PICCARD II,2, VIII, 141–142 (Ellwangen, Frankfurt u.a. 1391–98), *OK 2 Typ WZIS DE2040-PO-78722 (Gft. Mark 1397); Lagen 1, 4–5 (Bl. 2/11, 43/44, 50/61): das gleiche Motiv (OK 3), Typ BRIQUET, Nr. 14920 (Zürich 1392); Lagen 1, 3–5 (Bl. I/13, 6/7, 31/32, 40/47, 42/45, 54/57): Ochsenkopf mit einkonturigem Kreuz (OK 4), Variante zu WZIS IT5235-PO-78218 (Genova 1391); Lage 3 (nur Bl. 26/37): das gleiche Motiv (OK 5), Typ WZIS DE8085-PO-78227 (Ellwangen 1391/92); Lagen 1, 4–5 (Bl. 3/10, 39/48, 52/59): Ochsenkopf mit einkonturiger Stange, darüber Kreis (OK 6), Variante zu WZIS DE2730-PO-64678 (Frankfurt/M. 1392); Lagen 6, 7, 9, 13, 14 (Bl. 62–76, 79–80, 83–85, 98/109, 146–157, 161/166): Einhorn, Kopf, darüber einkonturige Stange und Stern, Formenpaar (E 1 und *E 1), Varianten zu WZIS IT6810-PO-124983 und ...-12984 (Pavia 1392) sowie WZMA AT4000–446_4 und AT4000–446_3 (Stams 1395), dieses Wz. auch in MS 4° 3365/3; Lagen 7–12 (Bl. 77–78, 81–82, 86–97, 102–105, 110–145): das gleiche Motiv, ohne einkonturige Stange und Stern, Formenpaar (E 2 und *E 2), Typgruppe WZIS DE5910-PO-124986 (München 1393); Lage 9 (Bl. 99–101, 106–108): das gleiche Motiv, ohne einkonturige Stange und Stern, Formenpaar (E 3 und *E 3), Typgruppe WZIS DE5910-PO-124986 (München 1393); Lagen 14–21 (Bl. 158–160, 162–165, 167–231, 234/240, 247/252): Ochsenkopf mit einkonturiger Stange, darüber Kreis, Formenpaar (OK 7 und *OK 7), Variante zu WZIS NL0360-PO-64688 und ...-64687 (Geldern 1394), dieses Wz. auch in Ms 1108, Lage 1, 2, 5–8, 17; Lagen 20–23 (Bl. 232–234, 237–238, 241–246, 248–251, 253–275): Ochsenkopf mit einkonturiger Stange, darüber Kreuz, Formenpaar (OK 8 und *OK 8), davon OK 8 bei abweichender Position des Kreuzes

Typ WZIS DE6300-PO-64499 (Kloster Niederschönfeld 1394), dieses Wz. auch in Ms 1108; Lage 17 (nur Bl. 200/201): Glocke, Variante zu WZIS DE5925-PO-40679 (München 1396); Lage 20 (nur Bl. 236/239): Hund – Kopf, darüber einkonturige Stange und Stern, Typ WZIS DE6405-PO-86303 (Nürnberg 1394), dieses Wz. auch in Ms 1108, Lage 16 (nur Bl. 164).

Lagen: VII^{13}+ 21 VI^{267} + (V-2)^{275}, es fehlen 2 Bll. nach Bl. 274 (kein Textverlust feststellbar), Lagenzählung vom Schreiber am Anfang und Ende der Lage: 14^r *2us*, 26^r *3*, 38^r *4us sext*[ernus], 49^r *5* etc. bis 267^r *xxii*; zur Verstärkung in den Lagenmitten ca. 2 cm breite Pergamentstreifen, nicht beschriftet.

Schriftraum: 23–24 × 14–17. 1 Spalte. 39–47 Zeilen. Kursive von einer Hand (evtl. Autograph des Conradus Dryburg) in wechselnder Tintenfarbe, Seitentitel sowie zahlreiche interlineare Korrekturen, Streichungen und Marginalglossen vom Schreiber. Nicht rubriziert, schlichte 1–2zeilige Tintenlombarden vom Schreiber. Urkundenkonzepte (273^v–274^v, 275^v) wohl Nachträge des Schreibers auf leeren Blättern in größerem Schriftgrad und ohne festen Schriftspiegel.

Einband: Zeitgenössischer Holzdeckeleinband mit grün eingefärbtem Schafleder überzogen, zwischen 1405 und 1410, vgl. MS 4° H 3365/1, Einband. VD war abgebrochen (März 2011 in der Restaurierungswerkstatt der UB Leipzig restauriert). VD und HD durch einfache Streicheisenlinien in rechteckige und dreieckige Felder geteilt. Von den urspr. zwei schildförmigen Hakenverschlüssen nur Wulstlager des oberen auf dem VD sowie Gegenbleche und Ziernägel auf HD erhalten, Rest der Verschlüsse verloren. Ursprünglich auf dem VD und HD je fünf Massivbuckel in Halbkugelform, davon vier auf VD und drei auf HD erhalten. Buchblock nicht beschnitten. Auf dem VD Signaturschild s. u. Geschichte. Auf dem Rücken Auktions-Aufkleber *Lot 526*, sowie weiteres Schild: *526*, darüber rotes *P*, s. MS 4° H 3365/1, Geschichte.

Eine sehr ähnliche Gestaltung weisen die zugehörigen Bände MS H 4° 3365/1, MS H 4° 3365/3, und Leipzig, UB, Ms 1108 (s. MS 4° H 3365/1, Geschichte) auf.

Fragment 1: hinterer Spiegel, als Flügelfalz um die letzte Lage, re. beschnittenes Pergamentblatt, Größe 24,6 × 8,4 (erhalten), 38 Zeilen, Urkundenschrift, nicht rubriziert, Inhalt: **Fragment einer Urkunde, zwischen 1388 und 1395**, wohl am 16.01.1390 (Indiktion XIII = 1390) ausgestellt von Papst Bonifatius IX. (1389–1404): *In nomine domini. Amen. Anno a natiuitate eiusd*[em …] *Indictione xiii, mensis Januarii die xvi* [… *praedecessoris nostri*] *in Christo patris et domini nostri domini Urbani* [*predecessoris nostri ?*] (Papst Urban VI. 1378–89) […], erwähnt werden: *discretus vir Johannes Be*[…], [… *de*] *Birden presbyter Uerdenis dyocesis*, Conrad Dryburg in seiner Eigenschaft als Generalvikar des Bischofs von Verden (bislang erst seit 15.10.1391 in dieser Funktion belegt): *dominus Conradus officialis* […] *patri ac domini domini Ottonis episcopi Uerden*[sis = Otto II. von Braunschweig-Lüneburg, Bf. von Verden 1388–95 …], als Zeuge: *Erico de Spi*[…], als Notar: *Et ego Hermann*[us …], am li. Rand Notariatszeichen.

Fragment 2: nach Bl. 267 Rest eines weiteren Flügelfalzes um die letzte Lage, re. Rand eines beschnittenen Pergamentblattes (nicht zusammengehörig mit Fragm. 1), Größe 24,5 × 2,2 (erhalten), 36 Zeilen, Urkundenschrift, nicht rubriziert, Inhalt: **Urkundenfragment**, 14. Jh., Ende: nur einzelne Wortteile lesbar, wohl lateinisch.

Fragment 3: Lesezeichen nach Bl. 218: Größe 3,8 × 13,4–14,6, Papier, 1 bzw. 4 Zeilen, Kursive, nicht rubriziert, Inhalt: **Liste über Einnahmen aus Landbesitz in Dörfern um Erfurt, 1335:** (Rectoseite:) *Item Henricus Weber in Gamstete* [Gamstädt, w. Erfurt] *dedit xv. gr*[ossos] *unus den*[narius]; (Versoseite, li. Textverlust:) [... Maiori Ru]*denstete* [Großrudestedt, n. Erfurt] *m°cccxxxv ... in Minori Rudenstete* [Kleinrudestedt, n. Erfurt] *... idem commendatorem* [Komtur] *qui agri fuerunt Conradi diuitis ...*

Geschichte: Band 2 (Buch II) einer Lectura zu den Dekretalen, an der Erfurter Universität um 1392 begonnen und 1395 teilweise abgeschlossen durch den Doctor decretorum Conradus Dryburg. Zur Entstehung, zum Autor und zu den erhaltenen Bänden vgl. MS 4° H 3365/1, Geschichte. Bd. 2 entstand nach Ausweis der Wz. um 1392–95, wahrscheinlich jedoch vor dem 09.08.1393 (Beginn der Lectura zu Buch IV in Ms 1108, 104^r–160^r).
Auf I^r Kaufeintrag mit Preisangabe *pro viii flor*[enis] (zweimal) und *Item ii guld*. Die erste Preisangabe gleichlautend auch in MS H 4° 3365/1, I^r, und Ms 1108, I^r. Auf 1^r Besitzeintrag des Erfurter Benediktinerklosters St. Peter und Paul: *Liber sancti Petri in Erfordia* (15. Jh., drittes Viertel), Besitzeintrag von derselben Hand auch in MS H 4° 3365/1, I^r, MS H 4° 3365/3, I^r, und Ms 1108, I^r, sowie in zahlreichen weiteren Hss. des Petersklosters. Auf VD Signaturschild (2,2 × 4,7) der Klosterbibliothek *F xvii*. Zur Aufstellung in der Bibliothek des Erfurter Petersklosters vgl. MS 4° H 3365/1, Geschichte. Weiterer Eintrag eines Vorbesitzers auf I^r mit Tinte getilgt und verwischt: *G. Sumner Woodman*[sey ...] *056*, vgl. MS 4° H 3365/1, Geschichte. Stempel der Bibliothek des Reichsgerichts auf I^r sowie der Bibliotheken des Bundesgerichtshofs und des BVerwG auf I^v.

Literatur: vgl. MS 4° H 3365/1.

I^r Kapitelverzeichnis zu Liber II der Decretalen mit Seitenangabe.

I^v **Conclusiones des Schreibers zur Zusammenfassung der Lectura**.
Inuenies conclusiones et notabilia contra qui opponens cedunt qui sequuntur in lectura mea super v° libro in fine perultimi sexterni [...], Verweis auf MS H 4° 3365/3, 212^v, dort z. T. gleichlautend die folgenden Conclusiones: *1. conclusio: Paciscens iudici super eius iurisdictione non declinanda ipso iudice ..., 2. a.* [autem?] *conclusio: Iudex non suus cui fit pactum de iurisdictione danda ...*

1^r–273^r **Conradus Dryburg: Lectura secundi libri Decretalium.**
Incipit lectura secundi libri decretalium Erfordie lecta. In nomine patris ... Amen. (1^{r-v}) [Prologus:] *Pro aggressu lecture* [interlinear eingefügt: *huius libri*] *secundi, qui est de iudiciis adhoc etc. ... recipio pro introitu ipsius hec uerba: 'Summum bonum est in rebus iustitiam colere' ...*; (2^r–273^r) [Text:] *Expeditis preparatoriis iudiciorum ad iudicia veniamus. Et dixi 'iudicia' in plurali, quia ... – ... uirtutum documenta humilitatis custodiam aggregare. Quod ipse dei filius sue matris deuotis participare dignetur. Amen.* Rest der Seite leer.

273ᵛ–274ᵛ [wohl Nachtrag des Schreibers:] **Urkundenkonzept zur Ernennung Conrad Dryburgs zum Dechanten des Domkapitels von Halberstadt, nach 26. Januar 1403.**
[erster Abschnitt gestrichen:] *Reuerendo in Christo patri ac domino domino episcopo Halberstatensi ac venerabili domino preposito ... et capitulo ecclesie ... Halberstatensi ... Jo*[hannes] *Reddekin* [gestrichen: *Jo. de Redekin decanus ecclesie:*] *decanus executor* ...;
Post quarum quidem litterarum apostolicarum presentacionem et recepcionem fuimus per [im Folgenden mehrere Wörter gestrichen:] *dominum Conradum de Dryborg decretorum doctorem ... Nos igitur Johannes decanus et executor prefatus uolentes huiusmodi mandatum apostolicum exequi, ut tenemus, decanatum ecclesie Halberstadtensis* [gestrichen: *uacante*] *post obitum Alberti* (!) *Gocghemack* ...;
(274ᵛ) *Reuerendo in Christo patri ac domino domino .. dei gratia episcopo Halberstadtensi ac venerabilibus et discretis uiris preposito, seniori et capitulo singulisque canonicis ... Johannes de Redekin decanus ecclesie Magdeburgensis executor ad infrascripta ...*
Zahlreiche Streichungen und Korrekturen vom Schreiber. Die päpstliche Bestätigung der Wahl Conrad Dryburgs zum Halberstädter Domdechanten erfolgte am 26. Januar 1403, vgl. Rep. Germ. II, S. 172f. Zu Conrads Tätigkeit als Domdechant vgl. SCHMIDT (Hg.), UB Hochstift Halberstadt IV, Nr. 3216, 3256, 3260, 3276 mit Anm. 1 u. ö. vgl. Register S. 646, Abb. seines Siegels Tafel XXII, 187, hier diese Urkunde nicht verzeichnet.
Zu Albrecht Gotgemak (Domdechant in Halberstadt von 1363 bis 1402/03), vgl. MEIER, Domkapitel zu Goslar und Halberstadt, S. 264f., zu Johannes Redekin (Domdechant in Magdeburg von 1404–19), vgl. Rep. Germ. II, S. 735; Gustav HERTEL, UB Stadt Magdeburg, Bd. II (GquPS 27), Halle 1894, Register S. 839.

Rest von 274ᵛ sowie 275ʳ leer.

275ᵛ [wohl Nachtrag des Schreibers:] **Urkundenabschrift**, unvollständig.
Sua (?) *nobis dilectus filius R. armiger petitione monstrauit, quod olim abbas et conuentus flo.* (?) *asserentes, quod idem armiger super quibusdam personarum summis* (?) *et rebus aliis iniurabatur ... – ... prout superius expressus fuit ad sedem apostolicam etc. deoque etc.*, bricht ab, Rest der Seite leer.

MS 4° H 3365/3

Conradus Dryburg: Lectura quinti libri Decretalium · Akten zur Gründungsgeschichte der Erfurter Universität (1390–1405)

Papier · II + 229 Bll. · 31 × 21,5 · Erfurt · um 1395–98

Zustand: Rostflecken auf ersten und letzten Bll. durch Nägel der Beschläge auf VD und HD.

Kodikologie: Die Hs. besteht aus zwei Faszikeln: (I) Bl. I-212, (II) Bl. 213–229. Bleistiftfoliierung Januar 2011: Vorsatzbll. vorn: *I–II, 1–229*. Zeitgenössische Paginierung wohl des Schreibers: *1–457*.

Einband: Zeitgenössischer Holzdeckeleinband mit grün eingefärbtem Schafleder überzogen, zwischen 1405 und 1410, vgl. MS 4° H 3365/1, Einband. VD und HD durch einfache Streicheisenlinien in rechteckige und dreieckige Felder geteilt. Zwei schildförmige Hakenverschlüsse, Wulstlager auf dem VD und drei Ziernägel auf dem HD erhalten, Rest der Verschlüsse verloren. Ursprünglich auf dem VD und HD je fünf Massivbuckel in Halbkugelform, davon fehlen zwei auf dem VD. Buchblock nicht beschnitten. Auf dem VD zwei übereinander geklebte Signaturschilder s. u. Geschichte. Auf dem Rücken Auktionsaufkleber *526*, s. MS 4° H 3365/1, Geschichte. Als Spiegelverklebung vorn und hinten je größeres (23 × 21,5) und kleineres (7 × 21,5) Pergamentblatt mit Seiteneinteilung durch Blindliniierung, unbeschrieben.

Eine sehr ähnliche Gestaltung weisen die zugehörigen Bände MS H 4° 3365/1, MS H 4° 3365/2, und Leipzig, UB, Ms 1108 (s. MS 4° H 3365/1, Geschichte) auf.

Fragment 1: zur Verstärkung in den Lagenmitten ca. 2 cm breite Streifen aus quer bzw. häufiger längs zerschnittenem Pergamentblatt, urspr. Größe mindestens 29 × 29,5 cm, nach Bl. 5, 18, 31, 107, 132, 169, 181, 223 einseitig beschriftet, Schriftspiegel: ca. 12,0 × 25,5, 4 bzw. 27 Zeilen, Kursive, nicht rubriziert, Inhalt: **Abschrift einer Urkunde zugunsten der Erfurter Universität, ausgestellt wohl vom Mainzer Erzbischof Johann II. von Nassau** (1397–1419) in seiner Funktion als Kanzler der Universität (seit 5. Juli 1396, vgl. WEISSENBORN I, S. XIV), **wohl 1398,** lesbar: (nach Bl. 5) *… omnibus huiusmodi negligentes inuenti fuerint uel remissi …*, (nach Bl. 132) *… per censuram ecclesiasticam … plenam et liberam concedimus facultatem … Datum Aschaffenbur*[g], (nach Bl. 169) *per Germaniam Archicancellari*[us], (nach Bl. 223) unvollständige Datierung [millesim]*o ccc° lxxxx*[…], (nach Bl. 18), Fortsetzung der Datierung: […]*viii, indictione vi …* (nach Bl. 223) erwähnt: *Adolphus dei gratia …* (Adolf I. von Nassau, Ebf. von Mainz 1381–90).

Fragment 2: Lesezeichen zw. Bl. 92 und 93, Größe 13,5 × 5,3, Ausschnitt vom unteren Rand eines Blattes, beidseitig beschrieben, auf Rectoseite Spuren von Siegelwachs (?), ebenso auf 93ʳ links oben, 22 Zeilen erhalten, Kursive, 15. Jh., 2. Hälfte, rubriziert (Strichelung). Inhalt: **lat. theologischer oder philosophischer (?) Text**, nur einzelne Wörter lesbar: (Rectoseite) *… vero … *[d]*electantur … Huius … ymaginum,* (Versoseite) *… per rac*[ionem] *… in clem*[entia] *… phi*[si]*co*[rum].

Geschichte: Fasz. I enthält Band 4 (Buch V) einer Lectura zu den Dekretalen, an der Erfurter Universität um 1392 begonnen und 1395 teilweise abgeschlossen durch den Doctor decretorum Conradus Dryburg. Die Lectura zu Buch V in diesem Band ist hingegen nach Ausweis der Wz. (s. o.) wohl erst um 1395–98 entstanden. Zur Entstehung, zum Autor und zu den erhaltenen Bänden vgl. MS 4° H 3365/1, Geschichte. Am Ende dieses Bandes wurde zwischen 1405 und 1410 eine ursprünglich separat aufbewahrte Textsammlung eingeheftet (s. u. Fasz. II). Sie enthält zeitnahe Abschriften (s. u. Wz.belege: um 1395–97) bislang teilweise unbekannter Dokumente von 1390–1398 sowie 1405 zur Gründungsgeschichte der Erfurter Universität, der Konrad Dryburg im Wintersemester 1397/98 als Rektor sowie seit 1398 als Vize-

kanzler vorstand; weiterhin findet sich eine Sammlung päpstlicher Urkunden von 1392/93 zum Schisma.
Auf 1ʳ Besitzeintrag des Erfurter Benediktinerklosters St. Peter und Paul: *Liber sancti Petri in Erfordia* (15. Jh., 3. Viertel), Besitzeintrag von derselben Hand auch in MS H 4° 3365/1, Iʳ, MS H 4° 3365/2, 1ʳ, und Ms 1108, Iʳ, sowie in zahlreichen weiteren Hss. des Petersklosters. Auf VD Signaturschild (2,2 × 5) der Klosterbibliothek [F xvii?]*ii*, überklebt mit Signaturschild (1,8 × 4): *G xi*. Zur Aufstellung in der Bibliothek des Erfurter Petersklosters vgl. MS 4° H 3365/1, Geschichte. Weiterer Eintrag eines Vorbesitzers auf IIʳ mit Tinte getilgt und verwischt: *G. S*[umner] *Woodmansey* [...] *0563*, vgl. MS 4° H 3365/1, Geschichte. Stempel der Bibliothek des Reichsgerichts auf Iʳ sowie der Bibliotheken des Bundesgerichtshofs und des BVerwG auf Iᵛ.

Literatur: vgl. MS 4° H 3365/1.

Faszikel I

Bl. I-212. Wz.: Lagen 1–4 (Bl. I–II, 1–14, 16–21, 23–49): Einhorn – Kopf, darüber einkonturige Stange und Stern, Formenpaar (E 1 und *E 1), Varianten zu WZMA AT4000–446_4 und AT4000–446_3 (Stams 1495), dieses Wz. auch in MS 4° 3365/2, Lagen 6, 7, 9, 13, 14; Lage 2 (nur Bl. 15/22): Ochsenkopf mit einkonturiger Stange und Kreuz (OK 1), keine Vergleichsbelege ermittelt; Lagen 5–8 (Bl. 50–91, 98–101): Mohr mit Stirnband (zwei Schlaufenenden), mit Augen, Formenpaar (M 1 und *M 1), Varianten zu WZIS DE5925-PO-20551 und ...-20553 (München 1398/99), Lage 8 (nur Bl. 94/95): Ochse, halbe Figur, darüber einkonturiger Stern, Typ WZIS DE2730-PO-85924 (o. O. 1398); Lagen 8–17 (Bl. 92/97, 93/96, 102–212): Ochsenkopf mit einkonturiger Stange und 6blättriger Blume, Formenpaar (OK 2 und *OK 2), davon *OK 2 Variante zu WZMA AT5000–501_114 (14. Jh., letztes Jahrzehnt).
Lagen: (VII-1)¹¹ + VII²⁵ + 2 VI⁴⁹ + VII⁶³ +2 VI⁸⁷ + VII¹⁰¹ + 2 VI¹²⁵ + VII¹³⁹ + 5 VI¹⁹⁹ + (VII-1)²¹²; es fehlt jeweils ein Blatt nach Bl. 11 und 199 (Textverlust), Lagenzählung vom Schreiber: 12ʳ *2ᵘˢ*, 26ʳ *3*, 38ʳ *4* etc. bis 200ʳ *xvii*.
Schriftraum: 20–23 × 13–14. 1 Spalte. 40–44 Zeilen. Kursive von einer Hand (H 1, evtl. Autograph des Conradus Dryburg) in wechselnder Tintenfarbe, Seitentitel sowie zahlreiche interlineare Korrekturen, Streichungen und Marginalglossen vom Schreiber. Nicht rubriziert, schlichte 1–2zeilige Tintenlombarden vom Schreiber. Zeigehände: 77ʳ, 114ᵛ etc.

Iʳ **Repetitio zu X 3.5.25, c. 'Dilecto filio' (?).**
Dilecto filio etc. Nuper siquidem tibi de beneficio ecclesiastico ... – ... constitutionibus et ordinationibus apostolicis ... non obstantibus quibuscumque. Nulli ergo etc.
Rest der Seite sowie Iᵛ–IIᵛ leer.

1ʳ–211ʳ **Conradus Dryburg: Lectura quinti libri Decretalium.**
Incipit lectura quinti decretalium. In nomine patris et filii et spiritus sancti. (1ʳ⁻ᵛ) [Prologus:] *Lxxiii. d.* (?) *In nomine · C · de officio praefecti Africae, et* [gestrichen: *subiungam* ersetzt durch:] *sequitur statim. Amen.* ...; (2ʳ–211ʳ) [Text:] [Marginal-

glosse vom Schreiber: *Incipit*] *Liber quintus Decretalium, qui est de criminibus et ipsorum penis ... unde, ut dicit Ost*[iensis] *hic in summa in principio huius quinti: 'Utinam saperent homines et intelligerent ...' ... – ... quod nobis omnibus concedat dominus noster vivens in secula benedictus.*

212ʳ [Nachtrag des Schreibers:] **Urkundenkonzept zur Appellation der Kanoniker des Severistifts in Erfurt an die römische Kurie, wohl aus Anlass der Besetzung des Kanonikats des verstorbenen Gebhard Kemyn, nach 30. Mai 1391.**
Contra vobis domino · N. · notario publico tamquam persona auctentica et testibus hic astantibus. Nos a. b. c. etc. canonici ecclesie sancti Severi Erfordensis Maguntine diocesis animo et intentione appellandi et prouocandi ad sedem apostolicam ... (Z. 10–12) ... *de canonicatu et prebenda ecclesie sancti* [gestrichen: *predicte*] *Seueri predicte* [gestrichen: *qua habuit pie memorie magister Gebehardus de Camyn ... per obitum ipsius vacantibus*] *ex obitu quondam magistri Gebehardi de Camyn ipsius ecclesie iam dicte canonici* ...

Erwähnt werden: *discretus vir Hermannus Ritfogel procurator honesti viri Johannis Schilders clerici Moguntinensis diocesis* (Johannes Schilder, 1396 als Kanoniker am Severistift erwähnt, vgl. OVERMANN, UB Erfurter Stifter und Klöster II, Nr. 952), *Thider*[icus] *scolasticu*[s] *beate Marie uirginis Erfordensis* (Dietrich Livoldi von Lüneburg, Scholaster im Marienstift von 1388–1408, vgl. SONNTAG, Kollegiatstift St. Marien Erfurt, S. 178, 180f.; GRAMSCH, Erfurter Juristen, PK, Nr. 368), *magister Gebhardus de Camyn* (als verstorben, Gebhard Kemyn wurde am 27.01.1371 mit einem Kanonikat am Severistift providiert und ist zwischen 1386–1390 als Kanoniker nachgewiesen, vgl. OVERMANN, UB Erfurter Stifter und Klöster II, Nr. 685, 855, 859, 869, 872, 906), *Gerwicus Muckewyn, rector parochie in Spangenberg* ... (s. u.).
Die Urkunde wurde wahrscheinlich zugunsten von Gerwicus Mugkewin de Spangenberg ausgestellt, der Pfarrer der Kirche in Spangenberg (Diözese Mainz) war, am 30.05.1391 für ein ‚canonicatus sub expectatione prebende' am Severistift vorgesehen wurde und das nach dem Tod des Gebhard Kemyn vakante Kanonikat am Severistift erhielt, vgl. Rep. Germ. II, Sp. 337f. (hier: Gebehardus de Remyn).
Eine zugehörige Urkundenabschrift zur Vergabe des Kanonikats des verstorbenen Gebhardus de Kemyn an Gerwicus Mugkewin findet sich in Leipzig, UB, Ms 1108, 207ʳ⁻ᵛ.

212ᵛ **Conclusiones et notabilia zur Zusammenfassung der Lectura.**
Conclusio prima: Paciscens iudici super iurisdictione eius ..., [Nr. 2 und 3 vertauscht:] *tercia conclusio: Sentencia excommunicacionis ante uel post litem* ..., *secunda: Iudex non suus cui fit pactum* ...

Unterteilt in sechs Conclusiones und sechs Notabilia. Korrekturen des Schreibers sowie Kommentare: *huic contradicit* ... Teilweise gleichlautend mit MS H 4° 3365/2, Iᵛ.

MS 4° H 3365/3   97

Faszikel II

Bl. 213–229. Lagen 18 und 20 (Bl. 213–221, 226/229), Ochsenkopf mit einkonturiger Stange und 6blättriger Blume, Formenpaar (OK 3 und *OK 3), Typ WZIS DE6405-PO-65280 (o. O. 1397) und DE3285-PO-65284 (Göttingen 1395/96); Lagen 19 und 20 (Bl. 222–225, 227/228), das gleiche Motiv, Formenpaar (OK 4 und *OK 4), Varianten zu WZIS DE5925-PO-65372 (Sachsenhausen 1397) und DE1335-PO-65329 (Braunschweig 1397).
Lagen: (V-1)^{221} + II^{225} + 4 Einzelblätter^{229}; es fehlt ein Blatt nach Bl. 221 (kein Textverlust feststellbar), nicht in die Lagenzählung (s. o. Faz. I) einbezogen. Urkundenabschriften von Haupthand (Hand 1 [s. o. Fasz. I]: 213^r, 229^r), sowie von mindestens vier weiteren Händen (H 2: 213^v–221^v, H 322^r–225^v, H 4: 226^r–227^v, H 5: 228^r), dabei wechselnder Schriftraum, Zeilenzahl etc.

Zwei Lagen von verschiedenem Umfang, am Ende Einzelblätter, die ursprünglich einzeln und gefaltet aufbewahrt (s. Knickspuren auf Bl. 226/227, 229) und an die vorangegangene Lage geklebt wurden (s. Klebespuren auf 228^v). Die Textsammlung wurde mit einem ca. 3 cm breiten Pergamentstreifen (mit Seiteneinteilung durch Blindliniierung, unbeschrieben, s. o. Einband, Spiegelverklebung) zusammengeheftet und zunächst wohl in Form einer „Kladde" separat aufbewahrt, vgl. Verschmutzung auf Titelblatt 213^r. Die Sammlung enthält zeitnahe (s. o. Wz.belege) Abschriften bislang teilweise unbekannter Dokumente von 1390–1398 sowie 1405 zur Gründungsgeschichte der Erfurter Universität; weiterhin findet sich eine Sammlung päpstlicher Urkunden von 1392/93 zum Schisma.

213^r–225^v, 228^r Dokumente zur Gründungsgeschichte der Erfurter Universität.

(213^r–215^v) Papst Bonifatius IX.: Privileg über die Inkorporation von zwei Lektoralpräbenden am St. Marien- und St. Severistift zur Besoldung der Professuren der Erfurter Universität ‚Inter ceteras felicitates', 22. September 1395.
Copia etc. Tenor uero bulle sequitur de uerbo ad uerbum et est talis. ... [stichpunktartige Zusammenstellung]; (213^v) *Tenor vero bulle sequitur de uerbo ad uerbum et est talis. Bonifacius episcopus seruus seruorum dei ... Inter ceteras felicitates, quas mortalis homo in hac labili vita ex dono dei nancisci potest ... Sane dudum felicis recordacionis Urbanus papa vi. predecessor noster, auctoritate apostolica statuit et eciam ordinauit et concessit, quod in opido Erffordensi Maguntine diocesis de cetero esset litterarum studium generale in qualibet licita facultate ipsum, ipsumque studium ac doctores, magistros aliosque graduatos necnon scolares et ministros pro tempore degentes ibidem diuersis priuilegiis et indulgentiis decorauit ...* (214^r) *Nos, ut studium predictum eo semper de bono in melius suscipiat incrementum ... statuimus et etiam ordinamus, quod duo* [canonicatus] *cum duabus* [praebendis] *in beate Marie et duo canonicatus cum duabus prebendis in sancti Seueri Erffordensis dicte diocesis ecclesiis in quibusquidem certus canonicorum numerus habetur ac distinctio prebendarum, quos ... singuli uidelicet canonicatus et prebende ... singulis personis ydoneis, que tamen in sacra pagina magistri aut in canonico iure doctores ... quas*

*rector et uniuersitas dicti studii pro tempore existentes ad hoc duxerint nominandos
... – ... indignationem omnipotentis dei et Petri et Pauli apostolorum eius se nouerit
incursum. Datum Rome apud sanctum Petrum x. kalendas octobris pontificatus
nostri anno sexto.*

Bulle über die Einrichtung von je zwei Kanonikaten und Lektoralpräbenden am St. Marien- und St. Severistift für die Dozenten der theologischen und juristischen Fakultät der Erfurter Universität. Zum Inhalt vgl. WEISSENBORN I, S. XIV, KLEINEIDAM I, S. 33; SONNTAG, Kollegiatstift St. Marien Erfurt, S. 92; GRAMSCH, Erfurt – Die älteste Hochschule Deutschlands, S. 88f. Danach wurde durch diese päpstliche Urkunde die wirtschaftliche Grundlage für die vier Professuren der Theologie und Kanonistik an der Erfurter Universität geschaffen. Die Inhaber dieser Lektoralpräbenden waren von der Zahlung der statutengemäßen Gebühren zur Aufnahme in das Kapitel befreit und von den liturgischen Verpflichtungen (Stundengebet und Konventamt) dispensiert und erhielten unbeschadet ihren täglichen Anteil an den Distributionen.

Es handelt sich um eine zeitnahe Abschrift des Privilegs (s. o. Wz.: um 1395–97), das als Original im Stadtarchiv Erfurt vorliegt, vgl. GRAMSCH, Erfurt – Die älteste Hochschule Deutschlands, S. 88f., mit Abb., S. 129, mit Anm. 358. Das Privielg ist bislang nur auszugsweise gedruckt in einer Urkunde Papst Bonifatius' IX. vom 22. Juni 1397 an den Abt des Klosters St. Jakob in Mainz, vgl. OVERMANN, UB Erfurter Stifter und Klöster II, Nr. 961, S. 471–474; MEIER, Stellung der Ordensleute, S. 137f. Druck eines weitgehend gleichlautenden Privilegs Bonifatius' IX. für die Universität Köln vom 16. September 1394: Leonard ENNEN (Hg.), Quellen zur Geschichte der Stadt Köln, Bd. VI, Köln 1879, Nr. 185, S. 282–286. Zur Beziehung Bonifatius' IX. zu den Universitäten Erfurt und Köln vgl. Max JANSEN, Papst Bonifatius IX. (1389 – 1404) und seine Beziehungen zur deutschen Kirche (Studien und Darstellungen aus dem Gebiete der Geschichte 3,3/4), Freiburg / Br. 1904, S. 183.

(215^v–219^v) **Hartung, Abt des Erfurter Petersklosters: Urkunde über die feierliche Veröffentlichung der Bulle ‚Inter ceteras felicitates', 26. Juni 1396.**
Tenor uero processus sequitur de uerbo ad uerbum et est talis etc. Reuerendo in Christo patri domino dei gratia archiepiscopo Maguntinensi [Konrad II. von Weinsberg, Ebf. von 27.02.1390 bis † 19.10.1396] *ac venerabilibus uiris dominis capitulis prepositis, decanis, scholasticis, cantoribus ac canonicis beate Marie et sancti Severi Erffordensis ecclesiarum Maguntinensis dyocesis ... Hartungus abbas monasterii* [expungiert: *San*] *Montissancti Petri Erffordensis ... – ...* (219^v) *... Acta sunt hec Erfordie in curia abbatiali habitacionis ... Anno de natiuitate ... M° tricentesimo nonagesimo sexto indictione quarta ... die vicesima sexta mensis Junii hora terciarum uel quasi presentibus dominis magistris* [Zeugen:] *magistro Conrado de Dryborg decretorum doctore ac ordinario alme uniuersitatis studii Erffordensis, magistro Henrico de Breidinbach, Johanne Ryman de Rodinberg, Ludewico Muͤller de Arnstede licenciato in decretis ...*
Daran (220^r): Bestätigungen der Urkunde durch zwei Notare, s. u..
Zum Inhalt vgl. KLEINEIDAM I, S. 33; GRAMSCH, Erfurt – Die älteste Hochschule Deutsch-

lands, S. 88, S. 129, mit Anm. 359. Neben dem ersten Ordinarius der Erfurter Universität Conrad Dryburg werden folgende Zeugen genannt: drei Lizenziaten des kanonischen Rechts (Heinrich von Breitenbach [KLEINEIDAM I, S. 23, 345 u. ö.], Johannes Rymann von Rotenberg [ebd., S. 322 u. ö.] und Ludwig Mollner aus Arnstadt [ebd., S. 322 u. ö.]), drei Vertreter der philosophischen Fakultät (Heinrich von Munden [KLEINEIDAM I, S. 281 u. ö.], Konrad von Geismar [ebd., S. 398 u. ö.] und Johannes Stetefeld von Eisenach [ebd., S. 398 u. ö.]), die Protonotare der Stadt Erfurt (Hartung Gernodi und Johannes von Apolda) sowie die Protonotare der Ratsherren (Gunther von Friemar [anders KLEINEIDAM I, S. 33: X. de Summer] und Johannes von Tennstedt).

(220ʳ) **Bestätigung der Urkunde durch die Notare Hartung Pleczichin und Johannes Siffridi.**
Et ego Hartungus Pletczichin de Rodinberg clericus Maguntine dyocesis publicus imperiali auctoritate notarius ... Et ego Johannes Siffridi de Witzinhusin clericus Maguntine dyocesis publicus imperiali auctoritate notarius ...
Keine Edition ermittelt. Zu Hartung Pleczichin (1399 als Procurator und Syndikus der Universität erwähnt) vgl. OVERMANN, UB Erfurter Stifter und Klöster II, Nr. 984. Zu Johannes Siffridi de Witzenhusen (presb. Maguntin., 1391 als Kanoniker am Marienstift erwähnt) vgl. Rep. Germ. II, Sp. 755.

(220ᵛ–221ᵛ) **Vidimierung der Bulle Papst Bonifatius' IX. ‚Inter ceteras felicitates' durch den Propst des Severistiftes und erzbischöflichen Provisor Ludwig von Binsförth, 5. April 1396.**
Ludewicus de Binsforte prepositus ecclesie sancti Severi et provisor allodii archiepiscopalis Erffordensis Maguntine diocesis commisarius ad infrascripta a reuerendo in Christo patre et domino domino Conrado sancte Maguntinensis sedis archiepiscopo [Konrad II. von Weinsberg, s.o.] *deputatus ... – ... Datum Erffordie nonas Aprilis sub anno domini m° ccc° nonagesimo sexto etc.*
Keine Edition ermittelt. Zum Inhalt vgl. KLEINEIDAM I, S. 33. Zu Ludwig von Binsforte [Binsförth] (u. a. seit 1389 Kanoniker am Erfurter Marienstift, seit 1392 Propst und seit 1397 Kanoniker am Severistift, seit 05.02.1391 Provisor des erzbischöflichen Allods [geistlicher Richter des Erzbischofs], † 11.02.1413) vgl. GRAMSCH, Erfurter Juristen, PK Nr. 64 (mit Einzelnachweisen); Rep. Germ. II, Sp. 829; OVERMANN, UB Erfurter Stifter und Klöster II, Nr. 912, 946 u. ö.

(222ʳ–224ʳ) **Schreiben des Abtes Johann von St. Jakob in Mainz an die Geistlichkeit der Diözese Mainz, 5. Februar 1398.**
Johannes dei gratia abbas monasterii sancti Jacobi extra muros Maguntinos iudex et commissarius unicus ad infrascripta a sede apostolica specialiter deputatus universis et singulis dominis abbatibus, prioribus, prepositis, decanis, archidiaconis, scolasticis, cantoribus, custodibus, necnon canonicis tam cathedralium quam collegiatarum ecclesiarum rectoribus ... – ... (223ᵛ) ... Datum et actum Moguncie in curia habitacionis

nostre sub anno a natiuitate domini m° ccc° xcviii° indictione sexta die Martis quinta mensis Februarii hora vesprere ...
(224ʳ) am Ende: *ego Nicolaus Bertoldi clericus Maguntinensis diocesis publicus apostolica et imperiali auctoritate notarius* ..., zu Nicolaus Bertoldi de Fredeburg [Friedberg] (Scholasticus am Stift St. Johannes in Mainz, Notar des Mainzer Ebfs. Johann II. von Nassau, s. o. Fragm. 1), vgl. Rep. Germ. II, Sp. 878.

Keine Edition ermittelt. Die Urkunde geht offenbar den Streitigkeiten zwischen Erzbischof und Universität über die Vereinbarkeit des Privilegs Papst Bonifatius' IX. ‚Inter ceteras felicitates' (s. o. 213ᵛ–215ᵛ) mit den Statuten des Marienstifts voran. Auf Betreiben des Erzbischofs Johann von Mainz wurde der Abt des Klosters St. Jakob in Mainz mit der Untersuchung des Sachverhalts betraut. Nachdem das päpstliche Privileg widerrufen wurde, beauftragte der Erzbischof seinen Erfurter Provisor, den Dekan des Severistifts Ludwig von Binsförth (s. o. 220ᵛ– 221ᵛ), einen Vergleich zwischen beiden Parteien herbeizuführen, und entband den Dekan und das Kapitel des Marienstifts vom unbedingten Gehorsam gegen ihre Statuten. Vgl. OVERMANN, UB Erfurter Stifter und Klöster II, Nr. 984 (2. Juni 1399), Nr. 987 (9. September 1399).

(224ʳ–225ʳ) **Papst Bonifatius IX.: Bulle 'In supreme dignitatis specula', 5. Juli 1396 (Bestätigung der Rechte, Privilegien und Einkünfte der Erfurter Universität).**
Bonifacius episcopus servus servorum dei dilectis filiis rectori et uniuersitati studii Erffordensis Maguntinensis diocesis salutem et apostolicam benedictionem. In supreme dignitatis specula, licet immeriti, disponente domino constituti dignum censemus et debitum, ut personis litterarum studiis insistentibus ... fauores graciosos et opportune commoditatis auxilia liberaliter impendamus. Dudum cum felicis recordacionis Urbanus papa vi. predecessor nostri, auctoritate apostolica statuisset et eciam ordinasset et concessisset, quod in opido Erffordensi Maguntine diocesis de cetero esset litterarum studium generale in qualibet licita facultate ... – ... Datum Rome apud sanctum Petrum, iii. nonas Julii, pontificatus nostri anno septimo.
Nur am Anfang wörtlich übereinstimmend mit der Bulle Bonifatius' IX vom 15. April 1390, s. u. 225ʳ⁻ᵛ. Druck einer weitgehend gleichlautenden Bulle Bonifatius' IX. für die juristische Fakultät der Universität Prag vom 26. Januar 1397: Album, seu Matricula Facultatis juridicae universitatis Pragensis, 1372–1418 (Monumenta historica universitatis Carolo-Ferdinandeae Pragensis II), Prag 1834, Bd. 1, Nr. 39, S. 346–351.

(225ʳ⁻ᵛ) **Papst Bonifatius IX., Bulle 'In supreme dignitatis specula' über die Ernennung von Konservatoren der Erfurter Universität, 15. April 1390.**
Bonifacius epicopus seruus seruorum dei dilectis filiis preposito Hildesemensi et sancte Marie Erffordensis ac sancti Petri Jeachiburgensis Maguntine diocesis ecclesiarum decanis salutem et apostolicam benedictionem. In supreme dignitatis specula licet immeriti disponente domino constituti, dignum censemus et debitum, ut personis literarum studiis insistentibus ... fauores graciosos et opportune commoditatis auxilia libe-

raliter impendamus. Sane dilectorum filiorum magistrorum et doctorum ac scolarium uniuersitatis studii Erffordensis Maguntine diocesis conquestione percepimus, ... – ... post viginti annos minime valituris. Datum Rome apud sanctum Petrum, xuii. kalendas Maij, pontificatus nostri anno primo.

Die Urkunde ist bislang nur nach einem unvollständigen Vidimus ediert, vgl. OVERMANN, UB Erfurter Stifter und Klöster II, Nr. 904. Mit dieser Urkunde wurden der Propst von Hildesheim sowie die Dechanten des Marienstifts in Erfurt und von St. Peter in Jechaburg „zu Conservatoren der Universitätsgerechtsame und in Verbindung damit zu delegirten päpstlichen Richtern für Rechtstreitigkeiten der Universitätsangehörigen" ernannt, vgl. WEISSENBORN I, S. XIII. Vgl. auch KLEINEIDAM I, S. 17; JANSEN, Papst Bonifatius IX. (s. o. 213^v), S. 183. Mit einer weiteren, an diesem Tag ausgestellten Bulle Papst Bonifatius' IX. wurden der Abt des Petersklosters und der Dechant des Marienstifts in Erfurt bevollmächtigt, alle Personen, die Studenten und Dozenten der Erfurter Universität überfallen, berauben oder beleidigen, in den Bann zu tun, vgl. WEISSENBORN I, S. XIII; KLEINEIDAM I, S. 17.

226^r–227^v **Sammlung päpstlicher Bullen zum Schisma.**

(226^{r-v}) **Papst Bonifatius IX., Bulle 'Regia circumspectio' an König Karl VI. von Frankreich, 2. April 1392.**
Copia uera bulle misse regi Francie per dominum nostrum papam que falsificata fuit. Bonifatius episcopus etc. Carissimo in Christo filio Carolo regi Francorum illustri salutem etc. Regia circumspectio, videt et prout fide dignorum quamplurimum relatus nostras crebro perducit ad aures, ... quod omnipotens deus uniuersale malum hoc summopere deflendum scisma sue sancte ecclesie peccatis exigentibus permisit ... – ... Ad premissa ergo non grauaberis respondere. Datum Rome apud sanctum Petrum iiii Nonas Aprilis [pontificatus nostri] *anno tercio.*

Edition: Luc D'ACHÉRY, Veterum aliquot scriptorum, qui in Galliae bibliothecis ... latuerant, spicilegium, Bd. 6, Paris 1664, S. 54–56. Zur Beziehung zwischen Bonifatius IX. und König Karl VI. vgl. JANSEN, Papst Bonifatius IX. (s. o. 213^v), S. 28, 31 u. ö.; Arnold ESCH, Bonifaz IX. und der Kirchenstaat, Tübingen 1969 (Bibliothek des Deutschen Historischen Instituts in Rom 29), S. 69–73 u. ö.

(226^v–227^r) **Papst Bonifatius IX., Bulle 'Ad nostram iam pridem notitiam', 17. Juni 1393.**
Copia bulle misse ceteris principibus ad Almaniam super falsitate bulle precedentis. Bonifatius episcopus etc. Ad nostram iam pridem noticiam et per modum quod ita esset ..., quod Carolus rex Francorum illusoris hiis aut similibus uerbis frequencius utebatur se super ecclesie diuisione instante dampnato scismate ... – ... requirimus et precamur. Datum Perusii xv. kalendas Julii [pontificatus nostri] *anno quarto.*

Keine Edition ermittelt. Erwähnt werden als Gesandte des Papstes: *dilectus filus Petrus de Mantenia prior* [A?]*sten. Carthusiensis ordinis, Bartholomaeus de Bauenna* [für: Ravenna] *prior Gorgonie eiusdem ordinis* ... (Kartause St. Maria und Gorgonio auf der Insel Gorgona bei Livorno).

(227ʳ⁻ᵛ) **Papst Bonifatius IX., Bulle ‚Praefari non est diu' an König Karl VI. von Frankreich, 20. Juni 1393.**
Copia bulle secunde misse regi Francie per dominum nostrum papam per ... ipsius regis ambaciatores. Bonifatius episcopus etc. Carissimo in Christo filio Carolo regi Francorum illustri salutem etc. Perfecto [sonst: Praefari] *non est diu, que ad materiam congruam videbantur, tue sublimitati scripsimus ... – ... Expectabimus a te de tua disposicione certius informari. Datum Perusii xii. kalendas Julii,* [pontificatus nostri] *anno quarto.*

Edition: D'ACHÉRY, Veterum aliquot scriptorum ... spicilegium, Bd. 6 (s. o. 226ʳ), S. 57–59.

Daran von anderer Hand: **Begleitschreiben des Fritzlarer Kanonikers Conradus Unrowe zur vorangehenden Textsammlung, 24. August (1393?).**
Uenerabiles domini mei ... uobis copias promissas ut uideatis factum, quod dominus noster scripsit regi Francie, et in prima copia reperietis corrupta uerba ... – ... Scriptum Perusii die xxiiii mensis Augusti per uestrum seruitorem Conradum Unrowe canonicum Fritzlariensem.

Zu Conradus Unrowe (Mag. in art., Student der Rechte, Rektor der Pfarrkirche in Rode, Diöz. Paderborn, Kanoniker in St. Maria ad gradus und St. Stephan in Mainz und seit 22. Februar 1390 in St. Peter in Fritzlar) vgl. Rep. Germ. II, Sp. 206.

(228ʳ) [Hand 1:] **Papst Innocentius VII.: Bulle ‚Dum attente consideratione', 12. September 1405 (Bestätigung der Privilegien der Erfurter Universität?).**
Innocentius episcopus seruus seruorum dei dilectis filiis uniuersis doctoribus, magistris et scolaribus studii oppidi Erffordensis Maguntinensis diocesis salutem et apostolicam benedictionem. Dum attente considerationis indagine perscrutamur, quod per litterarum studia ... viri efficiuntur scientiis eruditi, per quos equum ab iniquo discernitur, erudiuntur rudes, provecti ad altiora concrescunt et fides catholica invalescit, ... – ... Datum Viterbii, ii. Iduum Septembris pontificatus nostri anno primo.

Keine Edition ermittelt. Druck einer weitgehend gleichlautenden Bulle Bonifatius' IX. für die Prager Universität vom 26. Januar 1397: Album, seu Matricula Facultatis juridicae universitatis Pragensis (s. o. 224ʳ), Nr. 60, S. 352–354.

228ʳ am unteren Rand: Verweis des Schreibers: *Copiam bulle super gratia mea Hildesemese et copiam processus ... quere* (?) *in alio uolumine super iiii quasi ad finem.*

Vgl. Ms 1108, 194ʳ–197ᵛ (*Processus ad dignitates*, Abschrift Conrad Dryburgs).

228ᵛ leer.

229ʳ [Hand 1:] **Sermo in actu recommendationis doctoris.**
In nomine patris et filii ... lxxiii di (?) *in nomine domini ad uerba et recommendacionem domini doctoris etc. ... 'Ego sum': hec uerba ponitur exodi iii°* (Ex 3,6) *et xxii, Iohannis vi ... Reuerendi patres uenerabilesque domini ac amici carissimi. Quoniam scriptum ad Ebreos 5° capitulo* (Hbr 5,4) *..., quod nemo debet assumere honorem nisi qui vocatus fuerit tamquam Aaron ... – ... Quod oculus non uidit, auris non* [audivit ..., Textverlust] *ad Cho*[rinthos?] *ii* (I Cor 2,9). *Quod nobis concedat Ihesus Christ*[us ...].

Am unteren und rechten Rand beschnitten.

MS 4° Ph. 1767
Heinrich von Veldeke: Servatius, Fragment

Pergament · 4 Streifen verschiedener Größe (urspr. ca. 16 × 12–12,5) · ostlimburgisch (Raum Maastricht?) · 13. Jh., 2. Viertel (?)

Zustand: Pergament als Makulatur verwendet (wohl als Ansetz- oder Flügelfalze), daher z. T. eingeschnitten. Teilweise gebräunt, Schrift aber gut lesbar.

Kodikologie: Die Stücke wurden 1899 von SCHARPÉ (s. u. Lit.) nach der inhaltlichen Abfolge mit der Nummerierung I–XII versehen, zur Zählung von I und II s. u. Inhalt. Es handelt sich um drei Streifen (Größe: III/IV und X/XII: 5,6 × 19,2, V–VII: 4,0–4,4 × 24,3, IX/XI: 5,5 × 9,8–10) und ein kleineres hochrechteckiges Fragment (I–II: 4,8 × 3,5); dabei schließen Nr. IX/X und XI/XII direkt aneinander an. Nach SCHARPÉ 1899, S. 10, mit Anm. 1; GUMPERT 1981, S. 395, stammen die Leipziger Fragmente aus dem zweiten Quaternio, im Einzelnen: V–VIII aus dem innersten, III–IV und IX–XII aus dem zweitinnersten und I–II aus dem drittinnersten Blatt. Nicht zutreffend hingegen die Angabe bei THOMA 1935, S. 195, ausgeführt bei MARGUČ/PETERS 1970, S. 7f., wonach es sich bei den Lagen um Binionen gehandelt habe. Blattgröße urspr. ca. 16 × 12–12,5. Schriftraum: 13 × 7,5–8. 1 Spalte, 22 Zeilen (erhalten: 2 [I/II], 5 [V–VII], 7 [IX/XI] bzw. 9 [III/IV und X/XII] Zeilen), frühgotische Minuskel. Verse nicht abgesetzt und mit Reimpunkten, Anfang jedes Reimpaars durch rot gestrichelte Majuskelbuchstaben hervorgehoben, bei Zeilenbeginn Majuskeln vor den Schriftspiegel ausgerückt. 1zeilige rote Lombarden (erhalten bei VIII, X und XI zu Vers 583, 623 und 641), der Name *Seruas* bzw. *Seruatius* jeweils rot gerahmt.

Einband: Seit der Auslösung aus dem Trägerband (1899) werden die Fragmente in einer separaten Mappe mit Überzug aus dunkelbraunem Kleisterpapier aufbewahrt, Titelaufschrift: *Heinrich von Veldeke: Servatius-Fragment*. In gleicher Weise ist der beigefügte Sonderdruck SCHARPÉ 1899 gebunden. Zu weiteren Beilagen s. u.

Geschichte: Die Fragmente stammen aus der ältesten erhaltenen Hs. des Werkes (= Hs. I), die in der ersten Hälfte des 13. Jh.s im Raum Maastricht entstand (Datierung nach SCHNEIDER, BSB München V,8, S. 46, abweichend bei DESCHAMPS 1972: „ca. 1220"; GYSSELING 1980: „omstreeks 1200" und „± 1200"). Eine Datierung in das 2. Viertel des 13. Jh.s ist zu erwägen

(Merkmale: a aufrecht und häufig über die Zeile erhöht; Querstrich von f nach links unten ausgezogen; g-Bogen rund geschlossen und an den Buchstabenkörper herangezogen; i-Strich Nr. X, Z. 5). Zur Lokalisierung s. u. Schreibsprache. Zu weiteren Fragmenten aus derselben Hs. in der BSB München (= Fragment [b]) sowie in der UB München (= Fragment [c], 1944 zerstört) s. unten. Außer in den Fragmenten von Hs. I ist der Text nur in einer vollständigen Hs. (= Hs. II) überliefert: Leiden, UB, BPL cod. 1215, um 1470, geschrieben im Begarden- (bzw. Franziskaner-Tertiaren-)Kloster St. Bartholomäus und St. Michael in Maastricht, limburgisch, s. u. Edition sowie STOOKER/VERBEIJ, Collecties II, S. 292, Nr. 877, mit weiterer Lit. GYSSELING 1980, S. 288, nimmt an, dass Hs. I noch im 13. Jh. nach Süddeutschland gelangt sei, wo sie als Vorlage für den ‚Oberdt. Servatius' gedient habe; zu dem bislang nicht endgültig geklärten Abhängigkeitsverhältnis zwischen dem ‚Oberdt. Servatius' und Veldekes ‚Servatius' sowie der lat. ‚Gesta s. Servatii' vgl. K. GÄRTNER, in: ^{2}VL 7 (1989), Sp. 2. Die Makulierung von Hs. I erfolgte sehr wahrscheinlich im 9. Jahrzehnt des 15. Jh.s (zwischen ca. 1481 und 1490), wohl im bayerischen Raum (Großraum um München), vgl. die Provenienzeinträge der Trägerbände mit Erwähnung der Orte bzw. Herkunftsnamen Wasserburg bzw. Tegernsee, Landshut bzw. Unholzing sowie Rebdorf, s. u. zugehörige Fragmente.

Die Leipziger Fragmente (= Fragment [a]) befanden sich im Einband einer Inkunabel von 1488, die wohl zeitnah im bayerischen Raum (möglicherweise in Augsburg?) gebunden wurde, s. u. Trägerband. Auch die Schreibsprache der Wortliste auf dem hinteren Spiegel (s. u.) spricht für eine Bindung im westl. mittelbair. Sprachraum. Zur ursprünglichen Position der Fragmente (Ansetz- oder Flügelfalze vorn: III/IV, X/XII sowie IX/XI, hinten: I/II sowie V–VII), vgl. die Beschreibung der Auffindung bei SCHULZE 1890, S. 218f., sowie die bei der Auslösung angebrachten Bleistifteintragungen, wohl von K. Schulz. Die Fragmente wurden von „Assessor Altmann – Berlin" entdeckt und erstmals 1890 von Berthold Schulze teilediert. Im Oktober 1898 wurden sie ausgelöst, vgl. Notiz von K. Schulz für den Buchbinder auf dem hinteren Spiegel, dat. *28./10.*[18]*98*, und im folgenden Jahr vollständig publiziert, vgl. SCHARPÉ 1899, S. 9f. Zu weiteren Editionen s. u. Inhalt.

Trägerband: BVerwG, Inc 4+ E 3366 (olim G. 739): Tractatus plurimi iuris. Straßburg: [Drucker des Jordanus von Quedlinburg], 26.II.1488, vgl. GW M47346. Bindung: zeitgenössischer Holzdeckeleinband mit Lederbezug, Einzelstempel stark abgerieben, im Einzelnen:
1) Rautengerank mit Besatz, blütenförmig auf dem VD im Mittelfeld, ähnliche Stempel: EBDB s013665 (Augsburg, Hirsch-Rolle II, um 1479–1511) und EBDB s019844 (Augsburg, Vogel verziert II, um 1482–1530);
2) HD durch zweifache Streicheisenlinien in rautenförmige Felder geteilt, darüber Einzelstempel: Rosette mit zwei Blattkränzen, 5blättrig, Blätter breit, gebuchtet, Größe 2,5 cm, Umrissform: offen, ähnliche Stempel in dieser Größe im bayerisch-fränkischen Raum, u. a. in Augsburg, nachgewiesen, z. B. S-S I, Rosette 194 (Bamberg Archiv Langheim 1498), EBDB s018206 (Augsburg, Löwe Raute klein I, um 1477–1519), s030467 (in der EBDB ohne Werkstattnamen: w003858, München Clm 5452, 15. Jh.);
3) Herzpalmette, Größe 2,0 cm, auf VD und HD am Übergang zum Rücken in der Höhe der Bünde, ähnliche Stempel in dieser Größe hauptsächlich in Augsburg nachgewiesen, z. B. EBDB s018632 (Augsburg Osterlamm quadratisch, um 1470–90), EBDB s012782 (Augsburg Stempelblüte frei III, um 1473–98), EBDB s013123 (Augsburg Vogel verziert bzw. Fuchsvogel-Meister II, 1470–98).

Zwei eckige Schließenlager mit Aufschrift [ma]*ria.m.* Die Bindung erfolgte wohl zeitnah zum Druckdatum im bayerischen Raum, möglicherweise in einer Augsburger Werkstatt.
Als hinterer Spiegel ein beschriebenes Blatt eingefügt, Wz.: Krone mit zweikonturigem Bügel, mit Perlen, ohne Beizeichen, wohl zu Typ WZIS AT3800-PO-53209 (Hall 1487) oder AT3800-PO-53216 (Bozen 1487). Beschriftet mit **alphabetischer Wortliste mit Pflanzen- und Kräuternamen, dt.**, insges. 112 Einträge, evtl. verworfenes Register zu den Synonima apotecariorum, Schreibsprache: westl. mittelbairisch, s. Beschreibung von Inc 4+ E 3366, hinterer Spiegel.
Auf dem Titelblatt der Inkunabel Besitzeintrag (17. Jh., 2. Hälfte): *Sum ex libris Galli Kröneri*, darunter *IVDris* [Iuris utriusque doctoris]. Zu korrigieren hingegen die Angabe zum Besitzeintrag („sum ex libris Galli Loniceri") bei LEHMANN/GLAUNING, Handschriftenbruchstücke UB München (s. u.), S. 120, Anm. **, nach Auskunft des Direktors der Reichsgerichtsbibliothek Dr. Güntzel sowie des Bibliothekars der UB Leipzig, Dr. Schreiber, s. u. Beilage 2f. Der Besitzer ist sehr wahrscheinlich identisch mit Dr. Gallus Kröner, Sekretär und Richter im Zisterzienserkloster Langheim (Ortsteil von Lichtenfels/Oberfranken, Erzbistum Bamberg, gegr. 1132/33, aufgelöst 1803), der zwischen 1653 und 1678 mehrfach urkundlich erwähnt wird, vgl. StA Bamberg, Langheim, 1653 V 15(b), 1678 X 5 u. a., in: Virtuelles deutsches Urkundennetz (http://www.vdu.uni-koeln.de/vdu/search). Dr. Gallus Kröner war seit 1663 auch im Besitz einer Abschrift des im Jahr zuvor von Abt Mauritius Knauer (Abt 1649–64) in Kloster Langheim geschriebenen Kalendarium oeconomicum practicum perpetuum (Würzburg, UB, Ms. ch. q. 39), vgl. THURN, UB Würzburg I, S. 133. Seit 1646 war er außerdem im Besitz des Druckes Georgius Mor, Tractatus de divortiis, Insbruck 1606 (VD17 23:306511F, heute Bamberg, Staatsbibliothek, J.e.q.271, 1606 von Sebastian Rückhein I. V. Licent. in Freiburg i. Br. gekauft, 1641 im Besitz des Würzburger Karmelitenkloster und 1646 von Kröner erworben, vgl. Eintrag Titelblatt: „nunc ex libris Galli Kröneri V.J.Dris 1646", freundliche Mitteilung von Dr. Stefan Knoch vom 12.12.2012).
Der Band wurde am 24. März 1881 für die Bibliothek des Reichsgerichts erworben, vgl. Zugangsbuch Nr. 3, 1879–1883, Zugangsnummer 1196 (ohne Angaben zum Verkäufer und zum Preis, wie bei mehreren Einträgen zu diesem Datum lediglich der Vermerk „a", wohl für „antiquarisch"). Die Erwerbung erfolgte über die Serig'sche Buchhandlung Leipzig (s. u. Beilage 2g: Brief P. Güntzels an O. Glauning, 01.11.1939: „Aus unserem Zugangsverzeichnis geht nicht hervor, von wem wir die Inkunabel erworben haben. Die dort verzeichnete Serig'sche Buchhandlung war nur Vermittlerin."). Auf dem Titelblatt Stempel des Reichsgerichts, auf dem vorderen Spiegel Stempel der Bibliotheken des Bundesgerichtshofs (durchgestrichen) sowie des BVerwG. Auf dem Vorsatzblatt Bleistifteintrag vom ersten Bibliotheksdirektor des Reichsgerichts Karl Schulz (1879–1917), nach 1898: „Bei einer Benutzung des vorliegenden Bandes entdeckte Assessor <u>Altmann</u> – Berlin, dass beim Einband <u>Pergamentstreifen</u> verwendet waren, auf denen von einer hand (!) des 12. jhs. Verse des <u>Servatius</u> von <u>Heinrich von Veldeke</u> eingetragen sind. Diese Pergamentstreifen sind losgelöst und werden besonders aufbewahrt. …", es folgen Lit.verweise: SCHULZ, Bibliothek des Reichsgerichts, S. 216 (kurze Erwähnung der Auffindung der Fragmente und ihrer Publikation); SCHULZE 1890, SCHARPÉ 1899 (s. u. Lit.) sowie Hermann PAUL, Grundriß der germanischen Philologie, 2/1: Heldensage, Literaturgeschichte, Metrik, S. 269 (wohl die 1. Auflage Straßburg 1893).

Schreibsprache: ostlimburgisch (Raum Maastricht?), vgl. SCHNEIDER, S. 46 / Handschriftencensus; Gebiet Tongeren-Maastricht, vgl. GYSSELING 1980, S. 288; „südöstliches Mittelniederländisch, Limburgisch, keine Beeinflussung durch westliche Sprachformen", vgl. GOOSSENS, Ed. 2008, S. 344.

Von dem insgesamt 6229 Verse umfassenden Werk sind aus Hs. I fragmentarisch 487 Verse, also etwa 7,8 % überliefert. Neben dem Leipziger Fragment [a] sind folgende Fragmente aus derselben Hs. erhalten (Benennung [a–c] nach Handschriftencensus, abweichende Benennung A–C in anderer Reihenfolge bei GOOSSENS 2008, S. 343):
– **Fragment [b]: München, BSB, Cgm 5249/1a–c**, beschrieben durch: SCHNEIDER, BSB München V,8, S. 46f., danach im Einzelnen:
Cgm 5249/1a (aus dem Bereich Verse 5316–5369) ausgelöst von Wilhelm MEYER aus einem vor 1883 von der BSB als Dublette verkauften Druck, der um 1500 einem *Johannes Poltz ex Nürenperga* gehörte, beschrieben und abgedruckt bei W. MEYER, Veldekes Servatius, in: ZfdA 27 (1883), S. 146–157; FRINGS/SCHIEB 1945/46, S. 20–27; GYSSELING 1980, S. 295f.;
Cgm 5249/1b (aus dem Bereich Verse 2169–2509) ausgelöst aus einer Inkunabel, die nach Ausweis eines Eintrags 1491 von Mag. Leonhardus Estermann de Wasserburg an das Kloster Tegernsee gestiftet wurde (BSB, 2° Inc.c.a.1717a: Boethius: De consolatione philosophiae. Mit Komm. des Pseudo-Thomas de Aquino. Nürnberg: Anton Koberger, 23.VI.1486, GW 04537; BSB-INK. B-601,2, vgl. Digitalisat des Drucks: http://daten.digitale-sammlungen.de/~db/0004/bsb 00041904/images); Fragment beschrieben, abgebildet und abgedruckt bei GOOSSENS 1991 (s. u. Lit.), S. 13–39;
Cgm 5249/1c (aus dem Bereich Verse 905–947, 1067–1103) aus dem Besitz von Prof. Dr. Herbert Thoma (London), zuvor im Besitz seines Großvaters Johann Höfele, beschrieben und abgedruckt bei H. THOMA, Altdeutsche Fündlein, in: ZfdA 72 (1935), S. 193–200; FRINGS/SCHIEB 1945/46, S. 14–21; GYSSELING 1980, S. 291–293; 1976 mit der Fragmentsammlung Thoma für die BSB angekauft.
– **Fragment [c]**, 1944 Kriegsverlust: **München, UB, Fragment 126 a/b** (aus dem Bereich Verse 975–1065, 1126–1185, 2519–2945), ausgelöst aus zwei Inkunabeln (1. ehemals 2° Inc. 536: Vocabularius utriusque iuris, Nürnberg: Anton Koberger, 4.IX.1481, GW M12646, Stempelaufdruck der Universitätsbibliothek Landshut: „Bibl. Acad. Land." / 2. ehemals 2° Inc 550: Corpus iuris civilis. Digesta Iustiniani. Infortiatum. Mit der Glossa ordinaria des Franciscus Accursius und mit Summaria eines Anonymus nach Bartolus. Venedig: Georgius Arrivabene, 30.VIII.1490, vgl. GW 7689, mit Einträgen: „Conuentus Landishutani ordinis Fratrum Praedicatorum" sowie „Sebastian von Vnhollting" [Unholzing bei Landshut]). 1940 beschrieben und ediert: LEHMANN/GLAUNING, Handschriftenbruchstücke UB München, Nr. CXXVI, S. 119–124; nach dieser Edition Wiederabdruck bei GYSSELING 1980, S. 292–298.
In denselben zwei Inkunabeln fand LEHMANN auch Fragmente des ‚Oberdeutschen Servatius' auf, vgl. LEHMANN/GLAUNING, Handschriftenbruchstücke UB München, Nr. CLVI, S. 177–179, diese Fragmente (München, UB, Fragment 156) ebenfalls 1944 verbrannt. Dabei stammte Fragment 156 aus ders. Hs. wie die kurz vor 1902 von Wilhelm Meyer in einer Inkunabel aus Kloster Rebdorf (Psalterium latinum. Komm. Bruno, Bischof von Würzburg. [Würzburg: Georg Reyser, nicht nach 1489]. GW M36219) aufgefundenen Fragmente des Oberdt. Servatius (München, BSB, Cgm 5249/18,2), vgl. Hans LEGBAND, Neue Bruchstücke des Oberdeutschen Servatius, in: ZfdA 46 (1902), S. 305–308; SCHNEIDER, BSB München

V,8, S. 47f. Zum ‚Oberdeutschen Servatius' (um 1190, möglicherweise in Augsburg, verfasst) vgl. K. GÄRTNER, in ²VL 7 (1989), Sp. 1–5 und ²VL 11 (2004), Sp. 1074; Handschriftencensus: http://www.handschriftencensus.de/werke/279, hier weitere Angaben zur Überlieferung und Lit. Kurze Notiz zum Verlust der Fragmente 126 a/b und 156 bei KORNRUMPF/ VÖLKER, UB München 1, S. 346f.

Beilagen:
1. separat gebundener Sonderdruck (SCHARPÉ 1899).
2. in grauer Mappe lose eingelegte Materialien, dabei in einer auf die Mappe aufgeklebten Liste zum Inhalt in Schreibmaschinenschrift nur a–e verzeichnet (vor 1939).
a) zwei wohl für die Edition SCHARPÉ 1899 entstandene Lichtbildtafeln der Leipziger Fragmente, zusammen mit München, BSB, Cgm 5249/1a, weiterhin drei in der Liste nicht erwähnte jüngere Fotos der Leipziger Fragmente (davon eines doppelt) sowie ein Negativ in hellrotem Umschlag.
b) Brief von L. Scharpé an Karl Schultz vom 17. Nov. 1898, darin dankt Scharpé für die Zusammenarbeit und überreicht seinen Sonderdruck (s. o. Nr. 1). Er kündigt gleichzeitig einen Brief des Rektors der Katholischen Universität Löwen an, in dem vorgeschlagen wird, die Servatius-Fragmente „womöglich durch Austausch gegen ein bedeutendes juristisches Werk für die hiesige Universitätsbibliothek zu gewinnen." Entsprechende Pläne wurden nicht umgesetzt.
c) Visitenkarte von L. Scharpé, darauf Bleistifteintrag: *Okt. 1898*, sowie auf der Rückseite: *Handschrift v. Veldeke (E 3336 [sic, lies: 3366])*.
d) Leihschein, durch den die Servatius-Fragmente vom 30.09.–08.10.1898 an L. Scharpé an seine Leipziger Adresse (Härtelstr. 7) entliehen wurden;
e) ein Blatt Bleistiftnotizen (lt. Liste geschrieben von Dr. H. Schulz): Verweis auf Trägerband sowie die Edition SCHULZE 1890.
f) eine Postkarte von Prof. Otto Glauning (1876–1941, 1922–37 Direktor der UB Leipzig und Prof. für Bibliothekswissenschaft, seit 1937 im Ruhestand in München) an Dr. Paul Güntzel (Direktor der Bibliothek des Reichsgerichts 1935–45) vom 09.10.1939. Darin erkundigt sich Glauning im Zusammenhang mit der geplanten Edition der Servatius-Fragmente der UB München (s. o.) nach Einträgen im Trägerband, aus denen die Leipziger Fragmente ausgelöst wurden. Zu Glauning vgl. F. GELDNER, Art. ‚Glauning, Otto Heinrich Julius', in: NDB 6 [1964], S. 439, Online-Fassung: http://www.deutsche-biographie.de/pnd1166576 93.html.
g) Antwortbrief Güntzels an Glauning vom 01.11.1939, mit Angaben zum Besitzeintrag des Trägerbandes (der für Glauning durchgepaust wurde), zur Erwerbung des Trägerbandes (s. o. Geschichte) sowie Lit.verweisen; am Ende einige private Nachrichten.
h) Brief der kommissarischen Leiterin der Bibliothek des vormaligen Reichsgerichts Hildegard Härtwig an Prof. Theodor FRINGS (Universität Leipzig) vom 07.07.1948. Darin weist Härtwig Prof. Frings, der seine Edition (FRINGS/SCHIEB 1945/46) auf der Grundlage der Lichtbildtafeln bei SCHARPÉ 1899 angefertigt hat, darauf hin, dass die Leipziger Fragmente erhalten sind und am Original einige fraglichen Lesarten entschieden werden können.
i) Postkarte eines Cand. Phil. M. Verz (Brühl) an das Oberste Gericht der DDR (Berlin), Poststempel 12.05.1969: Anfrage zu den Servatius-Fragmenten.
j) Sonderdruck (GUMPERT 1981).

Weiterhin lose in der Mappe beiliegend: Kopien weiterer Forschungslit. (SCHULZE 1890, MARGUČ/PETERS 1970, DESCHAMPS 1972) sowie Umschlag mit Benutzungsanfrage von Dr. Hans Kienhorst, Katholieke Universiteit Nijmegen, Institut Nederlands, an die Bibliothek des Obersten Gerichts der DDR, vom 02.08.1990.

Literatur zu den Leipziger Fragmenten:
– SCHULZE 1890 = Berthold SCHULZE, Neue Bruchstücke aus Veldekes Servatius, in: ZfdA 34 (1890), S. 218–223.
– SCHARPÉ 1899 = L[ouis] SCHARPÉ, De Hss. van Veldekes's Servatius, in: Leuvensche Bijdragen 3 (1899), S. 12–16, mit vier Lichtbildtafeln (s. o. Beilage 1: Sonderdruck).
– FRINGS/SCHIEB 1945/46 = Theodor FRINGS / Gabriele SCHIEB (Hg.): Heinrich von Veldeke. I. Die Servatiusbruchstücke, in: Beiträge zur Geschichte der deutschen Sprache und Literatur 68 (1945/46), S. 1–75, 69 (1947), S. 1–271, hier S. 4–15 (Wiederabdruck in: DIES. [Hg.], H. v. V. Die Servatiusbruchstücke und die Lieder. Grundlegung einer Veldekekritik, Halle/Saale 1947, S. 4–15).
– LIEVENS 1963 = Robrecht LIEVENS, Middelnederlandse handschriften in Oost-Europa (Leonard Willemsfonds I), Gent 1963, Nr. 1, S. 21.
– MARGUČ/PETERS 1970 = Wolfgang MARGUČ / Robert PETERS, Zur Kodikologie der Servatius-Fragmente, in: Jahrbuch des Vereins für niederdeutsche Sprachforschung 93 (1970), S. 7–15.
– DESCHAMPS 1972 = Jan DESCHAMPS, Middelnederlandse Handschriften uit europese en amerikaanse Bibliotheken, Leiden 1972, Nr. 15a, S. 57f., und Pl. 15 (Online: De Digitale Bibliotheek voor de Nederlandse Letteren [DBNL]: http://www.dbnl.org/tekst/desc001 midd01_01/desc001midd01_01_0019.php).
– GYSSELING 1980 = Corpus van Middelnederlandse teksten (tot en met het jaar 1300) uitgegeven door Maurits GYSSELING m.m.v. en van woordindices voorzien door Willy PIJNENBURG, Reeks II: Literaire handschriften, deel 1: Fragmenten, 's-Gravenhage 1980, Nr. 18, S. 287–298.
– GUMPERT 1981 = J. P. GUMPERT, Eine Notiz zur Kodikologie der Servatius-Fragmente, in: Neophilologus 65 (1981), S. 395f.
– Ludwig WOLFF / Werner SCHRÖDER, Art. ‚Heinrich von Veldeke', in: ²VL 3 (1981), Sp. 899–918, hier Sp. 904–907 und 917 mit weiterer Lit.
– GOOSSENS 1991 = Jan GOOSSENS, Die Servatiusbruchstücke, in: ZfdA 120 (1991), S. 1–65, hier S. 13 u. ö. (Wiederabdruck: Bijlagen van de Vereniging voor Limburgse Dialect- en Naamkunde, Nr. 4, Hasselt 1992, Online: http://www.dbnl.org/tekst/goos003dies01_01/goos003 dies01_01.pdf).
– GOOSSENS 2008 = Edition s. u.
– EIFLER, Handschriften und Fragmente der ehemaligen Reichsgerichtsbibliothek, S. 168–170 mit Abb. 12.
– Handschriftencensus: http://www.handschriftencensus.de/3066 (Jürgen WOLF, Juni 2016), mit weiterer Lit.

Heinrich von Veldeke: Servatius, Fragment [a] (aus dem Bereich Verse 415–657).
[II und I] von Vers 415f. und 440f. nur einzelne Wortteile erhalten: [415: …

meyste]*rlos*, [416: ... den got er]*kos* ...; [III: Vers 452f.: Went] *got* [d]*en heilegen m*[an] / [Servatium] *dare* [s]*ande* / ... – ... [XII: Vers 654–657:] ... *de negeine sprake ne kunde / mer grix, eine / ander sprake negeine / nekunde he gespreken.* [..., bricht ab.

Textbestand: II: V. 415f., I: V. 440f. (anders SCHARPÉ 1899: Vers 382f., daher differierende Zählung der Stücke I und II), III: V. 452–463, IV: V. 479–490, V: V. 495–500, VI: V. 523–529, VII: V. 550–556, VIII: V. 577–584, IX: V. 606–615, X: V. 616–627, XI: V. 636–642, XII: V. 643–657.
Edition der Leipziger Fragmente: SCHULZE 1890, S. 219–223 (Teiledition); SCHARPÉ 1899, S. 12–16, mit vier Lichtbildtafeln (Sonderdruck s. o. Beilage Nr. 1); FRINGS/SCHIEB 1945/46, S. 4–15; GYSSELING 1980, S. 288–291 (hier nach dem damaligen Aufbewahrungsort als ‚Berlijns fragment'). Editionen der zugehörigen Münchener Fragmente: s. o. Geschichte.
Edition der einzigen vollst. Hs. (Leiden, UB, BPL cod. 1215, s. o. Geschichte): Sinte Servatius legende, van Heynrijck van Veldeken, naer een handschrift uit het midden der XVde eeuw, voor de eerste mael uitgegeven door J. H. BORMANS, Maastricht 1858; Gustaaf A. VAN ES, Sint Servaes Legende: in dutschen dichtede dit Heynrijck die van Veldeke was geboren; naar het Leidse Handschrift, Antwerpen 1950; Jan GOOSSENS u. a. (Hg.), Sente Servas [mittelniederländisch, neuhochdeutsch] (Bibliothek mittelniederländischer Literatur III), Münster 2008, hier S. 343–349 zur Überlieferung und Editionsgeschichte, diese Fragmente S. 343f., sowie S. 406–417 aktuelle Bibliographie mit weiterer Lit.
Online-Ausgabe (nach der Edition von 1950): http://titus.uni-frankfurt.de/texte/etcs/germ/mndl/stserv/stser.htm.

MS 4° Ph. 1941
Quintus Horatius Flaccus, Fragmente

Papier · III + 15 + III Bll. · 29 × 19,5–21,5 · Südwestdeutschland (Oberrhein?, Heidelberg?) · um 1465–70, wohl 1466

Zustand: durch Verwendung als Makulatur (s. u.) Kleisterspuren und Bll. z. T. beschädigt, teilweise Löcher (z. B. S. 3/4, 19/20 Textverlust); Ränder brüchig. Einige Bruchstellen mit Papier gefestigt, z. B. S. 11/12, 13/14.
Kodikologie: Tintenpaginierung (um 1941, s. u. Literatur): *1–30*, im November 2011 Bleistiftfoliierung der Vorsatzbll. vorn (*I–III*) und hinten (*IV–V* und *VII*) sowie des dazwischen gehefteten Auftragszettels für den Buchbinder (*VI*) ergänzt. Wz.: durchgängig Ochsenkopf mit Augen und Nasenlöchern, darüber Antoniuskreuz/Buchstabe Tau, ohne Kreis auf der Stirn, Augen innen, Formenpaar, Varianten zu WZIS DE2910-PO-72526 und ... – 72527 (Breisach 1468); Vorsatzbll. (Bl. II und IV): sächsisches Wappen, in den Repertorien und Datenbanken nicht nachgewiesen.
Sieben Doppelblätter und ein Einzelblatt aus drei Sexternionen aus dem Anfangsbereich der Hs.: S. 1–6: äußeres Doppelblatt und rechte Hälfte des inneren Doppelblattes der ersten Lage; S. 7–26: fünf Doppelblätter der dritten Lage ohne das innere Doppelblatt; S. 27–30: inneres Doppelblatt der vierten Lage, stärker beschnitten (nur 19,5 cm breit); vgl. Übersichten zur

Textverteilung und Lagenzusammensetzung von HÄRTWIG (s. u.) auf den hinteren Vorsatzblättern (Bl. IV und V).

Schriftraum: 22,5 × 9–10. 1 Spalte. 28–29 Zeilen, leicht linksgeneigte überwiegend schleifenlose Bastarda eines Schreibers, Verse abgesetzt, Majuskeln an Versanfängen. Von ders. Hand auch die interlinearen Glossen sowie die teils in die Rubrizierung einbezogenen Marginalglossen, darunter wenige deutschsprachige, s. u. Inhalt. Rubrizierung: Majuskeln zu Versbeginn sowie Anfangsbuchstaben der Marginalglossen rot gestrichelt; rote Capitulum-Zeichen zur Einteilung von Versgruppen. Geplante dreizeilige H-Initiale am Beginn des Textes sowie einzeilige Initialen am Beginn der Textabschnitte auf S. 6, 13 und 30 nicht ausgeführt.

Einband: grauer Pappeinband (um 1941), s. u. Geschichte. Auf VD Titelschild und auf Rücken Titel- und Signaturschild aus grauem Papier. Hinten Auftragszettel für Buchbinder eingeheftet (Bl. VI).

Geschichte: Die Handschrift, aus der die Fragmente stammen, entstand laut Wz.befund um 1465–70; ein heute verschollenes, auf demselben Papier und von derselben Hand geschriebenes Ovid-Fragment, das aus demselben Fundzusammenhang wie die vorliegenden Fragmente stammt (s. u. zugehörige Fragmente), enthielt eine Datierung auf 1466. Auf eine Herkunft aus dem südwestdt. Raum, vielleicht vom Oberrhein, verweisen die Herkunft der Wz.belege (Breisach am Oberrhein) sowie die Schreibsprache der wenigen vom Schreiber eingefügten dt. Marginalien (alemannisch). Die Seiteneinrichtung mit Platz für Interlinear- und Marginalglossen zeugt von einer Entstehung im Kontext des Lehrbetriebs. Eine Entstehung im Umfeld der Universität Heidelberg ist zu erwägen (s. u. den im Ovid-Fragment eingetragenen Fünfzeiler mit Bezug auf Kurfürst Friedrich I. von der Pfalz, das mit diesem Fragment makulierte Material sowie die spätere Besitzgeschichte). Nach Ausweis der Schreibsprache der dt. Marginalien wäre dann jedoch von einem alemannischen Universitätsangehörigen als Schreiber auszugehen.

Die Fragmente waren zusammen mit weiteren Handschriften- und Druckfragmenten als Klebepappe für die Bindung folgender Druckausgabe verwendet worden: Digestum vetus summis elucubratum ac castigatum vigilijs una cum additionibus, Lyon: Nicolaus de Benedictis, 1509, 5 Bände (Leipzig, BVerwG, 2+ B 2851). Die Auslösung erfolgte 1941. Die Umstände der Auffindung und die weiteren ausgelösten Materialien werden ausführlich beschrieben bei: Hildegard HÄRTWIG, Ein Fundbericht aus der Bibliothek des Reichsgerichts, in: Zentralblatt für Bibliothekswesen 58 (1941), S. 105–133. Die jüngsten ausgelösten Stücke datieren bei den Druckfragmenten auf 1570 (Einblattkalender für das Jahr 1570 [Sch#[oe]ne Historie/|| Exempel/ Vnderweisun=||gen/ …], Straßburg: Thiebolt Berger, 1570, vgl. VD16 M 5071; HÄRTWIG, S. 132) bzw. bei den Handschriftenfragmenten auf 1572 (Vormundschaftsabrechnungen von 1571/72 für die Kinder des Paul Schilling aus [Neckar-]Bischofsheim, sö. Heidelberg). Die Bindung als Klebepappe wurde also wohl bald nach 1572 angefertigt. Da durchgängig handschriftliche Materialien aus der Umgebung südöstlich und östlich von Heidelberg verwendet wurden (archivalisches Schriftgut mit Erwähnung der Ortsnamen Sinsheim, Hirschhorn, Neckarsteinach, Flinsbach, Guttenberg, Hüffenhard, Wimpfen etc., vgl. HÄRTWIG, S. 120–123) ist anzunehmen, dass der Einband dort hergestellt wurde.

Zugehörige Fragmente: Unter den aus 2+ B 2851 ausgelösten Handschriftenfragmenten befanden sich weitere 134 Seiten (67 Blatt) aus derselben Hs., die nach HÄRTWIG, S. 107f. und 124, auf demselben Papier (nach HÄRTWIG BRIQUET, Nr. 15158 [Braunschweig 1468]) sowie

von derselben Hand geschrieben und vom Schreiber am Ende der Ovid-Epistolae (s. u.) auf 1466 datiert waren. Sie enthielten folgende Texte in der angegebenen Reihenfolge: Ovid: Amores (30 Seiten) – Pier Paolo Vergerio: In Carolum Malatestam Invectiva (2 Seiten), am Ende fünf politische Verse, wohl mit Bezug auf den Kurfürsten von der Pfalz Friedrich I., den Siegreichen (1451–1476), Inc. *Peior Braga* [lies: Praga] *cibis regem Cecilie scindis / Comes Palatinus Bauarie dux Fridericus* ... – Ovid: Epistolae Heroides (36 Seiten) – Ovid: Remedia amoris (34 Seiten) – Ovid: Ars amatoria (32 Seiten), zum Inhalt vgl. ausführlich HÄRTWIG, S. 108–120. Diese Fragmente wurden bei der Durchsicht der Bestände der Bibliothek des BVerwG durch Prof. Gero Dolezalek (2005) und Dr. Christoph Mackert (2009) nicht aufgefunden. Eine erneute Anfrage nach ihrem Verbleib wurde negativ beantwortet (schriftliche Mitteilung von Silvia Schmidt, BVerwG Leipzig, vom 11.11.2011).
Als Makulatur in den Trägerbänden wurden weiterhin Fragmente aus vier liturgischen Handschriften verwendet (jetzt Leipzig, BVerwG, MS 2° Philos 373), von denen Teil III (Bl. 9–14) ebenfalls auf den Heidelberger Raum (Bistum Worms) verweist, Einzelnachweise s. Beschreibung von MS 2° Philos 373.
Besitzgeschichte der Trägerbände (Leipzig, BVerwG, 2+ B 2851): Die Bände waren im Besitz des M. Ludovicus Bersig Heilbronnensis; 1670 wurden sie in Heidelberg von Johannes Mauritius Wesselingk erworben, vgl. Besitzeinträge auf den Titelblättern der Bände I und III–V: (Bd. I): *Comparauit sibi 5 hos tomos corporis iuris civilis glossatos* [Teil des Eintrags (Datum oder Preis?) herausgeschnitten] *M. Ludovicus Bersig Heilbronnensis.* [darunter von anderer Hand:] *Comparauit eosdem Heidelbergae Johannes Mauritius Wesselingk. 1670*; (Bd. III) *Johannes Mauritius Wesselingk me possidet 1670*; (Bd. IV) *Johannes Mauritius Wesselingk me Heidelbergae anno 1670 emit instinctu D. Böckelmanni*; (Bd. V) *Inseruio studiis Johannis Mauritii Wesselingk 1670. Ars non habet osorem, nisi ignorantem*, darunter weiterer Eintrag weggeschnitten.
Ludovicus Persig al. Bersius aus Heilbronn wurde im Sommersemester 1611 an der Universität Heidelberg immatrikuliert und am 16.02.1615 Magister artium, vgl. TOEPKE (Hg.), Matrikel Heidelberg, Bd. II, S. 255 und 476. Der erwähnte *D*[ominus] *Böckelmann* wohl identisch mit Johann Friedrich Böckelmann (1632–1681), der nach einem Rechtsstudium an der Universität Heidelberg seit 1659 als Professor der Institutionen und seit 1661 als Professor der Pandekten lehrte, am Hofgericht tätig war und 1670 an die Universität Leiden berufen wurde, vgl. ebd., Bd. II, S. 322, 338, 622; E. J. H. STEFFENHAGEN, in: ADB 3 (1876), S. 24f.; M. AHSMANN, in: STOLLEIS (Hg.), Juristen, S. 92. Johannes Mauritius Wesselingk ist nicht in der Matrikel der Universität Heidelberg nachweisbar. Vgl. HÄRTWIG, Fundbericht, S. 133.
Die fünf Druckbände wurden am 19.09.1882 vom Weiß und Schack Verlag Leipzig für insgesamt 8 Reichsmark an die Bibliothek des Reichsgerichts verkauft, vgl. Zugangsbuch 3, 1879–83, Zugangsnummer 14745. Schon im folgenden Jahr wurden sie erwähnt bei Karl SCHULZ, Festgabe zum fünfzigjährigen Amtsjubiläum seiner Excellenz des Herrn Reichsgerichtspräsidenten Dr. Eduard Simson am 22. Mai 1883: zur Literärgeschichte des Corpus Juris Civilis, Leipzig 1883, S. 29f.
Auf I^r Stempel des Bundesgerichtshofs (durchgestrichen) und des BVerwG, auf II^r Stempel der Bibliothek des Reichsgerichts.

Literatur: HÄRTWIG, Fundbericht (s. o.), S. 105–133, hier v. a. S. 108 und 119; DOLEZALEK Liste 2005: http://www.uni-leipzig.de/~jurarom/manuscr/RgMsMatr.html.

S. 1–4 **Quintus Horatius Flaccus, De arte poetica**, Fragmente.
(S. 1–2) [Verse 1–58:] [H]*Vmano capiti cervicem pictor equinam / iungere si velit et varias inducere plumas / ... – ... / sermonem patrium ditaverit et nova rerum / nomina protulerit? Licuit semperque licebit* / [...;
(S. 3–4) [Verse 350–407:] ...] *Nec semper feriet quodcumque minabitur arcus. / Verum ubi plura nitent in carmine, non ego paucis / ... – ... / et longorum operum finis: ne forte pudori / sit tibi Musa hec* [sonst: *lyrae*] *solers et cantor Appollon.* / [..., bricht ab.
Edition: Friedrich KLINGNER (Hg.), Q. Horativs Flaccus, Opera, Leipzig 1982, S. 294–296, 307–309.
Interlineare und marginale Glossen des Schreibers.

S. 5–30 **Quintus Horatius Flaccus, Saturae (Sermones)**, Fragmente.
(S. 5–6) [Liber I, Sermo II, Verse 40–96:] Anfang fehlt, ...] *Atque hec rara cadat dura inter sepe pericula. / Hic se precipitem tecto dedit, ille flagellis / ... – ... / Cetera, ni Catia est, demissa veste tegentis. / Si interdicta petes, vallo circumdata – nam te* / [...;
(S. 7–26) [Liber I, Sermo IX, Vers 57 – Liber II, Sermo IV, Vers 37:] ...] *muneribus seruos corrumpam; non, hodie si / exclusus fuero, desistam; tempora queram, / ... – ... / ni prius exacta tenui racione saporum. / Nec satis est cara pisces* [sonst: *piscis*] *averrere mensa* / [...;
(S. 27–30) [Liber II, Sermo VII, Vers 6 – Sermo VIII, Vers 3:] ...] *Pars hominum viciis gaudet* [c]*onstanter et urget / propositum; pars multa natat, modo recta capescens, / ... – ... / Nam mihi querenti convivam dictus heri* [sonst: *here*] *illic / de medio potare die.' 'Sic ut mihi numquam* / [...; bricht ab.
Edition: KLINGNER (s. o. S. 1), S. 167–169; 195–220, 232–236.
Fehlende Verse querständig am Rand ergänzt auf S. 14 (II,II,28) und S. 23 (II,III,258). Zahlreiche interlineare und marginale Glossen des Schreibers, teilweise längere marginale Anmerkungen (S. 5: *Licoris Origo et Arbuscula fuerunt tres meretrices prestantissime in urbe Romana* ...) und Worterklärungen (S. 25: *Item poeta dicitur dictator, poesis libri, poema materia unius libri*, ...) sowie marginale deutsche Übersetzungen lat. Begriffe, s. u. Auf S. 6 vor I,II,86 eine Zeile frei, wohl für Überschrift.

Marginale deutsche Übersetzungen lat. Begriffe:
zu De arte poetica
(S. 4) zu V. 380: *Item pila v*[ulgarite]*r stampf*;
zu Saturae
(S. 6) zu I,II,80: *margarita v*[ulgarite]*r berly*; wohl oberrheinisch oder südalemannisch;
zu I,II,96: *Item vallum -li v*[ulgarite]*r tal. Item vallus -li* [= Pfahlwerk, Palisade] *v*[ulgarite]*r zunsteck*, für sudes auch im Vokabular von Fritsche Closener (Straßburg);

(S. 10) zu I,X,78: *cimex* [= Wanze] *v*[ulgarite]*r wentel*, auf wantlûs zurückgehende alemannische Kurzform, vgl. GRIMM, Dt. Wb, Bd. 27, Sp. 1558.

Schreibsprache: alemannisch. Das anlautende t- in ‚tal' könnte darauf hinweisen, dass das Elsässische eher nicht in Betracht zu ziehen ist. Durch die Kombination aus ‚berly' und ‚zunsteck' mit nicht durchgeführter Diphthongierung ist das Schwäbische wohl auszuschließen.

MS 4° R 2425
Formularium instrumentorum civitatis Comensis

Papier · I + 119 + VII Bll. · 29 × 20 · Como · 1507 / Nachträge bis 1590

Zustand: Feuchtigkeitsschäden im Bereich der Bindung sowie vor allem im hinteren Bereich des Buchblocks am oberen Seitenrand. Schimmelbehandlung im Oktober 2004, vgl. Bleistifteintrag I^r. Blätter 97, 99 und 101 lose, da Gegenbll. fehlen; Bl. 3 und 4 (s. u. Lagen) unten lose.

Kodikologie: Bleistiftfoliierung August 2011: *1–119*, dabei Vorsatzbl. vorn als *I* und leere Bll. hinten als *II–VIII* und Falz nach Bl. 4 als *4a* gezählt. Bei der zeitgenössischen Tintenfoliierung, wohl vom Schreiber des Registers, wurden das Register am Beginn und die leeren Blätter am Ende nicht gezählt: *I–Cxiiii°*.

Wz.: Lage 1 (Bl. 1–32) und innere Doppelblätter von Lage 3 (Bl. 63–86): Schlange, einkonturig, ohne Stab, zwischen zwei Bindedrähten, zwei Formenpaare (S 1 und *S 1; S 2 und *S 2), dabei S 1 Variante zu WZIS IT1650-PO-42917 (Como 1505), bei S 2 und *S 2 abweichende Stellung der Bindedrähte; nur Bl. 4 (nachträglich eingeheftet, s. u.): Buchstabe A im Kreis, darüber Kreuz, bei anderer Stellung der Bindedrähte Variante zu WZIS IT1650-PO-26570 (Como 1507); Lage 2 (Bl. 33–56): Buchstaben GB, darüber Kreuz, in den Repertorien und Datenbanken nicht nachgewiesen; äußere Doppelblätter von Lage 3 (Bl. 57–62, 87–92) und Lage 4 (Bl. 93–119): Schlange, zweikonturig, ohne Stab, mit Kugel (Beute), ohne Zunge, Formenpaar (S 3 und *S 3), Typgruppe WZIS IT1650-PO-43446, …-43455, …43458 (Como 1504–1514); Lage 5 (bei Bindung eingefügte Bl. II–VIII, unbeschrieben): Figuren, anthropomorphe, ganze Figur, Pilger, im Kreis, ohne Beizeichen, bei abweichender Größe Typ WZIS IT1650-PO-21423/21424 (Como 1574). Die genannten Wz.belege bei PICCARD stammen durchgängig aus Akten (Atti notarili) des Archivio di Stato in Como.

Lagen: 1^1 + (XV+2)^{32} + XII^{56} + XVIII^{92} + (XVIII-9)^{119} + (III-1)^{VIII}; Bl. 1 (Vorsatz) mit Flügelfalz (nach Bl. 32) um die erste Lage gelegt; Bl. 3/4 (ursprünglich separate und zusammengenähte Einzelbll.) nachträglich in Lage 1 eingeheftet; nach Bl. 119 neun Bll. herausgerissen (wohl kein Textverlust), deshalb Gegenbll. z. T. lose (Bl. 97, 99 und 100); nach Bl. VIII ein Blatt herausgeschnitten (Falz mit Rückenhinterklebung [s. u. Fragm. 2] beklebt); in der 2. Lage Lagensignaturen (Bl. 33–36): *a–d* und Reklamante (44^v, in Lagenmitte!); am Ende von Lage 3 (92^v unterer Blattrand) *Laus deo* sowie am Beginn von Lage 4 (93^r oberer Blattrand) *Yhs* (= Iesus).

Schriftraum: 24–24,5 × 12,5–13,5; breiter Raum für Anmerkungen jeweils auf der linken Seite. 1 Spalte. 26–45 Zeilen. Humanistische Kursive, hauptsächlich von einem Schreiber (H 1) in wechselnder Tintenfarbe und variierendem Schriftduktus (vgl. Schriftgröße und Zeilenzahl), daneben offensichtlich nur kurze Passagen von anderen Händen übernommen: H 2: 5ʳ, Z. 1–22; H 3: 57ᵛ, Z. 1–12 sowie 58ᵛ, letzte Zeile bis 59ʳ, Z. 11, von dieser Hand auch die Marginalglosse (Verweis auf Statuten) auf 56ᵛ, H 4: Ergänzung 118ʳ–119ʳ. Auf 119ᵛ Federprobe und italienischer Eintrag einer jüngeren Hand (NH 1, 1555). Die einzelnen Formulare teilweise durch Tintenlinien getrennt. Korrekturen im Text und Interlinear- und Marginalglossen vom Schreiber sowie von zeitgenössischen und jüngeren Händen. Nicht rubriziert. Nur am Textbeginn 5ʳ (von der Hand des Schreibers?) 14zeilige I-Initiale, gefüllt mit roten Streifen und Fratze, umgeben von roten Punkten; Datierung am unteren Seitenrand (s. u. Geschichte) ebenfalls mit roten Strichen versehen. Zur weiteren Textgliederung vergrößerte Anfangsbuchstaben in Tinte (meist A von *Anno*) und Überschriften in Versalien; dabei Titteninitialen A und I teilweise als Notariatszeichen gestaltet, z. B. 12ᵛ, 20ʳ, 24ʳ(?), 39ʳ (bärtiges Profilgesicht mit Kreuz), 41ʳ⁻ᵛ.

Einband: Pergamentumschlag aus Urkunde (s. u. Fragment 1), 1570er Jahre (s. o. Wz. der bei der Bindung eingehefteten Lage 5). Verschlussbänder aus Leder abgeschnitten; heute mit schwarzem Band verschnürt. Auf die Innenseiten ursprünglich Spiegel aus Papier geklebt, vgl. Papierreste. Auf dem VD Titelaufschrift (16. Jh.): *Formularium Instrumentorum Civitatis Comensis*, gleichlautender Titel auf dem Rücken

Fragment 1: Pergamenturkunde, als Umschlag benutzt, Größe 48 × 37, beschriebene Seite innen, mindesten 88 Zeilen (an den Rändern umgeschlagen), ital. Urkundenschrift, 15. Jh., 2. Hälfte (?), nicht rubriziert, Inhalt: lat. Urkunde, ausgestellt zugunsten der Brüder Petrus und Georgius, betrifft Testamentsvollstreckung nach dem Tod ihrer Schwester (Z. 1: *propter eiusdem sororis mortem et divisi inter partes* ...), Aufzählung von Geldbeträgen, erwähnt werden weiterhin: *Stefanus, dominus Arasinus*, Schulden gegenüber einem *dominus Lanzalotus de Ginoldis*.
Fragment 2: vorn und hinten jeweils drei ca. 8 cm breite Papierstreifen als Rückenhinterklebung und Ansetzfalz, ursprünglich mit dem Spiegel auf die Innenseiten des Umschlags geklebt, Papier, einseitig beschriftet, nur einzelne Worte lesbar: hinten: [...]*rchino r. d.* ..., *notaro* ..., wohl 15. Jh., wahrscheinlich Liste oder Rechnung.

Geschichte: Es handelt sich um eine juristische Formularsammlung, bestehend aus 122 Formularen für Urkunden über Rechtsakte, die aus Abschriften von älteren, bis 1432 zurückreichenden (vgl. 16ᵛ) sowie zeitgenössischen Vorlagen zusammengestellt wurde. Die Niederschrift wurde am 1. Januar 1507 begonnen (vgl. Eintrag 5ʳ am unteren Rand: *M cccc septimo die primo mensis Januarij fuit inchoata*) und am 11. Oktober dieses Jahres abgeschlossen (116ʳ *M cccc septimo undecima die* [...] *mense Octobris fuit finitus*). Als Entstehungsort kommt Como oder ein Ort in der Nähe (evtl. Gravedona, ca. 50 km n. am Westufer des Comer Sees) in Frage, vgl. die durchgängig auf Aktenmaterial aus dem Archivio di Stato in Como verweisenden Wz.belege. In den einzelnen Urkunden werden Kläger, Begünstigte, Notare und Rechtsgelehrte aus Como und benachbarten Orten genannt, Einzelnachweise s. u. Inhalt (Auswahl). Der Grundstock der Sammlung wurde von einem Hauptschreiber (H 1) und mindestens drei weiteren Schreibern angelegt. Der Hauptschreiber (oder Initiator der Anlage?) der Hs. war sehr wahrscheinlich *Johannes Baptista filius magistri Francisci de San Grigorio de Canova de Grabadona imperiali auctoritate notarius Cumarum*. Von ihm wurden mehrere Urkunden ausgestellt (vgl. 52ᵛ, 56ᵛ [dat. 03.02.1462], 93ᵛ, 116ʳ [dat. 11.10.1507], jeweils mit Notariatszeichen mit Monogramm *J. B.*, darüber Kreuz). Auch die nachträglich eingehefteten Bll. 3 und 4 enthalten zwei von seiner Hand ausgestellte Urkunden von 1509 (auf 3ʳ mit Notariatszeichen). Dieser Notar ist in der Matrikel der Notare von Como (Marta L. MANGINI, Il notariato a Como. Liber matricule notariorum civitatis et episcopatus Cumarum [1420–1605], Varese 2007, im Folgenden: MANGINI, LM) nicht nachgewiesen. Im Text mehrfach Verweise auf die am 25. Januar 1458 promulgierten und am 27. November 1462 publizierten Statuten von Como (s. u. 52ʳ⁻ᵛ, 56ᵛ, 73ᵛ, 83ᵛ), von denen sich ein um 1464 angelegtes Exemplar auch in der Bibliothek des BVerwG erhalten hat, vgl. die Beschreibung von MS 4° R 6351, mit weiterer Lit. Eine in Como angelegte Ars notariae aus dem Jahr 1510 (BVerwG, MS 4° E 850) wurde von einem anderen Schreiber geschrieben.

Auf dem ursprünglich letzten Blatt (119ᵛ) Federproben in italienischer Sprache, u. a. Eintrag über einen Verkauf von Wein von 1555, dabei die südlich von Como gelegenen Orte Appiano Gentile und Merate genannt. Die Bindung in eine Pergamenturkunde erfolgte in den 1570er Jahren, dabei wurde die letzte Lage mit unbeschriebenen Bll. (Bl. II–VIII, zum typverwandten Wz.beleg aus Como von 1574, s. o. Kodikologie) eingeheftet, wohl um weitere Eintragungen zu ermöglichen. Zwischen Register und Textbeginn wurden zwei zusammengenähte Einzelblätter mit 1509 vom Hauptschreiber ausgestellten Urkunden (Bl. 3 und 4) eingeheftet, deren leere Seiten von jüngeren Händen mit Nachträgen (bis 1590) versehen wurden. Auf den leeren Seiten und an den Seitenrändern des gesamten Bandes trugen in den Jahren bis 1584 mehrere Notare aus Como oder Gravedona Urkunden bzw. ihre Namen und Notariatszeichen nach, s. u. Inhalt. An mehreren Stellen (3ʳ, 4ʳ⁻ᵛ, 39ʳ, 52ᵛ, 56ʳ, 70ᵛ, 93ᵛ, 116ʳ und 119ʳ⁻ᵛ) finden sich dabei auf 1584 und 1588 datierte Einträge und Notariatszeichen des Notars *Aeneas Stampa, filius Joannis Petri de Grab*[ado]*na* (= Gravedona, vgl. MANGINI, LM, III,491 [1589]), in dessen Besitz die Hs. evtl. zu diesem Zeitpunkt war.

Vorbesitzer: Carlo Morbio (Historiker und Bibliophiler in Mailand, 1811–1881), verzeichnet im Katalog zur Versteigerung seiner Handschriftensammlung im Jahr 1889 durch das Leipziger Antiquariat [Felix] List & [Hermann Richard] Francke, vgl. AUKTIONSSKATALOG MORBIO-SAMMLUNG 1889, Nr. 660, S. 74: „Como. Formularium Instrumentorum civitatis Comensis, enthält c. 125 als Formeln ausgestellte Privaturkunden. Saec. XV, mit einigen Nachträgen Saec. XVI. 120 Bll. fol. Pgt.".

Die Hs. wurde am 31.12. 1895 von der Serig'schen Buchhandlung Leipzig für 3,50 Reichsmark an die Bibliothek des Reichsgerichts verkauft, vgl. Zugangsbuch Nr. 6, 1894–1899, Zugangsnummer: 40990; diese Zugangsnummer auf Pergamentumschlag innen mit Tinte und auf 1ʳ mit Bleistift vermerkt. Zum gleichen Zeitpunkt wurden über Serig weitere ebenfalls aus der Morbio-Sammlung stammende Hss. an das Reichsgericht verkauft und dort unter benachbarten Zugangsnummern verzeichnet, vgl. MS 4° E 850 (Zugangsnummer 40988), MS 4° E 5164 (Zugangsnummer 40991) und MS 8° A 13703 (Zugangsnummer 40992). Zu weiteren Hss. aus der Morbio-Sammlung, die zwischen 1892 und 1899 an die Sammlung des Reichsgerichts verkauft wurden s. Einleitung. Stempel der Bibliotheken des Reichsgerichts auf 1ʳ sowie des Bundesgerichtshofs (durchgestrichen) und des BVerwG auf Iᵛ.

Literatur: DOLEZALEK Liste 2005: http://www.uni-leipzig.de/~jurarom/manuscr/RgMsMatr.html. Hier versehentlich Erwähnung eines Titelblattes (Romulus, Remus und die Wölfin), das sich nicht in dieser Hs., sondern in BVerwG, MS 4° R 2042 (Legum et statutorum Senensium distinctio secunda, 1798) befindet.

1ʳ–2ᵛ **Register zum Formularium.**
[Von jüngerer Hand am oberen Seitenrand: *Ante omnia* [saecula] *deus de deo* ..., sowie links neben der Zeile: *Incipit rubrica*]. *Cura mulieris minoris pro faciendo finem et vendicionem hereditatis: foll. i* ...; auf 2ʳ fehlerhafte Zählung am li. Rand korrigiert; letzte vier Titel (*fol. 112–114* der zeitgenössischen Foliierung) nachgetragen (s. u. 116ᵛ–119ʳ), am Ende: *Iste est numerus instrumentorum: Cxxii.*
2ᵛ [Nachtrag:] *Sacramentum dandum uiri* (?)*, quando dat licentiam ... mulieri ...*

[nachträglich eingeheftete Bll. 3 und 4, s. o. Kodikologie] **Zwei Urkunden (1509), mit Nachträgen (1584–90)**
(3ʳ) *Millesimo quingentessimo nono, die sabati xxiii mensis Iunii* [23.06.1509] *Paulus filius quondam ser Antonii de Taleaxiis de Grab*[adona = Gravedona] *habitans Grabadona lacus et episcopatus Comensis promixit dare, soluere et restituere ... ser Andree de la Stampa notario filio domini Francisci* ..., [darunter Vermerk des Notars:] *Ego Johannes Baptista filius magistri Francisci de San Grigorio ... publicus imperiali auctoritate notarius Cumarum ...*, Schlussformel (*... scripsi, et hic me subscripsi*) gestrichen und ersetzt durch: *presens fui ad voluntatem* ..., li. daneben Notariatszeichen mit Monogramm *J. B.*, darüber Kreuz.
Zum Notar Johannes Baptista de S. Grigorio s. o. Geschichte. Zu Andreas della Stampa vgl. MANGINI, LM, II,532 (1477).

(4ʳ) *Millesimo quingentessimo nono, die sabati xxiii mensis Iunii* [23.06.1509] *Paulus filius quondam s. Antonii de Taleaxiis de Grabadona* [Gravedona] *... promixit dare et soluere et restituere ... ser Andree de la Stampa ...*
An den Seitenrändern und auf den leeren Versoseiten dieser beiden Blätter Nachträge jüngerer Hände:
(3ʳ) *Ego Aeneas Stampa notarius Comi mandatus Anno MDlxxxiiii indictione prima* [1584], li. daneben Notariatszeichen: Kreis mit Initialen *AE-S* und Figur (Engel?), darüber Kreuz, s. o. Geschichte.
(3ᵛ) Eintrag aus dem Jahr 1590: *... Nos H. J. V. D. Prator H. fidem facimus et attestamur ...*;
(4ʳ) Eintrag (des Aeneas Stampa) vom 06.02.1588, Einsetzung von Prokuratoren durch *Jo*[annes] *Baptista Canoua filius quondam domini Augustini de Grabadona*, erwähnt: *Nicolaus Cælium, Baptista de Stampis, Nicolaus Johannes Antonius et Iohannes Baptista de Curtis*;
Zu Baptista de Stampis vgl. MANGINI, LM, Register, S. 629 (mehrere Vertreter des Namens Ioannes Baptista de Stampa), zu Vertretern der Familie de Curtis ebd., S. 595.

(4aᵛ, zu Bl. 3 gehörige Falz nach Bl. 4) mit Federprobe beschriftet: Alphabet in Majuskelbuchstaben und Kürzungszeichen: *et, con-, -rum.*

(4ᵛ) Eintrag (des Aeneas Stampa?) vom 24.04.1588, außer erster Zeile mit Datierung gesamter Text gestrichen.

5ʳ–116ʳ **Formularium instrumentorum civitatis Comensis.**
(5ʳ) am oberen Seitenrand Schreiberspruch: *In nomine illius qui fecit cornua bobus* (!), am unteren Seitenrand Datierung, s. o. Geschichte.
(5ʳ–116ʳ) [Grundstock, Beginn der Urkundenformulare:] >I<*n nomine domini amen. Anno a natiuitate eiusdem Millesimo quadring*[-ne-, durch Striche korrigiert]*tesimo sexagessimo primo indictione nona die Martis quatuordecimo mensis Iulii* [24.07.1461] *coram prudenti et egregio viro domino Leone de Vachanis consule Cumarum Iusticie ... – ... Ego Johannes Baptista fillius magistri Francisci de San Grigorio de Canoua de Grabadona ... imperiali auctoritate notarius Cumarum hec instrumenta ... subscripsi. M cccc septimo undecima die* [gestrichen: *de mess*] *mense Octobris* [11.10.1507] *fuit finitus.*, li. daneben Notariatszeichen mit Monogramm J. B., darüber Kreuz (s. o. 3ʳ); darunter in gesperrter Schrift: *Laus deo sit semper vobiscum. Amen d. finis.*

Mit Ergänzungen (s. u. 116ᵛ–119ʳ) bestehend aus insgesamt 122 Formularen für verschiedene Rechtshandlungen (Cura mulieris, Venditio, Obligatio [Bürgschaft], Testamentum, Revocatio, Protestatio, Investura etc., s. o. Register: *Iste est numerus instrumentorum: Cxxii*). Rest der Seiten 72ʳ, 90ʳ und 115ʳ sowie 90ᵛ und 115ᵛ vollständig leer. Musterurkunden nur selten datiert und mit Ortsangaben versehen, z. B. (27ʳ) *Actum Cumis in Borleto*. Zum Teil werden für Jahreszahlen und Namen Platzhalter verwendet (z. B. 79ᵛ: *Talli anno etc. Tallis de Talli ..., fillius Tallis ..., actum in talli loco ...*), teilweise finden sich aber auch Abschriften mit Erwähnung realer Namen von Klägern, Begünstigten, Notaren und Rechtsgelehrten aus Como und benachbarten Orten, z. B. (im Folgenden Auswahl, Verweise auf MANGINI, LM, [s. o. Geschichte] bzw. Giuseppe ROVELLI, Storia die Como, Bd. III/1, Como 1802):
(5ʳ, 9ʳ) *Leo de Vachanis consul Cumane iusticie* (vgl. MANGINI, I,36 [1428] bzw. I,98 [1431]);
(5ʳ, 21ʳ, 39ᵛ) *Antonius de Stupanis notarius Cumarum* bzw. *consul Cumane iusticie* (vgl. MANGINI, I,449 [1440, 1446]; ROVELLI, S. 564 [1447]);
(12ᵛ, 13ᵛ, 51ᵛ, 95ʳ) *Abundius de Someliana fillius quondam Johannis* (vgl. MANGINI, III,162 [1537], hier Franciscus f. domini Abundii de Someliana erwähnt);
(13ʳ) *Nicolaus de Baliachis tunc publicus notarius Cumarum*, dat. 11.05.1434 (vgl. MANGINI, I,1 [1427]);
(16ᵛ) *Franciscus de Cermenate olim et tunc publicus notarius Cumarum*, dat. 01.02.1432 (vgl. MANGINI, I,336: Petrus de Cermenate f. domini Francisci [1441], sowie Tiziana CLERICI, Il mercato comasco nel 1429 e 1434 dagli atti di Francesco de Cermenate, in: Archivio storico lombardo 108/109 [1982/83], S. 85–171);
(23ʳ⁻ᵛ) Aufzählung der Mitglieder des 'Consilium generale' in Como: *Anno domini etc. Convocato et congregato consilio generali et maiori comunis Cumane in caminata magna ... sita Cumis in parrochia sante Marie intus ...*, erwähnt werden: *Jacobus de Casanoua legum doctor* (vgl. MANGINI I,698, hier Iohannes Antonius de Casanova, f. domini Iacobi sapientis et egregii legum doctoris [1456] erwähnt), *Johannes de Valle, Antonius de la Porta, Andreas de Raymondis et Adulbertus de Furmento* (vgl. MANGINI, I,64 [1429]), (23ᵛ) *Rauazinus Ruscha* (Ravazino

Rusca [Dr. utr. iur. und 1450 Gesandter der Stadt Como], vgl. ROVELLI, S. 225 und 291),
Christoforus de Muralto iuris utriusque doctor (Cristoforo Muralto [Dr. utr. iur. und 1450 Gesandter der Stadt Como], vgl. ebd., S. 225, 291 und 324), *Johannes de Lavizariis* (Giovanni de' Lavizari [Gesandter der Stadt Como], vgl. ebd., S. 225 und 324), *Aluisius de Baliachis* (vgl. MANGINI, I,318 [1441]) etc.;

(30ᵛ) *Nicolaus et Jacobus fratres de Moronis de Cumis*;

(34ʳ) *Johannes de Ripa* (vgl. MANGINI, I,299 [1431/39]), *Maffiolus de Gallis* (vgl. MANGINI, I,152, hier Ambroxius de Galis, filius Mafiolli [1433] erwähnt), *Nicolaus de Zaffaronibus, Georgio de Buzis*;

(34ᵛ) *Michaelle de Salla consulle Cumarum iusticie* (vgl. MANGINI II,655 [1482]),

(38ʳ) *Blaxinus, Antonius, Johannes et fratres de Suganapis fillii quodam ser Donati* (vgl. MANGINI, I,949 [1464]),

(39ᵛ) *coram prudendi* (!) *viro domino Antonio de Stupanis consule Cumane iusticie* (vgl. MANGINI, I,449 [1440/46]; ROVELLI, S. 564 [1447]);

(40ᵛ) *Abundius de Sala*; notarius *Christophorus de Lauizarijs* (vgl. MANGINI, Register, S. 605);

(41ʳ) *Petrus de Ripa*, 1461 (vgl. MANGINI, III,438 [1472]);

(48ʳ) *Jeronimus de Bogiarijs curator generalis*;

(49ʳ) *magnificus Estorolus vicecomes ciuitatis et districtus Cumarum*; egregius legum doctor *Bartolomeus de Capitauris de Crema*;

(51ᵛ) *ego Nicolaus de Gregorio notarius Cumarum*;

(52ᵛ, 56ᵛ, 93ᵛ) *Ego Johannes Baptista fillius magistri Francisci de San Grigorio de Canoua de Grabadona notarius Cumane imperiali auctoritate notarius Cumarum* (56ᵛ dat. 03.02.1462), daneben Notariatszeichen mit Monogramm *J. B.*, darüber Kreuz; vgl. auch 3ʳ, 4ʳ und 116ʳ (17.10.1507);

(54ʳ) *Coram ... legum doctore Julianus de Laurantibus* (vicario del podesta in Como 1458/59), *Iacobus de Clericis notarius publicus Cumarum* (vgl. MANGINI, I,244 [1435/37]);

(56ᵛ) *Jacobus de Pellegrinis* (vgl. MANGINI, I,635 [1452]), *Albertus de Capellis fillius quondam domini Gabrielis* (vgl. MANGINI, I,90, hier Gabriel Franciscus de Capellis [1430] erwähnt);

(58ʳ) *Mic*[h]*aele de Sala consul Cumarum iusticie* (vgl. MANGINI, II,655 [1482]);

(65ᵛ–67ʳ) Urkunde von Paulinus und Salzag (?) de Clericis, 1462, mit inseriertem Privileg Kaiser Karls IV. zugunsten der Brüder Jordanus und Franciscus de Clericis vom 09.10.1358 (wohl über deren Erhebung zur Pfalzgrafenwürde?); mit Zeichnung des Monogramms Karls IV. auf 66ᵛ; zu der aus Lomazzo (20 km. s. Como) stammenden Familie, die 1357 in Como eingebürgert und 1369 (1368?) von Karl IV. in den Adelsstand erhoben wurde, vgl. Historisches Lexikon der Schweiz, vgl. http://www.hls-dhs-dss.ch/textes/d/D21900.php;

(69ᵛ) Besetzung der vakanten Pfarreien *Sancti Martini in Solzago et Tabernerio et sancte Brigide de Punzate Cumarum diocesis* (= Tavernerio und Ponzate, jeweils ca. 5 km sö. von Como) sowie Erwähnung des Pfarrers *Stefanus de Nerdo*;

(84ʳ) *Michael de Rusconibus* (vgl. MANGINI, I,435 [1446], I,599 [1452] und II,1139 [1502]);

(91ʳ) *Antonius de Pellegrinis filius domini Andree* (vgl. MANGINI, II,185, hier Andreas de Peregrinis [1469] erwähnt);

(99ʳ) dat. *Mccclxiii die etc.* erwähnt: *egregius artium et medicine doctor M. Ant*[onius] *Parau*[i]*ccino, Eusebius de Perlascha* (vgl. MANGINI, Register, S. 616); dat. *Mcccliii die etc.*, erwähnt: *Ruchinus de Fontanella, archipresbiter ecclesie sancte Eufemie de Insula, Nicolaus de Zafaronibus*;

(101ʳ) *Antonis de Utonibus de Bellauo*;
(104ᵛ) *Jacobus de Sabato, archipresbiter et canonicus ecclesie sancti Vincentii de Gabadona* sowie weitere Kanoniker dieses Stiftes;
(107ʳ) *Coram ... egregio utriusque iuris doctore domino Ludovico de Bauducis, vicario dellegato er subdellegato ... generosi viri domini Antonii Malaspine marcionis ciuitatis et districtus Cumarum* ...;
(114ʳ) *Petrus de Brago prior monasterii, domus, conuentus et capelli sancti Nicholai de Piona Cumarum diocesis* (Abtei San Nicola in Piona, bei Colico, 50 km n. Como) ...;
(115ʳ) *Jeronimus de Matiis fillius domini Christophori, Petrus de Ferarii filius ser Ieronimi, Montolus de Monte filius ser Donati* (vgl. MANGINI, Register, S. 609, S. 597f. und 610f.);
Verweise auf die Statuten von Como (s. o. Geschichte), z. B. (52ʳ) *super hiis instrumentis vide statuta sub rubrica cij etiam rubrica cccij*; (52ᵛ) *super hoc vide statutum in cij et rubrica cxlviiij°*; (73ᵛ) *Nota quod statutum in titulo c positum sub rubrica ccxxi disponens* ...; (83ᵛ) *In titulo causarum ciuilium rubrica cxlviiij°, clxxxiiij*. Weitere Verweise auf die Statuten auch in Marginalglossen, z. B. 56ᵛ.
Nachträge jüngerer Notarshände: 39ʳ: *Ego Aeneas Stampa, filius Johannis Petri de Grab*[ado?]*na ... Januarij 1588*, vgl. auch 56ʳ und 70ᵛ: *EGO AEneas*, li. daneben Notariatszeichen, darüber Kreuz, s. o. 3ʳ und 119ʳ⁻ᵛ.

116ᵛ–119ʳ Ergänzungen zum Formularium instrumentorum civitatis Comensis (vom Schreiber und H 4).

(116ᵛ–117ʳ) [am li. Rand Titel: *Laudatio*]. *Anno domini etc. Constituti coram sapienti et exhimio iuris utriusque doctore domino Francischo de Peregrinis consule Cumarum iusticie ... ac domino Antonio de Vulpis et domino Paulo de la Porta ... collegii notariorum ciuitatis et episcopatus Cumarum* ...

Vgl. MANGINI, II,989 (Francischus de Peregrinis [1495]), I,193 (Antonius de Vulpis [undat.]), I,760 (Paulus de la Porta [1458]).

(117ʳ) [am li. Rand Titel: *Pactum rehemendi apponendum* ...].
(118ʳ–119ʳ) [H 4] [am li. Rand Titel: *Dispensatio matrimonialis*]. *Universis et singulis* [zwei Wörter gestrichen] *tam clericis quam laicis ... Petrus Ant*[onius] *de Curtonibus archipresbiter ecclesie colegiate sancti Vincentii de Grab*[adono = Gravedona] ..., [mit inserierter Urkunde:] *Jullianus dei gratia episcopus Brictonoriensis* [Julianus de Matteis, 1477–1505 Bischof von Bertinoro und Regens der Poenitentiarie, vgl. EUBEL Hierarchia Catholica II, S. 124] *discreto viro archipresbytero ecclesie colegiate sancti Vincentii de Grab*[adono = Kollegiatstift San Vincenzo in Gravedona] *Cumanae diocesis salutem in domino ... – ... Infra est subscriptio ... primo facias signum tabellionis et postea scribas sic: Ego Joh*[annes] *Stefanus de Fanes* (?) *de Dominyis publicus imperiali auctoritate notarius Cumarum filius domini Johannes ... in fidem et testimonium omnium et singulorum premissorum*.
darunter (119ʳ) *Ego Aeneas Stampa de Grabedona publicus imperiali auctoritate notarius, filius domini Johannis Petri* ..., li. daneben Notariatszeichen *AE-S*, darüber Kreuz, s. o. 3ʳ.

(119ᵛ) [NH 1] **Federprobe und italienischer Eintrag zum Verkauf von Wein (1555).**
Federprobe (Alphabet), darunter vom selben Schreiber: *Il S*[*igno*]*r Colla d'Appiano* [wohl Appiano Gentile, 15 km sw. Como] *de S*[*igno*]*r Cesare dele Hauere per botte sei di uino Corsie, botte quatro di Trebiano datto al 26. di Iuglio 1555 nela sua possessione di Merate* [wohl Merate, 35 km sö. Como] *scudi cento vintecingue de oro ... il termine di pagare e a santo Antonio* [13.06.], sowie verblasster Namenseintrag: *Dominicus Com*[...];
darunter sieben Notariatszeichen (Signa tabellionatus), davon eines mit Zeichnung einer Burg mit zwei Türmen und Tor (wohl für den Namensbestandteil Castello, vgl. MANGINI, Register S. 589f.), darüber Kreuz, sowie verwischter Eintrag von Aeneas Stampa (s. o. 3ʳ).

MS 4° R 6351
Statuta civitatis et episcopatus Cumarum (Handschrift) / Statuta Collegii iurisconsultorum Comensium (Druck)

Papier · I + 297 + I Bll. · 27,5 × 19,5 · Como · um 1464 und um 1605 (Hs.) / 1592 (Druck)

Zustand: Blätter an den unteren Seitenrändern abgegriffen und z. T. stärker verschmutzt (z. B. Bl. 95–96, 179–187), teilweise Feuchtigkeitsflecken (z. B. 168–175). Fehlstellen mit Papier hinterklebt und Risse durch Papierstreifen gefestigt. Tintenfraß im neuzeitlichen Register (u. a. Bl. 6/7, 9–11).

Kodikologie: Der Band besteht aus dem hsl. Grundstock (36ʳ–291ᵛ) sowie neuzeitlichen Beigaben, darunter einem Druck von 1592 (Bl. 27ʳ–34ᵛ). Durchgängige Bleistiftfoliierung September 2011: *1–297*, dabei Vorsatzbll. vorn und hinten als *I* und *II* gezählt. Die ältere Tintenfoliierung (17. Jh., Anfang, H 3) berücksichtigt nicht den alphabetischen Index und den Druck am Anfang (jetzt Bl. 1–34) sowie die letzten Bll. 292–297.
Wz.: Hsl. Grundstock (35ʳ–291ᵛ): Lage 3 (Bl. 36–61): Buchstabe B, Majuskel ohne Schaftbrechung, Formenpaar, Typ WZIS IT1650-PO-26874 (Como 1467); Lage 4–5, 7–14 (Bl. 62–95, 122–141, 144–291): Waage im Kreis, mit gerader Waagschale, Formenpaar, Typ WZIS CH0780-PO-116651 (Basel 1469) und DE8100-PO-116642 (o. O. 1465), aber Abweichung bei Bindedrähten und Form des Kreises; Lage 6 (Bl. 96–119) und äußere Doppelbll. von Lage 7 (Bl. 120/143, 121/142): Buchstabe B, mit Kreuz aus Mittelbalken, Formenpaar, Typ WZIS IT1650-PO-26884 (Como 1460), aber Abweichung bei Bindedrähten und Form; Lage 11 (nur Bl. 223): Ochsenkopf im Halbprofil, mit Augen und Nase, darüber einkonturige Stange mit einkonturigem Kreuz, Kreuzbalken dreieckig, Variante zu WZIS AT3800-PO-79900 (o. O. 1464). Die Wz. nicht mit den bei MANGINI (Hg.), Statuta (s. u. Inhalt) genannten Wz. in weiteren Abschriften der Statuta übereinstimmend. Neuzeitliche Beigaben (1ʳ–34ᵛ, 292ʳ–293ᵛ): Lage 1 (Bl. 1–25, Index): Schlange zweikonturig, Bindedraht als Mittelachse, mit Gegenmarke M, Formenpaar, Typ WZIS IT1650-PO-43050 und ...-43049 (Como 1587,

dort jeweils ohne M); vgl. auch Belege für das Wz. Schlange mit anderer Stellung des M (über der Stange): bei WZIS IT1650-PO-43523 bis ...-43529 sieben Belege aus Como zwischen 1571–82; Lage 2 (Bl. 27–34, Druck von 1592): Hand, darüber einkonturige Stange und sechsblättrige Blume: dieser Typ (mit geöffneten Fingern) in den Repertorien nicht belegt, aber Vergleichsbelege (allerdings mit siebenblättriger Blume) aus den 1590er Jahren, vgl. WZIS DE8085-PO-156009 und DE4215-PO-156010 (Überlingen 1592 und 1599); Lage 3 (nur Bl. 58) und 14 (nur Bl. 293): Kreis, einkonturig, darüber Blatt/Blume, Typ WZIS IT1650-PO-22154 (Como 1605); Lage 14 (nur Bl. 295): Pilger, im Kreis, ohne Beizeichen, Typ WZIS IT1650-PO-21423 (Como 1574), aber kleineres Format und abweichender Bindedrahtabstand.

Lagen (z. T. schwer zu rekonstruieren, da neuzeitl. Bll. eingefügt und bei der Neubindung Bll. auf Papierfalze geklebt wurden): XIII^{26} [Index] + IV^{34} [Druck] + $(XIII+1)^{61}$ + XII^{85} + V^{95} + 3 XII^{167} + IV^{175} + XII^{199} + 3 XII^{271} + $(XII-1+3)^{297}$; in Lage 3 Bl. 58 und in Lage 14 Bl. 292/293 und 295 (jeweils neuzeitl. Papier) hinzugefügt; Lagenfoliierung auf den Versoseiten, meist bei der Bindung beschnitten, erhalten in Lage 7 (Bl. 120–131) und 8 (Bl. 144–155): *i*–*xii*.

Hsl. Grundstock (35^r–291^v): Schriftraum 19,5–22 × 10,5–12 cm. 1 Spalte. 30–38 Zeilen, humanistische Minuskel, mit Ausnahme des äußeren Doppelblattes von Lage 11 (Bl. 200/223 mit abweichendem Wz. = H 2) wohl durchgängig von einer Hand (H 1) geschrieben, dabei leere Seiten für Zuwachs freigelassen. Überschriften an Textualis ausgerichtet, am Beginn jedes Buches (62^r, 96^r, 169^r und 188^r) am oberen Seitenrand kalligraphisch gestaltetes *yhs*-Monogramm, nur auf 96^r rubriziert. Nachtrag: NH 1 (Abondius de Madiis, um 1473): Bl. 175^{r-v}. Am Textbeginn 36^r 11,5 cm hohe und auf 188^r 4,5 cm hohe rote I-Initialen mit Aussparornamentik und Ausläufern, vor den Textblock gerückt. Zur weiteren Textgliederung Überschriften eingerückt und Anfangsbuchstaben des ersten Wortes der Kapitel vor die Zeile gerückt sowie erster Buchstabe rot gestrichelt. Rote Strichelung auf Bl. 168–175 nicht ausgeführt.

Wohl im Zuge der Bindung eingefügte neuzeitliche Beigaben von zwei Händen: H 3 (Severinus Cicero, s. u. Geschichte): alphabetischer Index 1^r–25^v, Inhaltsverzeichnis 35^r; H 4 (um 1605, s. o. Wz.befund): Ergänzungen 292^r–293^r. Index und Ergänzungen ohne festen Schriftspiegel geschrieben: 22–34 Zeilen. Von H 3 auch die Namenseinträge im Druck 28^r–29^r.

Einband (19. Jh.): Pappband, Deckel mit rot-schwarzem Kleisterpapier, Rücken mit hellbraunem Leder überzogen, darauf vergoldete Schmuckleisten, Blütenornamente und Titel: *STATUTA CUMARUM*. Zur früheren Bindung (wohl um 1605, vgl. Wz.beleg Bl. 58 und 293), s. u. Geschichte.

Geschichte: Die Niederschrift der am 25. Januar 1458 promulgierten und am 27. November 1462 publizierten Statuten erfolgte nach Ausweis des Wz.befundes zeitnah, wahrscheinlich um 1464 (vgl. Wz. des Doppelblattes 200/223), in Como. Möglicherweise wurden zumindest die Statuta nova collegii notariorum civitatis et episcopatus Cumarum (Bl. 168^r–175^r) zunächst separat aufbewahrt, vgl. die fehlende Rubrizierung sowie die Feuchtigkeitsflecken am oberen Seitenrand, die sich in den benachbarten Lagen nicht finden. Auf Bl. 175^{r-v} Nachträge zu den Statuten von der Hand des seit 1473 nachweisbaren Notars von Como Abondius de Madiis.

Die Hs. wurde im Zuge der Neubindung Anfang des 17. Jh.s (um 1605) mit einem Druck der ‚Statuta Collegii iurisconsultorum Comensium' aus dem Jahr 1592 (Bl. 27–34) und weiteren neuzeitlichen Beigaben (Index und Ergänzungen zur Hs.) zusammengebunden, die wohl von zwei Händen (H 3 und H 4) geschrieben wurden. Sehr wahrscheinlich handelt es sich bei H 3 um die Hand des Severinus Cicero (wohl aus der Comer Familie de Ciseris / de Cixeris / de Cixero), der seinen Namen auf dem Titelblatt des Druckes (Bl. 27^r) eingetragen hat und um 1619 Mitglied des Collegium iurisconsultorum und des Senats von Como war (vgl. 28va, Nr. 12, mit weiterer Lit.). H 3 fügte die Tintenfoliierung der Hs. ein und erstellte anschließend den alphabetischen Index zur Hs. (1^r–25^v, Wz.befund um 1587) und das Inhaltsverzeichnis (35^r). Um 1605 (vgl. Wz. der eingefügten Bll. 58 und 293) erfolgte dann die Bindung aller Materialien zu einem Band. Dabei wurde auch ein Doppelblatt mit Ergänzungen aus Mailänder Statuten (Bl. 292/293) in die letzte Lage eingeheftet, das von einer anderen Hand (H 4) geschrieben wurde (Wz.befund um 1605).

Severinus Cicero ergänzte im Druck bei den auf Bl. A2^{r-v} (Bl. 28^{r-v}) gedruckten 30 Namen der im Jahr 1592 dem Collegium iurisconsultorum in Como angehörenden Mitglieder (darunter zwei Angehörige seiner Familie, vgl. 28^r, Nr. 9 und 23: Tullius und Septimius Cicero) bei vier Namen Ämterbezeichnungen. Später (wahrscheinlich erst nach der Bindung) trug er auf A2^v–A3^r (Bl. 28^v–29^r) mindestens bis 1635 sukzessive weitere 41 Namen der jeweils dem Collegium angehörenden Personen nach. Wohl nach dem Tod der jeweiligen Personen wurden die gedruckten Namen sämtlich, die handgeschriebenen Namen zum großen Teil ausgestrichen, Einzelverweise mit weiterer Lit., s. u. Inhalt. Zum Collegium iurisconsultorum in Como vgl. Marta L. MANGINI, Il notariato a Como. Liber matricule notariorum civitatis et episcopatus Cumarum (1420–1605), Varese 2007, S. 13–44; Licia LURASCHI, Il Collegio dei Guireconsulti a Como tra XVI e XVIII secolo, in: Cristina DANUSSO / Claudia STORTI STORCHI (Hgg.), Figure del foro lombardo tra XVI e XIX secolo, Mailand 2006, S. 75–106.

Vorbesitzer: Carlo Morbio (Historiker und Bibliophiler in Mailand, 1811–1881), vgl. Bleistifteintrag vorderer Spiegel: *Auktion Morbio No. 919*, darunter: *Mo*[rbio] *71*. Die ca. 2200 Nummern umfassende Handschriftensammlung Morbios wurde 1889 durch das Leipziger Antiquariat [Felix] List & [Hermann Richard] Francke versteigert, vgl. AUKTIONSKATALOG MORBIO-SAMMLUNG 1889, diese Hs. Nr. 919, S. 117f.: „Como. Statuta Cumarum a. 1458. Saec XV. 277 Bll. fol. Hfrz." [danach Inhaltsangabe] (im Exemplar der SBB-PK Berlin mit Bleistifteintrag zum Preis: *5,50* und Käufer *Schulz*). Der Verkauf erfolgte jedoch nicht direkt, sondern über die Serigsche Buchhandlung Leipzig, die den Band am 24. Juni 1892 für 71 Reichsmark an die Bibliothek des Reichsgerichts verkaufte, vgl. Zugangsbuch Nr. 5 (1889–94), Zugangsnummer: 33857, sowie Tinteneintrag vorderer Spiegel: *33857*. Es ist damit die erste Handschrift der Morbio-Sammlung, die von Serig an das Reichsgericht verkauft wurde. Zu weiteren Hss. aus der Morbio-Sammlung, die zwischen 1895 und 1899 an die Sammlung des Reichsgerichts verkauft wurden s. Einleitung.

Literatur: DOLEZALEK Liste 2005: http://www.uni-leipzig.de/~jurarom/manuscr/RgMsMatr.html.

1^r–25^v Alphabetischer Index zum Text 36^r–291^v, mit Verweis auf Buch- und Seitenzählung (von H 3 [Severinus Cicero, s. o. Geschichte], um 1587). 26^{r-v} leer.

27ʳ–34ʳ [Druck:] STATVTA / COLLEGII / IVRISCONSVLTORVM / CO-MENSIVM. COMI: APVD HIERONYMVM FROVAM, 1592.

Zum Druck vgl. EDIT16 = Censimento nazionale delle edizioni italiane del XVI secolo, vgl. http://edit16.iccu.sbn.it/web_iccu/imain.htm, Nr. CNCE 12755, hier zwei Exemplare (Mailand, Bibliotheca communale centrale und Archivio storico civico e Biblioteca Trivulziana) nachgewiesen. Zum Drucker Girolamo Frova (Drucker aus Novara, in Como tätig 1581–1600, † am 09.09.1615) vgl. ASCARELLI, Tipografia Cinquecentina Italiana, S. 87; BORSA, Clavis typographorum I, S. 150. Laut EDIT16 sind aus der Werkstatt des Girolamo Frova 39 zwischen 1581 und 1600 in Como hergestellte Drucke nachgewiesen.

Titelblatt (27ʳ) (Besitz-?) Eintrag: *Seuerini Ciceroni*[s], s. u. Namenseinträge 28ᵛᵃ, Nr. 12, sowie Geschichte.

(28ʳ⁻ᵛ) **Gedruckte Namensliste von 30 Mitgliedern des Collegium iurisconsultorum in Como im Jahr 1592**: *IVRISCONSVLTORVM / COLLEGII COMENSIS NOMINA, / qui erant eo tempore, quo hac statuta / fuerunt impressa.*

Die Namen bis auf Nr. 10 (evtl. auch Nr. 29?) nicht im Liber matricule notariorum civitatis et episcopatus Cumarum [1420–1605] (vgl. Edition von Marta L. MANGINI [s. o. Geschichte], im Folgenden: LM) nachweisbar, jedoch häufig mehrere Vertreter dieser Familien als Notare von Como im Register verzeichnet. Einige Namen außerdem bei LURASCHI, Il Collegio dei Guireconsulti a Como (s. o. Geschichte, im Folgenden: LURASCHI) genannt. 13 der genannten Personen (Nr. 3, 6, 10, 14, 15, 18, 19, 22–25, 27, 30) sind in dieser Reihenfolge noch für das Jahr 1619 als Mitglieder des Collegiums verzeichnet, vgl. Francesco BALLARINI, Compendio delle croniche della città di Como, Como 1619 [im Folgenden: BALLARINI], S. 290 (vgl. Digitalisat: http://www.bsb-muenchen-digital.de/~web/web1005/bsb10051545/ images). Bei vier Namen (Nr. 7, 15, 20 und 27) handschriftliche Nachträge zu den Ämtern der genannten Personen von H 3 (Severinus Cicero):

(7) *Lucius Albricius* [hsl. Zusatz von H 3: *Regius et Ducalis Senator Mediolani*], identisch mit Lucio Albrici, Senator von Como seit 1593, vgl. LURASCHI, S. 93 mit Anm. 61;

(15) *Hieronymus Orchius, alias Paravicinus* [hsl. Zusatz von H 3: *Regius et Ducalis Senator Mediolani*], Orator des Collegiums 1600–09 und Senator von Como seit 1609, vgl. LURASCHI, S. 91 mit Anm. 55, S. 93 mit Anm. 61; noch 1619 Mitglied des Collegiums, vgl. BALLARINI, S. 290 (Gieronimo Orchio Parauicino Senator di Milano);

(20) *Lucas Antonius Porta* [hsl. Zusatz von H 3: *Prępositus ecclesię cathedralis Comi*], vgl. LM Reg. S. 619 (Familie dela Porta);

(27) *Caspar Turrianus* [hsl. Zusatz von H 3: *Regius et Ducalis Senator Mediolani*], Orator des Collegiums von Oktober bis Dezember 1609 und Senator von Como, vgl. LURASCHI, S. 91 mit Anm. 55 und S. 93 mit Anm. 61; noch 1619 Mitglied des Collegiums, vgl. BALLARINI, S. 290 (Gasparo Torriano).

Die Namen später sämtlich durchgestrichen (wohl ebenfalls von H 3?).

(28ᵛ–29ʳ) **Handschriftliche Namensliste von 41 Mitgliedern des Collegium iurisconsultorum in Como**, Nachtrag nach 1592 und bis mindestens 1635.

Die Namen wurden nicht in einem Zug, sondern sukzessive in verschiedener Tintenfarbe und wechselndem Schriftduktus, aber wohl durchgängig von einer Hand, eingetragen. Beim

Schreiber handelt es sich sehr wahrscheinlich um H 3 (Severinus Cicero), der um 1619 Mitglied des Collegiums und gleichzeitig des Senats von Como war (s. u. Nr. 12). Die Eintragungen erfolgten nach 1592 und mindestens bis 1635 (vgl. Erwähnung des Senatorenamtes bei Nr. 18). 22 Namen wurden später (wohl nach dem Tod der jeweiligen Person) ausgestrichen (im Folgenden: [-]).

Namen nicht nachweisbar im Liber matricule notariorum civitatis et episcopatus Cumarum (1420–1605) (vgl. Edition von Marta L. MANGINI [s. o. Geschichte], im Folgenden: LM), jedoch häufig mehrere Vertreter dieser Familie als Notare von Como im Register verzeichnet. Einige Namen außerdem bei LURASCHI, Il Collegio dei Guireconsulti a Como (s. o. Geschichte, im Folgenden: LURASCHI) genannt. 22 der genannten Personen (Nr. 2, 3, 5, 7–16, 18–25, 27) sind, fast durchgängig in dieser Reihenfolge, für das Jahr 1619 als Mitglieder des Collegiums verzeichnet bei BALLARINI, S. 290 (s. o. 28^{r-v}).

[28^v, linke Spalte]

(1) [-] *Franciscus Magnogaballius, Canonicus in eccl. Cathedralis Comi*, vgl. LM Reg. S. 608 (Familie de Mangiacaballis);

(2) [-] *Papirius Magnogaballius*, LM --, s. o. Nr. 1; noch 1619 Mitglied des Collegiums, vgl. BALLARINI, S. 290 (Papirio Magnocauallo);

(3) [-] *Franciscus Raimondus*, vgl. LM Reg. S. 621 (Familie de Ramondus / Raymondis), noch 1619 Mitglied des Collegiums, vgl. BALLARINI, S. 290 (Antonio Francesco Raimondo Preuosto di S. Fedele di Como);

(4) [-] *Joannes Masalius*, LM --;

(5) [-] *Marianus Zegalinus*, vgl. LM Reg. S. 621 (Familie de Zigalinus), noch 1619 Mitglied des Collegiums, vgl. BALLARINI, S. 290 (Mariano Cigalino);

(6) [-] *Mainus Mugiasca*, vgl. LM Reg. S. 611 (Familie de Mugiascha / Mugiascho);

(7) [-] *Ludowicus Turconius*, vgl. LM Reg. S. 631 (Familie de Turchonis / Turchonibus), noch 1619 Mitglied des Collegiums, vgl. BALLARINI, S. 290 (Lodouico Turcone);

(8) [-] *Appolonius Lambertengus, Frater ordinis sancti Francisci*, vgl. LM Reg. S. 603 (Familie de Lambertengis), noch 1619 Mitglied des Collegiums, vgl. BALLARINI, S. 290 (Appolonio Lambertengo);

(9) [-] *Joannes Baptista Lambertengus*, noch 1619 Mitglied des Collegiums, vgl. BALLARINI, S. 290 (Gio. Battista Lambertengo);

(10) *Ludouicus Peregrinus*, vgl. LM Reg. S. 615f. (Familie de Peregrinis), noch 1619 Mitglied des Collegiums, vgl. BALLARINI, S. 290 (Lodouico Peregrino);

(11) [-] *Hieronymus Grippus*, vgl. LM Reg. S. 601 (Familie de Grepis / Greppis), noch 1619 Mitglied des Collegiums, vgl. BALLARINI, S. 290 (Gieronimo Greppo);

(12) *Seuerinus Cicero*, vgl. LM Reg. S. 592 (Familie de Ciseris / Cixero), noch 1619 Mitglied des Collegiums und Senator (Decurnione) von Como, vgl. BALLARINI, S. 289f. (Seuerino Ciceri), s. o. (Besitz-?) Eintrag 27^r;

(13) [-] *Johannes Antonius Natta*, LM --, noch 1619 Mitglied des Collegiums, vgl. BALLARINI, S. 290 (Gio. Antonio Nata);

(14) [-] *Hieronimus Rezonicus*, vgl. LM Reg. S. 622 (Familie de Rezonicho), noch 1619 Mitglied des Collegiums, vgl. BALLARINI, S. 290 (Gieronimo Rezzonico);

(15) [-] *Petrus Antonius Lucinus*, vgl. LM Reg. S. 605f. (Familie Lucinus / de Lucino), noch 1619 Mitglied des Collegiums, vgl. BALLARINI, S. 290 (Pietro Antonio Lucino Canonico del Domo);

(16) [-] *Petrus Antonius Magnocaballus*, s. o. Nr. 1 und 2, noch 1619 Mitglied des Collegiums, vgl. BALLARINI, S. 290 (Pietro Antonio Magnocauallo);
(17) [-] *Octauius Lucinus*, s. o. Nr. 15;
(18) *Balthasar Lambertenus, Regius et Ducalis Senator Mediolani*, s. o. Nr. 8 und 9, noch 1619 Mitglied des Collegiums, vgl. BALLARINI, S. 290 (Baldassaro Lambertengo), Senator von Como seit 1635, vgl. LURASCHI, S. 93 mit Anm. 61;
(19) [-] *Joannes Antonius Corticella*, vgl. LM Reg. S. 594 (Familie de Cortexela / Cortezella), identisch mit Gio. Antonio Corticella, Orator des Collegiums 1609–12, vgl. LURASCHI, S. 91 mit Anm. 55, noch 1619 Mitglied des Collegiums, vgl. BALLARINI, S. 290 (Gio. Antonio Corticella);
(20) [-] *Philippus Peregrinus*, s. o. Nr. 10, noch 1619 Mitglied des Collegiums, vgl. BALLARINI, S. 290 (Filippo Peregrini);
(21) *Alexander Olginatus*, vgl. LM Reg. S. 613 (Familie de Olgate / Olgiatus), noch 1619 Mitglied des Collegiums, vgl. BALLARINI, S. 290 (Allesandro Olginato);
[28^v, rechte Spalte]
(22) [-] *Franciscus Butius*, vgl. LM Reg. S. 585 (Familie Buzius), identisch mit Francesco Buzzi, Orator des Collegiums 1612–14, vgl. LURASCHI, S. 91 mit Anm. 55; noch 1619 Mitglied des Collegiums, vgl. BALLARINI, S. 290 (Francesco Butio);
(23) *Carolus Gagius*, vgl. LM Reg. S. 600 (Familie de Gazinis / Gazino), Orator des Collegiums 1614–29, vgl. LURASCHI, S. 91 mit Anm. 55; 1619 Mitglied des Collegiums, vgl. BALLARINI, S. 290 (Carlo Gaggio);
(24) [-] *Joannes Baptista Madius*, vgl. LM Reg. S. 606f. (Familie de Madiis / de Madis), noch 1619 Mitglied des Collegiums, vgl. BALLARINI, S. 290 (Gio. Battista Maggio);
(25) [-] *Joannes Antonius Lucinus*, s. o. Nr. 15 und 17, noch 1619 Mitglied des Collegiums, vgl. BALLARINI, S. 290 (Gio. Antonio Lucini);
(26) *Franciscus Maria Campacius*, vgl. LM Reg. S. 586 (Familie de Campatius / Campatiis), noch 1619 Mitglied des Collegiums, vgl. BALLARINI, S. 290 (Francesco Maria Campatio);
(27) *Johannes Mattheus Parauicinus*, vgl. LM Reg. S. 614 (Familie de Paravizino), noch 1619 Mitglied des Collegiums, vgl. BALLARINI, S. 290 (Giovanni Matteo Parauicino);
(28) *Franciscus Pantherius*, vgl. LM Reg. S. 614 (Familie de Panterius);
(29) *Raimundus Odescalcus*, vgl. LM Reg., S. 612 (Familie de Odescalcus), s. u. Nr. 32;
(30) *Franciscus Bentius*, vgl. LM Reg. S. 592 (Familie de Bentiis);
(31) [-] *Joannes Petrus Corenus*, vgl. LM Reg. S. 594 (Familie de Coreno);
(32) *Antonius Odescalcus*, s. o. Nr. 29;
(33) *Paulus Turrianus*, vgl. LM Reg. S. 631 (Familie dela Ture / Turre), wohl identisch mit Paolo della Torre, Orator des Collegiums 1629–57, vgl. LURASCHI, S. 91 mit Anm. 55;
(34) *Antonius Grippus*, evtl. identisch mit LM III,464 (Iohannes Antonius Greppus, 1585);
(35) *Aluisius Turconus*, vgl. LM Reg. S. 631 (Familie de Turchonis / Turchonibus);
(36) *Hieronymus Peregrinus Archiepiscopus Ecc. Com.*, s. o. Nr. 10;
(37) *Alexander Magnogaballius*, s. o. Nr. 1, 2 und 16;
(38) [-] *Cornelius Ru*[...];
[29^r]
(39) *Julius Cesar Lucinus* (?), vgl. LM Reg. S. 605f. (Familie de Lucino), wegen des zeitlichen Abstandes wohl nicht identisch mit Giulio Cesare Lucini, Orator des Collegiums 1657–74, vgl. LURASCHI, S. 91 mit Anm. 55;

(40) *Camillus Rezo*[nicus?, s. o. Nr. 14];
(41) *Amantius Porta,* vgl. LM Reg. S. 619 (Familie dela Porta).

35ʳ Inhaltsverzeichnis zu den fünf Hauptteilen, jeweils mit Folioangabe (von H 3 [Severinus Cicero]).

36ʳ–291ᵛ Statuta civitatis et episcopatus Cumarum (1458).

Edition: Statuta civitatis et episcopatus Cumarum (1458), introd. ed ed. a cura di Marta Luigina MANGINI (Università degli Studi dell'Insubria, Fonti 5), Varese 2008, S. 1–351. Zur Überlieferung vgl. ebd. S. XXXV–CV (41 Hss. genannt, davon elf aus dem 15. Jh.) und CIX–CXIII (26 nur durch schriftliche Erwähnung bekannte Hss. genannt, davon sechs aus dem 15. Jh., S. CIX, Nr. 4, Erwähnung dieser Hs. im AUKTIONSKATALOG MORBIO-SAMMLUNG 1889 [s. o. Geschichte] zitiert); FONTANA, Statuti I, S. 380 (diese Hs. erwähnt). Obwohl im Prolog (37ᵛ) erwähnt, fehlt in dieser Hs. wie in allen Hss. außer der ältesten und einzig vollständigen Abschrift (vgl. MANGINI, Nr. 1, S. XVI–XXIII, XXXV–XXXVIII) Teil 6 (Statuta officii victualium).
Zur Entstehung, zum Auftraggeber Francesco I. Sforza (1401–66, Herzog von Mailand seit 1450) und zu den Initiatoren Pietro Cotta und Sillano Negri, vgl. MANGINI (Hg.), Statuta, S. XVI–XX.
Teilweise umfangreiche Marginalglossen verschiedener Hände (17. Jh., u. a. H 3), hauptsächlich Stellenverweise und Ergänzungen, z. B. 49ᵛ, 96ᵛ–103ᵛ, 278ʳ, 283ʳ⁻ᵛ.
Typische Schreibweise: für ae konsequent e-caudata, häufig -ti für -ci, z. B. *sollititamur, offitii*.

(36ʳ–37ᵛ) Prolog, Promulgationsurkunde des Herzogs Francesco Sforza und Einleitung.

(36ʳ) [Prologus:] >*I*<*N nomine sanctę et indiuiduę trinitatis feliciter amen. Contigit, quod statuta et ordinamenta communis ciuitatis Cumanę propter guerrarum nimis acriter regnatarum turbines ... dispersa sunt. ... Hinc est quod illustrissimus princeps et excellentissimus dominus noster dominus Francischus Fortia vicecomes dux Mediolani etc., Papię, Anglerieque comes ac ciuitatum Cumarum, Cremonę, Laudę, Placentię, Alesandrię, Nouarię, Parmę, Mutinę et Tertonę dominus glorioxissimus ... destinauit legatos et commisarios optimos pro predictis statutis et ordinamentis reformandis et in unummet volumen seriose et destincte colocandis, videlicet magnificos et probatissimos viros dominum Petrum Cottum et dominum Sillanum de Nigris doctorem exhimium ...* [marginal eingefügt: ... *per eisdem domini nostri*] *litteras eius sigillo roboratas. Quarum tenor sequitur et est talis videlicet:*
(36ʳ–37ᵛ) [Promulgationsurkunde:] *Francischus Fortia vicecomes dux Mediolani etc., Papię, Anglerieque comes ac Cremonę dominus principatui nostro deo autore presidentes* [korrigiert:] *ciuis solititamur continuis et assidua meditatione urgimur ...*
(37ʳ) ... *Datum Mediolani die vigesimoquinto Januarii* [Jahreszahl korrigiert:] *m cccc lviii Cichus.* ... (37ᵛ) ... *compillauerunt infra statuta que debeant in ciuitate et episcopatu Cumarum inuiolabiliter obseruari a presenti anno currente M cccc lviii*

dumtaxat in antea, que sunt ista videlicet … – … *compillauerunt infra*[scripta] *statuta que debeant in ciuitate et episcopatu Cumarum inviolabiter observari a presenti anno currente Mcccclviii dumtaxat in antea que sunt ista videlicet.*

(37ᵛ–38ʳ) [Einleitung:] *In primis in nomine domini nostri Yhesu Christi, beatissimę semper virginis dei genitricis Marię ac beati Abondii confessoris incliti patroni nostri et omnium sanctorum* … *Statutum est, quod quicumque contra prelibatum illustrissimum et excellentissimum dominum nostrum principem dominum ducem vel eius filios et descendentes in dominio siccessores* … – … *et omni ipsorum ordine pretermisso.*

Edition: MANGINI (Hg.), Statuta (s. o.), S. 31–34.

(38ʳ–57ʳ) **Ordo iudiciarius causarum civilium.**
Ordo judiciarius causarum civilium sequitur. In primis statutum est, quod omnes et singule littes (!), *cause, questiones et controversie ciuiles* … – … *Item statutum est et ordinatum, quod seruetur forma baylie, quam habent inquisitores heretice pravitatis. Laus deo.* 57ᵛ–58ᵛ leer.

Eingeteilt in 72 Statuten (abweichende Einteilung in Edition: 89 Kapitel).
Edition: MANGINI (Hg.), Statuta (s. o.), S. 35–67.

(59ʳ–89ʳ) **Statuta nova officii potestatis Cumarum.**
(59ʳ–61ʳ) [Register:] *Rubrica statutorum* [interlinear eingefügt: *nouorum*] *offitii* (!) *potestatis Cumarum.* … Rest von 61ʳ sowie 61ᵛ leer.
(62ʳ–89ʳ) [Text:] *Yhesus. Titulus statutorum offitii potestatis Cumarum. De iuramento potestatis. In primis statutum est, quod dominus potestas debeat iurare et sub pena iuramenti seruare ut infra* … – … *nostrique sigilli munimine roborari. Datum in felicissimis castris nostris super Brixiensi, die xviii. Jullij mcccc°lsecundo. Signate Franciscus.*
[am Ende vom Schreiber Kap. 91 nachgetragen:] *De pretio accipiendo pro camparitiis.* … – … *medietas cuius pene sit communis Cumarum et alia accusatoris.* >*Laus deo*<. 89ᵛ–90ᵛ leer.

Hier auch das nicht in allen Hss. überlieferte Schlusskapitel 108 (De iurisdictione capitanei lacus Cumarum), vgl. MANGINI (Hg.), Statuta (s. o.), S. 103f., Anm. d. Das Kapitel 91 auf 81ʳ zunächst vergessen und am Ende (89ʳ) nachgetragen, vgl. Randbemerkung des Schreibers: *lxxxxi°. Deb. poni supra in ordine.*
Edition: MANGINI (Hg.), Statuta (s. o.), S. 68–104.

(91ʳ–130ʳ) **Statuta officii maleficorum.**
(91ʳ–95ᵛ) [Register:] *Rubrica statutorum offitii* (!) *malleficiorum.* … Rest von 95ᵛ leer.
(96ʳ–166ʳ) [Text:] *Yhesus. Titulus et rubrica statutorum offitii* (!) *malleficiorum. Verum quia confinia civitatis Cumarum plurimum conferunt ad ipsa maleficia* … –

... *et facta reperiatur cum ydoneam satisdationem. Laus deo.* Rest von 166ʳ sowie 166ᵛ–167ᵛ leer.

Eingeteilt in 232 Kapitel (am Beginn gegenüber Edition abweichende Kapiteleinteilung: 231 Kapitel).
Edition: MANGINI (Hg.), Statuta (s. o.), S. 105–187.

(168ʳ–175ʳ) **Statuta nova collegii notariorum civitatis et episcopatus Cumarum.**
(168ʳ⁻ᵛ) [Register:] *Rubrica generalis statutorum nouorum collegii Notariorum ciuitatis et episcopatus Cumarum.* ...
(169ʳ–175ʳ) [Text:] *Yhesus. Titulus et rubrica generalis statutorum nouorum collegii Notariorum ciuitatis et episcopatus Cumarum. De abbatibus dicti collegii. In primis statutum et ordinatum est, quod dictum collegium notariorum Cumarum habeat duos abbates ... – ... et patrocinandi in ipsa causa et non plus.*
Eingeteilt in 40 Kapitel (Edition: 41 Kapitel).
Edition: MANGINI (Hg.), Statuta (s. o.), S. 307–314.

175ʳ⁻ᵛ [Nachtrag (um 1473):] **Ergänzungen zu den Statuta nova collegii notariorum civitatis et episcopatus Cumarum.**
Reperitur in volumine statutorum vero inter alia [interlinear eingefügt: *simile*] *fore descriptum ... Item statutum est, quod si aliqua persona Cumarum ciuitatis ...*
Item reperitur in volumine decretorum ducalium inter alia sic fore scriptum: Nullus colonus partiarius fictabilis ...
Darunter Kolophon: *Ego Abondius de Madiis notarius Cumarum suprascripta statuta scripsi et suscripsi.*
Zu Abondius de Madiis vgl. LM II, 366 (1473). Rest der Seite und 176ʳ–178ᵛ leer.

(179ʳ–291ᵛ) **Statuta causarum civilium.**
(179ʳ–186ʳ) [Register:] *Rubricha statutorum nouorum causarum ciuilium communis Cumarum* ... 187ʳ⁻ᵛ leer.
(188ʳ–291ᵛ) [Text:] *Yhesus. Titulus statutorum* [interlinear eingefügt: *nouorum*] *causarum ciuillium communis Cumarum. Quod reddatur ius de omnibus questionibus et quantitatibus. >I<nprimis namque statutum est et ordinatum, quod de cetero dominus potestas Cumarum ... – ... Octaua festi deodicacionis altaris sancti Adulberti episcopi et confessoris Cumani, quod est quarto Iunii, quibus sunt indulgentie. Laus deo.*
Eingeteilt in 344 Kapitel (Edition: 345 Kapitel). Am Ende (289ᵛ–291ᵛ) Festkalender der Stadt Como mit typischen Festen z. B. (290ʳ) 02.04. *Festum sancti Abondii*, 02.05. *Festum sancti Euticij episcopi Cumani*, 13.05. *Festum consecracionis ecclesie maioris Cumarum* und 03.06. *Festum deodicacionis* (!) *ecclesie sancti Abondij.*
Edition: MANGINI (Hg.), Statuta (s. o.), S. 188–306.

292ʳ–293ᵛ [Nachträge, H 4 (um 1605):] **Ergänzungen aus den Statuta civitatis Mediolani: De abbatibus et consulibus mercatorum Mediolani.**
Statutum 29 de iurisdictione abbatis et consulum mercatorum Mediolani. ...; (293ʳ) *... Statuta mercatorum 37: quibus casibus pater teneatur pro filio ...*; (293ᵛ) *Statuta mercatorum 33: In predictis causis ...*

294ʳ–297ʳ leer; 297ᵛ querständig Einträge (Federproben?): *Alle 22. Febr. 1582. Die Sabati xxii mensis Februaris 1582.* Darunter schwer lesbares dreizeiliges listenartiges Verzeichnis mit Nennung von Personen- und Ortsnamen: *Don Rig[...] di Moneara* (?) *[...] de rei [...]*; *Don [...] di Velaggo* (Belaggio, Comer See?) --, *Don [...] di Mond[...]* --.

MS 4° R 6739
Statuta civitatis Novariae

Papier · III + 130 + V Bll. · 30 × 20 · Lombardei (Novara?) · 15. Jh., 2. Hälfte (zwischen 1460 und 1485)

Zustand: Bindung am Rücken brüchig, oberer und unterer Teil des Rückens fehlen. Benutzungsspuren (Flecken) an den unteren Seitenrändern, v. a. am Beginn der Hs.; Wasserränder, v. a. auf den letzten Blättern. Tinte z. T. (durch Feuchtigkeitseinwirkung?) verwischt und schwer lesbar (z. B. 67ʳ⁻ᵛ, 70ʳ, 75ʳ–78ᵛ), rote Tinte schlägt teilweise durch (z. B. 9ʳ).

Kodikologie: frühneuzeitliche Tintenfoliierung: *1–125* (ohne Vorsatzbll. und Index). März 2012 Bleistiftfoliierung des gesamten Bandes: *1–130* sowie der Vorsatzbll. vorn (*I–III*) und hinten (*IV–VIII*). Wz. Lagen 1–5 und 7 (nur Bl. 63): Ochsenkopf mit Augen und Nasenlöchern, darüber zweikonturige Stange und zweikonturiges T, Formenpaar, in den Repertorien keine Vergleichsbelege, Motiv bei abweichender Form und Größe nur für den deutschen Raum und das 1. Viertel des 16. Jh.s belegt (z. B. WZIS DE4620-PO-73768/73769 [Dresden 1513], BRIQUET 15184 [Leipzig 1510, Varianten Dresden 1511–27]), mit einkonturiger Stange und zweikonturigem T auch für 1481–93; wohl Papier in Regalformat verwendet (Bindedrähte waagerecht sowie in den Lagen 6 und 8–13 kein Wz.); Bl. 130 (nachträglich eingefügt, s. u.): zusammengesetzter Buchstabe MP, Typ BRIQUET 9609 (Mailand 1504, Varianten: Mailand 1495–1523, Parma 1520–23, Brescia 1525 u. a.); Vorsatzbll. II (ehemals aus der letzten Lage), V und VI: Ochsenkopf mit Augen und Nasenlöchern, ohne Beizeichen, Formenpaar, keine Vergleichsbelege, Motiv in dieser Größe zwischen 1440 und 1531 belegt; moderne Vorsatzbll. I und VIII: Mond in doppelrandigem Schild, Wz. dieses Typs um 1837/39 in Südtirol nachweisbar (Papiermühle Screlle, Val Sugana vom Papiermacher Peter Weiss Figlio, vgl. EINEDER, Paper-mills Austro-Hungarian Empire, Pl. 125, Abb. 426 u. 427, freundliche Mitteilung von Frau Andrea Lothe, DNB, Deutsches Buch- und Schriftmuseum, vom 20.04.2012).

Lagen: I^III + 7 V^70 + IV^78 + 4 V^118 + (VI-1+1)^130 + II^VII, Lagenzusammensetzung am Ende nach Neubindung unklar: wohl nach Bl. 129 Doppelbl. und weiteres Bl. (s. o. Lagenformel) heraus-

gelöst (jetzt am Beginn als Vorsatzbll. II und III) sowie Bl. 130 neu eingefügt; Reklamanten von kreuzförmig angeordneten Wellenlinien umgeben, in der ersten Hälfte (10ᵛ, 20ᵛ etc. bis 70ᵛ und 88ᵛ) querständig am rechten Seitenrand, in der zweiten Hälfte (78ᵛ, 98ᵛ, 108ᵛ, 118ᵛ) waagerecht am unteren Seitenrand in der Mitte.
Schriftraum: 19,5–20,5 × 12,5–13. 1 Spalte, 38–42 Zeilen. Humanistische Minuskel, wohl hauptsächlich von einer Hand, daneben nur kurze Abschnitte von anderer Hand (z. B. 74ʳ letzte acht Zeilen). Rubriziert: Überschriften, Seitentitel, Kapitelzählung am Außenrand (übersprungen auf 19ʳ Kap. 113, vom Schreiber des Index bis zum Ende von Teil I mit Tinte korrigiert). Am Textbeginn geplante 13zeilige I-Initiale nicht ausgeführt, hier sowie durchgängig zur Textgliederung zweizeilige rote Lombarden (meist I-Lombarden), z. T. Buchstabenkörper verziert durch Schaftaussparungen, z. T. kombiniert mit Punktverdickungen (z. B. 1ᵛ, 2ᵛ–3ʳ, 11ᵛ, 13ᵛ), Ausläufer (z. B. 12ʳ, 14ᵛ) oder einfaches Fleuronné (z. B. 90ᵛ). Am Beginn der Bücher zusätzlich die der Initiale folgende erste Majuskel mit Tintenfleuronné verziert (z. B. 1ʳ, 30ʳ). Unterlängen der letzten Zeile teilweise mit (nachträglich eingefügten?) Tintenornamenten versehen (z. B. 2ᵛ, 3ᵛ, 11ʳ). Auf Bl. 47ʳ Text am Beginn der Seite verworfen und mit roter Tinte durchgestrichen, daneben vom Schreiber: >*uacat*<. 29ʳ⁻ᵛ Nachtrag von etwas jüngerer Hand, s. u. Inhalt.
Ergänzungen: Bl. 130: zeitnahe Abschrift aus Mailänder Statuten (um 1522), 29 Zeilen ohne festen Schriftspiegel, schwer lesbare Kursive, nicht rubriziert; Versoseite mit z. T. querständigen Notizen versehen. Bl. 124ʳᵃ–129ʳᵇ Index zum Haupttext (auf leeren Bll. mit zweispaltiger Seiteneinrichtung): 2 Spalten, 39–51 Zeilen (19. Jh., Carlo Morbio?, s. u. Geschichte), von dieser Hand auch zahlreiche Marginalglossen im Text.

Einband: Auf den früheren Holzdeckeleinband (wohl zeitnah zur Entstehung) verweisen die Wurmlöcher am Anfang und Ende der Hs. Jetziger Einband (19. Jh., wohl vor 1841 im Auftrag des Besitzers C. Morbio?, s. o. Wz. sowie u. Geschichte): Pappdeckel mit schwarz-rot geädertem Kleisterpapier, Rücken mit hellbraunem Leder (schadhaft) überzogen. Titel: *STATUTA MSS. COMUNIS NOVARIE̜*. Bei dieser jüngeren Bindung wurden von den leeren Vorsatzbll. der letzten Lage (mit zweispaltiger Seiteneinrichtung) zwei vorn angeordnet (jetzt *II* und *III*, vgl. Wz. sowie Wurmlöcher, die mit dem Ende, aber nicht mit dem Anfang des Buchblocks übereinstimmen) und die restlichen (Bl. IV–VIII) seitenverkehrt eingeheftet (Wurmlöcher und Wasserränder stimmen nicht mit Ende des Buchblocks überein). Weiterhin wurden nach dem Index ein separates Blatt mit einer Urkundenabschrift (Bl. 130, im Vergleich zu den benachbarten Seiten ohne Wurmlöcher) sowie moderne Blätter als Spiegel und erstes und letztes Vorsatzblatt (jetzt *I* und *VIII*) eingefügt.

Geschichte: Die Hs. wurde in der zweiten Hälfte des 15. Jh.s (paläographischer Befund, keine eindeutigen Wz.belege), wahrscheinlich in Novara (50 km w. Mailand) geschrieben. Die Entstehung der Hs. kann durch inhaltliche Aspekte auf die Zeit zwischen dem 17. November 1460 (Bestätigung der Statuten, vgl. Edition, S. 468f.) und dem 10. September 1485 (auf diesen Tag datierte Ergänzung zu Liber II [Bestimmungen zum Fest des Hl. Rochus, vgl. Edition, S. 306f.], die in dieser Hs. auf Bl. 89ʳ fehlt) eingegrenzt werden. 1ʳ am unteren Seitenrand (Besitz-?)Eintrag (1 × 7,5 cm) herausgeschnitten, Fehlstelle mit Papier hinterklebt.
Vorbesitzer: Carlo Morbio (Historiker und Bibliophiler in Mailand, geboren in Novara, 1811–1881), vgl. Bleistifteintrag auf hinterem Vorsatz (Bl. VIIIʳ) *Mo*[rbio] *11*. Die Handschrift war, gemeinsam mit mittelalterlichen Originalurkunden aus Novara, spätestens seit

1841 im Besitz Morbios und wird in seiner in diesem Jahr erschienenen Geschichte Novaras erwähnt, vgl. C. MORBIO, Storia della città e diocesi di Novara, Mailand 1841, S. 76: „Sono pertanto da considerarsi [...] tutte le carte diplomatiche novaresi, anteriori al secolo xiv. Buon numero di queste carte vennero da me raccolte con grandi spese e fatiche; sono tanto fortunato da possedere anche un codice ms. degli statuti di Novara, scritto nel 1450 circa; un altro codice degli statuti era posseduto dal dotto cerimoniere della nostra cattedrale, sacerdote Frasconi: quel codice opinio scritto esse pure nel secolo xv. ...". Hier auch Verweis auf die Druckausgaben der Statuten von 1511 und 1583. Mit großer Wahrscheinlichkeit stammen der in der letzten Lage eingefügte Index zum Text (Bl. 124ra–129rb) sowie die zahlreichen Marginalglossen (Seitenverweise, Angaben zu fehlenden Passagen bzw. zum Textvergleich mit den Mailänder Statuten) von Morbio. Es ist weiterhin anzunehmen, dass Morbio vor 1841 auch die Neubindung veranlasste, bei der ein ursprünglich separat und gefaltet aufbewahrtes Einzelblatt mit der zeitgenössischen Abschrift einer 1522 abgefassten Urkunde aus einem Mailänder Statutenbuch hinzugefügt wurde (Bl. 130, s. o. Einband).

Verzeichnet im Katalog zur Versteigerung der Handschriftensammlung Morbios im Jahr 1889 durch das Leipziger Antiquariat [Felix] List & [Hermann Richard] Francke, vgl. AUKTIONSSKATALOG MORBIO-SAMMLUNG 1889, Nr. 947, S. 120: „Novara. *Statuta* communis Novarie (1417?) (aus der Zeit d. Franciscus Sforza Visconti, Herzogs von Mailand.) Copie. Saec. XV. 130 Bll. fol. Hjuchten." (im Exemplar der SBB-PK Berlin mit Bleistifteintrag zum Preis: *11* und Käufer *Schulz*), zur abweichenden Datierung der Statuten (1460 bestätigt) s. u. Inhalt 122^v. Der Kauf erfolgte nicht direkt durch Karl Schulz, sondern durch die Serig'sche Buchhandlung Leipzig, die den Band am 30.03.1895 für 12 Reichsmark an die Bibliothek des Reichsgerichts verkaufte, vgl. Zugangsbuch Nr. 6, 1894–99, Zugangsnummer: 39623, sowie Tinteneintrag auf dem vorderen Spiegel: *39623*. Zu weiteren Hss. aus der Morbio-Sammlung, die zwischen 1892 und 1899 an die Sammlung des Reichsgerichts verkauft wurden, s. Einleitung. Auf 1^r Stempel der Bibliothek des Reichsgerichts, auf III^v Stempel der Bibliotheken des Bundesgerichtshofs (durchgestrichen) und des BVerwG.

Literatur: DOLEZALEK Liste 2005: http://www.uni-leipzig.de/~jurarom/manuscr/RgMsMatr.html.

1^r–124^v **Statuta civitatis Novariae, Liber I–IV und Nachtrag (Liber VI,1–2).**
(1^r–29^r) [**Liber I**, 186 Kapitel:] >*INcipit liber primus statutorum communis Nouarie. De sacramento potestatis.*< [I]*N primis statutum et ordinatum est, quod potestas et rector, qui pro tempore fuerit ad regimen ciuitatis Nouarie ... – ... quam fecerint in camera dicti communis peruenire.*
(29^{r-v}) [Nachtrag von etwas jüngerer Hand: **Liber VI, cap. 1 und 2** (unvollständig), ohne Kapitelzählung:] *De parentibus, agnatis et cognatis compellendis ad compromissam faciendum. Item statutum et ordinatum est, quod si aliqua lis, questio seu controuersia est uel erit inter aliquos ascendentes ..., De eodem. Item statutum et ordinatum est, quod sentencie et precepta arbitrorum ... – ... vel eam reformare, qua* [parte infra menses novem ..., bricht ab]; Rest von 29^v leer;
(30^r–89^r) [**Liber II**, 384 Kapitel:] >*INcipit liber secundus statutorum communis Nouarie. De solemnitate adhibenda in electione officialium*<. >*I*<*N primis teneatur*

postestas seu rector, antequam eligi faciat aliquam personam in officio communis Nouarie ... – ... debeat cancellari, soluendo prout supra.

Am Ende von jüngerer Hand (19. Jh.): *Quod fiat festum sancti Rochi* (nach Edition [s. u.], S. 306f.: nachträgliche Bestimmung vom 10.09.1485, hier bis auf Überschrift nicht ausgeführt), Rest von 89ʳ leer;

(89ᵛ–103ᵛ) [**Liber III**, 87 Kapitel:] *>INcipit liber tertius de maleficijs. De accusationibus et maleficiis inquirendis<. [S] Tatutum est, quod si aliquod maleficium factum fuerit in Nouaria ... – ... cum uno testo fide digno, qui sit de Nouaria uel districtu.*

(103ᵛ–117ʳ) [**Liber IV, Teil 1**, 103 Kapitel:] *>INcipit liber quartus de victualibus, composturis seu damnis datis. De grano conducendo<. [I]N primis, quod granus cuiuscumque manerici conduci possit ad ciuitatem Nouarie ... – ... saluis iurisdictionibus concessis per dominum etc.*

(117ʳ–124ʳ) [**Liber IV, Teil 2**, 40 Kapitel:] *>Incipiunt capitula de composturis. Ne quis ingrediatur in alienam vineam, ortum, pratum uel possesionem<. >I<N primis statutum est et ordinatum, quod aliqua persona masculus uel femina Novarie et districtus ... – ... pro medietate accusato*[ri] *et pro alia medietate communi Nouarie.*

Als Kapitel 27 auf 122ᵛ–123ʳ Schreiben an Antonius Vicecomes Gubernatorii Novariae vom 03.03. [Druck, S. 406f.: 15.03.] 1417 eingefügt. Auf diese in den Text übernommene Datierung bezieht sich offensichtlich die falsche Datierung im AUKTIONSSKATALOG MORBIO-SAMMLUNG 1889, s. o. Geschichte.

(124ʳ⁻ᵛ) vom Schreiber zwei versehentlich ausgelassene Kapitel nachgetragen: *>De pollarolis* [et] *reuenditoribus ut non emant etc. Et nota hoc, quod istud statutum debet esse et vadit scriptum in iiii° libro et capitulum 34<* (daneben Verweis von Hand des 19. Jh.s: *fo. 108* [vgl. 107ᵛ, dort Verweis: *>Capitulum 34 quere in fine libri<*], vgl. Druck, S. 362f.) ..., *>De non portandis vestibus de nigro pro morte alicuius. Et nota, quod hoc statutum debet esse et vadit scriptum in iiii° libro et capitulum 90<* (daneben Verweis von Hand des 19. Jh.s: *fo. 115* [vgl. 114ᵛ, dort Verweis: *>Capitulum 90 quere in fine libri<*], vgl. Druck, S. 382f.) *... – ... Et medietas dicte condemnationis sit accusatoris et alia communis Nouariae.* Rest der Seite leer.

Im Vergleich zum Druck (s. u. Edition) fehlen das Prooemium sowie Liber V und VI (mit Ausnahme der nachgetragenen Kap. 1 und 2), außerdem wird Liber IV, Teil 2, in den korrigierten Seitentiteln als Buch V gezählt. Vom Schreiber stammen zahlreiche, häufig rubrizierte Marginalglossen: Ergänzungen (z. B. 89ᵛ), Korrekturen (z. B. 123ᵛ) und Querverweise innerhalb der Hs. (z. B. 26ᵛ, 103ʳ, 107ᵛ, 114ᵛ, 115ʳ, 118ᵛ, 124ʳ); diese Marginalglossen z. T. bei Bindung beschnitten (z. B. 24ᵛ). Weitere Marginalglossen von einer Hand des 16. Jh.s (z. B. 40ʳ) sowie von einer Hand des 19. Jh.s (Schreiber des Index 125ʳ–129ʳ, Carlo Morbio?), z. B. zu fehlenden Passagen (19ᵛ) bzw. zum Textvergleich mit den Mailänder Statuten (z. B. 45ʳ, 46ᵛ–48ᵛ).

Edition und ital. Übersetzung (nach dem Druck Novara: Franciscus Sesallus, 1583): Paolo

PEDRAZZOLI (Hg.), Statuta civitatis Novariæ: „Gli statuti di Francesco Sforza" (commento e traduzione), Novara 1993, S. 56–411, 470f. (Nachtrag aus Liber VI, vgl. 29^{r-v}). Vgl. auch das Digitalisat des nicht in EDIT16 verzeichneten Drucks: http://notes9.senato.it/__C1256DF 7003BF35E.nsf/0/8DCAB573EC837130C1256FC6003E0ED4?OpenDocument (Stand: 06.03.2012).
Zur Entstehung der im Auftrag des Francesco I. Sforza (1401–66, Herzog von Mailand seit 1450) unter Beteiligung der Juristen Pietro Cotta und Sillano Negri kompilierten und am 17. November 1460 bestätigten Statuten von Novara vgl. PEDRAZZOLI (Hg.), Statuta civitatis Novariæ (s. o.), Einleitung und S. 466f. (Bestätigungsurkunde); Franca LEVEROTTI, Leggi del principe, leggi della città nel ducato visconteo-sforzesco, in: Signori, regimi signorili e statuti nel tardo medioevo. VII Convegno del Comitato nazionale per gli studi e le edizioni delle fonti normative (Ferrara, 5–7 ottobre 2000), a cura di R. DONDARINI, G. M. VARANINI, M. VENTICELLI, Bologna 2003, S. 144–148 (Online-Publikation: http://fermi.univr.it/RM/biblioteca/scaffale/l.htm#Franca%20Leverotti), hier S. 6 mit Anm. 34, S. 13 mit Anm. 86, u. ö. Zur Überlieferung vgl. FONTANA, Statuti II, S. 301; danach sind neben dieser Hs. vier weitere Hss. des 15. Jh.s (Milano: Biblioteca Trivulziana, Biblioteca Ambrosiana und Biblioteca Nazionale Braidense, sowie Torino: Archivio Storico) bekannt. Zu den wenig zuvor (1458) ebenfalls im Auftrag von Francesco I. Sforza promulgierten Statuten von Como vgl. BVerwG, MS 4° R 6351.

125^r–129^r [Eintrag auf urspr. leeren Bll.:] **Index rubricarum statutorum civitatis Novariae.**
Gegenüber dem Text korrigierte Kapitelzählung: Liber IV, Teil 2 (in der Hs. Kap. V), hier wie im Druck als zu Buch IV gehörig gezählt. Von dieser Hand auch Marginalglossen im Text, s. o.

129^v leer

130^{r-v} [bei der Neubindung eingefügtes, ursprünglich mehrfach gefaltetes Blatt:] (130^r) **Urkundenabschrift, Mailand, 15.10.1522: Öffentliche Verurteilung von Schuldnern der Herzoglichen Kasse, lat.-ital.**
Reperitur in quodam libro existente ad offitium statutorum communis Mediolani, in quo registrata sunt certa decreta, cride et littere alieque diverse scripture, diversis diebus et annis facte, inter alia fore scriptum hoc modo, videlicet: Millesimo Quingentesimo vigessimo secundo die Mercurij, quintodecimo Octobris [15.10.1522]. *Hauendo lo illustrissimo Signor conte Hieronymo Morono supremo cancellario et ducalis locotenente ... contra li debitori de la ducale camera ...*
[Abschnitt abgesetzt:] *Per parte de li mag. d. magn. de la ducale* [gestrichen: *camera*] *... se fa publica crida, banno et condemnato ad caduna persona de qual grado et condicione voglia si sia ... signata sigillo solito.*
[Eintrag des Notars und Schreibers:] *Criddata super Platea Arenghi et in Broleto comunis Mediolani per Alexandrum Oldanum ... die Veneris decimo septimo mensis*

Octobris 22 [17.10.1522] *sono tubarum premisso. Ego Bartholomeus Panigarollo gubernator offitii statutorum comunis Mediolani scripsi etc.*

Im Auftrag des ersten Großkanzlers des Herzogs von Mailand Hieronymus Moronus (Gerolamo Morone, 1470–1529, seit 1521 Statthalter des Herzogs Francesco II.) wurden, ebenfalls von Alexander Oldanus, auch die Mailänder Zensurverordnungen (‚Cridae') vom 25.01.1522 und 28.03.1523 gegen Spottverse und Bücher Martin Luthers ausgestellt, vgl. Josef HILGERS, Bücherverbot und Bücherzensur des 16. Jahrhunderts in Italien, in: Zentralblatt für Bibliothekswesen 28 (1911), S. 108–122, hier S. 110–112.

(130^v) querständig Liste: *vaselli* (?) *signati per uno signo* … bis *vaselli signati per 4 signo*, darunter jeweils Zahlenangaben und Namen (Preisangaben, Einnahmen oder Ausgaben?);
am unteren Seitenrand: fünfzeiliger, schwer lesbarer italienischer Eintrag.

hintere Vorsatzbll. (Bl. IV–VIII) leer.

MS 4° R 7536
Statuti e ordinamenti del commune di Brenna presso Siena (Statuten der Gemeinde Brenna bei Siena)

Pergament · II + 16 + II Bll. · 24,5 × 18 · Toskana (Brenna oder Siena) · 1417–21 / Nachträge 1423–1463

Zustand: Blätter am unteren Seitenrand abgegriffen, Feuchtigkeitsränder auf Bl. 1 und Flecken auf Bl. 8–10. Im Jahr 2000 durch Gesine Siedler (Köln) restauriert, dabei Ledereinband gefestigt und gesäubert sowie Schuber angefertigt.

Kodikologie: Bleistiftfoliierung November 2011: *I–II, 1–16, III–IV*. Vorn und hinten bei der Restaurierung (18./19. Jh.) jeweils zwei Vorsatzbll. (*I–II* und *III–IV*) aus hellerem Pergament eingefügt. Lagen: IV^8 + (V-2)^{16}; nach Bl. 16 wohl zwei (vermutlich leere) Blätter entfernt. Auf 8^v eine Reklamante in der Mitte des unteren Seitenrandes, von kreuzförmig angeordneten Wellenlinien umgeben.
Haupttext (1^r–11^r) Schriftraum: 15 × 9,5–10. 1 Spalte. 19–21 Zeilen. Rotunda von einer Hand, auf 9^v Eintrag zur Approbation: Kursive vom Notar (Antonio Bartholomeo Band[…], 1421). Rubriziert: Überschriften sowie gesamtes Kapitelverzeichnis. Am Textbeginn 4zcilige rote Initiale mit Schaftaussparung und Besatz aus Perlenfleuronné, zur weiteren Textgliederung am Beginn der einzelnen Statuten jeweils ein- bis zweizeilige rote Lombarden, auf 1^r Majuskeln im Text gelb oder braun gestrichelt.
Nachträge (12^r–16^r): Schriftspiegel zwar vorgezeichnet (15 × 9,5), aber nicht berücksichtigt, 1 Spalte, bis zu 32 Zeilen. Kursive von neun Händen (NH 1–9, 1423–63, s. u. Inhalt), links neben den Einträgen jeweils Notariatszeichen. Nicht rubriziert. 14^r–15^v schlichte Tintenlombarden.

Einband: Holzdeckeleinband mit dunklem Lederbezug, VD und HD durch dreifache Streicheisenlinien in ein rechteckiges Mittelfeld mit zwei Rahmen geteilt, der äußere Rahmen durch

dicht aneinander gesetzte Blattstempel (Eichenlaub?) ausgefüllt, der innere Rahmen leer; im Mittelfeld die äußeren Ecken und die Mitte durch dicht aneinander- bzw. übereinandergesetzte, als Knotenmotive gestaltete Riegel-Stempel gegliedert; diese Merkmale verweisen auf die ober- und mittelitalienische Einbandgestaltung der zweiten Hälfte des 15. Jh.s, siehe die Vergleichsbeispiele bei: HOBSON, Humanists and Bookbinders, Abb. 11, S. 18 (Florenz, ca. 1440–50), Abb. 14, S. 20 (Florenz, ca. 1470–80); DE MARINIS, Italienische Renaissance-Einbände, S. 115f. (Venedig, nach 1480); MAZAL, Europäische Einbandkunst, Abb. Nr. 73 (Venedig, sog. „Rosettenmeister", ca. 1502–09). Für das ursprünglich am Buchblock befestigte Siegel wurde im Holz des HD eine siegelförmige Vertiefung (12 × 7,5 cm, mit Kanal für die Schnur) sowie auf der Außenseite eine mit dem Einbandleder überzogene Ausbuchtung gearbeitet. Auf der Innenseite um diese Vertiefung eine runde Markierung, die darauf hindeuten könnte, dass das Siegel an den Rändern mit Pergament oder einem anderen Material befestigt und somit teilweise sichtbar oder herausnehmbar war. Auf den älteren Einband weisen auch die Rostspuren auf dem ehemals letzten Blatt (Bl. 16).
Wohl bei der Restaurierung im 18./19. Jh. (s. u.) wurde das Siegel entfernt und wurden VD und HD mit einem Spiegel aus blauer Pappe, überzogen mit Marmorpapier, bedeckt (im November 2011 der hintere Spiegel in der Restaurierungswerkstatt der UB Leipzig abgelöst und als fliegendes Blatt freigestellt). Bei der Restaurierung des 18./19. Jh.s wurden außerdem Teile des Einbandleders (unter Andeutung anderer Stempelformen) ersetzt. Auf dem Rücken Signaturschild und teilweise zerstörtes Titelschild (19. Jh.): [St]*atuto del* [Com]*mune di* [Br]*enna*. In Schuber mit grauem Leinenbezug aufbewahrt.

Geschichte: Die Niederschrift der Statuten der Stadt Brenna (Ortsteil von Sovicille, 15 km sw. Siena) erfolgte wohl zwischen der Abfassung durch die Statuarii im Jahr 1417 und der Approbation am 20. Januar 1421, vgl. die Datierung 1ᵛ und die Bestätigung des Notars *Antonio Bartolomeo Band*[..., Namensendung unsicher] auf 9ᵛ. Da die vorliegende Hs. gesiegelt war (zur ursprünglichen Aufbewahrung des Siegels s. o. Einband) und auf den ursprünglich leeren Seiten 12ʳ–16ʳ in den Jahren 1423–1463 neun verschiedene Sieneser Notare die Approbation der Statuten durch das zuständige Gremium (*per regulatores, statuarios et maiores revisores*) sowie 14ʳ–16ʳ in den Jahren 1459–63 Ergänzungen zu den Statuten eintrugen, handelt es sich sehr wahrscheinlich um das offizielle, vom Rat der Stadt Brenna benutzte Exemplar der Statuten. Die Bindung erfolgte in der 2. Hälfte des 15. Jh.s, vielleicht nach 1463, da ab diesem Zeitpunkt keine weiteren Einträge zur Bestätigung und Ergänzung der Statuten vorgenommen wurden. 16ᵛ Eintrag eines späteren Besitzers (16./17. Jh.?): *Francesco Teodor* [..., Namensendung unsicher].
Vorbesitzer: Giacomo Manzoni (1816–89, römischer Patriot und 1848/49 Finanzminister), vgl. kleines Exlibris auf dem vorderem Spiegel: *EX LIBRIS JACOBJ MANZONI*, daneben Wappen: Krone, darüber Ochse, zwischen den Hörnern Stern, umgeben von Lorbeerkranz, vgl. Sargent ROMER, Curiosities of a Book-Plate Collection, in: The Bookman: An Illustrated Magazine of Literature and Life, Bd. 43 (March – August 1916), S. 398–403, hier S. 400 (mit Abb.), zum Exlibris vgl. auch Phaidra Digital Collections (Universität Padua): https://phaidra.cab.unipd.it/o:58862. Manzonis Sammlung von ca. 25.000 Bänden wurde nach seinem Tod verstreut, dabei wurden zahlreiche Bände zwischen 1892 und 1894 durch den römischen Antiquar Guiseppe Sangiorgi versteigert. Zur Manzoni-Sammlung vgl. Rita CERVIGNI TRONCONE, La biblioteca Manzoni e i suoi cataloghi: prime ricerche, in: Archivio della Società romana

di storia patria 120 (1997), S. 259–302; Rita CHIACCHELLA, Le vicende delle bibliotheche Ansidei e Manzoni, in: Gianfranco TORTORELLI (Hg.), Bibliotheche nobiliari e circolazione del libro tra Settecento e Ottocento (Atti del Convegno nazionale di studio, Perugia 29.–30.06.2001), Bologna 2002, S. 249–262, mit weiterer Lit. Die vorliegende Hs. wurde bei der zwischen dem 18. Dezember 1893 und dem 18. Januar 1894 in der Galleria Borghese in Rom abgehaltenen Versteigerung für 45 Lire verkauft, vgl. Annibale TENNERONI (Hg.), Bibliothèque Manzoniana: Catalogue de la Bibliothèque de feu M. Le Comte Jacques Manzoni [...], Bd. 3, Città di Castello 1893, S. 147, Nr. 7751: „Brenna. Statuto del Comune di Brenna in quel di Siena. Manuscrit original sur peau de velin du 1417, gr. in-4, ancienne rel. en bois recouv. de cuir estampé. Caract. gothiques, initiales en rouge ainsi que les titres des chapitres, avex des jointes mss. de 1423 à 1463 en forme autentique. Le statut est en italien et ne fut jamais imprimé." Vgl. Bleistifteintrag auf dem Vorsatzbl. I^v *Acta Manzoni 7751.* L[ire] *45,-,* sowie die wohl ebenfalls im Zusammenhang mit dem Verkauf eingefügten Bleistifteinträge auf den Vorsatzblättern vorn: I^r *Jamais imprimé,* : II^r *Statuta del Comune di Brenna in quel di Siena.*

Am 29.03.1894 wurde der Band von „Serig" (Leipzig, Serig'sche Buchhandlung) für 40 Reichsmark an die Bibliothek des Reichsgerichts verkauft, vgl. Zugangsbuch Nr. 5, 1889–1894, Zugangsnummer: 37605, sowie Bleistift- und Tinteneinträge auf dem Vorsatzbl. I^v: *40, –* und *37605.* Auf II^r Stempel der Bibliothek des Reichsgerichts sowie der Bibliotheken des Bundesgerichtshofs (durchgestrichen) und des BVerwG. Aus der Manzoni-Sammlung stammt auch der Druck BVerwG, 4+R 7651 (Volumina statutorum terrae Cassiae. Cascia, Giovanni Crisostomo Cesi & Giovanni Maria Berardo, 04.X.1545), der ebenfalls am 29. März 1894 von Serig für die Bibliothek des Reichsgerichts erworben wurde (Zugangsnummer 37606) und aus dem die Fragmente MS nov. 5 ausgelöst wurden.

Schreibsprache: italienisch, Bestätigung der Notare und z. T. auch Nachträge lateinisch.
Die Schreibsprache des Italienischen (Analyse durch Annalisa Ricchizzi, Jena/Weimar) zeigt sowohl im Haupttext (1^r–13^v) als auch in den Nachträgen zahlreiche Merkmale, die nach Arrigo CASTELLANI, Grammatica storica della lingua italiana, Bd. 1: Introduzione, Bologna 2000, hier S. 350–357, auf den senesischen Dialekt verweisen, z. B.:
– überwiegendes Ausbleiben der Anaphonie (Erhöhung der Haupttonvokale [e] zu [i] und [o] zu [u]) vor Konsonantenverbindung *-ng-*, z. B. camarl*e*ngo, daneben seltener camarl*i*ngo (beide Formen nach CASTELLANI im 14. und 15. Jahrhundert in Urkunden und Hss. aus Siena und Umgebung bezeugt);
– Wandel des unbetonten/nachtonigen *-er-* zu *-ar-*, z. B. mett*ar*e, cogli*ar*e, muov*ar*e, vend*ar*e, ricev*ar*e, scriv*ar*e;
– Metaplasmus der lat. Substantive der 3. Klasse: mehrmals neben *comune* die Formen *comuno/chomuno;*
– männlicher bestimmter Artikel *el/e* anstatt von flor./ital.: *il/i,* seit Ende des 13. Jh.s und im 14. Jh. im Raum Siena bezeugt, vgl. CASTELLANI, S. 357;
– mehrfaches Vorkommen der Form *Missere* anstatt von flor.: Messere.

Literatur:
– DOLEZALEK Liste 2005: http://www.uni-leipzig.de/~jurarom/manuscr/RgMsMatr.html;
– EIFLER, Handschriften und Fragmente der ehemaligen Reichsgerichtsbibliothek, S. 155f., mit Abb. 3 (1^r).

1ʳ–9ᵛ **Statuti e ordinamenti del commune di Brenna presso Siena, 1417** (20.01.1421 approbiert).

(1ʳ⁻ᵛ) [Einleitungsformel:] >*A<l nome sia dell'altissimo idio e dela sua santissima madre uergine Maria et de gloriosi principi degli apostoli missere santo Pietro e sancto Pauolo et del glorioso archangelo missere santo Michele auocato del comune e populo de la uilla di Brenna et di tutta la corte celestiale, ad magnificentia et honore di santa madre ecclesia di Roma, sia ad onore estato pacifico del potente e glorioso comune et populo de la citta di Siena, el quale idio senpre* (!) *conserui in buono et pacifico stato, et a honore estato et acrescimento delgli uomini et comune di Brenna. Qui apresso saranno scritti tutti li statuti et ordinamenti fatti et ordinati per lo comune di Brenna, compositi et ordinati per li sani e prudenti huomini statuari chiamati per lo detto comune, cio e Francio di Donato, Caterino di Bindo, Meio di Nino, Mone di Riguccio, Tonio di Mazza, Tonio di Piero, Meio* (1ᵛ) *di Matteo, maestro Galgano di Roncone etc. fatto et ordinato da sopradetti huomini sotto gli anni del nostro signore mille quatrocento dicesette* [1417].

(1ᵛ–9ᵛ) [Text:] >*Chome si dienno chiamare gl'ufficiali el camarlingo<. >I<N prima prouidoro et ordinaro, che nel detto chomuno si chiamino gl'ufficiali cio e consiglieri, et uno camarlengo, et uno sindaco, e uno messo ... – ... e lo scrittore die fare commandare* (9ᵛ) *lascusa infra tre di et se non fusse lo scriptore si di nuntino al camarlingo.*

Eingeteilt in 46 Abschnitte, aber ohne Kapitelzählung. Bestimmungen zu den Aufgaben der Amtspersonen, Kämmerer (camarlinghi), Gutsverwalter und Boten, zu Geldstrafen bei bestimmten Vergehen (Fluchen, Glücksspiel, Beleidigung anderer Bürger, Brandstiftung, Sachbeschädigung etc.). Nicht ediert, vgl. Leonardo RAVEGGI / Lorenzo TANZINI (Hg.), Bibliografia delle edizioni di statuti toscani, secoli XII – metà XVI, Florenz 2001, hier S. 127–132 ausführliche Bibliographie zur Verwaltung und den Statuten von Siena, u. a. in der Volkssprache.

Die auf Bl. 1ʳ⁻ᵛ genannten acht Personen sind als örtliche Statutari bekannt, der unten (Bl. 9ᵛ) genannte Notar *Antonius Bartholomeus Band*[…] konnte hingegen bislang nicht identifiziert werden (herzlicher Dank an Grazia De Nittis, Archivio di Stato di Siena, für die schriftliche Mitteilung vom 15.12.11).

(9ᵛ) [Eintrag des Notars zur Approbation:] *Anno domini et incarnationis m°quatricentesimi uigesimi primi, indictione xv., die vigesima* [interlinear eingefügt: *Jan.*], *tempore sanctissimi in Christo patris et domini domini Martini diuina prouidentia pape quinti* [Martin V., 1417–31], *Romanorum sede cesarea imperatore uacante ... examinata, aprobata et confirmata fuerunt dicta statuta et ordinamenta communis et hominum de Brenna del contado di Siena per gli egregii et honorabiles cittadini dominos regulatores, statuarii et maiores reuisores et omnium communis Senensis ...* [darunter:] *Ego Antonius Bartholomeus Band. notarius dominorum regulatorum predictis omnibus interfui et ea rogatus uigore mei offitii scripsi*, li. daneben Notariatszeichen.

10ʳ–11ʳ **Kapitelverzeichnis zu den Statuta et ordinamenta civitatis Brennae.**
>*In nomine domini. Amen. Qui comincia la tauola ouero rubriche dello statuto del comune di Brenna etc. In prima: Chome si dieno chiamare gli ufficiali. fo*[glio] *1.* ...
Gesamtes Register in roter Tinte und mit Folioangaben versehen. 11ᵛ leer.

12ʳ–16ʳ **Einträge von neun Notaren zur Bestätigung bzw. Ergänzung der Statuten durch die zuständigen Regulatores, Statuarii und Revisores der Stadt Siena, 1423–1463.**

Sechs der genannten Notare konnten in den unten genannten Akten des Archivio di Stato di Siena identifiziert werden (herzlicher Dank an Grazia De Nittis, Archivio di Stato di Siena, für die schriftliche Mitteilung vom 07.12.11). Vier Personen konnten ebenfalls nachgewiesen werden in einem Verzeichnis der Sieneser Notare des 13. bis 15. Jh.s, vgl. Giovanni PAMPALONI, Elenco dei notari dei secoli XIII. XIV. e XV., in: Bulletino senese di storia patria 2 (1895), S. 296–311 (im Folgenden: ELENCO, Nr. ...).

(12ʳ) [NH 1:] 14.01.1423, Notar: *Johannes filius ser Antonii Grimanij de Senis, publicus apostolica et imperiali auctoritatibus notarius et iudex ordinarius et nunc notarius dictorum dominorum regulatorum* ..., li. daneben Notariatszeichen mit Monogramm *Jo.*; identisch mit Giovanni di ser Antonio Gennari da Siena: amtierender Notar in Magliano, Siena und Sovicille (Notarile antecosimiano, 270–273: atti dal 1404 dic. 4 al 1436 mag. 26); ELENCO, S. 300, Nr. 70 (1419–36: Giovanni d'Antonio di Gennaro da Siena);

[NH 2:] 18.01.1424, Notar: *Johannes olim Nicolai Guiden. de Gen.* (?), li. daneben Notariatszeichen, s. u. 13ʳ; identisch mit Giovanni di Niccolò di Guido: Notar des Concistoro di Siena (Concistoro, 1404, serie Memoriali e duplicati: Memoriale delle deliberazioni dal 1423 mag. 4 al 1423 giu. 30);

[NH 3:] 14.01.1426, Notar: *Jacobus olim Jacobi* ... (?), li. daneben Notariatszeichen mit Monogramm *C.*; nicht identifiziert;

(12ᵛ) [NH 4:] 08.01.1428, Notar: *Lazarus quondam Benedicti ciuis Senensis* ..., li. daneben Notariatszeichen; identisch mit Lazzaro di Benedetto da Montalcino: amtierender Notar in Montalcino, Siena und Sinalunga (Notarile antecosimiano, 331: atti dal 1425 giu. 15 al 1430 mar. 17); ELENCO, S. 300, Nr. 66 (1425–29);

[NH 5:] 20.01.1429, Notar: *Falbianus filius olim Anthoni Gusti* ..., li. daneben Notariatszeichen mit Monogramm *F.*; identisch mit Fabiano di Antonio di Giusto da Siena: amtierender Notar in Siena (Notarile antecosimiano, 356: atti dal 1428 mar. 26 al 1429 mar. 21); ELENCO, S. 300, Nr. 69 (1428);

(13ʳ)

[NH 2:] 13.01.1430, Notar: *Johannes olim Nicolai Guinden. de Gen.* ..., li. daneben Notariatszeichen, s. o. 12ʳ;

[NH 6:] 07.01.1431, Notar: *Johannes Poccii de Calula* ..., li. daneben Notariatszeichen; nicht identifiziert;
(13ᵛ) [NH 6:] 19.01.1432, Notar: *Francischus Dominici de Turrita* ..., li. daneben Notariatszeichen mit Monogramm *fran.*; identisch mit Francesco di Domenico da Torrita: amtierender Notar in Siena (Notarile antecosimiano, 326–327: atti dal 1424 mag. 12 al 1435 mar. 15); ELENCO, S. 300, Nr. 69 (1424–35);
[NH 7:] 16.01.1437, Notar: *Antonius Anghannuccij* ..., li. daneben Notariatszeichen mit Monogramm *a.*; nicht identifiziert;
(14ʳ) [NH 8:] 13.04.1440, Notar: *Ardunus Leonardus de Ardunis* ..., li. daneben Notariatszeichen mit Monogramm *A.*; identisch mit Ardunus Leonardus de Ardunis: Notar der Regolatori für sechs Monate ab Januar 1440 (Sieneser Zeitrechnung, also 1441) (Regolatori, 21, c. 12v).

(14ʳ–16ʳ) [NH 9:] [drei Einträge zur Ergänzung der Statuten, 1459, 1462 und 1463, lat. und ital.]:
(14ʳ⁻ᵛ) [Auszahlung der Abgaben für die Traubenmostproduktion:] *In nomine domini nostri Yhesu Christi amen. Anno domini mccclviiij° inditione viii., die noᵃ xxvi. Octobris* [25.10.1459], *in Consilio Campane communis Senarum fuit additum ut infra videlicet: Hauendo examinato qual sia la cagione dei libri del mosco scripto nel contado* ...,
(14ᵛ–15ᵛ) [Ernennung und Funktion der Canpaio:] *Generali Consilio Campane communis Senarum sub die xviij Martii Mcccclxii* [28.03.1462] *fuit obtenta infrascripta provisio, videlicet:* (15ʳ) *Che tutti li officiali del contado di Siena, cioe podesta et vicharii possino et debino dalloro et alloro obedientia commandanito hauere elegiare uno canpaio* ...;
(15ᵛ–16ʳ) [Schadensersatzforderungen:] *Item dicte prouisioni anno 1463 die 29. Aprilis* [29.043.1463] *additum fuit ut infra videlicet: Che quando danno sara dato con la persona o con bestie in grano o altro biado, vigne, orti, prati, zaffarani, oliveti, polloneti* (di?) *castagni o altri boschi* ...;
darunter Eintrag des Notars: *Minus Nicolai Tricerchius notarius regulatorum subscripsit.*
Der Notar identisch mit Trecerchi Mino di Niccolò da Siena: amtierender Notar in San Quirico und Siena (Notarile antecosimiano, 546–558: atti dal 1452 al 1490); Notar des Concistoro di Siena (Concistoro, serie Memoriali e duplicati: n.1404, Memoriale delle deliberazioni dal 1460 nov. 1 al 1460 dic. 31; n.1425, Duplicato del registro delle deliberazioni dal 1466 mar. 1 al 1466 apr. 30; n.1428, Memoriale delle deliberazioni dal 1470 mag. 1 al 1470 giu. 30; n.1431–1432, Memoriali delle deliberazioni dal 1473 genn. 1 al 1474 apr. 30; n.1437, Duplicato delle deliberazioni dal 1478 genn. 1 al 1478 febbr. 28).

(16ʳ) [NH 9:] 17.05.1463, Notar: *Minus Nicolai Tricerchius* ..., li. daneben Notariatszeichen mit Monogramm *M.*, s. o. 15ᵛ.

16ᵛ leer mit Ausnahme eines Namenseintrags (Besitzeintrags?), s. o. Geschichte.

MS 4° R 7786, eingeheftete Urkunden
Päpstliche Mandate für Collescipoli (Ortsteil von Terni)

Pergament · 7 Urkunden · 5–10,5 × 33–43 · Rom und Genazzano (bei Palestrina) · 1428–1492

Zustand: gut erhalten.

Kodikologie: Die Stücke auf der Rückseite im 18. Jh. (im Archiv?) beschriftet: *Collescipoli 38– 45.* Weiterhin Bleistiftnummerierung (19. Jh.?) *1–7.*
Größe und Zeilenzahl variieren: Nr. 1–3: 5–6 × 33–34,5, 8–9 Zeilen, Schreiber: Cincius, 1428/29; Nr. 4: 9,5 × 40,5, 7 Zeilen, Schreiber Pe[trus] de Noxeto, 1447; Nr. 5: 8 × 37, 9 Zeilen, Schreiber: G. Lollius, 1458; Nr. 6: 10,5 × 43, 7 Zeilen, Schreiber: L[eonardus] Dathus, 1471; Nr. 7: 10 × 38, 5 Zeilen, Schreiber: A[ugustinus] de Collis, 1492.

Geschichte: Sieben päpstliche Mandate von 1428/29, 1447, 1458, 1471 und 1492 für Collescipoli, einen Ortsteil von Terni (Umbrien), eingeklebt am Ende (hintere Vorsatzbll. III– V) einer neuzeitlichen Abschrift der Statuten des Ortes von 1558.
Trägerband: MS 4° R 7786: Statutum Terrae Collis Scipionis, Anno Domini M D LVIII. Eingeteilt in Register (13 Seiten, unfoliiert) und vier Bücher (1ʳ–28ᵛ Lib. I: De Regimine, 29ʳ– 74ʳ Lib. II: De Maleficiis, 74ᵛ–100ʳ Lib. III: De civilibus causibus, 100ᵛ–144ʳ Lib. IV: De Damnis datis), insgesamt 211 Kapitel. Am Ende (Bl. 144ʳ) Einträge des Kanzlers und Schreibers: *Paulus Herculeus Cancellarius copiavit, et in vulgari sermone ad publicam privatam utilitatem terre Colliscipionis reduxit. Simon Casadeus scriptor in Alma Urbe copiauit, sicut inuenit in originali de verbo ad verbum.* Zur Datierung des Trägerbandes vgl. Aufschrift auf Vorsatzblatt (nach Clausen): „Hs. um 1780". Einband des frühen 19. Jh.s: Halbband mit hellem Leder und Marmorpapier, auf dem Rücken goldgeprägte Titelaufschrift auf rotem Feld. Zu einer weiteren Abschrift dieser Statuten von 1711 im Archivio di Stato in Rom vgl. MANZONI, Bibliografia I, S. 141; CHELAZZI (Hg.), Catalogo della raccolta II, S. 241f.
Der Band am 1. August 1879 in Terni registriert, vgl. Marke mit Stempel (Ufficio del Registro, Terni) auf 144ʳ, mit Unterschrift des Amtsrichters (Pretore) Bernicelli, eine solche Marke und Notiz zur Registrierung auch auf 21ᵛ. Alte Signatur (?) auf dem Titelblatt: *R C N. 1282.*
1898 war der Band im Besitz des Turiner Verlegers Carlo Clausen, vgl. Eintrag Vorsatzblatt I: *Clausen Cat. 109 No. 1505. L 50. Rarissimo e mai stampato.* Der Verweis bezieht sich auf: Carlo CLAUSEN, Storia d'Italia. Catalogo, Turin 1898, S. 132f., dort Datierung auf „1780" und Beurteilung des Wertes: „Rarissimo e mai stampato" und „Manoscritto importantissimo"; weiterhin Erwähnung der Papsturkunden: „Aggiunti 7 privilegi originali su pergamena dei Papi Martinus V, Nicolaus V, Sistus IV, Alexander VI." Am 01.04.1898 wurde der Band von Clausen für 4 Reichsmark an die Bibliothek des Reichsgerichts verkauft, vgl. Zugangsbuch

Nr. 6, 1894–99, Zugangsnummer: 46410, diese Zugangsnummer auch auf dem vorderen Spiegel. Auf dem Vorsatzblatt (Iᵛ) Stempel des Bundesgerichtshofs, auf dem Titelblatt (IIʳ) Stempel der Bibliothek des Reichsgerichts.

Literatur: DOLEZALEK Liste 2005: http://www.uni-leipzig.de/~jurarom/manuscr/RgMsMatr.html.

Mandata Sanctae Sedis de pecunia Sanctae Sedi a civitate Collis Scipionis debita (anno 1428–1492).
Auf allen Stücken rechts unten Unterschrift des Schreibers sowie auf der Rückseite Adresse: *Dilectis filiis officialibus ac vniversitati* [bzw. *communi*] *castri nostri Colliscipionis* [bzw. *Collis Scipionis*] ... o. ä.

(Bl. III) **Martinus V. papa** (21.11.1417–20.02.1431).
(Nr. 1, *Collescipoli 45*) Einsetzung des Stephanus Ciccarelli als vicarius, ausgestellt: *Rome ... xx. Januarij pontificatus nostri anno vndecimo* [20.01.1428];
(Nr. 2, *Collescipoli 44*) Einsetzung des Andreas Antonius de Cassia als vicarius, ausgestellt: *Genezam Penestrium dioc.* (wohl Genazzano bei Praeneste, dem heutigen Palestrina/Latium) ... *xxviiij. Augusti pontificatus nostri anno vndecimo* [29.08.1428];
(Nr. 3, *Collescipoli 41*) Einsetzung des Jacobus de Sellano als vicarius, ausgestellt: *Rome ... ij. Marcij pontificatus nostri anno duodecimo* [02.03.1429];
alle drei Mandate rechts unten unterschrieben von *Cincius*.

(Bl. IV) **Nicolaus V. papa** (19.03.1447–24.03.1455).
(Nr. 4, *Collescipoli 38*) ausgestellt: *Rome ... die vigesimosecundo Martii Millesimo quadringentesimo quadragesimo septimo, pontificatus nostri anno primo* [22.03.1447];
Mandat rechts unten unterschrieben von *Pe*[trus] *de Noxeto*.

(Bl. IV) **Pius II. papa** (03.09.1458–15.08.1464).
(Nr. 5, *Collescipoli 43*) ausgestellt: *Rome ... die xxviij Octobris M CCCC L Viij, pontificatus nostri anno primo* [28.10.1458];
Mandat rechts unten unterschrieben von *G. Lollius*.

(Bl. V) **Sixtus IV. papa** (09.08.1471–12.08.1484).
(Nr. 6, *Collescipoli 40*) ausgestellt: *Rome ... die ij Septembris M cccc lxxi, pontificatus nostri anno primo* [02.09.1471];
Mandat rechts unten unterschrieben von *L. Dathus* (wohl Leonardus Dathus, nachgewiesen an der röm. Kurie 1455–1471).

(Bl. V) **Alexander VI. papa** (11.08.1492–18.08.1503).
(Nr. 7, *Collescipoli 39*) ausgestellt: *Rome ... die xiiij Septembris M cccc lxxxxij, pontificatus nostri anno primo* [14.09.1492];
Mandat rechts unten unterschrieben von *A. de Collis* (wohl Augustinus de Collis, nachgewiesen an der röm. Kurie 1473–1495).

Rest von Wachssiegeln auf den Rückseiten von Nr. 1, 2 und 5–7.
Zu Collescipoli vgl. Gelindo CERONI, Collescipoli. Il castro e le chiese, Bagnacavallo 1915, S. 119. Die Einkünfte der Kirche S. Maria Maggiore in Collescipoli gingen seit einer Schenkung im Jahr 1139 an das Kapitel von S. Giovanni in Laterano, vgl. Jochen JOHRENDT, Die Statuten des regulierten Laterankapitels im 13. Jahrhundert [...], in: QFIAB 86 (2006), S. 95–143, hier S. 102 mit Anm. 24, S. 139, mit Anm. 93, mit weiterer Lit.
Die Nachweise der Schreiber von Nr. 6 und 7 über Thomas FRENZ, Repertorium Officiorum Romanae Curiae (RORC), id est: elenchus omnium personarum, quae in Romana Curia officiis functae vel ad cardinalatum assumptae sunt, praesertim saeculo XIV exeunte, saeculo XV et saeculo XVI ineunte, ..., vgl. Online-Ausgabe des „conspectus cognominum", einzusehen über: https://www.phil.uni-passau.de/histhw/forschung/rorc/. Die weiteren Schreiber dort nicht nachgewiesen.

MS 8° A 13703

Juristische Sammelhandschrift: Tancredus de Corneto, Bartolus de Saxoferrato, Baldus de Ubaldis etc.

Papier · I + 198 + I Bll. · 23 × 17 · Toskana (Florenz?) · 1468

Zustand: Feuchtigkeitsflecken im Falzbereich und am unteren und äußeren Seitenrand (z. T. Tinte der Marginalglossen ausgewaschen). Weiterhin Tintenflecken, z. B. 175^r. Im November 2001 von Rita Tiemeyer (Atelier für Einbandkunst und Restaurierung, Berlin-Charlottenburg) restauriert, vgl. eingehefteten Zettel nach Bl. II.

Kodikologie: Bleistiftfoliierung August 2011: *I, 1–198, II*. Ältere Tintenfoliierung mit Rahmen vom Schreiber (H 2) nur bis Bl. 178, z. T. bei Bindung beschnitten. Wz. durchgängig: Horn, frei, waagerecht, mit einfachem Band und zwei Strichen, Schallbecher dreidimensional, Formenpaar, bei abweichender Stellung der Bindedrähte Typ PICCARD VIII, 201–203 (Ravenna 1459, Tivoli 1460/61, Rom 1461), vgl. auch WZIS IT5235-PO-119529 (Rom 1461) und IT7005-PO-119532 (Ravenna 1459); hinteres Vorsatz: Adler, mit Wappen (?), nur unterer Abschnitt erhalten, keine Vergleichsbelege ermittelt, ein ähnliches Wz. auch auf dem hinteren Vorsatz von BVerwG, MS 4° E 5164.
Lagen: 14 VI^{168} + V^{178} + VI^{190} + IV^{198}, Reklamanten im von H 1 geschriebenen Teil querständig: 12^v, 24^v, etc. bis 120^v, im von H 2 geschriebenen Teil in der üblichen waagerechten Form: 144^v, 156^v und 168^v.
Schriftraum: 15–16 × 9,5–10. 1 Spalte. 29–37 (H 1) sowie 29–30 bzw. im Register 24–27 Zeilen (H 2). Humanistische Kursive von zwei sehr ähnlichen Händen (vgl. Kolophon 178^v); H 1: 1^r–132^r; H 2 (Piero di Bartolomeo Galeotti, s. u. Geschichte): 133^r–180^v und 181^r–191^v.

Hände zu scheiden durch differierenden Schriftduktus (H 2 spitzer und steiler, dünnere Feder, leicht rechtsgeneigt) sowie differierende Formen des d (H 1 Schaft schräger, H 2 gerade) und g (H 1 Bogen offen, H 2 geschlossen); Handgrenze korrespondiert mit unterschiedlicher Gestaltung der Reklamanten (s. o.) und roter Strichelung der Initialen (s. u.). Wohl durchgängig von H 2 rubriziert (Überschriften in Versalien) sowie mit einer Tintenfoliierung und einem Register (181^r–191^v), jeweils in hellerer Tinte und nur bis Bl. 178, versehen. Durchgängig Marginalglossen zur Textgliederung von H 2 sowie selten (140^v, 171^r–172^r, 174^v–178^v) von jüngerer Hand (16. Jh.?, wohl teilweise vom späteren Besitzer *Francisc*[us] *de Nouelluccijs*, s. u. Geschichte). Von derselben Hand und weiteren Händen des 16. Jh.s Nachträge auf ursprünglich leeren Seiten (Rest von 180^v, 190^v, 191^v, 191^v–194^v, 198^r).

1^r am Textbeginn 4zeilige Feldinitiale Q, Feld blau mit weißer Höhung, Binnengrund olivgrün-rosa, mit gelben bzw. schwarzen Rankenornamenten und Punkten, darauf Buchstabenstamm in Blattgold. Am unteren Seitenrand Wappen des Besitzers: auf rosafarbenem Grund achteckiger Schild (italienische Form, sog. Roßhauptschild), darin aufgerichteter, nach links schreitender roter Löwe mit goldener Krone, umgeben von Blattkranz mit blauem, weiß punzierten Rand, unten blaue Blüte (Kornblume?) mit grünem Fruchtknoten, am Blattkranz bewimperte Goldpunkte. Das Wappenmotiv für die Familie Galeotti di Pescia nachgewiesen in der Stemmario-Datenbank (KHI Florenz, Wappen Florentiner Familien, Kirchen, Bruderschaften und Hospitäler): http://wappen.khi.fi.it/Plone/alle-wappen/wap.07932163/ (Stand 31.03.20). Initiale und Wappen farblich aufeinander abgestimmt, aber wohl in zwei Arbeitsgängen und von zwei verschiedenen Händen angefertigt. Zur weiteren Textgliederung 3–4zeilige blaue Lombarden, Repräsentanten von der Hand des Schreibers. Zur Hervorhebung der Unterabschnitte Anfangsbuchstaben vor die Zeile ausgerückt sowie nur im von H 1 geschriebenen Teil rot gestrichelt. Selten Zeigehände: 143^r, 152^v. Auf eine intensive Benutzung weisen die Schmutzspuren am unteren Seitenrand des Registerbeginns (179^r).

Einband: Pappeinband mit Kleisterpapier und braunem Lederrücken, 19. Jh., bei der Bindung wurde modernes Papier für die Spiegel und Vorsatzbll. vorn und hinten (jetzt Bl. I und II, Wz. s. o. Kodikologie) verwendet, auf dem Rücken kein Signatur- oder Titelschild vorhanden. Der Eintrag im Auktionskatalog der Morbio-Sammlung (s. u. Geschichte) zum Einband ‚H[alb]juchten' (Juchten: ursprünglich in Russland angefertigtes Kalbs- oder Rindsleder, das seit dem 18. Jh. auch für Bucheinbände benutzt wurde) bezieht sich wohl auf diesen Einband. Von dem ursprünglichen Einband nur noch Falzfragmente erhalten, s. u.

Fragmente: zur Falzverstärkung in den Lagenmitten und bei Lage 1 an den Lagenaußenseiten ca. 1,5 cm breite Streifen eines Pergamentblattes oder mehrerer Pergamentblätter; Beschriftung und Seiteneinrichtung (11,5 cm breite Spalte, die bei der Beschriftung nicht berücksichtigt wurde) sichtbar zwischen Bl. 6/7, 30/31, 42/43, 54/55, 66/67, 78/79, 90/91, 114/115, 137/138, 126/127, 150/151, 162/163, 173/174, 184/185 und 194/195. Blatt bzw. Blätter meist längs beschnitten: 2–3 Zeilen erhalten; nur an zwei Stellen (Bl. 150/151 und 173/174) quer beschnitten: 22 bzw. 37 Zeilen sichtbar. Schrift stark verblasst und kaum lesbar, wohl Rotunda, 14. Jh. (?). Inhalt: **lat. (wohl juristischer) Text**, unter UV-Licht lesbar: (Bl. 114/115) *et aliis test*[ibus], (Bl. 114/115) *de nonnullis bonis*.

Geschichte: Die Hs. wurde am 13. August 1468, wohl in Florenz, abgeschlossen. Nach Ausweis des Kolophons auf 178^v wurde sie im Auftrag des Florentiner *notarius publicus Petrus*

quondam *Barth*[olom]*ey de Galeottis de Piscia* (Piero di Bartolomeo Galeotti da Pescia) angelegt und war für seinen eigenen Gebrauch bestimmt, vgl. auch das Familienwappen auf 1ʳ. Während der erste umfangreiche Text (1ʳ–132ʳ) von einem anderen Schreiber angefertigt wurde, übernahm Petrus de Galeottis eigenhändig die folgenden kleineren Texte (133ʳ–180ᵛ) sowie, evtl. nach einem zeitlichen Abstand (Wechsel der Tintenfarbe), die Tintenfoliierung und das Register (181ʳ–191ᵛ). Von seiner Hand stammen mindestens vier weitere, zwischen 1459 und 1464 geschriebene, heute sämtlich in Florenz aufbewahrte lateinische und italienische Hss. (vgl. COLOPHONS V, Nr. 15333–15335; KRÄMER, Scriptores, jeweils ohne diese Hs.):
– Firenze, Biblioteca Nazionale Centrale, Fondo Palatino 189 (Werke von Francesco Petrarca, Francesco Accoliti etc., 226ᵛ: … Scripti per me Piero di Barth[olom]eo da Pescia notayo fiorentino per mio uso nell'anno Mcccclviiij), vgl. Manoscritti datati 9, Nr. 43, Tafel *42; GENTILE, Codici palatini I, S. 202–204;
– Firenze, Biblioteca Riccardiana, MS 1592 (Tractato del corso della luna, Boccaccio: De Geta et Birria, Briefe und Formulare des Schreibers etc., 76ʳ: … e scripto per me Piero di Barth[olom]eo Ghaleotti da Pescia notayo fiorentino per mio uso a di 19 di dicembre mcccclxiii), vgl. Manoscritti datati 14, Nr. 53, Tafel 36; MORPURGO, Manoscritti italiani, S. 574f.;
– Firenze, Bibliotheca Medicea Laurenziana, Fondo Rinuccini 6 (Sallustius: De coniuratione Catilinae, De bello Iugurthino; Leonardus Brunus, De bello Punico, 116ᵛ: Scripta manu propria hec tria opera per me Pierum Barth[olom]ey de Ghaleottis de Piscia notarium Florentinum anno domini ab eius incarn[a]tione Mcccclxiiij Arretij), vgl. Manoscritti datati 12, Nr. 103, Tafel 59 (24ʳ, sowie 116ᵛ auf der zugehörigen Repertorio-CD); KRISTELLER, Iter Italicum I/1, S. 79;
– Firenze, Bibliotheca Medicea Laurenziana, Laur., 89 inf. 23 (Hic liber … scriptus per ser Pierum Bartholomaei de Piscia notarium Florentinum, undatiert).
Vor allem die Hs. Rinuccini 6 weist eine sehr ähnliche Gestaltung durch Versalien und Rubrizierungen wie die vorliegende Hs. des BVerwG auf. Der Schreiber und Besitzer stammt nach Manoscritti datati 12 (s. o.), S. 84 mit Anm. *, aus dem Ort Pescia in der Provinz Pistoia (ca. 60 km nw. Florenz). Auf eine (durch die eigene Ausbildung des Schreibers erworbene oder auf der Vorlage beruhende?) gute Kenntnis der Verhältnisse an der juristischen Fakultät der Universität Perugia verweisen der hier (unikal?) überlieferte *Ordo iudiciarius* des Prokurators von Perugia Jacobus Gentilis (156ʳ–162ʳ), das Kolophon zur Abfassung der Quaestio VI des Bartolus de Saxoferrato (139ᵛ) sowie der Eintrag zum Todesdatum des Rechtsprofessors Angelus de Periglis (162ᵛ). Zu Piero di Bartolomeo Galeotti vgl. auch Arnaldo D'ADDARIO (Hg.), Il notaio nella civiltá fiorentina. Secoli XIII.–XVI. (Mostra nella Biblioteca Medicea Laurenziana, Firenze, 1.10.–10.11.1984), Firenze 1984, S. 58f., Nr. 46.
Nach Ausweis des Eintrags einer jüngeren Hand unter dem Kolophon auf 178ᵛ war die Hs. später (16. Jh.) im Besitz eines *Francisc*[us] *de Nouelluccijs*, der angab, sie als Geschenk von *Anson*[us] *Parisi*[us] erhalten zu haben; von seiner Hand und weiteren Händen des 16. Jh.s Nachträge an den unteren Seitenrändern von 178ʳ–191ᵛ sowie auf den leeren Seiten 192ʳ–194ᵛ und 198ᵛ (juristische Aussagen mit Stellenverweisen) sowie einige Marginalglossen (s. o. Kodikologie).
Vorbesitzer: Carlo Morbio (Historiker und Bibliophiler in Mailand, 1811–1881), vgl. Bleistifteintrag vorderer Spiegel: *Aus Auktion Morbio* sowie hinterer Spiegel: *No. 566* und *17.20*. Die ca. 2.200 Nummern umfassende Handschriftensammlung Morbios wurde 1889 durch

das Leipziger Antiquariat [Felix] List & [Hermann Richard] Francke versteigert, vgl. AUKTIONSSKATALOG MORBIO-SAMMLUNG 1889, diese Hs. Nr. 566, S. 61: „Tancredi de Corneto Summula compendiosa, et alia. Saec. XV. 198 Bll. 4°. Hjuchten" [darunter Inhaltsangabe] (im Exemplar der SBB-PK Berlin daneben Bleistifteintrag zum Preis: *17.20* und zum Käufer *Schulz* [Karl Schulz, Direktor der Bibliothek des Reichsgerichts 1879–1917]). Der Verkauf erfolgte jedoch nicht direkt, sondern über die Serig'sche Buchhandlung Leipzig, die den Band am 31.12.1895 für 19 Reichsmark an die Bibliothek des Reichsgerichts verkaufte, vgl. Zugangsbuch Nr. 6, 1894–1899, Zugangsnummer: 40992, sowie Tinteneintrag vorderer Spiegel: *40992*. Zum gleichen Zeitpunkt wurden über Serig weitere Hss. aus der Morbio-Sammlung an das Reichsgericht verkauft und dort unter benachbarten Zugangsnummern verzeichnet, vgl. MS 4° E 850 (Zugangsnummer 40988), MS 4° R 2425 (Zugangsnummer 40990) und MS 4° E 5164 (Zugangsnummer 40991), s. Einleitung. Stempel der Bibliotheken des Reichsgerichts auf 1[r] sowie des Bundesgerichtshofs (durchgestrichen) und des BVerwG auf dem vorderen Spiegel.

Literatur: DOLEZALEK Liste 2005: http://www.uni-leipzig.de/~jurarom/manuscr/RgMsMatr.html.

1[r] Wappen des Schreibers und Vorbesitzers, s. o. Geschichte.

1[r]–132[r] **Tancredus de Corneto: Summa quaestionum ‚Compendiosa'.**
>*COMPENDIOSA DOMINI TANCREDI DE CORNETO*<. (1[r]) [Prologus:] >*Q*<*VONIAM POST COMPILATIONEM ORdinariam* [sonst: -ii] *apparatus tam iuris canonici quam civilis quedam ad inuentiones et dubitabiles questiones exorte sunt ... perutile putaui ego Tancredus de Corneto etc.* [sonst: de provincia patrimonii minimus legum minister] *ipsas ad inuentiones questionum infra unum opus colligere et sub compendio annotare ... sub numero xiii titulorum seu rubricarum per ordinem annotando* [sonst: annectendo], [Kapitelverzeichnis:] *Primo videlicet de questionibus circa iurisdictionem ... Tertiodecima circa cautelas et remedia.*; (1[v]–132[r]) [Text:] >*P*>*RIMO IGITVR CIRCA IVRISDICTIONEM sciendum est, quod iudex ordinarius uel delegatus statim quando* (?) *fines sue potestatis excedit, nichil agit ... – ... qui mihi huius operis actum, inceptionem, rectam persecutionem et finalem consumationem concessit, cui honor et* (132[r]) *et potestas per immensa secula seculorum. Amen. Amen.* >*FINIS*<. *Explicit Compendiosa domini Tancredi de Corneto etc. deo gratias amen.* >*DEO GRATIAS AMEN*<.

Druck: Tancredus de Corneto: Summa quaestionum compendiosa. Daran: Angelus de Periglis: De paleis et olivis [s. u. 162[v]–170[v]]. Urbino: Heinrich von Köln, 15.V.1493. GW M44848 (eingesehenes Digitalisat: http://diglib.hab.de/wdb.php?dir=inkunabeln/82-9-jur-2f-2), a1[r]–m1[r]. Zum Autor und Werk vgl. SAVIGNY, Geschichte V, S. 134f. Zur Überlieferung (fünf Hss., ohne diese Hs.) vgl. DOLEZALEK, Verzeichnis Hss. III (Auctores) s. v. Tancredus de Corneto.

Rest von 132[r] sowie 132[v] (mit Seiteneinrichtung) leer.

133ʳ–139ᵛ **Bartolus de Saxoferrato: Quaestio VI.**
>*LAPVS FUIT INDEBITE CAPTVS*<. >*L<APVS FVIT CAPTVS et IN CARCE-
RIBVS POSITVS AVCTORITATE IVdicis indebite et iniuste, deinde ad petitionem
sui creditoris ... – ... ibi fuit ius expulsiva, ut dixi in questionis solutione.* >*DEO
GRATIAS. AMEN*<. Disputata fuit dicta questio per Dominum Bartolum de Saxoferrato in felici ciuitate Perusii eo tunc ibi ordinaris legente[gestrichen: -m] c[irca]
anno domini M°ccc°xliiij° die xviii decembris.

Druck: Bartolus de Saxoferrato: Consilia. Daran: Quaestiones. – Tractatus. Venedig: Johannes und Gregorius de Gregoriis, 7.III.1485. GW 03539 (eingesehenes Digitalisat: http://daten.digitale-sammlungen.de/bsb00045985/image_138), 66ᵛ–69ʳ. Zur Überlieferung vgl. CASAMASSIMA, Iter Germanicum, S. 235 (ohne diese Hs.). Zum Autor (seit 1334 Doctor legum, Rechtslehrer in Pisa und Perugia, Lehrer des Baldus de Ubaldis, † 1357) vgl. P[eter] WEIMAR, Art. ‚Bartolus de Saxoferrato', in: LexMA 1 (1980), Sp. 1500f., mit weiterer Lit.

140ʳ–144ʳ **Bartolus de Saxoferrato: Tractatus de alimentis.**
>*MATERIA ALIMENTORVM*<. >*A<LIMENTORVM MATERIAM TRACTA-
TVRVS: Quia alimenta deberi congruit* [sonst: contingit] *tam ex iure nature ... –
... et ff. ad Trebell*[ianum] *l. imperator in fine* (= D 36.1). *Et hec de materia alimentorum dicta sufficiant. Deo gratias Amen. Explicit tratctatus de materia alimentorum compositus per Dominum Bartolum de Saxoferrato.* Rest der Seite leer.

Druck: Venedig 1485 (s. o. 133ʳ, eingesehenes Digitalisat: http://daten.digitale-sammlungen.de/bsb00045985/image_213), 104ʳ–105ʳ. Zur Überlieferung vgl. CASAMASSIMA, Iter Germanicum, S. 237 (ohne diese Hs.).

144ᵛ–150ᵛ **Bartolus de Saxoferrato: Tractatus de duobus fratribus invicem habitantibus.**
>*INCIPIT TRACTATVS DE FRATRIBVS*<. >*H<IC TRACTATVS DE FRA-
TRIBVS< simul habitantibus in duas partes principaliter diuiditur. Nam quandoque inter eos contenditur de eis que in uita patris contingunt ... – ... Jac*[obus] *de Are*[na] *in l. Si pater ff. de donat*[ionibus inter virum et uxorem = D 24.1]. *Bar*[tolus].

146ᵛ Anmerkung des Schreibers zu zwei leeren Zeilen: *deest +*.
Druck: Venedig 1485 (s. o. 133ʳ, eingesehenes Digitalisat: http://daten.digitale-sammlungen.de/bsb00045985/image_193), 94ʳ–95ᵛ. Zur Überlieferung vgl. CASAMASSIMA, Iter Germanicum, S. 239f. (ohne diese Hs.).

150ᵛ–155ᵛ **Baldus de Ubaldis: Additio ad tractatum de duobus fratribus invicem habitantibus.**
>*Hic incipit aditio quam fecit Bal*[dus de Ubaldis] *ad tractatum de duobus fratribus simul habitantibus compilatum per dominum Bartolum de Saxoferrato*<. >*Q<VE-
RO, QVID SI FILIVS IMPENDIT circa personam patris eo vivo, an a coherede*

recuperet ... – ... Vltimo inde omnino istam materiam in l. Si patruus, C. communia utriusque iudicis (C. 3, 38, 4). *BALDVS. >DEO GRATIAS AMEN<. Explicit tractatus de duobus fratribus ad invicem habitantibus compilatus per dominum Bartholum de Saxoferrato et subsequenter aditus per dominum Baldum de Perusio, quod a morte preuentus ipse Bartolus non poterat expedire etc.*

Druck: Venedig 1485 (s. o. 133ʳ, eingesehenes Digitalisat: http://daten.digitale-sammlungen.de/bsb00045985/image_196), 95ᵛ–96ᵛ. Zum Autor (Schüler des Bartolus de Saxoferrato, seit 1347 Lehrer für Zivilrecht in Perugia, Pisa, Florenz, Padua und Pavia, † 1400) vgl. P[eter] WEIMAR, Art. ‚Baldus de Ubaldis', in: LexMA 1 (1980), Sp. 1375f., mit weiterer Lit.

156ʳ–162ʳ **Jacobus Gentilis de Perusio: Ordo iudiciarius.**
>Ordo iudicarius compositus per Jacobum Gentilem Procuratorem Perusinum sub (?) *breui compendio.< IN NOMINE DOMINI NOSTRI YHESU CHRISTI, cui omne genu flectitur, ut Extra. de immun*[nitate ecclesiarum = Extr. commun. 3.13] *docet, adsit operi meo et brevi celestis altitudinis potentia ... quoniam aliqui sunt cupientes practicam actorum ciuilium in iuditiis rendorum* (?)*, ideo ego Jacobus Gentilis, minimus inter procuratores Perusinos, modici intellectus, aliqua sub breuitate ostendam. ... – ... traditur per Cy*[num]*, C. de sen*[tentiis] *ex per*[iculo] *reci*[tandis] (= C 7.44). *Non sunt hic alia, deo gratias AMEN. >FINIS. DEO GRATIAS AMEN<.*

Keine Parallelüberlieferung nachgewiesen (dieses Werk nicht verzeichnet bei DOLEZALEK, Verzeichnis Hss. III [Auctores], dort Verweis auf anderes Werk dieses Autors [Tractatus practicae in civilibus causibus], das nur in einer Turiner Hs. überliefert ist). Der Autor evtl. identisch mit Lorenzo di Iacopo Gentili, der durch urkundliche Belege zwischen 1415 und 1429 als Lehrer für Zivilrecht an der Universität Perugia nachgewiesen ist, vgl. Giuseppe ERMINI, Storia dell' Università di Perugia, 2 Bde., Florenz 1971, Bd. 1, S. 503 mit Anm. 22.

162ᵛ–170ᵛ **Angelus de Periglis: Tractatus de paleis et olivis.**
>Incipit tractatus utilissimus et subtilissimus de paleis et oliuis compositus per famosissimum legum doctorem utriusque iuris D. Angelum de Periglis de Perusio, qui migrauit adhuc anno domini Mccccxlvii<. >S<EPE SOLET DE DVOBVS DVBITARI INTER locatores et colonos Perusinos presertim finito tempore locationis et maxime pro penultimo et ultimo anno ... – ... que dicit tex. cum glo. in d. l. Item queritur, § Qui impleto, ff. locati [conducti = D 19.2.11]*. LAVS DEO FINIS. AMEN DEO GRATIAS.*

Druck: Urbino 1493 (s. o. 1ʳ, eingesehenes Digitalisat: http://diglib.hab.de/wdb.php?dir=inkunabeln/82–9-jur-2f-2), m1ᵛ–m6ʳ. Zum Verfasser (Lektor in Perugia seit 1399, später in Padua und seit 1436 erneut in Perugia, † 1447) vgl. ERMINI, Università di Perugia (s. o. 156ʳ), Bd. I, S. 505f., mit weiterer Lit.

171ʳ–174ʳ **Bartolus de Saxoferrato: Tractatus de carceribus.**
TRACTATVS DE CARCERIBVS: >Q<VIA LEGVM PRECEPTA PRINCIPALI-

TER sunt inventa ne pauperes persone molestiis afficiantur... – ... Istud tenet Ray[nerius] *de Forli*[vio] *in l. Milites, C. de epi*[scopali] *audi*[entia] (= C I.4). *AMEN DEO GRATIAS. FINIS.*

Druck: Venedig 1485 (s. o. 133ʳ, eingesehenes Digitalisat: http://daten.digitale-sammlungen. de/bsb00045985/image_273), 134ᵛ–135ʳ. Zur Überlieferung vgl. CASAMASSIMA, Iter Germanicum, S. 257 (ohne diese Hs.).

174ᵛ–175ᵛ Baldus de Ubaldis; Marianus de Cusino; Bartolus de Saxoferrato: Vier Consilia zu Eigentumsfragen.

(1) *CONSILIVM DE DONAMENTIS ET IOCALIBVS MVLIERVM ET QVOMODO REPETVNTVR ET QVANDO. >A<N IOCALIA MISSA MVLIERI PER MARITVM uel sponsum so. ma. sint mulieris uel heredium viri ... – ... Et ita dico et consulo ego Baldus de Perusio.*
(174ᵛ–175ʳ) (2) *>A<NVLVS CVM QVO DESPONSATVR VXOR so. ma. morte viri an sit uxoris uel heredium viri ... – ... Et ita consulo ego Marianus de Cusino.*
(3) *>Q<VERITVR an uestes festiuis sunt uxoris mortuo uiro an heredis uiri ... – ... Ego Bar*[tolus] *de Saxoferrato consulo.*
(175ᵛ) (4) *>A<D IDEM ET DE ALIJS DVBIJS<. >I<N DEI NOMINE AMEN. Viso puncto predicto cum queritur vtrum dicta ... – ... Et ita consulo ego Baldus. FINIS.*

176ʳ Quaestio.

Si maritus non petit dotem sibi promissam infra decem annos, an possit petere alimenta. >Q<VIDAM PVTA NOMINE TITIVS PROMISIT dotem pro filia et stetit forte per xv annos uel xx ... – ... ff. de donationibus inter virum et uxorem (D. 24, 1). *AMEN.*

176ᵛ–177ʳ Tractatus de oppositionibus contra testes.

OPPOSITIONES CONTRA TESTES: >O<PPONITVR AVTEM CONTRA TESTEM, quod est inimicus. C. de testi[bus]*, l. si quis* [testibus usus fuerit ...] (C. 4, 20, 17) *... – ... C. eodem, autentica Testes. FINIS AMEN.*

177ʳ–178ʳ Franciscus de Albergottis: Tractatus de cicatricibus.

TRACTATVS BAR[toli] *DE CICATRICIBVS. >T<RACTATVS DE CICATRICIBVS. IN PREBENDO rectum iudicium nunquid ex uulnere si*[über der Zeile ergänzt: -t] *remansura cicatrix secundum indigentiam* [sonst: exigentiam] *statuorum ciuitatis Florentie plura videntur consideranda. ... – ... nec ne et sanum et rectum consilium poterit exhibere. Bartholus. AMEN.*

Im Titel und Explicit sowie im Register (191ᵛ) Bartolus de Saxoferrato zugeschrieben. Bei CASAMASSIMA, Iter Germanicum, nicht unter den Werken des Bartolus verzeichnet. Stattdessen ein Werk des Francesco Albergotti († 1376), vgl. Adriana CAMPITELLI, Il tractatus de cicatricibus di Francesco Albergotti attribuito a Bartolo di Sassoferrato, in: Annali di storia del diritto 8 (1964), S. 269–288, Edition S. 279–283. Zur Überlieferung (ohne diese Hs.) vgl. ebd., S. 279; DOLEZALEK, Verzeichnis Hss. III (Auctores) s. v. Franciscus de Albergottis. Auch in Nürnberg, StB, Inc 209 fol. (an Druck angebundene juristische Sammelhs., Italien, 4. Viertel 15. Jh.), 52vb–53ra, dort ebenfalls Bartolus zugeschrieben, vgl. NESKE, StadtB Nürnberg 4, S. 202.

178^{r-v} **Baldus de Ubaldis: Tractatus de venditione rei minoris.**
>S<*VBSTANTIALIA, SINE QVIBVS VENDITIO rei minoris non tenet secundum Baldum. Nota que requirantur ut venditio minoris facta de bonis pupilli valeat ... – ... cum venditio dici non possit. BALDVS.*

178^{v} **Kolophon von H 2:** *Hic liber Compendiose domini Tancredi de Corneto et aliorum tractatuum prefatorum famosissimorum doctorum est mey Petri quodam Barth[olom]ey de Ghaleottis de Piscia notarii publici Florentini, quem scribi feci pro maiori parte et im (!) partem manu propria scripsi pro mei usu et meorum liberorum ad laudem et gloriam omnipotentis dey sueque gloriose ac beate matris virginis Marie et omnium sanctorum et sanctarum celestialis curie paradisi. Sub anno domini ab eius salutifera incarnacione Mcccclxviii, indictione prima et hac die xiii mensis Augusti feliciter finitus. DEO GRATIAS AMEN.*
Darunter: Eintrag eines späteren Besitzers (16. Jh.): *Et in presentiarum mej Francisci de Nouelluccijs de sto. (?) S. (?) V. D. fuit enim mihi muneri aportatus a domino Ansano Parisio de Co. (?).*

179^{r}–180^{v} **Casus qui de iure civili puniuntur ad mortem.**
>*Infrascripti sunt casus qui de iure civili puniuntur ad mortem*<. *Qui christianum hodio nominis christiani dilapidat, ut C. de Iudeis, l. ii.* (C. 1, 9). *Qui maius sacrilegium facit, ut C.* (!) *ad leg[em] Iul[iam] pec[ulatus ...], l. sacrilegii* (D. 48, 13, 7) *... – ... Et im* (!) *predictis malefitiis proceditur de similibus ad similia, ut ff. de re milit[ari], l. milites* (D. 49, 16, 13) *... et similia capite puniuntur. Ita dicit Baldus in dicta sua repetitione.*
55 Casus, jeweils mit Stellenverweisen auf den Codex Iustinianus und die Digesten.

181^{r}–191^{v} **Register** des Schreibers (H 2) zum gesamten Band bis Bl. 178.

An den unteren Seitenrändern von 178^{v}–191^{v} sowie auf den leeren Seiten 192^{r}–194^{v} und 198^{v} Nachträge, wohl von der Hand des späteren Besitzers der Hs. (*Francisc[us] de Nouelluccijs*, 16. Jh.?), s. o. Geschichte und 178^{v}: **juristische Aussagen mit Verweisen auf juristische Quellen sowie die Bibel**, z. B.: (192^{r}) *Iudex illud dicitur ‚posse' quod honeste potest; Glossa in uerbo ‚poterit'* ...; (193^{r}) ... *Con-*

suetudo loci est servanda propter schandalum (!). *Glossa in c. 2* …; … *ut dicit Joh. c. 3: Homines dilexerunt magis tenebras quam lucem* (Io 3,19); *Tu scis quod fauorabiliores sunt rei quam actores* … (D. 50, 17, 125).

195^r–198^r (mit Seiteneinrichtung) leer.

198^r Nachträge zum Register von der Hand des späteren Besitzers, s. o.

MS 8° NA 5255
Stadtbuch, Privilegien und Oldermannsbuch der Stadt Groningen · Landrecht von Selwerd, Schreiben des Selwerder Amtmanns Johann Schaffer

Papier · 199 Bll. · 20 × 14,5 · nordöstliche Niederlande (Groningen oder Selwerd) · 16. Jh., 4. Jahrzehnt (nach 19.03.1537)

Zustand: Vorsatzbll. vorn und hinten stark verschmutzt (wohl zeitweise ungebunden aufbewahrt). Feuchtigkeitsschäden, z. T. Abklatsche der nachträglich eingefügten Initialen auf Gegenseiten, z. B. 11^v, 14^v, 98^v. Auf dem vorderen Spiegel Abklatsch eines roten Ornaments (von einem heute fehlenden Blatt?). 2001 restauriert, vgl. Aufkleber auf dem hinteren Spiegel.

Kodikologie: Bleistiftfoliierung März 2012: *1–199*, dabei Falze des bei der Bindung eingefügten Pergamentfragments (s. u.) vorn und hinten als *I* und *II* foliiert. Wz.: durchgängig: Krug mit zwei Henkeln und Krone, Formenpaar, Typ BRIQUET 12864 (Utrecht 1525) und 12866 (Maastricht 1535) sowie LIKHACHEV, Nr. 1612/13 (ohne Ort, 1537), dort jeweils abweichende Größe und weiteres Beizeichen: vierblättrige Blüte. Lagen: 5 IV^{40} + VI^{52} + 3 IV^{76} + II^{80} + 14 IV^{192} + (IV-1)^{199}, es fehlt ein Bl. nach Bl. 195 (kein Textverlust).

Schriftraum 15–16 × 11, eine Spalte, 20–21 Zeilen, Kursive von einer Hand. Vom Schreiber zunächst einfache Tintenlombarden eingefügt, z. T. mit Aussparmotiven und selten mit Gesichtern (z. B. 61^v, 94^r, 128^v). Auf Bl. 5^r–111^r und 116^v–149^r wohl nachträglich (vom Vorbesitzer, s. u. 104^r) rubriziert: Überschriften mit roter Farbe nachgezogen bzw. eingefügt (zu fehlerhaften Überschriften ab 122^r s. u. Inhalt); fehlende Buchzählung ergänzt (z. B. 16^r, 17^r, 19^r, 20^r, 23^r, 24^r); Strichelung der ersten Buchstaben jeder Zeile in den Registern, z. T. durch senkrechten roten Strich ersetzt (13^v–14^r), nur auf 116^v–118^v in grüner Farbe; Tintenlombarden mit roter Farbe über- oder ausgemalt sowie eine grüne Lombarde auf 118^v (*O* statt I) eingefügt.

Einband: Kopertumschlag aus Pergament, Buchblock mit drei Lederbünden befestigt, Umschlagklappe abgeschnitten. Auf dem Rücken ursprünglich gelbes, schwarz gerahmtes Titelschild (Reste erhalten), ursprünglich darüber angebrachtes Signaturschild der Bibliothek des Reichsgerichts (*NA 5255*) abgefallen und lose beiliegend, November 2013 restauriert.

Fragment: 2 Streifen eines Pergamentblattes als Flügelfalz um erste und letzte Lage, Größe: ca. 3–3,5 × 19,5, Schriftspiegel 13,5 breit, 2 Spalten, 12 Zeilen sichtbar, stark gekürzte Universitätsschrift, 14. Jh., rubriziert: rote Paragraphenzeichen zur Gliederung, vierzeilige rote Initiale mit blauem Fleuronné; Inhalt: **Commentarium in IV libros Sententiarum Petri Lombardi** (Kommentar zu Distinctio 38), vgl. II^r: >C<*irca distinctionem 38, in qua magister agit de predestinacione et presciencia. Quero cum magistro: Utrum prescientia dei rerum futurarum contingentium imponat necessitatem libero arbitrio* ...

Geschichte: Die Hs. entstand im 4. Jahrzehnt des 16. Jh.s (Wz.befund), sehr wahrscheinlich in Groningen oder Selwerd (heute Stadtteil von Groningen). Die Datierung wird durch inhaltliche Aspekte (nach 1529, vgl. 139^r–149^r, und vor 1553, vgl. datierter Eintrag 24^v von jüngerer Hand zur Kapiteleinteilung von Liber II) bestätigt, wobei als terminus post quem der Beschluss des Rates von Groningen gegen die Wiedertäufer (19.03.1537, s. u. 137^v–138^r) anzusehen ist. Für eine Entstehung in Selwerd spricht die Aufnahme von Kopien des Selwerder Landrechts (139^r–149^r) sowie des Schreibens des Selwerder Amtmanns Johann Schaffer von 1487 (149^v–150^r). Sehr wahrscheinlich wurde die Niederschrift durch einen seiner Nachfolger veranlasst, vielleicht durch den möglicherweise mit ihm verwandten und in den Jahren 1532–36 als Selwerder Amtmann bezeugten Claas Schaffer (vgl. FEITH [Hg.], Selwerder Landregt van Karel van Gelre [s. u. 139^r], S. 71).

Auf 104^r in die Rubrizierung einbezogener zeitgenössischer Besitzeintrag radiert: >*Poss*[*ess*]*or huius libri* [...] *C*[.]*as S*[...]< (evtl. der oben genannten Claas Schaffer?). Sehr wahrscheinlich übernahm der Schreiber dieses Besitzeintrags die Rubrizierung der gesamten Hs., s. o. Kodikologie. Auf dem letzten Blatt (199^v) Namenseintrag (16. Jh.) durchgestrichen: *Hey*[n]*er Slotemaser* (Lesung unsicher). 115^v Eintrag eines weiteren Vorbesitzers (16. Jh.), ohne Namensangabe.

Auf 1^r Bleistifteintrag *286* (Eintrag von einer Auktion?), auf 1^v ältere Signatur *(O II III^m* oder *111^m?),* darunter *Stadtboek*, sowie Einträge der Bibliothekare des Reichsgerichts. Die Hs. wurde am 05. Dezember 1879 von Serig (Serig'sche Buchhandlung Leipzig) für 8,50 Reichsmark an die Bibliothek des Reichsgerichts verkauft, vgl. Zugangsbuch Nr. 3, 1879–83, Zugangsnummer: 7473, sowie Bleistift- bzw. Tinteneinträge auf 1^r und 1^v: *7473*. Auf 2^r Stempel der Bibliotheken des Reichsgerichts, des Bundesgerichtshofs (durchgestrichen) sowie des BVerwG. Auf 3^r Bleistifteinträge des Bibliothekars (Karl Schulz) zu vorhandenen Editionen, darunter (wohl ähnliche?) Bleistifteinträge radiert.

Schreibsprache (Bestimmung durch Werner Hoffmann, Leipzig): nordostmittelniederländisch. Folgende Schreibungen sind charakteristisch für den Nordosten des niederländischen Sprachgebiets (Übergangsgebiet zum Niederdeutschen): *old* für nl. *oud* in *wolden, holden, olt, veruolth* ('vierfach'); *a* für *o* in *auer* ('über'); *e* für *ie* in *kesen, verhondert, breue*; *nye* ('neu'); Pronomen *oere* (neben *hoere*) für 'ihre' und *hie* für 'er'; *vnnd* (neben *ende*) für 'und'; *hylligen*. Zu den Merkmalen des nordöstlichen Mittelniederländischen vgl. A. VAN LOEY, Middelnederlandse spraakkunst. II. Klankleer, 6. Aufl. Groningen 1971, S. 129, § 131.

Literatur: DOLEZALEK Liste 2005: http://www.uni-leipzig.de/~jurarom/manuscr/RgMsMatr.html. (dort datiert: „sXV ex.").

1^r–4^v leer bis auf Bibliothekarseinträge (1^v und 3^r) und Bibliotheksstempel (2^r), s. o. Geschichte.

Die Textabfolge dieser Hs. mit Ausnahme der Texte auf 136ᵛ–139ʳ und 149ᵛ–150ʳ übereinstimmend mit der Hs. Utrecht, UB, Ms. 1146 [Hs 5 G 17] (16. Jh., 170 Bl., 1707 im Besitz des Bürgermeisters von Arnhem Derck Reynier van Bassen und 1875 aus der Auktion seiner Hss. in Arnhem für die UB Utrecht erworben), vgl. TIEL, UB Utrecht I, S. 276; Datenbank ‚Medieval Manuscripts in Dutch Collections' (http://www.mmdc.nl/static/site), mit Bild von Ms. 1146, 14ʳ, sowie Volldigitalisat, verfügbar über: https://utrechtuniversity.on.worldcat.org/oclc/965429013 (letzter Zugriff 01.04.20).

5ʳ–111ʳ **Stadtbuch von Groningen (1425, mit Ergänzungen von 1448 bis 1526).**
(5ʳ–14ʳ) [Register:] >*H<yr begijnt de tafele vanden ersten boekelijn der talle*<. >*Hijr begint der stadt boeck uan Groningen*<. ...; (14ᵛ) leer;
(15ʳ) [Anrufungsformeln und Prolog (als Kapitel 1 von Buch I):] >*S<ancte spiritus assit nobis gratia. Deus iustus iudex, frotis* [lies: *fortis*] *et paciens et multum misericors sith nobis semper propicius. Amen.* >*Hyr beginth der stat boek van Groningen*<. *Inden namen des* [gestrichen: *herenn*] *vaders vnnd sons vnnd des hylligen geystes. Amen. Inden jaer vnses* [es fehlt: *herenn*] *dusenth ferhunderth vyffenndetwyntich doe auer droghen des auer ende* [lies: *een*] *die borgemester vnnd die mene raeth und die wysheyt vander stad vann Gronyngen, dath se wolden vernijwen vnnd holden oren stad rechte also als na beschreuen is* ... – ... *ende die rechte synth gedeelth in negen boken, vp dath alle sakenn tho rechte ende clarlyckenn tho vynden sinth*.;
(15ʳ–111ʳ) [Text:] >*Von den rade to kesen*<. >*D<ye borgemestere vnnd die raedt sullen alle iaer ferteynn dage vor sunthe Peters dage ad Cathedram tho samen komen* ... – ... *schalmen gelden naden stadt boeck, offthe he nycht vredelos en wer, beholde de schuldige synen vrede. Actum anno M. vf. xxvi* [05.09.1526]. *Finis.*

Eingeteilt in 9 Bücher, Buchzählung vom Schreiber in römischer Zählung, von jüngerer Hand arabische Buchnummern ergänzt. Kapitelzählung (in römischen oder arabischen Zahlen), wohl vom Schreiber; am Ende der einzelnen Bücher rubrizierte Anrufungen, z. B. (87ʳ) >*dominus deus noster allelu*[ia]<, (98ʳ) >*pater*<.
(15ʳ–24ᵛ) Buch I, 33 Kapitel, 24ᵛ bis auf zwei Zeilen leer, hier Nachtrag von jüngerer Hand zur Kapiteleinteilung in Buch II: *Dat erste, anderde en seste punt des anderden bokes ys verandersatet. Anno* ·1·5·5·3·;
(25ʳ–31ᵛ) Buch II, 30 Kapitel, Rest von 31ᵛ leer;
(32ʳ–48ʳ) Buch III, 48 Kapitel, dabei Kapitel 48 Nachtrag vom 22.10.1451 (so auch im Druck von 1828 [s. u.]), 48ᵛ leer;
(49ʳ–61ᵛ) Buch IV, 34 Kapitel;
(62ʳ–73ᵛ) Buch V, 59 Kapitel (Kapitelzählung springt auf 71ʳ⁻ᵛ von 44 auf 46), Rest von 73ᵛ leer;
(74ʳ–81ʳ) Buch VI, 32 Kapitel, Rest von 81ʳ leer;
(81ᵛ–87ʳ) Buch VII, 26 Kapitel, Rest von 87ʳ leer;
(87ᵛ–98ʳ) Buch VIII, 46 Kapitel, 93ʳ bis auf 7 Zeilen und 93ᵛ vollständig leer, da Kap. 29–31

fehlen (so auch im Druck von 1828); Kapitelzählung ab 96ᵛ korrigiert, Rest von 98ʳ sowie 98ᵛ leer;
(99ʳ–111ʳ) Buch IX, Kapitel 1–46, Kapitelzählung nur bis 104ʳ: 26 Kapitel, Rubrizierung nur bis 104ᵛ; ab 102ᵛ Ergänzungen (so auch im Druck von 1828): (102ᵛ–103ʳ = Kap. 18): 21.12.1448, (103ʳ⁻ᵛ = Kap. 20): 1456, (103ᵛ = Kap. 21): 06.09.1459, (104ᵛ = [Druck: Kap. 27]): 20.02.1466, (104ᵛ = [Druck: Kap. 28]): 03.06.1468, (105ʳ⁻ᵛ = [Druck: Kap. 29]): 29.06.1476, etc. bis (111ʳ = [Druck: Kap. 46]): 05.09.1526, Rest von 111ʳ leer.
Edition: Jacob DE RHOER (Hg.), Stadboek van Groningen van het jaar 1425, Verhandelingen ter nasporinge van de wetten en gesteldheid onzes vaderlands, waar by gevoegd zyn eenige analecta tot dezelve betrekkelyk / Pro Excolendo Jure Patrio, Teil 5 (1828), S. 1–194, mit Prolog. Edition eines älteren Stadtbuchs von 1332 (z. T. übereinstimmende Passagen, aber weniger umfangreich): Albartus TELTING (Hg.), Stadboek van Groningen (Werken der Vereeniging tot uitgaaf der Bronnen van het Oude Vaderlandsche Recht, Teil 1,9), s'-Gravenhage 1886, S. 1–97, hier Einleitung S. V–XI zum Verhältnis beider Fassungen, sowie zur Datierung der jüngeren Fassung (statt 1425: aus dem Jahr 1446).
Zur Parallelüberlieferung (2 Hs. des 15. Jh.s, 8 Hss. des 16. Jh.s, 1 Hs. des 16. oder 17. Jh.s) vgl. ‚Medieval Manuscripts in Dutch Collections' (http://www.mmdc.nl/static/site) und ‚Bibliotheca Neerlandica Manuscripta' (http://www.bibliotheek.leidenuniv.nl/bijzondere-collecties/handschriftenarchievenbrieven/bnm.html#database), jeweils mit weiteren Lit.verweisen und z. T. Digitalisaten. Im Einzelnen:
15. Jh., 1. Hälfte: Aurich, Niedersächsisches Staatsarchiv, Dep. IV Msc. IX, 40;
15. Jh., 2. Hälfte: Amsterdam, UB, ms. VII C 8;
16. Jh., 1. Hälfte: Assen, Rijksarchief, collectie Oldenhuis Gratama, ms. 100 (ca. 1525), Den Haag, KB, ms. 75 G 17 (1542), Den Haag, KB, ms. 75 G 18 (frühes 16. Jh.), Den Haag, KB, ms. 76 H 7 (1511);
16. Jh., 2. Hälfte: Groningen, UB, PEIP 54;
16. Jh.: Leeuwarden, Provinsjale Biblioteek fan Fryslân, 591 hs. (nach 1535, vor 1598); Groningen, UB, ms. PE 63; Utrecht, UB, Ms. 1146, 1ʳ–126ʳ (s. o.);
16./17. Jh.: Groningen, UB, PEIP 58.

104ʳ mitten im Text in die Rubrizierung einbezogener zeitgenössischer Besitzeintrag, radiert, s. o. Geschichte.

111ᵛ–115ʳ Urkunde des Herzogs Karel van Gelder zur Anerkennung der Privilegien der Stadt Groningen (18.02.1518), Abschrift.
Wy Karle, vander genadenn godes hartoch van Gelre vnnd van Gulych vnnd [danach Wort gestrichen] *graue van vann* (!) *Sutphenn etc. doen kunth, alßo vnße leue raeth vnnd getruwe Wyllem vann Oy marschalck inth jaer van vyfftyn hunderth vnnd vyffteynn myth burgemesternn vnnd rath, … mythen ganßen meenthe vnser stadt Groningen seker artyculenn … verdragen vnnd geslothenn hefft, in maneren als hyrna uolgeth.*
Es folgen 14 Einzelbestimmungen über Privilegien der Stadt Groningen: *Also vnße stadt burgeren vnnd ingeseten vorß hyrheuorens vanden biscop stathe vnnd*

kerckenn van Utrycht in oeren noeden verleth …; am Ende Datierung: … *inth jaer onses hern* [gestrichen: *dusenth*] *dusenth vijffhunderth ende achteyn, den achteynden dach des maenth Februarij.* Darunter: *Nyc Vybrij* (?). Rest von 115^r leer.

Inhalt: Herzog Karel van Gelder ratifiziert den am 17.02.1515 zwischen seinem Marschall Willem van Ooy und der Stadt Groningen geschlossenen Vertrag, wobei die Stadt den Herzog als Landesherr annimmt und der Herzog die städtischen Privilegien anerkennt. Es fehlt die im Original und im Druck vorhandene, den Text abschließende Zeugenliste.
Original: Oud Archief van Groningen, FEITH, Register (s. u.), Nr. 1518.8, hier auch zu weiteren Abschriften von 1560, 1563, 1571 und 1633. Digitalisat über: Groninger Archieven: https://www.groningerarchieven.nl/, suchbar unter: „Stadsbestuur van Groningen (1), 1246 – 1594, Stadskist onder letter P; inv. 18e eeuw B2–9". Auch in Utrecht, UB, Ms. 1146, 127^r–130^r (s. o.).
Druck: H[endrik] O[ctavius] FEITH: Werken Van Den Ommelander Edelman Johan Rengers Van Ten Post, I: Kronyk, Groningen 1852, S. 218–223. Vgl. DERS., Register van het Archief van Groningen, Bd. 1: 802–1534, Groningen 1853, Nr. 1518.8, S. 340. Zu Karel van Gelder [auch: van Egmont], Herzog von Gelder und Graf von Zutphen (1467–1538) vgl. Koert HUIZENGA, Groningen en de ommelanden onder de heerschappij van Karel van Gelder 1514–1536, Groningen 1925, hier S. 19f. Inhaltsangaben des Vertrags und S. 40.

115^v leer bis auf Eintrag eines Besitzers (16. Jh.): *Nomen meum hic pono, librum meum perdere nolo, si librum meum perdere voluissem*, bricht ab.

Ein am Ende abweichender Besitzeintrag (Nomen meum hic pono, quod librum perdere nolo, si perdere voluissem, nomen meum hic non posuissem) von der Hand eines Carolus de Vos in der Hs. London, BL, Stowe 19, 181^r (Stundenbuch, südl. Niederlande [Brügge], ca. 1490–1500), vgl. Hs.-Beschreibung http://www.bl.uk/catalogues/illuminatedmanuscripts/record.asp?MSID=1322&CollID=21&NStart=19 (Stand 01.04.20), mit weiterer Lit.

116^r–136^v **Oldermannsbuch von Groningen (1446, 1458 und 1510).**
(116^r–118^r) [Register:] *Assith ad inceptum virgo Maria meum* (vgl. COLOPHONS VI, Nr. 19984). *Item liber primus vanth gyltrecht te kesenn.* …, am Ende Reimspruch: *Dyt getaell sunder twyuell is hyr all.*;
(118^v–134^v) [Text:] *Item aldus salmen kesen die genne die dath gylthrecht verwaren sullen<. Item primus libre* (!). *>O<N* (lies: An) *sunthe Peters dach ad Cadedram, die de xii. dath jaer vthenn rede gaen* … – … *segelth dat scyp ouer iii mile weges to der se werth, hie sal geuen vulle vracht.*

(118^v–121^r) Buch I: [Gildregt], 11 Kapitel, am Ende dat.: … *anno domini M° cccc lviii.*;
(121^r–128^v) Buch II: *Stat rechte van Groninghen inder morghensprake*, 49 Kapitel (Text von Kap. 5 [122^r] versehentlich übersprungen, die rubrizierten Kapitelüberschriften aber ohne Berücksichtigung dieser Textlücke dennoch bis Kap. 46 eingetragen);
(128^r–134^v) Buch III: *Water recht*, 43 Kapitel im Unterschied zur Ed. (33 Kap.), da in der Hs. die einzelnen Abschnitte des folgenden Zusatzes von 1446 in die Kapitelzählung einbezogen sind.

Kapitelüberschriften teilweise nachträglich ergänzt (z. B. 118ᵛ, 119ʳ). Buchzählung am oberen Seitenrand 121ʳ–123ʳ fehlerhaft (>*primus liber*<), auf 123ʳ durchgestrichen und korrigiert. 132ʳ Passage rot unterstrichen.
Edition (nach einer Kopie von 1642): H. O. FEITH, Het Oldermansboek of verzameling van stukken, behoorende tot het gild-, water- en stapelregt van de stad Groningen van 1434–1770, Groningen 1850, S. 1–33.

(134ᵛ–136ᵛ) [Ergänzung:] >I<*Nt jaer vnß heren M cccc xlvi des dinxdages nae onser lieuer frouwen tlichtmissen doe ouerdroghen die borgemester vnnd raeth mitter sworne menthe alle dusse punthen hyr na bescreven staen:* (135ʳ) >A<*lle vremde coeplude moegen alle vnße merkede hoer lakenne vercopen in vnße wanthuus ... – ...by pene der verboertnise een marck goltz. Anno etc. dusenth vᶜ ende x den viijᵗᵉⁿ dach inden Meerth* [08.03.1510].
(134ᵛ–136ᵛ) Zusatz von 1446/1510 in 10 Kapiteln, wie in der Ed. nach Buch III, in anderen Hss. am Schluss von Buch II.
Edition: FEITH, Het Oldermansboek (s. o.), S. 33–36.
Giltrecht und Waterrecht auch in Utrecht, UB, Ms. 1146, 131ʳ–157ʳ (s. o.). Eine weitere Hs. (1510–20, 80 Bll.) erhalten in Groningen, Gemeentarchief, Oct. 63, vgl. JANSEN-SIEBEN, Repertorium, G1320 und ‚Bibliotheca Neerlandica Manuscripta' (s. o.). Zum Inhalt vgl. Karl KUNZE, Hansen und Hansegrafen in Groningen, in: Hansische Geschichtsblätter 1894, Leipzig 1895, S. 129–134.

136ᵛ Angaben zu Währungen und Bußzahlungen.
Item en schylling engels iii stoters. En schyllinge sterlinges viiij stoters. En punth grothe sterlinges vi golt gr. Andreas. ... – ... Item wanth daz recht geslothen is ... – ... alle bothe ende brocke mach nijcht hoger rysen dan veruolth.

137ʳ–139ʳ Vermischte Sammlung von einzelnen Rechtsbestimmungen der Stadt Groningen, 1537.
>S<*oe welck persoen, man offthe wyjff, bynnen vnße stath off bynnen lande tusschen der Eemze ende die Landwersche ende in Dreenthe woneth ende tynn jaer lanck mundich is gewesth ... – ... Een doetslager mach vor gen doetslager borge werden.* (139ʳ) *Vleggers* (?) *daer die datum van js dusenth iiijᶜ xxviii hen toth lxxiii js dat stucke gueth vor een stl.* (?).
Inhalt:
(137ʳ) 1. Erbansprüche von Einwohnern, die zehn Jahre außer Landes waren;
2. Bußen bei Gewaltdelikten;
3. Verbote zum Waffentragen: *Nemant sal dragen verboden wapen als stucke van lode, van metal, van copper ...*;
(137ᵛ) 4. Auswärtige, die Schulden bei Einheimischen haben;
(137ᵛ–138ʳ) 5. Eidesformel, nicht den ‚Anabaptisten' und Wiedertäufern anzuhängen, und Anhänger der Sekte dem Rat zu melden: >W<*hy louen ennd sweren by den almachtigen goth ende daz hyllinghe evangelium, dat wy my vorth na dussen dage die nye seckten ende luyde der*

anababtystenn offte wedderdopers nicht mer anhangig noch byuellig sollen weßenn …; (138ʳ) Ausweisung und Bestrafung derjenigen, die diesen Eid nicht schwören: *>V<orth hebben wij borgemester ende raeth, olt ende nye, sworne menthe ende bouwmesters van die gylden, vordragen ende geslothen, daz de alsulcken eedt nicht doen willen, sullen terstunth ter stat uth* …;
(138ʳ) 6. Zunftbestimmungen;
(138ʳ⁻ᵛ) es folgen ca. 15 weitere kurze Rechtsbestimmungen (im Gegensatz zu den anderen Bestimmungen nicht in die Rubrizierung einbezogen).
Keine Edition des gesamten Textes ermittelt.
Die Eidesformel gegen die Wiedertäufer (5) und die anschließende Bestimmung des Rates fast gleichlautend in einem Brief der Stadt Groningen an den Landvogt vom 19. März 1537 (= G. A. [Gemeentearchief] Groningen, Register Feith no. 24), abgedruckt in: A. F. MELLINK (Hg.), Documenta anabaptistica Neerlandica, Bd. 1: Friesland en Groningen (1530–1550) (Kerkhistorische bijdragen 6), Leiden 1975, S. 143. Zu den historischen Hintergründen vgl. A. F. MELLINK, De wederdopers in de noordelijke Nederlanden 1531–1544, Groningen 1954 (ND Leeuwarden 1981), v. a. S. 254–269; DERS., Groningse Wederdopers Te Munster (1538) Een Bijdrage Tot De Geschiedenis Der Batenburgse Richting, in: Nederlands Archief voor Kerkgeschiedenis, 44/1 (1962), S. 87–100(14).

139ʳ–149ʳ Landrecht von Selwerd (27.01.1529).

>I<tem dyt nage[screuen] *is ene copie van die confirmacie vant gerichte van Zellwert, die welcke unß U. L. H.* [unse leve here?] *van Gelre … geconfirmert heffth.*
(139ʳ–140ʳ) [Prolog:] *Wy Karle, vander gnade Gotz hertoge van Gelre ende van Gulich ende greue van Zutphen, here van Gron*[ingen] *… doen kond ende bekennen vor vnsern aruen ende nakomelingen, dat wy nu ter oetmodiger beden ende beger onß amptzmans … – … Gegeuen jnden jaer vnß heren dusenth vyffhunderth negenendetwintich, vpten souenendetwintichsten dach des maentz Januarij.*;
(140ʳ–149ʳ) [Text:] *Copia copia. >Item<. Dyt na ges*[chreven] *isset principaell lantrecht inden gerichte vann Zelwerdth. >E<rffnisse van vader vnnd moder zullen staen twe suster thegenn een broder … – … so breketh die beroper den schulth xv marck.*

Edition: H. O. FEITH (Hg.), Selwerder Landregt van Karel van Gelre, van Louwmaand 1529, mit aanteekeningen en een geschiedkundig overzigt van Selwerd en diens regten, Groningen 1846 (Digitalisat dieser Ausgabe: http://reader.digitale-sammlungen.de/resolve/display/bsb 10563801.html), S. 1–29. Zur Überlieferung vgl. ebd., S. 62f. (ohne diese Hs.).
Auch in Utrecht, UB, Ms. 1146, 158ʳ–170ʳ (s. o.).

149ᵛ–150ʳ Schreiben des Selwerder Amtmanns Johann Schaffer (1482), Abschrift.

Ick Johann Schaffer, inder tyth amptmann des gerichtz van Zelwerth, bekenne vnd betuge mijth dessen openen breue, dat die meenthe des gerychtz van Selwerth … eeyn ordell gewyseth hebben … – … in orkunde hebbe ick Johann Schaffer amptman vorg[enannt] *myn segel vpt spacium des breues gedrucketh geß. inden* (150ʳ) *jaer vnßes hern dusenth verhunderth twe ende tachthich vp sinthe Tomas auenth apostoli* [21.12.1482]. *Copia.*

Keine Edition ermittelt. Johan Schaffer als „schulte [...] des gherichtes van Zelwert" bzw. „ambtman van het gericht van Selwert" auch genannt in zwei am 21.02.1483 und 21.07.1483 ausgestellten Urkunden (Groningen, Archieven van kloosters in de provincie Groningen, inv.nr. 186, reg. 697 und 707), vgl. Digitaal Orkondeboek van Groningen en Drenthe: http://www.cartago.nl/oorkonde/kla0697 bzw. [...]kla0707. Für die Jahre 1499–1501 ebenfalls erwähnt in der Liste der Amtmänner bei FEITH (Hg.), Selwerder Landregt van Karel van Gelre (s. o. 139^r), S. 71.

150^r Rest der Seite sowie 150^v–199^r leer. 199^v durchgestrichener Namenseintrag (16. Jh.), s. o. Geschichte.

MS 8° P 14110
Registrum brevium regum Angliae

Pergament · I + 233 Bll. · 13 × 8,5 · (Nord-?) England · 14. Jh., 2. Drittel

Zustand: teilweise minderwertiges Pergament (Randstücke und Löcher, z. B. Bl. 205–208, geringeres Format, z. B. Bl. 65, 70, 159–160, 175, 196, 207–210 und 232–233); Bl. 172 waagerecht eingerissen.

Kodikologie: Bleistiftfoliierung Januar 2012: *1–233*, Vorsatzbl. vorn: *I*. Zeitgenössische Tintenfoliierung am unteren Seitenrand vom Schreiber nur bis Bl. 74: *i°-75°* (zum Blattverlust, s. u.). Lagen: 6 IV^{48} + (IV-1)^{55} + 7 IV^{111} + (II-1)^{114} + 2 IV^{130} + V^{140} + 11 IV^{228} + (II-1)^{231} + I^{233}; es fehlen ein Bl. nach Bl. 50 (Textverlust, zeitgenössische Foliierung springt von *50°* zu *52°*) und nach Bl. 114 (kein Textverlust feststellbar), Reklamanten: 8^v, 16^v, 24^v etc. bis 228^v; Lagenzählung z. T. beschnitten und nur teilweise erhalten: 32^v *iiii*, 71^v *ix*, 87^v *xi*, 95^v *xii*, 103^v *xiii* etc. bis 228^v *xxviii*; ab Lage 4 teilweise zusätzlich Lagenfoliierung: 25^r–28^r *b i – b iiii*, 41^r–44^r *c i – c iiii*, 49^r–51^r *d i – d ii, d iiii*, 56^r–59^r *e i – e iiii*, 72^r–75^r *f i – f iiii*, 96^r–99^r *g i – g iiii*, 168^r *n iiii*, 189^r–192^r *o i – o iiii*, 207^r–208^r *q iii – q iiii*.

Schriftraum: 8,5–9 × 5–5,5, Schriftspiegel mit Tinte vorgezeichnet. 1 Spalte, 25–29 Zeilen. Ältere got. Kursive von einer Hand. Von der Hand des Schreibers auch der größte Teil der Seitentitel und Überschriften am Blattrand eingetragen (z. T. in Rubrizierung einbezogen). Rubrizierung nur auf einzelnen Seiten durchgeführt (1^r, 8^v, 28^r, 29^v, 42^v, 47^r, 53^{r-v}, 57^r, 59^r, 60^v, 62^r, 72^r, 79^r, 98^r, 99^v–100^r, 101^v, 106^r, 109^v, 115^r, 122^v, 125^v, 128^r, 131^v, 134^v, 140^r, 149^r, 150^r, 155^v, 156^v, 167^r, 192^v–193^r, 199^r, 209^r, 213^r, 216^r, 217^v, 220^v, 223^v und 226^r): alternierend rote und blaue Paragraphenzeichen zur Textgliederung und zur Hervorhebung der Überschriften in den Marginalglossen. Nur auf diesen Seiten zwei- bis fünfzeilige blaue Initialen mit rotem Fleuronné, z. T. mit Fadenausläufern, z. T. verwischt (z. B. 192^v). 1^r Auszeichnung des Textbeginns durch Fleuronné-Initiale und rahmende Bordüre an drei Seiten um den Schriftraum in Blau und Rot. Am Beginn der einzelnen ‚writs', in denen der König als Aussteller genannt wird (s. u. Inhalt), Verdickung der Buchstabenschäfte der oberen Zeile in brauner Tinte. Auf den rubrizierten Seiten selten am unteren und oberen Seitenrand Zeichnungen in roter Tinte: 53ᵛ Büste eines Mönchs (mit Tonsur), der den Arm über den Kopf legt und etwas isst (?), 106ʳ Büste eines Königs (mit Krone) mit ausgestrecktem Arm, 115ʳ Oberkörper eines Mönchs, der Schreibfeder prüft. Nachträge von einer etwas jüngeren Hand (14. Jh., 2. Hälfte): marginale Ergänzungen (z. B. 23ʳ, 72ʳ, 132ᵛ, 156ᵛ) und fehlende Seitentitel (z. B. 14ᵛ–23ᵛ, 65ᵛ, 88ʳ, 93ᵛ, 98ᵛ, 106ᵛ, 108ᵛ, 128ᵛ–131ʳ, 138ʳ–147ʳ, 149ᵛ–164ᵛ).

Einband: neuzeitlicher dunkelbrauner Einband mit Kalbslederbezug über Pappdeckel, nur durch Rahmen aus zweifachen Streicheisenlinien gegliedert. Restauriert: neuer Rückenbezug, vgl. die Bindeanweisungen, s. u. Geschichte. Nach Ausweis von Löchern im Pergament des vorderen Vorsatzes dürfte der ursprüngliche Einband vier Schließen aufgewiesen haben.

Geschichte: Die Hs. entstand nach Ausweis des paläographischen Befundes im 2. Drittel des 14. Jh.s in England, s. die Vergleichsbeispiele in: ROBINSON (Hg.), Dated and Datable Manuscripts, Pl. 54 (1356) und 55 (1358–61). Vgl. auch eine sehr ähnlich gestaltete, von der Schrift wohl etwas ältere Hs. dieses Textes (Yorkshire oder Lincolnshire, 14. Jh., 2. Viertel), die bei der Kunstgalerie Les Enluminures (Paris) versteigert worden ist (Nummer TM 257, vgl.: http://www.textmanuscripts.com/medieval/registrum-brevium-writs-illuminated-60545, Stand 01.04.20).
Es handelt sich um eine individuelle, wohl von einem Notar angefertigte Zusammenstellung von königlichen Beschlüssen (writs). Als Aussteller wird an einigen Stellen König Edward (wohl Edward II., König von 1307–27, oder Edward III., König von 1327–77) genannt (z. B. 1ʳ, 57ʳ, 72ʳ, 98ʳ, 99ʳ, 106ʳ, 115ʳ, 128ʳ etc. bis 226ʳ), sonst werden meist Stellvertreterformeln (z. B. *Rex vicecomiti salutem*) verwendet. In den meisten Fällen werden konkrete Namen aus den Vorlagen nicht übernommen (s. u. 27ʳ), sondern stattdessen Stellvertreter-Buchstaben eingesetzt. Nur auf 1ʳ werden Ausstellungsort und Datierung angegeben (*apud Ebor*[acensem = York] *quinto die Marcij anno regni nostri duodecimo*, ausgehend von den Herrschaftsjahren Edwards II. bzw. Edwards III.: 05.03.1319 oder 1339), die von der Parallelüberlieferung abweichen, s. u. Übersicht. Auffällig ist auch, dass bei den Adressaten die Ortsnamen im Vergleich zur Parallelüberlieferung zugunsten nordenglischer Grafschaften bzw. Bistümer (York, Lancaster, Lincoln) abgeändert wurden, Beispiele s. u. Übersicht. Dies spricht für eine Entstehung der Hs. in Nordengland.
Vorbesitzer: Samuel Dodd (1832–94, geb. in Irland, Missionar und presbyterianischer Pfarrer in New York, zu seiner Biographie und Hss.sammlung s. http://digital.library.ptsem.edu/ead/collection/136 [Stand 16.06.12]), vgl. Bleistifteintrag Iᵛ oben: *Samuel Dodd, 20. March 1852*. 1897 durch Sotheby's versteigert, vgl. Bleistifteintrag Iᵛ unten: *Auction Sotheby 27th July 1897, No. 505: Manuscript. Statuta Antiqua, manuscript on 200 leaves of vellum, with numerous illuminated capital and initial letters, old calf. Saec XVI.* Darüber zur Blattzahl ergänzt: *230 leaves*.
Die Hs. wurde am 15. Februar 1900 von Serig (Serig'sche Buchhandlung Leipzig) für 24,50 Reichsmark an die Bibliothek des Reichsgerichts verkauft, vgl. Zugangsbuch Nr. 7, 1899–1904, Zugangsnummer: 48984, sowie Tinteneinträge auf dem vorderen Spiegel und 1ʳ: *48984* und Bleistifteintrag auf Iᵛ unten: *M. 24.50*. Auf dem vorderen Spiegel, Iᵛ und dem hinteren Spiegel Bindeanweisungen: *mit einzubinden* bzw. *mit einbinden*. Stempel der Bibliotheken des Reichsgerichts auf 1ʳ sowie des Bundesgerichtshofs (durchgestrichen) und des BVerwG auf Iᵛ.

Literatur:
- DOLEZALEK Liste 2005: http://www.uni-leipzig.de/~jurarom/manuscr/RgMsMatr.html. (hier Datierung: 13. Jh.);
- EIFLER, Handschriften und Fragmente der ehemaligen Reichsgerichtsbibliothek, S. 159f., mit Abb. 6 (1^r).

1^r–235^r **Registrum brevium regum Angliae (Register of writs).**
(1^r–229^r) [am Rand Titel: *Breve de recto patens*] >E<*dwardus dei gratia rex Angl*[iae], *dominus Hiber*[niae] *et dux Aquit*[aniae] *balliuis suis de B. salutem. Precipimus vobis, quod sine dilacione plenum rectum teneatis A. de B. de uno mesuagio cum pertinenciis in C. ... Teste me ipso apud Ebor*[acensem = York] *quinto die Marcij anno regni nostri duodecimo* [s. u. Übersicht]; [am Rand: *Regula*] *Istud breue semper sit patens et numquam dirigitur balliuius alicuius ... – ... Et ideo vobis mandamus etc.* [Schluss schwer lesbar], 229^v–230^r leer.
(230^v–235^r) [Nachtrag (?) der Schreibhand:] *Rex omnibus balliuis et fidelibus suis, ad quos presentes littere peruenerint, salutem. Sciatis, quod suscepimus in protectionem et defensionem nostram ... in obsequium nostrum ad partes Francie profecturus est ... – ... in omnibus placitis et querelis motis vel movendis pro ipsis A. et B. vel contra ipsos in quibuscumque* [..., bricht ab]. 235^v leer.

Text bei abweichender Anordnung weitgehend übereinstimmend mit dem von DE HAAS/ HALL (s. u. Lit.) abgedruckten ‚Bodleian Register R' (= Oxford, Bodleian Library, Ms. Rawlinson C 292, ca. 1318–20, zur Hs. vgl. DE HAAS/HALL, S. lv–lxi), s. u. Übersicht. Abweichend vom ‚Bodleian Register R' werden als Herkunftsnamen der Adressaten durchgängig Ortsnamen aus Nordengland (York, Lancaster, Lincoln) benutzt, Beispiele s. u. Übersicht. Eingeteilt in Gruppen, dazwischen jeweils halbleere oder leere Seiten: 56^v, 71^r Rest der Seite und 71^v, 95^r, 114^v Rest der Seite, 127^v Rest der Seite, 136^v, 149^r Rest der Seite, 155^r Rest der Seite, 174^v Rest der Seite, 198^v Rest der Seite, 202^v Rest der Seite und 203^r, 208^v, 212^v, 215^v Rest der Seite, 229^v–230^r. Nur selten Kapitelgliederung am Rand: z. B. 6^v: *ca° xxiij*.
Edition: Elsa DE HAAS / George Derek Gordon HALL, Early Registers of Writs (The Publications of the Selden Society 87), London 1970, hier S. xxiii–xxvii zur Überlieferung (ohne diese Hs.). Druck: Registrum omniu[m] breuium tam originaliu[m] q[uam] iudicialium. William Rastell, London 1531 (vgl. eingesehenes Digitalisat: http://gateway.proquest.com/openurl?ctx_ver=Z39.88-2003&res_id=xri:eebo&rft_id=xri:eebo:image:16251:17 [Stand 16.06.12]). Zur Geschichte der 'Registers of writs' vgl. Frederic William MAITLAND, The History of the Register of Original Writs, in: Herbert Albert L. FISHER (Hg.), The Collected Papers of Frederic William Maitland, 3. Bde., Cambridge 1911, Bd. 2, S. 110–173 (Online-Publikation: http://oll.libertyfund.org/title/872/70268); Percy H. WINFIELD, The chief sources of English legal history, Cambridge 1925, S. 286–302.

Übersicht:
Durch die am oberen Blattrand als Seitentitel oder am Seitenrand eingetragenen Titel ergibt sich folgende Einteilung (Im Folgenden nur Stichproben vom Anfang und Ende der Hs. sowie bei den Übergängen vor bzw. nach leeren oder halbleeren Seiten; die Verweise

in Klammern beziehen sich auf das bei DE HAAS/HALL ausgewertete Bodleian Register 'R', s. o.):

1ʳ–11ʳ *De recto* bis *Cum pluries* (Bodl. Reg. 'R', Nr. 1–28 und 40–53); bei Nr. 1 Ausstellungsort und Datierung abweichend: statt ‚apud Westmonasterium viij die Octobris anno regni nostri duodecimo' (Bodl. Reg. 'R', Nr. 1: 08.10.1318, vgl. DE HAAS/HALL, S. lviii) hier: *apud Ebor*[acensem = York] *quinto die Marcij anno regni nostri duodecimo*, auffällige Abweichungen der Ortsnamen, z. B. (1ᵛ) statt ‚Rex ballivis suis honoris de C. in comitatu Essex salutem' (Bodl. Reg. 'R', Nr. 1) hier: *in comitatu Lancastriensi* …, (5ᵛ) statt ‚Rex ballivis W. electi Sarisburiensis salutem' (Bodl. Reg. 'R', Nr. 12) hier: *electi Lincolniensis* …;

11ʳ–14ᵛ *Monstrauit pro hominibus de antiquo dominico corone* bis *Pone pro petente in breui de recto* (Bodl. Reg. 'R', Nr. 54–66, 70);

14ᵛ–18ʳ *De falso iudicio in comitatu* (Bodl. Reg. 'R', Nr. 29–33);

18ʳ–20ᵛ *De execucione iudicii* (Bodl. Reg. 'R', Nr. 34–39);

20ᵛ–21ᵛ *De waranto de seruicio regis* (Bodl. Reg. 'R', Nr. 67, 73–78);

21ᵛ–22ᵛ *De vltime presentationis* (Bodl. Reg. 'R', Nr. 79–82);

22ᵛ–23ᵛ *Quare impedit* (Bodl. Reg. 'R', Nr. 79–82), am unteren Seitenrand von 23ʳ Nr. 84 (De presentatione vicarie) nachgetragen;

23ᵛ–25ᵛ *Ne admittas* (= Prohibicio ne admittat) (Bodl. Reg. 'R', Nr. 87–95),

25ᵛ–26ʳ *Breue utrum* (Bodl. Reg. 'R', Nr. 96–98),

26ᵛ–29ʳ *Presentacio ad ecclesiam, Presentacio per laicum patronem* (Bodl. Reg. 'R', Nr. 99–107, im Gegensatz zum Bodl. Reg. 'R', Nr. 102, Namensnennungen ausgelassen, z. B. (27ʳ) *Venerabili etc. J*[ohanni] *dei gratia Bathon*[iensis] *et W*[ellensis] *episcopo, I*[sabella] *eadem gratia abbatissa de W*[erewell] …), etc.; auffällige Abweichungen der Ortsnamen, z. B. (28ᵛ) statt ‚… rector ecclesie de sancta Grida Exoniensis diocesis …' (Bodl. Reg. 'R', Nr. 107) hier: *rector ecclesie de Lincolniensis diocesis* …,

51ʳ–52ᵛ *De vasto ad terminim vite, De particione facienda* etc. (Bodl. Reg. 'R', Nr. 165–178) etc.,

(Rest von 56ᵛ leer),

57ʳ–58ᵛ *De averiis replegiando* etc. (Bodl. Reg. 'R', Nr. 181–185) etc.,

64ʳ–67ᵛ *De homine replegiando, De moderata misericordia capienda* etc. (Bodl. Reg. 'R', Nr. 236–251),

(Rest von 71ʳ und 71ᵛ leer),

72ʳ–73ʳ *De transgressione in comitatu* etc. (Bodl. Reg. 'R', Nr. 283–297),

93ᵛ *Breve de errore in London, Breve de errore corrigenda in London*,
(Rest von 95ʳ leer),
95ᵛ *De conspiracione*,

113ʳ *De preambulacione facienda* (Bodl. Reg. 'R', Nr. 470),
(114ᵛ Rest der Seite leer),
115ʳ *De debito in comitatu, De debito in bancu* (Bodl. Reg. 'R', Nr. 478–482),

(149ʳ Rest der Seite leer),
149ʳ–155ʳ *De custodia terre er heredis habenda* bis *Pro executoribus* (Bodl. Reg. 'R', Nr. 556–570),

(155ʳ Rest der Seite leer),
155ᵛ *De baronibus*, *De clericis* (Bodl. Reg. 'R', Nr. 632, 633),

Schluss:
192ᵛ *De morte antecessoris* (Bodl. Reg. 'R', Nr. 736),
(198ᵛ Rest der Seite leer),

(202ᵛ Rest der Seite und 203ʳ leer),
203ᵛ–205ᵛ *Cui in vita* (Bodl. Reg. 'R', Nr. 793–817),
(208ᵛ leer),
209ʳ *De intrusione post mortem* (Bodl. Reg. 'R', Nr. 851),
(212ᵛ leer),
213ʳ *Cessauit per biennium* (Bodl. Reg. 'R', Nr. 825–827),
(215ᵛ Rest der Seite leer),
216ʳ⁻ᵛ *Forma donacionis* (Bodl. Reg. 'R', Nr. 861–865),
226ʳ–227ʳ *De escaeta per bastardiam* (Bodl. Reg. 'R', Nr. 756–763),
228ʳ–229ʳ *Quare eiecit infra terminum* (Bodl. Reg. 'R', Nr. 753),
(229ᵛ–230ʳ leer),
230ᵛ–233ʳ [Nachtrag?] *Protectio, Dedimus potestatem de attornato generali, Aliter de attornato generali* (Bodl. Reg. 'R', Nr. 599), bricht ab.

MS 8° R 7520
Statuti della fraglia (corporazione) de' maestri del legname di Vicenza (Statuten der Bruderschaft der Zimmerleute von Vicenza), mit lat. und ital. Ergänzungen

Pergament · I + 44 + I Bll. · 21,5 × 15 · Vicenza · 15. Jh., 2. Viertel (vor 1440) / Ergänzungen bis 1662

Zustand: fleckig und Seiten abgegriffen, Schrift z. T. unleserlich.

Kodikologie: Bleistiftfoliierung März 2012: *1–44*, dabei Vorsatzbll. vorn und hinten als *I* und *II* gezählt. Die ältere Tintenfoliierung *2–66* (16. Jh., evtl. um 1534) überspringt mehrere Blätter (Blattverlust, s. u.). Die heutige Lagenstruktur entspricht nicht der ursprünglichen: vorn und hinten wohl ehemals Einzel- oder Doppelblätter (jetzt mit Falzverstärkungen aus weißem Pergament eingeheftet). Lagen (heutige Bindung): 5 IV⁴⁰ + II⁴⁴; nach Ausweis der älteren Foliierung fehlen jeweils ein Bl. vor Bl. 1, nach Bl. 21, 25, 27, 34, 38 und 40, jeweils zwei Bll. nach Bl. 24 und 37, vier Bll. nach Bl. 5 und fünf Bll. nach Bl. 36, weiterhin sind die beiden Bll. am Ende (alte Foliierung *54* und *55*, urspr. vor dem heutigen Bl. 37) falsch eingeheftet.
Grundstock (7ʳ–19ʳ): Schriftraum 15 × 9,5. 1 Spalte, 28 Zeilen. Rotunda von einer Hand, verwischte Schrift z. T. von jüngerer Hand (19. Jh., Carlo Morbio?) nachgetragen, z. B. 10ʳ, 13ᵛ und 16ᵛ. Rubrizierung vom Schreiber: Überschriften und marginale Kapitelzählung. Zweizeilige blaue und rote Lombarden. Nachtrag zum Grundstock 6ᵛ von zwei Händen, dabei

der erste in Rotunda und rubriziert (hellere Farbe als beim Grundstock), der zweite in humanistischer Minuskel und datiert (1462).

(1^r–6^r und 19^r–44^v) Ergänzungen von mehr als 37 Händen des 15. bis 17. Jh.s (bis 1662, Datierungen und Schreibernennungen s. u. Inhalt), meist humanistische oder neuzeitliche Kursive, seltener humanistische Minuskel (z. B. 23^r, 24^v), ohne festen Schriftspiegel und mit wechselnder Zeilenzahl (max. 34 Zeilen, z. B. 37^v und 43^v), z. T. Reklamanten auf den Versoseiten: 1^v, 2^v, 3^v. Nicht rubriziert, 5^r cadellenartige Tintenlombarde mit Profilfratze, 43^v Tintenlombarde mit Spiralornamentik. Zeigehände (z. B. 3^v, 7^v, 8^r und 24^v).

Einband des 19. Jh.s (evtl. auf Veranlassung des Besitzers Carlo Morbio), Pappband mit Kaliko, Rücken mit dunklem Leder überzogen. Vergoldete Titelaufschrift: *STATUTO VINCENTINO 1452* (zur Datierung s. u. 6^r). Bei der Bindung vorn und hinten neue Spiegel und Vorsatzbll. aus gelbem Papier eingefügt.

Geschichte: Die Hs. enthält als Grundstock (7^r–19^r) die Statuten der Bruderschaft der Zimmerleute (fraglia de' maestri del legname = ‚fratalea carpentariorum') in Vicenza. Dieser Grundstock entstand im zweiten Viertel des 15. Jh.s in Oberitalien (paläographischer Befund), s. Vergleichsbeleg bei Manoscritti datati 4 (Vicenza, Padova), Nr. 84, Tafel XXIX (Padova 1439). Sehr wahrscheinlich wurde die Niederschrift in Vicenza und vor dem 28. Juli 1440 abgeschlossen, vgl. 19^{r-v} die an diesem Tag durch die Notare Collatinus Johannis de Priuciis, Nicolaus de Cartrano und Antonius de Paiarinis ausgestellte erste Konfirmation der Statuten durch fünf Abgeordnete der Stadt Vicenza; vielleicht erfolgte die Niederschrift im Jahr zuvor.

Auf dem ursprünglich leeren Blatt 6^r vor dem Grundstock und den auf diesen folgenden Blättern (20^r–26^r) wurden die Statuten sukzessive in den Jahren 1441 bis 1508 von zahlreichen Notaren von Vicenza und Mitgliedern sowie Verantwortlichen der Bruderschaft bestätigt. Wohl in den 1530er Jahren wurden am Anfang (Bl. 1–5) und Ende (Bl. 27–44) weitere Blätter eingeheftet, auf denen ebenfalls sukzessive Akten der Bruderschaftsversammlungen aus den Jahren 1534 bis 1662 eingetragen wurden; sehr wahrscheinlich wurde in diesem Zusammenhang auch die ältere Tintenfoliierung eingetragen. Es handelt sich um das offizielle, bis in die 2. Hälfte des 17. Jh.s benutzte Statutenexemplar der Bruderschaft (mehrfach, z. B. 6^r, 21^r und 31^r, Bezeichnung dieser Hs. als *matricula*). Dabei auch Erwähnung der Versammlungsorte (25^r) *super salla hospitalis prope ecclesiam sancti Anthonii de Vicenza* und (2^{r-v}) *su le salla de San Bouo uel Borgo San Felice extra* [Ortsteil im Westen von Vicenza]. Einige der in der Hs. genannten Namen von Notaren aus dem 15. Jh. sind verzeichnet in der Hs. Leiden, UB, D'Ablaing 42, vgl. Petrus C. BOEREN, Catalogue des manuscrits des collections d'Ablaing et Meijers (Bibliotheca Universitatis Leidensis, Codices manuscripti 12), Leiden 1970, S. 166–169 [im Folgenden: BOEREN]. Weitere erwähnte Namen, etwa von Rechtsgelehrten und Verantwortlichen der Stadtregierung, finden sich in folgenden Druckausgaben: IVS MVNICIPALE VICENTINUM […]. Venedig: Bartolomeo Contrini 1567 [EDIT16 CNCE 35300] bzw. Vicenza: Thomas de Lavezari, 1706 [im Folgenden: Ius municipale (1567) bzw. (1706), einzusehen über die von der Universität Florenz betreute Datenbank „Iura Propria": https://www.sba.unifi.it/IuraPropria.html, über Luoghi → V → Vicenza, Stand 01.04.2020].

Vorbesitzer: Carlo Morbio (Historiker und Bibliophiler in Mailand, 1811–1881), vgl. Tinteneintrag vorderer Spiegel: *Auction Morbio* (darunter Zitat aus Auktionskatalog, s. u.) sowie hinterer Spiegel: *7.50*. Wohl von Morbio zahlreiche Anstreichungen von Datierungen, Namen und sprachlichen Wendungen mit rotem Stift (z. B. 3ʳ, 6ʳ, 19ᵛ–20ʳ, 21ʳ, 22ᵛ–24ʳ). Die ca. 2.200 Nummern umfassende Handschriftensammlung Morbios wurde 1889 durch das Leipziger Antiquariat [Felix] List & [Hermann Richard] Francke versteigert, vgl. AUKTIONS-KATALOG MORBIO-SAMMLUNG 1889, diese Hs. Nr. 981, S. 122: „Vicenza. Statuti della fraglia de' maestri del legname. Saec. XV, mit vielen Zusätzen u. Nachträgen bis Saec. XVII (1667?). Perg. 44 Bll. (verbunden) 0,22 : 0,15. 4° Hfrz." (im Exemplar der SBB-PK Berlin mit Bleistifteintrag zum Preis: *71* und Käufer *Schulz*). Der Verkauf erfolgte jedoch nicht direkt, sondern über die Serig'sche Buchhandlung Leipzig, die den Band am 04.03.1897 für 7,50 Reichsmark an die Bibliothek des Reichsgerichts verkaufte, vgl. Zugangsbuch Nr. 6, 1894–1899, Zugangsnummer: *43328*, sowie Tinteneintrag vorderer Spiegel: *43328*. Zu weiteren Hss. aus der Morbio-Sammlung, die zwischen 1892 und 1899 von Serig an die Bibliothek des Reichsgerichts verkauft wurden, s. Einleitung. Stempel der Bibliotheken des Reichsgerichts, des Bundesgerichtshofs (durchgestrichen) und des BVerwG auf dem vorderen Spiegel (Iʳ).

Schreibsprache: dialektal geprägtes Italienisch und Latein (im Folgenden sprachliche Auffälligkeiten nicht eigens hervorgehoben). Im Text häufig die Abkürzungen f. = filius und q. = quondam, im Folgenden nicht aufgelöst. Nach Analyse der Schreibsprache durch Annalisa Ricchizzi (Jena/Weimar, freundliche Mitteilung vom 26.06.2012) bestehen folgende Auffälligkeiten, die auf das Veneto (Raum Vicenza-Padua) verweisen: Interlenisierung der stimmlosen intervokalischen Okklusive p/t/k > b/d/g, z. B. *degan* (für decano) und *fradello* (für fratello), graphische Verdoppelung der Konsonanten l/f/s, z. B. *salla* (für sala), Vereinfachung der doppelten Konsonanten, z. B. *dona* (für donna). Vgl. Piera TOMASONI, Veneto, in: Storia della lingua italiana, Vol. III: Le altre lingue, a cura di Luca SERIANNI e Pietro TRIFONE, Torino 1994, S. 212–240, hier S. 215. Anders als in Venedig ist im Raum Vicenza-Padua das Wegbleiben der unbetonten Schlussvokale nur nach nasalen Lauten belegt (z. B. *procession*, intakter Schlussvokal dagegen bei *fare/cantare/celebrare*). Vgl. Alfredo STUSSI, Venetien/Veneto, in: Günther HOLTHUS u. a. (Hg.), Lexikon der romanischen Linguistik II,2: Die einzelnen romanischen Sprachen und Sprachgebiete, Tübingen 1995, § 129, S. 130. Im Text wird mitunter (z. B. 1ʳ, 2ʳ, 26ᵛ, 43ᵛ) *marangone* als Synonym für *falegname* (Tischler) und *carpentiere* (Zimmermann) benutzt. Das Wort bezeichnet allgemein Personen, die mit der Verarbeitung von Holz beschäftigt sind, vgl. Elke SALLACH, Studien zum venetianischen Wortschatz des 15. und 16. Jahrhunderts, Tübingen 1993, S. 130.

Literatur:
– DOLEZALEK Liste 2005: http://www.uni-leipzig.de/~jurarom/manuscr/RgMsMatr.html;
– EIFLER, Handschriften und Fragmente der ehemaligen Reichsgerichtsbibliothek, S. 156f., mit Abb. 4 (8ᵛ).

1ʳ–5ᵛ Ergänzungen 1543 bis 1590

1ʳ–5ᵛ Akten der Bruderschaftsversammlungen.

1. (1ʳ) Urkunde zugunsten der marangoni (= falegname: Tischler) et magistri lignaminis.
[am Beginn unvollständig, s. o. Kodikologie] *publicum instrumentum. Et pro tan-*

to per huius publici instrumenti tenorem districte præcipiunt et præcipendo mandant omnibus et singulis potestatibus, capitaneis, uicariis, decanis ... quatenus prædictos marangones et magistros lignaminis ... non molestent aut molestare permittant ..., am Ende Einträge der Notare: *Et ego Franciscus de Su[n?]ano civis Vincentiæ notarius ... scripsi et in hanc publicam formam redegi, Registratum per me Barth[olom]eum Mol[v?]ena [...] ciuitatis Vincentiæ notarium ... 1543, Et ego Valentinus de Marchesinus notarius publicus et scriba fratalee carpentariorum ... ex autentico in hunc codicem retuli et descripsi.*;

2. (1ᵛ–2ʳ) 22.03.1590, am Beginn sechs Abgeordnete der Stadt genannt: *Dominus Simandius de Chieregatis Doct., D. Claudius Orglanus, D. Leonardus Verlatus, Claudius Ghellinus, Joannes Valmarana, Paulus Emilius Saracenus,* als Vertreter der Bruderschaft: *Antonius Bonellus sindicus, magister Simon a Seghis nomine Barth. eius filii, magister Camillus Intaleator ambo gastaldiones fratalæ carpentariorum ...;* im Text Bezug auf eine Bruderschaftsversammlung vom 19.03.1562 (s. u. Nr. 3),

Simandio Chieregato, Claudio Orgian, Claudio Ghellini, D. Zuanne Valmarana als Abgeordnete der Stadt Vicenza für das Jahr 1593 erwähnt in: Ius municipale Vicentinum (1706), S. 387f.;

3. (2ʳ⁻ᵛ) 19.03.1562, ausgestellt *su le salla de* (2ᵛ) *San Bouo uel Borgo San Felice extra nel capitulo de Marangoni ...*;

4. (2ᵛ–4ʳ) Rede an die Bruderschaftsversammlung: *Al nome di dio. Fratelli carissimi. Considerando noi, gastaldi, sindico et conseglieri alli graui danni et disordeni, ch' occurono à questa nostra fraglia ...,* unterzeichnet: *Thomaso Val[mara]na sindico (?) della fraglia*;

5. (4ʳ⁻ᵛ) 13.11.1583, Zusammenkunft der Bruderschaft *sopra la sala di S. Bouo loco solito* (s. o. 2ʳ) ...;

6. (5ʳ⁻ᵛ) 04.02.1563, erwähnt: *Jacobus a Cerabolanus, Josephus a Lanicis (?) ... et Ianbaptista a Senis carpentarii*, am Ende unvollständig.

6ᵛ–19ᵛ Grundstock, erste Konfirmationen (1440–58) und Nachträge zum Grundstock (1462)

(6ʳ) **Drei Einträge zur Bestätigung der folgenden Statuten, 1452–1458.**
1. 16.10.1452, Notar: Petrus de Godis, erwähnt: *presentibus Thomasio de Baldo, ... spectabilis iuris utriusque doctor Antonius de Luschis et vir nobilis Jacobus de Muzano ... ex auctoritate et licentia sibi concessis per magnificum et generosum virum dominum Laurentium Maurum* [Lorenzo Moro, Kapitän von Vicenza 1453/54] *... visis et diligenter examinatis statutis et capitulis in presenti matricula descriptis ... ipsa statuta ... laudaverunt et approbaverunt ...,*

Petrus q. Marci de Godis (1443) bzw. Petrus f. Thomasii de Godis (1446), Tomasinus/ Thomasius q. Michaelis de Baldo (1440) sowie Jacobus q. Petroli de Muzano (1440–43) als Notare verzeichnet bei BOEREN, S. 167–169.

Auf der Grundlage dieser Datierung (wohl im 19. Jh. von Morbio mit rotem Stift unterstrichen) wurde bei der Neubindung der Titel (s. o. Einband) festgelegt;

2. (?).06.1455, schwer lesbar, Notar: Petrus de Nig[ris?], erwähnt: *Colatinus de Priutijs*,

Collatinus Johannis de Priuciis (1436, 1443) als Notar verzeichnet bei BOEREN, S. 167 und 169;

3. 1458, schwer lesbar, erwähnt: *presentibus Christoforo de Muzano et …*

(6ᵛ) **Zwei Nachträge zu den Statuti della fraglia de' maestri del legname.**
1. Teilnahme der Bruderschaften an der Fronleichnamsprozession. >*Statuto del corpo de Christo*<. >*I<tem statuemo et ordenemo, che zaschaduno de la dicta fraia el quale se trouera ese (?) in la cita di Vicenza el di del corpo de Christo debia a la procession drio el suo palio commencando andare … – … de drio la dicta festa*;
2. Aufgaben der Vertreter der Bruderschaft. [I]*tem statuemo e ordinemo, che li gastaldi, consolgierj e rasoneri de la dicta fragia … possa e debia tra loro medesemi fare e calcolare le rason …*, datiert 22.01.1462.

7ʳ–19ʳ **Statuti della fraglia (corporazione) de' maestri del legname di Vicenza.**
(7ʳ–8ᵛ) [Register:] >*i.< Chel se guarde le feste comendate.* >*ii.< Chel se tegna un cixendelo* [im Text: *cesendelo*] *a le spese de la fraya a lo altare de nostra dona. … –
… >xlviii.< Che li gastaldi faza cantare una messa per lanima de fradello morto.
>xlviiii.< Che zascadun maistro pagi s*[olido] *i per zascaduna casta*[interlinear: *l*]*dia a li fradelli.*
Eingeteilt in 49 Rubriken, dabei auf 7ʳ versehentlich Kapitel 13 (*De lo officio de li gastaldi*) übersprungen und interlinear nachgetragen. Wohl um den Fehler auszugleichen, springt die Kapitelnummerierung von >*XVIII*< auf >*XX*<.

(8ᵛ–19ʳ) [Einleitungsformel:] >*Al nome de lo omnipotente dio et de la soa madre sempre uergene Maria e del beato sancto Antonio abbate. Nuy de la fraya de larte del magisterio del legname de la cita de Uicenza deputadi a questo per gouerno e rezimento de la dita fradalia.*< [Text:] >*S<tatuemo e ordinemo, che zaschadun fradelo de la dita fraia sia tegnudo de celebrare e de festare tute le feste le quale sono comandate per la sancta madre ghesia … – … E per fare subuentione a li fradeli infirmi.*
Anders als im Register vorgesehen eingeteilt in 50 Kapitel, da auf 16ᵛ–17ʳ von jüngerer Hand ein zusätzliches Kapitel (cap. 37) ergänzt wurde. Inhalt: Kap. 1–4 religiöse Verpflichtungen der Bruderschaft (Teilnahme an Prozessionen etc.), Kap. 5–9 Ablauf der Versammlungen (capitoli), Kap. 10–20 Wahl der Vertreter der Bruderschaft (*gastaldi, conseglieri, sindico, rasoneri, degan* = decanus), Kap. 21–29 Aufgaben der Offizialen, dabei Kap. 24 Verlesung und Publi-

kation der Statuten, Kap. 30–43 Rechte und Pflichten der Mitglieder der Bruderschaft, Kap. 44–50 Sorge um kranke oder verstorbene Mitglieder.
Rubrizierte Kapiteleinteilung in römischen Zahlen am Seitenrand vom Schreiber, z. T. radiert und durchgängig ergänzt durch jüngere Kapiteleinteilung in arabischen Zahlen (wohl 16. Jh.).
Marginale Anmerkungen von mehreren Händen des 16. Jh.s.
Keine Edition ermittelt. Text und Hs. nicht erwähnt bei FONTANA, Statuti III, S. 350–352.

19^{r-v} Zwei Urkunden zur ersten Konfirmation der Statuten (1440).
1. (19^{r-v}) *In Christi nomine amen. Anno domini millesimoquadrigentesimo quadrigesimo, indictione tercia, die Iouis xxviii mensis Iullij* [28.07.1440] ..., erwähnt: Notare *Nicolaus de Cartrano et Antonius de Paiarinis*, Vertreter der Commune: *dominus Jeronimus de Gualdo, dominus Nicola de Rainaldi, dominus Ieorgius* (19^v) *Caromierus de Chieregatis, Petrus Anthonius del Tonso et Leonelus de Anzololis sapientes ad utilia communis Vicenzie deputati ipsa statuta omnia et singulla laudauerunt et aprobauerunt* ..., am Ende: *Et ego Collatinus Johannis de Priuciis notarius publicus et civis Vincentie* [...] *presens fui et predicta publice scripsi* ..., am Beginn Notariatszeichen des Collatinus mit Buchstaben *co*,

Nicolaus f. q. Johannis de Cartrano (1445), Antonius (q. Michaelis) de Paiarinis (1442) und Collatinus Johannis de Priuciis (1436, 1443) als Notare verzeichnet bei BOEREN, S. 167–169;

2. (19^v) [am Rand: *Confirmacio super litera ducali de li ordini*]. *Mccccxl° confirmati fuerunt per J. ducale dominum ordines in presenti libro notati secundum reformationem et correctionem factum per d. potestatem et sapientes ad utilia communis Vicentie* (?) *deputatos* ... *prout patet per literas ducales datas die xxiii^a mensis Nouembris* (?) [23.11.1440], *indictione iiij. Petrus Encio* (?) *subscripsit*.

20^r–44^v Ergänzungen 1441–1508 und 1534–1662

20^r–26^r Lat. Einträge zur Bestätigung der Statuten, 1441–1508.
1. (20^{r-v}) 30(?).12.1441, Notar: *Melchior de Godis notarius sigilli*, 20^r oben links Notariatszeichen mit Buchstaben *M*; erwähnt u. a.: *presentibus Cambio q. Philippi de Orglano et Tomasio q. Michaelis de Baldo*, am unteren Seitenrand von 20^r Titel nachgetragen: *laudation de nostri ordine* ...,

Melchior q. Jacobi de Godis (1439), Cambius q. Filippi de Orglano (1437–44) und Tomasinus/Thomasius q. Michaelis de Baldo (1440) als Notare verzeichnet bei BOEREN, S. 167–169;

2. (21^r) 28.09.1441, Notar: *Marchabrunus f. Alberti de Colzad*[e] *notarius sigilli*, links daneben Notariatszeichen, erwähnt u. a.: *presentibus Jacobus q. Petroli de Muzano, Hieronimus q. Blaxii de S*[ara]*ceno, egregii et sapientes legum doctores dominus Hieronimus de Gualdo et Christophorus de V*[er]*latis*,

Marchabrunus f. q. Alberti de Colzade (1442), Hieronymus q. Blasii de Saraceno (1438) und Jacobus q. Petroli de Muzano (1440–43) als Notare verzeichnet bei BOEREN, S. 167 und 169;

3. 09.12.1443, Notar: *Jacobus de Roma notarius sigilli*, links daneben Notariatszeichen mit Buchstaben *i-a*, Zeugen: *spectabilis doctor Antonius Nicolaus de Luschis, Jacobus de Muzano, ..., erwähnt: Hector Pasqualigo de Uen*[e?]*ciis ... visa et examinata presenti matricula cum omnibus capitulis in ea comprehensis ...*,

Jacobus q. domini Johannis de Roma (1437–45) als Notar verzeichnet bei BOEREN, S. 167 und 169; zu Jacobus q. Petroli de Muzano (1440–43) s. o. 6ʳ, 21ʳ (3); zu Antonius Nicolaus de Luschis iurisconsultus vgl. Ius municipale Vicentinum (1706), S. 3;

4. (21ᵛ) 25.11(?).1444, Notar: *B*[ar]*th*[olome]*us de Balduncii s notarius sigilli*, links daneben Notariatszeichen mit Buchstaben *b*, Zeugen: *Antonius Nicolaus de Luschis iuris utriusque doctor, Jacobus de Muzano ...*,

zu Jacobus de Muzano s. o. 6ʳ, 21ʳ (3), zu Antonius Nicolaus de Luschis s. o. 21ʳ (3);

5. (21ᵛ) 01.02.1447, Notar: *Barth*[olome]*us de Fuisio* (?), links daneben Notariatszeichen;

6. (22ʳ) 01.02.1449, Notar: *Barth*[olome]*us de Fuisio* (?), links daneben Notariatszeichen;

7. (22ᵛ) fünf einzeilige Vermerke aus den Jahren 1442–48;

8. (22ᵛ) 10.01.1450, Notar: *Bartholomeus Antonii de Paierinis*, links daneben Notariatszeichen, erwähnt: *Jacobus de Muzano ... famosus legum doctor dominus Nichola de Luschis* [et] *egregius vir Gabriel de Litolfis cives Vincentie*,

zu Jacobus de Muzano und Antonius Nicolaus de Luschis s. o. 21ʳ (3); Gabriel q. Nicolai de Litolfis (1441) als Notar verzeichnet bei BOEREN, S. 167;

9. (22ᵛ) 31.05.1451, Notar: *Johannes Gabrielis de Litolfis*, links daneben Notariatszeichen, erwähnt: *testibus Christoforo de Muzano et Baptista de Pusterla*, weiterhin: *clarissimus iuris utriusque doctor dominus Franciscus* (?) *de Luschis et egregius vir Jacobus de Muzano ...*,

Christoforus Mutius f. q. Johannis Gasparis Mucii de Pusterla (1437) und Baptista f. Christofori Mucii de Pusterla (1437) als Notare verzeichnet bei BOEREN, S. 167f.; zu Jacobus de Muzano s. o. 21ʳ (3);

10. (23ʳ) 18.07.1459, Notar: *Leoncius a S*[erv]*atiris*, links daneben Notariatszeichen, erwähnt: *Nicolao de Ferreto notarius* (s. u. Nr. 11), *spectabiles et egregii viri domini Baptista de Plovenis et Janbernardus de Cliuone*;

11. (23ʳ) 22.09.1463, Notar: *Nicolaus Jacobi de Ferreto*, links daneben Notariatszeichen mit Buchstaben *nic*, erwähnt: *presentibus Melchiore Frachanzano et Gualdinelo de Colzade notaris et testibus spectabilis et clarissimus miles et doctor dominus Nicola de Luschis* (s. o. Nr. 8) *et egregius vir Evangelista de Pusterla ambo ex numero deputatorum ellecti ...*,

Evangelista Petri de Pusterla (1439) als Notar verzeichnet bei BOEREN, S. 169;

12. (23ᵛ–24ʳ) 20.04.1459, Notar: *Marcus Dominicus filius ...*, links daneben Notariatszeichen, erwähnt: *presentibus D. Bonaventura de Campsoribus* [...] *et Jero*

nimo de Riciis, [...] als Abgeordnete der Stadt: *spectabiles et egregii viri domini Ludovicus de Paiellis, Johannes Traversinis de B*[er?]*bazano, Bartholus de Aurificibus, Zanfranciscus de Jebeto et Christophorus de B*[er?]*bazano ...,*

Bonaventura de Campsoribus Rasonerius communitatis Vincentiae erwähnt in: Ius municipale Vicentium (1567), S. 190;

13. (24ᵛ) 26.09.1460, Notar: *Ferretus de Ferreto*, links daneben Notariatszeichen, erwähnt: *presentibus Anthonio de Mascarellis et Moyse de Camucijs, testibus egregij et prudentes viri Gabriel de Litolffis et Franciscus de Gualdo,*

Ferretus q. Jacobi de Ferreto (1465–73) und Antonius f. Marci de Masc(h)arellis (1437–45) als Notare verzeichnet bei BOEREN, S. 166f., zu Gabriel de Litolfis s. o. (8);

14. (24ᵛ) 30.05.1465, Notar: *Baptista ab Horis,* links daneben Notariatszeichen, erwähnt: *presentibus Petro de Nigris ...;*

15. (25ʳ⁻ᵛ) [am oberen Rand: *Elizon de li gastaldi* ...] 19.04.1496, *super salla hospitalis prope ecclesiam sancti Anthonii de Vicenza ubi solitum est congregari capitulum ... maragonorum dicte civitatis Vincentie ...,* Notar: *Daniel q. Iacobi de Ferreto,* 25ʳ links oben Notariatszeichen, erwähnt: *magister Gregorius Pizocharus et Luchas de Menaxio ambo gastaldiones dicte fratalie, Gasparus de Malado syndicus ...,*

Der genannte Notar wohl nicht identisch mit dem bei BOEREN, S. 167, als Notar verzeichneten Daniel f. Jacobi q. Folle de Ferreto (1444/45);

16. (25ᵛ–26ʳ) 14.04.1508, Notar: *Dominicus q.* [...] *Cixeris,* 25ᵛ links Notariatszeichen; [...] *presentibus Gregorio a Ferro ..., testibus* [...] *D. Nicolaus de Porto eques, D. Ludovicus de Saledo, Hieronymus de Paiellis, ... Octavianus de Garzatoribus et Franciscus de Golino*; Rest von 26ʳ leer.

26ᵛ–44ᵛ Lat. und ital. Akten und Urkundenabschriften der Bruderschaft, 1534–1662.

1. (26ᵛ) 30.06.1534, Notar: *Bernardinus Massaria,* Inc. *Alouisius Donato Vincencie potestas. Doluerunt apud nos magister Peregrinus Marangonus et Johannes Baptista de Altavilla gastaldiones ... nomine fratalee marangonorum Vincentie ...,* am Ende Namen der Streitparteien: *magister Baptista de Altavilla carpentarius, magister Peregrinus Tornerius;*

2. (27ʳ⁻ᵛ) 01.07.1534, Protokoll von ders. Hand, zugehörig zum vorigen Stück: *... auditis in contradictorio iudicio Bapista q. Jacobi de Altavilla et Peregrino q.* [...] *ex una et Hieronymo q. Bernardini ... ex altera,* bricht am Ende ab;

3. (28ʳ–29ᵛ) 03.10.1537, Notar: *Joannes Baptista q. Jacobi de Pol*[en?]*tus,* erwähnt: *Petro q. Joannis de Voltolina;* am Ende von anderer Hand: *Registratum ultrascriptum compromissum cum sententia arbitraria per me Paulum q. Bernardini de Bonassutis notarium publicum ...,* 10.10.1537;

4. (30^(r-v)) 23.05.1538, Notar: *Joannes Baptista q. Jacobi de Pole[n?]tus, Retulit Barteus Tubicina* ...;

5. (31^r) 30.02.1574, Notar: *Antonius Marcus*, erwähnt: *presentibus Galisto Brunonis custode, Adriano Rugliano, D. Hercules Fortecia,* ... *Attilium de Luschis*, im Text Verweis auf die vorliegende Sammlung: ... *Ad reuidendum et corrigendum hanc matriculam et alias, visis capitulis et ordinibus supradicte fratalee in presenti volumine contentis cum suis addicionibus et confirmationibus* ...,

D. Ercole Fortezza und Attilio Losco 1593 als Abgeordnete erwähnt in: Ius municipale Vicentinum (1706), S. 387f.;

6. (31^v) 1576;

7. (31^v) 17.05.1578, bricht ab;

8. (32^r) 29.09.1541, Notar: *Thomas Val[mara]na Nicolai filius notarius publicus* (s. o. 4^r), daneben Notariatszeichen mit Buchstabe *T*, Rest der Seite leer;

9. (32^v) 21.06.1543, Verhandlungen über Beschwerden der Bruderschaft, erwähnt: als Vertreter der Stadt Vicenza: *Petrus Leonicenus, Hieronymus de Prioraeis, Antonius Valmarana, Simon de Paiellis, Gabriel de Capellis, Leonardus de Bisariis*, als Vertreter der Bruderschaft: *Bartholomeo Carario de San Juliano et Nicolino* ..., bricht am Seitenende ab,

Symon de Paiellis und Antonius de Valmarana doctor 1536 und 1551 als Abgeordnete erwähnt in: Ius municipale Vicentinum (1567), S. 206, (1706), S. 355;

10. (33^(r-v)) 30.11.1583, Beschlüsse des Kapitels der Bruderschaft, Notar: *Franciscus Cerraius*;

11. (34^r) 06.12.1583, Beschwerde gegenüber Vertretern der Stadt Vicenza, Notar: *Aloys de Zanonis*, erwähnt: als Vertreter der Stadt Vicenza: *Galeotius de Gurgo doctor, Nic. (Nicolaus?) a Scroffa doct., Florius Val[mara]na doct., Petrus de Franchis,* ... *Aloysius de Scledo,*

Galeatio a Gurgo doctor 1564 und Florio Valmarana doctor sowie Aluise Schio 1593 als Abgeordnete erwähnt in: Ius municipale Vicentinum (1567), S. 222, und (1706), S. 388;

12. (34^v) 07.05.1585;

13. (35^r) 11.10.1563; 04.12.1564 ... *auditis Mattheo Murario petente reuocationem* ...;

14. (35^v) 27.08.1566, Notar: *Johannes filius co. Jo. Petri de Bonagentibus*, links daneben Notariatszeichen mit Buchstaben *IB*, erwähnt: *presentibus ... Alouisio Antonio Massaria et Antonio de Ciuidado custode,*

Aloysioantonio Massaria 1561 als Abgeordneter erwähnt in: Ius municipale Vicentinum (1567), S. 222;

15. (36^(r-v)) 18.02.1568, bricht ab;

16. (37^(r-v)) Anfang fehlt, 18.09.1667, Notar: *Sebastiano Orsii*, erwähnt (*Governatori*): *domino Bortolamio Coro sindico, domino Paulo Basso, domino Agnolo Sardi,* ...;

17. (38ʳ⁻ᵛ) 19.06.1604, erwähnt (Mitglieder der Bruderschaft): *Virginius de Nigris, Quintius Saracenus, Franciscus Auianus* …,
mit dem Datum 10.07.1604 als Abgeordnete auch erwähnt in: Ius municipale Vicentinum (1706), S. 469;
18. (39ʳ–40ᵛ) Anfang fehlt, Notar: *Aloysius ab Horis*;
(41ʳ–42ʳ) 15.09.1620, Notar: *Gregorio Saluagno*, erwähnt (Mitglieder der Bruderschaft): *Guido Baldo Merzaro, Hieronymo Ferramoscha, Benedetto Sesto,* …, am Ende *Ex libro prouisionum Mag. D. D. Deputati Mag^(ᵉᵉ) ciuitatis Vicentie*;
19. (42ᵛ) 22.04.1621;
20. (42ᵛ) 18.09.1662, Notar: *Aloisius Malradius,* …, *Marcus Antonius Valmarana,* …;

[Bl. 43/44 ursprünglich vor Bl. 37 eingeheftet, s. o. Kodikologie]
21. (43ʳ) [Anfang fehlt] Notar: *Camillus Lugius f. Pompei*;
22. (43ᵛ–44ʳ) 27.03.1561, Notar: *per me Augustinum q. domini Joannisjacobi de Aviano notarium publicum et ciuem Vincencie scribam et coadiutorem dicti domini Camilli* …, *Spectabilis dominus Johannesuictor Salcius Feltrensis honorabilis iudex assessor ad officium rationis auditis magistro Antonio marangono de Burgo portæ novæ, et magistro Iohannebaptista del Fra' marangono gastaldionibus frataleæ carpentariorum huius civitatis* …, erwähnt: *Galvano Ferrario sindico*, am Ende *Ex actis domini Camilli q. D. Pompei*;
23. (44ʳ⁻ᵛ) 12.06.1561, am Ende: *Ex actis Odorici de Valla notarii* …

Inc 4+ E 3366, hinterer Spiegel
Alphabetische Wortliste mit Pflanzen- und Kräuternamen, dt. (verworfenes Register zu den Synonima apotecariorum?)

Papier · 1 Bl. · 28,5 x ca. 19,5 · westmittelbair. Raum · um 1487

Zustand: wiederverwendetes Blatt, unten links beschnitten, als hinterer Spiegel aufgeklebt.

Kodikologie: Wz.: Krone mit zweikonturigem Bügel, mit Perlen, ohne Beizeichen, wohl zu Typ WZIS AT3800-PO-53209 (Hall 1487) oder AT3800-PO-53216 (Bozen 1487).
Größe: Höhe 28,5, Breite wegen Überklebung nicht genau zu ermitteln, wohl ca. 19,5. Kein fester Schriftraum. 2 Spalten. 57 bzw. 55 Zeilen. Kursive von einer Hand. Unterteilt in zwei Spalten und fünf Abschnitte, dabei zunächst die beiden Spalten K und L im oberen Abschnitt geschrieben, später M am unteren Rand in zwei Spalten ergänzt, sowie abschließend zwischen L und M im freien Raum O ergänzt. Rubrizierung geplant, aber nur am Beginn von O ausgeführt: 2zeilige rote Lombarde.

Geschichte: Das Blatt wurde um 1487 (Wz.befund) im westmittelbair. Raum (Großraum München?, vgl. Schreibsprache) beschriftet. Es wurde zeitnah bei der Bindung einer 1488 gedruckten Inkunabel als Spiegel verwendet. Für diesen Einband wurden auch die Leipziger Servatiusfragmente (MS 4° Ph. 1767) als Makulatur benutzt. Zum Trägerband, der 1881 durch die Bibliothek des Reichsgerichts erworben wurde, und zu den ausgelösten Servatius-Bruchstücken vgl. die Beschreibung von MS 4° Ph. 1767.

Schreibsprache (nach Untersuchung durch Frank Buschmann, Leipzig): westl. mittelbairisch. Merkmale: 1. <pf>: zweite Lautverschiebung durchgeführt, z. B. *apffl*.
2. <ai>, <ay>, <ey> Diphthongierung durchgeführt; Auftreten der für das Bair. und Schwäb. typischen Unterscheidung zwischen dem aus der Diphthongierung hervorgegangenen /ei/ in *leyn* und *kreyd*, sowie dem älteren Diphthong in *klain* und *Mayd* (Vgl. MOSER, Fnhdt. Gramm. I/1, S. 32f.).
3. <au> Diphthongierung des /û/ durchgeführt wie bei bei *kraut*.
4. <ue> Monophthongierung nicht durchgeführt, das /uo/ in *pluemen* ist erhalten; Schreibung <ue> deutet dabei vor allem auf den bair. Raum hin (Vgl. ebd., I/1, S. 358.).
5. <o^c> Verschriftlichung fand nur im bair., schwäb. und hochal. Raum statt (Vgl. ebd., I/1, S. 27f.).
6. <p> Die anlautende Schreibung bei *pawm* und *pluemen* trat im 15. Jh. v. a. im bair. und oschwäb. Raum auf. (Vgl. Ebd., I/3, S. 103f.).
7. <k> Im Anlaut statt der bair. <ch> Schreibung konsequent verwendet, daher Tendenz zum Alemann. (Vgl. ebd., I/3, S. 258f.).

Literatur: nicht verzeichnet bei DOLEZALEK.

Alphabetische Wortliste mit Pflanzen- und Kräuternamen, dt. (evtl. verworfenes Register zu den Synonima apotecariorum). Insges. 112 Einträge.
[K, linke Spalte oben, 35 Einträge:] [K]*Alch*, [K]*lain weyruch*, *Knoblach*, *Kellerhals* (Seidelbast), *Kornmincz*, *Kromwidpere* (Wacholder), *Kranchsnab*[e]*l*, *Krafft mel*, ... – ... *Krichisch hew*, *Knopf wuercz*, *Krotten stain*, *Klain weinroch*;
[L, rechte Spalte oben, 27 Einträge:] [L]*Oer* (Lorbeer) *kalch*, [L]*ang holtwurcz*, *Lauch*, *Lorber* ... – ... *Leckericz*, *Lilgen o^{e}ll*, *Lattich plumen*, *Lu^{e}bstuckel*, *Lactuel*, *Leyn o^{e}ll*, *Lynze* (?), *Launter salcz*;
[M, linke und rechte Spalte unten, insges. 27 Einträge:] [M]*Eers* (?), [M]*Ayd pluemmen*, *Mer zwiffel*, *Margram apffl* (Granatapfel), *Mer hirs*, *Mer gruess*, [unterstrichen:] *Morgenstern*, *Mispeln*, *Merlaun* ... – ... *Maulper pawm*, *Meng* (Mennig), *Maria Magdalena*, linke Spalte unten beschnitten;
[O, rechte Spalte, in der Mitte, insges. 13 Einträge:] >O<*Piment* (?), [O]*Clley*, *Ochsen nabel*, *Ochsen zungen*, *O^{e}ll pawm*, *O^{e}ll heffen*, *O^{e}ll von weysen pfeffer*, ... – ... *Omers o^{e}ll*, *Otter*, *Ohorn frucht*.

Sehr wahrscheinlich handelt es sich um einen verworfenen Ausschnitt aus einem Register zu den ‚Synonima apotecariorum'. Nur teilweise Übereinstimmungen mit Leipzig, UB, Ms 1222 (Prag?, um 1453), 101ra–102ra, vgl. Beschreibung von Katrin Sturm und Christoph Mackert: http://www.manuscripta-mediaevalia.de/dokumente/html/obj31570713, sowie Frankfurt/M., StUB, Ms. Praed. 48 (Augsburg 1440), 76ra–91ra, vgl. POWITZ, Frankfurt II/1,

S. 116 und Digitalisat: http://sammlungen.ub.uni-frankfurt.de/msma/content/pageview/383 0886.
Bei den ‚Synonima apotecariorum' handelt es sich um eine Übersicht zu ca. 520 pflanzlichen Arzneistoffen, in der ca. 4000 Pflanzennamen aufgezählt werden. Zur Überlieferung des wohl im nd. Sprachraum entstandenen Werks, das später ins Md. übersetzt wurde und in den Süden ausstrahlte (ca. 42 Hss., ohne dieses Fragment), vgl. Bernhard SCHNELL, Mittelalterliche Vokabularien als Quelle der Medizingeschichte: Zu den ‚Synonima apotecariorum', in: Würzburger medizinhistorische Mitteilungen 10 (1992), S. 81–92; DERS., in: ²VL 9 (1995), Sp. 557–559.

4+ C 6463, Spiegel
Liber sacramentorum Augustodunensis (Fragment 1, Abklatsch) / Beda Venerabilis: In Lucae evangelium expositio (Fragment 2)

Pergament · (4 Bll.) + 2 Bll. · mind. 17 × 18 (Fragm. 1) / 20 × 15 (Fragm. 2) · Autun? (Fragm. 1) / Hessen, evtl. Hersfeld oder Fulda (Fragm. 2) · ausgehendes 8. Jh. (Fragm. 1) / 9. Jh., 1. Viertel (Fragm. 2)

Zustand: Fragment 1: ursprünglicher Spiegel auf dem VD, zwischen 1888 und 1904 ausgelöst (Verbleib unbekannt, s. u.), Abklatsch erhalten. Fragment 2: Spiegel auf dem HD, nur 1ᵛ/2ʳ lesbar. Ausbruchstellen im Pergament am linken und unteren Seitenrand von 1ᵛ (kaum Textverlust).

Kodikologie:
Fragment 1: wohl ursprünglich zwei übereinander geklebte Doppelbll., vielleicht die äußeren Blätter von zwei Lagen (s. u. Textlücken). Größe mind. 17 × 18, Schriftraum mind. 15,5 × 9,5, 1 Spalte, mind. 19 Zeilen, Übergangsschrift Halbunziale (Majuskel-N, g-Form) / karolingische Minuskel, ausgehendes 8. Jh.; Merkmale: Doppelform cc- und Minuskel-a, et-Ligatur. Rubriziert: Überschriften. Vergrößerte halbunziale Anfangsbuchstaben.
Fragment 2: inneres Doppelblatt einer Lage (Textanschluss, s. u. Inhalt). Schriftraum: 15 × 11. 1 Spalte, 30 Zeilen. Karolingische Minuskel von einer Hand, 9. Jh., 1. Viertel, Merkmale: Doppelform cc- und Minuskel-a, Ligaturen: et, NT, Bibelpassagen rubriziert und in Auszeichnungsschrift (Halbunziale).

Geschichte: Das heute nur noch als Abklatsch erhaltene Fragment 1 stammte aus einer im ausgehenden 8. Jh. geschriebenen Hs. (paläographischer Befund), die wohl nach einer aus dem französischen Raum (Autun?, s. u. Inhalt) stammenden Vorlage im klösterlichen Kontext angelegt wurde (Erwähnung der Ämter des Pförtners und Tischlesers). Fragment 2 ist etwas jünger (9. Jh., 1. Viertel, paläographischer Befund). Wegen der späteren Provenienzgeschichte ist eine Entstehung im Raum Fritzlar (Hersfeld oder Fulda?) zu erwägen.
Trägerband: BVerwG, 4+C 6463: Sassenspegel || mit velen nyen Addi=||cien san dem Le=||enrechte vnde|| Richtstige.|| ... | Augsburg: Otmar, Silvan: Rynmann, Johann, 1516. Vgl. VD16 D 758 (mit Digitalisat der BSB München: http://daten.digitale-sammlungen.de/~db/bsb 00001938/image_1).

Einband: zeitgenössischer Holzdeckeleinband mit hellbraunem Lederbezug, gegliedert durch dreifache Streicheisenlinien, im Mittelfeld auf VD und HD siebenmal nebeneinandergesetzt: Rolle ca. 13,5 × 1,7: Blütenranke, darin zwei Putti auf Vogeljagd, ein Putto mit Pfeil und Bogen, der andere mit Keule bewaffnet, zwei Vögel mit ausgebreiteten Flügeln, Rolle in den Repertorien und der EBDB nicht nachgewiesen. Ähnliches, in der Gestaltung der Details jedoch abweichendes Motiv: S-S I, Ranke 201a = EBDB r000442, Werkstatt Geislingen (Steige), Johannes Richenbach, nach KYRISS, Gotische Einbände I, Nr. 61, S. 50f., S-S II, S. 99 und EBDB w000109 tätig um 1467–85, Rolle danach in Werkstatt Ulm, Augustiner-Chorherrenstift II verwendet. Auf dem Rücken Titelschild mit Goldprägung (18./19. Jh.?) *Sassenspegel.*
Der Band wurde 1520 vom Fritzlarer Humanisten Conradus Kluppel gekauft, vgl. den Eintrag auf dem Vorsatzbl.: *Anno 1520. i auro. Conradus Kluppel.* Konrad Kluppel (um 1490 – um 1541, Gelehrtenname Conradus Scipio) war Stadtschreiber in Fritzlar und Syndicus des dortigen Kollegiatstiftes St. Peter sowie Verfasser einer Waldeckischen Chronik. Vgl. Paul JÜRGES (Hg.), Konrad Kluppels Chronik und Briefbuch, in: DERS. / Albert LEISS u. a. (Hgg.), Waldecker Chroniken (Veröffentlichungen der Historischen Kommission für Hessen und Waldeck VII,2), Marburg 1914, S. II–XVIII. Kluppel legte eine umfangreiche Büchersammlung an, die er z. T. dem Augustiner-Chorherrenstift Volkhardinghausen (heute Stadtteil von Bad Arolsen) überließ und die nach der Säkularisierung des Stiftes 1576 in die Fürstlich Waldeckische Hofbibliothek [im Folgenden: FWHB] Arolsen gelangte. Vgl. Hartmut BROSZINSKI, Bausteine zu einer Arolser Bibliotheksgeschichte, in: Birgit KÜMMEL / Richard HÜTTEL (Hgg.) Arolsen: indessen will es glänzen; eine barocke Residenz, Korbach 1992, S. 112–128 (online-Ausgabe: http://dtm.bbaw.de/Waldeck/arolsen-hofbibliothek.htm). Nach Peter VOGEL, in: Handbuch der Hist. Buchbestände (https://fabian.sub.uni-goettingen.de/fabian?Gesamthochschul-Bibliothek_(Kassel)) sind noch 16 Bde. aus der Kluppel-Sammlung in den Beständen der FWHB Arolsen (heute Depositum in der Universitätsbibliothek Kassel – Landesbibliothek und Murhardsche Bibliothek der Stadt Kassel) nachweisbar.
Der Band gelangte (wohl 1576 mit den ca. 400 Bänden aus Stift Volkhardinghausen, s. o.) in die FWHB Arolsen und ist im handschriftlichen Katalog verzeichnet, vgl. Catalog der Hochfürstlich Waldeckischen Bibliothek, Erste Abtheilung (Deutsch, Lateinisch, Griechisch), nach 1812; Nr. 2086: „Sachsenspiegel fol. Augsburg. 1516. Liber rarissimus. Editio rarissima. [mit weiteren Lit.verweisen und alter Signatur (?) der FWHB:] XXII.10 (Digitalisat: http://orka.bibliothek.uni-kassel.de/viewer/image/1323420883624/182). Er gehörte zu den Bänden, die im Auftrag des Fürsten Georg Viktor auf der vom Arolser Bibliothekar, Buchhändler und Verleger August Speyer (1785–1865) vom 11. bis 16. Juni 1856 durchgeführten Dublettenauktion der Fürstlichen Bibliothek Arolsen veräussert wurden, vgl. die Vermerke auf dem Vorsatzbl. verso: *Aus der Doubl. auct. der F. bibl. zu Arolsen d. Hertz. Berlin 1856.* Der Band ist verzeichnet im Auktionskatalog: Verzeichniß von Doubletten der Fürstl. Waldeck. Hofbibliothek in Arolsen, welche, nebst vielen anderen, meist seltenen und werthvollen Werken, am 11. Juni 1856 und den folgenden Tagen in Arolsen öffentlich versteigert werden sollen, S. 54, Nr. 2592: „(Sachsenspiegel),) Sassenspegel mit uelen nyen Addicien san d. Leenrechte vnde Richtstige. Fol., Augsb., 1516, Hzb., Ebert, No. 19706, Bauer IV." (vgl. Digitalisat des Auktionskatalogs: http://orka.bibliothek.uni-kassel.de/viewer/image/1330082386330/57/).
Von ders. Hand, die den Eintrag zur Versteigerung schrieb, Angaben zum Inhalt und zur Literatur I^r: *Über Stellung dieses Druckes in dem Hdss. System vgl. Homeyer Geneal 134* [– Carl

Gustav HOMEYER, Die Genealogie der Handschriften des Sachsenspiegels, Berlin 1859, S. 134]. I^v von ders. Hand: *Eine der wenigen alten niedersächsischen Ausgaben (bei Nietzsche. Hall. Litt. Zeit. Dec. 1827, Sp. 716, no. 158, hier mit dem Druckfehler ibis angef.!).*
Bei der Versteigerung wurde der Band zunächst durch Hugo Böhlau (Halle/Saale) erworben, vgl. Stempel auf dem Titelblatt: *HUGO BÖHLAU HALLE ^A/s 1856.* Auf Versoseite des Titelblattes weitere Auktionsnummer (zweifach in roter Farbe): *964*. Am 10.12.1888 wurde der Band von „Harrassowitz" (Antiquariats- und Verlagsbuchhandlung Otto Harrassowitz Leipzig) für 8,90 Reichsmark an die Bibliothek des Reichsgerichts verkauft, vgl. Zugangsbuch Nr. 3, 1879–1883, Zugangsnummer: 25169, in diesem Band Bleistifteintrag des Verkaufsdatums auf der Rectoseite des Vorsatzblatts sowie Tinte- und Bleistifteinträge dieser Zugangsnummer dort und auf dem Titelblatt. Auf dem Titelblatt weiterhin Stempel der Bibliotheken des Reichsgerichts (Rectoseite) und des Bundesgerichtshofs (Versoseite). Auf dem Vorsatzblatt Eintrag des Bibliotheksdirektors Karl Schulz zum Verlust von Fragment 1: *„Wann das gegenüber aufgeklebt gewesene Pergamentblatt mit Handschrift des ? Jahrhunderts herausgelöst worden ist, hat sich nicht feststellen lassen. Beim Erwerb des Bandes war das Blatt noch vorhanden. Auf der Innenseite des hinteren Deckels findet sich noch das eingeklebte Pergamentblatt. 22.VI.04. K. Schulz."*

Literatur:
– DOLEZALEK Liste 2005: http://www.uni-leipzig.de/~jurarom/manuscr/RgMsMatr.html. (nur Fragment 2, hier dat. 10. Jh.);
– EIFLER, Handschriften und Fragmente der ehemaligen Reichsgerichtsbibliothek, S. 166–168 mit Abb. 10 (Fragment 2: hinterer Spiegel).

Fragment 1, Abklatsch

Liber sacramentorum Augustodunensis.

Die einzelnen Gebete teilweise auch in anderen Sakramentaren (vgl. DESHUSSES) nachzuweisen, in dieser Abfolge aber nur im Liber sacramentorum aus Autun, das von O. HEIMING 1984 nach der Hs. Berlin, SBB-PK, Ms. Phillipps 1667 ediert wurde (Edition CCSL 159B). Zur Datierung von Ms. Phillipps 1667 wurde von der Forschung „IX¹ (VIII/IX)" (ROSE), „saec. VIII–IX" (Codices Latini Antiquiores VIII, 1056) bzw. „um 800" (Baudouin DE GAIFFIER, Le Breviarium Apostolorum [BHL 652] tradition manuscrite et oeuvres apparentées, in: Analecta Bollandiana 81 [1963], S. 89–117, hier S. 94) vorgeschlagen, vgl. CCSL 159B, S. XII und Abb. nach S. XLI.

[unteres Fragment, rechte Seite:] **Rubrik 1333 (Benedictiones episcopales, De Quadragesima):**
[Benedicat uos dominus, ... quam nec caro escis uicta luxoriet] *nec mens* [afflicta degeneret. ...] *Sed ita sit* [uobis sanctifica]*tum in diuino* [timore ieiunium ut ...].
Edition: CCSL 159B, S. 154.

[unteres Fragment, linke Seite:] **Rubrik 1526–1527 (Ad clericum faciendum):**
[Omnipotens sempiterne deus, propitiare peccatis nostris ... et sicut simili]*tud*

[inem corone tuae ornatu] *gestare fecimus i*[n capite, sic tua uirt]*ute et* [hereditatem s]*ub*[sequi mer]*eatur in* [corde: ...]. *S*[E]*QUITUR* [oratio: Praesta, omnipotens deus, ut fam]*ulum tu*[um illum, quam hodie capite] *comam suam p*[ro diuino] *a*[more deposui]*mus, ut in tua dilectio*[ne perpetua] *maneat* [et eum sine macula in sempiterno custodias ...]

Edition: CCSL 159B, S. 180; DESHUSSES III, Nr. 4191 (Orationes ad clericum faciendum).

[oberes Fragment, rechte Seite:] **Rubrik 1530–1532 (Ordo de sacris ordinibus benedicendis: Ordinatio hostiarii, Ordinatio lectoris):**
[Deum patrem omnipotentem suppliciter depraecemur, ut hunc famulum suum nomine illo benedicere dignetur, quem in officium] *hostiarii elegere dig*[natus est, ut sit] *ei fidelissima cura in di*[ebus ac noctibus] *ad distinctionem hor*[arum certarum ...]. >[ITEM BENE]*DICTIO EIUSDEM*< [Domine sancta]*e pater, omni*[potens aeternae deus, ben]*edicere dign*[eris hunc famulum t]*uum hostiarium.* ... – ... Accipe et esto uerbi dei relator] *habi*[turus, si fide]*liter et utiliter i*[mpleueris officium partem ...].

Edition: CCSL 159B, S. 181; DESHUSSES I, Nr. 1791–1793 (Ordinatio ostarii, Ordinatio lectoris).

[oberes Fragment, linke Seite:] **Rubrik 1551 (Consecratio presbyterii):**
[Domine, sanctae pater omnipotens, aeterne deus ... sic in here]*mo per septua*[ginta uirorum p]*rudentium* [mentis Moysi spiritu propagasti ... innumeras multit]*udines facile g*[obernauit. Sic et E]*leazaro et Itha*[mar filiis Aaron] *eternae* [sonst: paterne] [plenitudinis habundan]*tiam transfudisti,* [ut ad hostias salutaris et frequentioris o]*fficiis* [sacramenta suff]*icere*[n]*t meretum sa*[cerdotum ... – ... Quapropter infirmitate quoque nostrae] *domine quaesumus* [h]*aec* [adiumenta la]*rgire qui*[a] *quanto* [magis fragilior]*is sumus tanto* [his plurius indigem]*us*.
[...]
Edition: CCSL 159B, S. 186.

Fragment 2

1ᵛ–2ʳ **Beda Venerabilis: In Lucae evangelium expositio, lib. III, cap. 8** (zu Lc 8,4–10).
(1ᵛ) [>Cum autem turba plurima conveniret ... Exiit qui seminat ...< (Lc 8,4f.)]
Hanc parabolam dominus ideo per se ipsum exponere dignatus est, ut figurate se loqui innotesceret rerum ... – ... quod iuxta [interlinear eingefügt: *aliam*] *parabolam oleum ad lampadas* (!) *uirginum nutriendas, id est amor et perseuerantia uirtutis.*
(2ʳ) >*Et aliud cecidit in terram bonam* ...< (Lc 8,8), [Kommentar:] *Fructum centuplum fructum perfectum dicit. Nam denarius numerus pro perfectione semper acci-*

pitur, quia in decem pręceptis legis custodia continetur. ... – ... *Nemo putet finita mox parabola discipulos hęc interrogasset saluatorem, sed ut Marcus ait: Cum esset singularis interrogauerunt eum hii, qui cum eo erant* [duodecim parabolas ... Mc 4,10].

Kommentierte Passagen des Bibeltextes in roter Auszeichnungsschrift (Halbunziale), heute außer am oberen Rand von 2ʳ nachgedunkelt. 2ʳ Z. 16 (Ed.: Z. 353), wohl nach Fehler des Schreibers, anderthalb Zeilen radiert und Text danach fortgesetzt.
Edition: CCSL 120, S. 173, Z. 309 – S. 175, Z. 364. Vgl. CPL 1356, STEGMÜLLER, RB, Nr. 1614.

MS nov. 1 (olim Fragm. 28)
Fragmente einer Sammelhs. des Sächsischen und Magdeburgischen Rechts: Eike von Repgow: Sachsenspiegel / ‚Weichbildchronik' / ‚Weichbild-Vulgata' (‚Sächsisches Weichbild') / ‚Magdeburger Dienstrecht'

Papier · 34 Bll. · 29–30 × 21–21,5 · nordöstl. Thüringen / Süden des Erzbistums Magdeburg (evtl. Raum Halle?) · um 1480–90

Zustand: aus einer Klebepappe ausgelöste Fragmente, Bll. mit Kleisterresten und Abklatsch von Drucken und Initialen, z. B. Bl. 2ᵛ–3ʳ. Löcher von Holzwürmern der Bindung oder Papierzerfall an den Rändern (Textverlust), z. B. Bl. 6, 11–20, 23, 25–27, 34. Einige Bll. durch Buchbinder beschnitten (Textverlust), z. B. Bl. 5, 14, 16, 18, 19, 21, 22, 24, 23–30, 32, das Doppelbl. 13/18 geschwärzt, Text weitgehend nicht mehr lesbar.

Kodikologie: 14 Doppelblätter (Bl. 1/4, 2/3, 7/8, 11/20, 12/19, 13/18, 14/17, 15,16, 22/33, 23/32, 24/31, 25/30, 26/29, 27/28) und 6 Einzelblätter (Bl. 5, 6, 9, 10, 21, 34) aus einer Hs. Bleistiftfoliierung August 2015: *1–34.*
Wz.:
1) Bll. 1, 2: Ochsenkopf mit Augen, darüber zweikonturige Stange, darüber zweikonturiges lateinisches Kreuz, darüber Blume mit sieben Blütenblättern, Formenpaar (OK 1 + *OK 1), Typ WZIS AT3800_PO-69081 (Dresden 1481) und Typ PICCARD XI 326 (Ansbach, Dresden, 1480/81),
2) Bl. 8: das gleiche Motiv, Einzelmarke (OK 2), Typ PICCARD XI 326 (Ansbach, Dresden, 1480/81), WZIS DE4860-Ms1446_264 (Leipzig?, 1482),
3) Bll. 9, 15, 20–22, 31, 32, 34: Ochsenkopf mit Augen, darüber einkonturige Stange mit Blume, darunter Beizeichen aus Schaft, zwei Kreuzsprossen und Dreieck mit Schragen und zwei Punkten, Formenpaar (OK 3 + *OK 3), das erste Zeichen Typ WZIS DE4860-Ms204_54 (Altzelle 1486), das zweite Zeichen Typ WZIS DE4860-Ms1463_162 (Leipzig?, 1487),
4) Bl. 12, 17, 26, 28, 30: das gleiche Motiv, Formenpaar (OK 4 + *OK 4), das erste Zeichen Typ WZIS DE4860-Ms204_54 (Altzelle 1486), das zweite Zeichen Typ WZIS DE6300-PO-66138 (Wassertrüdingen 1485).

Lagen: Die Hs. war wahrscheinlich aus Sexternionen zusammengesetzt. Zum ersten Sexternio gehörten Bl. 1–4, welche die inneren Doppelbll. der Lage bildeten sowie die beiden Einzelblätter 5 und 6, die ehemals die beiden äußeren Bll. waren: (VI-6). Bl. 7/8 bildeten das äußere Doppelbl. einer Lage, Bl. 9 das erste Bl. der folgenden Lage. Die Doppelbll. 11–20 bildeten mit den Einzelbll. 10 und 21 einen Sexternio, Bl. 22–33 bilden einen Sexternio, Bl. 34 war wohl das anschließende Bl. aus der folgenden Lage.

Heutige Größe der beschnittenen Doppelbll. 29–30 × 39,5–41, urspr. Blattgöße: 29–30 × 21–21,5. Schriftraum: 23–23,5 × 15,5–16, 2 Spalten, 34 Zeilen. Bastarda von einer Hand, in der ersten und letzten Zeile teilweise verlängerte Oberlängen und Schlaufen, z. B. 2^r, 4^v. Am Rand von 10ra lat. Marginalglosse, wohl von anderer Hand: *Mirabilia in aqua* (?). Rubriziert, wohl vom Schreiber: rote Kapitelzahlen, Überschriften und Stellenverweise, Capitulumzeichen und Strichelung der Anfangsbuchstaben zur Abschnittsgliederung. 5ra am Beginn des ‚Sachsenspiegels' Überschrift vorgesehen, aber nicht ausgeführt. Im Register und am Beginn der ‚Weichbildchronik' dreizeilige Tintenlombarden mit einfachen Ornamenten: 1vb, 4ra, und 21va. Sonst am Text- und Abschnittsbeginn zweizeilige rote Lombarden, teilweise mit Konturbegleitstrichen oder Punktverdickungen. Als Zeilenfüllsel rubrizierte Anrufungen: 1vb >*Maria hilff*<, 5va >*Hilff got vnns*<, 5vb >*O Maria flos virginum*<, 6ra >*Mich elend*[en]<. 4va am Spaltenende von ders. Hand >*Nichil hic deficit*<.

Einband: Fragmente in Mappe aufbewahrt.

Geschichte: Die Fragmente stammen aus einer nach Ausweis der Wz. um 1480–90 entstandenen Hs.; die Wz.-belege weisen bei Typgleichheit eine Häufung im Großraum Dresden/Leipzig auf, in dessen Umkreis daher auch das vorliegende Papier verwendet worden sein dürfte. Es fällt jedoch auf, dass keine Varianten oder identische Belege zu in Leipzig verwendeten Papieren (nach WZIS) vorkommen, so dass eine Entstehung in Leipzig selbst wohl auszuschließen ist. Aufgrund der Schreibsprache (s. u.) ist eine Entstehung in nordöstl. Thüringen, evtl. auch im Raum Halle, sehr wahrscheinlich. Eine Entstehung im Süden des Erzbistums Magdeburg ist auch aufgrund der inhaltlichen Beziehung zur Hs. Halle, ULB, Ye 2° 63 (trotz Dat. auf 1407 im Kolophon 139ra nach Wz.beleg wohl Mitte 15. Jh., ostmitteldt. / Süden der Diözese Magdeburg?, Provenienz: Augustinerchorherrenstift St. Moritz Halle, vgl. PFEIL, Halle, Bd. I, S. 70–75, Bd. II, S. 513, Abb. 6), die eine weitgehend identische Textabfolge bietet (s. u. Inhalt), zu erwägen.

Die sechs Einzel- und 14 Doppelbll. wurden Mitte des 16. Jh.s, sehr wahrscheinlich ebenfalls im Raum Leipzig/Halle/Wittenberg (s. u.) als Einbanddeckelkerne (Klebepappen) für vier Bände eines Drucks von 1547/48 verwendet und im Jahr 2000 aus diesen ausgelöst.

Trägerbände: Die Blätter dienten als Einbandmakulatur für Bd. 1 und 2 einer fünfbändigen Corpus Iuris Civilis-Ausgabe (BVerwG, 2+B 2879: Corpus Iuris Civilis, cum glossa, Bd. 1: Digestum vetus, Bd. 2: Infortiatum, Bd. 3: Digestum novum, Bd. 4: Codex Iustiniani, Bd. 5: Institutiones: authentica seu Novellae. Lugduni: apud Hugonem & haeredes Aemonis a Porta, 1547/1548, vgl. J[ulien] BAUDRIER, Bibliographie Lyonnaise: Recherches sur les imprimeurs, libraires, relieurs et fondeurs de lettres de Lyon au seizième siècle, Bd. 7, Paris 1908, S. 318f.: Hugues de la Porte). Einband: Halbband mit hellem Schweinsleder und Rollenstempeln, die Deckel urspr. mit geschwärztem Pergament überzogene Klebepappen, bei der Restaurierung 2000 durch mit schwarzem Papier bezogene Holzdeckel ersetzt. Das Einbandleder ist mit drei Rollenstempeln verziert.

1) Salvator-David-Johannes d.T.-Rolle, Größe 163 × 21 mm, jeweils mit Schriftbändern: Salvator: SIC DEVS DILEX[IT MUNDUM] / David: DE FRVCTV VENTR[IS] mit Monogramm H.R. / Johannes: ECCE AGNVS DEI, neben der Figur Monogramm M.A. und Jahreszahl [15]36, wohl übereinstimmend mit Rolle 1 des Monogrammisten M.A., vgl. HAEBLER, Rollen- und Plattenstempel, Bd. 1, S. 20. Vgl. Paul SCHWENKE, Zur Geschichte des Bucheinbandes in Berlin, in: Aus den ersten Zeiten des Berliner Buchdrucks, Berlin 1910, S. 105–109 (weitere Angaben s. u.). SCHWENKE, ebd., S. 107f. bezieht das Monogramm M.A. und die Jahreszahl auf den Stempelschneider, das Monogramm H.R. aber auf den nicht identifizierten Binder. Vgl. auch Konrad VON RABENAU, Buchbinder des 16. und 17. Jahrhunderts in Berlin, in: Bibliothek und Wissenschaft 29 (1996), S. 228–291, hier S. 232–236, wo diese Rolle einem unbekannten Berliner „Buchbinder mit den Monogrammen HR und MA" zugewiesen, und weitere Werkzeuge und Belege (s. u.) aufgezählt werden.
2) Blattstab mit 4 Köpfen in Medaillons, Größe 160 × 18 mm, ähnliche Rollen im mitteldt. Raum z. B. EBDB r000543 (Johannes Weischner, Jena, vgl. HAEBLER, ebd., Bd. I, S. 487,11, vgl. EBDB w000414, mit weiterer Lit.) und EBDB r003842 (Buchbinder A.M., Wittenberg, vgl. HAEBLER, ebd., Bd. I, S. 275–278).
3) Blattwerkbordüre (Rundbogenfries mit Blüten), Breite 27 mm, wohl identisch mit der bei VON RABENAU (s. o.) dem Berliner „Buchbinder mit den Monogrammen HR und MA" zugewiesenen großen Kranzrolle Nr. 5.
Rollenstempel Nr. 1 mit Monogrammen M.A. und H.R. und Jahreszahl [15]36 wurde offenbar in enger Zusammenarbeit mit der Berliner Druckwerkstatt des Hans Weiss verwendet. Hans Weiss war seit 1525 als Drucker in Wittenberg tätig und stellte hier etwa 50 Drucke (die Hälfte davon Lutherdrucke) her. 1539 wurde er von Kurfürst Joachim II. nach Berlin berufen, um hier Lutherwerke sowie amtliche Schriften zu drucken; 1540 erhielt er ein Privileg, wonach seine Drucke im Kurfürstentum allein von ihm vertrieben und von keinem anderen Drucker oder Buchhändler feilgeboten werden durften. Als einer seiner ersten Drucke erschien 1540 die Kirchenordnung für Brandenburg (VD16 ZV 2324, evtl. identisch mit VD16 B 6909), Weiss fertigte bis 1543 ca. 27 Drucke (vgl. Nachweise im VD16), seine Erben waren bis 1547 tätig, vgl. Paul SCHWENKE / Ernst VOULLIÉME, Die Berliner Druckerei des Hans Weiss 1540–47, in: Aus den ersten Zeiten (s. o.), S. 31–109; Walther G. OSCHILEWSKI, „Auff vnser gnedigs erfordern und begeren Hans Weiß". Berlins erster Buchdrucker, in: Der Bär von Berlin, Jahrbuch des Vereins für die Geschichte Berlins, 5. Folge (1955), S. 126–144; RESKE, Buchdrucker, S. 100 (mit weiterer Lit.); Klaus HENSELER, Drucker in Brandenburg und Preußen, Cuxhaven 2010 (Schriftenreihe ‚Schwarze Kunst' 96), S. 338–341. Rollenstempel 1 ist auf drei Exemplaren von Weiss' Kirchenordnung von 1540 nachweisbar (Berlin, SBB-PK, Rar. Dr. 8311a R und Rar. Dr 8311b; Bretten, Melanchthonhaus, L 868), vgl. SCHWENKE, Geschichte (s. o.), S. 107f. mit Abb. 29; VON RABENAU, Buchbinder (s. o.), S. 234. Dabei wurde bei einem Exemplar (Dr 8311b) auch ein Plattenstempel mit dem brandenburgischen Kurwappen verwendet, das nach dem Titelbild der Kirchenordnung gefertigt wurde. Rollenstempel 1 findet sich nach VON RABENAU weiterhin auf folgenden Bänden:
– Halle, Marienbibliothek, C II 6 (Petrus de Ancharano: Repertorium ... super quinque libros Decretalium, Lyon 1535), B II 66–67 (Johannes de Imola, Opera, Tom. 1–2, Lyon 1533), vgl. VON RABENAU, Buchbinder, S. 234–236.
Weitere dort nicht genannte Bde. mit Rolle 1 (freundliche Auskunft von Konrad von Rabenau, Leipzig/Schöneiche, und Katharina Bethge, Wittenberg, vom 10.04.2013):

– Berlin, SBB-PK, Bt 2567/3 (Philipp Melanchthon: Commentarii in Epistolam Pavli ad Romanos, Strassburg 1536);
– Wittenberg, Reformationsgeschichtliche Forschungsbibliothek, Bestand Ev. Predigerseminar, 4°SW 23 (Grammatices latinae etymologia …, Basel 1540, aus dem Besitz des Wittenberger Studenten Paulus Dreska Pelitzsensis).

Für eine Bindung der Trägerbände im Umkreis der Druckwerkstatt Hans Weiss (Erben) spricht auch die Tatsache, dass für die Klebepappen umfangreiche Konvolute von unaufgeschnittenen Druckbögen aus drei Ausgaben dieser Druckerei von 1543/44 verwendet wurden (BVerwG, Fragment 84, 85 und 88: 37 Druckbögen und 10 Doppelblätter aus den Drucken VD16 T 533, A 1029 und A 984, s. u. Einzelnachweise). Die Rollenstempel 2 und 3 auf dem Einband sowie die Verwendung der vorliegenden deutschsprachigen Fragmente in der Klebepappe sprechen hingegen eher für eine Bindung im (nördlichen?) ostmitteldeutschen Raum (Raum Leipzig/Halle/Wittenberg). Möglicherweise ist ein Umzug der nach 1547 in Berlin nicht mehr nachweisbaren Weiss-Werkstatt oder der Übergang von Stempel 1 sowie der nicht verwendeten Druckbögen an eine andere Werkstatt anzunehmen. Für eine Lokalisierung der Werkstatt im mitteldeutschen Raum (Leipzig oder Wittenberg?) spricht auch die Beobachtung, dass sich sehr ähnlich gestaltete Einbände (Halbbände mit hellem Schweinsleder und Rollenstempeln, die Deckel mit geschwärztem Pergament überzogene Klebepappen) sehr häufig an Drucken aus den 1540er bis 1590er Jahren im Bestand der UB Leipzig sowie in der RFB Wittenberg (Bestand: Evangelisches Predigerseminar) finden (freundl. Mitteilung von Katharina Bethge, Wittenberg, vom 22.03.2013). Bislang wurde erst eine grobe Sichtung dieser Einbände vorgenommen, eine genauere Klärung dieses Sachverhaltes steht noch aus.

Auf den vorderen Spiegeln der vier Bände Eintrag eines Vorbesitzers (17./18. Jh.?): *Johann Heinrich Pertsch m*[anu] *p*[ropria] (bei OPPITZ [2011], S. 447f., andere Lesung des Nachnamens: Pertsching). Möglicherweise handelt es sich um den aus Coburg stammenden Philologen und Theologen Johann Heinrich Pertsch (1776–1844), der Professor der Geschichte, Orientalistik und Gräzistik an der Universität Erlangen, seit 1811 Pfarrer an der Kreuzkirche in Coburg und später Superintendent in Rodach war. Er verfasste u. a. ein „Neues allgemeines literarisch-artistisches Lexikon" (2 Bde., Coburg/Leipzig 1807) sowie einen „Grundriß der römischen Alterthumskunde" (Coburg 1808). Vgl. Richard HOCHE, in: ADB 25 (1887), S. 405.

Vier Bände des fünfbändigen Drucks wurden am 14. November 1881 von Serig (Serig'sche Buchhandlung Leipzig) für die Bibliothek des Reichsgerichts erworben, vgl. Zugangsbuch Nr. 3, 1879–83, Zugangsnummer: 13256 (ohne Preisangabe). Der zugehörige Bd. 5 (Corpus juris civilis, cum glossa. [V], Institutiones: authentica seu Novellae: Codex lib. X–XII, Lugduni: ap. Hugonen et haered. Aemonis a Porta, 1548) mit abweichender Einbandgestaltung und Provenienz wurde am 19. Juli 1886 von der Antiquariats- und Verlagsbuchhandlung Otto Harrassowitz Leipzig für 4,- Reichsmark erworben, vgl. Zugangsbuch Nr. 4, 1883–89, Zugangsnummer: 22716, und ebenfalls unter dieser Signatur aufgestellt.

Bd. 1–4 wurden 2000 durch Norbert Depping (Atelier für Buch- und Grafik-Restaurierung, Münster) restauriert, dabei wurden die Makulaturpappen der Einbände ausgelöst und neue Holzdeckel mit schwarzem Bezug angesetzt.

Nach DOLEZALEK Liste 2005 (s. u. Lit.) stammen aus diesen Trägerbänden auch folgende Materialien:

1) Handschriften-Fragmente:
– MS nov. 2 (olim Fragment 34): Missale Franciscanum, 13. Jh. 3. oder 4. Jahrzehnt, aus

einem Franziskanerkloster in Deutschland (Mitteldeutschland oder Brandenburg), vgl. die Beschreibung;
– Fragment 59: Tractatus theologicus (sXIV, memb., viele kleine Fragmente; aus dem Einband des Buches B 2879 Digestum vetus, etc., a. 1547–1548).
Wohl zu korrigieren ist die Angabe DOLEZALEKS, dass aus diesen Trägerbänden auch Fragment 35 (jetzt MS. nov. 3) stammt, vgl. die Beschreibung.
2) Druck-Fragmente, darunter Druckbögen von drei Ausgaben aus der Druckwerkstatt des Hans Weiß (Erben) in Berlin:
– Fragment 82: Meffreth: Sermones de tempore et de sanctis. Basel: Nikolaus Kessler, 20.I.1487. Vgl. GW M22634 (vgl. Digitalisat: http://tudigit.ulb.tu-darmstadt.de/show/inciv-504-i), 50 Doppelblätter und zahlreiche senkrechte Streifen, mit roten Lombarden;
– Fragment 83: Gregor IX. Papa: Decretales. Mit der Glosse des Bernardus Parmensis. Speyer: Peter Drach, 28.V.1492, vgl. GW 11486 (Titel: >Compilatio noua decretalium domini Gregorij pape noni<, nach Vergleich mit Digitalisat: http://daten.digitale-sammlungen.de/~db/0004/bsb00042113/image_3), 54 Doppelblätter und sehr viele senkrechte Streifen, mit Initialen rot und blau, auf einzelnen Bll. Tintenfoliierung, auf Titelbl. handschriftliches Register;
– Fragment 84: Publius Terentius Afer, Commoedia ‚Andria‘, mit deutscher Übersetzung durch Johannes Agricola (Terentij An=||DRIA GERMA=||NICE REDDITA || et Scholijs illus=||trata.|| IOANN.AGRI.|| ISLEB. AVTORE ||), Berlin: Weiß, Hans (Erben), 1544, vgl. VD16 T 533; bereits makuliert vor dem Binden und Aufschneiden, 37 Druckbögen;
– Fragment 85: Der X Psalm || ausgelegt || Durch Johan || Agricola Eisleben.|| … ||. Berlin: Weiß, Hans (Erben), 1543, vgl. VD16 A 1029, makuliert schon vor dem Binden und Aufschneiden, 9 Doppelbll.;
– Fragment 86: nach DOLEZALEK wohl Johannes Bertachinus: Repertorium iuris utriusque (vgl. GW 4152–4161) oder Petrus de Monte: Repertorium iuris (vgl. GW M25363-M25374), 4 Einzelbll. in folio;
– Fragment 87: Dictionarium philologicum latinum (sXVI, 1 bifolium chart.);
– Fragment 88: Commentarius in Epistolas apostolicas, deutsch, makuliert schon vor dem Binden und Aufschneiden, 1 Doppelbl., wohl: Die Episteln || durchs gantz || Jar/|| Mit kurtzen sum=||marien/|| Johannis Agri=||colę Eissleben.||. Berlin: Weiß, Hans (Erben), 1544, vgl. VD16 A 984;
– Fragment ohne Nummer: ein Doppelblatt eines Sachsenspiegel-Druckes des 16. Jh.s; 2012 nicht auffindbar;
– Fragment ohne Nummer: Lectionarium, deutsch (sXVI, 1 bifolium chart.); 2012 nicht auffindbar.

Schreibsprache (Analyse durch Christoph MACKERT / Werner HOFFMANN, Leipzig):
Allgemein ostmitteldeutsche Elemente: *adder* für ‚oder‘, *sal* für *sol*, *ab/ap* für ‚ob‘, *i* für schwachtoniges ‚e‘ in den Nebensilben (z. B. *gotis, sterbit*), Präfix *vor-* statt *ver-*: *vorlorin* etc., konsequent *zc-* für anlautend ‚z‘: *zcu, zcolle, zceit* etc., teilweise Senkung *u > o* und *i > e*: z. B. *orteil, geborth, borgk, mete*. Die Personalpronomina weisen thüringische Chrakteristika auf: *her* für ‚er‘, *ore/om* für ‚ihre‘/‚ihm‘, hierzu passt ein eventuell n-loser Infinitiv in *ufflasse* (aber Wort am Ende der Spalte). Sehr vereinzelt niederdt. Einsprengsel, z. B. *leven* für ‚leben‘, *wigbilde, sunthe* für *sante*. Auffällig sind *eu*-Schreibungen in *reumen, verkeufft*.

Neben gesenkten Formen finden sich solche ohne Senkung z. B. in *enkumpt, vulkummet* (neben *komen*), *burggraue, mit* etc. Oberdeutscher Einfluss zeigt sich auch an auffallend vielen Stellen, an denen die nhd. Diphthongierung durchgeführt ist, z. B. i > ei: *gleiche, bleibet, weip* etc.; iu > eu: *leuthe, geczeuge, leuten, gebeuth* etc.; u > au: *bawete, mauren*. Dies könnte ins Obersächsische weisen.
Eine Entstehung in der Kontaktzone zwischen Thüringisch, Niederdeutsch und dem Obersächsischen ist zu erwägen (Großregion um Halle?).
Nach OPPITZ (2011, s. u.), S. 448: „mitteldeutsch mit niederdeutschen Einsprengseln".

Literatur:
– DOLEZALEK Liste 2005: http://www.uni-leipzig.de/~jurarom/manuscr/RgMsMatr.html;
– Ulrich-Dieter OPPITZ, Ergänzungen zu „Deutsche Rechtsbücher des Mittelalters und ihre Handschriften", in: Zeitschrift der Savigny-Stiftung für Rechtsgeschichte. Germ. Abt. 128 (2011), S. 440–454, hier Nr. 876a, S. 447f., im Folgenden: OPPITZ (2011);
– http://www.handschriftencensus.de/23812 (unvollst. Inhaltsabgabe und Verweis auf Lit.).

Zur wahrscheinlichen Anordnung der ersten Blätter (Artikelregister zum ‚Sachsenspiegel' – ‚Magdeburger Dienstrecht' – Vorreden zum ‚Sachsenspiegel' – Text von Land- und Lehnrecht …) s. u. 5ra die Angaben zur Parallelüberlieferung.

[Am Beginn fehlen ca. vier Bll.: Register zum Landrecht, Buch I und Buch II, cap. 1–25].

1ra–4vb **Artikelregister und Stellenverweise zum Sachsenspiegel Land- und Lehnrecht.**
(1^{ra-vb}) **Register zum Landrecht, Buch II, cap. 26–72.**
[xxvi. Wenne man nuwe phennige sal slan …] *Man en mus keyne pfenge slan den* [anderen] *gleiche. Wie lange man mit alden pfengen kouffen mus.* >xxvii<: *Von zcolle vnnd von geleite. Wer unrechten weg sleth* … – … >lxii<: *Warummb man ein hus uereuesten sal* […] *Wie eine borgk vnschuldig bleibet, ap do schade von geschiet.* >*Maria hilff*<.
(1vb–3va) **Register zum Landrecht, Buch III, cap. 1–91.**
>*Hie beginnet sich das register des drittenn buchs zcu lantrechte*<. >*i*<: *Wor weip adder mait genotigit weret.* >*ii*<: *Von phaffen vnnd von juden, die da waffen furen.* … – … >xci<: *Herbergit eyn man leuthe, das eyner den anderen zcu tode sleth* … *Was der richter vff das lant nicht gesetzen mag ane des landes willen.*
(3^{va-vb}) **Thematische Stellenverweise zum Landrecht.**
>*Was die bucher setzenn ein iglich sunderlichs*< (3vb) […] *sagit von erbe zcu nemen: xvii, xxvii, xxviii, xl. Das ander buch ouch alzo … Von gerade … Von geczeuge …* – … *Von dem konige. Das dritte liii, lv …*
(4^{ra-vb}) **Register zum Lehnrecht, cap. 1–27.**
>*Hie beginnet sich das register des buches zcu lenrechte*<. >*i*.< *WEr lehnrecht konen wolle. An weme der herschilt begynnet.* >*ii*.< *Wer lehnrechts darben sulle* … – …

>xxvii.< *Stirbt ein man, der sone hot bynnen der jarczall das her sein guth entphan sal. Stirbt eines herren son alzo.* >xxviii.<.

[Es fehlen zwei Bll.: Register zum Lehnrecht, cap. 28–80 und Beginn des ‚Dienstrechts'].

5ra, Z. 1–25 ‚**Magdeburger Dienstrecht**' (unvollst.: § 7–12).
[§ 7: Der bischof en mac nich einen dinstman] *uorwesten, her enhabe vorer von erst mit rehte sein lehnrecht* [sonst: hoverecht] *vorlorinn.* [§ 8]: >A<p *ein dinstman hot vff den andern eyne gemeyne clage, derer byschof sal eme bescheyden eynen tag ...*; [§ 9]: >A<p *der bischof sprechit vff ein guth, das der dinstman vnder om hot vnnd in syner gewalt ... – ...* [§ 12]: >A<p *eyn man dinstweip nymmet, dy dinstwip, is sy zcu Magdeborgk adder zcu Alsleben adder zcu Engeres ... doch en beydenthalbenn ir recht.*
Edition: Lorenz STECH, Die Dienstrechte von Magdeburg und Hildesheim, Diss. Georg-August-Universität Göttingen 1969, S. 133–136 (niederdt. sowie in der Anm. mittldt. Varianten). Zur Überlieferung (ohne dieses Fragment) vgl. STECH, ebd., S. 1–11 (25 Hss.); OPPITZ, Rechtsbücher I, S. 241 (27 Hss.) sowie http://www.handschriftencensus.de/werke/1973 (Nachweis von 13 Hss. und einem Fragment). In fast allen Hss. steht das ‚Dienstrecht' im Kontext des ‚Sachsenspiegels', allerdings an verschiedenen Positionen (Auswahl):
– zwischen Register und Vorreden des ‚Sachsenspiegels' in: Dessau, ALB, Georg Hs. 266.4°, 9^r (14./15. Jh., STECH, Nr. 280; OPPITZ, Nr. 408), Halle, ULB, Ye 2° 63, 10^{r-v} (Mitte 15. Jh., STECH, Nr. 505; OPPITZ, Nr. 666, s. o. Geschichte), Leipzig, UB, Ms 947, 23^v–24^r (2. Hälfte 14. Jh., Benediktinerkloster Chemnitz?, STECH, Nr. 682; OPPITZ, Nr. 885; PENSEL/STAHL, Dt. Hss. UB Leipzig, S. 134–136),
– zwischen Vorreden und Register in: Berlin, SBB-PK, Ms. germ fol. 10, 4^v–5^r (1369, STECH, Nr. 41, OPPITZ, Nr. 110),
– zwischen Register und Text des ‚Lehnrechts' in Leipzig, UB, Ms 948, 145vb–155rb (Anf. 15. Jh., STECH, Nr. 683; OPPITZ, Nr. 948; PENSEL/STAHL, S. 136–138), Göttingen, SUB, 2° Cod. Ms. jurid. 60, 229^v–230^{r-v} (14./15. Jh., STECH, Nr. 443; OPPITZ, Nr. 589),
– nach dem ‚Lehnrecht' in: Berlin, SBB-PK, Ms. germ fol. 727, 65^v (1407, STECH, Nr. 66; OPPITZ, Nr. 136), Gotha, FB, Chart. A 214, 138^v–139^v, (1478, STECH, Nr. 440; OPPITZ, Nr. 622), Grimma, StadtA, II.4 Nr. 5, fol. 90 (1423, STECH, Nr. 479; OPPITZ, Nr. 637), Leipzig, UB, Ms 946, 55^{r-v} (14. Jh., STECH, Nr. 681, S. 7; OPPITZ, Nr. 884) und Jena, ThULB, Ms. Bud. f. 376, 197^{va-vb} (1457, STECH, Nr. 548; OPPITZ, Nr. 734).

5ra, Z. 26 – 21va **Eike von Repgow: Sachsenspiegel, Klasse IV, Ordnung IVc, Fragmente (Vorreden, Text von Landrecht Buch I und Lehnrecht).**
Zum Werk, den Textfassungen sowie zur Überlieferung vgl. Ruth SCHMIDT-WIEGAND, in: ^{2}VL 2 (1980), Sp. 400–409, hier Sp. 401; OPPITZ, Rechtsbücher II, Nr. 1.4.3, S. 29f. (66 Hss. der Klasse IVc), jeweils ohne dieses Fragment; http://www.handschriftencensus.de/werke/97 (273 Textzeugen des ‚Sachsenspiegels', mit diesem Fragment).

(5^{ra-va}) **Vorrede von der Herren Geburt.**
[Platz für nicht ausgeführte Überschrift]. >N<V vornemeth vmmb der herrn geborth von dem lande zcu Sachssen. Der von Anholt vnnd der vonn Brandenborgk vnnd der marggreue von Meyssen vnnd die von Orlemunde vnnd der grave von Brenen, die fürsten sindt alle Swaben. ... – ... an den lip vnnd an dy [nic]ht engeth, vnnd anders nirgenn [zcu] lantrechte noch zcu lenrechte.
5^{rb-va} Textverlust durch Beschneidung der Spalte.
Edition (nach einer Hs. des Vulgattextes in mitteldt. Schreibsprache): Friedrich EBEL (Hg.), Sachsenspiegel. Landrecht und Lehnrecht, Stuttgart 1993, S. 15f.

(5va–6vb) **Reimvorrede,** Vers 1–212.
(5^{va-vb}) [Ich] czimmere, szo man sa[it,] bey [dem we]ge, / des mus ich manch[en] meister [ha]ben. / Ich habe bereitet [nu]tze stege, / [dar an] manche begynnen bygan. (?) / ... – ... [Vers 54–60:] / Nymant den leuten allin / zcu dangke lebte noch ensprach, / (6ra) man wil ouch mich verschallen. / >D<o is wenth mir manche stunde, / die sich versynnet aller best, / szo ist mir doch warheit kunth / vnnd wird myn volge gros zcu lest. ... – ... wen wil [w]yßer leuthe leren, / die is an guth keren, / ist is besser den meyner ein sey. / Ein anderer [merket dabey ...].
5va Textverlust durch Beschneidung der Spalte.
Ed.: EBEL (Hg.), Sachsenspiegel (s. o.), S. 19–25.

(7^{ra-vb}) **Landrecht, Buch I, cap. 6.2–12.**
(7^{ra-vb}) [... is her nicht phlichtig] zcu geldene, noch [keine] schult inen der her widderstatunge entphing adder borge was worden. Die schult sal der erbe gelden ... >vii<: >W<Er icht burgit adder gelabit, der sal gelden, vnnd was her thut, das sal her stete halden ... – ... >xii<: >W<O brudere adder andere leuthe an guth zcu samen haben ... sal sein eyns [sein] vnnd nicht seyner brudere noch syner [geverten ...].
Ed.: EBEL (Hg.), Sachsenspiegel (s. o.), S. 34–37.

(8ra–9vb) **Landrecht, Buch I, cap. 58–64 und 48.1–2.**
(8ra–9vb) [am Beginn unleserlich: I,58: ...] dy clage gehin denne vff den konig., >lix<: >A<llerhande clage vnde alle vngerichte mus der richter wol richten ... – ... (9vb) [I,64:] Alzus sal man ouch oberwinden eynen toten, ap man en an roube adder an sogethanen dingen irslagen hot. ... – ... vnnde gegrussit vnnde gelobit adder seczit borgen vorzcukomene, vnnde nicht enkumpt zcu rechtin thedingen.; (9vb) [I,48:] >A<lle dy vnelich geborn sindt adder rechtelos gemacht sindt vor gerichte, dy enmogen keynen vormunden gehaben zcu irer clage ... – ... sein ebinbortige swertmag, wer her sy, der is vor en thun wil. Mag aber der lame man syner [...].
8^{rb-va} und 9^{rb-va} Textverlust durch Beschneidung der Spalte.
Ed.: EBEL (Hg.), Sachsenspiegel (s. o.), S. 62–68 und 56.

[Es fehlen mehrere Lagen: Landrecht, Buch I, cap. 64–71, Buch II und III, Lehnrecht, cap. 1–50.3]

(10ra–21va) **Lehnrecht, cap. 50.3–79.**
[50.3: … besluzit her sich] *vff eyner borgk, das der man zcu im nicht komen en mag* … – … (10vb) [55.7:] … *das her is binnen lehnrechte gelobit habe.* >*Wie her is en oberzceugen sal: require articulo xlix*<. (11ra) [55.8:] *Deme guth alsus gelegin wirt, her en ist nicht pflichtig das guth vff zcu lassende* … – … (13va, Z. 4) [65.8:] >*W*<*Or der* [herre sin gewette nicht] *us gepfenden en* [mag …, Rest von 13^v unleserlich]; (14ra) [65,15: … *alse im des*] *thedingis zceit erteilt sey vnnd vorsprechin genomen hot.* … – … (17vb) … [71.10:] *Der here enmag ouch seyner manne lehn nicht ufflasse* (18ra) [Seite geschwärzt und unleserlich: *unde zu burglene entphan.* …] … – … [72.5:] *Ist ein burger mit gesinde von der burg gefaren, vnnd gebeuth im der herre widder uff* (19ra) *zcu farende vnnd wirt im selber das gekündigit adder in synen hoff,* … – … (19vb) … [76.2:] … *vnnd endarff im sein guth nicht lassen, ap her den* (20ra) *vor synen mannen also ferre beclagit het, das her im rechtis geweygiret het.* … – … [78.1:] *ouch kein ander here thedingen, wenn sy in des reiches dinste sin, die* (21ra) *weyle sy irem herrn lehnreht helffen sullen von des reiches halben von irem guthe* … – … [Schluss, Kap. 79:] … *wen der man ist* [nicht pfl]*ichtig zcu gezceugene digker* [denne eines] *vmb ein guth kegen syme* [herren]. >*Hie vollendit sich das lehnrecht*<.
11$^{rb–va}$, 14$^{rb–va}$, 16$^{rb–va}$, 19$^{rb–va}$ und 21$^{rb–va}$ Textverlust durch Beschneidung der Spalte. 13^v und 18^v geschwärzt und fast völlig unleserlich. Es fehlt Kap. 80.
Ed.: EBEL (Hg.), Sachsenspiegel (s. o.), S. 209–245.

21va–25rb ‚**Weichbildchronik**'.
Zum Text (zwischen 1235 und 1250 in Magdeburg entstandene Chronik, in der die Sächsische Weltchronik und eine verschollene Magdeburger Bischofsliste benutzt sind) vgl. OPPITZ, Rechtsbücher II, Nr. 2.1, S. 47; Peter JOHANEK, Art. ‚Magdeburger Rechtsbücher', in: ²VL 11 (2004), Sp. 945–953, bes. Sp. 948. Zur Überlieferung (bei OPPITZ 35 Hss., im Handschriftencensus 18 Hss. und 3 Fragmente, jeweils ohne dieses Fragment) vgl. OPPITZ, ebd.; http://www.handschriftencensus.de/werke/1868.
Edition: Alexander v. DANIELS und Franz v. GRUBEN (Hg.), Das Sächsische Weichbildrecht. Jus municipale Saxonicum, Bd. 1: Weltchronik und Weichbildrecht in XXXVI Artikeln mit der Glosse (Rechtsdenkmäler des deutschen Mittelalters), Berlin 1858, Sp. 13–52.

(21$^{va–vb}$) >[*Hie b*]*eginnet die vorrede* [von dem] *Wigbilde*<. *VOn der werlde beginne aller erst bis an dy wasserfluth, das Noe die archen bawete* … (21vb) … *Octavianus was der andere, der wart darnach Augustus genannt. In seynem vierczigsten iare wart got geborin. Von* (22ra) *gotis geborth ober drey vnnd siebenzcig jar zcu fuͤrte* [T]*ytus Ierusalem vnnd fing dy juden.* … – … (22vb) … >*Von koͤnige Otthen deme rothen*<: *Nach* [ym so wart] *zcu konnige gekoren konnig Otthe der Rothe* … *Bey* (23ra) *seynen geczeiten was ein bischoff zcu Magdburgk Albertus, der was der erste bischoff der zcu*

Magdburg gekoren was ... – ... (23^(vb)) *... >Von konnig Ludere von Sachssen<: ... Bey seynen geczeiten was ein babst zcu Rome Paschalis vnnd ein Honorius. Der vorstieg* (24^(ra)) *den bisschoff von Halberstadt vmm dy simonien. ... – ...* (24^(vb)) *... >Von konnige Otthen von Brunswig<: >D<O wart gekoren konnig Otthe von Brunswig ... vnnd ein bisschoff zu Magdeborg* (!) *Albertus. Der entphing sine* (25^(ra)) *palium* [von dem babste Innocentio ...] *Her brachte in das gotzhus sunthe Mauricius hobt, vnnd sunthe Katherinen finger ... – ...* (25^(ra)) *>Von konnig Wilkene von Hollant<. >D<O quam an das reich konnig Wilken von Hollant ...* (25^(rb)) *... bischof Rudolff vonn* [Dingelstede], *der entphing synen palium von dem babste Innocentius.*
21^(va), 22^(rb–va), 23^(rb–va) und 24^(rb–va) Textverlust durch Beschneidung der Spalte bzw. Zerstörung des Blattrands.
Ed.: DANIELS / GRUBEN (Hg.), Das Sächsische Weichbildrecht (s. o.), Sp. 25–51.

25^(rb)–34^(vb) ‚Weichbild-Vulgata' (‚Sächsisches Weichbild'), cap. 1–46, sowie Einschübe aus Sachsenspiegel, Landrecht, Buch II, cap. 12.
Zum Text („Kompilation aus Weichbildchronik, Rechtsbuch von der Gerichtsverfassung [Weichbildrecht] und Schöffenrecht mit Auszügen aus dem Sachsenspiegel und anderen Quellen") vgl. OPPITZ, Rechtsbücher II, Nr. 2.4, S. 47f.; JOHANEK (s. o. 21^(va)), hier Sp. 948f. Zur Überlieferung (nach OPPITZ 67 Hss. des unglossierten Textes, 44 Textzeugen im Handschriftencensus) vgl. OPPITZ, ebd.; http://www.handschriftencensus.de/werke/1869.
Editionen:
DANIELS / GRUBEN (Hg.), Das Sächsische Weichbildrecht (s. o. 21^(va)), Sp. 63–175; Oskar Albert WALTHER (Hg.), Das Sächsische oder Magdeburgische Weichbild-Recht. Nach der Pergament-Handschrift einst der Stadt Orlamünda, jetzt zu Gotha, vom Jahre 1381, Leipzig 1871, S. 1–80 (nach Gotha, Forschungsbibl., Cod. Memb. I 87). Onlinefassung: http://reader.digitale-sammlungen.de/de/fs1/object/display/bsb11008851_00027.html.
Im Folgenden wird in der Kapiteleinteilung und zum Nachweis die Edition von WALTHER benutzt, die auf einer Textfassung beruht, die stärkere Übereinstimmung mit dem vorliegenden Fragment aufweist als die der Edition von DANIELS/GRUBEN zugrundeliegende Hs.

(25^(rb)–28^(vb)) ‚Weichbild-Vulgata', cap. 1–20.
>Hie begynnet sich nun das recht zcu Wigbilde<. [cap. 1:] *>A<lsus moget ir horen vnnd vornemen, szo wil ich mag sagen von beginne des rechtis an der eygenschafft. Das recht ist dreierhande, nu[n] mogit ir horen, welche die sindt. [Go]tisrecht ist das erste, margktrecht ist das andere, landrecht ist das dritte. ... – ...* (25^(vb)) *...* [cap. 3:] *>M<[an] uindt ouch ge[schrieben in] den alden rechtbuchern, das der* [konnig] *Nemerod von Babilon ... wedir czu eyn eygenschafft gemachen.* (26^(ra)) *Von rechter warheit hot sus* (?) [Druck: us hat] *eygenschafft vonn gefengnisse vnnd vonn unrechtir gewalt vnnd von getwinge. ... – ...* (26^(vb)) *...* [cap. 13: Von begyn des rechten des landes czu Sachsen:] *>N<v moget ir horen, so wil ich vch sagen, von deme ersten riche vnnd von dem lande zcu Sachsen ... Da stunt das riche und was geweldig* [obir

al dy lant]. *Nemroth,* (27^(ra)) *der heidenische konnig, der bawete dy stadt aller erst vnnd umefing dy stadt mit eyn vil weyten mauren ... – ...* (28^(va–vb)) ... [cap. 20:] >[Wo die] *von Halle ir re*[cht] *holen sull*[en]<. [>N<] *V moget ir horen vnnd vornemen ume dy von Halle ir re*[cht su]*chen sullen ... – ... Alzo hat der burggraue den ban von dem konnig vnnd das gerichte von deme landis heren.*

26^(rb–va) und 28^(rb–va) Textverlust durch Beschneidung der Spalte.
Ed.: WALTHER (Hg.), Weichbild-Recht, S. 1–10;

(28^(vb)–29^(vb)) [Eingeschoben:] **Sachsenspiegel, Landrecht, Buch II, cap. 12.11, 12.13f., 12.5, 12.4, 12.2f. und 12.9f.**
(28^(vb)) [12.11:] >W<*Er szo ein orteil schelden wil, der spreche alsus: Das orteil, das der man funden* [ha]*t, das ist unrecht, das schelde ich ...,* (28^(vb)–29^(ra)) [12.13f.:] *Sthende sal man orteil schelden, sitzende sal man orteil vinden. ...,* (29^(ra)) [12.5.:] *Der aber das orteil schilt, en vulkummet hers nicht, her muz deme richter dar umme wetten ...,* [12.4., paraphrasiert:] *Den bothen, dy mit deme geschulden ortheil tragen, sal man brothes vnnd bir gnug gebin. ...,* (29^(ra–rb)) [12.2f.:] >S<*Cheppenbare leuthe mussen wol* [gegenüber Ed. ergänzt: *bynnen Wigbilde*] *orteil vinden ober eynen itzlichen man. ...,* (29^(rb–va)) [12,9:] *Fragit man eynem* [manne] *orteils vnnd vindet hers n*[ach sime] (29^(va)) [sinn]*en, so her is aller rechtyt weis, ...,* [12.10:] *Widerspricht* [einer] *de volborth vnnd vindit her* [ein ander] *orteil, ... wen ir kein* [des anderen ort]*eil geschulden hat.*

29^(rb–va) Textverlust durch Beschneidung der Spalte.
Ed.: EBEL (Hg.), Sachsenspiegel (s. o.), S. 79f.

(29^(va)–34^(vb)) ,**Weichbild-Vulgata', cap. 21–46.**
>*Wo die* [von Mag]*dburgk recht holen sullen*<. [>H<]*Oret vnnd vornemet, ap czu Magdburgk ein orteil gestr*[afet], *wo sy das denne holen sullen ... – ... Szo deme das ortheil gegebin wirt, alzo hir vor gesagt ist, so sal man* (30^(ra)) *gebin zcu kuntschafft den vier vnnd zwenczig mannen ir iczlichen ... – ...* (30^(va–vb)) ... [cap. 25:] >*Wie sich das gerichte* [beg]*unde zcu Wigbild wechte* [lies: *rechte*]<. >H<*Orit vnnd vornemit, wy sich* (30^(vb)) *das gerichte beginnet zcu Wigbilde rechte. ... mit schelden addir mit anderenn worthen* [Ed.: *unzucht*], *die im schedlichin sindt an syner clage. Thut er das mit vn* (31^(ra)) *rechte und gezcougit her das mit deme richtere vnnd mit zcwen schepphen ... – ...* (31^(vb)) [cap. 30: Von des Burgermeistern:] >N<*v vornemit von dem burgermeystere, den man zcu Wigbilde kusit, dy kusit man zcu eynem iare ... – ... vnnd allirhande speyse kouff vnnd broth zcu cleyne begkir vnnd vngebe fleisch verkeufft vnnd ober* (32^(ra)) *alle vnrechte wagen, vnnd ober alle haken, ab sy keyne innungen brechen, dy zcu wigbilde* [gewillekurt] *sind. ... – ...* (32^(vb)) [cap. 33: Was ein vrowe yres mannes gutes:] >V<*Ornemet, was eyne frawe behalden moge von ires manes guthe nach syme thode. ... – ... so sal sy dy gewere reumen,* (33^(ra)) *wenn*

gelobde bricht alle rechte, da man is gezceugen mag. [cap. 34: Von bestetunge:] >N<V *vorneme vmb eynen man, den man bestetigen wil binnen Wigbilde, von gerichts halbin.* ... – ... (33vb) [cap. 37: Was czu der gerade gehoret:] >W<*Olt ir mehr horen, was zcu der gerade gehorit ... alle wipliche* (34ra) *cleyd*[ere] *vnnd gesneten getuch* (?), *wollen vnnd lynen, das frawen pflegen* [zcu] *tragene* ... – ... (34vb) [cap. 46: Von deme hoesten richter:] >I<R [lies: Der] *hoeste richter, der von Magdburgk, der da gerichte pflegit zcu sitzene, das ist der burggreue ... dy her beweysen mag, alzo recht ist. Gleicherweis helt her* [daz gerichze czu Halle ...]

29va, 30^{rb-va} und 32^{rb-va} Textverlust durch Beschneidung der Spalte.

Ed.: WALTHER (Hg.), Weichbild-Recht (s. o.), S. 20–24.

MS nov. 2 (olim Fragm. 34)
Missale Franciscanum, Fragmente: Proprium de sanctis, Commune Sanctorum, Dedicatio ecclesiae, Missae votivae

Pergament · 8 Doppelbll. · 30,5 × 22 · Franziskanerkloster in Deutschland (Mitteldeutschland oder Brandenburg?) · 13. Jh., 3. oder 4. Jahrzehnt (vor 1235)

Zustand: Bei der Verwendung als Makulatur wurden alle Bll. einseitig, Bl. 1/4 und 6/7 beidseitig geschwärzt. Schrift z. T. abgeblättert und nur als „Negativ" lesbar, teilweise Abklatsch von darübergeklebten Bll. Bl. 5/8, 9/12 oben bzw. Bl. 2/3 oben und unten beschnitten (jeweils Textverlust). Durch Einfluss von Feuchtigkeit einige Bll. (z. B. Bl. 6/7) geschrumpft, außerdem größere Löcher (Textverlust) bzw. Ränder genickt.

Kodikologie: Größe urspr. ca. 30,5 × 22 (vgl. Bl. 13–16). Schriftraum 23–23,5 × 17–17,5. 2 Spalten, 35–36 Zeilen. Blindliniierung, z. T. auch Tintenliniierung der Zeilen. Frühgotische Minuskel von einer Hand. Gesänge in kleinerem Schriftgrad als Lesungen und Gebete, aber ohne Notation. Teilweise Gesänge oder Lesungen nur anzitiert und mit interlinearen rubrizierten Stellenverweisen auf den vollständigen Text verwiesen, z. B. 1vb, 5va, 6va, 15ra. Rubrizierung: liturgische Rubriken und Abkürzungen, dazu Repräsentanten vom Schreiber im Falz: z. B. 4^{r} *cecilie uir*. Am Beginn der einzelnen Feste jeweils 3- bis 4zeilige rote Lombarden mit Palmettenbesatz (wohl in Gelb oder Grün, Farbe verblasst), bei I-Lombarde am Beginn der Lesungen bis zu 7 Zeilen. Zur weiteren Textgliederung am Beginn der Textabschnitte 1- bis 2zeilige rote Lombarden.

Durch die teilweise erhaltene zeitgenössische Foliierung lässt sich die urspr. Lagenzugehörigkeit rekonstruieren: Bl. 1–4 gehörten zur 2. Lage, dabei Bl. 1/4 wohl zweitinneres Doppelbl. der Lage (4^v >*xvii*<); Bl. 2/3 wohl inneres Doppelblatt (Bl. 15/16); Bl. 5–8 gehörten zur 3. Lage (oben beschnitten); Bl. 9–12 gehörten zur 4. Lage, dabei Bl. 10/11 inneres Doppelbl. der Lage (>*xxxv*< und >*xxxvi*<); Bl. 13/16 und 14/15 waren ehemals das äußere und zweite Doppelblatt der 7. Lage (eines Ternio) (13^v >*xli*<, 14^v >*xlii*<, 15^v >*xlv*<, 16^v >*xlvi*<).

Einband: Bll. sind in durchsichtigen Folien in einer Mappe aufbewahrt, auf der Mappe Blei stifteinträge zu den Trägerbänden: *B 2879. Vetus Infort. 1548.* Ebenfalls beiliegend: kleinere Fragmente, die nicht zu dieser Hs. gehören, s. u.

Geschichte: Es handelt sich um acht Doppelblätter aus einer Missale-Hs., die nach Ausweis des paläographischen Befunds im 2. Viertel des 13. Jh.s im deutschsprachigen Raum geschrieben wurde. Auf die Anfertigung für einen Franziskanerkonvent weisen die Übereinstimmungen mit dem franziskanischen Ordo missalis im Proprium de sanctis und bei den Votivmessen hin, s. u. Inhalt. Auch die am Ende des Sanctorale eingefügten Rubricae generales auf 8rb stimmen mit dem ca. 1213–16 angelegten Ordinarium Innocentii III. überein, das von den Franziskanern übernommen wurde. Aufgrund inhaltlicher Kriterien ist von einer Entstehung nach 1221 (Ansiedlung der Franziskaner in Deutschland) und vor 1234/35 auszugehen (vgl. 1^v und 5^r Nachträge zum Fest der Hl. Dominikus und Elisabeth, die erst zu diesem Zeitpunkt kanonisiert wurden; es fehlt weiterhin auf 2va Clara [12.08., † 1253, kanonisiert 1255, Fest bei den Franziskanern 1256], vgl. LEROQUAIS, Bréviaires I, S. CVII–CVIII). Die Hs. (bzw. der Faszikel mit Sanctorale und Commune sanctorum) umfasste sechs Quinternionen und am Ende einen Ternio, also mindestens 66 Blätter. Möglicherweise befand sich am Ende der Hs. weiterhin ein Faszikel mit einem Sequentiar, vgl. den Verweis auf den Nachtrag zum Dominikus-Fest 1^v: >*De sancto Dominico require ante sequencias*<.

Die Verwendung als Makulatur in einer unbekannten Einbandwerkstatt in Mitteldeutschland oder Brandenburg nach 1548 (s. u. Trägerbände) zeigt, dass sich die makulierte Hs. zumindest zu diesem Zeitpunkt in diesem Raum befand und (möglicherweise nach einer Klosterauflösung im Zuge der Reformation) einem Buchbinder als Material zur Verfügung stand. Die Provenienz ist durch weitere inhaltliche Aspekte nicht zu verifizieren (z. B. 15ra bei Dedicatio ecclesiae und 15va bei der Missa in honore sanctorum, quorum corpora habentur keine konkreten Namen der Klosterpatrone eingetragen).

Trägerbände: Die Blätter dienten als Einbandmakulatur für Bd. 1 und 2 einer fünfbändigen Corpus Iuris Civilis-Ausgabe (BVerwG, 2+B 2879: Corpus Iuris Civilis, cum glossa, Bd. 1: Digestum vetus, Bd. 2: Infortiatum, Bd. 3: Digestum novum, Bd. 4: Codex Iustiniani, Bd. 5:, Institutiones: authentica seu Novellae. Lugduni: apud Hugonem & haeredes Aemonis a Porta, 1547/1548). Einband: Halbband mit hellem Schweinsleder und Rollenstempeln, die Deckel urspr. mit geschwärztem Pergament überzogene Klebepappen, bei der Restaurierung 2000 durch mit schwarzem Papier bezogene Holzdeckel ersetzt. Zu den verwendeten Einbandstempeln und zur Lokalisierung der Einbandwerkstatt (Raum Leipzig/Halle/Wittenberg) sowie zu weiteren in diesen Klebepappen verwendeten Handschriften- und Druck-Fragmenten vgl. die Beschreibung von MS nov. 1.

Die Trägerbände waren nach Ausweis von Besitzeinträgen im frühen 19. Jh. im Besitz des fränkischen Theologen Johann Heinrich Pertsch (1776–1844, Professor der Geschichte, Orientalistik und Gräzistik in Erlangen, seit 1811 Pfarrer an der Kreuzkirche Coburg, später Superintendent in Rodach). Bd. 1–4 wurden 1881, Bd. 5 mit abweichender Einbandgestaltung und Provenienz wurde 1886 an die Bibliothek des Reichsgerichts verkauft. Die Makulatur wurde 2000 bei einer Restaurierung ausgelöst. Vgl. die Beschreibung von MS. nov. 1 mit Angaben zum Vorbesitzer, zur Erwerbung durch die Reichsgerichtsbibliothek sowie zur Restaurierung.

Literatur: DOLEZALEK Liste 2005: http://www.uni-leipzig.de/~jurarom/manuscr/RgMsMatr.html. (hier Datierung: Ende 13. Jh. / 14. Jh., Deutschland).

1ra–16vb **Missale Franciscanum, Fragmente: Proprium de sanctis, Commune Sanctorum, Dedicatio ecclesiae, Missae votivae.**

Zu den zahlreichen Übereinstimmungen mit dem franziskanischen Ordo missalis s. u. Inhalt. Abweichende Anordnung: (7va–vb) Andreas nicht wie sonst üblich am Anfang des Proprium de sanctis, sondern nach Chrysogonus (24.11.), (8ra) Thomas ap. (21.12.) am Ende des Proprium de sanctis, vor dem Beginn der Rubricae generales und dem Beginn des Commune sanctorum. Zur urspr. Zugehörigkeit zu den Lagen 2, 3, 4 und 7 (aus jeder Lage zwei Doppelbll.) s. o. Kodikologie.

1ra–8rb **Proprium de sanctis, Fragmente (29. Juli bis 21. Dezember).**

Bl. 1–4 urspr. Lage 2 (Bl. xiv–xvii)

1ra–4vb **Proprium de sanctis, 29.07.–02.08.**
(1ra–rb) **Felicis, Simplicii et soc.** (29.07.); (1rb–va) **Abdon et Sennen m.** (30.07.), u. a. mit Grad. *Gloriosus deus in sanctis*, All.vers: >*I<ustorum anime in manu dei* ...; (1va–vb) >***Ad vincula sancti Petri<*** (01.08), u. a. mit Intr. >*N<unc scio vere, quia misit dominus*, Grad. >*C<onstitues eos principes*, All.vers >*S<olue, iubente Deo* ...; (1vb) >***Stephani pape<*** (02.08.), u. a. mit Intr. >*S<acerdotes eius induant*, Grad. >*E<cce sacerdos magnus*, All.vers: >*T<u es sacerdos* ...;

1^v am Ende Verweis auf einen Nachtrag zum Dominikus-Fest (05.08.), wohl von jüngerer Hand: >*De sancto Dominico require ante sequencias<*, s. o. Geschichte.
Übereinstimmend mit dem franziskan. Ordo Missalis, vgl. VAN DIJK II, S. 289–291.

(2ra) **In vigilia s. Laurentii** (09.08.), Schluss: Secr. [Hosti]*as, domine, quas tibi offerimus pro*[pitius] ..., Comm. >*Q<ui uult uenire post me* ...; (2ra–rb) **Laurentii m.** (10.08.) u. a. mit Intr. >*C<onfessio et pulchritudo in conspectu eius*, Grad. >*P<robasti, domine, cor meum*, All.vers [Levita] *Laurentius bonum opus operatus est* ...; (2va) **Tiburtii et Susannae m.** (11.08.), ab Oratio >*B<eatorum martirum Tiburtii et Susanne* ...; (2va–vb) >***Ypoliti et Cassiani<*** (13.08.) u. a. mit Intr. >*I<usti epulentur et exultent in conspectu dei*, Grad. >*I<ustorum anime in manu dei sunt*; (2vb) >***Eusebii<*** (14.08.), u. a. mit Intr. und Grad. >*O<s iusti meditabitur sapientiam* ..., bricht ab in Postcomm. >*R<efecti cibo potuque celesti* ...

Übereinstimmend mit dem franziskan. Ordo Missalis, vgl. VAN DIJK II, S. 293f., dort Eusebius als Nachtrag (vgl. Anm.).

(3ra–rb) **In Vigilia Assumptionis BMV** (14.08.), u. a. mit Intr.: >*V<*[ultum tuum deprecabuntur omnes divi]*tes plebis: adducentur regi vir*[gines] *post eam* ..., Grad. >*B<enedicta et venerabilis es* ...; (3rb–vb) >***In die Assumptionis<*** [BMV] (15.08.); (3vb) >***Octava s. Laurentii<*** (17.08.), u. a. mit Intr. >*P<robasti, domine, cor meum*

…, Secreta >S<*acrificium nostrum tibi, domine, quesumus, beati* [Laurentii precatio] *sancta conciliet* …, bricht in Postcomm. ab.

Weitgehend übereinstimmend mit dem franziskan. Ordo Missalis, vgl. VAN DIJK II, S. 297, dort anderer Intr. zu Assumptio BMV und ohne Oktav zu Laurentius.

(4^{ra-vb}) [Schrift geschwärzt und stark abgerieben, nur z. T. erkennbar] (4ra) **Decollatio Johannis bapt.** (29.08.), Beginn verloren; (4^{ra-rb}) >*Sabine virg.*< (29.08.); (4^{rb-v}?) >*Felicis et Adaucti m.*< (30.08.).

Bl. 5–8 urspr. Lage 3

5ra–8vb **Proprium de sanctis, 14.09.–21.12 / Commune sanctorum.**
(5^{ra-rb}) **Exaltatio s. crucis** (14.09.), u. a. mit Ev. Io 12,31–36, Off. >*P<rotege, domine, plebem tuam per signum sancte crucis* … und Secreta; (5rb) **Nicomedis m.** (15.09.), u. a. mit Grad. >*G<loria et honore*, Secr. >*S<uscipe,* [domine,] *munera propitius oblata* …; (5rb) **Eufemiae, Luciae et Geminiani m.** (16.09.), u. a. mit Oratio: >*P<resta, domine, precibus nostris cum exultatione prouectum* …; (5va) **In vigilia Matthaei ap.** (20.09.); (5vb) **Matthaei ap.** (21.09.), u. a. mit Intr. >*O<s iusti meditabitur sapientiam* …, Grad. >*B<eatus vir qui timet* …, All.vers >*T<e gloriosus apostolorum chorus* …, bricht ab im Off. >*P<osuisti,* [domine, in] *capite* [eius coronam …].

Übereinstimmend mit dem franziskan. Ordo Missalis, vgl. VAN DIJK II, S. 298f.

(6^{ra-rb}) **Sergii et Bachi, Marcelli et Apuleii m.** (07.10.); (6^{rb-va}) **Dionysii, Rustici et Eleutherii** (09.10.), u. a. mit Intr. [Deus, qui hodierna] *die beatum Dionisium* [martyrem] *tuum uirtute constancie* …; (6va) **Calixti pp.** (14.10.), u. a. mit Intr. >*S<acerdotes dei, benedicite dominum* …, Grad. >*I<nveni David, servum meum* …, All.vers >*A<mavit eum dominum* …; (6vb) **Chrysanthi et Darie** (25.10.); >*In uigilia Symonis et Jude*< (27.10.), mit Intr. >*I<ntret in conspectu tuo, domine* …, bricht in Collecta ab.

Übereinstimmend mit dem franziskan. Ordo Missalis, vgl. VAN DIJK II, S. 301f.

(7ra) **Octava s. Martini ep.** (18.11.), u. a. mit Grad. >*E<cce sacerdos magnus* …, All.vers >*B<eatus vir Martinus* …; (7^{ra-rb}) **Caeciliae virg.** (22.11.), u. a. mit Intr. >*L<oquebar de testimoniis tuis* …, All.vers >*Q<uinque prudentes virgines* …; (7^{rb-va}) **Clementis** (23.11.), mit Intr. >*D<icit dominus sermones mei* …, am unteren Rand von 7va schwer lesbare Rubrik >*Collecta de sancta Katherina* … *post exorcismum* …<; (7va) **Chrysogoni m.** (24.11.); (7^{va-vb}) >*Andree ap.*< (30.11.), Intr. >*D<ominus secus mare Galilee uidit duos fratres* …, bricht im Ev. ab.

Übereinstimmend mit dem franziskan. Ordo Missalis, vgl. VAN DIJK II, S. 304f. und 271.

Am unteren Seitenrand von 7ʳ **Messgebete zum Fest der Hl. Elisabeth** (19.11.) nachgetragen: Collecta: *Tuorum corda fidelium,* [deus miserator, illustra et beatae Elisabeth] *precibus gloriosis* ...; Secreta: [Munera, domine, nostre] *devotionis offerimus: ut tibi grata et nobis salutaria beate Elysabeth* ...; Postcommunio: *Quesumus omnipotens deus ut quos salutaris dignatus es erudire* ...

Vgl. VAN DIJK II, S. 304; Abdruck: Charles Forbes MONTALEMBERT, Histoire de Sainte Elisabeth de Hongrie (1207–1231), Paris 1836, App. IV, S. 417f.; Terminus post quem: Heiligsprechung Elisabeths 27.05.1235.

(8ʳᵃ⁻ʳᵇ) >*Thome apostoli*< (21.12.), u. a. mit Intr. *Domine, probasti me, et cogn*[ovisti me], Coll. >*D*<*a nobis, quesumus, domine, beati apostoli tui Thome solempnitatibus gloriari* ..., Grad. >*N*<*imis hon*[orati sunt amici tui].

Bis auf Introitus übereinstimmend mit dem franziskan. Ordo Missalis, vgl. VAN DIJK II, S. 272. 8ʳᵃ bei Epistola rubrizierter Verweis auf Commune sanctorum: >*uerte folium*<.

(8ʳᵇ) Am Ende des Proprium de sanctis **Rubricae generales** (rot unterstrichen): *De omnibus vigiliis, in quibus ieiunium celebramus, missam dicimus de uigiliis. Sed quamuis missam de uigiliis cantemus in mane, illa missa secundum consuetudinem curie Romani debet cantari ad nonam. ... Sciendum, quod oratio, s*[cilicet] *'A cunctis nos quesumus' dicitur a festo Purificationis usque ad Dominicam de passione ... – ... in loco eius orationes, que ad di*[em conveniunt decantemus].

Übereinstimmend mit dem ca. 1213–16 angelegten Ordiarium Innocentii III., Rubricae generales, Nr. 3–4, vgl. VAN DIJK, Ordinal, S. 352f.

(8ᵛᵃ⁻ᵛᵇ) Beginn des **Commune sanctorum, In vigilia unius apostoli**, mit Intr. >*E*<*go autem sicut oliva fructifera in domino* ..., bricht ab in Secreta: >*A*<*postolici reuerencia culminis* ...

Übereinstimmend mit dem franziskan. Ordo Missalis, vgl. VAN DIJK II, S. 305.

Bl. 9–12 urspr. Lage 4 (u. a. Bl. xxxv–xxxvi)

9ʳᵃ⁻ᵛᵇ **Commune sanctorum, De pluribus apostolis.**
(9ʳᵃ) u. a. Oratio >*D*<*eus, qui nos annua apostolorum tuorum ·N· sollempnitate letificas* ..., (9ʳᵃ⁻ᵛᵇ) Lesungen (Eph 4,7–13, Mt 19,27–29, *Item in festiuitatibus sanctorum a Pascha usque ad Pentecostem:* Io 15,5–11), sowie (9ᵛᵇ): >*Secreta*<: >*M*<*unera, domine, que pro apostolorum tuorum ·N· sollempnitate deferimus* ..., Ad completa: >*Q*<*uesumus, domine, salutaribus mysteriis repleti, ut quorum sollemp*[nia celebramus ...], bricht ab.

Übereinstimmend mit dem franziskan. Ordo Missalis, vgl. VAN DIJK II, S. 306.

10ʳᵃ–11ᵛᵇ **Commune sanctorum: De uno martyre / De pluribus martyribus.**
(10ʳᵃ⁻ʳᵇ) Epistellesungen; (10ᵛᵃ) Off. >*C*<*onfitebuntur celi mirabilia tua* ...,

All.vers. >L<*etabitur iustus in domino* ...; (10^(va–vb)) *In natali unius martiris siue pontificis:* Epistellesungen; (11^(ra–rb)) Evangeliumslesungen; am Ende drei Gebete gestrichen: >D<*eus, qui nobis sanctorum martyrum tuorum N.· natalicia preire concedis* ...;

(11^(rb–vb)) >**In natali pl**[**urimorum martyrum**]<: Intr. >I<*ntret in conspectu tuo, domine gemitus compeditorum* ... Collecta: >D<*eus, qui nos concedis sanctorum martyrum tuorum N. natalitia colere* ...; (12^(ra–rb)) Epistellesungen (Sap 10,17–20 etc.).

Bl. 13–16 urspr. Lage 7 (Bl. xli–xlii, xlv–xlvi)

13^(ra)–14^(vb) **Commune sanctorum: De uno confessore / De pluribus confessoribus.**
(13^(rb–vb)) [In natali unius confessoris non pontificis], Intr. >O<*s iusti* etc. bis Postcomm. >Q<*uesumus, omnipotens deus, ut qui celestia alimenta percepimus* ...;
(13^(vb)) am Ende: >*Plurimorum confessorum*<. >D<*eus, qui nos sanctorum tuorum illorum et illorum* (!) *confessionibus glori*[*osis circumdas et protegis*]; (14^(ra–vb)) Epistel- und Evangeliumslesungen.
Übereinstimmend mit dem franziskan. Ordo Missalis, vgl. VAN DIJK II, S. 314f.

15^(ra–va) **Zwei Messformulare zu Dedicatio ecclesiae.**
(15^(ra)) [In dedicatione ecclesiae] >D<*eus, qui invisibiliter omnia contines* ..., Secreta: >D<*eus, qui sacrandorum tibi* ..., Postcomm.: >M<*ultiplica, quesumus, domine* ...; (15^(ra–rb)) >*In dedicacione ecclesie*<, mit Verweis auf fol. xxviii, Intr. *Terribilis* [*est locus iste* ...] *per totum* [*annum*], Oratio: >D<*eus, qui nobis per singulos annos* ..., Secr. >A<*nnue, quesumus, domine, precibus* ..., etc. bis Secr.: >O<*mnip*[*otens*] *sempiterne Deus, altare hoc nomini tuo dedicatum,* ...; (15^(va)) Postcomm. >Q<*uesumus, omnipotens* [*deus,*] *ut hoc in loco nomini tuo dedicato* ...;
Übereinstimmend mit dem franziskan. Ordo Missalis, vgl. VAN DIJK II, S. 317f.

15^(va)–16^(vb) **Missae votivae.**
(15^(va), wegen Schwärzung kaum lesbar) [**Missa in honore sanctorum, quorum corpora habentur**], Oratio: >P<*ropitiare nobis, quesumus, domine, famulis tuis per horum sanctorum martyrum tuorum illorum* [keine Heiligennamen eingetragen] ... sowie Secreta und Postcommunio; >*Missa de sancto spiritu*<, mit Oratio *Deus, cui omne cor patet et omnis voluntas loquitur* ... sowie Secreta und Postcommunio; (15^(vb), wegen Schwärzung kaum lesbar) Beginn der Missa de sancta cruce;
(16^(ra)) [**Missa de sancta cruce**], Ev., Off. >P<*rotege, domine, plebem tuam, per signum sancte crucis,* ..., Secreta: >H<*ec oblacio, domine, quesumus, ab omnibus nos purget offensis* ...;

(16^(ra–rb)) >*Missa in honore sancte Marie uirginis*<. Intr. >*S<alve sancta parens / enixa puerpera regem* ..., (16^(rb)) mit Grad. >*B<enedicta et uenerabilis es, uirgo Maria,* ... und zwei All.versen, bis Postcomm.: *Sumptis, domine, salutis nostre subsidies* ...; am unteren Seitenrand weiterer All.vers zu Marienfesten nachgetragen: *Alleluia. Virga Yesse floruit / virgo deum et hominem genuit* ...;
(16^(va)) [**Missa in honore apostolorum Petri et Pauli**], Oratio: >*D<eus, cuius dextera beatum Petrum ambulantem in fluctibus* ... sowie Secreta und Postcommunio; (16^(va–vb)) [**Missa ad poscenda suffragia sanctorum**], Oratio: >*C<oncede, quesumus omnipotens deus, ut intercessio* ... sowie Secreta und Postcommunio; (16^(vb)) [**Missa pro persecutoribus ecclesiae**], Oratio: >*E<cclesie tue, quesumus, domine, preces placatus admitte* ... sowie Secreta und Postcommunio, [**Missa pro pace**], Oratio: >*D<eus, a quo* [sancta] *desideria, recta consilia, et ius*[ta sunt opera] ... sowie Secreta;
Übereinstimmend mit dem franziskan. Ordo Missalis, vgl. VAN DIJK II, S. 318–321.

Beiliegend in kleineren Hüllen: ca. 28 kleinere Pergamentfragmente verschiedener Größe (ca. 4,5–9 × 4–14), die nicht zu dieser Hs. gehören, z. T. mit Papier und Resten von Druckmakulatur überklebt. Inhalt: ebenfalls liturgische Fragmente, **Missale, Proprium de tempore**, u. a. **Feria VI. in Parasceve**, Versus [Qu]*em totus mundu*[s non capit, hoc uno saxo claudi]*tur, atque morte* [iam perempta inferni] *claustra ambigit.* ...; **Sabbatum sanctum**: [Exsultet iam angel]*ica turba celorum exu*[ltent divina mysteria] *et pro tanti regis u*[ictoria tuba insonet sa]*lutaris* ...

MS nov. 3 (olim Fragm. 35)
Breviarium Franciscanum, Auszug aus dem Sanctorale

Pergament · 33 Bll. · urspr. ca. 41 × 25 · Oberitalien (Emilia-Romagna, Bologna?) · ausgehendes 14. Jh. / 1. Viertel 15. Jh.

Zustand: Bei der Verwendung als Makulatur wurden die insgesamt 25 Doppelblätter aus sieben verschiedenen Lagen in der Mitte zerschnitten, 9 obere und 16 untere Doppelblatthälften erhalten. Insgesamt 33 Blätter der Hs. zu rekonstruieren, von denen bei 14 (Bl. 1–5, 8, 12, 13, 24–27 und 31) beide Blatthälften erhalten sind, wobei jedoch dazwischen Text fehlt. Schrift auf der bei der Verwendung als Makulatur außen liegenden Seite abgerieben und nicht mehr lesbar, sonst z. T. verwischt. Mitunter Abklatsche und Initialen sowie Rubriken verwischt.

Kodikologie: Nach inhaltlicher Ordnung April 2012 Bleistiftfoliierung: *1–33*, dabei die jeweiligen Blatthälften als *o* (oben) oder *u* (unten) markiert.
Größe urspr. ca. 41 × 25. Schriftraum ca. 29 × 15,5. 2 Spalten, 33 Zeilen. Rotunda von einer Hand. Rubriziert: liturgische Rubriken (z. T. mehrzeilig), Kürzungen zu Lektionen und Ge-

sängen. Am Beginn der Lektionen (z. B. 2o^{ra}, 4u^{rb}, 10u^{r}, 16u^{v}) 2- bis 5zeilige rote oder blaue Initialen mit Fleuronné in der Gegenfarbe, mit Auslaufmotiven; 20u^{rb} 5zeilige D-Initiale mit symmetrisch angeordnetem Fleuronné.

Einband: Heute lose in durchsichtigen Hüllen aufbewahrt. Im Rahmen der Katalogisierung zusammengehörige Blätter einer Lage zusammengeführt.

Geschichte: 33 Blätter aus sieben verschiedenen Lagen einer Handschrift, die im ausgehenden 14. Jh. bzw. im 1. Viertel des 15. Jh.s in Oberitalien entstand, vgl. paläographischer Befund; zur möglichen Herkunft aus der Region Emilia-Romagna (Bologna?), s. u. Trägerbände. Für eine Entstehung nach dem Ende des 14. Jh.s spricht das Vorkommen der von Bf. Adam Easton († 1397) verfassten Gesänge (Reimoffizium und Hymnus) zum Fest Visitatio BMV, s. u. 4o+4u^{ra-rb} und 5o+5u^{va-vb}. Auf eine Herkunft aus dem Franziskanerorden weisen die Übereinstimmungen mit dem franziskanischen Ordo Breviarii (VAN DIJK, s. u. Inhalt) sowie außerdem folgende, erst später im Franziskanerorden eingeführte Heiligenfeste (vgl. LEROQUAIS, Bréviaires I, S. CVIII):
– (Bl. 4o/u und 5o/u) Visitatio BMV (02.07.), im Franziskanerorden seit 1263, in der Gesamtkirche erst 1389 eingeführt,
– (Bl. 12o/u, 13o/u) Anna (26.07.), im Franziskanerorden seit 1263,
– (Bl. 28/29u) Ludovicus ep. Tolosanus (19.08.), † 1297, kanonisiert 1317, im Franziskanerorden mit Oktav,
– (Bl. 30u) Ludovicus rex Francorum (25.08.), † 1270, kanonisiert 1297, im Franziskanerorden Duplex-maior-Fest.

Für welche Bände aus dem Besitz des Reichsgerichts und wie lange die Blätter als Makulatur verwendet wurden, ist nicht dokumentiert. DOLEZALEK Liste 2005 (s. u. Lit.) nahm an, dass die Blätter vielleicht aus 2+ B 2879 (Corpus Iuris Civilis, cum glossa, 5 Bde., Lugduni: apud Hugonem & haeredes Aemonis a Porta, 1547 und 1548) stammen. Zwar wurden im Jahr 2000 aus den Klebepappen der Bände 2+ B 2879, Bd. I–IV zahlreiche Materialien ausgelöst (vgl. Übersicht in der Beschreibung von MS. nov. 1). Da die Bindung jedoch in einer mitteldeutschen oder brandenburgischen Werkstatt erfolgte und die ausgelösten Materialien aus dem deutschen Raum stammen (u. a. MS nov. 1: Sachsenspiegel-Fragmente, Druckerbögen von drei Ausgaben aus der Werkstatt des Hans Weiß [Erben] in Berlin, Terenz-Druck mit dt. Übersetzung), ist eine Herkunft der sicher dem italienischen Bereich zuzuweisenden Fragmente MS nov. 3 aus diesen Klebepappen eher auszuschließen. Auf der Umschlagmappe von MS nov. 3 findet sich weiterhin ein Bleistifteintrag: „Karl 3, Nr. 1". Deshalb ist zu vermuten, dass die Fragmente MS nov. 3 im Jahr 2000 aus denselben 1583 in Bologna angefertigten Drucken (BVerwG, 2+ H 95 II, IV und V; 2+ H 100 VI) ausgelöst wurden wie MS nov 4/1 und 4/2 (olim Fragment 38 und 39), auf denen vergleichbare Einträge (*Karl II 17 Dcc 2, Karl II 19 Dcc 1581, Karl II 17 Dcc 7*) erhalten sind. Nach DOLEZALEK Liste 2005, finden sich solche Einträge weiterhin bei folgenden Fragmenten des BVerwG: Fragment 34: „Karl 3 Nr. 1", Fragment 36: „Karl 4 Teil 1", Fragment 37: „Karl 4 Teil 2". Zu den Trägerbänden und einem aus Forli (Emilia-Romagna) stammenden Vorbesitzer vgl. die Beschreibung von MS 4/1 und 4/2. Auch die Abfolge der Signaturen spricht für eine Auslösung aus diesen Bänden.

Literatur: DOLEZALEK Liste 2005: http://www.uni-leipzig.de/~jurarom/manuscr/RgMsMatr.html. (hier Datierung: Ende 13. Jh. / 14. Jh. und Lokalisierung nach Deutschland).

Breviarium Franciscanum, Auszug aus dem Sanctorale: Nativitas Johannis Baptistae (24.06.) bis In vigilia Nativitatis BMV (07.09.)

Fragmente von 7 Lagen. Alle Doppelbll. in der Mitte durchgeschnitten, einige Doppelblatthälften darüber hinaus in kleinere Fragmente zerschnitten oder als schmale Streifen.

Gesänge (ohne Neumen) in kleinerem Schriftgrad als Lesungen, z. T. Reimoffizien, bei Hymnen teilweise nur Verweise. Im Folgenden Ordnung nach den früheren Lagen.

<u>Lage I</u>, Bl. 1o–u^{va-vb}–4o–u^{ra-rb} **Nativitas Johannis Baptistae (24.06.), In I. nocturno, bis Visitatio BMV (02.07.), In I. nocturno.**

Zwei obere und zwei untere Doppelblatthälften, von Bl. 1 u. 3 nur Verso-, von Bl. 2 u. 4 nur Rectoseite lesbar, obere Hälfte von Bl. 1/4 als zwei kleinere Fragmente (max. 16 × 36,5 und 15,5 × 19,5).

(1o+1u^{va-vb}) **Nativitas Johannis Baptistae (24.06.), In I. noct.**, lectio I: *A diebus, inquit, Ioh*[annis] *Baptiste regnum celorum uim patitur* (Mt 11,12); lectio II: >N<*Ouimus, quia familiariter mens humana in diuersis mundi huius illecebris* ..., (1o^{vb}) [lectio] >*iii*<: >D<*Uo autem sunt abstinentie et crucis genera, unum corporale, aliu*[d spirituale] ... //

Lectio I–IV: AUGUSTINUS HIPPONENSIS: Sermo 196 (In natali Ioannis Baptistae), pars 6f., vgl. PL 39, Sp. 2112f.

(2o+2u^{ra-rb}) **Leo papa (28.06.)**, lectio I–III: [lectio I: ... Leo, natione Siculus,] *ex patre Paulo, sedit menses decem, a dies septem et decem, uir eloquentissimus* ...; (2o^{ra-rb}) [lectio] >*ii*<: >H<*Ic* [Leo] *suscepit sanctam sextam sinodum, que per dei prouidentiam nuper in regia urbe celebrata est* ...; (2o^{rb}) [lectio] >*iii*<. >U<*erumptamen suprascripti defensores malarum heresim* [sonst: malorum haereseos] ... //

Lectio I–III: ANASTASIUS BIBLIOTHECARIUS: Historia de vitis pontificum Romanorum, cap. 82, art. 147f., vgl. PL 128, Sp. 855.

(3o+3u^{va-vb}) **In Commemoratione s. Pauli ap. (30.06.)**, längere liturgische Rubrik >... *In commemoracione Sancti Pauli ad matutinum*<, mit Invit. *Regem apostolorum dominum* (CAO 1125) und Verweis auf Hymnus *Doctor egregie,* [Paule, mores instrue], vgl. AH 23, Nr. 450, **In I. noct.**: Resp. *Qui operatus est Petro in apostolatu* (CAO 4489), Ant. *Scio cui credidi et certus sum* (CAO 4831), Vers. *Qui me segregauit ex utero matris mee* (CAO 4489a), liturgische Rubrik, Ant. *Scio cui credidi et certus sum* (CAO 4831), ($^{va-vb}$) lectio I: Act 13,1f..; (^{vb}) Resp. *Qui operatus est Petro in apostolatu* (CAO 7480), [lectio] >*ii*<: Act 13,3–5 //

(4o+4u^{ra-rb}) **Visitatio BMV (02.07.), In I. vesp.**, mit Reimoffizium (AH 24, Nr. 29, S. 89, Autor: A. EASTON, s. u.), u. a. (^{ra}) Ant. [Accedunt laudes virginis, Str. 4: Monstrans culmen dulcedinis / Maria sui sanguinis /] *Helisabeth salutat / Stantem in domo proximi, /* ... (CAO 200058); Ant. ad Magnificat: *Acceleratur ratio / in puero nondum nato /* ... (CAO 200059). Oratio: >O<*mnipotens sempiterne deus, qui ex abundantia caritatis* [beatam Mariam tuo filio impregnatam ...];

(rb) Verweis auf Hymnus: *O Christi mater celica,* (/ Fons vivus fluens gratia = AH 52, Nr. 42, Autor: A. EASTON), **In I. noct.**: *De celo velud* (!) *radius / descendens sacer spiritus /* ... (CAO 201110); lectio I: >B<*eatissima uirgo dei a suis primordiis deo consecrata* ... //

Lectio: JACOBUS DE VORAGINE, Legenda aurea, cap. CXCV [179], vgl. Th. GRAESSE, Legenda aurea, Dresden/Leipzig 1846, S. 884.

Einschließlich der Lesungen (ohne Offizium zu Visitatio BMV) übereinstimmend mit dem franziskan. Ordo Breviarii, vgl. VAN DIJK II, S. 144–148. Im Offizium zu Visitatio BMV, das bei den Franziskanern 1263, in der Gesamtkirche aber erst 1389 von Papst Bonifaz IX. eingeführt wurde, sind ein Reimoffizium und ein Hymnus enthalten, die vom englischen Benediktiner und Kardinal ADAM EASTON († 1397) für dieses Fest verfasst wurden. Vgl. AH 52, S. 48; James HOGG, Cardinal Adam Easton's Office for the Feast of the Visitation of the Blessed Virgin Mary, in: Lars BISGAAR, u. a. (Hg.), Medieval Spirituality in Scandinavia and Europe: A Collection of Essays in Honour of Tore Nyberg, Odense 2001, S. 219–224, v. a. S. 219 mit Anm. 3 zur Überlieferung.

Lage II, Bl. 5o–u^{va-vb}–8o–u^{ra-rb} **Visitatio BMV (02.07.), In II. nocturno, bis Septem fratres martyres (10.07.).**

Eine obere und zwei untere Doppelblatthälften, von Bl. 5 u. 6 nur Verso-, von Bl. 7 u. 8 nur Rectoseite lesbar.

(5o+5u^{va-vb}) **Visitatio BMV, In II. et III. noct.**: lectio VI–VIII, mit Reimoffizium (AH 24, Nr. 29, S. 90, Autor: A. EASTON, s. o. Lage I), u. a.: Vers: *Miranda salutatio, / fit plebi gratulatio* (CAO 602016a), >*l*[ectio] VI<: >N<*oluit ibi inueniri in publico uel uideri* ...; Resp. *Stella sub nube tegitur / Maria mundo premitur* (CAO 602252), Ant. [Tunc ad sermonem virginis / dabatur donum flaminis / ... Hic gaudebat] *in utero /* [haec pro]*uidit de puero / et de* [regina poli] (CAO 205004), Ant. *Adest mira cre*[dulitas] */ ac uirginis fecunditas /* ... (CAO 200129), ($^{va-vb}$) Ant. *Fit nature propinquius / quod sterili fit filius /* ... (CAO 201841), (^{vb}) >*Omelia sancti Ambrosii episcopi. l*[ectio] VII<: >M<*Orale est omnibus, ut qui fidem exigunt fidem adstruant* ..., Resp. [Occasum virgo nesciit, / velut lux mundo profluit / de] *summo fundens lumen, / Helisabeth applicuit, /* ... (CAO 601679), lectio VIII. >Q<*Uo enim, iam Deo plena, nisi ad superiora uirgo cum festinatione conscenderet?* ... //

Lectio VI: JACOBUS DE VORAGINE, Legenda aurea, cap. CXCV [179], vgl. GRAESSE, (s. o.), S. 885; Lectio VII–VIII: AMBROSIUS MEDIOLANENSIS: Expositio evangelii sec. Lucam, lib. II, lin. 283, 291.

(6u^{va-vb}) abschließende Rubrik zum Fest **Visitatio BMV**, Verweis auf Commemoratio zu **Processus et Martinianus (02.07.)**, Oratio >D<*eus, qui nos sanctorum* [tuorum] *Processi et* [Martiniani confessionibus gloriosis circumdas ...] // (^{vb}) lectio I: [...] *principis Processus et Martinianus. Hi cum uiderent mirabilia, que faciebat per beatos apostolos* ... //

(7u^(ra–rb)) **Processus et Martinianus**, lectio IV–V (BHL 6947) //
(8o+8u^(ra–rb)) **Septem fratres martyres (10.07.**), >*lectio III*<: >*D<esinebant enim vivere, ubi quandoque fuerant morituri* ..., (^(rb)) >*l*[ectio] *VI*<: >*C<Redidit quippe in eorum deum, et proposuit edictum* ... //

Lectio III–VI: AUGUSTINUS HIPPONENSIS: Sermo 301: In sollemnitate SS. Machabeorum, I,1–II.2, vgl. PL 38, Sp. 1380f.
Einschließlich der Lesungen übereinstimmend mit dem franziskan. Ordo Breviarii, vgl. VAN DIJK II, S. 149f. (ohne Offizium zu Visitatio BMV, s. o.).

Lage III, Bl. 9–16 Maria Magdalena (22.07.) bis Martha (29.07.).
Eine obere und vier untere Doppelblatthälften, nur vom inneren Doppelbl. (Bl. 12/13) obere und untere Hälfte erhalten, außerdem von Bl. 16o eine Textspalte (15 × 11,5), von Bl. 9, 11, 13 und 15 nur Verso-, von Bl. 10, 12, 14 und 16 nur Rectoseite lesbar.

(9u^(ra–rb)) **Maria Magdalena (22.07.)** In I. noct.: >*l*[ectio] *II*<: >*N<Ouerat enim quanto morbo laboraret* ... // (^(rb)) lectio (III?): *Hic si esset propheta, sciret* ... – ... *quia tangi se a peccatrice permisit.*; Resp. *Tulerunt dominum meum et nescio* ... (CAO 7797) //

Lectio II–III: AUGUSTINUS HIPPONENSIS: Sermo 99, cap. 1f., vgl. PL 38, Sp. 595, 596.

(10u^(va–vb)) **Apollinaris ep. (23.07.)**: Oratio: *Deus, fidelium remunerator animarum, qui hunc diem beati Apollinaris sacerdotis tui martyrio consecrasti* ... // (^(vb)) **Christina virg. (24.07.)**, lectio: [... *Quam successor*] *patris eius Dyon multis iterum suppliciis a*[ffli]*xit* ... – ... *Quo miraculo tria milia hominum ad fidem Christi conversi sunt* ... //

Lectio: ADO VIENNENSIS, Martyrologium, vgl. PL 123, Sp. 308A.

(11u^(ra–rb)) **Iacobus ap. (25.07.)** lectio I: [... *Non solum autem ex Marco*] *evangelista, qui manifeste ipsos fratres exponit accessisse ad Iesum* ..., >*lec*[tio] *II*<. >*E<Stimo enim, quod hii fratres* [cum audissent dominum ...] // (^(rb)) >*l*[ectio] *IIII*<. >*E<rgo quod faciemus, fratres? Quomodo possumus regni ipsius esse participes?* ... //

Lectio I–III: PS.-CHRYSOSTOMUS, Opus imperfectum in Matthaeum, hom. 35; Ed.: PG 56, Col. 722–832, zur lat. Übersetzung vgl. The Electronic Patres Graeci in Latine Projekt: http://web.wlu.ca/history/cnighman/PGL/Texts/OpusImperfectum2.pdf (Stand 14.03.2013).

(12o+12u^(va–vb)) **Anna (26.07.)**, **In I. vesp.** (Schluss), Ant. ad Magn. *Celeste beneficium introivit in Annam* ... (CAO 1832; AH 25, Nr. 18) und Oratio; >*Ad matutinum*<: Intr. *In honore beatissime Anne iubilemus* ... (CAO 100142), mit Hymnus: *Clara diei gaudia modolizet* [sonst: modulizet] *ecclesia* (AH 52, Nr. 102), // (^(vb)) **In I. noct.**: Reimoffizium (AH 25, Nr. 18, S. 52, Ant. Nr. 2–4), Ant. *Apud dominum hominesque eorum* [sonst: horum] *uita claruit* (CAO 200353) Ant. *Substantia nempe sua divisa tripharie* (CAO 204783), Ant. *Peregrinis et egenis erogabant aliam* (CAO 203822); >*l*[ectio] *I* < (>*Sermo sancti Jacobi Ierosolimi-*

tani<): >*P<Ostulatis* [sonst: postulastis], *filie Ierusalem, postulatis, sorores dilectissime* ... // lectio II.

Zur lectio (BHL 483/484) vgl. Jean-Daniel KAESTI, Un témoin latin du Protévangile de Jacques: l'homélie Postulatis filiae Ierusalem en l'honneur de sainte Anne (BHL 483–485), in: Apocrypha. Revue internationale des littératures apocryphes Bd. 9 (1998) S. 179–223.

(13o+13u^{ra-rb}) Reimoffizium (AH 25, Nr. 18, S. 52, Resp. Nr. 2, und S. 53, Resp. 1) Resp. *Quadam die soli stanti angelus apparuit* (CAO 602647), Resp. *Firma fide fidens crede* (CAO 600889); >*l*[e]*c*[tio] *III.*<; **In II. noct.**, Reimoffizium (AH 25, Nr. 18, Resp. Nr. 5) Resp. *Sic per annos bis decenos*; >*l*[ectio] *IIII.*<; (^{rb}) Resp. *Vobis quoque nascituram nunc presago filiam* ... (CAO 602523 = Reimoffizium AH 25, Nr. 18, S. 53), >*l*[ectio] *V.*<, Resp. *Exprobrabat et dicebat hunc ualde presumere* (CAO 600836) // Resp. *Erant autem circa templum iuxta psalmos graduum* (CAO 600784); (^{vb}) lectio II.

Für die Gesänge im Offizium zum Fest der Hl. Anna bei CAO jeweils nur zwei oder drei Textzeugen, u. a. ein Antiphonar der Karmeliten in Mainz (nach 1430, vgl. CAO: D-MZb C), bei zweitem Resp. nur dieser Textzeuge.

(14u^{va-vb}) **Nazarius, Celsus, Victor et Innocentius m. (28.07.)**, (^{va}) >*lectio tertia*<: *Et leuantes naute inani beatum Nazarium nauiga*[vit ...] //
(15u^{ra-rb}) **Nazarius et soc.**, lectio V. *Innocentius natione Albanensis, ex patre Innocentio natus* ..., // (^{rb}) Schluss; **Felix, Simplicius, Faustinus et Beatrix (29.07.)**: Oratio: >*P<resta, quesumus, domine, ut, sicut populus christianus martyrum tuorum Felicis, Simplicii, Faustini et Beatricis temporali solemnitate* ...;
(16o^{va}+16u^{va-vb}) **Martha (29.07.), In I. vesp.**, mit Verweis auf Hymnus *Rutilet* [sonst: Rutilat] *Marthe dies* (AH 4, Nr. 378), Resp. *In*[tra]*uit Ihesus in quoddam castellum et mulier quedam Martha nomine* ... (CAO 604930); Ant. ad Magnificat: *O beata Martha, que a pia* ... (CAO 203365) // Invit. *Imperatorem celorum adoremus* (CAO 100138), Verweis auf Hymnus *Christe, qui Marthe* [precibus] (AH 22, Nr. 317) // (^{vb}) lectio [Beata et venerabilis hospita Christi, Martha, ... et Lazarus, quem ab orco et busto susci]*tauit et eorum verus hospes, suscitator, omnium seculorum* ... //

Zur Lectio vgl. Veronique OLIVIER, La vie de sainte Marthe de Tarascon: édition, traduction et analyse historique, Montréal 2010 (Online-Publikation http://www.archipel.uqam.ca/2649/1/M11273.pdf), S. 102.
Einschließlich der Lesungen übereinstimmend mit dem franziskan. Ordo Breviarii, vgl. VAN DIJK II, S. 150f. (ohne Offizium zum erst 1263 im Franziskanerorden eingeführten Fest der Hl. Anna).

Lage IV, Bl. 17–19 Stephanus papa (02.08.) bis Sixtus, Felicissimus et Agapitus m. (06.08.).
Eine untere Doppelblatthälfte, am linken Rand beschnitten, von der oberen Doppelblatthälfte

nur kleines Fragment, max. 9,5 × 32, erhalten, von Bl. 17 nur Verso-, von Bl. 18 und 19 nur Rectoseite lesbar.

(17u^{va-vb}) **Stephanus papa (02.08.)**, lectio: *Beatus Stephanus dixit: Ego quidem non everto rempublicam* ...

Lectio: ADO VIENNENSIS, Martyrologium, vgl. PL 123, Sp. 313D.

(18o^{ra-rb}) **Inventio Stephani protom. (03.08.)**, lectio: [Hierosolymis, inventio corporis beatissimi Stephani protomartyris ... die] *sexta feria illucescente, circa horam tertiam noctis* ... //

Lectio: Ebd., vgl. PL 123, Sp. 315D.

(19u^{ra-rb}) **Sixtus, Felicissimus et Agapitus m. (06.08.)**, lectio III: [Sixtus, natione Græcus ..., sedit annos duos, menses undecim], *dies sex, martyrio coronatur* ...; lectio IV: *Et presentatus est noctu Decio et Valeriano* ... //

Lectio: Acta sanctorum, Augusti II (1867), S. 140.
Übereinstimmend mit dem franziskan. Ordo Breviarii, vgl. VAN DIJK II, S. 153.

Lage V, Bl. 20–25 Romanus martyr (09.08.) bis Assumptio BMV (15.08.), In III. nocturno.

Zwei obere und drei untere Doppelblatthälften, von einer oberen Doppelblatthälfte nur Fragment von Bl. 24 und schmaler Streifen von Bl. 21 erhalten, von Bl. 23–25 nur Verso-, von Bl. 20–22 nur Rectoseite lesbar, Bl. 20/25 Außenblatt der Lage, vgl. Reklamant 25u^{vb}, vgl. Textbeginn Lage VI, Bl. 26.

(20o+20u^{ra-rb}) **Romanus martyr (09.08.)**, lectio; (^{rb}) **In vigilia s. Laurentii martyris (09.08.), in I. vesp.**, mit Verweis auf Ant. *Laurentius ingressus* [est martyr] (CAO 3598) // Ant. ad Magn. *Laurentius bonum opus operatus est* (CAO 3597), Oratio: >D<*A nobis, quesumus, domine deus, uiciorum nostrorum flammas extinguere* ...;

(21u^{ra-rb}) **Laurentius, In III. noct.**: Resp. *O Ypolite si credis in dominum Ihesum Christum* ... (CAO 7271), Resp. *Gaudeo plane quia hostia Christi effici merui* (CAO 1637) // (^{rb}) lectio: [... Igitur non sicut putaverunt] *quidam maligni atque perversi homines, et in semetipsis crudeliores et sceleratiores homicide* ..., am Ende >*infra octauam lec*[tio] *vii.*< //

Lectio: RUPERTUS TUITIENSIS: Commentaria in evangelium sancti Iohannis, lib. 10, vgl. CCCM 9, S. 584.

(22u^{ra-rb}) **Tiburtius (11.08.)** [Oratio: Beati Tiburtii nos, domine, fove]*ant continuata presidia, quia non desinis propitius intueri*, ..., lectio I: *Rome uia inter duos lauros natalis sancti Tiburtii martiris filii Chroma*[tii ...],

Lectio: USUARDUS SANGERMANENSIS, Martyrologium, vgl. PL 124, Sp. 353.

(23u^(va–vb)) **Hippolytus et soc. (13.08.)**, lectio I: [Sanctus Hyppolytus et Iustinus presbyter cum sepelissent corpus beati Laurentii …] … *de sacrificio altaris beati Laurentii.*; lectio II: *Et posita mensa prius quam cibum* … //

Passio sancti Hippolyti martyris, Ed.: MOMBRITIUS, Sanctuarium, Bd. II, S. 29.

(24o+24u^(va–vb) sowie Einzelstreifen zu 24o^v) **Assumptio BMV (15.08.), Ad vesp.**, (^va) Hymnus *Ave maris stella*, Ant. ad Magn. *Uir*[go] *prudentissima, quo progrederis* (CAO 5454) // liturgische Rubrik zur Commemoratio de s. Laurentio; **In I. noct.**: Invit. *Venite adoremus*, Ant. [Ex]*altata est sancta dei genetrix* (CAO 2762), Ant. *Paradisi porte per te nobis aperte sunt* (CAO 4215) // (^vb) V. *Exaltata est sancta dei genetrix*, Resp. *Super choros angelorum ad celestia regna*; lectio: Hieronymus: *Cogitis me, o Paula et Eustochium, imo charitas Christi me compellit* …

(25o+25u^(va–vb)) **Assumptio BMV (15.08.), In III. noct.**, lectio: [Verumtamen Martha,] *multum laborans in illa occupatione et negotio ministrandi* …, Resp. *Diffusa est gratia* (CAO 6445), Vers. *Mirra* [lies: Myrrha] *et gutta et cassia a uesti*[mentis tu]*is* (CAO 6446c) // lectio: … *intenta Maria, quomodo pasceretur a Domino* …, // (^vb) Ant. *Beata es Maria dei genetrix* (CAO 1566), Resp. *O gloriosa domina ex*[c]*elsa super sidera* (CAO 7270).

Lectio: AUGUSTINUS HIPPONENSIS, Sermo 104: De Maria et Martha significans duas vitas, pars 1f.), vgl. Ed. CCSL 41, S. 54.
Einschließlich der Lesungen übereinstimmend mit dem franziskan. Ordo Breviarii, vgl. VAN DIJK II, S. 154–156.

Lage VI, Bl. 26–31 Assumptio BMV (15.08.), In III. nocturno, bis Augustinus (28.08.).

Zwei obere und drei untere Doppelblatthälften, von einer oberen Doppelblatthälfte (Bl. 27o) nur rechte Spalte erhalten, von Bl. 28, 30 und 31 nur Verso-, von Bl. 26, 27 und 29 nur Rectoseite lesbar, Bl. 26/31 Außenblatt der Lage, vgl. Reklamant, Bl. 28/29 wohl inneres Bl. der Lage.

(26o+26u^(ra–rb)) **Assumptio BMV (15.08.), In III. noct.**, [lectio VI: … *eligant sibi partem meliorem,*] *que non auferetur ab eis* …; [lectio VII: *Quia tu circa multa, illa*] *circa unum. Preponitur unum multis* … // (^rb) [lectio] >*VIII*<: *Attendamus igitur occupationes nostras circa multa* … //

Lectio VI–VIII: AUGUSTINUS HIPPONENSIS, Sermo 104: De Maria et Martha significans duas vitas, pars 2f., vgl. Ed. CCSL 41,1,2, S. 55, Z. 1 – S. 56, Z. 2.

(27o+27u^(ra–rb)) **Assumptio BMV (15.08.), Ad nonam:** Ant. *Maria vir*[go *assumpta est ad*] *ethereum thala*[mum in] *quo rex regum* … (CAO 3707), Ant. *Dignare me laudare te virgo sacrata* (CAO 2217), Resp. *Da mihi virtutum contra hostes tuos* (CAO 8015); **Ad vesperas**, Verweis auf Hymnus *Ave maris stella*, … Vers. *Exaltata es sancta dei genetrix super choros angelorum* …, am Ende Verweis auf **Octav:**

>*Infra octauam sancte Marie sex lectiones leguntur* [de sermone] *sancti Ieronimi presbyteri et tres de omelia festiuitatis. Sermo s. Ieronimi presbiteri. Lectio I<:*
>*H<Odie namque gloriosa semper virgo celos ascendit* ...; (ʳᵇ) lectio II: *Exultate, inquam, ac gaudete, et letetur omnis orbis* ... bis lectio V: *Ex quo timeo satis et ualde pertimesco* ... //

Lectio I–V: PASCHASIUS RADBERTUS: De assumptione sanctae Mariae virginis, vgl. CCCM 56C, Z. 187–203.

(Bl. 28uᵛᵃ⁻ᵛᵇ) **Ludovicus ep. Tolosanus cf. ord. min.** († 1297, can. 1317, 19.08.), Lectiones (III–VII?): lectio (III?) [In orationibus sedulus et de]*uotis* [sonst: devotus] *mentem ad dominum eleuatam tenuit* ... // (ᵛᵇ) lectio (IV?): [*Cum*] *apostolo Paulo sobrietate cibi et potus corpus suum castigabat* ... *vestiendo pro camisia rudem stamineam, deferendo ad nudam carnem pro cingulo chordam grossam* ..., am Ende >*Lectio V<* //
(Bl. 29uʳᵃ⁻ᵛᵇ) lectio (VI?) [Considerans etiam sanctus iste, quod mundus totus sit positus in maligno ... praeberet provisioni de se factae ecclesiae] *Tholosane, respondit se hoc consensit nullatenus, quoadusque uotum dictum* ... *in presentia bone memorie Johannis episcopi Portuensis, tunc eidem ordinis generalis ministri, expressam professionem in manibus suis flexis genibus fecit* ... // (ʳᵇ) lectio (VII?) [... unde] *iam factus episcopus* [Tolo]*sanus per unum suum* [famili]*arem secretarium mandavit inquiri* ... //

Ed. der Lesungen (in der Kanonisationsbulle Johannes XXII. vom 07.04.1317): Caesarius BARONIUS, Annales ecclesiastici, Bd. 24: 1313–1333, Köln 1880, S. 47, Nr. 10 (lectio V–VI), Nr. 11 (lectio VII), Nr. 12 (lectio VIII). Zum Kanonisationsprozess vgl. Melanie BRUNNER, Poverty and Charity: Pope John XXII and the Canonization of Louis of Anjou, Franciscan Studies 69 (2011), S. 231–256.

(Bl. 30uᵛᵃ⁻ᵛᵇ) **Ludovicus cf. rex Francorum** († 1270, can. 1297, 25.08.), lectio II: [Non sic rex iste beatus, nam multo tempore cilicio utens ... in quo decor] *omnium uirtutum, humilitas, adeo radiabat, ut quanto maior erat uelut alter Dauid,* ... // (ᵛᵇ) Lectio (IV?): [...] *de carcere egypti* [sonst: de manibus eorum], *non statim loca sancta deseruit, sed per quinque annos continuos remansit in Syria* ... //

Ed.: Pierre DUPARC, Procès en nullité de la condamnation de Jeanne d'Arc, Band 2, Paris 1979, S. 105 und 108.

(31oᵛᵇ+31uᵛᵃ⁻ᵛᵇ) **Augustinus ep. (28.08.)**, **In I. vesp.**, Intr. *Magnus dominus et laudabilis ualde* ... (CAO 100192), Verweis auf Hymnus *Magne pater Augustine* (AH 52, Nr. 117), **In I. noct.**, Ant. *Aperuit Augustinus codi*[cem apostolicum ...] (CAO 200333) // (ᵛᵇ) Ant. *Insinuavit ergo per litteras sancto viro Ambrosio* ... (CAO 202573), Ant. *At ille jussit Isaiam prophetam* ... (CAO 200391) //

Einschließlich der Lesungen übereinstimmend mit dem franziskan. Ordo Breviarii, vgl. VAN DIJK II, S. 157f., jedoch ohne die Offizien zu den erst 1297 bzw. 1317 im Franzsikanerorden eingeführten Feste Ludovici regis (25.08.) bzw. Ludovici ep. Tolosani (19.08.), s. o. Geschichte.

Lage VII, Bl. 32–33 Decollatio Iohannis Baptistae (29.08.) bis In vigilia Nativitatis BMV (07.09.).

Eine untere Doppelblatthälfte, von Bl. 32 nur Verso-, von Bl. 33 nur Rectoseite lesbar.

(32u^{va-vb}) **Decollatio Iohannis Baptistae (29.08.)**, Resp. [Puellae saltanti impera]*uit mater nihil aliud petas nisi caput Iohannis Baptiste* (CAO 7447), Vers. *Ait puella matri sue quid petam* (CAO 1319), >*l*[ectio] *IIII*<: >*A*<[…] *Herodes prophanauit templum sacerdotium* [sustulit …] // (^{vb}) Ev. Mc 6,17, >*Omelia sancti Augustini episcopi. Lec*[tio] *VII*<: >*C*<*Um sanctum euangelium legeretur, crudele spectaculum* [ante oculos nostros …] //

Lectio: AUGUSTINUS HIPPONENSIS: Sermo 307, vgl. PL 38, Sp. 1406.

(33u^{ra-rb}) Abschlussgebet zu **Duodecim fratres mart. (01.09.)**: [Domine, martyrum tuorum corona laetificet: quae] *et fidei nostre prebe*[at] *incrementa virtutum* …, Verweis auf **Commemoratio de s. Egidio abbate** (01.09.) // (^{rb}) **In vigila Nativitatis BMV (07.09.)**, Ant. *Sicut mirra electa odorem dedisti suauitatis* (CAO 4942), Ant. *Ante thorum huius virginis frequentate nobis dulcia cantica dragmatis* [!] (CAO 1438).

Einschließlich der Lesungen übereinstimmend mit dem franziskan. Ordo Breviarii, vgl. VAN DIJK II, S. 159f.

MS nov. 4/1 und 4/2 (olim Fragm. 38 und 39)
Lectionarium (Augustinus, Hieronymus, Beda Venerabilis, Maximus Taurinensis), Fragmente

Pergament · 6 + 2 Bll. · 39–40 x (rekonstr.) 32,5–33 · Oberitalien (Emilia-Romagna?) · 12. Jh., 1. Hälfte

Zustand: Die Bll. bei der Verwendung als Makulatur (wohl als Spiegel für vier Bände?) an den Seitenrändern beschnitten, auf den ehemals außen liegenden Seiten die Schrift jeweils völlig ausgewischt. An den Rändern Pergament brüchig und umgeknickt (Textverlust).

Kodikologie: Die je nach Trägerband unter zwei Signaturen (ehemals Fragment 38 und 39) verzeichneten Blätter stammen aus zwei sehr ähnlichen Hss. (Schriftraum, Zeilenzahl und Schrift abweichend), im Folgenden: MS nov 4/1 (olim Fragm. 38, Bl. 1–4 sowie olim Fragm. 39, Bl. 1 und 2) und MS nov. 4/2 (olim Fragm. 38, Bl. 5–6). Anordnung innerhalb der Lagen nicht zu rekonstruieren. Mai 2012 Foliierung und Anordnung nach inhaltlichen Aspekten: *1–6* (MS nov 4/1) und *7–8* (MS nov 4/2).

MS nov. 4/1: Größe: 39–39,5 × 25–25,5 (rekonstruierte Breite: ca. 33). Schriftraum: 28 × 17,5. 2 Spalten, 27 Zeilen. Praegothica von Hand 1. Rubrizierung: nur auf 1^v stark verblasste dreizeilige rote H-Initiale erhalten.

MS nov. 4/2: Größe 40 × 25 (rekonstruierte Breite: ca. 32,5). Schriftraum: 28 × 19,5. 2 Spalten, 30 Zeilen. Praegothica von Hand 2. Keine Rubrizierung erhalten.

Einband: Bll. sind in durchsichtigen Folien in zwei Mappen aufbewahrt (je nach der Auffindung in Trägerbänden), auf den Mappen Bleistifteinträge zu den Trägerbänden, bei Fragm. 38: *H 95 Dec. Com V*, bei Fragm. 39: *H 100 Dec. Com VI*.

Geschichte: Die Blätter stammen aus zwei sehr ähnlichen, aber von verschiedenen Schreibern angefertigten Lektionar-Hss. (übereinstimmende Größe, aber Schriftraum, Zeilenzahl und Schrift abweichend; doppeltes Vorkommen einer fast identischen Textpassage, s. u. Inhalt Bl. 1 und 7). Der paläographische Befund legt eine Entstehung in der 1. Hälfte des 12. Jh.s in Oberitalien nahe, s. Vergleichsbeispiele bei Manoscritti datati 6 (Bergamo), Nr. 2, Tafel 1 (1125); BIBBIE MINIATE, Bd. I, tav. VI/fig. 11 (zu Firenze, Bibl. Medic. Laur., Conv. soppr. 630: Pistoia/Toskana, 1140), Bd. II, fig. 4–7 (zu Firenze, Bibl. Medic. Laur., Edili 126: Lucca?/Toskana, 12. Jh., 1. Viertel). Auffällig: Doppelformen d (häufiger aufrecht); hyperkorrekte Formen, z. B. (2va) *æcclesia*, (7rb) *blasphaemantes*. Für eine Herkunft aus Oberitalien spricht auch die Verwendung als Spiegel für vier 1580–83 in Bologna hergestellte Drucke, die spätestens im Jahr 1644 im Besitz eines Juristen aus Forli waren, s. u.
Nach Ausweis der Bleistifteinträge auf den Mappen wurden sechs Blätter (MS nov. 4/1, olim Fragm. 38, Bl. 1–4 sowie olim Fragm. 39, Bl. 1 und 2) als Makulatur (wohl Spiegelbeklebungen) für die Bände 2+ H 95 (Dec. Com. II, IV et V) und zwei Blätter (MS nov. 4/1, olim Fragm. 38, Bl. 5–6) als Makulatur für den Band 2+ H 100 (Dec. Com. VI) verwendet. Auf den Rückseiten der einzelnen Bll. Bleistifteinträge zu den Trägerbänden (19. Jh.): Bl. 2^r *Karl II 17 Dcc 2*, Bl. 3^v und 4^r *Karl II 17 Dcc 1581*, Bl. 6^r *Karl II 18*, Bl. 7^v *Karl II Dcc*, Bl. 8^r *Karl II 17 Dcc 7* (s. u.).

Trägerbände: BVerwG, 2+ H 95 II, IV und V: Petri de Ancharano iurisconsulti clariss. ac pontificii iuris interpretis celeberrimi in quinque Decretalium libros facundissima commentaria [...]. Bononiae: apud Societatem typographiae Bononiensis, 1580/81, 5 Bde. (hier nur 3 Bde.: Super secundo [quarto / quinto] Decretalium facundissima commentaria), vgl. EDIT16, CNCE 32268. Bleistiftaufschriften am oberen Rand der Titelblätter: Zugangsnummer und (Bd. II) *Karl II 17 1581*, (Bd. IV) *Karl II 17 Dcc 4*.
BVerwG, 2+ H 100 VI: Petri de Ancharano iurisconsulti clariss. ac pontificii iuris interpretis celeberrimi super sexto Decretalium acutissima commentaria [...]. Bononiae: apud Societatem typographiae Bononiensis, 1583, (= Bd. VI zum Druck von 1580/81), vgl. EDIT16, CNCE 47416. Bleistiftaufschrift am oberen Rand des Titelblattes: Zugangsnummer und *Karl II 18*.
Zum Autor Pietro d'Ancarano (ca. 1330–1416, Universitätslehrer für kanonisches Recht in Bologna) vgl. weiterführende Lit. bei EDIT16. In 2+ H 95 IV auf dem Titelblatt Eintrag eines Vorbesitzers (Ende 16. Jh. / Anfang 17. Jh.): *Jacobi Callepini* (oder: *Gallepini*). Auf dem Vorsatzblatt dieses Bandes Eintrag eines weiteren Vorbesitzers: *1644 Philippi Menghii Foroliniensis*. Besitzeinträge ders. Hand auch in den zugehörigen Bänden, dort aber die Vorsatzbll. auf die Spiegel geklebt, weshalb sie nur als durchgeschlagene Tinteneinträge zu sehen sind, bei einem Band am Ende des Eintrags eine Zahl: *24*. Beim Besitzer handelt es sich offensichtlich um einen in Forli (Region Emilia-Romagna) beheimateten Juristen, von dem folgender Druck erhalten ist: [RESPONSUM IURIS] Caroli Filipponii ac Philippi Menghii in causa Fabritii Fachinei cum de Savorellis Reis conventis Forolivien. Salviani. Forolivii, Saporetti, 1658.

Die Namen beider Vorbesitzer (*Jacobi Gallepini*? und *Philippus Menghius 1632*) auch in folgendem Druck: Torino Biblioteca Nazionale, A-31844: Consiliorum, siue responsorum iuris, D. Ioannis Cephali Ferrariensis, iureconsulti … liber secundus. …, Venetiis: apud Io. Baptistam Somaschum, & fratres, 1567, EDIT16, CNCE 10665.

Die beiden Ausgaben von 1581 und 1583 wurden am 16.01.1883, wohl unvollständig (Bd. II und IV–VI), von „Harrassowitz" (Antiquariats- und Verlagsbuchhandlung Otto Harrassowitz Leipzig) für 8,90 Reichsmark an die Bibliothek des Reichsgerichts verkauft, vgl. Zugangsbuch Nr. 3, 1879–1883, Zugangsnummer: 15743. Auf dem Titelblatt Stempel der Bibliothek des Reichsgerichts, auf der Versoseite des Titelblattes Stempel der Bibliotheken des Bundesgerichtshofs (durchgestrichen) und des BVerwG.

Die Bände wurden 2000 durch Norbert Depping (Atelier für Buch- und Grafik-Restaurierung, Münster) restauriert, dabei wurden die Einbände unter Wiederverwendung der alten Beklebung aus rotem Kleisterpapier vollkommen erneuert, ob dabei auch früher als Deckel dienende Makulaturpappen ausgelöst wurden, ist nicht dokumentiert, in Analogie zu MS nov. 1 und den zugehörigen Fragmenten aber anzunehmen.

Sehr wahrscheinlich stammen auch folgende mit „Karl"-Einträgen versehene Fragmente aus diesen Bänden:
- MS nov. 3 (olim Fragment 35) „Karl 3, Nr. 1" (Breviarium Franciscanum, ausgehendes 14. Jh. / 1. Viertel 15. Jh.), vgl. Beschreibung, sowie (Kurzbeschreibung nach DOLEZALEK):
- Fragment 36: „Lectionarium (sXIV, 2 memb. folio; aus dem Einband des Buches Karl 4 Teil 1)";
- Fragment 37: „Lectionarium (sXIV, 2 memb. folio; aus dem Einband des Buches Karl 4 Teil 2)".
- Hingegen anders als bei DOLEZALEK angegeben nicht zugehörig: Fragm. 34, vgl. Beschreibung von MS nov. 2.

Literatur: DOLEZALEK Liste 2005: http://www.uni-leipzig.de/~jurarom/manuscr/RgMsMatr.html. (hier Datierung: 14. Jh.).

1ra–8vb **Lectionarium (Augustinus, Hieronymus, Beda Venerabilis, Maximus Taurinensis), Fragmente.**

Da keine Rubriken oder andere Hinweise (z. B. Seitentitel oder Reklamanten) erhalten sind, ist die ursprüngliche Anordnung nicht mehr zu rekonstruieren, im Folgenden Ordnung nach inhaltlichen Aspekten (Abfolge der Evangelienpassagen) und Trennung nach Handschriften(-teilen).

Bei Bl. 1, 3, 5 und 7 nur Rectoseite lesbar und linker Rand beschnitten (Textverlust), bei Bl. 2, 4, 6 und 8 nur Versoseite lesbar und rechter Rand beschnitten (Textverlust).

MS nov. 4/1

Bl. 1 [olim Fragm. 39 / Bl. 2]

($1^{ra–rb}$) **Sophronius Eusebius Hieronymus: Commentaria in evangelium Matthaei**, lib II (zu Mt 12,43–45).

[… et habitet in illis fiant que] *nouissima eorum peiora* [pri]*oribus. Multo quippe peiori conditione sunt heretici quam gentiles ... – ... Reuertitur diabolus ad se*[dem suam pristinam ...].

Edition: CCSL 77, S. 98, Z. 598 – S. 99, Z. 621. Vgl. CPL 590; STEGMÜLLER, RB 3372. S. u. Bl. 7 mit fast identischem Textabschnitt (von anderer Hand und evtl. aus anderer Hs.).

Bl. 2 [olim Fragm. 38 / Bl. 1]
(2^{va-vb}) **Sophronius Eusebius Hieronymus: Commentaria in evangelium Matthaei**, lib. III. (zu Mt 21,13f.).
[... et eicit omnes tam episcopos] *et presbiteros ac diaconos quam laicos et uniuersam turbam de aecclesia* (!) *sua ... – ... ceci et claudi lucem pristinam et concitum gradum non meruissent* [recipere. ...].
Edition: CCSL 77, S. 188, Z. 1336–1358. Vgl. CPL 590; STEGMÜLLER, RB 3372.

Bl. 3 [olim Fragm. 38 / Bl. 4]
(3^{ra-rb}) **Beda Venerabilis: In Marci evangelium expositio**, lib. 2, cap. 7 (zu Mc 7,28f.).
[... et illas oportet me adducere, et vocem] *meam audient. Notandum sane, quod mystice loquitur. Credens ex gentibus mulier ... – ... Vbi datur exemplum cathetizandi* [sonst: catechizandi et baptizandi] *infantes, quia videlicet per fidem et con*[fessionem parentum in baptismo, liberantur a diabolo parvuli ...].
Edition: CCSL 120, S. 524, Z. 1400 – S. 525, Z. 1420, vgl. CPL 1355; STEGMÜLLER, RB 1613.

Bl. 4 [olim Fragm. 38 / Bl. 3]
(4^{va-vb}) **Augustinus Hipponensis: In Iohannis evangelium tractatus**, Tract. 17,4.
[... sicut praelocutus sum, de] *tot languentibus unum sanare dignatus est. ... – ... et iuste, et pie uiuamus in hoc saeculo. Huic ieiunio quam mer*[cedem addit apostolus? ...].
Edition: CCSL 36, S. 171f., Zeile 1–26, vgl. CPL 278; STEGMÜLLER, RB 1471.

Bl. 5 [olim Fragm. 38 / Bl. 2]
(5^{ra-rb}) **Auctor incertus (Augustinus?): Sermones suppositi de tempore, Sermo 145 (In Quadragesima, VI, pars 3f.).**
[... luxuriosus a casto, a ieiuno intemperans] *a christiano gentilis. Separatur, inquam, malus a bono, hoc est, peccator a iusto ... – ... Loquebatur ergo opere, et dicebat illud* [evangelicum Domini dictum: Si mihi non creditis ... (Io 10,38)].
Druck: PL 39, Sp. 2028f.

Bl. 6 [olim Fragm. 39 / Bl. 1]
(6^(va–vb)) **Maximus Taurinensis: Collectio sermonum antiqua, Sermo 81** (De ieiuniis ninivitarum).
[… Religiosus igitur princeps] *non perdidit imperium sed mutauit. Principatum enim ante militaris disciplinae tenuit* … – … *Solent quidam* [sonst: quidem] *ho*[mines, quo]*tienscumque necessi*[tatem] *arduam nimis patiu*[ntur, ad proximas gentes auxilii causa destinare legatos …].
Edition: CCSL 23, S. 332, Z. 27 – S. 333, Z. 48. Vgl. CPL 219a.

MS nov. 4/2

Bl. 7 [olim Fragm. 38 / Bl. 6]
(7^(ra–rb)) **Sophronius Eusebius Hieronymus: Commentaria in evangelium Matthaei**, lib. II (zu Mt 12,43–45).
[… *multo quippe peiori conditione sunt haeretici*] *qu*[am] *gentiles: quia in illis fid*[ei] *spes est, et in istis pugna* [di]*scordie.* … – … *in Ysaia super uirgam de radice Iesse et florem, qui de radice conscendit* [septem spiritus uirtutum descendisse narrantur …].
Edition: CCSL 77, S. 98, Z. 599 – S. 100, Z. 631. Vgl. CPL 590; STEGMÜLLER, RB 3372. S. o. Bl. 1 mit fast identischem Textabschnitt (von anderer Hand und evtl. aus anderer Hs.).

Bl. 8 [olim Fragm. 38 / Bl. 5]
(8^(va–vb)) **Ambrosius Mediolanensis: Expositio evangelii secundum Lucam**, lib. VII, pars 233–238 (zu Lc 15,23).
[… *gaudium nostrorum redemtio peccato*]*rum. Est et* [sonst: est. Et] *hic si* (!) *quidem si ad patrem referas, quia hostia pro peccatis filius est.* … – … *quomodo aures eius symphoniam populi spiritualem ferre non* [possunt? …].
Edition: CCSL 14, S. 294, Z. 2557 – S. 296, Z. 2600, vgl. CPL 143; STEGMÜLLER, RB 1243.

MS nov. 5 (olim Fragment 46)
Collectio sermonum (Jacobus de Marchia, Jacobus de Voragine sowie weitere Predigten)

Pergament und Papier · 28 Bll. · (mind. 31) × 21 · Mittelitalien (Umbrien, evtl. Cascia?) · 15. Jh., Mitte

Zustand: nach Verwendung als Einbandmakulatur Blätter fleckig, v. a. die Papierblätter (Nr. 1, 3–6 und 8–12), insbesondere Nr. 8 und 10, teilweise stark zerstört (Textverlust), bei der Restaurierung Löcher und zerstörte Randpartien z. T. mit Japanpapier stabilisiert.

Kodikologie: 14 Doppelblätter aus mindestens drei verschiedenen Lagen einer Hs., die mehr als 9 Lagen (164 Bll.) umfasste. Wegen Beschneidung der Blätter Nr. 2 und 8–14, am oberen

Rand nur teilweise mittelalterliche Foliierung (oder Nummerierung der Sermones?) erhalten: 1,I: *40*, 3,I: *110*, 6,I: *113*, 6,II: *122*, 4,II: *124*, 3,II: *125*, 7,I: *147*, 7,II: *164*, darüber oder daneben teilweise Seitentitel (Tagesangabe oder Predigttitel, s. u. Inhalt). September 2012 Nummerierung der Doppelbll. (Nr. 1–14) und Foliierung (I für li. Doppelblatthälfte, II für re. Doppelblatthälfte). Beschreibstoff: Pergament: Nr. 2, 7, 13 und 14; Papier: Nr. 1, 3–6 und 8–12. Wz.: Bl. 3,I und 4,I: Gotisches R, zweikonturig, Majuskel, ohne Beizeichen, Typ WZIS DE4620-PO-29034 (Rom 1450); Bl. 5,I und 6,I: Dreiberg im Kreis, Typ WZIS IT8430-PO-153202 (Vicenza 1447/48); Bl. 9,I und 11,II: Dreiberg, ohne Beizeichen, Typ WZIS IT8355-PO-150014 (Udine 1448) und IT8355-PO-150016 (Udine 1452). Ursprünglich wohl sehr umfangreiche Lagen von 9 Doppelbll. (vgl. Nr. 13 [*147/163*] erstes Doppelbl. einer Lage, Nr. 2 [*110/125*] zweites Doppelbl. einer Lage). Dabei bildete jeweils ein Pergamentdoppelbl. die Außenseite einer Papierlage, vgl. Bl. 14,II^v gerahmte Reklamante in der Mitte des unteren Seitenrandes. Wegen des fragmentarischen Zustandes ist die ursprüngliche Anordnung in den Lagen nur bei folgenden Bll. zu rekonstruieren: Nr. 1: viertes Doppelbl. der dritten Lage, Nr. 2–6: erstes bis fünftes Doppelbl. der siebenten Lage; Nr. 7: erstes Doppelbl. der neunten Lage (dabei war die achte Lage wohl aus 10 Doppelbll. zusammengesetzt).
Größe: 21,5 (rekonstr.: mind. 31) × 21, Schriftraum: 20,5 × 16,5. 2 Spalten, 48–59 Zeilen. Stark gekürzte Kursive von einer Hand mit wechselndem Schriftduktus und wechselnder Tintenfarbe (schwarz und braun); 10,II^{va-vb} wohl Nachtrag einer anderen Hand (?) in kleinerem Schriftgrad. Vom Schreiber Gliederung der Predigten in den Marginalien sowie teilweise am unteren Seitenrand Nachträge, die über die gesamte Seitenbreite reichen (Nr. 11,II und 14,I). Bei Predigtende am Ende einer Spalte Zeilenfüllsel (z. B. Nr. 1,I^{ra}, 6,I^{vb}). Nicht rubriziert. Geplante 2zeilige Initialen nicht ausgeführt (z. T. Repräsentanten).

Einband: lose in Umschlägen aus säurefreiem Papier in grauer Mappe aufbewahrt.

Geschichte: Die Fragmente stammen aus einem um die Mitte des 15. Jh.s, wohl in Mittelitalien hergestellten Codex (Wz.beleg und paläographischer Befund). Inhaltliche Hinweise (z. B. Nr. 3 Erwähnung eines *miraculum de Cassia et de Urbe Ueteri* [Cascia und Orvieto]) sowie die spätere Verwendung als Makulatur für einen in Cascia (Provinz Perugia, Umbrien) hergestellten Druck legt eine Entstehung in Umbrien, evtl. in Cascia, nahe. Für eine Herkunft aus Italien spricht auch die Angabe Bl. 125ra: *uilla Marie Magdalene et Marthe sororum Lazari distans a ciuitate Ierusalem per duo miliaria ytalica ...*
Auffällige Schreibungen: *confexio* für confessio (Bl. 1,II) *paxio* für passio (Bl. 4,II; 10,I), *contrictio* für contritio (Bl. 6,II); Zusammenziehung der Wörter und Unsicherheit bei h-Schreibung: *exemine Habrahe* für ex semine Abrahe (Bl. 11,I).
Trägerband: BVerwG, 4+R 7651: Volumina statutorum terrae Cassiae. Cascia, Giovanni Crisostomo Cesi & Giovanni Maria Berardo, 04.X.1545, vgl. EDIT16, CNCE 9818. Zeitgenössischer italienischer Ledereinband: schmaler Rahmen aus Streicheisenlinien, Mittelfeld durch diagonale Linien von aneinandergesetzten Einzelstempeln gegliedert, Einzelstempel abgerieben und schlecht erkennbar: Rosetten, Rauten, Flechtwerk; heller Rücken angesetzt. Auf dem Titelblatt Eintrag eines Vorbesitzers: *Ad usum Dominici Rodulphi Jure Cassie*, weiterer Besitzeintrag auf dem letzten Blatt des Druckes: *Di Domenico Ridolfi da Cascia*. Auf dem Vorsatzblatt vorn: *Statuto della illustrissima communita di Casci*[a] *di Dome*[nico?] *Rildolfi*.

Vorbesitzer: Giacomo Manzoni (1816–89, römischer Patriot und 1848/49 Finanzminister), hier jedoch anders als in MS 4° R 7536 kein Manzoni-Exlibris vorhanden. Der Druck wurde bei der zwischen dem 18. Dezember 1893 und dem 18. Januar 1894 in der Galleria Borghese in Rom stattfindenden Versteigerung für 70 Lire verkauft, vgl. Annibale TENNERONI (Hg.), Bibliothèque Manzoniana: Catalogue de la Bibliothèque de feu M. Le Comte Jacques Manzoni [...], Bd. 3, Città di Castello 1893, S. 148, Nr. 7754: „Volumina Statutorum terrae Cassiae [Angaben zum Druck ...], in-fol., a deux colon rac. dans le front. et dans le dern. f. parch. très rare. [Angaben zum Vorbesitzer]". Vgl. Bleistifteintrag auf dem vorderen Spiegel: *Acta Manzoni 7754. L*[ire] *70,-*, sowie darunter die wohl ebenfalls im Zusammenhang mit dem Verkauf eingefügten Bleistifteinträge: *Coll. 22/5.1894* und *Tres rare*. Auf dem hinteren Spiegel Bleistifteintrag (19. Jh.): *E il Primo Libro stampato a Cascia, ma é talmente raro che rimaso ignorato dal Falckenstein e dal Deschamps*. Am oberen Rand des hinteren Spiegels radierter Bleistifteintrag: *Mor. 28. Gen. 1890* [...] *L 25,-*. Wohl kein Verweis auf die Morbio-Sammlung, da der Band im AUKTIONSKATALOG MORBIO-SAMMLUNG 1889, S. 123f. (gedruckte italienische Statuten) nicht nachweisbar ist.

Am 29. März 1894 wurde der Band von „Serig" (Leipzig, Serig'sche Buchhandlung) zum Preis von 60,- Reichsmark für die Bibliothek des Reichsgerichts erworben, vgl. Zugangsbuch Nr. 5, 1889–94, Zugangsnummer: 37606. Am gleichen Tag wurde auch der Band BVerwG, MS 4° R 7536 (Statuti e ordinamenti del commune di Brenna presso Siena) mit der vorangehenden Zugangsnummer angekauft, der ebenfalls aus der Manzoni-Sammlung stammt (Acta Manzoni Nr. 7751). Vgl. Beschreibung von MS 4° R 7536, mit weiterer Lit.

Literatur: DOLEZALEK Liste 2005: http://www.uni-leipzig.de/~jurarom/manuscr/RgMsMatr.html.

Collectio sermonum (Jacobus de Marchia: Sermones quadragesimales, Jacobus de Voragine: Sermones quadragesimales, sowie weitere Predigten)

Sammlung von Predigten, wahrscheinlich aus dem Kontext eines wohl umbrischen (Bettelordens-?)Klosters. Fragmentarischer Erhaltungszustand: Fragmente von ca. 30 Predigten erhalten. Es fehlt auf allen Bll. fast eine vollständige Spalte, weiterhin bei Nr. 2, 9, 10 (teilweise) und 11–14 der obere Blattrand. Deshalb nur bei einem Teil der Predigten Beginn erhalten, diese Predigten zumeist dem Franziskaner Jacobus de Marchia zuzuweisen (zum Autor und weiterer Lit. s. u.). Eine Predigt (Nr. 4,II) evtl. eine Bearbeitung eines Sermo des Jacobus de Voragine, eine weitere (Nr. 3,II) evtl. Bearbeitung eines Textes des Michael de Massa. Auffällig: Gliederung der Predigten in quaestiones und considerationes sowie Häufung von Zitaten aus Thomas de Aquino (Nr. 2,I, 2,II, 10,II, 11,II, 12,I und 13,I). Da eine Gesamtedition fehlt, können mit Hilfe der SCHNEYER, Sermones-DB sowie der Sekundärlit. (s. u.) nur diejenigen Predigten nachgewiesen werden, deren Beginn oder Ende erhalten ist.

Im Folgenden separate Verzeichnung der Doppelblätter (Nr. 1–14), jeweils mit I oder II (für linke bzw. rechte Doppelblatthälfte). Nur bei einigen Blättern (s. o. Kodikologie) Foliierung (oder Nummerierung der Sermones?) am oberen Seitenrand erhalten, mit Ausnahme von Nr. 1–7 Position innerhalb der Lage im Einzelnen nicht mehr zu rekonstruieren. Im Folgenden werden deshalb Blätter, bei denen eine mittelalterlichen Foliierung erhalten oder zu rekonstruieren ist, nach dieser, Blätter, bei denen keine mittelalterliche Foliierung erhalten ist, nach der fortlaufenden Nummer zitiert.

Bl. *40* (= Nr. 1,I), am oberen Seitenrand: *40,* sowie beschnittener Seitentitel: [Feria] *2*[ª] *De elemosina* (?).

(40ʳᵃ) [**Feria II. post Dominicam I. Quadragesimae: De iudicio**, Predigtbeginn fehlt: Cum venerit filius hominis … (Mt 25,31). Si bene consideremus et attente inspiciemus …, abschließender Abschnitt:] *iustorum iudicio. Peractis … superioribus … – … Post vexillum crucis Christi lucis et uict*[oriae erectum …] *… tendentes ad dominum fontem omnium gratiarum, qui est benedictus …*;

Nach Explicit bei LIOI, Nr. 12, S. 55f.: Jacobus de Marchia: Serm. quadrag. Feria II. post Dominicam I. Quadragesimae: De iudicio. Vgl. LASIĆ (1970), Nr. 32, S. 532f.; SCHNEYER, Sermones-DB, Nr. 583 (nach Vatican lat. 7642).

(40ʳᵇ⁻ᵛᵇ) [**Feria II. post Dominicam I. Quadragesimae: De elemosina**]. [P]*ossíde*[te paratum vobis regnum (Mt 25,34). Post]*quam ho*[c mane terribilem sententiam contra impietatem …], (dabei 40ʳᵇ und 40ᵛᵃ stark beschnitten); (40ᵛᵇ) [wohl Fortsetzung der Predigt, beginnt mit Exemplum über Hl. Martin (?) … in mo-]*nasterium abas* (!) *uero existens in oratione. Uidit Martinum portantem Christum in spiritu et cepit claritate aperi*[re] *portam monasterii …*

Nach SCHNEYER, Sermones-DB: Jacobus de Marchia: Serm. quadrag., Nr. 283 (nach Rom, Angel. 187) bzw. Nr. 584 (nach Vatican lat. 7642). Vgl. LIOI, Nr. 13, S. 56f.; LASIĆ (1970), Nr. 33, S. 533.

Bl. **51** (= Nr. 1,II), Foliierung am oberen Seitenrand nicht erhalten, entspricht lt. Lagenanordnung (viertes Doppelbl. der dritten Lage) Bl. 51.

(51ʳᵃ⁻ᵛᵃ) [Predigtbeginn fehlt: **De confessione?**]: Aufzählung von 16 'Mägden' der Beichte: *… Quarta domicella est domina fidelitas … Quinta domicella est domina nuditas. Nuda debet esse confexio et non uestita … Octaua domicella dicitur domina* (51ʳᵇ) *uoluntas* […] *libens debet esse confexio … Decima domicella dicitur integritas: integra debet esse confexio …,* bis (51ᵛᵃ) *… Sexta decima domicella dicitur domina obediencia: obediens debet esse confexio …*;

(51ᵛᵃ⁻ᵛᵇ) [**Dominica II. Quadragesimae: De matrimonio**]. [S]*C*[ia]*t unusquisque vas s*[uu]*m possidere* (I Th 4,4). *Quia presens eloquium versatur ci*[rca] *sacramentum matrimonii, ideo* [circa istam] *materiam tres* [consi]*deraciones hoc mane facimus …*

Nach Textvergleich bei LIOI, Nr. 24, S. 62: Jacobus de Marchia: Serm. quadrag. Dominica II. Quadragesimae: De matrimonio (einleitender Abschnitt und Schluss fehlen). Vgl. LASIĆ (1970), Nr. 44, S. 536f.; SCHNEYER, Sermones-DB, Nr. 595 (nach Vatican lat. 7642), vgl. Nr. 293.

Bl. **109** (= Nr. 2,I) oberer Seitenrand beschnitten, keine Foliierung erhalten, Außenblatt der Lage, also ursprünglich wohl linke Hälfte des Doppelbl. 109/126.

(109ᵛᵃ⁻ᵛᵇ) [**Sabbato post IV. Dominicam Quadragesimae: De iudicio temerario**,

Predigtbeginn fehlt: *Vos autem secundum carnem* ... (Io 8,15). *Hoc mane loquitur divinae legis doctor* ...], ... *2° ut procedit ex caritate precedentis, quia iudicium quod non procedit ex benevolentia* ... *3° quod iustum est iudicare et sequitur quia dei est iudicium* ..., (109vb) am Ende: ... *non est usurpatum iudicium. Quia sicut corpus sub*[ditur] *anime ita potestas secularis spirituali* (= THOMAS DE AQUINO: Summa theologiae secunda secundae, 60,6) ... *Nolite iudicare secundum faciem* (Io 7,24).

Nach Explicit bei LIOI, Nr. 64, S. 88: Jacobus de Marchia: Serm. quadrag., Sabbato post IV. Dominicam Quadrag.: De iudicio temerario. Vgl. LASIĆ (1970), Nr. 84, S 550; SCHNEYER, Sermones-DB, Nr. 635 (nach Vatican lat. 7642).

(109vb) [**Dominica de passione: De officio missae super epistolam**]. [X]*Ps* [= *Christus*] *assistens pontifex* (Hbr 9,11). *Dictum est per prophetam Christo Jesu, qui erat magnus et verus pontifex* ...

Nach SCHNEYER, Sermones-DB: Jacobus de Marchia: Serm. quadrag., Nr. 637 (nach Vatican lat. 7642). Vgl. LIOI, Nr. 66, S. 89; LASIĆ (1970), Nr. 86, S. 551.

Bl. 110 (= **Nr. 3,I**), am oberen Seitenrand: *110*.
(110^{ra-vb}) [**Feria IV. post Dominicam de passione: De bombardis**, Predigtbeginn fehlt: *Non facies furtum* ... (Lv 19,11). *Sicut ait psalmus: Si videbas furem* ... Lib. 6: 'De regulis iuris' ait: Qui] *facit per alium, est perinde, ac* [*si fa*]*ciat per se ipsum.* [= BONIFATIUS PAPA VIII.: Liber Sextus V,12, regula 72, vgl. FRIEDBERG II, Sp. 1124] *Sexto: Rey publice dampnifi*[catione et ma]*xime 6 modis* ... – ... *38°* (Edition LIOI: 51°). *Animas Christo cum falso ornamento auferando* ... *a quibus malis mi*[sericors] *deus nos auertat hic per gratiam* ... *Amen*.

Nach Textabdruck bei LIOI, Nr. 72, S. 93, sowie S. 115–137, hier S. 120–137: Jacobus de Marchia: Serm. quadrag., Feria IV. post Dominicam de passione: De bombardis, vgl. LASIĆ (1970), Nr. 92, S. 553; SCHNEYER, Sermones-DB, Nr. 643 (nach Vatican lat. 7642).

Bl. 111 (= **Nr. 4,I**), keine Foliierung am oberen Seitenrand erhalten, aber Seitentitel: *Feria quarta* (post Dominicam de passione) *de periur*[i]*o*, nach Anordnung in der Lage Bl. 111.
(111^{ra-vb}) [**Feria IV. post Dominicam de passione: De periurio**]. [N]*On periurabis in nomine meo* ... (Lv 19,12). *Quia omnes debent summe revereri sanctissimum nomen dei* ..., darin (111ra) listenartige Aufzählung (dabei die ersten beiden Punkte vertauscht): ... *8 considerationes, videlicet: b) an liceat iurare, a) quid sit periurium, c) quot requiruntur ad uerum iuramentum* ...

Nach SCHNEYER, Sermones-DB: Jacobus de Marchia: Serm. quadrag., Nr. 644 (= Feria IV. post Dominicam de passione) (nach Vatican lat. 7642). Vgl. LIOI, Nr. 73, S. 93f.; LASIĆ (1970), Nr. 93, S. 553.

Bl. 112 (= Nr. 5,I), keine Foliierung am oberen Seitenrand erhalten, nach Anordnung in der Lage Bl. 112.

(112ra) [Schluss von LIOI, Nr. 73, s. o. Bl. 111];

(112^{ra-vb}) [**Feria V. post Dominicam de passione: De Magdalena et vanitate**]. [H]*Ec lacrimis rigauit pedes eius* (Lc 7,38). *Quilibet enim peccator ad penitentiam feruescere debet cum hoc sacrum evangelium audit* ...;

Nach SCHNEYER, Sermones-DB: Jacobus de Marchia: Serm. quadrag., Nr. 644 und 645 (nach Vatican lat. 7642); Nr. 645. Vgl. LIOI, Nr. 74, S. 94; LASIĆ (1970), Nr. 94, S. 554.

Bl. *113* (= Nr. 6,I), am oberen Seitenrand: *Feria 6^a de inuidia. 113.*

(113^{ra-vb}) [**Feria VI. post Dominicam de passione: De invidia**]. [Q]*Vid facimus quia hic homo multa signa facit* (Io 11,47). *Quanta enim sit cecitas peccati pestilentis invidie ... faciemus tres considerationes, videlicet: Quid est inuidia? Utrum sit maximum peccatum?* ... (113vb) am Beginn: ... *Nullius rei* [sonst: boni] *possessio iocunda est sine sotio* (= SENECA, Ad Lucillum epistolarum moralium lib. XX, lib. I, ep. 6,4). ... *Unde Tullius libro de amicitia recitans philosophum grecum dissise* (!)*: Si quis in caelum ascendisset naturamque mundi et pulchritudinem siderum perspe*[xi]*sset* ... (M. TULLIUS CICERO: Laelius de amicitia, 88) ... – ... *A qua morte liberet nos ille* ...

Nach SCHNEYER, Sermones-DB: Jacobus de Marchia: Serm. quadrag., Nr. 648 (nach Vatican lat. 7642). Vgl. LIOI, Nr. 77, S. 95f.; LASIĆ (1970), Nr. 97, S. 555.

Es fehlen vier weitere Doppelbll. der Lage.

Bl. *122* (= Nr. 6,II), am oberen Seitenrand: *122.*

(122ra) [Predigtbeginn verloren: ... ubi verba ipsa] *domini saluatoris operantur. Nam sacramentum istud quod accipis: Christi sermone conficitur.* ..., Verweis mit Ortsangabe: *Nota exempla siue miraculum de Ufida* (?) **in Marchia** *ac etiam et miraculum* **de Cassia et de Urbe Ueteri** (Orvieto) *et de apibus* (THOMAS CANTIPRATENSIS: Bonum universale de apibus) *et hiis similia*, Gliederung: *2^m quod requiritur est magna contrictio* (!) ... *3^m est ornatus uirtuosus. Non enim sufficit hominem uacatum esse a uitiis* ... *4^m est remissio iniurie* ...; (122rb und 122va fast vollständig verloren); (122vb) ... *hoc sacramentum multa miracula* ... *Primum est quod incepit esse in altari* ...

Aufgrund der Position im Zyklus wohl Jacobus de Marchia: Sermo de corpore Christi (LIOI, Nr. 84, 85 oder 86?), Beginn (122ra) Zitat aus AMBROSIUS MEDIOLANENSIS: De mysteriis, cap. 9, pars 52, vgl. CSEL 73, S. 112; auch als lectio III zum Fest Corpus Christi verwendet, vgl. WALTERS, Corpus Christi, S. 198.

Bl. 123 (= Nr. 5,II), keine Foliierung am oberen Seitenrand erhalten, nach Anordnung in der Lage Bl. 123.
(123ra) [Predigtbeginn fehlt, wohl zugehörig zur vorigen Predigt: articuli über Corpus Christi?] ... *Ad sextum articulum, cum queritur de existencia corporis Christi in sacramento altaris. Responsio secundum catholicos doctores ... Ideo sciendum, quod statim dictis verbis super hostiam ... statim accidentia panis remanent sine subiecto* ...; (123rb und 123va fast vollständig verloren); (123^v leer, obwohl nicht am Lagenende).

Bl. 124 (= Nr. 4,II), am oberen Seitenrand *124*, dahinter Titel: *De calice*.
(124ra–vb) [P]*Otestis bibere calicem* ... (Mt 20,22). *Notandum, quod deus tres calices habet in presenti et tres in futuro. Primus calix in presenti est plenus balsamo, secundus est plenus absintio, tercius est plenus sanguine rubicundo. Primus est gratie et innocentie ... tertius est calix paxionis* (!) *dominice* ...; (124rb und 124va fast vollständig verloren); (124vb) [calices in futuro] ... *Est igitur primus calix dicitur plenus mero, et iste calix est celum ... Secundus calix est plenus vino mixto, et iste calix est purgatorium* ...
Wohl Bearbeitung einer vom Aufbau und den Formulierungen teilweise übereinstimmenden Predigt: JACOBUS DE VORAGINE, Sermones quadragesimales, Feria IV. secundae Hebdomadae Quadrag., sermo II. Vgl. Druck Venedig 1589, S. 61f.

Bl. 125 (= Nr. 3,II), am oberen Seitenrand: *In die Ue*[ner]*is. 125*.
(125ra) [A]*Ngeli pacis amare flebunt* ... (Is 33,7). [...] *est enim quod angeli pacis sic flebunt nisi quia audiunt vocem Christi condolentis et lamentantis* ...; (125rb und 125va fast vollständig verloren);
(125vb) [wohl zugehörig zur vorangehenden Predigt:] [...] *Cum autem Iudas sic murmurasset ac etiam alii discipuli ... dixit eis Yhesus: Ut quid molesti estis huic mulieri?* ... (Mt 26,10) ...
Nach SCHNEYER, Sermones-DB Albertus Ranconis de Ericinio: Sermo 27 (nach Clm 8495), dahinter jedoch Angabe: Michael de Massa (?). Vielleicht besteht ein Zusammenhang zum Passionstraktat ‚Angeli pacis' des Michael de Massa (OESA, lebte im 1. Drittel des 14. Jh.s im Augustinereremitenkonvent seiner Heimatstadt Massa Maritima sw. von Siena). Zur Überlieferung des Passionstraktats vgl. H. FROMM / H. FISCHER, Eine deutsche Bearbeitung des Passionstraktats von Michael von Massa, in: Werner SIMON (Hg.), Festgabe für Ulrich Pretzel: zum 65. Geburtstag dargebracht [...], München 1963, S. 64–71, hier S. 66f.; ZUMKELLER, Manuskripte, Nr. 695 (dort jedoch abweichendes Incipit). Laut Hans FROMM, in: ²VL 6 (1987), Sp. 503–509, hier Sp. 506f., und ²VL 11 (2004), Sp. 1004f., existiert in München, BSB, Clm 8495 weiterhin ein Sermo des Michael de Massa mit dem Incipit „Angeli pacis amare flebunt ys. 33. Vnde illi angeli pacis sic flebunt nisi quia audient ..."). Weitere Lit. s. u.

Bl. 126 (Nr. 2,II), zum Seitentitel s. o. Bl. 109 (= Nr. 2,I).
(126^{ra-vb}) [Predigt zum Thema 'iudicium', Beginn verloren, am Beginn Zitat:] ... *perseuerare quippe in peccato dat incrementum scelerum; et qui minima spernit, cadit in maiora* ... (= THOMAS DE AQUINO: Catena aurea in Matthaeum 26,17); (126rb und 126va fast vollständig verloren); (126vb) ... *duo requiruntur ad rectum iudicium. Primum est iudicium actus rationis uel diffinire aliquid secundum rationem. Secundum est dispositio iudicantis, ex qua habet ydoneitatem ad recte iudicandum* ... (ähnlich THOMAS DE AQUINO: Summa theologiae II, quaestio 60, art. 1) ...
Evtl. identisch mit der bei LIOI, Nr. 78, genannten Predigt (Sabbato post Dominicam de passione: De iustitia, zum Evangelium ‚Si quis mihi ministraverit ...' [Io 12,2]). Vgl. SCHNEYER, Sermones-DB, Nr. 649 (nach Vatican. lat. 7642).

Bl. *147* **(Nr. 7,I)**, äußeres Bl. einer 9er-Lage (Pergament), am oberen Seitenrand: *147*.
(147^{ra-vb}) [evtl. Predigt zum Fest Circumcisio domini (01.01.), Beginn verloren:] ... *deus erat verbum et verbum caro factum est* (vgl. Io 1,1–14) ... *factum caro sic patitur ... in circumcisione ... Sex sunt etates secundum Ysidorum in libro ethimologiarum. Prima est infantia, quia tunc fari non potest, id est loqui* ... bis *Sexta etas est senectus, que nullo annorum tempore finitur* ... (= ISIDORUS HISPALENSIS: Etymologiarum libri XX, lib. 11, cap. 2/7) ... *Quatuor conditiones habet puer. Prima est mentis munditia ... Secunda conditio pueri est humilitas ... Sua humilitas maxime in circumcisione monstratur* ... – ... *Uas electionis est mihi iste, ut portet nomen meum* ... (Act 9,15).

Bl. *164* **(Nr. 7,II)**, am oberen Seitenrand: *164. In festo in*[nocentium].
(164ra) [Predigt zum Fest der unschuldigen Kinder:] [H]*erodes iratus est valde* ... (Mt 2,16). *Evangelium versatur ... utrum mors innocentum puerorum martirum fuerit et videtur quod sic* ...; (164rb und 164va fast vollständig verloren); (164vb) *Secundo sequitur ... non est martirium ... Tertia condicio est non coacta uolunptas* (!) ...
Evtl. aus den Sermones de tempore? Nicht bei SCHNEYER, Sermones-DB nachweisbar.

Es folgen weitere Doppelbll., die aufgrund des Erhaltungszustandes (oberer Seitenrand mit Predigtanfängen und Foliierung beschnitten, Nr. 8 und 10 stark zerstört), nicht genau zugeordnet werden können. Sehr wahrscheinlich handelt es sich in den meisten Fällen ebenfalls um Predigten aus dem Quadragesimale (sowie aus dem Temporale?) des Jacobus de Marchia.

(Nr. 8)

(8,I^ra) [Predigt über die Taufe:] ... *corona* [au]*reola in uita eterna ... baptismus ... Et si quis habens fidem,* [ca]*ritatem et uoluntatem baptizari ... possit si moritur* ...; (8,I^rb) [Exorcismus super masculos:] ... *Exorcizo* [... t]*e immunde spiritus in nomine patris et filii et spiritus sancti ut exeas et recedas ab hoc famulo dei* ... (unterer Teil von 8,I^rb/va fast vollständig zerstört); (8,I^vb) ... *Secunda ratio sumitur auctoritate apostolica, quia non habet maiorem potestatem temporalium in temporalibus quam princeps spiritualium in spiritualibus* ...

Vielleicht besteht eine Beziehung zu Jacobus de Marchia: Serm. quadrag., LIOI, Nr. 41, S. 72: Feria II. tertiae hebdomade: De baptismo, oder zu einer anderen Predigt des Autors. Evtl. zugehörig zur Predigt 12,II^vb.

(8,II^ra) [Aufzählung von Heiligenfesten:] ... *Ad tertium ... sunt festa celebranda ... ut habetur Extra de feriis* (= GREGORIUS IX.: Decretales II,9) ... *omnia apostolorum ... Innocentij, Siluestris, Io*[hannis] *Baptiste, Laurentii ... sancti Michaelis, omnium sanctorum, Martini* ...; (Spalte 8,II^rb und 8,II^va fast vollständig verloren); (8vb am Beginn Zitat: BERNARDUS CLARAEVALLENSIS: De consideratione I,8:) ... *Deinde regit affectus,* [dirigit actus, corrigit excessus, componit] *mores, uitam honestat* [et ordinat ...]. *Quartus ... est lacrimale, de quo* ... [Cibabis nos p]*ane lacrimarum et potum dabis* [nobis ... (Ps 79,6)] ... *Fletus cibus est animarum, corroboratio sensuum, absolutio peccatorum* ... (= CASSIODORUS: Expositio psalmorum, Ps 4) ...

(Nr. 9)

(9,I^ra–vb) [Sermo über die Taufe (De effecto baptismi?), evtl. zugehörig zu 8,I und 12,II?, beginnt:] ... *Ego baptizo te in nomine patris propter defectum lingue ... baptizans simul abluat et uerbum proferat* ...; (9,I^va) schematische Gliederung: ... *Primo utrum effectus baptismi sit deletio omnis culpe, secundo utrum sit remissio pene* ...

(9,II^ra) [Predigtbeginn verloren, am Beginn Zitat:] ... *uisitauit cor meum et immutauit, ut amara fierent que mirabiliter dulcia prius erant* ... (= BERNARDUS CLARAEVALLENSIS: Sermo de misericordiis, pars 4) ... Aufzählung: ... *12us panis est retractionale ... 13us panis est* [...] ... *videlicet 'in odio preteritorum* [m]*alorum, et contemptu bonorum presentium, et desiderio futurorum'* (= BERNARDUS CLARAEVALLENSIS: Sermo in Dominica VI. post Pentecosten II, pars 6). *14us panis est fiduciale* ...; (9,II^rb–va fast vollständig verloren); (9,II^vb) ... Aufzählung: *per legem diuinam .... per legem euangelicam ... domine, quis* [habitat] *in tabernaculo tuo* ... (Ps 14,1) ...;

am unteren Seitenrand Ergänzung des Schreibers: ... *tibi ancilla introducas* ...

ecce iam ueni ... taliter uigila ... et libenter sine questione et murmuratione ... obediens usque ad mortem crucis ...

(**Nr. 10**)
(10,I^(ra)) [Betrachtung zur Fußwaschung am Gründonnerstag, wohl Teil einer Predigt mit Bezug auf Io 13,1–20, Beginn verloren] ... *audiebant de illa caritate et humilitate sua in la*[van]*do pedes apostolorum ... Tunc Iohannes ... cepit narrare acta post cenam dicens: Completa cena et locione pedum et communione sacramenti magister fecit nos* (!) *undecim sedere ante faciem suam et dixit: Filioli mei, adhuc modicum tempus vobiscum sum ...*; (10,I^(rb) und 10,I^(va) fast vollständig verloren).

Evtl. identisch mit der bei LIOI, Nr. 88, genannten Predigt (Feria V. post Dominicam Palmarum: De passione domini, zum Evangelium ‚Misit aquam in pelvim ...' [Io 13,5], Abschnitt 4: Cum quanta humanitate et benignitate pedes discipulorum lavit) des Jacobus de Marchia. Vgl. LASIĆ (1970), Nr. 108, S. 558; SCHNEYER, Sermones-DB, Nr. 659 (nach Vatican lat. 7642).

(10,I^(vb)) [Fortsetzung einer Predigt zur Passion bzw. zu den Schmerzen Mariae:] ... *Ad hec uirgo gloriosa absens corpore presens fide et caritate respondit: Dilectus meus quem queritis, abiit et declinauit: de uita ad mortem in sua paxione* (!)*, de cruce ad s*[epu]*lchrum in sua humilatione, de mundo a*[d in]*fernum in sua expoliatione, ...*

Evtl. identisch mit der bei LIOI, Nr. 90, genannten Predigt (Feria VI. in Parasceve: De passione domini, zum Evangelium ‚Crucifixus est Iesus ...' [Io 19,20], Consideratio 2: De sue afflicte matris lamentatione) des Jacobus de Marchia. Vgl. LASIĆ (1970), Nr. 110, S. 559, mit Anm. 2; SCHNEYER, Sermones-DB, Nr. 661 (nach Vatican lat. 7642).

(10,II^(ra–rb)) [Fortsetzung der Predigt:] ... *apostolus dixit: Si Christus resurrexit et nos resurgemus* (1 Cor 15,12) ... *quam monet et sanctus Thomas in 3ª parte, q. 36, ar. primo: Resurrectio Christi sit causa nostre resurrectionis* ... (= THOMAS DE AQUINO: Summa theologiae III, quaestio 56 [!], art. 1) ...;
(10,II^(va–vb)) [Nachträge von anderer Hand (?) in kleinerem Schriftgrad, Predigt zum Thema resurrectio:] ... *Scriptura clamat ... in novissimo die ... dicebat Marta: Scio quia resurget ...* (Bezug zu Io 11,24?) ... (10,II^(vb)) ... *sed ad ostendum quod ipse resurrexit ... in futura resurrectione ...*

(**Nr. 11**)
(11,I^(ra)–1^(vb)) [Predigt zu Weihnachten/Anbetung der Magier?, Beginn verloren, setzt ein:] *diceres: Quis est iste qui ven*[it] *de Edom ...* (Is 63,1). [In] *principio adducta dixit Israhel ... poterat dici 'natus est', cum eternus est pater, eternus filius, eternus spiritus sanctus ... Antequam dei filius assumpsisset carnem exemine Habrahe*

(für: ex semine Abrahae), *a quo Iudey descenderant, non magis erat rex Iudeorum quam aliarum nat[ion]um uel aliorum populorum ... 2° magi sunt confexi se agnouisse natum puerum* ...; (11,I^{vb}) ... *unde apostolus ad Hebreos: Uiuus est sermo dei et efficax* ... (Hbr 4,12) ... *tantus est eius amor ad nos, ut velit uniri nobis ... suam intentionem ...*

(11,II^{ra}) [Predigt zu Darstellung im Tempel / Lobgesang des Simeon, wohl mit Bezug zu Lc 2,25–35, Beginn verloren: ... Symeon] ... *fecit duo officia, primum quia Christus in ulnis suscepit, secundo canticum cecinit: Nunc dimmitis seruum tuum* ... (Lc 2,29–35) ... *Istud uero respon*[sum] *acceperat a domino siue a spiritu sancto* ...; (11,II^{rb-va} fast vollständig verloren); (11,II^{va}) [Schluss einer Predigt; Beginn einer Predigt zur Passion?:] [A]*udi fili mi uerba oris mei* (Tb 4,2). *Uerba ista possunt esse Christi, qui deuicto* (?) *crucis morti* ... *Uerba* [...] *Christi in cruce pendentis* ...

Nicht bei SCHNEYER-Sermones-DB nachweisbar.

Nachtrag 11,II^{va-vb} unterer Seitenrand: ... *ad ymaginem ... ad saluationem ...* [Thoma]*s qui ait: 'Omnis Christi actio nostra est in*[structi]*o' i. pre. 2* [wohl Verweis auf THOMAS DE AQUINO, In IV Sententiarum II,2,3,1,2 u. ö.], ... *relinquens exempla, ut sequimini uestigia eius ...*

(Nr. 12)
(12,I^{ra-rb}) [Predigt über Habgier oder Wucher (?), Beginn verloren:] ... *istum insatiabilem lupum* ... *Ad tertiam ... de sua malignitate* ... *Unde dicit Seneca: Omnis siquidem res aliena est a nobis ... tempus autem tantum nostrum est.* (= PS.-BERNARDUS CLARAEVALLENSIS: Meditationes piissimae, cap. 6) ... *Unde propter hoc iuste dei iudici frequenter punitur usurarius ...* – ... [Schluss:] ... *igitur rede, rede, restitue, restitue, ut omnia ista consequi valeas* ...;

(12,I^{va-vb}) [Predigt zu Geburt Christi / Erbsünde (?), Beginn verloren:] ... *loquitur Ysaias 7: ecce virgo concipiet et pariet filium* (Is 7,14) ... *Ego ueni ut uitam habeant* ... (Io 10,10). ... [Tam enim] *procul est a me odium peccatorum, quod eorum causa* ad[venerim ...= THOMAS DE AQUINO: Catena aurea in Lucam 19,1] ... *finis huius partus fuit, ut salus, quod per peccatum priorum parentum perdita fuerat, recuperaretur* ...; (12,I^{vb}) mit Aufzählung: ... *1us est peccatorum remissio, 2us est demonum expulsio, 3us est vite eterne aquisicio* bis *6us est langorum sanatio* ...

(12,II^{ra}) [Predigtbeginn verloren] ... *irascitur plus uel minus propter rect*[am] *rationem, tunc irasci est laudabile* [...] *Irascimini et nolite peccare* (Ps 4,5) [...] *Curandum summopere ne ut ira* ...; (12,II^{rb} und 12,II^{va} fast vollständig verloren);

Evtl. identisch mit der bei LIOI, Nr. 40, genannten Predigt (Feria II. tertiae hebdomadae Quadragesimae: De peccato irae, zum Evangelium ‚Repleti sunt omnes in synagoga ira ...' [Lc 4,28]) des Jacobus de Marchia. Vgl. LASIĆ (1970), Nr. 60, S. 541f.; SCHNEYER, Sermones-DB, Nr. 611 (nach Vatican lat. 7642).

(12,II^{vb}) [Predigtbeginn verloren] ... *Primo quod baptismus est tinctio, id est ablucio corporis exterior, facta sub forma uerborum prescripta* ... (= PETRUS LOMBARDUS: Libri IV Sententiarum, lib. 4, dist. 3, cap. 1), mit Taufformel: *Ego baptizo te in nomine patris* [et] *filii et spiritus sancti* ... *corrumpi 6 modis: primo subtrahendo, 2o addendo* ...

Nach Textvergleich sehr wahrscheinlich identisch mit der bei LIOI, Nr. 41, genannten Predigt (Feria III. tertiae hebdomadae Quadragesimae: De baptismo, zum Evangelium ‚Quaecumque alligaveritis super terram ...' [Mt 18,18]) des Jacobus de Marchia. Vgl. LASIĆ (1970), Nr. 61, S. 542; SCHNEYER, Sermones-DB, Nr. 614 (nach Vatican lat. 7642).

(Nr. 13)
(13,I^{ra-vb}) [Predigt zum Thema 'De furto'?, Anfang verloren, am Beginn Zitat:] ... *quod sit necessarium* [ad] *hum*[ana]*m uitam,* [propter tria:] *Primo* [...] *magis sollicitus est unusquis*[que] *ad* [procu]*randum aliquid* ... (THOMAS DE AQUINO: Summa theologiae secunda secundae, 66,2) ... *Ad quartam* ... *dicendo, quod ad rationem furti tria concurrunt, primum conuenit sibi secundum quod contrariatur iustitie* ... (THOMAS DE AQUINO: ebd., 66,3) ... (13,I^{rb}, Ende der Spalte) ... *rei furtum dicitur ut supra dictum est* ...

Evtl. identisch mit der bei LIOI, Nr. 82, genannten Predigt (Feria II. post Domincam Palmarum: De furto, zum Evangelium ‚Fur erat ...' [Io 12,6]) des JACOBUS DE MARCHIA. Vgl. LASIĆ (1970), Nr. 102, S. 556; SCHNEYER, Sermones-DB, Nr. 653 (nach Vatican lat. 7642).

(13,II^{ra}) [Predigtbeginn verloren] ... *unde ostendat propheta in uerbis proponitis in quibus describit statum primum* ... *secundo statum sequentem* ... *Super flumina Babillonis illic sedimus* ... (Ps 136,1) ...; (13,II^{rb} und 13,II^{va} fast vollständig verloren); (13,II^{vb} wohl zugehörig, endet:) ... *dixit David: Quis deducet me in ciuitatem mu*[nitam ... Ps 59,11].

(Nr. 14)
(14,I^{ra-vb}) [Predigtbeginn verloren, Predigt über Todsünden?] ... *quia tam grave peccatum est* ... *Secunda* ... *est superbia, quia dicit* ... *per superbiam et tumorem superbie* ..., (14,I^{rb}) ... *tertia* ... *est crudelitas, quia dicit Rufus* ...;

Evtl. identisch mit der bei LIOI, Nr. 26, genannten Predigt (Feria II. secundae hebdomadae Quadragesimae: De septem peccatis mortalibus, zum Evangelium ‚Quaeritis me et in peccato vestro moriemini' [Io 8,21]) des Jacobus de Marchia. Vgl. LASIĆ (1970), Nr. 46, S. 537; SCHNEYER, Sermones-DB, Nr. 597 (nach Vatican lat. 7642).

Am unteren Seitenrand von 14,I^r Nachtrag des Schreibers: *Johannes Chrisostomus super* [...] ... *Si quis uacat humilitati ... ypocrita est, si recreationi gulosus est, si pa*[tien]*tie timidus est* ...

(14,II^{ra}) [Predigt zur Passion oder zu den Schmerzen Mariae, Beginn verloren, evtl. zugehörig zu 10,I:] ... *mater et filius ... pro maiori parte noctis locuntur dulciter ... Die lunae tempestiue reuertitur Iesus in Ierusalem ... cum tardaret Christus reuerti in Betaniam dulcissima mater ... dicebat Magdalene: Numquid filius meus, magister tuus, captus est* ...; (14,II^{rb} und 14,II^{va} fast vollständig verloren);
Bl. 14,II^v gerahmte Reklamante in der Mitte des unteren Seitenrandes: Ende der Lage.

Zu Jacobus de Marchia (J. Picenus, della Marca), franziskanischer Volksprediger und Schüler des Bernhardin von Siena, * 1394 in Montepadrone/Mittelitalien, † 28.11.1476 in Neapel, 1726 kanonisiert, vgl. Michael TILLY, in BBKL II (1990) Sp. 1409–1411.
Ausführliche Übersicht zur hsl. Überlieferung bei: Dionysius LASIĆ, De vita et operibus S. Iacobi de Marchia. Studium et Recensio Quorundam Textum (Biblioteca Francescana), Ancona 1974, hier S. 184–186 zur Überlieferung des Quadragesimale (danach ohne diese Fragmente 7 Hss. bekannt: Rom [Bibl. Vaticana, Cod. Vat. lat. 7642 und Vat. lat. 1239, sowie Bibl. Angelica, cod. 187], Foligno [Bibl. communale, cod. 11], Neapel [Bibl. naz., cod. VII-G-7], Barcelona [Bibl. central, cod. 641] und Venedig [Bibl. monasterii S. Michaelis, cod. 324]).
Zur Überlieferung in einzelnen Hss. vgl.:
- PACETTI = Dionisio PACETTI, I Sermoni quaresimali di S. Giacomo della Marca contenuti nel codice 187 della Bibl. Angelica di Roma, in: Archivum Franciscanum historicum 46 (1953), S. 302–340.
- LIOI = Renato LIOI, I "Sermones Quadragesimales" di S. Giacomo della Marca in un codice della biblioteca comunale di Foligno, in: Annali del Pontificio Istituto Superiore Scienze e Lettera "S. Chiara" 10 (Neapel 1960), S. 36–137 (zum Autograph des Werkes).
- LASIĆ (1970) = Dionysius LASIĆ, Sermones S. Iacobi de Marchia in cod. Vat.lat. 7780 et 7642 asservati, in: Archivum Franciscanum historicum 63 (1970), S. 476–565.

Zu Michael de Massa vgl. Tobias A. KEMPER, Die Kreuzigung Christi. Motivgeschichtliche Studien zu lateinischen und deutschen Passionstraktaten des Spätmittelalters (MTU 131), Tübingen 2006, S. 157–159.
Zu Albertus Ranconis vgl. Jaroslav KADLEC, Leben und Schriften des Prager Magisters Adalbert Ranconis de Ericinio. Aus dem Nachlass von Rudolf Kolinka und Jan Vilikovský, Münster 1971; Franz Josef WORSTBROCK: Adalbert Rankonis de Ericinio, in: ²VL 1 (1978), Sp. 35–41.

MS nov. 6 (olim Fragment 45)
Nicolaus Trevetus: Kommentar zu Seneca ‚Troades'

Papier · 10 Bll. · 27,5 × 20,5 · Oberitalien (Lombardei?) · um 1464–69

Zustand: Blätter durch die Verwendung als Klebepappe gebräunt, aber weitgehend vollständig erhalten. Am oberen Seitenrand Löcher für die Befestigung der Bünde, an den Seiten weitere Löcher. Beim äußeren Blatt (Bl. 1/10) auch Einschnitte an den Seitenrändern, auf Bl. 10 eingerissen.

Kodikologie: Bleistiftfoliierung März 2012: *1–10*; die zeitgenössische Foliierung mit roter Tinte über der linken Spalte der Versoseiten: *ciij* bis *Cxii*, springt auf den Blättern 6^v–9^v: *Cviij – Cx – Cix* (!) – *Cxi*. Wz. durchgängig (außer Bl. 2/9): Blume ohne Stängel, achtblättrig, mit Stempel, Formenpaar, Variante zu PICCARD XII,II,890 (Casale [Piemont] 1465) bzw. 863 (Pavia 1469) sowie 895 (Pavia 1464). Lage: V^{10}, Lagenfoliierung 2^r–5^r: *f ii–fv*. Schriftraum: 20,5 × 14. 2 Spalten, 45 Zeilen. Kursive von einer Hand, kommentierte Abschnitte unterstrichen. Rubriziert: Seitentitel: *Sexta tragedia*, Überschriften. Auf 3^r, 3^v und 9^v vierzeilige rote Lombarden.

Einband: Ursprünglich ungebunden aufbewahrt in Pappumschlag mit Aufschrift: *Fragm. 45*, darauf mit Kugelschreiber geschriebene Angabe zum Trägerband *B 6631 – Super digesto novo I.II*. Im Dezember 2013 in der Restaurierungsabteilung der UB Leipzig geheftet in grauen Pappumschlag.

Geschichte: Entstanden um 1464–69 in Oberitalien (vgl. Wz.belege aus Pavia [westl. Lombardei] und Casale [östl. Piemont]). Die fünf Doppelbll. bildeten ursprünglich einen Quinio und waren als sechste Lage in der Hs. (vielleicht einem Kommentar zu sämtlichen Seneca-Tragödien?) angeordnet.
Das Fragment war Teil einer Klebepappe zu Bd. 3 eines 1530 in Lyon gedruckten Werkes (zum Trägerband s. u.), die restlichen aus diesem Band ausgelösten Fragmente weisen auf den französischen Raum (u. a. Prozessakten des erzbischöflichen Gerichts in Bourges). Die Trägerbände waren spätestens im 18. Jh. im Besitz des Franziskanerklosters in Freiburg im Breisgau, s. u.
Trägerband: BVerwG, 2+B 6631: Vol. 1: Repertorivm in lectvras Iasonis: Repertorivm sev index ordine elementario digestus, in commentaria J. Mayni. Vol. 2: Iasonis Mayni Prima svper Digesto veteri. Vol. 3: Prima svper Digesto novo. Vol. 4: Prima svper Infortiato. Vol. 5: Prima svper codice. Lyon: Sebastian Gryphius, 1530. Die Bände wurden einheitlich in dunkelbraunes Leder gebunden (Bindung von Bd. 3 erneuert), Gliederung durch drei Rahmen um ein rechteckiges Mittelfeld, die beiden äußeren Rahmen mit Rollenstempeln gefüllt, dabei die verwendeten Rollen stark abgenutzt und schwer zu erkennen. Auf den Titelblättern aller Bände findet sich der Besitzeintrag (18. Jh.): *Fratrum Minorum Reform. Friburgensium Brisgoie*, darunter die alten Bibliothekssignaturen *Q 11–15*. Die Franziskaner ließen sich 1226 in Freiburg nieder und waren seit 1246 im Besitz der Martinskirche. Das Kloster wurde 1515 den Observanten übergeben, 1784/85 in die Gebäude des ehem. Augustinerklosters überführt und 1832 aufgehoben. Zur Klostergeschichte vgl. Heinrich HANSJAKOB, St. Martin zu Freiburg als Kloster und Pfarrei, Freiburg i. Br. 1890, S. 1–120; Ludwig HEIZMANN, Die Klöster

und Kongregationen der Erzdiözese Freiburg in Vergangenheit und Gegenwart, München 1930, S. 59f. Zu erhaltenen Inkunabeln aus der Bibliothek des Freiburger Franziskanerklosters vgl. SACK, Inkunabeln Freiburg III, S. 1574 (44 Drucke); NEEDHAM, IPI.
Die fünf Bände wurden am 11. Mai 1880 von Serig (Serigsche Buchhandlung Leipzig) für 25 Reichsmark für die Bibliothek des Reichsgerichts erworben, vgl. Zugangsbuch Nr. 3, 1879–83, Zugangsnummer: 8719. Im November 1999 restauriert durch Ria Tiemeyer (Berlin-Charlottenburg).
Zu weiteren aus dieser Klebepappe ausgelösten Materialien vgl. die folgenden Kurzbeschreibungen nach DOLEZALEK. Dabei die Größe von Fragment 45 (41 × 27,5) sowie die Löcher für Befestigung der Bünde übereinstimmend mit dem Trägerband und teilweise auch mit den restlichen ausgelösten Fragmenten.

Fragment 44, nr. 1 (MS) Akten eines Prozesses vor dem Offizial des Erzbischöflichen Gerichts in Bourges, protokolliert durch den Notar dieses Gerichts, Appellation gegen ein Urteil des Offizialatsgerichts des Bischofs von Albi (a. 1515 aug. 18, Frankreich [Bourges], 3 chart. 400 × 280 mm);

Fragment 44, nr. 2 (MS) Akten eines Prozesses vor einem kirchlichen Gericht. Parteien: der Bischof von Saint Flour und wahrscheinlich der Prior de la Segalasse. Gestritten wird um das Patronatsrecht an der Pfarrkirche S. Stephani de Cautalais. Erwähnt wird ein Jehan Moulinier. Latein und Französisch (sXVI in., Frankreich, 3 et 1/2 chart. 410 × 283 mm);

Fragment 44, nr. 4–10 (MS) Akten eines Prozesses vor einem kirchlichen Offizialatsgericht (sXVI in., Frankreich);

Fragment 44, nr. 11 (MS) Akten eines Prozesses vor einem kirchlichen Gericht: "articuli" = Tatsachenbehauptungen, zu denen Zeugen vernommen werden sollen (sXVI in., 1 bifolium chart.);

Fragment 44, nr. 12 (MS) Akten eines Prozesses vor einem kirchlichen Gericht: Schreiben an den Offizial des Erzbischöflichen Gerichts in Bourges (= den Richter des erzbischöflichen Gerichts) (sXV in., 1 bifolium chart.);

Fragment 44, nr. 13 (MS) Akten eines Prozesses vor dem Offizial des Erzbischöflichen Gerichts in Bourges: Zeugenvernehmungen, protokolliert durch mehrere Schreiber (sXVI in., Bourges, 12 bifolia chart., und viele sehr kleine Fragmente);

Fragment 50, nr. 1 (MS) Decretales, X 4.5.2 – 4.6.1, X 4.8 – 9 etc., Gregorius IX papa, mit Glossa ordinaria (sXIII/XIV, Britannien? Nordfrankreich?, 6 memb. 408 × 72 mm und 397 × 100 mm, etc.);

Fragment 50, nr. 2 (MS) Akten eines Prozesses (sXV, Frankreich, 1 chart., vollständiger Klebepappen-Deckel erhalten);

Fragment 54 (MS) Codex, Justinianus imperator, mit Glossa ordinaria (sXIV, 1 memb. 400 × 82 mm);

Fragment 64, nr. 1 (MS) Akten eines Prozesses vor dem Offizial des Erzbischöflichen Gerichts in Bourges: (sXVI in., viele schmale Streifen chart.);

Fragment 64, nr. 3 (MS) Akten eines Prozesses vor dem Offizial des Erzbischöflichen Gerichts in Bourges: Johannes Burreste, presbyter, prozessiert gegen Symon Maugi ... (sXVI in., Bourges, viele bifolia chart.);

Fragment 64, nr. 4 (MS) Akten eines Prozesses: Margareta, Ehefrau des Johannes, prozessiert gegen Symon de Cabeige und Francisca, Ehefrau des ... Arnoulx, etc.;

Fragment 64, nr. 4 (MS) Akten eines Prozesses vor dem Offizial des Erzbischöflichen Gerichts in Bourges (sXVI in., Bourges, viele bifolia chart.);

Fragment 65 (MS) Rechnungen, französisch (sXVI in., Frankreich, 2 bifolia chart.);
Fragment 79 (Typogr.) Digestum novum, D.48.17.5–49.3.3 etc. – D. 50, dies sind fol. 253–256, 264–265, 297–300 einer Druckausgabe des Textes, mit Glossa ordinaria (sXVI in., 10 chart. 424 × 283 mm);
Fragment 91 (Typogr.) Liturgia (sXV, 1 chart.);
Fragment 92 (MS) Akten eines Prozesses, protokolliert in französischer Sprache (sXVI in., 1 chart. 30 × 197 mm).
Wann die Fragmente aus den Trägerbänden ausgelöst wurden, ist nicht dokumentiert, die hohen Signaturen legen aber eine Auslösung im oder nach dem Jahr 2000 nahe (vgl. MS nov. 4/1 und 4/2 [olim Fragm. 38 und 39], im Jahr 2000 ausgelöst).

Literatur: DOLEZALEK Liste 2005: http://www.uni-leipzig.de/~jurarom/manuscr/RgMsMatr.html.

1^r–10^v **Nicolaus Trevetus: Kommentar zu Seneca ‚Troades', Fragment (actus III, carmen IV – actus V, carmen VIII = Vers 274–789).**
[… et potestatem regiam] *non opportet* (!) *quod sint* [sonst: assint] *mille rates nec quod laboretur decem annis, quia in minori tempore et cum minori potestate sepius poterit hoc fieri, quod fortuna volet.* Non omnibus imminet fortuna tam lenta (V. 275), *scilicet sicut modo Priamo, qui mille navibus et decem annis expugnatus est … – … Et ad filium convertens sermonem dicit* [sonst: licenciat]: paruus quidem occidis, [id est] *moreris,* [sed iam metuendus …].
Grundtext: Atze J. KEULEN (Hg.), L. Annaeus Seneca, Troades, Introduction, Text and Commentary (Mnemosyne 212), Leiden/Boston/Köln 2001, S. 45–58. Edition des Kommentars: Marco PALMA (Hg.): Nicola Trevet, Commento alle "Troades" di Seneca (Temi e testi 22), Rom 1977, S. 23, Z. 9 – S. 57, Z. 18. Zum Text vgl. Ezio FRANCESCHINI, Glosse e commenti medievali a Seneca Tragico, in: DERS.: Studi e note di filologia latina medievale (Pubblicazioni della Università Cattolica del Sacro Cuore, Ser. 4, Scienze filologiche 30), Mailand 1938, S. 19–105. Zur Überlieferung (jeweils ohne diese Hs.) vgl. PALMA, Nicola Trevet (s. o.), S. xxv–xlv; FRANCESCHINI, Glosse e commenti (s. o.), S. 43–46.
Zum Autor Nicolaus Trivet/Trevet (geb. um 1258, † nach 1334, 1297 Eintritt in den Dominikanerkonvent Oxford, Studium in Oxford und Paris, Lehrtätigkeit in Oxford sowie am Konvent der Dominikaner in London) vgl. KRISTELLER/CRANZ, Catalogus Translationum et Commentariorum II, S. 341–342 und III, S. 446–448; KAEPPELI III, S. 187–196, hier S. 195, Nr. 3146a (Expos. in X Tragoedias Senecae, ca. 1315); Albert ZIMMERMANN, in: BBKL VI (1993), Sp. 695, jeweils mit weiterer Lit. Zu Trevets Seneca-Kommentaren vgl. Franco CAVIGLIA, Commenti di ecclesiastici a Seneca Tragico: Trevet et Delrio, in: Antonio P. MARTINA (Hg.) Seneca e i Cristiani: atti del Convegno internazionale, Università cattolica del S. Cuore, Biblioteca ambrosiana: Milano, 12–13–14 ottobre 1999 (Aevum Antiquum 13, 2000), Mailand 2001, S. S. 351–363.

MS nov. 7 (olim Fragm. 67)
Corpus iuris civilis. Digestum vetus mit der Glossa ordinaria des Accursius Florentinus, Fragmente

Pergament · 21 größere und kleinere Textfragmente sowie weitere Fragmente · max. 45,5 × 30 · Oberitalien (Bologna?) · 14. Jh., Beginn

Zustand: September bis Dezember 2001 Restaurierung durch Werkstatt für Buch- und Grafikrestaurierung Claus Schade, Berlin, vgl. den ausführlichen Restaurierungsbericht. Dabei die als Deckelkaschierungen zwischen Bezugspapier und Deckelpappe dienenden Fragmente abgelöst und jeweils auf Pappen geklebt. Auf den heute aufgeklebten Versoseiten Schrift fast vollständig ausgelöscht. Auf Va Rostfleck von der Bindung. Einzelne Blätter durch Feuchtigkeit geschrumpft und Schriftausfall (z. B. VIIb, IXa, XIIa).

Kodikologie: Fragmente bei Restaurierung 2001 mit weiterem Material des 18. Jh.s (s. u.) auf Pappen geklebt. November 2012 Foliierung der Pappen *I–XXI* und der darauf geklebten mittelalterlichen Einzelstücke mit *a)–i)*. Es handelt sich um 14 größere Textfragmente (max. 43 × 28,5: Bl. XIa) und 7 kleinere Textfragmente (max. 29,5 × 9: Bl. IIIa) sowie ca. 32 kleine Fragmente vom Rand oder unbeschriftet. Auf einigen Blättern zeitgenössische Tintenfoliierung erhalten: (XIIIg) *iiii*, (Nr. VIIIa) *li*, (Nr. VIb) *lii*, (Nr. XIIb) *161*.
Urspr. Blattgröße ca. 45,5 × 30, Schriftraum 40 × 26,5. 2 Spalten, 39–40 Zeilen Haupttext, Klammerkommentar bis zu 97 Zeilen. Rotunda von einer Hand im Haupttext und Kommentar. Glossa ordinaria als Kommentar um den Text gelegt. Daneben weitere Marginalglossen von mehreren jüngeren Händen. Rubrizierung: Kapitelüberschriften rot, am Beginn der Kapitelabschnitte blaue, am Beginn des Textes rote Lombarden; alternierend rote und blaue Capitulum-Zeichen in der Glosse. Von späterer Hand neben bzw. in den Initialen Kapitelzählung eingetragen, gegenüber der Edition z. T. um drei Nummern abweichend, z. B. XIa: *34–37* (Ed. [3.5.]31–34). Zeigehände und Gesichter, auch in der Glosse, z. B. IIa, Va, VIb, VIIIa, XIa, XIIa.
Weiterhin 15 schmale Randstreifen, z. T. mit Resten der Glosse und Marginalien (Ib, IIc, IIf, IIIc, IVb, VIc, VIIe, IXb, Xb–e, XIb, XIIIb und XIVb) und 17 kleine, meist unbeschriftete Fragmente (IIb, IId, IIe, IIId–f, Vc, VId–g, VIIIb, XIIIc–h).

Einband: lose in grauer Mappe aufbewahrt.

Geschichte: Die Fragmente stammen nach Ausweis des paläographischen Befunds aus einer am Beginn des 14. Jh.s in Oberitalien (Bologna?) entstandenen Hs. Vergleichsbeispiele: MAFFEI, I Codici del Collegio di Spagna, Tafel 44 zu MS 282 (Beginn 14. Jh.), Tafel 47 zu MS 284 (Beginn 14. Jh.); L'ENGLE/GIBBS (Hg.), Illuminating the Law, Kat. 17 (Südfrankreich, Beginn 14. Jh.). Für eine Entstehung in Bologna spricht auch die Tatsache, dass der Band im 18. Jh. (nach 1765) mit großer Wahrscheinlichkeit in Bologna als Einbandmakulatur verwendet wurde, s. u. Trägerbände.
Trägerbände: H 4455 Bd. 1–7: Repetitionum in vniuersas fere Iuris Canonici partes materiasque sane frequentiores, volumina sex […].Venetiis: apud Iuntas (= Lucantinio Giunta), 1587. Bd. 7: Index Repetitionum in iure canonico […]. Venetiis : apud Iuntas, 1587. Vgl. EDIT16 CNCE 27720. Im Einzelnen stammen die Fragmente aus folgenden Bänden: aus

Bd. 1 VD: IXa–b), Bd. 1 HD: VIIa–c), Bd. 2 VD: XIa–b), Bd. 2 HD: XIIa–b), Bd. 3 VD: IVa–b), Bd. 3 HD: Va–c), Bd. 4 VD: Ia–b), Bd. 4 HD: VIa–g), Bd. 5 VD: IIIa–f), Bd. 5 HD: Xa–e), Bd. 6 VD: XIVa–c), Bd. 6 HD: XIIIa–i), Index VD: VIIIa–b), Index HD: IIa–f).

1697 gelangten die Trägerbände in den Besitz einer unbekannten (Bologneser?) Bibliothek, vgl. den auf allen Titelblättern unten aufgeklebten gedruckten Erwerbungsvermerk: "Sumptibus Bibliothecæ Anno 1697". Es handelt sich um eine Vorgängereinrichtung der Biblioteca Magnani in Bologna (s. u.). Aus dieser Vorgängerbibliothek stammen auch die Fragmente eines umfangreichen Bibliothekskatalogs aus der 2. Hälfte des 18. Jh.s (nach 1765) mit lat., ital. und franz. Titeln. Diese Fragmente, die ehemals als Rückenverstärkungen der Trägerbände dienten, wurden bei der Restaurierung teilweise auf dieselben Pappen wie die mittelalterlichen Fragmente (VII, IX, XII), teilweise auf separate Pappen (XV–XXI) geklebt. Im Einzelnen Einträge zu den Buchstaben (XII und XV) *BA*[L] (fol. *26*), (XVI) *BAR* (fol. *40*), (XV) *BA*[V] (fol. *5*[?]), (XVII und XVIII) *BAY* (fol. *62*), (XIX) *BEA* (fol. *68*) und *BEN* (fol. *96*), (VII und IX) [*BRU*] (fol. *268*) sowie (aus einer anderen Abteilung des Katalogs?) (XXI) *PER* (fol. *96*). Dabei die jüngsten verzeichneten Publikationen 1752 und 1765 in Italien gedruckt (XV: Baumeisteri Friderici Christiani: Institutiones philosophiae r[ationalis ...], Lucae per Jacobum Caroboli 1765; XVIII: [Bayardi, Otta]vio Anto[nio]: Prodromo delle antichità d'Ercolano. Napoli nella Regale Stampería Palatina, 1752). Die Titel jeweils mit Signaturen vom Typ G IV 38 versehen, darunter auch Doppelsignaturen vom Typ QQ IV 2. Solche Signaturen (Bd. 3: E I 16, Bd. 6: E I 19) trugen auch die Trägerbände, vgl. Restaurierungsbericht von 2001, Fotos vom urspr. Zustand der Rücken. Die Trägerbände gehörten also ebenfalls zu dieser Bibliothek, deren Katalog makuliert wurde, und waren hier unter den Signaturen E I 14–20 aufgestellt.

Spätestens Anfang des 19. Jh.s gehörten die Trägerbände zur Bibliothek des Antonio Magnani (1743–1811, Professor und Bibliothekar des Istituto delle Scienze, Bologna), vgl Stempel auf allen Titelblättern: „Biblioteca Magnani, Città di Bologna, 1816". Diese Sammlung wurde 1817 mit der Biblioteca Communale vereinigt und trägt seit 1907 den Namen Biblioteca comunale dell'Archiginnasio, vgl. http://www.archiginnasio.it/html/isdiah.htm. 1873 wurden die Bände als Dubletten ausgesondert, vgl. Stempel auf den Titelblättern: „Duplicato 1873".

Am 30.01.1886 wurden die Bände von Harrassowitz (Antiquariats- und Verlagsbuchhandlung Otto Harrassowitz, Leipzig) für 28 Reichsmark an die Bibliothek des Reichsgerichts verkauft, vgl. Zugangsbuch Nr. 1, 1883–80, Zugangsnummer: 21386, diese Zugangsnummer auch auf den Titelblättern. Auf den Titelblättern Stempel der Bibliothek des Reichsgerichts; bei allen Bänden Stempel des BVerwG auf den Versoseiten der Vorsatzblätter, bei Bd. 3–5 und beim Index außerdem auch Stempel des Bundesgerichtshofes.

Literatur: DOLEZALEK Liste 2005: http://www.uni-leipzig.de/~jurarom/manuscr/RgMsMatr.html.

Corpus iuris civilis. Digestum vetus mit der Glossa ordinaria des Accursius Florentinus, Fragmente.

(Nr. Ia) D. 2.4.8.1–2.4.10.11.

[... quem]*admodum* [per contrarium] *pro patrono non habebor, ... – ... Sin autem liberi patroni capitis accu*[saverunt libertum paternum ...].

Ed.: MOMMSEN/KRÜGER, Corpus Iuris Civilis, Bd. I, S. 48f.

(Nr. IIa) D. 2.4.22–2.7.1.2.

[... Neque impuberes] *puellas, que alieno iuri subiecta essent, ... – ... qui vocat, non del*[iquit qui exemit. ...].

Ed.: MOMMSEN/KRÜGER I, S. 49.

(Nr. IIIa) D. 2.8.8.2.–2.8.8.5.

[... ut ex inte]*gro caueat*[ur. Minori] *quoque xxv annis suc*[currendum] *est, ... – ... Iubetur iurare de calumnia, ne quis vexandi magis ad*[versarii causa, ...].

Ed.: MOMMSEN/KRÜGER I, S. 51.

(Nr. XIIa, nur rechte Spalte) D. 2.8.8.5–2.8.11.

[... magis adversar]*ii causa, forsitan cum Rome possit satisdare... – ... et postea mandatu meo* age[re institueris ...].

Ed.: MOMMSEN/KRÜGER I, S. 51.

(Nr. IVa) D. 2.10.3.2.–2.11.2.1.

[rechte Spalte fast völlig verloren, linke Spalte: ... Si et stipulator d]*olo Titii et promissor do*[lo Mae]*vi impeditus fuerit, ... – ... in iudicio secundum suam promissionem non* [stetit, ...].

Ed.: MOMMSEN/KRÜGER I, S. 52.

(Nr. Va) D. 2.11.2.8.–2.11.4.

[rechte Spalte und Beginn der linken Spalte fast völlig verloren: ... erit statuen]*dum.* [Nam ne]*que sic* [artandus sit, ut possit ei] *dici, c*[ur non multo ante profec]*tus esset q*[uam dies promissionis] *veniret ... – ... qui morte exiliove condempnatus est. Dixerit aliquis,* [quo ergo haec exceptio damnato? ...].

Ed.: MOMMSEN/KRÜGER I, S. 53.

(Nr. VIa, schmaler Streifen) D.2.11.13.

u. a. >*Q*<*u*[otiens servus iudicio] *sistendi c*[ausa ut ipse litigatu]*rus vel ab* [alio stipulatur ...].

Ed.: MOMMSEN/KRÜGER I, S. 54.

(Nr. VIIa, schmaler Streifen, kopfständig aufgeklebt) D.2.12.

u. a. Überschrift: >[De fer]*iis et dila*[tionibus et diversi]*s earum.*<

Ed.: MOMMSEN/KRÜGER I, S. 54.

(**Nr. VIIIa, mal. Foliierung** *li.*) D. 2.13.4.2.–2.13.6.5.

[… nisi] *sciente eo argentaria exercetur:* … – … [pro]*curatori quoque meo eden*[*dam rationem,* …].

Ed.: MOMMSEN/KRÜGER I, S. 55.

(**Nr. VIb, mal. Foliierung** *lii.*) D. 2.13.10.2–2.14.1.

[nur rechte Spalte erhalten …: aliquem pertine]*at, inspiciatur et describatur.* >C<*um autem in id actio competit* … – … *inter eos placuerunt servare?*

Ed.: MOMMSEN/KRÜGER I, S. 56.

(**Nr. IXa**) D. 2.14.7.19–2.14.10.2.

[… et communi] *consensu declarauerint, quota parte debiti contenti sint.* … – … *Plerumque solemus dicere doli exceptionem subsidium esse* [pacti exceptionis …].

Ed.: MOMMSEN/KRÜGER I, S. 58.

(**Nr. VIIb**) D. 3.1.1.–3.1.6.

[… qui decretum praetoris] *exaudire non poterat,* [quod etiam ipsi erat periculosu]*m futurum* … – … [si tute]*lam uel cu*[ram huiusmodi personae administrent, …].

Ed.: MOMMSEN/KRÜGER I, S. 64.

(**Nr. Xa**) D. 3.2.6.6.–3.2.11.4.

[… Illu]*d plane* [addendum est,] *quod interdum* [et heres suo nom]*ine dampnatur et ideo infamis fit,* … – … *qui passus* [est ducere,] *notatur, utrumque* [recte: …].

Ed.: MOMMSEN/KRÜGER I, S. 66f.

(**Nr. IIIb**) D. 3.4.1.1–3.4.2.

[… corpus habere] *collegii socie*[tatis sive] *cuiusque alterius* [eorum nomine] *proprium est* … – … [… sic] *haberi: hic enim* [pro re publica vel] *uniuersitate in*[tervenit …].

Ed.: MOMMSEN/KRÜGER I, S. 72.

(**Nr. XIa**) D. 3.5.30.7–3.5.34.

[… negotiorum gestorum] *actionem habet.* >P<*aul* [sonst: Papianus] *Fideiussor imperitia lapsus alterius quoque contractus,* … – … *Divortio facto negotia* [uxoris gessit maritus …].

Ed.: MOMMSEN/KRÜGER I, S. 76f.

(**Nr. XIIb, mal. Foliierung** *161*) D. 3.5.34.–3.5.36.

[… plen]*a erit ne*[gotiorum gestorum act]*io, quamvis* [si dotis actione ma]*ritus conue*[niatur, absolven]*dus est* … … – … *Pater si emancipati filii res a se donatas* [administravit, …].

Ed.: MOMMSEN/KRÜGER I, S. 77.

(**Nr. XIIIa**) D. 4.3.18.4.–4.3.23.

[Dolo cu]*ius effec*[tum est, ut lis temporibus] *legitimis transac*[tis pereat: Trebatius ait de] *dolo da*[ndum] *iudicium,* ... – ... *legatum est, heredi adhuc ignoranti* [substantiam hereditatis ...].

Ed.: MOMMSEN/KRÜGER I, S. 84.

(**Nr. XIVa**) D. 4.4.11.2.–4.4.13.

[... ad quam consul]*tationem successori eius vendidio* [sonst: Venidio] *Quieto rescripsit* ... – ... *utrum creditori an fidei*[ussori: nam minor cap]*tus ne*[utri tenebitur. ...].

Ed.: MOMMSEN/KRÜGER I, S. 87f.
Glosse durch Buchstaben gegliedert. Überprüft am Druck Corpus iuris civilis. Digestum vetus mit der Glossa ordinaria von Accursius Florentinus. Mit Gedicht von Johannes Sulpitius Perugia 1476.04.29 (GW 07656): http://daten.digitale-sammlungen.de/~db/0001/bsb000 14993/image_175 (zu Nr. XIa: D 3.5.31).

Fragment 14

Fragment einer philologischen Sammelhandschrift: Notitia urbis Romae regionum XIV · ‚Versus Scottorum' · Decimius Magnus Ausonius · Publius Terentius Afer

Pergament · 1 Doppelbl. · 22 × 18 · Süddeutschland / Österreich (?) · 11. Jh., 1. Hälfte

Zustand: Doppelblatt horizontal in der Mitte durchgeschnitten und urspr. als Ansetzfalz benutzt. Fehlstellen im Pergament (Textverlust) und Kleisterflecken. Schrift z. T. stark abgerieben (Textverlust ganzer Zeilen).

Kodikologie: Bleistiftfoliierung (wohl 1979 im Zusammenhang mit der wissenschaftlichen Bearbeitung, s. u. Lit.): *1–2*. Inneres Doppelblatt einer Lage (Textanschluss von 1^v zu 2^r). Schriftraum: 16 × 14. 1 Spalte, 21 Zeilen. Karolingische Minuskel von einer Hand, 11. Jh., 1. Hälfte. Nur im Prologus zu Terenz (2^{r-v}) Verse abgesetzt, sonst jeweils zwei durch Hochpunkt getrennte Verse auf einer Zeile. Beim Terenz-Text (2^{r-v}) interlineare und marginale Glossen vom Schreiber, Marginalglossen mit Verweiszeichen. Rubriziert: Überschriften in Majuskeln, Buchstabenformen der Capitalis und der Unzialis. Zwei- bis dreizeilige rote Lombarden.

Einband: Blattteile lose in Mappe aufbewahrt, auf der Mappe Aufschrift mit schwarzem Kugelschreiber, s. u. Geschichte.

Geschichte: Das Doppelblatt stammt nach Ausweis des paläographischen Befundes aus einer in der ersten Hälfte des 11. Jh.s angefertigten Sammelhandschrift philologischen Inhalts. Die Textzusammenstellung und die interlineare und marginale Glossierung im Terenz-Text weisen auf den Kontext des Schulbetriebes. Nach WINTER, Fragment (s. u. Lit.), S. 177, ist zu vermuten, dass es sich um einen Codex mit einem Umfang von ca. 150–200 Blatt gehandelt haben könnte, der vielleicht sämtliche Terenz-Komödien und weitere Schultexte enthielt. Die Parallelüberlieferung (Abhängigkeit, evtl. Abschrift [?] von München, BSB, Clm 14420 und/ oder Wien, ÖNB, Cod. 85, s. u. Inhalt) sowie die Makulierung im süddeutsch-österreichischen Raum (s. u. Trägerbände) lässt es als sehr wahrscheinlich erscheinen, dass die Hs., aus der Fragment 14 stammt, in diesem Bereich entstanden ist.

Für welchen Band und wie lange das Doppelblatt als Makulatur verwendet wurde, ist nicht dokumentiert. Vielleicht wurde es (ähnlich wie Fragment 26) im 1. Drittel des 20. Jh.s (um 1918?) aus dem Trägerband gelöst. Möglicherweise diente Fragment 14 als Ansetzfalz von Bd. 2 der Inkunabel BVerwG, Inc 2°+E 1145, vgl. Fragment 47, dort auf dem modernen Umschlag Bleistifteintrag: *2 Bl. Terenz + Komm. 11./12. Jh.*, daneben weiterer Eintrag von Dolezalek: *bei Durchsicht Dez. 2005 fehlte es*. Zu den möglichen, 1886 für die Bibliothek des Reichsgerichts erworbenen Trägerbänden (Durantis, Guillermus, Speculum iudiciale [...], 3 Bde., Padua 1478–79), die um 1488 wohl im süddeutsch-österreichischen Bereich und unter Verwendung von für Innsbruck belegtem Papier für die Spiegel gebunden wurden, vgl. die Beschreibungen von Fragment 47. Anders als Fragment 47 gehörte Fragment 14 zu der 1974 vom Obersten Gericht an die Staatsbibliothek Berlin überstellten und dort katalogisierten Fragmentsammlung (Fragment 1–31) aus der Bibliothek des ehemaligen Reichsgerichts, vgl. Bleistifteintrag am oberen Rand von 1ʳ: O[berstes] G[ericht der DDR] *Fragment 14*, gleichlautender Eintrag mit schwarzem Kugelschreiber auch auf der Umschlagmappe.

Literatur: Ursula WINTER, Ein neues Fragment einer karolingischen Sammelhandschrift, in: Philologus 123 (1979), S. 174–180 (mit diplomatisch getreuer Textwiedergabe, hier dat.: frühes 11. Jh., ohne Lokalisierung). Vgl. auch: http://www.manuscripta-mediaevalia.de/dokumente/html/obj31121027 (nach der Beschreibung von U. Winter).

1ʳ **Notitia urbis Romae regionum XIV, Ausschnitt: Straßen und Hügel Roms.**
Viae sunt Rome (?) *urbis Rome XXX: Traian*[a, Appia, L]*atina, Lauicana, Praenestina, Tiburtina ... – ... Patinaria, Asinaria, Ciminia, Tiberina.*
Montes VII: Celius, Auentinus, Tarpeius, Palatinus, Esquilinus, Baticanus (!) *qui et Salustius, Diacriculesis* [sonst: Ianiculensis].

Edition: L[udwig] PRELLER, Die Regionen der Stadt Rom, nach den besten Handschriften berichtigt und mit einleitenden Abhandlungen und einem Commentar begleitet, Jena 1846, S. 27f.; WINTER, Fragment (s. o. Lit.), S. 177. Als ‚Descriptio urbis Romae' des PUBLIUS VICTOR auch abgedruckt in PL 18, Sp. 435–456, hier Sp. 451–454.

Statt der sonst überlieferten 28 oder 29 Straßen Roms hier, wohl durch einen Vorlagenfehler, 30 Straßen genannt (in Zeile 3 zwischen Nr. 12 [*Valeria*] und Nr. 13 [*Aurelia*] zusätzlich *Annia* eingeschoben, die zu den Aquae gehört). Die gleiche Anordnung der 30 Straßennamen (mit ‚Annia'-Zusatz) mit den gleichen sprachlichen Abweichungen (z. B. *Ardiatina* statt Ardeatina, *Quintina* statt Quintia, *Casta* statt Cassia), sowie ähnlichen auffälligen Varianten am Ende der Montes-Reihe (s. o. *Baticanus* statt Vaticanus, *Diacriculesis* statt Ianiculensis) finden sich nach WINTER, S. 175, auch in der Hs. Wien, ÖNB, Cod. 85 (Südwestdeutschland, Anfang 11. Jh., aus Kloster Lambach, vgl. HERMANN, Illum. Hss. Österreich, N. F. 2, Nr. 1, S. 1f. und Nr. 104, S. 182f.), hier 85ʳ, ebenfalls vor dem Beginn der Komödien des Terenz.

1ʳ ‚Versus Scottorum', Solutio IV.
Egregius lector, qui vult recitare Camenas, / Dicat et expediat numerorum numinis [antra] / ... – ... / *Candida continuo per*[fer]*tur* [turma dualis / Unius et fusci concludit orbita cursum.].

14 Verse, vor allem ab Vers 9 stark abgerieben und kaum lesbar.
Edition: Karl STRECKER, MGH, Poetae latini medii aevi Carolini Bd. IV, Fasc. 2/3, Berlin 1923, S. 1122; WINTER, Fragment (s. o. Lit.), S. 177. Außer der von STRECKER edierten Abschrift (Boulogne-sur-Mer, Bibliothèque Municipale, Ms. 40, 10. Jh.) ist die vorliegende der einzige bekannte Textzeuge, vgl. WINTER, ebd., S. 176.
Vgl. auch SCHALLER/KÖNSGEN, Initia, Nr. 4321, 9068. Zum Inhalt (mathematisches Rätsel mit fünf Solutiones) vgl. WINTER, ebd., S. 175. Zur Zuweisung des Textes an einen Lehrer der Hofschule Karls des Großen (THOMAS SCOTTUS) vgl. Max MANITIUS, Zur karolingischen Literatur, in: Neues Archiv 36 (1911), S. 41–75, hier S. 68–72.

1ʳ⁻ᵛ **Decimius Magnus Ausonius: Eclogarum Liber, Eclogae III und XXIV.**
(1ʳ⁻ᵛ) **Ecloga III: NAI KAI OY PYTHAGORIKON (Est et non).**
[Est] *et non cuncta monasi*[llaba nota frequentant. / His] *demptis nil est hominum quod* [sermo vo]*lutet.* / ... – ... / *Qualis vita hominvm, duo quam monasillaba versant.*
(1ᵛ) **Ecloga XXIV: Monosticha de aerumnis Herculis.**
Prima Cleonei tolerata aervmna leonis. / Proxima Lerneam ferro et face contudit ydym [sonst: hydram]. / ... – ... / [Undecimo mala Hesperi]*dum districta triumpho. / Cerberus extremi* [suprema est meta laboris].

Edition: Sesto PRETE (Hg.), Decimi Magni Avsonii Bvrdigalensis Opvscula, Leipzig 1978, S. 97f. und 112f.; WINTER, Fragment (s. o. Lit.), S. 178.

1ᵛ–2ᵛ **Publius Terentius Afer: Andria, cum commento,** unvollständig.
(1ᵛ) [**Epitaphium Terentii:**] >N<*atus in excelsę tectis Kartaginis al*[tis], */ Romanis ducibus bellica preda fui.* / ... – ... / *Haec quicumque legit, sic puto: cautvs erit.*

Edition: RIESE, Anthologia Latina I/2, Nr. 487ᶜ, S. 40, vgl. SCHALLER/KÖNSGEN, Initia, Nr. 10038.

(1ᵛ–2ʳ) [**Periocha:**] >*ARGVMENTVM ANDRIAS*<. >S<*ororem falso creditam* [Wort gestrichen] *meretric*[u]*lae. / Genere Andrię Glicerium viciat Pamphi*[lius. /] ... – ... / *Hanc Pamphilo, aliam* [dat] *Charino coniugem.*
(2ʳ⁻ᵛ) [**Prologus:**] >*INCIPIT PROLOGVS*<. >P<*oeta, cum primum animum ad scribendum appu*[li]*t, / Id sibi negocii credidit solum dari,* / ... – ... / *Spectande an exi*[g]*ende sunt uobis prius.*;
Glossen: *1* marginal: Poeta cum] *dicit, ostendit se metrica arte* [o]*pv*[s] *hoc composvisse. Illud etiam Prisc*[ianu]*s testatur* ... *2* interlinear: negocii] *id est beneficii.* dari] *a populo romano.* ... – ... *27* interlinear: Spectande] *ut pernoscatis.* exi[g]ende] *excludende*; (2ᵛ marginale Glosse, die beim Prolog eingetragen ist, sich aber

auf Text Vers 2 bezieht) Dictum puta] *Ita teneo, quasi preceptum habeas illud iam quod vis dicere mihi* ...
(2ᵛ) [**Text**, Actus I, Vers 1–13:] >*SYMO. SOSIA. SENEX. LIB*[*ERTV*]*S. CO-CVS*<. >*SYMO:*< >*V*<*os istec intro auferte: abite!* ... – ... >*SIMO:*< *Haud muto factvm.* >*SOSIA:*< *Gaudeo* [..., bricht ab;
[interlineare Glossen:] *1* Vos] *Serui,* istec] *pisces et volatilia.* auferte] *in coquinam.* abite] *scilicet intro.* ...

Edition (Grundtext): Robert KAUER (Hg.), P. Terenti Afri Comoediae (SCBO), Oxford 1953; WINTER, Fragment (s. o. Lit.), S. 179–181.

Beim Prolog und Text interlineare sowie beim Prolog zusätzlich marginale Glossierung des Textes durch den Schreiber (ediert bei WINTER). Diese Glossen weitgehend übereinstimmend mit dem ‚Commentum Monacense' (München, BSB, Clm 14420, 79ʳ–144ʳ, 10.–11. Jh.), vgl. Franz SCHORSCH, Das *commentum Monacense* zu den Komödien des Terenz. Eine Erstedition des Kommentars zu ‚Andria', ‚Heautontimorumenos' und ‚Phormio' (Leipziger Studien zur klassischen Philologie 8), Tübingen 2011, S. 70f. Bei Clm 14420 handelt es sich um einen im 15. Jh. in St. Emmeram in Regensburg zusammengestellten Sammelband, in den der an der Wende vom 10. zum 11. Jh. in Oberitalien (wohl nach einer aus Brescia stammenden Vorlage) geschriebene ‚Commentum Monacensis' zu Terenz integriert wurde; es handelt sich um die einzige vollständige Hs. dieses Kommentars, vgl. SCHORSCH, ebd., S. 7f. Vgl. auch Digitalisat von Clm 14420: http://bsb-mdz12-spiegel.bsb.lrz.de/~db/0003/bsb00036895/images.

Fragment 26
Decretales Pseudo-Isidorianae

Pergament · 1 Doppelbl. · 35,5 × 24,5 · Oberitalien (Bologna?) · 11. Jh., 1. Hälfte

Zustand: Außenseiten (1ʳ und 2ᵛ) vollkommen abgerieben, Schrift nicht mehr lesbar, wohl palimpsestiert, um eine schriftfreie Außenseite zu erhalten. Innenseiten (1ᵛ und 2ʳ) fleckig und mit Leimresten versehen, aber gut lesbar. Bl. 1 oben Ausriss mit Textverlust, bei Bl. 2 oben ein unregelmäßiger Streifen abgerissen (Textverlust der oberen beiden Zeilen), ein schmaler Streifen dieses Blattrestes (nur mit Seitentitel beschrieben) liegt bei. Auf 2ᵛ unten Abklatsch eines lat. Handschriftenfragments in gotischer Minuskel.

Kodikologie: Zweitinnerstes Doppelblatt einer Lage (jede Seite umfasst den Text von ca. 45 Zeilen der HINSCHIUS-Ed. [s. u.], zwischen 1ᵛ und 2ʳ fehlen ca. 170 Zeilen Text). Foliierung (wohl im Zuge der Beschreibung 1976, s. u. Lit.): *1* und *2*.
Schriftraum: 28 × 8. 2 Spalten, 38 Zeilen. Karolingische Minuskel von einer Hand, wohl 1. Hälfte 11. Jh. (dagegen WINTER [s. u. Lit.]: 10. Jh.). Rubrizierung: Überschriften und nachträglich interlinear oder zwischen den Spalten eingefügte Kapitelzählung. Auf 1ᵛᵃ erster Buchstabe eines Abschnitts vor die Zeile gerückt. Auf 2ʳᵃ am Kapitelbeginn dreizeilige rote Lombarde. Seitentitel vom Schreiber: (*DEC*[*RETA*] – *ANAC*[*LETI*] *P*[*A*]*P*[*AE*]).

Einband: Das Doppelblatt in durchsichtiger Schutzhülle und Papierumschlag aufbewahrt, auf dem Papierumschlag Signatur (s. u. Geschichte) und Bleistifteinträge DOLEZALEKs zum Inhalt.

Geschichte: Das Doppelblatt stammt aus einer in der ersten Hälfte des 11. Jh.s (paläographischer Befund), sehr wahrscheinlich in Oberitalien (Bologna?) geschriebenen Hs. Das Doppelblatt diente bis zum ersten Viertel des 20. Jh.s (Ablösung um 1918?) als Umschlag eines ca. 29,5 × 20 großen Buchs mit 5 cm breiten Rücken und drei Bünden, Aufschrift auf dem Rücken: *Statut*[a] *B*[on]*on*[iae].
Als früherer Trägerband durch Größenvergleiche identifiziert: BVerwG, 4+R 6166: Statuta ciuilia ciuitatis Bononiae multis glossis, variis prouisionibus, ac amplissimo indice nouissime formata, Bologna: Giovanni Battista Faelli und Ippoliti Fronto, 1532, vgl. EDIT16 CNCE 6638. Der Druck wurde am 23. Juni 1881 von Harrassowitz (Antiquariats- und Verlagsbuchhandlung Otto Harrassowitz Leipzig) für 6 Reichsmark für die Bibliothek des Reichsgerichts erworben, vgl. Zugangsbuch Nr. 3, 1879–1883, Zugangsnummer 11880. Ablösung des als Umschlag dienenden Fragments und Neubindung des Drucks im ersten Drittel des 20. Jh.s (um 1918?): Pappeinband, mit graugesprenkeltem Papier bezogen, mit Pergamentrücken und -ecken (sehr ähnliche Einbandgestaltung bei MS 2° H 2328 und MS 2° R 7787). Das Fragment gehört zu der 1974 vom Obersten Gericht an die Staatsbibliothek Berlin überstellten und dort bis 1979 katalogisierten Fragmentsammlung (Fragment 1–31) aus der Bibliothek des ehemaligen Reichsgerichts, vgl. Bleistifteintrag am oberen Rand von 1^r: *O*[berstes] *G*[ericht der DDR] *Fragment 26*, gleichlautender Bleistifteintrag auch auf dem Papierumschlag.

Literatur:
– http://www.manuscripta-mediaevalia.de/dokumente/html/obj31120023 (nach der Beschreibung von U. Winter, 1976);
– DOLEZALEK Liste 2005: http://www.uni-leipzig.de/~jurarom/manuscr/RgMsMatr.html. (hier Datierung: 12. Jh.).

1va–2rb **Decretales Pseudo-Isidorianae (Textstellen aus Teil I: Anacletus papa: Epistola II et III), Fragment.**
(1^{va-vb}) **Epistola II** (De ordinatione archiepiscoporum et reliquorum episcoporum atque sacerdotum).
[… et infamis efficitur, aut potius c]*apitali sententie sub*[iacet. Haec, fratres, valde cavenda sunt,] *et quod homines nolunt sibi fieri deo deorum non debent inferre,* …
– … *unde et dominus per Naum prophetam loquitur dicens: 'Deus emulator et ulciscens dominus. Vlciscens* [dominus et habens furorem …' (Na 1,2) …].
Druck: PL 130, Sp. 70A–71B; Edition: Paul HINSCHIUS, Decretales Pseudo-Isidorianae et Capitula Angilramni, Leipzig 1863, S. 76f.

(2^{ra-rb}) **Epistola III** (De patriarchis et primatibus et reliquis episcopis et quod ecclesia Romana cardo et caput omnium sit ecclesiarum).
[… Et episcopus non ab uno, sed a pluribus debet episcopis ordinari, et, ut dictum] *est, non ad* [modicam] *ciuitatem, ne uilescat nomen episcopi, aut ali*[c]*ubi, sed*

ad honorabilem urbem titulandus et denominandus est. ... – ... nec nobis a deo colati sunt, nec apostoli docuerunt.
>De ordinacione episcoporum [darüber interlinear Kapitelzahl:] *xxviiii<. >E<piscoporum uero ordo unus est, licet sint primates illi, qui primas ciuitates tenent ... – ... et cephas, id est caput, et principium teneret apostolatus.* [Qui et eandem formam suis successoribus et reliquis episcopis tenendam tradidit ...].

Druck: PL 130, Sp. 76C–78A; Edition: HINSCHIUS, Decretales Pseudo-Isidorianae, S. 82f.
Vom Schreiber am Rand Teilüberschriften eingetragen, z. B. (2rb) *De* [sede] *Romana et Alexandrina et Antiochia*. Ebenfalls von dieser Hand marginale Korrekturen (z. B. 2rb zum Wort ‚*celesti beneficio*') sowie Worterklärungen (z. B. 2rb zu ‚*proprio cirographo*': *propria manus* [!] *scriptura*), jeweils mit Verweiszeichen aus drei Punkten. Einteilung des Textes in Kapitel durch nachträglich zwischen den Zeilen oder den Spalten eingefügte Zahlen: (2rb) *>xxviiii.<* bis *>xxxiii.<*, übereinstimmend mit der Kapiteleinteilung bei HINSCHIUS (s. o. Edition).
Es handelt sich um einen Auszug aus der um 847–52 wahrscheinlich in Ostfrankreich (Bistum Reims, wohl im Kloster Corbie) entstandenen Collectio Decretalium des sogen. ‚Isidorus Mercator' (die jüngere Forschung erwägt eine Entstehung bereits im beginnenden 4. Jahrzehnt des 9. Jh.s). Zum Aufbau der Sammlung vgl. Horst FUHRMANN, Einfluß und Verbreitung der pseudoisidorischen Fälschungen von ihrem Auftauchen bis in die neuere Zeit (Schriften der Monumenta Germaniae Historica 24,1–3), Stuttgart 1972–1974, 3 Bde., hier Bd. I, S. 181–191, zur Rezeption in Italien Bd. I, S. 227f. u. ö. Zur Überlieferung (ohne dieses Fragment) vgl. HINSCHIUS, (s. o. Edition), S. xi–xvi (64 Hss.); Schafer WILLIAMS, Codices Pseudo-Isidoriani. A Palaeographico-Historical Study (Monumenta Iuris Canonici, Series C: Subsidia, Vol. 3), New York 1971, S. 3–93 (80 Hss. und 47 Exzerpte), hier S. 129 zur geographischen und chronologischen Verteilung der Überlieferung.
Eine Neuausgabe durch Karl-Georg SCHON (Berlin) ist geplant vgl. ‚Projekt Pseudoisidor' (http://www.pseudoisidor.mgh.de/index.HTM), hier auch aktuelles Handschriftenverzeichnis (vgl. http://www.pseudoisidor.mgh.de/html/Handschriftenverzeichnis.html: 105 Hss., Stand 08.04.20).

Fragment 29
Lectionarium officii, mit Lesungen aus: Augustinus Hipponensis: In Iohannis evangelium tractatus, Fragment

Pergament · 4 Bll. · 48 × 30 (urspr. ca. 36) · Mittelitalien (Toskana/Florenz?) · 12. Jh., 2. / 3. Viertel

Zustand: Durch Verwendung als Makulatur die Außenseiten gebräunt, Schrift abgerieben und in den ehemaligen Falzen schwer lesbar. Innere Spalte der Bll. nur unvollständig erhalten (Textverlust). Weiterhin Flecken und Löcher.

Kodikologie: 1976 im Zuge der wiss. Bearbeitung (s. u. Lit.) foliiert: *1–4*.
Vier Einzelblätter, ursprüngliche Blattgröße ca. 48 × 36, Schriftraum: 37 × 21. 2 Spalten, 49 Zeilen. Praegothica von einer Hand. Rubrizierte Überschriften in Auszeichnungsschrift (Un-

ziale). Rubrizierung: Überschriften und rote Lombarden am Beginn der Perikopen. Am Beginn der Lektionen qualitätvolle 7zeilige Deckfarbeninitialen (2va: M, 4rb: I, am unteren Seitenrand auf Höhe von 13,5 cm auslaufend): auf blauem, rot konturiertem Buchstabenfeld gelber, rot konturierter Buchstabenstamm, im Stamm blau-rot-grüner Fächerblattfries, weitere Gestaltung variierend: bei I-Initiale um den Blattfries dunkelgrüner Rahmen mit weißem Ornament (Zickzacklinie und Punkte) sowie als Abschluss des Stamms oben aus gelbem Flechtband gebildete Krone; bei M-Initiale weitere Teile des Buchstabenstamms ornamental gespalten, im blauen Buchstabenfeld zusätzlich florale Besatzmotive (Blätter und Palmetten) in Rostrot, Hellblau und Hellgrün. Repräsentanten für die Initialen. Benutzungsspuren: von späterem Schreiber Zeigehand zu 3rb sowie marginale Abschnittsgliederung auf 2va ·*ii·*.

Einband: Die Blätter in durchsichtigen Schutzhüllen und Pappumschlag aufbewahrt, auf dem Umschlag Signatur (s. u. Geschichte).

Geschichte: Die Blätter stammen aus einer nach Ausweis des paläographischen Befundes und Buchschmucks im 2. oder 3. Viertel des 12. Jh.s, wohl in Mittelitalien (Toskana/Florenz?) entstandenen Hs. (abweichende Dat. bei WINTER s. u. Lit.). Vergleichsbeispiele zum Buchschmuck und zur Schrift: FINGERNAGEL, Illum. Hss. Berlin II, Kat. 39 (Mittelitalien, 12. Jh., 2.–3. Viertel), Kat. 40 (Mittelitalien [Toskana?], 12. Jh., 2.–3. Viertel); PÄCHT/ALEXANDER, Illuminated Mss. II, Kat. Nr. 51 (Florenz, 12. Jh., 3. Viertel); FIRENZE, BIB. MEDIC. LAUR., BIBBIE MINIATE I, Tafel VII/10 u. S. 132f. (zu Firenze, Bib. Medic. Laur., Edili 124, Toskana/Florenz?, 12. Jh., 1. Hälfte), und II, Tafel V/9–12 u. S. 80f. (zu Mugellano 2, 12. Jh., Mitte, Florenz). Sie wurden nach 1548 als Makulatur für drei Bände eines in Lyon hergestellten Drucks verwendet, aus denen sie vor bzw. im Jahr 1941 ausgelöst wurden (s. u.).
Trägerband: BVerwG, 2+ B 10754, Teil 4: DN. UDALRICI ZASII IVRECONSVLTI CLARISS. ET IN ACADEMIA Friburgensi quondam LL. ordinarii, In sequentes Digestorum Titulos Enarrationes [...], Lugduni: Apud Sennetonios Fratres, 1548.
Drei Bände (Bd. 2–4) des vierbändigen Drucks wurden am 4. November 1890 für 3,50 Reichsmark von der Antiquariats- und Verlagsbuchhandlung Otto Harrassowitz Leipzig für die Bibliothek des Reichsgerichts erworben, vgl. Zugangsbuch Nr. 5, Zugangsnummer 30394. Diese Zugangsnummer (durchgestrichen) auch am unteren Rand des Fragments, Bl. 2^r.
Bd. 1–3 des gleichen Drucks (in durch Beschneidung etwas kleinerem Format) wurden am 10. November 1941 über die „Reichsaustauschstelle, amtl. Dubl. Tausch" an die Bibliothek des Reichsgerichts abgegeben, vgl. Zugangsbuch Nr. 16, Zugangsnummer 1723–1725. Diese Bände stammen nach Ausweis eines Wappen-Exlibris auf dem Spiegel (*AD BIBLIOTHECAM EPISCOPAL. SPIRENS.*, 18. Jh.) aus der 1732 von Fürstbischof von Speyer Kardinal Damian Hugo von Schönborn-Buchheim (1676–43) gegründeten und aus seiner privaten Büchersammlung ausgestatteten Bibliothek des Bischöflichen Priesterseminars in Speyer. Zum Exlibris vgl. JAMMERS (Hg.), Bibliotheksstempel, Nr. 129, S. 190. Zur Geschichte der Bibliothek vgl. http://www.sankt-german-speyer.de/index.php/geschichtliches.html (Stand 01.10.2012). Auf dem Titelblatt weiterer Stempel des Oberlandesgerichts Karlsruhe, wohin die Bände wohl über dessen Vorgängereinrichtung (das Badische Oberhofgericht, das seinen Sitz 1803–10 in der früheren Residenz der Fürstbischöfe von Speyer im Bruchsaler Schloss hatte) gelangt sind. Vgl. Werner MÜNCHBACH (Hg.): Festschrift 200 Jahre Badisches Oberhofgericht. Oberlandesgericht Karlsruhe, München 2003. Offenbar von Karlsruhe kamen die Bände dann 1941 an die „Reichsaustauschstelle".

Während in der Reichsgerichtsbibliothek nach diesem Dublettentausch von den 1890 erworbenen Bänden Bd. 2 und 3 doppelt vorhanden waren und abgegeben wurden, ordnete man Bd. 4 den 1941 erworbenen Bänden 1–3 zu (alte Zugangsnummer auch in diesem Band durchgestrichen). Unter Berücksichtigung der Größenverhältnisse sowie der gestrichenen Zugangsnummern auf 2^r haben die Fragmente als Spiegel für die 1890 erworbenen Bände gedient. Ihre Auslösung erfolgte also vor bzw. im Jahr 1941 aus Band 4 sowie den nicht mehr nachweisbaren Bänden 2 und 3.

Die Fragmente gehörten zu der 1974 vom Obersten Gericht an die Staatsbibliothek Berlin überstellten und dort bis 1979 katalogisierten Fragmentsammlung (Fragment 1–31) aus der Bibliothek des ehemaligen Reichsgerichts, vgl. Bleistifteintrag am oberen Rand von 1^r: *O*[berstes] *G*[ericht der DDR] *Fragment 29*, gleichlautender Bleistifteintrag auch auf dem Pappumschlag.

Literatur: Beschreibung durch Dr. Ursula Winter (Staatsbibliothek Berlin) von 1976, vgl. http://www.manuscripta-mediaevalia.de/dokumente/html/obj31120029 (dort dat.: 11. Jh.).

1ra–4vb Lectionarium officii, mit Lesungen aus: Augustinus Hipponensis: In Iohannis evangelium tractatus, Fragment.

Jeweils Perikopen aus dem Johannesevangelium sowie dazu passende Lesungen aus AUGUSTINUS HIPPONENSIS: In Iohannis evangelium tractatus. Nicht nach der Abfolge der Traktate, sondern der Lektionen geordnet.

(1^{ra-vb}) **Tract. 29,8–30,5** zu Io 7,18–23.
[Wohl Feria III. infra Hebdomadam IV. Quadragesimae] [... non quaer]*amus gloriam nostram. Sed si ille que*[siui]*t gloriam eius, qui eum misit, quan*[to] *magis non eius, qui nos fecit?*... – ... *que sursum sunt sapi*[te, ubi] *Christus est in dextera dei sedens, que* [sursum sunt sapite, non quae super terram ...].
Vgl. CCSL 36, S. 288, Z. 33 – S. 291, Z. 23.

(2^{ra-rb}) **Tract. 44,13–17** zu Io 9,30–41.
[Feria IV. infra Hebdom. IV. Quadrag.]
[... pectus suum percutiens diceret:] *Domine, propitius esto michi pe*[ccatori. Et ista confessio meruit iustification]*em, quomodo iste* [caecus] *illuminationem. ...* – *... non ut iudicet mundum, sed ut saluetur mundus per ipsum.*
Vgl. CCSL 36, S. 387, Z. 8 – S. 388, Z. 27.

(2^{va-vb}) **Tract. 17,13–16** zu Io 5,17f.
>*Feria V.* [infra Hebdom. IV. Quadrag.]. *Lectio sancti evangelii secundum Iohannem*<. *In illo tempore. Dixit Ihesus turbas Iudeorum: Pater meus usque modo operatur, et ego operor. Et reliqua.*
>*Omelia sancti Augustini episcopi*<. >*M<ISIT IN EOS magnum tumultum; aduentu domini turbatur aqua, sed qui turbat, latet. ...* ... *Nam o*[mnes] *dicimus*

deo: Pater noster qui es [in caelis; legimus et Iudaeos dixisse: cum tu sis pater noster. ...].

Vgl. CCSL 36, S. 177, Z. 13 – S. 178, Z. 6.

Auf 2[va] mitten in Abschnitt (Tract. 17,14, Z. 16) marginale Abschnittsgliederung: ·*ii*·.

(3[ra]–4[vb]) **Tract. 32,5–9 zu Io 7,39.**
[Feria II. infra Hebdom. Passionis]
[... Exposuit euangelista, ut dixi,] *unde dominus cl*[amasset]*, aut ad* [qua]*lem potum inuitasset, quid biben*[tibus] *propinasset, dicens* ... – ... *quam modo non habemus, sed in resurrectione speramus.*

Vgl. CCSL 36, S. 302, Z. 1 – S. 306, Z. 40.

(4[rb–vb]) **Tract. 28,1–3 zu Io 7,1f.**
>*Feria III.*< [infra Hebdom. Passionis]. *Lectio sancti evangelii secundum Iohannem*<. *In illo tempore ambulabat Ihesus in Galileam. Non enim uolebat* ... *Et cetera.* >*Omelia sancti Augustini episcopi*<. >*I*<*N ISTO EUANGELII capitulo, fratres, dominus noster Ihesus Christus secundum hominem se plurimum commendauit fidei nostre.* ... – ... *nam quis dicat* [fratres a]*uunculum et filium sororis?* [Scri]*ptura tamen etiam huiusmodi* [cognationes fratres appellat. ...].

Vgl. CCSL 36, S. 277, Z. 1 – S. 278, Z. 17.

Fragment 37
Passionale, Fragment: 10. und 11. Mai

Pergament · Fragmente von 2 Bll. · 42–44 × 26,5–28,5 · Mittelitalien (?) · 12. Jh., 2. Hälfte

Zustand: Nach Verwendung als Einbandmakulatur für ein ca. 39 cm hohes Buch Schrift jeweils auf einer Seite vollständig ausgelöscht bzw. an den Falzstellen stark nachgedunkelt. Auf der bei der Makulierung urspr. innen liegenden Seite Schrift verblasst, bei beiden Bll. eine Textspalte unvollständig und mit Papierstreifen überklebt. Weiterhin Papier- und Leimreste auf der restlichen Seite. Seitliche Ränder sowie oberer und unterer Rand umgeknickt, an Ausbruchstellen Verlust mehrerer Zeilen.

Kodikologie: Ursprünglich wohl Doppelblatt, dessen innere Partie verloren ist. Foliierung September 2012: *1[v]* und *2[r]*.
Größe der einzelnen Fragmente: max. 44 × 28,5 bzw. 42 × 26,5. Schriftraum ca. 34 × 20,5. 2 Spalten, 36 bzw. 37 Zeilen erhalten, am oberen Seitenrand mindesten 2–3 Zeilen verloren. Karolingische Minuskel von einer Hand. Rubrizierung: Überschriften. Hochwertige Ausstattung: 1rb Rest einer qualitätvollen Tierinitiale in Deckfarbenmalerei (Ausläufer von I-Initiale, wohl von Textbeginn [I]ncipit ...): Vogel (Pfau?) mit blauem Federkleid, Schwanz mit gelben Punkten versehen und gelb-rot umrandet, Kopf beschnitten.

Einband: Heute in durchsichtigen Folien in Mappe aufbewahrt. Auf der Mappe Bleistiftaufschrift zum Trägerband, s. u. Geschichte.

Geschichte: Das einstige Doppelblatt stammt aus einer in der 2. Hälfte des 12. Jh.s sehr wahrscheinlich in Mittelitalien geschriebenen Hs., vgl. den paläographischen Befund und Buchschmuck. Vergleichsbeispiele zum Buchschmuck und zur Schrift in: MANOSCRITTI MEDIEVALI TOSCANA: Provincia di Prato, Tafel D (Kat. Nr. 26: 12. Jh., 2. Hälfte); FINGERNAGEL, Illum. Hss. Berlin II, Kat. 39–40 (Mittelitalien, 12. Jh., 2.–3. Viertel). Die beiden erhaltenen Heiligenlegenden (Christina von Bolsena und Quiriacus von Ancona) verweisen evtl. auf eine Entstehung in Mittelitalien, dazu passt auch die spätere Verwendung als Makulatur in diesem Raum, s. u. Die abweichende Anordnung der Heiligenfeste (s. u. Inhalt) könnte vielleicht von einer Herkunft aus einem Kamaldulenserkloster zeugen.

Trägerband: nach Ausweis eines modernen Bleistifteintrags auf der Mappe dienten die Fragmente als Makulatur (Spiegel?) für den Band „Karl 4 Teil 2". Ähnliche Einträge finden sich auch auf den Umschlagmappen von MS nov. 3 (olim Fragment 35: „Karl 3, Nr. 1"), sowie nach DOLEZALEK, Liste 2005, bei Fragment 34 („Karl 3 Nr. 1") sowie Fragment 36 („Karl 4 Teil 1"). Auf den Fragmenten MS nov 4/1 und 4/2 (olim Fragment 38 und 39) sind ebenfalls vergleichbare Bleistifteinträge (*Karl II 17 Dcc 2, Karl II 19 Dcc 1581, Karl II 17 Dcc 7*) erhalten. Sehr wahrscheinlich wurden diese sowie die restlichen Fragmente aus vier Bänden eines 1580/81 in Bologna entstandenen juristischen Drucks (BVerwG, 2+ H 95 II, IV und V und 2+ H 100 VI) ausgelöst. Zu den möglichen Trägerbänden und einem aus Forli (Emilia-Romagna) stammenden Vorbesitzer vgl. die Beschreibung von MS 4/1 und 4/2. Die Ablösung erfolgte wahrscheinlich im Zuge einer Restaurierung im Jahr 2000.

Ein nach Ausweis des paläographischen Befunds möglicherweise zugehöriges, aus acht Bll. bestehendes Fragment mit Heiligenlegenden (Anastasius von Persien [22.01.] bis Severus [01.02.]) wurde am 6. Dezember 2016 bei Sotheby's London angeboten, vgl. Medieval and Renaissance Manuscripts. Auction in London 6 December 2016, Sale L16241, London [2016], S. 42, Nr. 42. Bei diesem Stück beträgt die Gesamtgröße der Bll. 45 × 27 cm, die Spalten haben jeweils 39 Zeilen. Das Fragment stammt aus der Bibliothek des Rudolf Graupner.

Auffällige Schreibungen: *Madii* für Maii.

Passionale, Fragment: 10./11. Mai

Auffällig: die beiden erhaltenen Lektionen sind ungewöhnlichen Terminen zugeordnet: Christina von Bolsena (sonst 24. Juli) hier 10. Mai; Bischof Judas-Quiriacus von Jerusalem (sonst 1. bzw. 4. Mai bzw. in der orthodoxen Kirche 14. April) hier am 11. Mai. In den bei GROTEFEND edierten Kalendarien ist nur in dem Kalendar der Kamaldulenser das Fest der Hl. Christina für den 10. Mai verzeichnet, hier fehlt jedoch das Quiriacus-Fest.

(1ra) **Passio sanctae Christinae**, Schluss.
[… Beata autem] *Christina* [respiciens in caelum] *ita dixit: Deus meus,* [qui] *non dereliquisti me,* [super me respice] *ancillam tuam et iube me uenire* [sonst: finiri] *in hoc certamine. Et uox de celo facta est ad eam, dicens: Ecce aperti sunt tibi celi, ueni et suscipe coronam tuam. … – … Uenit autem quidam de genere eius, qui* [et

ipse cre]*didit in dominum Ihesum per beatam Christinam et curauit corpus eius ex more,* [et] *collocauit eam in optimo loco* [sonst: in templo Apollonis]. *Impleuit* [sonst: Complevit] *autem martyrium suum beata Christina sexto idus Madii die quinte ferie* [sonst: nono Kalendas Augustas, quinta feria] *in Tyro ciuitate. Regnante uero domino nostro Ihesu Christo, cui est honor et virtus et potestas in secula seculorum. Amen.*

Gegenüber dem Druck gekürzt und mit sprachlichen Abweichungen.
BHL 1748. Textabdruck: Acta sanctorum, Julii V, S. 495–534, hier S. 528; Splendiano Andrea PENNAZZI, Vita, e martirio ammirabile della gloriosa S. Cristina vergine e martire dell' antica città di Bolseno o Tiro [...], 1725, S. 259–275, hier S. 274f. Nach der Ausgabe PENNAZZIS auch abgedruckt in: Eikír MAGNÚSSON, A Fragment of the Old Danish Version of the Legend of St Christina, in: Transactions of the Cambridge Philological, Society, Vol. V/Part III, London 1902, S. 168–172, hier S. 172. (Online-Ausgabe: http://ia600404.us.archive.org/30/items/cu31924026353734/cu31924026353734.pdf).
Vgl. Michael Peter BACHMANN, Die Heilige Christina von Bolsena: eine antike Märtyrerin als typische Vertreterin einer ausgegrenzten Gruppe?; mit Edition der Vita cum passione s. Christine [BHL 1759d] aus dem 13. Jahrhundert (Quaderni di ‚Hagiographica' 6), Firenze 2008.

(1^{va-vb} / 2^{ra-rb}) **Passio sancti Quiriaci ep. Hierosolymitani**, Bearbeitung (?).
(1va) >*vi.* [korr. zu: v] *idus Mai*[i] *passio sancti Ciriaci episcopi*<. (1vb) [...] *et pr*[...]*ricator suscepisset instinctum de* ... – ... *per filium meum. Imperator dixit: Et qu*[...]
(2^{ra-rb}) [...]*tra te. Tu*[...] *iussit sacrile*[...] *lampadas e*[...] *Tunc in* [...]... – ... *Et sanctus Cyriacus exultans uoce magna dixit: Ecce nc* (?) *cognoui dire quia non pro te solum fecisti prophetiam* [bricht ab].

Starker Textverlust durch Löcher, Überklebungen und Papierreste, Schrift verblasst.
Es handelt sich wahrscheinlich um eine bislang unbekannte Fassung der Passio sancti Quiriaci. Nur grob übereinstimmend mit dem Text der Passio (BHL 7022, vgl. Acta Sanctorum Mai I, S. 440–455; MOMBRITIUS Sanctuarium, Bd. I, S. 377–379). Zur Legende des Judas Cyriacus (Quiriacus, zentrale Figur der Kreuzauffindungslegende und legendarischer Märtyrerbischof von Jerusalem, seit dem 14. Jh. auch als erster Bf. von Ancona verehrt, Patron der Stadt und Kathedrale von Ancona) vgl. Hans Reinhard SEELIGER, in: BBKL III (1992), Sp. 762f. Zur Judas-Cyriacus-Legende vgl. Jan Willem DRIJVERS, Helena Augusta: The Mother of Constantine the Great and the Legend of Her Finding of the True Cross, Leiden 1992, S. 165–180, jeweils mit weiterer Lit. Zur syrischen Vorlage der Legende (5. Jh.) vgl. Han J. W. DRIJVERS / Jan Willem DRIJVERS, The finding of the True Cross. The Judas Kyriakos legend in Syriac. Introduction, text and translation (Corpus Scriptorum Christianorum Orientalium, 565, Subsidia 93), Louvain 1997.

Fragment 47
Graduale, Fragment

Pergament · 2 Bll. · 15 × 39 (Bl. 1/2) bzw. 9–11 × 12–14 (Bl. 2a) · Süddeutschland / Österreich (?) · 14. Jh., 1. Viertel

Zustand: Ein Streifen sowie ein Stück von einem Pergamentdoppelblatt, bei der Verwendung als Ansetzfalz geknickt und dadurch brüchig (Textverlust). Kleister- und Papierreste auf 2^v/1^r.

Kodikologie: Bleistiftfoliierung März 2012: *1–2* (Streifen des Doppelblatts) und *2a* (kleineres Fragment). Die Fragmente stammen von einem Pergamentdoppelblatt, der größere Streifen stammt aus der unteren Hälfte des Doppelblatts (Bl. 1/2), das kleinere Fragment ist ein Rest des oberen Teils von Blatt 2 (jetzt: *2a*); es fehlt eine Zeile zwischen dem unteren Rand von Bl. 2a und dem oberen Rand von Bl. 2. Größe max. 15 × 39 (Bl. 1/2) bzw. 9–11 × 12–14, die ursprüngliche Seitenbreite betrug ca. 28,2 × 20,5. Ursprünglicher Schriftspiegel ca. 25 × 18,5, 1 Spalte, ca. 11 Noten- und Textzeilen. Gotische Minuskel von einer Hand, 14. Jh., 1. Viertel. Rubriziert: liturgische Rubriken. Gotisierte Neumen in rotem 4-Linien-System mit f-Schlüssel. Am Beginn der Gesänge 1zeilige Tintenlombarden mit geometrischen Ornamenten in Tinte und Rot, auf 2^v am Schaft der Lombarde Maske.

Einband: Ungebunden, in Papierumschlag in durchsichtigen Hüllen aufbewahrt, beiliegend Umschlag mit Aufschrift: *Fragm. 47*, mit Bleistift Angabe zum Trägerband: *Aus: Durantus, Speculum. 2,3.*, darunter: *E 1145*, darunter mit Bleistift von anderer Hand Angabe zu zwei Fragmenten, zu diesem Fragment: *1. Bl. Antiphonar? mit Neumen plus ein Blattfragment*, zum zweiten s. u. Geschichte.

Geschichte: Entstanden im ersten Viertel des 14. Jh.s (paläographischer Befund). Die Makulierung im süddeutsch-österreichischen Raum (s. u. Trägerbände) lässt es als sehr wahrscheinlich erscheinen, dass die Hs., aus der Fragment 47 stammt, in diesem Bereich entstanden ist.

Trägerband: BVerwG, Inc 2°+E 1145: Durantis, Guillelmus, Speculum iudiciale. Mit dem Inventarium des Berengarius Fredoli. Hrsg. Franciscus Moneliensis. Padua: Johann Herbort, 1478–79, 4 Teile in 3 Bänden, vgl. GW 09154. Bei allen drei Bänden ist die originale, aus stilistischen Gründen nicht auf den italienischen, sondern auf den nordalpinen Bereich verweisende Bindung erhalten: Holzdeckeleinband, Halbband mit rotbraunem Leder, Rücken erneuert, auf VD Stempel Rautengerank gefüllt mit Blattwerk und Blüten, auf HD drei Stempelmotive: 1) Löwe in Kreis, Größe: 1,6 cm, 2) Rosette mit drei Blattkränzen, Größe: 1,8 cm, 3) Eichelzweig in rechteckigem Rahmen, Größe: 3,2 cm; die Einzelstempel bei S-S I und II und in EBDB nicht nachgewiesen. Die Bindung ist auf ca. 1488 zu datieren, da als vorderer und hinterer Spiegel von Bd. 1 Papier mit dem Wz. Ochsenkopf mit Augen, darüber zweikonturige Stange und zweikonturiges Kreuz, darüber Kreuz mit Blumen an den Enden, Variante zu WZIS DE0480-PO-69227 (Innsbruck 1488), verwendet wurde. Das größere Stück von Fragment 47 war als Ansetzfalz im hinteren Deckel von Bd. 3 eingeklebt, vgl. Abklatsch auf dem Deckel.

Die drei Bände wurden am 27. Februar 1886 für 37,- Reichsmark von Harrassowitz (Antiquariats- und Verlagsbuchhandlung Otto Harrassowitz Leipzig) für die Bibliothek des Reichs-

gerichts erworben, vgl. Zugangsbuch Nr. 4, 1883–89, Zugangsnummer: 21580. Restauriert 2000 durch Barbara Hassel (Nidderau-Erbstadt). Ob Fragment 47 zu diesem Zeitpunkt aus dem Band ausgelöst wurde, ist im Restaurierungsbericht nicht dokumentiert.
Nach Ausweis eines Bleistifteintrags auf dem beiliegenden Umschlag (s. o.) gehörte außer dem Graduale-Fragment ein aus zwei Blättern bestehendes Fragment (*Terenz + Komm., 11./12. Jh.*) zur ausgelösten Makulatur, dazu Vermerk Dolezaleks: *bei Durchsicht Dez. 2005 fehlte es*. Möglicherweise handelt es sich um Fragment 14 (Fragment einer philologischen Sammelhandschrift: u. a. Publius Terentius Afer, Andria, mit Kommentar, 11. Jh., 1. Hälfte). Dieses Fragment wurde vielleicht schon im 1. Drittel des 20. Jh.s (um 1918?) aus einem Trägerband ausgelöst und gehörte deshalb (anders als Fragment 47) zu der 1974 vom Obersten Gericht an die Staatsbibliothek Berlin überstellten und dort katalogisierten Fragmentsammlung (Fragment 1–31) aus der Bibliothek des ehemaligen Reichsgerichts, vgl. Beschreibung von Fragment 14. Es diente ehemals ebenfalls als Ansetzfalz und stammt möglicherweise aus Bd. 2 von Inc 2°+E 1145.

Literatur: DOLEZALEK Liste 2005: http://www.uni-leipzig.de/~jurarom/manuscr/RgMsMatr.html.

1^r–2^v und $2a^{r-v}$ **Graduale: Feria II.–V. Hebdomadae sanctae**, unvollständig.
(1^r) [**Feria II. Hebdomadae sanctae, Grad.** Ego autem, dum mihi molesti essent, … et humiliabam in ieiunio animam me]*am: et oracio meam* [in sinu meo convertetur], Vers. >I<*udica, domine, nocentes me* …, Off. >C<*usto*[di me, domine, de manu] *peccatoris* …, >*Com.*<;
(1^v) [**Feria IV. Hebdomadae sanctae, Intr.** In nomine domini omni genu flectetur celesti]*um et terrestium, quia dominus factus obediens* …; Grad. *Domine, exaudi oracionem meam* …, Vers. *Ne auertas faciem tuam* …, *Saluum me fac, Deus, quoniam intra*[verunt aquae …, Ps 68,2, s. u. $2a^r$];
($2a^r$) [Ps 68,2f.: …, quoniam intraverunt aquae] *usque ad animam meam. Infix*[us sum in limo pro]*fundi et non est substancia* …, Rubrik: >*De S*[…] *martyre*(?)<, Tractus [Ps 101,1f.: Domi]*ne, exaudi orationem meam,* [et clamor] *meus ad te ve*[niat. Non avertas …, s. u. 2^r];
(2^r) [Ps 101,3: Non avertas faciem tuam a me in quacumque die tribulor inclina ad] *me aurem tuam. In quacumque die invocaver*[o t]*e: velociter exaudi me* …;
($2a^v$) Off. *Domine, exaudi orationem meam* …, >*Com.*< [Potum meum cum fletu tem]*perabam: quia elevans allisisti* [me …];
(2^v) [Ps 101,14: … Tu] *exsurgens miser*[eb]*eris Sion: quia uenit tempus miserendi eius* …, [**Feria V. in Cena domini, Intr.**] *Nos autem* [gloria oportuit in cruce domini …]. >*Ps.*< *Deus misereatur* (Ps 66), >*Gr.*< *Christus* [factus est pro nobis obediens …], >*Co.*< *Dominus Iesus postquam cenauit* …

Vgl. AMS Nr. 74, 76 und 77ª.

Fragment 109
Helpericus (Autissiodorensis?): Liber de computo, Fragment

Pergament · Fragmente eines Einzelblattes · (rekonstruiert: ca. 20,5 x ?) · Frankreich (?) · 10. Jh., 1. Hälfte

Zustand: Durch Verwendung als Makulatur gebräunt.

Kodikologie: Vier schmale Streifen eines Einzelblattes, im Mai 2012 auf Passepartout geheftet und nach Textabfolge nummeriert: *a–d*. Dabei stammen a und b (hochrechteckige Streifen) vom oberen Seitenbereich (Zeile 1–9), c und d (querrechteckige Streifen) aus dem unteren Teil des Blattes (c: Zeile 10–13; d: Zeile 16–18), und schließen b und c direkt an.
a und b: Größe 8,3–8,5 × 3,5, 9 Zeilen erhalten, c: Größe 3,0 × 5,4, 4 Zeilen erhalten, d: Größe 2,7 × 4,7, 3 Zeilen erhalten. Ursprüngliche Blatthöhe (rekonstruiert) ca. 20,5, Schriftraum (rekonstruiert) ca. 19 × 10; ursprünglich 19 Zeilen (mit durchschnittlich ca. 36 Buchstaben). Karolingische Minuskel der 1. Hälfte des 10. Jh.s von einer Hand. Keine Rubrizierung oder Initialen erhalten.

Einband: Auf Passepartout geheftet und in Mappe aufbewahrt.

Geschichte: Die Fragmente stammen aus einem Einzelblatt einer in der 1. Hälfte des 10. Jh.s geschriebenen Hs. (paläographischer Befund). Auf eine mögliche Herkunft aus Frankreich deutet die Tatsache, dass diese Fragmente gemeinsam mit einer französischen Urkunde des 15. Jh.s (Fragm. 108) in einer wohl in Paris angesiedelten Einbandwerkstatt als Makulatur für zwei 1516 und 1512 in Paris hergestellte Drucke verwendet wurden, s. u. Auch die spätere Besitzgeschichte weist auf Frankreich.

Trägerband: BVerwG, 8+H 3388: Aureus (de utraque potestate) libellus (temporali scilicet ac spirituali) [...] Somnium viridarii vulgariter nuncupatus [...], Paris: Galliot du Pré, 1516 / Clichtove, Josse, De vera nobilitate opusculum, [Paris:] in officina Henricus Stephani ..., 1512. Französischer Rollenstempelband (kurz nach 1516), identische Gestaltung des VD und HD: äußerer Rahmen gebildet durch 1) Rolle mit Amphoren, Masken, Rosetten und Davidstern = GID, Reliures Françaises II, Pl. 81, Nr. RCe4, Größe ca. 13,5 × 2,0, auch in ebd. I, Nr. 187 (Rom 1516), 265 (Paris 1516), 342 (Paris 1516); Mittelfeld gebildet durch jeweils zwei schmalere Rollen: außen 2) Ranke mit vierblättrigen Blüten = GID, Reliures Françaises II, Pl. 67, Nr. FLj2, Breite ca. 0,9 cm, auch in ebd. I, Nr. 256 (Paris 1516); innen 3) Fliegen = GID, Reliures Françaises II, Pl. 40, Nr. ANd6, Breite ca. 0,9 cm, auch in ebd. I, Nr. 147 (Paris 1511), 652 (Paris 1518); sämtliche genannten Vergleichsbelege (Pariser Drucke zwischen 1511 und 1518) verweisen auf eine Pariser Einbandwerkstatt.
Auf dem Spiegel des Drucks Wappen-Exlibris (18. Jh.): in umrahmendem Rechteck gekröntes ovales Wappen mit Sparren und drei Türmen, links und rechts als Wappenhalter zwei aufgerichtete Einhörner. Es handelt sich um das Exlibris des Nicolas de Corberon (1689 in Metz geboren, 1723–47 Präsident des souveränen Rates des Elsass in Colmar, zur Biographie vgl. Emmanuel MICHEL, Biographie du Parlement de Metz, Metz 1855, S. 106f.). Zum Exlibris vgl.: Ex libris: Buchkunst und angewandte Graphik, Band 18, Berlin 1871, S. cxcviii; Bulletin de la Société d'archéologie et d'histoire de la Moselle, Metz 1866, S. 45 (freundliche Hinweise zum Exlibris von Andrea Beyer, Bautzen, vom 08.06.2012 und Prof. Dr. Ulrich Seelbach,

Bielefeld, vom 10.06.2012). Auf dem Vorsatzblatt von 8+H 3388 Bleistifteintrag (Ende 19. Jh.): *Von A. Cohn: Kat. 200: Nr. 656: „Songe du Vergier" (1516)*, wohl Verweis auf den Antiquar Albert Cohn, Berlin, sowie dessen Auktionskatalog von 1891 (Katalog des Antiquarischen Bücherlagers von Albert Cohn in Berlin, Bd. 200, nicht eingesehen). Darunter Bleistifteintrag mit Lit.verweis: *Vergl. Brunner, Gesch. d. franz. Rechtes in v. Holtzendorff, Encycl., 5. A[uflage?] S. 315* [= Heinrich BRUNNER, Überblick über die Geschichte der französischen, normannischen und englischen Rechtsquellen, in: Franz VON HOLTZENDORFF (Hg.), Encyclopädie der Rechtswissenschaft, Leipzig 1870, S. 195–226, bzw. ⁵1890]. Auf den vorgehefteten Blättern Angaben aus der Literatur zum Verfasser des ersten Drucks (Nicole Oresme, Philippe de Mézières, heute als Verfasser Évrard de Trémaugon angesehen). Auf dem Titelblatt des zweiten Drucks französischer Eintrag zum Autor (Josse Clictou oder Judocus Clichtoueus).

Die beiden Drucke wurden am 05.12.1891 für 17,50 bzw. 2,50 Reichsmark von Serig (Serig'sche Buchhandlung Leipzig) für die Bibliothek des Reichsgerichts erworben, vgl. Zugangsbuch Nr. 4, 1883–89, Zugangsnummer: 32638/32639. Warum die damals schon zusammengebundenen Drucke unter zwei Zugangsnummern verzeichnet sind, ist unbekannt.

Ebenfalls aus diesem Band stammt Fragment 108 (MS), nach DOLEZALEK: „Notariatsurkunde, französisch (sXV, 2 memb. ca. 40 × 200 mm; aus dem Einband des Buches H 3388, Libellus 1516)". Wann die Auslösung der Fragmente erfolgte, ist nicht dokumentiert, die hohe Signatur legt aber eine Auslösung nach dem Jahr 2000 nahe (vgl. MS nov. 4/1 und 4/2 [olim Fragm. 38 und 39], im Jahr 2000 ausgelöst).

Literatur:
- DOLEZALEK Liste 2005: http://www.uni-leipzig.de/~jurarom/manuscr/RgMsMatr.html: „Fragment 109 (MS): Verse = Saturnalia? (sXII, Italien, 2 memb. in vier Teilen, ca. 70 × 50 et 25 × 90 mm; aus dem Einband des Buches H 3388, Libellus 1516)";
- EIFLER, Handschriften und Fragmente der ehemaligen Reichsgerichtsbibliothek, S. 167f. mit Abb. 11 (Fragment 109).

Helpericus (Autissiodorensis?): Liber de computo, cap. 9–10.
a–bʳ (hochrechteckige Streifen, Seitenbeginn) **cap. 9**: [... ab ordine,] *quo* [Martio absunt et aer]*is temperie com*[po]*sita* [et indita sunt. Ut Sep]*tember* [Interlinearglosse: *dicitur*], *quod* [ab eo] *sit s*[eptimus, et largiores ia]*m fluere sole*[ant] *imb*[res. Sic et October, Nove]*nber ac Decen*[ber,] *nec* [non Iulius et Augustus, quorum] *alter* [Interlinearglosse: *accepit nomen*] *a Iulio Ce*[sare,] *alte*[r ab Octaviano Augusto] *deinceps voca*[bula] *mu*[taverunt. Pridem Quinti]*lis, et Sextil*[is simil]*i d*[e causa sunt appella]*ti. Quod uero* [nunc] *ann*[um a Januario ordimu]*r, a successo*[re Romuli Numa Pompilio institutum ...].

c–dʳ (querrechteckige Streifen): **cap. 9** (cʳ) [... a successore Romuli Numa Pompilio] *institutum, qui de*[nis Romuli mensibus duos a]*ddidit, primumque* [eorum a Jano, quem gentili er]*rore principium* [rerum arbitrantur, consi]*derans Januarium* [appellari, et primum anni institui. Alterum a Plutone, quem Februm, id est, purgatorem et credebant et appellabant, nominavit] (dʳ) *Feb*[interlinear eingefügt: r]*uarium. Causam* [vocabuloruum singulis] *mensibus inditorum d*[icere supersedi, eo quod sit et] *in dialogo cuiusdam* [Praetexati sufficientissime tractata, et a domino Beda exinde deflorata in libro de Temporibus secundo, nihilominus sit abundantissime digesta. In quo prolixa quidem, sed non sterili disputatione plenissime est expositum qualiter annus ...].

a–b[v] (hochrechteckige Streifen, Seitenbeginn): **Übergang cap. 9/10**: [... qualiter annus primum a Ro]*mulo in x,* [a Numa in XII mensibus est] *distribut*[us, sed nec sic ad lim]*am* [reda]*ctus, longo p*[ost tempore a Julio Caes]*are,* [saga]*cis ingenii et* [praedicandae memoriae v]*iro,* [ad un]*guem modern*[ae expositionis fuerit] *expo*[litus.] *Is dialog*[us in libris Macrob]*ii le*[gitur] *Saturna*[lium nomine titulatus.] [Interlinearglosse: *uel titulatus*]. (**cap. 10**) [Alios] *regulares m*[ensium qui ad Kalend]*arum* [lun]*am inveniend*[am ascribuntur, hic modo reperies. ...]

c[v] (querrechteckige Streifen): **cap. 10**: [... hic modo] *reperies. Sola*[ris anni CCCLXV diebus sicut] *supra per duoden*[arium et tricenarium numerum divi]*sis, superfluos u* [da Septembri pro regularibus. Caeteros] *hoc ordine repp*[eries. Sume semper praecedentis dies mensis,]

d[v] [additis insuper suis regularibus, et si mensis ille tricesimam fert lunam, recisis XXX quot supersunt, tribue sequenti mensi. Sin mensis non ultra XXIXam] *lunam computet,* [ipsis sublatis, reliqu]*os pro regularibus sequentis* [mensis habeto. Exemplu]*m de duobus damus,* [ut sic de caeteris facias. ...].

Druck: PL 137; Sp. 28B–29B. Als Verfasser des Werkes im Prolog *Helpericus* genannt. Die 1893 von TRAUBE vorgenommene Zuweisung an HELPERICUS AUTISSIODORENSIS (841 bis nach 873, vgl. Ludwig TRAUBE, Computus Helperici, in: DERS., Vorlesungen und Abhandlungen III, S. 128–152) wurde von WATTENBACH (Deutschlands Geschichtsquellen I, [7]1904, S. 333) bestritten, vgl. auch MANITIUS, Geschichte I, S. 449. Für TRAUBEs Zuweisung spricht sich hingegen aus: Joachim WOLLASCH, Zu den persönlichen Notizen des Heiricus von S. Germain d'Auxerre, in: DA 15 (1959), S. 211–225, hier S. 211f. Zur Überlieferung (ohne dieses Fragment) vgl. TRAUBE, ebd., S. 132–140; MANITIUS, ebd., S. 449; ZINNER, Astronomische Hss.; THORNDIKE/KIBRE, Sp. 299 (3) und 106 (8); CORDELIANI, Traités de comput, S. 62f., Nr. 56. Nach CORDELIANI haben sich 8 Hss. aus dem 10. Jh. (Dijon, BM, MS 269; Paris, BN, Lat. 7299 und Lat. 7518; Cambridge, Trinity College, MS. 945; München, BSB, Clm 14070 c; Salisbury, Cathedral Library, MS. 158; Vatikan, BAV, Cod. Vat. Pal. lat. 1341 und Wien, ÖNB, Cod. 177) erhalten, während der Rest der hsl. Überlieferung auf das 11.–14. Jh. weist.

Zitierte Handschriften

Amsterdam, Universiteitsbibliotheek
- ms. VII C 8   **MS 8° NA 5255**

Ansbach, Staatliche Bibliothek (Schlossbibliothek)
- Ms. lat. 19   **MS 4° B 2668**

Aschaffenburg, Stiftsbibliothek
- Ms. Pap. 9   **MS 4° A 10842**

Assen, Rijksarchief
- Collectie Oldenhuis Gratama, ms. 100   **MS 8° NA 5255**

Augsburg, Staats- und Stadtbibliothek (StB)
- 2° Cod 270   **MS 2° H 797/1**

Aurich, Niedersächsisches Staatsarchiv
- Dep. IV Msc. IX, 40   **MS 8° NA 5255**

Bamberg, Staatsbibliothek (StB)
- Can. fol. 14   **MS 2° H 2328**

Barcelona, Biblioteca centrale
- cod. 641   **MS nov. 5**

Berlin, Staatsbibliothek zu Berlin – Preußischer Kulturbesitz (SBB-PK)
- Bt 2567/3   **MS nov. 1**
- Ms. germ. fol. 10   **MS nov. 1**
- Ms. germ. fol. 727   **MS nov. 1**
- Ms. lat. fol. 176   **MS 4° B 2668**
- Ms. lat. fol. 208   **MS 4° B 2668**
- Ms. lat. fol. 304   **MS 4° B 2668**
- Ms. lat. fol. 862   **MS 4° H 3365/1**
- Ms. lat. fol. 863   **MS 4° H 3365/1**
- Ms. theol. lat. fol. 228   **MS 4° B 2668**

Bologna, Biblioteca comunale dell' Archiginnasio
- A 918   **MS 2° H 2328**
- A 919   **MS 2° H 2328**
- A 920   **MS 2° H 2328**
- A 954   **MS 2° H 2328**
- A 1036   **MS 2° H 2328**

Bologna, Collegio di Spagna
- Cod. 120   **MS 2° H 797/1**

Boulogne-sur-Mer, Bibliothèque municipale
- MS. 40   **Fragment 14**

Breslau (Wrocław), Biblioteka Uniwersytecka
- II F. 107   **MS 4° B 2668**

Cambridge, Trinity College
- MS 945   **Fragment 109**

Cambridge, Sidney Sussex College
- MS 101   **MS 2° H 2328**

Como, Archivio di Stato di Como
- vol. 109   **MS 4° E 850**

Den Haag, Koninklijke Bibliotheek – Nationale Bibliotheek van Nederland
- ms. 75 G 17   **MS 8° NA 5255**
- ms. 75 G 18   **MS 8° NA 5255**
- ms. 76 H 7   **MS 8° NA 5255**

Dessau, Anhaltische Landesbücherei
- Georg Hs. 265.4°   **MS 4° B 2668**
- Georg Hs. 266.4°   **MS nov. 1**

Dijon, Bibliothèque municipale
- MS 269   **Fragment 109**

Dresden, Sächsische Landesbibliothek – Staats- und Universitätsbibliothek (SLUB)
- Cat.libr.0262   **MS 4° B 2668**

Dublin, Trinity College Library
- MS 11059   **MS 4° H 3365/1**

Erfurt, Universitätsbibliothek
- Dep. Erf. CA 2° 188   **MS 4° B 2668**

Erlangen, Universitätsbibliothek
- Ms. 502   **MS 4° B 6023**
- Ms. 527   **MS 4° B 6023**

Florenz, Bibliotheca Medicea Laurenziana
- Fondo Rinuccini 6   **MS 8° A 13703**
- Laur., 89 inf. 23   **MS 8° A 13703**

Florenz, Biblioteca Nazionale Centrale
- Fondo Palatino 189   **MS 8° A 13703**

Florenz, Biblioteca Riccardiana
- MS 1592   **MS 8° A 13703**

Foligno, Biblioteca Communale
- cod. 11   **MS nov. 5**

Frankfurt, Stadt- und Universitätsbibliothek (StUB)
- Ms. Praed. 48   **Inc 4+ E 3366**

Gotha, Forschungsbibliothek
- Chart. A 214   MS nov. 1

Göttingen, Niedersächsische Staats- und Universitätsbibliothek (SUB)
- 2° Cod. Ms. Jurid. 60   MS nov. 1

Grimma, Stadtarchiv
- II.4 Nr. 5   MS nov. 1

Groningen, Gemeentarchief
- Oct. 63   MS 8° NA 5255

Groningen, Universiteitsbibliotheek
- PEIP 54   MS 8° NA 5255
- PEIP 58   MS 8° NA 5255
- ms. PE 63   MS 8° NA 5255

Halle (Saale), Universitäts- und Landesbibliothek Sachsen-Anhalt (ULB)
- Ye 2° 63   MS nov. 1

Halle (Saale), Marienbibliothek
- B II 66–67   MS nov. 1
- C II 6   MS nov. 1

Jena, Thüringer Universitäts und Landesbibliothek (ThULB)
- Ms. Bud. f. 376   MS nov. 1
- Ms. Prov. f. 164   MS 2° E 2785

Köln, Erzbischöfliche Diözesan- und Dombibliothek
- Cod. 1031   MS 2° E 2785

Leeuwarden, Provinsjale en Buma Biblioteek fan Fryslan
- 591 hs.   MS 8° NA 5255

Leiden, Universitaire Bibliotheken
- D'Ablaing 42   MS 8° R 7520
- BPL cod. 1215   MS 4° Ph. 1767

Leipzig Universitätsbibliothek
- Ms 946   MS nov. 1
- Ms 947   MS nov. 1
- Ms 948   MS nov. 1
- Ms 1060   MS 2° H 797/1
- Ms 1108   MS 4° H 3365/1
- Ms 1222   Inc 4+ E 3366

London, Bristish Library (BL)
- Stowe 19   MS 8° NA 5255

London, Library of the Oratory
- MS. 12744   MS 2° H 797/1

Mailand, Biblioteca Ambrosiana
- A. 243 sup.   MS 2° H 797/1

Mantua, Archivio di Stato
- Archivio Gonzaga b. 2003   MS 2° R 6593
- Archivio Gonzaga b. 2004   MS 2° R 6593

Mantua, Biblioteca Communale
- Ms. 93   MS 2° R 6593
- Ms. 775   MS 2° R 6593

München, Bayerische Staatsbibliothek (BSB)
- Cgm 810   MS 4° B 6023
- Cgm 5249/1a–c   MS 4° Ph. 1767
- Clm 8495   MS nov. 5
- Clm 14420   Fragment 14
- Clm 14024   MS 2° H 2328
- Clm 14070 c   Fragment 109
- Clm 27337   MS 2° H 2328

München, Universitätsbibliothek
- Fragment 126 a/b   MS 4° Ph. 1767
- Fragment 156   MS 4° Ph. 1767
- 2° Cod. Ms. 301   MS 2° E 2785

Neapel, Biblioteca Nazionale
- cod. VII-G-7   MS nov. 4/1–2

Nürnberg, Stadtbibliothek
- Cent. II, 73   MS 4° A 10842
- Cent. II, 80   MS 4° A 10842
- Cent. II, 95   MS 4° A 10842
- Cent. VI, 11   MS 4° A 10842

Paris, Bibliothèque nationale (BN)
- Lat. 7299   Fragment 109
- Lat. 7518   Fragment 109

Pesaro, Biblioteca Oliveriana
- ms. 32   MS 2° E 2785

Prag, Knihovna Národního muzea (Bibliothek des Nationalmuseums)
- XVII C 23   MS 4° H 3365/1

Rom, Biblioteca Angelica
- cod. 187   MS nov. 5

Rom, Biblioteca Apostolica Vaticana (BAV)
- Cod. Vat. lat. 7642   MS nov. 5
- Cod. Vat. lat. 1239   MS nov. 5
- Cod. Vat. Pal. lat. 1341   Fragment 109

Salamanca, Bibliotecas Universidad
- Ms. 2445   MS 2° H 797/1

Salisbury, Cathedral Library
- MS. 158   Fragment 109

Sidney, University Library
- MS. Nicholson 12   MS 2° H 797/1

Stonyhurst, Jesuit's College Library
- Ms. 81   MS 4° H 3365/1

Utrecht, Universiteitsbibliotheek
- Ms. 1146   **MS 8° NA 5255**
Venedig, Biblioteca monasterii S. Michaelis
- cod. 324   **MS nov. 5**
Washington D.C., Library of Congress
- Ms. 17 (Ms. Ac. 271)   **MS 4° H 3365/1**
Weimar, Herzogin Anna Amalia Bibliothek (HAAB)
- Fol 51   **MS 4° H 3365/1**

Wien, Österreichische Nationalbibliothek (ÖNB)
- Cod. 85   **Fragment 14**
- Cod. 177   **Fragment 109**
- Cod. 5020   **MS 2° H 797/1**

Wolfenbüttel, Herzog August Bibliothek (HAB)

Initienregister

DEUTSCHE INITIEN
– Alsus muget ir hoeren und vernemen, sô wil ich mac sagen von beginne **MS nov. 1**, 25rb
– Der bischof en mac nicheinen dinstman vorwesten **MS nov. 1**, 5ra
– Hübesch, zertlich, vîn, nâch wunsch gestalt, von rehter schoen ist all ir lîp **MS 4° B 6023**, 1^r
– Ich zimmere, sô man sait, bey dem wege **MS nov. 1**, 5va
– Nu vernemet umb der herren geburt von deme lande ze Sachsen **MS nov. 1**, 5ra
– Von der werlde beginne aller êrst biz an diu wazzervluot, daz Noe diu archen bûte **MS nov. 1**, 21va
– Wenne man niuwe phennige sal slan **MS nov. 1**, 1ra

ITALIENISCHE INITIEN
– Al nome di dio. Fratelli carissimi. Considerando noi, gastaldi, sindico **MS 8° R 7520**, 2^v
– Al nome sia dell'altissimo idio e dela sua santissima madre vergine Maria **MS 4° R 7536**, 1^r
– In prima providoro et ordinaro, che nel detto chomuno **MS 4° R 7536**, 1^v
– Item statuemo e ordinemo, che li gastaldi **MS 8° R 7520**, 6^v
– Item statuemo et ordenemo, che zaschaduno de la dicta fraia **MS 8° R 7520**, 6^v
– Sia manifesto a chiunche legera questo che scritto **MS 4° E 5162**, III^r
– Statuemo e ordinemo, che zaschadun fradelo de la dita fraia **MS 8° R 7520**, 8^v

LATEINISCHE INITIEN
– A diebus, inquit, Iohannis Baptistae regnum caelorum vim patitur **MS nov. 3**, 1^v
– A saeculo non est auditum **MS 2° Philos. 373**, 1vb
– Abbas est nomen dignitatis de electione **MS 4° B 2668**, 167^v
– Accedunt laudes virginis admirandae indaginis **MS nov. 3**, 4^r
– Acceleratur ratio in puero nondum nato **MS nov. 3**, 4^r
– Ad laudem dei, animarum salutem curatorumque simplicium **MS 4° B 2668**, 130^v
– Adduxi vos per desertum **MS 2° Philos. 373**, 1ra, 3vb
– Adest mira credulitas ac virginis fecunditas **MS nov. 3**, 5^v
– Aestimo enim, quod hii fratres, cum audissent dominum **MS nov. 3**, 11^v
– Aggrediendo lecturam eidem decretalium licet necesse non sit **MS 4° H 3365/1**, 42^v
– Ait puella matri suae: Quid petam **MS nov. 3**, 32^v
– Amavit eum dominum **MS nov. 2**, 6va
– Ambulabat Iesus (Io 7,1f.) – In isto evangelii capitulo, fratres, dominus noster **Fragment 29**, 4rb
– An circumstantiae vel dignitas aggravant peccatum **MS 4° B 2668**, 162^v
– An iocalia missa mulieri per maritum vel sponsum **MS 8° A 13703**, 174^v
– Angeli pacis amare flebunt **MS nov. 5**, 125^r
– Ante torum huius virginis frequentate **MS nov. 3**, 32^r
– Antiquis temporibus super contractuum et instrumentorum formas **MS 4° E 5164**, 1ra
– Anulus, cum quo desponsatur uxor **MS 8° A 13703**, 174^v
– Aperuit Augustinus codicem apostolicum **MS nov. 3**, 31^v
– Apostolici reverentia culminis **MS nov. 2**, 8vb

Initienregister

- Apud dominum hominesque eorum vita claruit **MS nov. 3**, 12^v
- Argue quod licitum tibi sit tua iura tueri **MS 2° H 2328**, 46^v
- Assit ad inceptum virgo Maria meum **MS 8° NA 5255**, 116^r
- At ille iussit Isaiam prophetam **MS nov. 3**, 31^v
- Atque haec rara cadat dura inter saepe pericula **MS 4° Ph. 1941**, S. 5
- Attendamus igitur occupationes nostras **MS nov. 3**, 26^r
- Audi, filia, et vide **MS 2° Philos. 373**, 14ra
- Auferte ista hinc, dicit dominus **MS 2° Philos. 373**, 3^r
- Aurem tuam, quaesumus, domine **MS 2° Philos. 373**, 7rb
- Beata es, Maria, dei genetrix **MS nov. 3**, 25^v
- Beata et venerabilis hospita Christi, Martha **MS nov. 3**, 16^v
- Beati Tiburtii nos, domine, foveant **MS nov. 3**, 22^r
- Beatissima virgo dei a suis primordiis deo consecrata **MS nov. 3**, 4^r
- Beatorum martyrum Tiburtii et Susannae **MS nov. 2**, 2va
- Beatus Stephanus dixit **MS nov. 3**, 17^v
- Beatus vir, qui timet dominum **MS nov. 2**, 5vb
- Benedicat vos dominus, qui se a vobis voluit benedici **4+ C 6463, Fragm. 1**
- Benedicta et venerabilis es, virgo Maria **MS nov. 2**, 3ra, 16ra
- Beneficio: Casus se summat et materia **MS 4° H 3365/1**, 318^r
- Caeleste beneficium introivit in Annam **MS nov. 3**, 12^r
- Caeli enrarant gloriam dei filii **MS 2° Philos. 373**, 13vb
- Cantemus domino, gloriose enim honorificatus **MS 2° Philos. 373**, 2va
- Christus assistens pontifex (Hbr 9,11) – Dictum est per prophetam Christo Iesu **MS nov. 5**, 109^v
- Christus factus est pro nobis oboediens **Fragment 47**, 2^v
- Cibabis nos (Ps 79,6) – Fletus cibus est animarum **MS nov. 5**, 8,II^r
- Clara diei gaudia modulizet ecclesia **MS nov. 3**, 12^r
- Concede, quaesumus, omnipotens deus, ut intercessio **MS nov. 2**, 16va
- Confessio et pulchritudo in conspectu eius **MS nov. 2**, 2ra
- Confitebuntur caeli mirabilia tua **MS nov. 2**, 10va
- Confortamini et iam nolite timere **MS 2° Philos. 373**, 8rb
- Congaudent angelorum chori **MS 2° Philos. 373**, 14ra
- Considerans etiam sanctus iste, quod mundus totus **MS nov. 3**, 29^r
- Constitues eos principes **MS nov. 2**, 1va
- Contigit, quod statuta et ordinamenta communis civitatis Cumanae **MS 4° R 6351**, 36^r
- Contractus est proprie unde ultro citroque **MS 4° E 5164**, 107rb
- Credidit quippe in eorum deum et proposuit edictum **MS nov. 3**, 8^r
- Cum apostolo Paulo sobrietate cibi et potus **MS nov. 3**, 28^v
- Cum autem turba (Lc 8,4f.) – Hanc parabolam dominus ideo per se ipsum exponere **4+ C 6463, Fragm. 2**, 1^v
- Cum nihil studiosius in omnibus rebus reperiatur **MS 4° B 2668**, 1^r
- Cum noctuae oculus solis splendorem perspicere **MS 4° B 6023**, 3^r
- Cum omnis civilis status ex coetu quodam **MS 2° E 2785**, 61ra
- Cum sanctum evangelium legeretur, crudele spectaculum **MS nov. 3**, 32^v
- Cum venerit filius (Mt 25,31) – Si bene consideremus et attente inspiciemus **MS nov. 5**, 40^r
- Custodi me, domine, de manu peccatoris **Fragment 47**, 1^r
- Da mihi virtutum contra hostes tuos **MS nov. 3**, 27^r

- Da nobis, quaesumus, domine deus, vitiorum nostrorum flammas exstinguere **MS nov. 3**, 20^r
- De caelo velut radius descendens sacer spiritus **MS nov. 3**, 4^r
- De carcere Aegypti non statim loca sancta deseruit **MS nov. 3**, 30^v
- De cessione fienda per mulierem creditoribus viri **MS 4° E 850**, 91^r
- De omnibus vigiliis, in quibus ieiunium celebramus **MS nov. 2**, 9rb
- Debita quarta datur natis in rebus avorum **MS 4° B 6023**, 2^r
- Deinde regit affectus, dirigit actus **MS nov. 5**, 8vb
- Desinebant enim vivere, ubi quandoque **MS nov. 3**, 8^r
- Deum patrem omnipotentem suppliciter depraecemur, ut hunc famulum **4+ C 6463**, Fragm. 1, oben, re.
- Deus, a quo sancta desideria **MS nov. 2**, 16vb
- Deus, cui omne cor patet **MS nov. 2**, 15va
- Deus, cuius dextera beatum Petrum ambulantem **MS nov. 2**, 16va
- Deus, fidelium remunerator animarum **MS nov. 3**, 10^r
- Deus, qui hodierna die beatum Dionysium **MS nov. 2**, 6ra
- Deus, qui invisibiliter omnia contines **MS nov. 2**, 15ra
- Deus, qui nobis per singulos annos **MS nov. 2**, 15ra
- Deus, qui nobis sanctorum martyrum tuorum **MS nov. 2**, 11ra
- Deus, qui nos annua apostolorum tuorum **MS nov. 2**, 9ra
- Deus, qui nos concedis sanctorum martyrum tuorum **MS nov. 2**, 11rb
- Deus, qui nos sanctorum tuorum illorum confessionibus **MS nov. 2**, 13vb
- Deus, qui nos sanctorum tuorum Processi et Martiniani **MS nov. 3**, 6^v
- Deus, qui sacrandorum tibi **MS nov. 2**, 15ra
- Deus, tu convertens vivificabis nos **MS 2° Philos. 373**, 6ra
- Dicit dominus sermones mei **MS nov. 2**, 7rb
- Diffinitio notariae. Officium autem notariae est dignitas **MS 4° E 850**, 7^r
- Diffusa est gratia **MS nov. 3**, 25^v
- Dignare me laudare te, virgo sacrata **MS nov. 3**, 27^r
- Dixit Iesus turbas (Io 7,1f.) – Misit in eos magnum tumultum **Fragment 29**, 2va
- Domine, audivi auditum tuum **MS 2° Philos. 373**, 18vb
- Domine, exaudi orationem meam et clamor meus ad te veniat **Fragment 47**, 1^v, 2a^v
- Domine, martyrum tuorum corona laetificet **MS nov. 3**, 33^r
- Domine, probasti me et cognovisti me **MS nov. 2**, 9ra
- Domine, sancte pater omnipotens aeterne deus **4+ C 6463**, Fragm. 1
- Domine, ut video, propheta es tu **MS 2° Philos. 373**, 4rb
- Dominus dabit benignitatem, et terra nostra **MS 2° Philos. 373**, 5ra
- Dominus Iesus, postquam cenavit cum discipulis suis **Fragment 47**, 2^v; **MS 2° Philos. 373**, 18rb
- Dominus secus mare Galilaeae vidit **MS nov. 2**, 7va
- Duo autem sunt abstinentiae et crucis genera **MS nov. 3**, 1^v
- Ecce sacerdos magnus **MS nov. 2**, 1vb, 7ra
- Ecce virgo concipiet et pariet filium **MS 2° Philos. 373**, 8va
- Ecclesiae tuae, domine, munera placatus assume **MS 2° Philos. 373**, 8va
- Ecclesiae tuae, quaesumus, domine, preces placatus admitte **MS nov. 2**, 16vb
- Edwardus dei gratia rex Angliae, dominus Hiberniae **MS 8° P 14110**, 1^r
- Ego autem, dum mihi molesti essent **Fragment 47**, 1^r
- Ego autem sicut oliva fructifera in domino **MS nov. 2**, 8va
- Egregius lector, qui vult recitare Camenas **Fragment 14**, 1^r
- Episcoporum vero ordo unus est, licet sint primates illi **Fragment 26**, 2^r

- Erant autem circa templum iuxta psalmos   MS nov. 3, 13^r
- Ergo quod faciemus, fratres? Quomodo possumus   MS nov. 3, 11^v
- Eripe me, domine, ab homine malo   MS 2° Philos. 373, 19ra
- Est et non cuncta monosyllaba nota frequentant   Fragment 14, 1^r
- Et aliud cecidit (Lc 8,8) – Fructum centuplum fructum perfectum dicit   4+ C 6463, Fragm. 2, 2^r
- Et indemnitati communis Mantuae circa condemnationes   MS 2° R 6593, 107^r
- Et levantes nautae inani beatum Nazarium navigavit   MS nov. 3, 14^v
- Et quia tot homines tot voluntates   MS 4° E 850, 167^r
- Exaltata es, sancta dei genetrix   MS nov. 3, 24^v, 27^r
- Excita, quaesumus, domine, potentiam tuam   MS 2° Philos. 373, 8vb
- Expeditis praeparatoriis iudiciorum ad iudicia veniamus   MS 4° H 3365/2, 2^r
- Exprobrabat et dicebat hunc valde praesumere   MS nov. 3, 13^r
- Exsultate, inquam, ac gaudete et laetetur   MS nov. 3, 27^r
- Fidei autem vestrae mando, Gai Sei, et Lucia Titia   MS 2° B 3565, 6ra
- Firma fide fidens crede   MS nov. 3, 13^r
- Firmiter credimus. Decretales sive constitutio   MS 4° H 3365/1, 15^r
- Fit naturae propinquius, quod sterili fit filius   MS nov. 3, 5va
- Gaudeo plane, quia hostia Christi   MS nov. 3, 21^r
- Gaudete in domino semper   MS 2° Philos. 373, 7ra
- Gaudium nostrorum redemptio peccatorum   MS nov. 4/2, 8va
- Haec dictio coniuncta numero dierum excludit   MS 4° A 10842, 1^r
- Haec lacrimis rigavit (Lc 7,38) – Quilibet enim peccator ad paenitentiam fervescere   MS nov. 5, 112^r
- Haec oblatio, domine, quaesumus, ab omnibus nos purget   MS nov. 2, 16ra
- Herodes iratus est (Mt 2,16) – Evangelium versatur   MS nov. 5, 164^r
- Herodes profanavit templum sacerdotium   MS nov. 3, 32^v
- Hic Leo suscepit sanctam sextam synodum   MS nov. 3, 2^r
- Hic si esset propheta, sciret   MS nov. 3, 9^v
- Hic tractatus de fratribus simul habitantibus in duas partes   MS 8° A 13703, 144^v
- Hierosolymis, inventio corporis beatissimi Stephani   MS nov. 3, 18^r
- Hodie namque gloriosa semper virgo caelos ascendit   MS nov. 3, 27^r
- Homo vero per tot varios et multiplices contractus   MS 4° E 850, 151^r
- Hostias, domine, quas tibi offerimus   MS nov. 2, 2ra
- Humano capiti cervicem pictor equinam   MS 4° Ph. 1941, S. 1
- Humanum genus duobus regitur   MS 2° H 2328, 1^r
- Iam dubitari non potest suos quoque heredes   MS 2° B 3565, 5ra
- Ierusalem, surge et sta in excelso   MS 2° Philos. 373, 6ra
- Ille homo, qui dicitur Iesus   MS 2° Philos. 373, 1vb
- Imperatorem caelorum adoremus   MS nov. 3, 16^r
- In conventionibus contrahentium voluntatem   MS 4° B 6023, 2^r
- In fine verbi accusatio sequitur   MS 2° H 797/2, 251^r
- In honore beatissimae Annae iubilemus   MS nov. 3, 12^r
- In nomine domini nostri Iesu Christi, cui omne genu flectitur   MS 8° A 13703, 156^r
- In nomine domini omni genu flectetur caelestium   Fragment 47, 1^v
- In nomine domini. Haec est sancta invocatio, sine qua nullum opus   MS 4° E 850, 19^r
- In orationibus sedulus et devotis mentem   MS nov. 3, 28^v

- In praebendo rectum iudicium   MS 8° A 13703, 177ʳ
- In praesenti actu repetiturus capitulum ‚Sacris'   MS 4° H 3365/1, 314ʳ
- In primis in nomine domini nostri Iesu Christi, beatissimae semper virginis dei genitricis Mariae   MS 4° R 6351, 37ᵛ
- In primis statutum est et ordinatum est, quod potestas et rector   MS 4° R 6739, 1ʳ
- In primis statutum est et ordinatum, quod aliqua persona   MS 4° R 6739, 117ʳ
- In primis statutum est, quod dominus potestas debeat iurare   MS 4° R 6351, 62ʳ
- In primis statutum et ordinatum est, quod dictum collegium notariorum Cumarum   MS 4° R 6351, 169ʳ
- In primis teneatur postestas seu rector   MS 4° R 6739, 30ʳ
- In primis, quod granus cuiuscumque manerici conduci possit   MS 4° R 6739, 103ᵛ
- In ultima parte prooemii dicitur, quod opus istud   MS 4° E 5162, 1ᵛ
- Inclinans se Iesus scribebat   MS 2° Philos. 373, 4ᵛᵇ
- Insinuavit ergo per litteras sancto viro Ambrosio   MS nov. 3, 31ᵛ
- Inter ceteras felicitates, quas mortalis homo   MS 4° H 3365/3, 215ᵛ
- Intravit Iesus in quoddam castellum   MS nov. 3, 16ʳ
- Intret in conspectu tuo, domine, gemitus   MS nov. 2 6ᵛᵇ, 11ʳᵇ
- Inveni David, servum meum   MS nov. 2, 6ᵛᵃ
- Ipse tibi, quaesumus, domine sancte, pater omnipotens   MS 2° Philos. 373, 18ʳᵃ
- Item mendax peccator carere debeat impetratis   MS 4° B 6023, 2ʳ
- Item statutum et ordinatum est, quod si aliqua lis, quaestio seu controversia est   MS 4° R 6739, 29ʳ
- Iudica, domine, nocentes me   Fragment 47, 1ʳ
- Iustorum animae in manu dei   MS nov. 2, 1ʳᵃ, 2ᵛᵃ
- Iusti epulentur et exsultent   MS nov. 2, 2ᵛᵃ
- Item quandoque notat causam efficientem   MS 2° H 797/1, 1ʳᵃ
- Laetabitur iustus in domino   MS nov. 2, 10ʳᵃ
- Lapus fuit captus et in carceribus positus   MS 8° A 13703, 133ʳ
- Laurentius bonum opus operatus est   MS nov. 3, 20ʳ
- Laurentius ingressus est martyr   MS nov. 3, 20ʳ
- Liber iste artis notarie summa generali vocabulo nuncupatur   MS 4° E 5162, 1ʳ
- Liber quintus Decretalium, qui est de criminibus   MS 4° H 3365/3, 2ʳ
- Locutus est dominus ad Moysen   MS 2° Philos. 373, 2ʳ
- Loquebar de testimoniis tuis   MS nov. 2, 7ʳᵃ
- Magnus dominus et laudabilis valde   MS nov. 3, 31ᵛ
- Maria virgo assumpta est ad aethereum thalamum   MS nov. 3, 27ʳ
- Me legat et discat, quae mea musa notat   MS 4° E 5162, Fragment Bl. Vʳ
- Miranda salutatio, fit plebi gratulatio   MS nov. 3, 5ᵛ
- Morale est omnibus, ut, qui fidem exigunt   MS nov. 3, 5ᵛ
- Multiplica, quaesumus, domine   MS nov. 2, 15ʳᵃ
- Multo quippe peiori conditione sunt haeretici   MS nov. 4/2, 7ʳᵃ
- Munera, domine, nostrae devotionis offerimus   MS nov. 2, 7ʳ
- Munera, domine, quae pro apostolorum tuorum   MS nov. 2, 9ᵛᵇ
- Myrrha et gutta et casia a vestimentis tuis   MS nov. 3, 25ᵛ
- Natus in excelsae tectis Carthaginis altis   Fragment 14, 1ᵛ
- Ne avertas faciem tuam   Fragment 47, 1ᵛ
- Ne praesumptuose mea iniecta videatur   MS 4° E 5162, 36ᵛ
- Nec semper feriet, quodcumque minabitur arcus   MS 4° Ph. 1941, S. 3

- Nemo in eum misit manum MS 2° Philos. 373, 1rb
- Nemo te condemnavit mulier MS 2° Philos. 373, 4vb
- Nimis honorati sunt amici tui MS nov. 2, 8ra
- Nunc scio vere, quia misit dominus MS nov. 2, 1va
- Nuper siquidem tibi de beneficio ecclesiastico MS 4° H 3365/3, I^{r}
- O beata Martha, quae a pia hospitiae MS nov. 3, 16^{r}
- O Christi mater caelica, fons vivus fluens gratia MS nov. 3, 4^{r}
- O gloriosa domina excelsa super sidera MS nov. 3, 25^{v}
- O Hippolyte, si credis in dominum MS nov. 3, 21^{r}
- Occasum virgo nesciit, velut lux mundo profluit MS nov. 3, 5^{v}
- Omnipotens sempiterne deus, altare hoc MS nov. 2, 15rb
- Omnipotens sempiterne deus, propitiare peccatis nostris 4+ C 6463, Fragm. 1
- Omnipotens sempiterne deus, qui ex abundantia caritatis MS nov. 3, 4^{r}
- Omnis utriusque sexus fidelis MS 4° B 2668, 121^{r}
- Omnium habere memoriam potius est divinitatis MS 4° B 2668, 167^{r}
- Opponitur autem contra testem, quod est inimicus MS 8° A 13703, 176^{v}
- Ordo iudiciarius causarum civilium sequitur MS 4° R 6351, 38^{r}
- Os iusti meditabitur sapientiam MS nov. 2, 2vb, 5vb
- Paciscens iudici super eius iurisdictione MS 4° H 3365/2, I^{v}, MS 4° H 3365/3, 212^{v}
- Paradisi portae per te nobis apertae sunt MS nov. 3, 24^{v}
- Pars hominum vitiis gaudet constanter MS 4° Ph. 1941, S. 27
- Patientia: Exigit scientiam procedere MS 2° H 797/2, 1^{r}
- Peregrinis et egenis erogabant aliam MS nov. 3, 12^{v}
- Perlegi proxime quinquaginta Digestorum libros MS 4° B 6023, 1^{v}
- Popule meus, quid feci aut MS 2° Philos. 373, 1ra, 3va
- Populus domini et oves MS 2° Philos. 373, 2ra
- Possidete paratum (Mt 25,34) – Postquam hoc mane terribilem sententiam MS nov. 5, 40^{r}
- Postulatis, filiae Ierusalem, postulatis MS nov. 3, 12^{r}
- Posuisti, domine, in capite eius coronam MS nov. 2, 5vb
- Potestis bibere (Mt 20,22) – Notandum, quod deus tres calices habet MS nov. 5, 124^{r}
- Potum meum cum fletu temperabam Fragment 47, 2a^{v}
- Praeceptum ad comparendum coram domino vicario MS 4° E 850, 11^{r}
- Praesta, domine, precibus nostris cum exsultatione MS nov. 2, 5rb
- Praesta, quaesumus, domine, ut, sicut populus christianus MS nov. 3, 15^{r}
- Praeterea quia instrumentorum aliqua requirunt MS 4° E 850, 19^{r}
- Prima Cleonaei tolerata aerumna leonis Fragment 14, 1^{v}
- Primo igitur circa iurisdictionem sciendum est, quod iudex ordinarius MS 8° A 13703, 1^{v}
- Primo statuimus et ordinamus, quod custodia vignalium extendatur MS 2° R 6593, 157^{r}
- Pro aggressu lecturae huius libri secundi MS 4° H 3365/2, 1^{r}
- Probasti, domine, cor meum MS nov. 2, 2ra, 3vb
- Prooemia veteres scriptores suis libris MS 4° B 6023, 2^{v}
- Prope esto, domine, et omnes viae tuae MS 2° Philos. 373, 8va
- Propter sustentationem et gubernationem rei publicae MS 4° B 6023, 26^{v}
- Protege, domine, plebem tuam per signum sanctae crucis MS nov. 2, 5ra, 16ra

- Publicum instrumentum. Et pro tanto per huius publici instrumenti MS 8° R 7520, 1ʳ
- Puellae saltanti imperavit mater MS nov. 3, 32ᵛ
- Quadam die soli stanti angelus apparuit MS nov. 3, 13ʳ
- Quaecumque scripta sunt (Rm 15,4) – Beatus Augustinus lux et norma fidelium MS 4° H 3365/1, 1ʳ
- Quaeritur, an vestes festivis sunt uxoris MS 8° A 13703, 175ʳ
- Quaero, quid si filius impendit circa personam MS 8° A 13703, 150ᵛ
- Quaesumus, domine, salutaribus mysteriis repleti MS nov. 2, 9ʳᵃ
- Quaesumus, omnipotens deus, ut hoc in loco MS nov. 2, 15ᵛᵃ
- Quaesumus, omnipotens deus, ut qui caelestia alimenta MS nov. 2, 13ʳᵇ
- Quaesumus, omnipotens deus, ut quos salutaris MS nov. 2, 7ʳ
- Qualis debet esse conductus principum electorum MS 4° B 6023, 14ʳ
- Qui christianum odio nominis christiani dilapidat MS 8° A 13703, 179ʳ
- Qui me segregavit ex utero matris meae MS nov. 3, 3ᵛ
- Qui operatus est Petro in apostolatu MS nov. 3, 3ᵛ
- Qui sedes, domine, super Cherubin MS 2° Philos. 373, 7ᵛᵃ
- Qui vult venire post me MS nov. 2, 2ʳᵃ
- Quia alimenta deberi congruit MS 8° A 13703, 140ʳ
- Quia legum praecepta principaliter sunt inventa MS 8° A 13703, 171ʳ
- Quid aliud sunt iura praediorum MS 2° B 3565, 14ʳᵃ
- Quid facimus (Io 11,47) – Quanta enim sit caecitas peccati MS nov. 5, 113ʳ
- Quid me quaeritis interficere hominem MS 2° Philos. 373, 1ʳᵃ
- Quilibet autem de civitate et districtu Mantuae teneatur MS 2° R 6593, 8ʳᵇ
- Quinque prudentes virgines acceperunt oleum MS nov. 2, 7ʳᵃ
- Quis est iste (Is 63,1) – In principio adducta dixit Israel MS nov. 5, 11,Iʳ
- Quo enim, iam deo plena, nisi ad superiora virgo MS nov. 3, 5ᵛ
- Quoniam humana conditio ad malum prona MS 2° R 6593, 7ʳᵃ
- Quoniam post compilationem ordinarii apparatus MS 8° A 13703, 1ʳ
- Quoniam principium sit potentissima pars cuiuslibet rei MS 4° E 5162, Fragment
- Quoniam, sicut scriptum est, mendaces sunt filii hominum (Ps 61,10), multi casus occurrunt MS 4° B 2668, 156ᵛ
- Rabbi, quis peccavit homo iste MS 2° Philos. 373, 1ᵛᵃ
- Refecti cibo potuque caelesti MS nov. 2, 2ᵛᵇ
- Regem apostolorum dominum MS nov. 3, 3ᵛ
- Relegi proxime quinquaginta Digestorum libros MS 4° B 6023, 1ᵛ
- Reperitur in quodam libro exsistente ad officium statutorum communis Mediolani MS 4° R 6739, 130ʳ
- Reperitur in volumine statutorum vero inter alia fore descriptum MS 4° R 6351, 175ʳ
- Repleti cibo spiritalis alimoniae MS 2° Philos. 373, 6ʳᵇ
- Rex pacificus. Hic ponitur exordium, in quo Gregorius MS 4° H 3365/1, 8ᵛ
- Romae via inter duos lauros natalis sancti Tiburtii MS nov. 3, 22ʳ
- Sacerdos volens digne celebrare, primo accedat MS 4° B 2668, 130ʳ
- Sacerdotes dei, benedicite dominum MS nov. 2, 6ᵛᵃ
- Sacerdotes eius induant MS nov. 2, 1ᵛᵇ
- Sacrificium nostrum tibi, domine, quaesumus, beati Laurentii MS nov. 2, 3ᵛᵇ
- Saepe solet de duobus dubitari inter locatores et colonos Perusinos MS 8° A 13703, 162ᵛ
- Salve sancta parens enixa puerpera regem MS nov. 2, 16ʳᵃ
- Sancti Baptistae, Christi praeconis, sollemnia MS 2° Philos. 373, 11ᵛᵃ

- Sanctus Hippolytus et Iustinus presbyter cum sepelissent   MS nov. 3, 23^v
- Scias, quod de more legentium est   MS 4° H 3365/1, 6^v
- Sciat unusquisque (I Th 4,4) – Quia praesens eloquium versatur   MS nov. 5, 51^v
- Scio, cui credidi et certus sum   MS nov. 3, 3^v
- Sed et si portio hereditatis fuerit adscripta ei   MS 2° B 3565, 8ra
- Sed hoc iure utimur, ut et possidere et usucapere   MS 2° B 3565, 13ra
- Sequuntur tituli libri institutionum secundum ordinem alphabeti   MS 4° B 2668, 1^v
- Si Christus resurrexit (1 Cor 15,12) – Quam monet et sanctus Thomas   MS nov. 5, 10,II^r
- Si ex emancipato filio nepos emancipatus   MS 2° B 3565, 12ra
- Si iuxta legis sententiam civilis in pertractantibus   MS 4° B 2668, 130^v
- Si maritus non petit dotem sibi promissam   MS 8° A 13703, 176^r
- Si mater subiecti partus arguatur   MS 2° B 3565, 11ra
- Si quis in caelum ascendisset naturamque mundi   MS nov. 5, 113^r
- Sic per annos bis decenos   MS nov. 3, 13^r
- Sicut fui cum Moyse ita ero   MS 2° Philos. 373, 3ra
- Sicut myrrha electa odorem dedisti   MS nov. 3, 33^r
- Siquis ita instituerit heredes: uter ex fratribus meis Seiam uxorem duxerit   MS 2° B 3565, 9ra
- Solet aromatum esse natura, ut longe magis contrita redoleant   MS 4° E 5162, 1^r
- Solve, iubente deo   MS nov. 2, 1va
- Solvite templum hoc, dicit dominus   MS 2° Philos. 373, 3rb
- Stabat Moyses in monte, non armis   MS 2° Philos. 373, 2vb
- Statuimus et ordinamus, quod dominus potestas   MS 2° R 6593, 67^r
- Statuimus, quod in civitate Mantuae debeat esse dominus potestas   MS 2° R 6593, 8^v
- Statuimus, quod tempora causarum civilium et mixtarum   MS 2° R 7787, 3^r
- Statutum est, quod, si aliquod maleficium factum fuerit in Novaria   MS 4° R 6739, 89^v
- Stella sub nube tegitur, Maria mundo premitur   MS nov. 3, 5^v
- Stetit Moyses coram Pharaone   MS 2° Philos. 373, 2va
- Sua nobis dilectus filius R. armiger petitione monstravit   MS 4° H 3365/2, 275^v
- Substantia nempe sua divisa tripharie   MS nov. 3, 12^v
- Substantialia, sine quibus venditio rei minoris   MS 8° A 13703, 178^r
- Summum constitue rescriptum consue postul   MS 4° B 2668, 236^v
- Super choros angelorum ad caelestia regna   MS nov. 3, 24^v
- Supra de contractibus, quibus dominia rerum   MS 4° E 5162, 36^v
- Suscipe, domine, munera propitius oblata   MS nov. 2, 5rb
- Suscipiamus, domine, misericordiam tuam   MS 2° Philos. 373, 5ra
- Te gloriosus apostolorum chorus   MS nov. 2, 5vb
- Terribilis est locus iste   MS nov. 2, 15ra
- Tractaturi de arte notariae primo videamus, quid sit   MS 4° E 5164, 107^r
- Tu es sacerdos   MS nov. 2, 1vb
- Tulerunt dominum meum et nescio   MS nov. 3, 9^v
- Tunc ad sermonem virginis dabatur donum flaminis   MS nov. 3, 5^v
- Tuorum corda fidelium, deus miserator, illustra   MS nov. 2, 7^r
- Tuorum nos, domine, largitate   MS 2° Philos. 373, 8va
- Unum opus feci et admiramini   MS 2° Philos. 373, 1ra
- Utrum de iure sit scientia tam civili quam canonico   MS 4° B 6023, 3^v
- Utrum voluntas habeatur pro facto   MS 4° B 6023, II^v
- Venite adoremus   MS nov. 3, 24^v

- Veri adorantes adorabunt patrem **MS 2° Philos. 373**, 4rb
- Verumtamen suprascripti defensores malorum haereseos **MS nov. 3**, 2^r
- Verumtamen Martha multum laborans **MS nov. 3**, 25^v
- Viae sunt urbis Romae XXX: Traiana, Appia **Fragment 14**, 1^r
- Virga Iesse floruit, virgo deum **MS nov. 2**, 16rb
- Virgo prudentissima, quo progrederis **MS nov. 3**, 24^v
- Viso de poenis, quae infliguntur in foro **MS 4° B 2668**, 120^r
- Viso puncto praedicto cum quaeritur **MS 8° A 13703**, 175^v
- Vobis quoque nascituram nunc praesago **MS nov. 3**, 13^r
- Vos autem secundum carnem (Io 8,15) – Hoc mane loquitur divinae legis **MS nov. 5**, 109va
- Vos, qui transituri estis **MS 2° Philos. 373**, 3ra
- Vultum tuum deprecabuntur omnes divites **MS nov. 2**, 3ra

NIEDERLÄNDISCHE INITIEN
- An sunthe Peters dach ad Cadedram, die de xii. dath jaer vthenn rede gaen **MS 8° NA 5255**, 118^v
- Die bürgemeistere und die raet sullen alle iar **MS 8° NA 5255**, 15^r
- Erffnisse van vader und moder zullen staen twe suster thegenn een broder **MS 8° NA 5255**, 140^r
- Hijr begint der stadt boeck van Groningen **MS 8° NA 5255**, 5^r
- Ick Johann Schaffer, in der tyth amptmann des gerichtz van Zelwerth, bekenne und betuge **MS 8° NA 5255**, 149^v
- Item aldus salmen kesen die genne die dath gylthrecht verwaren sulle **MS 8° NA 5255**, 118^v
- Soe welck persoen, man offthe wyjff, bynnen unße stath off bynnen lande **MS 8° NA 5255**, 137^r
- Wy Karle, van der genadenn godes hartoch van Gelre und van Gulych und […] grave van Sutphenn etc. doen kunth **MS 8° NA 5255**, 111^v
- Wy Karle, van der gnade Gotz hertoge van Gelre ende van Gulich ende greve van Zutphen […] doen kond **MS 8° NA 5255**, 139^r

Personen-, Orts- und Sachregister

Vorbemerkungen:

Siglen: (S) = Scriptor (Schreiber), (P) = Possessor (Vorbesitzer)
Abkürzungen: Bf. = Bischof; Hl. = Heilige(r)
Namenseinträge mit Angabe eines Werktitels beziehen sich auf Autoren, Namenseinträge ohne Werktitel auf eine Erwähnung der jeweiligen Person in der Handschrift. Die Namensansetzung folgt bei bekannten Personen in der Regel der Gemeinsamen Normdatei (GND). Bei in der GND nicht erfassten Namen erfolgt die Ansetzung zumeist nach dem Familien- bzw. Herkunftsnamen. Die italienischen Personennamen werden, je nach Schreibung in der Handschrift, in lateinischer oder italienischer Sprache angegeben, teilweise mit dem Verweis auf den Vatersnamen: f. = filius, q. = quondam. Wenn eine in der Handschrift mit dem lateinischen Namen genannte Person in der Forschung bereits mit ihrem italienischen Namen bekannt ist, werden beide Formen angegeben. Bei einer unsicheren Lesung des Namens wird der entprechende Namensbestandteil kursiv gesetzt bzw. in eckigen Klammern eine mögliche Ergänzung vorgeschlagen.

Abdo, Hl. **MS nov. 2**, 1rb
Abundius, Comensis, Bf., Hl. **MS 4° R 6351**, 290^r
Accursius, Florentinus
– Glossa ordinaria zum Digestum vetus, Fragmente **MS nov. 7**, Nr. Ia–XIVa
Adeln Petri (Adelupetri), Petrus / Porc(ell)is, Petrus de (S) **MS 2° E 2785**, 57va, 225rb
Ado Viennensis
– Martyrologium, Fragment **MS nov. 3**, 10u^{va}, 17u^{va}, 18o^{ra}
Agapitus, Hl. **MS nov. 3**, 19u^{ra}
Ägidius, Abt, Hl. **MS nov. 3**, 33u^{ra}
Agnellis, Familie in Mantua, erwähnte Mitglieder
– Carolus / Carlo de **MS 2° R 6593**, 156ra
– Hector de **MS 2° R 6593**, 164^r
Agnes, Hl. **MS 2° Philos. 373**, 9va
Agricola, Johannes
– Der X. Psalm ausgelegt …, Druck, Fragment **MS nov. 1**
– Die Episteln durchs gantz Jar/ …, Druck, Fragment **MS nov. 1**
– Publius Terentius Afer, Commoedia ‚Andria', mit dt. Übersetzung, Druck, Fragment **MS nov. 1**
Akten
– Bruderschaft der Zimmerleute von Vicenza **MS 8° R 7520**, 1^r, 26^v
– Gründung der Universität Erfurt **MS 4° H 3365/3**, 213^r, 228^r
– Prozesse kirchlicher Gerichte, Frankreich **MS nov. 6**
Alban, von Mainz, Hl. **MS 2° Philos. 373**, 9va
Albergottis, Franciscus de
– Tractatus de cicatricibus **MS 8° A 13703**, 177^r
Albricius, Lucius / Albrici, Lucio (Como) **MS 4° R 6351**, 28^r
Aldrovandis, Bartholomeus de (Mantua) **MS 2° R 6593**, 152va
Alexander VI., Papst, Mandat **MS 4° R 7786**, Bl. V
Alfonso I. d'Este, Herzog von Ferrara **MS 2° R 6593**, 167^v
Allegretti, Jacobo (Forli) **MS 4° E 5162**
Alleurus, Johannes (Foligno) **MS 2° E 2785**
Alphabet → Federproben

Altavilla, Familie in Vicenza, erwähnte Mitglieder
- Bapista q. Jacobi de   MS 8° R 7520, 27^r
- Jacobus de   MS 8° R 7520, 27^r
- Johannes Baptista de   MS 8° R 7520, 26^v

Altmann, Assessor   MS 4° Ph. 1767

Ambrosius Mediolanensis
- De mysteriis, zitiert   MS nov. 5, 122ra
- Expositio evangelii secundum Lucam, Auszüge   MS nov. 3, 5o–u^{va}; MS nov. 4/2, 8va
- → Officia Ambrosii

Anacletus, Papst → (Ps.-) Isidorus / Isidorus Mercator, Collectio Decretalium

Anastasius, Bibliothecarius
- Historia de vitis pontificum, Auszug   MS nov. 3, 1o^{vb}

Anastasius, Persa, Hl.   **Fragment 37**

Ancharano, Petrus de
- erwähnt   MS 2° H 797/1
- In quinque Decretalium libros comentaria, Druck   MS nov. 4/1, 4/2, Trägerband
- Super sexto Decretalium comentaria, Druck   MS nov. 4/1, 4/2, Trägerband

Andreae, Johannes
- Glossa in Clementinas   MS 4° A 10842, 3ra
- Lectura super arborem consanguinitatis et affinitatis, Verweis   MS 4° B 6023, 120^v
- Novella, zitiert   MS 4° B 6023, 35^r

Andreas, Apostel   MS nov. 2, 7va

Andriasiis, Marsilius / Andreasi, Marsilio de (Mantua)   MS 2° R 6593, 155ra

Angelus de Gambilionibus
→ Corpus iuris civilis
- Lectura in titulum de actionibus, Tabula zu   MS 2° E 2785, 1^r, 2ra
- Lectura super titulo de actionibus Institutionum   MS 2° E 2785, 61^r
- In quatuor Institutionum libros comentaria, Verweis   MS 2° E 2785, 225va

Anghannuccij, Antonius (Siena)   MS 4° R 7536, 13^v

Anna, Hl.   MS nov. 3, 12o^{va}

Antonius, Abt, Hl.   MS 2° **Philos. 373**, 9ra

Antonius, Nicolaus Johannes (Como)   MS 4° R 2425, 4^r

Anzololis, Leonelus de (Vicenza)   MS 8° R 7520, 19^v

Apetczko → Colo, Apicius
- Promptuarium iuris canonici   MS 4° B 2668, 167^r

Apolda, Johannes von (Erfurt)   MS 4° H 3365/3, 215^v

Apollinaris, Bf., Hl.   MS nov. 3, 10u^{ra}

Appiano Gentile (Ort bei Como),
- Eintrag über Verkauf von Wein   MS 4° R 2425, 119^v

Aquino, Thomas de
- Catena aurea in Lucam, zitiert   MS nov. 5, Nr. 12, I^{va}
- Catena aurea in Matthaeum, zitiert   MS nov. 5, 126ra
- In IV Sententiarum, zitiert   MS nov. 5, Nr. 11,II^{va}
- Summa theologiae, zitiert   MS nov. 5, 109va, 126ra, Nr. 10,II^{ra}, Nr. 13,I^{ra}

Arbor affinitatis / Arbor consanguinitatis
- Lectura super arborem consanguinitatis et affinitatis → Andreae, Johannes
- → Schemata

Ardunis / Ardunus Leonardus de (S) (Siena)   MS 4° R 7536, 14^r

Arezzo → Provenienz I

Arimino, Albertutius de (S)   MS 4° E 5162

Arimino, Johannes W[...]   MS 4° E 5162, Bl. V

Arivabenis (Arrivabene, Arrivabenis, Arrivabenus), Familie in Mantua, erwähnte Mitglieder
- Christophorus / Cristoforus de   MS 2° R 6593, 153va, 165^r
- Giacomo de   MS 2° R 6593, 170ra
- Jacobus   MS 2° R 6593, 171rb
- Johannes   MS 2° R 6593, 88^v
- Petrus / Pietro de   MS 2° R 6593, 156ra
- Philippus   MS 2° R 6593, 171ra
- Turrius de   MS 2° R 6593, 165^r

Arolsen, Bad
- Augustiner-Chorherrenstift Volkhardinghausen (P)   4+ C 6463
- Fürstlich Waldecksche Hofbibliothek (P)   4+ C 6463

– Speyer, August (Bibliothekar, Buchhändler) 4+ C 6463
Ars notariae MS 4° E 850, 1ʳ
Aschaffenburg
– Stift St. Peter und Alexander
– – Kanoniker, Scholaster → Plaghal, Siegfried
– Ausstellungsort Urkunde MS 4° H 3365/3, Fragment 1
Auctor incertus
– Sermones suppositi de tempore, Sermo 145: In Quadragesima, Fragment MS nov. 4/1, 5ʳᵃ
Auerbach, Johannes
– Directorium curatorum MS 4° B 2668, 130ᵛ
– Tractatus de restitutionibus (?) MS 4° B 2668, 156ᵛ
Augustinus, Aurelius
– Hl. MS nov. 3, 31oᵛᵇ
– In Iohannis evangelium tractatus, Auszüge MS nov. 4/1, 4ᵛᵃ; **Fragment 29**, 1ʳᵃ
– Sermo 99, Fragment MS nov. 3, 9o+9uʳᵃ
– Sermo 104, Fragment MS nov. 3, 25o–25uᵛᵃ
– Sermo 196, Fragment MS nov. 3, 1o+1uᵛᵃ
– Sermo 301, Fragment MS nov. 3, 8o+8uʳᵃ
– Sermo 307, Fragment MS nov. 3, 32uᵛᵃ
Aureus de utraque potestate libellus, Druck **Fragment 109**, Trägerband
Aurificibus, Bartholus de (Vicenza) MS 8° R 7520, 23ᵛ
Aurora → Apparatus super Summa notariae
Aurora nova → Plebe sancti Stephani, Albertus de
Ausonius, Decimius Magnus
– Eclogarum Liber, Auszüge **Fragment 14**, 1ʳ
Autograph
– → Dryburg, Konrad von
Autun → Provenienz I; Liber sacramentorum Augustodunensis
Avianus (Aviano), Familie in Vicenza, erwähnte Mitglieder
– Augustinus q. domini Joannisjacobi de MS 8° R 7520, 43ᵛ
– Franciscus MS 8° R 7520, 38ʳ

– Joannes Jacobus de MS 8° R 7520, 43ᵛ
Baisio, Guido de, zitiert MS 4° A 10842, 1ᵛᵃ
Baldo, Familie in Vicenza, erwähnte Mitglieder
– Guido Merzaro MS 8° R 7520, 41ʳ
– Michael de MS 8° R 7520, 6ʳ, 20ʳ
– Thomasius / Tomasinus q. Michaelis de MS 8° R 7520, 6ʳ, 20ʳ
Baldunciis, Bartholomeus de (Vicenza) MS 8° R 7520, 21ᵛ
Baldus de Ubaldis
– Additio ad tractatum de duobus fratribus invicem habitantibus MS 8° A 13703, 150ᵛ
– Consilia MS 8° A 13703, 174ᵛ
– Tractatus de venditione rei minoris MS 8° A 13703, 178ʳ
Baliachis, Familie in Como, erwähnte Mitglieder
– Aluisius de MS 4° R 2425, 23ᵛ
– Nicolaus de MS 4° R 2425, 13ʳ
Bamberg
– Domvikarie → Plaghal, Siegfried
– Pfarrei Michelbach, erwähnt MS 4° A 10842
– Ratsjurist → Plaghal, Siegfried
Band[...], Antonius Bartholomeus (Brenna) MS 4° R 7536, 9ᵛ
Bardowick (Lkr. Lüneburg)
– Kanonikerstift, Propst → Dryburg, Konrad von
Barnabas, Hl. MS 2° Philos. 373, 10ʳᵃ
Bartholomaeus, Brixiensis
– Bearbeitung der Glossa ordinaria des Johannes Teutonicus MS 2° H 2328, 1ʳ
Bartolus de Saxoferrato
– Consilia MS 8° A 13703, 174ᵛ
– Quaestio VI MS 8° A 13703, 133ʳ
– Tractatus de alimentis MS 8° A 13703, 140ʳ
– Tractatus de carceribus MS 8° A 13703, 171ʳ
– Tractatus de duobus fratribus invicem habitantibus MS 8° A 13703, 144ᵛ
Basel
– Universität, Rektor → Brandenburg, Hildebrand

Basilidis und Gefährten, Hl. **MS 2° Philos. 373**, 10ra
Bassen, Derck Reynier van, Bürgermeister von Arnhem **MS 8° NA 5255**
Basso, Paulo (Vicenza) **MS 8° R 7520**, 37^r
Bauducis, Ludovico de (Como) **MS 4° R 2425**, 107^r
Beatrix, von Rom, Hl. **MS nov. 3**, 15u^{ra}
Becker, Hartmann von Eppingen
- Lectura super libros Institutionum **MS 4° B 6023**, 3^r
Beda, Venerabilis
- In Lucae evangelium expositio, Auszug **4+ C 6463**, Fragm. 1, 1^v
- In Marci evangelium expositio, Auszug **MS nov. 4/1**, 3ra
Beispielurkunden → Ars notariae
Belaggio (Ort bei Como), erwähnt **MS 4° R 6351** 297^v
Belvisio, Jacobus de, Verweis **MS 2° E 2785**, 34^r
Benecca[...], Martinus Angelinus **MS 4° E 5162**, Fragment
Benedictus, de Nursia, Hl. **MS 2° Philos. 373**, 13rb
Benedictus, Lazarus / Benedetto, Lazzaro da Montalcino (S) (Montalcino, Siena, Sinalunga) **MS 4° R 7536**, 12^v
Bentius, Franciscus (Como) **MS 4° R 6351**, 28^v
B[er?]*bazano*, Familie in Vicenza, erwähnte Mitglieder **MS 8° R 7520**, 23^v
- Christophorus de
- Johannes Traversinis de
Berlin
- Druckwerkstatt → Weiss, Hans
Bernardus Claraevallensis
- De consideratione, zitiert **MS nov. 5**, 8,II^{ra}
- Sermo de misericordiis, zitiert **MS nov. 5**, 9,II^{ra}
- Sermo in Dominica VI. post Pentecosten II, zitiert **MS nov. 5**, 9,II^{ra}
- Meditationes piissimae, zitiert **MS nov. 5**, 12,I^{ra-rb}
Bernhardinus von Siena, erwähnt **MS nov. 5**

Bersig (Bersius) Heilbronnensis, Ludovicus → Persig, Ludovicus
Bertachinus, Johannes
- Repertorium iuris utriusque, Druck **MS nov. 1**
Bertinoro
- Bischof → Matteis, Julianus de
Bertoldi de Fredeburg, Nicolaus (Mainz) **MS 4° H 3365/3**, 224^r
Beyer, Nicolaus (P?) **MS 4° H 3365/1**
Bibel → Evangelien
- Verweise **MS 8° A 13703**, 193^r
Biberach
- Pfarrkirche, Pfarrer → Brandenburg, Hildebrand
Biener, Friedrich August **MS 4° H 3365/1**
Bindo, Caterino di (Brenna) **MS 4° R 7536**, 1^r
Binsförth / Binsforte, Ludwig von (Erfurt) **MS 4° H 3365/3**, 220^v, 222^r
Bisariis, Leonardus de (Vicenza) **MS 8° R 7520**, 32^v
Bissinger, Johannes **MS 4° B 6023**
Blaxinus, Antonius (Como) **MS 4° R 2425**, 38^r
Blesensis, Petrus
- Speculum iuris canonici, Verweis **MS 4° E 5162**, Fragment
Böckelmann, Johann Friedrich **MS 4° Ph. 1941**
Böcking, Eduard (P) **MS 2° B 3565**
Bogiarijs, Jeronimus de (Como) **MS 4° R 2425**, 48^r
Bohicus, Henricus, zitiert **MS 4° B 6023**, 29^v
Böhlau, Hugo (P) **4+ C 6463**
Bologna
- → Provenienz I
- Bibliothek des Dominikanerklosters (P?) **MS 2° H 2328**
- Istituto delle Scienze → Magnani, Antonio (P)
- Notar → Rolandinus, de Passageriis
- Statuta civilia civitatis Bononiae, Druck **Fragment 26**, Trägerband
- Universität
- - Lehrer → Ancharano, Petrus de

– – Student → Colo, Apicius
Bolzotis, Jacobus de (Mantua) MS 2° R 6593, 153vb
Bonagentibus, Johannes filius co. Jo. Petri de (Vicenza) MS 8° R 7520, 35^v
Bonassutis, Paulus q. Bernardini de (Vicenza) MS 8° R 7520, 28^r
(Ps.-) Bonaventura
– Tabula ante celebrationem missae consideranda, Vorlage
– – De officio missae MS 4° B 2668, 120^r
Bonellus, Antonius (Vicenza) MS 8° R 7520, 1^v
Bonifatius IX., Papst
– Bulle ‚Ad nostram iam pridem notitiam' MS 4° H 3365/3, 226^v
– Bulle ‚In supreme dignitatis specula' MS 4° H 3365/3, 224^r
– Bulle ‚Praefari non est diu' MS 4° H 3365/3, 227^r
– Bulle ‚Regia circumspectio' MS 4° H 3365/3, 226^r
– erwähnt MS nov. 3
– Privileg ‚Inter ceteras felicitates' MS 4° H 3365/3, 213^r, 220^v
– Urkundenfragment MS 4° H 3365/1, Fragment, MS 4° H 3365/2, Fragment, hinterer Spiegel
Bonn
– → Cohen, Max, und Sohn, Buchhandlung (P)
– → Lempertz, M., Auktionshaus (P)
– Universität → Böcking, Eduard (P)
Bormio (Ort in Südtirol), erwähnt MS 4° E 850, 150^v
Bourges
– Erzbischöfliches Gericht, Akten MS nov. 6
Brago, Petrus de (Piona) MS 4° R 2425, 114^r
Brandenburg → Provenienz I
Brandenburg, Hildebrand (P) MS 4° B 6023
Brandis, Moritz, Drucker → Leipzig
Breitenbach, Heinrich von (Erfurt) MS 4° H 3365/3, 215^v
Bremen, Bistum
– Papsturkunde für geistliche Einrichtung MS 4° H 3365/1, Fragment

Brenna (Ortsteil von Sovicille bei Siena)
– → Provenienz I
– Notare, erwähnt
– – → *Band*[...], Antonius Bartholomeus; Grimanij (Gennari), Johannes filius ser Antonii
– Statutari, erwähnt
– – → Bindo, Caterino di; Donato, Francio di; Matteio, Meio di; Mazza, Tonio di; Nino, Meio di; Piero, Tonio di; Riguccio, Mone di; Roncone, Galgano di
– → Statuti e ordinamenti del commune di Brenna presso Siena
Breslau
– Domkapitel → Colo, Apicius
Breviarium
– Franciscanum, Auszug aus dem Sanctorale, Fragmente MS nov. 3, Bl. 1
– Proprium de tempore, Fragmente MS 2° Philos. 373, Teil I, Bl. 1–4
Brief
– moderne Beilagen → Frings, Theodor; Güntzel, Paul; Glauning, Otto; Härtwig, Hildegard, Leidinger, Georg; Scharpé, Louis; Schulz, Karl
– → Schaffer, Johann
Brunonis, Galisto (Vicenza) MS 8° R 7520, 31^r
Buchschmuck
– Initialen
– – Deckfarbeninitiale MS 2° H 797/1–2; **Fragment 29; Fragment 37**
– – Feldinitiale MS 2° R 6593; MS 4° E 5164; MS 8° A 13703
– – Fleuronnéinitiale MS 2° B 3565; MS 2° E 2785; MS 2° H 797/2; MS 2° H 2328; MS 2° R 6593; MS 2° R 7787; MS 4° A 10842; MS 4° B 2668; MS 4° B 6023; MS 4° E 850; MS 4° E 5164; MS 4° R 6739; MS 4° R 7536; MS 8° NA 5255; MS 8° P 14110; MS 8° R 7520; MS nov. 2; MS nov. 3
– – Silhouetten-Initiale MS 2° H 2328
– Ornamente MS 2° H 2328; **Fragment 29; Fragment 47**
– – Akanthusranke MS 2° H 797/1–2

– – Gesicht MS 4° E 850; MS 8° NA 5255
– – Tier MS 2° B 3565, Nr. 15–16; **Fragment 37**
– Zeichnung
– – Bischofsstab MS 4° B 6023, 21^v
– – Burg MS 2° E 2785, 246va; MS 2° 4° R 2425, 119^v
– – Drolerie MS 2° E 2785, Fasz. I
– – Figur MS 2° B 3565, Nr. 1–2; MS 2° E 2785, Fasz. 1,2; MS 4° E 850
– – Gesichter MS 2° E 2785, 193vb; MS 4° E 850, 82^v; MS 4° B 6023, 1^r, 62^r; MS nov. 7
– – König MS 8° P 14110, 106^r
– – Krone MS 4° B 6023, 21^r
– – Mönch MS 2° E 2785, 184va; MS 8° P 14110, 53^v, 115^r
– – Münze MS 2° E 2785, 158va
– – Pferd MS 2° B 3565, 2rb; MS 2° E 2785, 279vb, 295rb; MS 4° B 6023, 1^r
– – Profilfratze MS 2° E 2785, Fasz. 1; MS 4° B 6023; MS 8° R 7520
– – Tier/Tierkopf MS 2° B 3565, 1rb, 16ra; MS 2° E 2785, Fasz. I/II
– – Wappen MS 8° A 13703
– – Weitere MS 2° E 2785, Fasz. 2; MS 4° B 6023
Buch- und Schriftwesen
– alte Bibliothekssignatur MS 2° B 3565, 3^r, 4^r; MS 2° H 797/1–2, vord. Spiegel; MS 4° H 3365/1–3, VD; MS 4° R 7786, Titelbl.; MS 8° NA 5255, 1^v
– Kaufeintrag MS 2° B 3565, 13^r; MS 4° H 3365/1, I^r; MS 4° H 3365/2, I^r; 4+ C 6463, Vorsatzbl.
– Lesezeichen (Fragmente) MS 4° H 3365/2–3
– Palimpsest (?) **Fragment 26**
– Schenkungseintrag MS 4° B 6023, I^r
– Zeigehände MS 2° B 3565; MS 2° E 2785; MS 2° R 7787; MS 4° A 10842; MS 4° B 6023; MS 4° E 5162; MS 4° H 3365/1; MS 4° H 3365/3; MS 8° A 13703; MS 8° R 7520; MS nov. 7; **Fragment 29**
– → Autograph; Datierung der Handschriften; Einbände; Exlibris; Federproben; Findehilfen; Kolophon; Notariatszeichen; Schreiber; Schreibereinträge; Verwaltungsschriftgut
Bulle, päpstliche → Bonifatius IX., Papst; Innocentius VII., Papst
Bülow, Friedrich Gottlieb von (P) MS 4° H 3365/1–3
Burchis, Ludovicus de (Mantua) MS 2° R 6593, 166^r
Burgo portae novae, Antonio de (Vicenza) MS 8° R 7520, 43^v
Butius (Buzius), Franciscus / Butio (Buzzi), Francesco (Como) MS 4° R 6351, 28^v
Butrio, Antonius de
– Repertorium in iure civili MS 2° H 797/1, 1ra; MS 2° H 797/2, 1ra
– Verweise MS 2° E 2785, 26ra
Buxheim, Kartause
– Bibliothek MS 4° B 6023
– Donatpriester → Brandenburg, Hildebrand
Buzis, Georgio de (Como) MS 4° R 2425, 34^r
Buzzi → Butius / Buzius, Franciscus
Cäcilia, Hl. MS nov. 2, 7ra
Cælium, Nicolaus (Como) MS 4° R 2425, 4^r
Caesarius Lucinus, Julius → Cesare Lucini, Giulio
Calixtus I., Papst, Hl. MS nov. 2, 6vb
Callepini, Jacobus → Gallepini, Jacobus
Campacius / Campatio, Franciscus Maria (Como) MS 4° R 6351, 28^v
Campora, An[...?] (Mantua) MS 2° R 6593, 164^v
Campsoribus, Bonaventura de (Vicenza) MS 8° R 7520, 23^v
Camucijs, Moyse de (Vicenza) MS 8° R 7520, 24^v
Camyn, Gebhardus de → Kemyn, Gebhard
Canova (de Grabadona), Familie in Como, erwähnte Mitglieder
– Augustinus de MS 4° R 2425, 4^r
– Franciscus de San Grigorio de MS 4° R 2425, 3^r
– Johannes Baptista filius Francisci de San Grigorio de MS 4° R 2425, 3^r, 52^v, 56^v, 93^v, 116^r

- Johannes Baptista filius quondam domini Augustini de   MS 4° R 2425, 4^r
Capellis, Familie in Como, erwähnte Mitglieder   MS 4° R 2425, 56^v
- Albertus de
- Gabriel Franciscus de
Capellis, Gabriel de (Vicenza)   MS 8° R 7520, 32^v
Capitauris de Crema, Bartolomeus de (Como)   MS 4° R 2425, 49^r
Carnibus, Familie in Mantua, erwähnte Mitglieder   MS 2° R 6593, 167^r
- Antonius filius Lodovici de
- Lodovicus de
Cartrano, Nicolaus f. q. Johannis de (Vicenza)   MS 8° R 7520, 19^r
Casadeus, Simon (S)   MS 4° R 7786, 144^r
Casanova, Familie in Como, erwähnte Mitglieder   MS 4° R 2425, 23^r
- Jacobus de
- Johannes Antonius filius Jacobi de
Casate (Ort bei Mailand), erwähnt   MS 4° E 850, 28^r
Cascia
- → Rodulphus, Dominicus
- Volumina statutorum terrae Cassiae, Druck   MS nov. 5, Trägerband
Cassia, Andreas Antonius de (Collescipoli)   MS 4° R 7786, Nr. 2
Cassianus, von Imola, Bf., Hl.   MS nov. 2, 2va
Cassiodorus
- Expositio psalmorum, zitiert   MS nov. 5, 8,II^{ra}
Castro, Paolo di → Statuta populi et communis Florentiae
Casus, qui de iure civili puniuntur ad mortem, Verweise → Corpus iuris civilis   MS 8° A 13703, 179^r
Caternus, Arnulphus (Mantua)   MS 2° R 6593, 171rb
Celsus, Treverensis, Hl.   MS nov. 3, 14u^{va}
Cepolla, Bartholomäus
- De servitutibus praediorum, Druck   MS 2° E 2785, Bl. 231
Cerabolanus, Jacobus a (Vicenza)   MS 8° R 7520, 5^r

Cermenate, Franciscus de (Como)   MS 4° R 2425, 16^v
Cerraius, Franciscus (Vicenza)   MS 8° R 7520, 33^r
Cesare Lucini, Giulio (Como), vgl.   MS 4° R 6351, 29^r
Chieregatis, Familie in Vicenza, erwähnte Mitglieder
- Ieorgius Caromierus de   MS 8° R 7520, 19^r
- Simandius / Simandio de   MS 8° R 7520, 1^v
Christina, von Bolsena, Hl.   MS nov. 3, 10u^{ra}; Fragment 37, 1ra
Chrysogonus, von Aquileia, Hl.   MS nov. 2, 7va
Chrysostomus, Johannes, Verweis   MS nov. 5, 14,I^{ra}
(Ps.-) Chrysostomus, Johannes
- Opus imperfectum in Matthaeum, Auszug   MS nov. 3, 11u^{ra}
- Sermo de Moyse   MS 2° Philos. 373, 2vb
Ciccarelli, Stephanus (Collescipoli)   MS 4° R 7786, Nr. 1
Cicero (Ciceri / Ciseris / Cixero), Familie in Como, erwähnte Mitglieder   MS 4° R 6351, 28^r
- Septimius
- Severinus / Severino (S)
- Tullius
Cicero, Marcus Tullis
- Laelius de amicitia, zitiert   MS nov. 5, 113vb
Cincius (S)   MS 4° R 7786, Nr. 1–3
Ciseris / Cixero de → Cicero, Familie (Como)
Civiash (Ort bei Como), erwähnt   MS 4° E 850, 7^v
Cividado, Antonio de (Vicenza)   MS 8° R 7520, 35^v
Cixeris, Dominicus (Vicenza)   MS 8° R 7520, 25^v
Clausen, Carlo (P)   MS 4° R 7786
Clemens I., Papst, Hl.   MS nov. 2, 7rb
Clementinae → Corpus iuris canonici
Clericis, Familie in Como, erwähnte Mitglieder
- Franciscus de   MS 4° R 2425, 65^v
- Iacobus de   MS 4° R 2425, 54^r
- Jordanus de   MS 4° R 2425, 65^v

- Paulinus de MS 4° R 2425, 65ᵛ
- *Salzag* (?) de MS 4° R 2425, 65ᵛ

Clichtove, Josse
- De vera nobilitate opusculum, Druck **Fragment 109**, Trägerband

Clivone, Janbernardus de (Vicenza) MS 8° R 7520, 23ʳ

Coburg
- Kreuzkirche, Pfarrer → Pertsch, Johann Heinrich

Codex Iustinianus → Corpus iuris civilis

Cohen, Max, und Sohn, Buchhandlung, Bonn (P) MS 4° 10842

Cohn, Albert, Antiquariat, Berlin **Fragment 109**, Trägerband

Collescipoli → Terni

Collis, Augustinus de (S) MS 4° R 7786, Nr. 7

Colmar
- Souveräner Rat des Elsass, Präsident → Corberon, Nicolas de

Colo, Apicius → Apetczko

Colzade, Familie in Vicenza, erwähnte Mitglieder
- Albertus de MS 8° R 7520, 21ʳ
- Gualdinelo de MS 8° R 7520, 23ʳ
- Marchabrunus filius Alberti de MS 8° R 7520, 21ʳ

Commentaria in evangelium sancti Matthaei → Evangelien

Commentaria in evangelium sancti Iohannis → Evangelien

Commentarius in Epistolas apostolicas, dt.
- Druck, Fragment MS nov. 1

Como
- → Provenienz I
- Collegium iurisconsultorum, Mitglieder MS 4° R 6351, 28ʳ
- − → Albricius, Lucius; Bentius, Franciscus; Butius (Buzius), Franciscus / Butio (Buzzi), Francesco; Campacius / Campatio, Franciscus Maria; Cicero, Septimius; Cicero, Severinus; Cicero, Tullius; Corenus, Joannes Petrus de; Corticella, Joannes Antonius; Gagius, Carolus; Grippus, Antonius; Grippus, Hieronymus; Lambertengus, Appolonius; Lambertengus, Balthasar; Lambertengus, Johannes Baptista; Lucinus, Joannes Antonius; Lucinus, Julius Cesar; Lucinus, Octavius; Lucinus, Petrus Antonius; Madius, Johannes Baptista / Maggio, Giovanni Battista; Magnoghaballius Alexander; Magnogaballius, Franciscus; Magnogaballius, Papirius; Magnogaballius, Petrus Antonius; Masalius, Joannes; Matiis, Jeronimus filius domini Christophori; Mugiasca (Mugiascha) de, Mainus; Natta, Johannes Antonius; Odescalcus, Antonius; Odescalcus, Raimundus; Olginatus, Alexander; Orchius, Hieronymus alias Paravicinus; Pantherius, Franciscus; Paravicinus, Johannes Mattheus; Pellegrinis, Antonius de; Peregrinus, Hieronymus; Peregrinus, Ludovicus; Peregrinus, Philippus; Porta, Amantius; Porta, Lucas Antonius; Raimondus, Franciscus; *Rezo*[nicus?], Camillus; Rezonicus, Hieronimus; *Ru*[...], Cornelius; Turconius, Ludowicus; Turconus, Aluisius; Turrianus, Caspar; Turrianus, Paulus; Zegalinus, Marianus
- Collegium notariorum civitatis et episcopatus Cumarum MS 4° E 850
- − − Formularium instrumentorum civitatis Comensis MS 4° R 2425, 5ʳ
- Consilium generale, Mitglieder MS 4° R 2425, 23ʳ
- − − → Baliachis, Aluisius de; Casanova, Johannes Antonius filius Jacobi de; Furmento, Adulbertus de; Lavizariis, Johannes de; Muralto, Cristoforo; Porta, Antonius de la; Raymondis, Andreas de; Ruscha, Rauazinus; Valle, Johannes de
- Festkalender der Stadt MS 4° R 6351, 290ʳ
- Notare
- − − → Baliachis, Nicolaus de; Canova (de Grabadona), Johannes Baptista filius magistri Francisci de San Grigorio de; Cermenate, Franciscus de; Clericis, Iacobus de; *Fanes* (?), Johannes Stefanus de; Gregorio, Nicolaus de; Lauizarijs, Christophorus de; Madiis, Abondius de (S);

Porta, Paulus de la; Someliana, Abundius filius quondam Johannis de; Stampa, Aeneas filius Joannis Petri de Grabadona de; Stampis, Baptista de; Stupanis, Antonius de; Taleaxiis (de Grabadona), Paulus filius quondam ser Antonii de; Vulpis, Antonius de
– Orte
– – Basilica Sant' Abbondio **MS 4° R 6351**, 290^r
– – Cattedrale di Santa Maria Assunta **MS 4° R 6351**, 290^r
– Statuten
– – erwähnt **MS 4° R 2425**, 52^r, 73^v, 83^v
– – → Statuta civitatis et episcopatus Cumarum
– – → Statuta Collegii iurisconsultorum Comensium, Druck
– weitere erwähnte Personen
– – → Antonius, Nicolaus Johannes; Bauducis, Ludovico de; Blaxinus, Antonius; Bogiarijs, Jeronimus de; Buzis, Georgio de; Cælium, Nicolaus; Canova (de Grabadona), Antonius de; Canova (de Grabadona), Franciscus de San Grigorio de; Canova (de Grabadona), Paulus filius quondam ser Antonii de; Capellis, Albertus de; Capellis, Gabriel Franciscus de; Capitauris de Crema, Bartolomeus de; Casanova, Jacobus de; Clericis, Franciscus de; Clericis, Jordanus de; Clericis, Paulinus de; Clericis, *Salzag* (?) de; Curtis, Iohannes Baptista de; Estorolus, vicecomes; Ferarii, Ieronimus de; Ferarii, Petrus filius ser Ieronimi de; Fontanella, Ruchinus de; Gal(l)is, Maffiolus de; Laurantibus, Julianus de; Malaspine, Antonius; Matiis, Christophorus de; Monte, Donatus de; Monte, Montolus filius ser Donati de; Moronis Jacobus de; Moronis, Nicolaus de; Paraviccino, Antonius; Pellegrinis, Jacobus de; Peregrinis, Franciscus de; Perlascha, Eusebius de; Ripa, Johannes de; Ripa, Petrus de; Sala, Abundius de; Salla, Michaelle de; Schenardis, Antonius de; Schenardis, Franciscus de; Schenardis, Marcus de; Someliana, Johannes de; Stampa, Joannes Petrus de Grabadona; Stupanis, Laurentius de; Suganapis, Antonius de; Suganapis, Blaxinus de; Suganapis, Donatus de; Suganapis, Johannes de; Taleaxiis (de Grabadona), Antonius; Utonibus de Bellavo, Antonis de; Vachanis, Leo de; Volpi, Gianantonio; Zaf(f)aronibus, Nicolaus de

Conradus Dryburg → Dryburg, Konrad von

Consilia
– → Curtius, Franciscus
– Consilia zu Eigentumsfragen → Baldus de Ubaldis; Bartolus de Saxoferrato; Cusino, Marianus de

Constantia, Lodovicus de (Mantua) **MS 2° R 6593**, 154ra

Corberon, Nicolas de (P) **Fragment 109**

Corenus / Coreno, Joannes Petrus de (Como) **MS 4° R 6351**, 28^v

Corneto, Tancredus de
– Summa quaestionum Compendiosa **MS 8° A 13703**, 1^r

Coro, Bortolamio (Vicenza) **MS 8° R 7520**, 37^r

Corpus iuris canonici
– Clementinae, Exzerptsammlung **MS 4° A 10842**, 1rb
– Collectio Decretalium → (Ps.-) Isidorus
– Decretales Gregorii IX.
– – Auszüge **MS 4° B 6023**, 2rb
– – mit Glosse des Bernardus Parmensis, Druck **MS nov. 1**
– – In quinque Decretalium libros commentaria, Druck → Ancharano, Petrus de
– – Lectura primi, secundi et quinti libri Decretalium → Dryburg, Konrad von
– – Repetitio zu X 1.40.5, c. ‚Sacris est canonibus' **MS 4° H 3365/1**, 314^r
– – Repetitio zu X 1.41.10, c. ‚Beneficio restitutionis' **MS 4° H 3365/1**, 318^r
– – Repetitio zu X 2.24.28, c. ‚Cum contigat de iure iurando' → Imola, Johannes de
– – Repetitio zu X 3.5.25, c. ‚Dilecto filio' **MS 4° H 3365/3**, 1^r
– – Tituli Decretalium Gregorii IX versificati **MS 4° B 2668**, 236^v

– – zitiert MS nov. 5, Nr. 8, II^ra
– Decretum Gratiani MS 2° H 2328, 1^r
– – Glossa ordinaria → Johannes Teutonicus; Bartholomaeus, Brixiensis
– Liber Sextus
– – Exzerptsammlung MS 4° A 10842, 1rb
– – Super sexto Decretalium comentaria, Druck → Ancharano, Petrus de'
– – → Monachus, Johannes
– Sammlung päpstlicher Bullen zum Schisma MS 4° H 3365/3, 226^r
Corpus iuris civilis
– allg.
– – Corpus Iuris Civilis, cum glossa, Druck MS nov. 1; MS nov. 2, Trägerbände
– – → Expositio titulorum legalium
– – Laudatio iuris civilis → Valla, Laurentius
– – Repertorium in iure civili → Butrio, Antonius de
– – Repertorium iuris, Druck → Monte, Petrus
– – Repertorium iuris utriusque, Druck → Bertachinus, Johannes
– Codex Iustinianus
– – Auszüge MS 2° B 3565, Nr. 15/16
– – Verweis MS 4° B 6023, 2^r; MS 8° A 13703, 179^r
– – mit Glossa ordinaria MS nov. 6
– Digesten
– – allg.
– – – Trägerbände MS 2° Philos. 373; MS 4° Ph. 1941
– – – Auszüge MS 4° B 6023, 2rb
– – Digestum infortiatum, Auszüge MS 2° B 3565, Nr. 4/5
– – Digestum infortiatum mit Glossa ordinaria, Auszüge MS 2° B 3565, Nr. 6–12
– – Digestum novum, Auszüge MS 2° B 3565, Nr. 13–14
– – Digestum vetus, Auszüge MS 2° B 3565, Nr. 1–3
– – Digestum vetus mit Glossa ordinaria, Auszüge → Accursius, Florentinus
– Institutiones
– – Lectura super libros Institutionum → Becker, Hartmann von Eppingen

– – In quatuor Institutionum libros commentaria → Angelus de Gambilionibus
Corticella (Cortexela / Cortezella), Joannes Antonius (Como) MS 4° R 6351, 28^v
Cotta, Pietro (Initiator)
– → Statuta civitatis et episcopatus Cumarum
– → Statuta civitatis Novariae
Crema, Johannes de (Mantua) MS 2° R 6593, 153vb, 154rb
Cremaschus, Baptista (Mantua) MS 2° R 6593, 171ra
Crescentia, Hl. MS 2° Philos. 373, 10rb
Curtis, Iohannes Baptista de (Como) MS 4° R 2425, 4^r
Curtius, Franciscus
– Consilia, Druck, erwähnt MS 4° E 850, 11^r
Curtonibus, Petrus Antonius de (Gravedona) MS 4° R 2425, 118^r
Cusino, Marianus de
– Consilia MS 8° A 13703, 174^v
Cyriacus → Quiriacus, Hl.
Dathus, Leonardus (S) MS 4° R 7786, Nr. 6
Datierung der Handschriften
– Datierte Handschriften
– – 1339 MS 4° E 5162
– – 1392–1395 MS 4° H 3365/1
– – 1428/29 MS 4° R 7786, Bl. III
– – 1440–1662 MS 8° R 7520, Ergänzungen
– – 1447 MS 4° R 7786, Bl. IV
– – 1458 MS 4° R 7786, Bl. IV
– – 1463 MS 2° E 2785, Fasz. I
– – 1468 MS 8° A 13703
– – 1471 MS 4° R 7786, Bl. V
– – 1476 MS 4° B 2668
– – 1492 MS 4° R 7786, Bl. V
– – 1507 MS 4° R 2425, Hauptteil
– – 1510 MS 4° E 850
– Datierung der Handschriften – Zeiträume
– – 8. Jh., Ende 4+ C 6463, Fragment 1
– – 9. Jh., 1. Viertel 4+ C 6463, Fragment 2
– – 10. Jh., 1. Hälfte **Fragment 109**
– – 11. Jh. MS 4° B 6023, Fragment 1
– – 11. Jh., 1. Hälfte **Fragment 14; Fragment 26**

– – 12. Jh., 1. Hälfte   MS 2° B 3565, Nr. 14; MS nov. 4/1; MS nov. 4/2
– – 12. Jh., 2. / 3. Viertel   **Fragment 29**
– – 12. Jh., 2. Hälfte   MS 2° B 3565, Nr. 1–2; **Fragment 37**
– – 12. Jh., letztes Viertel   MS 2° B 3565, Nr. 13, 15–16
– – 12. Jh., Ende bzw. 13. Jh., Anfang   MS 2° H 2328
– – 13. Jh., 3. oder 4. Jahrzehnt (vor 1235)   MS nov. 2
– – 13. Jh., 2. Drittel   MS 2° B 3565, Nr. 3
– – 13. Jh., 2. Viertel   MS 2° H 2328; MS 4° Ph. 1767
– – 13. Jh., 2./3. Viertel   MS 2° B 3565, Nr. 5
– – 13. Jh., letztes Viertel / 14. Jh., 1. Viertel   MS 2° B 3565, Nr. 4
– – um 1300   MS 2° **Philos. 373**, Teil II
– – 14. Jh.   MS 4° B 2668, Fragment; MS 8° A 13703, Fragment; MS 8° NA 5255, Fragment
– – 14. Jh., Beginn   MS nov. 7
– – 14. Jh., 1. Viertel   MS 2° **Philos. 373**, Teil I; **Fragment 47**
– – um 1326   MS 4° E 5162, Fragment
– – 14. Jh., 2. Drittel   MS 2° B 3565, Nr. 6–12; MS 8° P 14110
– – 14. Jh., 2. Hälfte   MS 2° **Philos. 373**, Teil III; MS 4° B 6023, Fragment 2; MS 4° E 5162, Fragment
– – um 1388–1395   MS 4° H 3365/2, Fragment 1
– – um 1392–95 (1392/93)   MS 4° H 3365/2
– – 14. Jh., letztes Jahrzehnt (Januar 1395?)   MS 4° H 3365/1, Fragment
– – um 1395–98   MS 4° H 3365/3
– – wohl 1398   MS 4° H 3365/3, Fragment 1
– – 14. Jh., Ende   MS 4° H 3365/2, Fragment 2
– – 14. Jh., Ende / 15. Jh., Anfang   MS 2° H 797/1–2
– – 14. Jh., Ende / 15. Jh., 1. Viertel   MS nov. 3
– – 15. Jh.   MS 2° **Philos. 373**, Teil IV; MS 4° R 2425, Fragment 2
– – 1417–1421   MS 4° R 7536, Hauptteil
– – 1423–1463   MS 4° R 7536, Nachträge
– – 15. Jh., 2. Viertel (vor 1440)   MS 8° R 7520, Hauptteil
– – 15. Jh., Mitte   MS nov. 5
– – um 1455–1464   MS 2° R 7787
– – 15. Jh., 2. Hälfte   MS 4° H 3365/3, Fragment 2; MS 4° R 2425, Fragment 1
– – 1460–1485   MS 4° R 6739
– – um 1462/63   MS 4° B 6023
– – 1462–1517   MS 2° R 6593, Fasz. I (Nachträge)
– – um 1464   MS 4° R 6351
– – um 1464–1469   MS nov. 6
– – um 1465–1470 (wohl 1466)   MS 4° Ph. 1941
– – 15. Jh., 7. Jahrzehnt   MS 4° E 5164
– – 15. Jh., 7. oder 8. Jahrzehnt (nach 1462)   MS 2° R 6593, Fasz. I
– – um 1470–1475   MS 4° A 10842
– – um 1480–1490   MS nov. 1
– – um 1487   Inc 4+ E 3366, hinterer Spiegel
– – 1507–1590   MS 4° R 2425, Nachträge
– – 16. Jh., 4. Jahrzehnt (nach 19.03.1537)   MS 8° NA 5255
– – 16. Jh., 6. Jahrzehnt   MS 2° R 6593, Fasz. II
– – um 1605   MS 4° R 6351, neuzeitliche Beigaben
Decem milium militum   MS 2° **Philos. 373**, 10vb
Decretalia → Corpus iuris canonici
Decretum Gratiani → Corpus iuris canonici
Dedicatio ecclesiae → Missale Franciscanum
Delphinus (Delfino), Familie in Mantua, erwähnte Mitglieder
– Antonius   MS 2° R 6593, 170ra
– Julius / Giulio   MS 2° R 6593, 171ra
Deutschsprachige Texte
– – → Agricola, Johannes (Drucke); Eike von Repgow, Sachsenspiegel; Heinrich von Veldeke, Servatius; Lectionarium, Druck; Magdeburger Dienstrecht; Synonima apotecariorum, Register (?)

- Übersetzungen lat. Begriffe MS 4° Ph. 1941
- → Urkunde, Fragment; Verse, Gedicht; Verse, in Geheimschrift; Weichbildchronik; Weichbild-Vulgata

Dictionarium philologicum latinum, erwähnt **MS nov. 1**

Digesten → Corpus Iuris Civilis

Dinon[e], Petrus de **MS 4° E 850**, 7^v

Dionysius, von Paris, Hl. **MS nov. 2**, 6va

Dodd, Samuel (P) **MS 8° P 14110**

Dominicus, Hl. **MS nov. 2**, 1^v, 5^r

Dominicus, Marcus (Vicenza) **MS 8° R 7520**, 23^v

Donato, Alouisius (Vicenza) **MS 8° R 7520**, 26^v

Donato, Francio di (Brenna) **MS 4° R 7536**, 1^r

Donesmontis, Johannes Thomeus de (Mantua) **MS 2° R 6593**, 154ra

Drucke
- Drucke des 15. Jh.s
- - → Bertachinus, Johannes; Cepolla, Bartholomäus; Durantis, Guillelmus; Gregorius IX., Papst, Decretales; Meffreth, Sermones de tempore et de sanctis; Monte, Petrus; Oriano, Lanfrancus de; Tractatus plurimi iuris
- Drucke des 16. Jh.s
- - → Agricola, Johannes; Ancharano, Petrus de; Aureus de utraque potestate libellus; Clichtove, Josse; Corpus Iuris Civilis, cum glossa; Eike von Repgow, Sachsenspiegel; Einblattkalender 1570; Officia Ambrosii; Repertorium in lecturas Iasonis Mayni; Repetitionum in universas iuris canonici partes ... volumina sex; Statuta civilia civitatis Bononiae → Bologna; Statuta Collegii iurisconsultorum Comensium; Volumina statutorum terrae Cassiae; Zasius, Udalricus

Dryburg, Konrad von
- Biographie **MS 4° H 3365/1**
- Lectura primi, secundi et quinti libri Decretalium **MS 4° H 3365/1–3**
- Urkunden, Erwähnung in **MS 4° H 3365/2**, hinterer Spiegel, 273^v; **MS 4° H 3365/3**, 215^v

Dulcino, Stefano de **MS 4° E 5162**, Fragment Bl. V

Duodecim fratres martyres **MS nov. 3**, 33u^{ra}

Durantis, Guillelmus
- Repertorium aureum iuris canonici, Auszug **MS 4° B 2668**, 162^v
- Speculum iudiciale, Druck **Fragment 14**; **Fragment 47**, Trägerbände

Easton, Adam
- Reimoffizium zu Visitatio BMV **MS nov. 3**, 4o+4u^{ra}
- Hymnus zu Visitatio BMV **MS nov. 3**, 5o+5u^{va}

Egmont, Karel van → Gelder, Karel van

Edward II., England, König, Urkunden **MS 8° P 14110**, 1^r

Edward III., England, König, Urkunden **MS 8° P 14110**, 1^r

Eike von Repgow
- Sachsenspiegel
- - Frühdruck, Trägerband **4+ C 6463**
- - Landrecht, Auszüge **MS nov. 1**, 7ra, 25rb
- - Lehnrecht, Auszüge **MS nov. 1**, 10ra

Einbände
- Koperteinband **MS 8° NA 5255**
- mittelalterliche und frühneuzeitliche Holzdeckelbände mit Lederbezug
- - mit Einzelstempelprägung, Werkstätten
- - - Augsburg, unbekannte **MS 4° Ph. 1767**, Trägerband
- - - Erfurt, unbekannte **MS 4° H 3365/1–3**
- - - Heidelberg, ‚Johannes Attribut II' **MS 4° B 6023**
- - - Leipzig, Hans Wetherhan, erwähnt **MS 4° B 2668**
- - - Mittelitalien **MS 4° R 7536**; **MS nov. 5**, Trägerbände
- - - nicht identifiziert **MS 4° B 2668**; **Fragment 47**, Trägerband
- - mit Rollenstempelprägung, Werkstätten
- - - Berlin, Buchbinder mit Monogrammen HR und MA **MS nov. 1 u. 2**, Trägerbände

– – – Berlin / Wittenberg, Weiss, Hans und Weiss, Hans (Erben) **MS nov. 1 u. 2**, Trägerbände
– – – Frankreich (Paris?) **Fragment 109**, Trägerband
– – – nicht identifiziert **4+ C 6463; MS nov. 6**, Trägerbände
– – – Wittenberg, Buchbinder A.M. **MS nov. 1 u. 2**, Trägerbände
– – unverziert (außer Streicheisenlinien) **MS 4° R 7536; MS 4° H 3365/1–3; MS 4° B 6023; 4+ C 6463**
– – – Halbband **MS 2° E 2785**
– neuzeitliche (16.–19. Jh.)
– – Halbband mit Leder **MS 4° R 7786**
– – Klebepappen mit geschwärztem Pergament überzogen **MS nov. 1 u. 2**, Trägerbände
– – Leder **MS 2° H 797/1–2; MS 4° E 5162; MS 8° P 14110**
– – Pappband mit Kaliko **MS 8° R 7520**
– – Pappband mit Marmor- bzw. Kleisterpapier und Leder **MS 2° R 6593; MS 4° A 10842; MS 4° E 850; MS 4° E 5164; MS 4° R 6351; MS 4° R 6739; MS 4° R 7786; MS 8° A 13703; Fragment 26**
– – Pergamentumschlag **MS 4° R 2425**
– moderne (20. Jh.) **MS 2° B 3565; MS 2° H 2328; MS 2° Philos. 373; MS 2° R 7787; MS 4° Ph. 1767; MS 4° Ph. 1941**
Einblattkalender 1570, Druck, erwähnt **MS 4° Ph. 1941**
Einträge, s. auch Federproben
– hebr. **MS 4° E 5162**, 49vb
– ital.
– – Verkauf von Wein **MS 4° R 2425**, 119^v
– lat.
– – Abgaben für die Traubenmostproduktion **MS 4° R 7536**, 14^v
– – Approbation **MS 4° R 7536**, 9^v
– – Schadensersatzforderungen **MS 4° R 7536**, 15^v
Elisabeth, von Thüringen, Landgräfin, Hl. **MS nov. 2**, 7^r
Emerentiana, Hl. **MS 2° Philos. 373**, 9va
Emilia-Romagna → Provenienz I

Encio, Petrus (Vicenza) **MS 8° R 7520**, 19^v
England
– → Provenienz I
– → Registrum brevium regum Angliae
Enkhuizen (Prov. Nordholland), erwähnt **MS 2° B 3565**, Nr. 4
Entenquack, Heinricus, erwähnt **MS 4° B 6023**, 1^r
Entequant, Johan van (S) **MS 4° B 6023**, 1^r
Enttequack, Petrus, erwähnt **MS 4° B 6023**, 1^r
Erfurt
– → Provenienz I
– Benediktinerkloster St. Peter und Paul
– – → Auerbach, Johannes, Pfründner; Treffurt, Hartung von, Abt
– Kollegiatstift St. Marien, Kanoniker und Amtsträger
– – → Binsförth, Ludwig von; Dryburg, Konrad von; Livoldi von Lüneburg, Dietrich; Siffridi, Johannes, Notar
– – Dekan **MS 4° H 3365/3**, 225^r
– Kollegiatstift St. Severi, Kanoniker
– – → Binsförth, Ludwig von, Propst; Kemyn (Camyn), Gebhard; Dryburg, Konrad von; Mugkewin, Gerwicus; Schilder, Johannes
– Protonotare der Stadt
– – → Apolda, Johannes von; Friemar, Gunther von; Gernodi, Hartung; Tennstedt, Johannes von
– Universität
– – Akten zur Gründung → Bonifatius IX., Papst
– – Bestätigung Privilegien → Innocentius VII., Papst
– – Bibliothek des Collegium universitatis, Standortregister **MS 4° H 3365/1**
– – Gründungsbulle, erwähnt **MS 4° H 3365/1**
– – Lehrer
– – → Beyer, Nicolaus; Breitenbach, Heinrich von; Geismar, Konrad von; Dryburg, Konrad von; Mollner, Ludwig; Munden, Heinrich von; Rymann von Rotenberg, Johannes; Stetefeld von Eisenach, Johannes

– – Lektoralpräbenden MS 4° H 3365/3, 213ʳ
– – Student
– – – → Auerbach, Johannes
– – Urkunde → Nassau, Johann II. von
– – weitere Personen
– – – → Pleczichin, Hartung, Procurator; Ritfogel, Hermannus
Estorolus, vicecomes (Como) MS 4° R 2425, 49ʳ
Euphemia, von Chalkedon, Hl. MS nov. 2, 5ʳᵇ
Euticius (Eutichio), Comensis, Bf., Hl. MS 4° R 6351, 290ʳ
Evangelien
– Johannes
– – In Iohannis evangelium tractatus → Augustinus, Aurelius
– – Commentaria in evangelium sancti Iohannis → Tuitiensis, Rupertus
– Lucas
– – Catena aurea in Lucam → Aquino, Thomas de
– – Expositio evangelii secundum Lucam → Ambrosius, Mediolanensis
– – In Lucae evangelium expositio → Beda, Venerabilis
– Marcus
– – In Marci evangelium expositio → Beda, Venerabilis
– Matthaeus
– – Catena aurea in Matthaeum → Aquino, Thomas de
– – Commentaria in evangelium Matthaei → Hieronymus, Sophronius Eusebius
Exlibris
– Brandenburg, Hildebrand MS 4° B 6023
– Corberon, Nicolas de **Fragment 109**, Trägerband
– Henderson, George junior MS 2° H 797/1–2
– Lee, John MS 2° H 797/1–2
– Manzoni, Giacomo MS 4° R 7536
– Speyer, Bibl. des Bischöfl. Priesterseminars **Fragment 29**, Trägerband
Expositio titulorum legalium MS 4° B 2668, 1ʳ

Fabianus, Papst **MS 2° Philos. 373**, 9ʳᵇ
Facetus
– Auszug MS 4° E 5162, Fragment Bl. Vʳ
Facinus, Johannes Maria (Mantua) **MS 2° R 6593**, 171ʳᵇ
Fanes (?), Johannes Stefanus de (Como) MS 4° R 2425, 119ʳ
Faustinus, Hl. MS nov. 3, 5uʳᵃ
Federproben
– Alphabet MS 4° R 2425, 4aᵛ, 119ᵛ
– Datierung MS 4° B 6023, 1ʳ; MS 4° E 5162, Iʳ; MS 4° R 6351, 297ᵛ
– → Facetus
– Personen- und Ortsnamen MS 4° R 6351, 297ᵛ
– weitere MS 4° E 850, 15ʳ
Felicissimus, Hl. MS nov. 3, 19uʳᵃ
Felicitas, Hl. MS nov. 2, 4ʳᵃ
Felix II., Papst, II., Hl. MS nov. 2, 1ʳᵃ; MS nov. 3, 15uʳᵃ
Feltrell[us ...], Fabri Gaudentius MS 4° E 5162, Fragment
Feltrensis → Salcius Feltrensis
Ferarii, Familie in Como, erwähnte Mitglieder MS 4° R 2425, 115ʳ
– Ieronimus de
– Petrus de filius ser Ieronimi
Ferramoscha, Hieronymo (Vicenza) MS 8° R 7520, 41ʳ
Ferrara
– Herzog → Alfonso I. d'Este
Ferrario, Galvano, (Vicenza) MS 8° R 7520, 43ᵛ
Ferreto, Familie in Vicenza, erwähnte Mitglieder
– Daniel quondam Iacobi de MS 8° R 7520, 25ʳ
– Ferretus de MS 8° R 7520, 24ᵛ
– Iacobus de MS 8° R 7520, 25ʳ
– Nicolaus Iacobi de MS 8° R 7520, 23ʳ
Ferro, Gregorio a (Vicenza) MS 8° R 7520, 26ʳ
Fięra, Baptista (Mantua) MS 2° R 6593, 171ʳᵇ
Findehilfen
– Index

– – alphabetischer MS 2° E 2785, 1ʳ, 2ʳᵃ; MS 4° R 6351, 1ʳ
– – rubricarum MS 4° R 6739, 125ʳ
– Kapitelverzeichnis MS 4° H 3365/1, Iʳ; MS 4° H 3365/2, Iʳ; MS 4° R 7536, 10ʳ; MS 8° A 13703, 1ʳ
– Inhaltsverzeichnis MS 2° E 2785, 230ᵛᵃ; MS 4° R 6351, 35ʳ
– Register MS 2° R 6593, 1ʳᵃ; MS 2° R 7787, 1ᵛ; MS 4° E 850, 1ʳ; MS 4° E 5164, 122ʳᵃ; MS 4° R 2425, 1ʳ; MS 4° R 6351, 59ʳ, 91ʳ, 168ʳ, 179ʳ; MS 8° A 13703, 181ʳ; MS 8° NA 5255, 5ʳ, 116ʳ; MS 8° R 7520, 7ʳ; **Inc 4+ E 3366**, hinterer Spiegel; MS nov. 1, 1ʳᵃ, 4ʳᵃ

Fiott, John (P) MS 2° H 797/1–2
Florenz
– → Provenienz I
– → Galeottis di Piscia, Petrus quondam Bartholomei de, Notar
– → Plebe sancti Stephani, Albertus de, Notar
– → Statuta populi et communis Florentiae
Foligno
– → Provenienz I
– Schulmeister → Alleurus, Johannes
Fontanella, Ruchinus de, Archipresbyter MS 4° R 2425, 99ʳ
Forlì
– Accademia dei Filergiti
– – Allegretti, Jacobo MS 4° E 5162
– – → Menghius Foroliniensis, Philippus (P)
– – Rosetti, Benedetto (P) MS 4° E 5162
Formularium
– instrumentorum civitatis Comensis (Como) MS 4° R 2425, 5ʳ
– juridicum MS 2° E 2785, 8ᵛ
– juristische Formularsammlung MS 4° R 2425, Fragment 2
– → Urkundenformular
Fortezza, Ercole / Forteçia, Hercules (Vicenza) MS 8° R 7520, 31ʳ
Fra' Marangono, Iohannebaptista del (Vicenza) MS 8° R 7520, 43ᵛ
Frachanzano, Melchiore (Vicenza) MS 8° R 7520, 23ʳ

Fragmente (Einbandmakulatur)
– ausgelöst MS 2° B 3565; MS 2° **Philos. 373**; MS 4° **Ph. 1767**; MS 4° **Ph. 1941**; MS **nov. 1-6**; **Fragment 14, 26, 29, 37, 47, 109**
– in situ (Spiegel, Falzverstärkungen, Einbandbezug) MS 4° B 2668; MS 4° B 6023; MS 4° H 3365/1-3; MS 4° R 2425; MS 8° A 13703; MS 8° NA 5255; **Inc 4+ E 3366**, hinterer Spiegel
Franchis, Petrus de (Vicenza) MS 8° R 7520, 34ʳ
Franciscus, Johannes (Mantua) MS 2° R 6593, 180ʳᵃ
Franken → Provenienz I
Frankreich → Provenienz I
Freiburg im Breisgau
– Franziskanerkonvent (P) MS nov. 6, Trägerband
Friedrich I. von der Pfalz (Kurfürst), erwähnt MS 4° **Ph. 1941**
Friemar, Gunther von (Erfurt) MS 4° H 3365/3, 215ᵛ
Frings, Theodor
– Korrespondenz mit Härtwig, Hildegard MS 4° **Ph. 1767**, Beilage
Fritzlar
– Kollegiatstift St. Peter
– – Kanoniker → Unrowe, Conradus
– – Syndikus → Kluppel, Conradus
Fuisio, Bartholomeus de (Vicenza) MS 8° R 7520, 21ᵛ, 22ʳ
Fulgosio, Rafaelle (Mantua) MS 2° R 6593, 7ʳᵃ
Furmento, Adulbertus de (Como) MS 4° R 2425, 23ʳ
Gabloneta (Gabbioneta), Hieronymus / Girolamo (Mantua) MS 2° R 6593, 171ʳᵃ⁻ʳᵇ
Gagius (Gaggio), Carolus / Carlo (Como) MS 4° R 6351, 28ᵛ
Galeottis di Piscia, Petrus quondam Bartholomei de / Galeotti da Pescia, Piero di Bartolomeo (Florenz) (S, P) MS 8° A 13703, 178ᵛ
Gallepini, Jacobus (P) MS nov. 4/1–2, Trägerband
Galleria Borghese → Rom

Gal(l)is, Familie in Como, erwähnte Mitglieder   MS 4° R 2425, 34^r
- Ambroxius filius Mafiolli de
- Maffiolus de

Gamstädt (Ort bei Erfurt), erwähnt   MS 4° H 3365/2, Fragm. 3

Garzatoribus, Octavianus de (Vicenza)   MS 8° R 7520, 26^r

Gaudentius, Leonardinus   MS 4° E 5162, Fragment Bl. V

Gazinis / Gazino de → Gagius, Carolus (Como)

Gedicht (ital. / lat.) → Verse

Geheimschrift, dt. Verse   MS 4° B 6023, 1^r

Geismar, Konrad von (Erfurt)   MS 4° H 3365/3, 215^v

Gelder, Karel van (Herzog), Aussteller   MS 8° NA 5255, 111^v

Genazzano (Ort bei Palestrina) → Provenienz I

Gennari → Grimanij, Familie (Siena)

Gentilis, Jacobus de Perusio
- Ordo iudiciarius   MS 8° A 13703, 156^r

Georgius quondam Almanie genitus (S)   MS 2° E 2785, 225rb

Gernodi, Hartung (Erfurt)   MS 4° H 3365/3, 215^v

Gervasius, Hl.   MS 2° Philos. 373, 10va

Ghellini (Ghellinus), Claudio / Claudius (Vicenza)   MS 8° R 7520, 1^v

Ginoldis, Lanzalotus de   MS 4° R 2425, Fragment 1

Giusto (Gusti), Familie in Siena, erwähnte Mitglieder   MS 4° R 7536, 12^r
- Antonio di
- Fabiano di Antonio di

Glauning, Otto
- Korrespondenz mit Güntzel, Paul   MS 4° Ph. 1767, Beilage

Glogau, Scholaster → Colo, Apicius

Glossa ordinaria
- → Corpus Iuris Civilis / Digestum vetus
- Digestum infortiatum   MS 2° B 3565, Nr. 6–12
- Johannes Teutonicus
- – Glossa ordinaria zum Decretum Gratiani, Bearbeitung → Bartholomaeus, Brixiensis

Godescalcus Lintburgensis
- Sequenz   MS 2° Philos. 373, 13vb

Godis, Familie in Vicenza, erwähnte Mitglieder
- Melchior de   MS 8° R 7520, 20^r
- Petrus de   MS 8° R 7520, 6^r

Golino, Franciscus de (Vicenza)   MS 8° R 7520, 26^r

Gonzaga, Markgrafen von Mantua
- Federico II.   MS 2° R 6593, 171rb
- Francesco I.   MS 2° R 6593, 7ra
- Gianfrancesco I.   MS 2° R 6593, 153va

Gorgona
- Kartause St. Maria und Gorgonio, Prior → Ravenna, Bartholomaeus de

Gorno, Bernadeo de (Mantua)   MS 2° R 6593, 166^r

Gosia, Martinus   MS 2° B 3565, Nr. 13

Gotgemak, Albrecht (Halberstadt)   MS 4° H 3365/2, 273^v

Graduale, Fragment   Fragment 47, 1^r, 2a^r

Grandeis, Benevenutus de (Mantua)   MS 2° R 6593, 153vb

Gravedona (Grabadona, Ort bei Como)
- Familien (Como) → Canova; Stampa; Taleaxiis
- Kollegiatstift San Vincenzo, Archipresbyter
- – → Curtonibus, Petrus Antonius de; Sabato, Jacobus de

Greensides, Christopher (P?)   MS 4° H 3365/1–3

Gregor IX., Papst → Corpus iuris canonici

Gregorio, Nicolaus de (Como)   MS 4° R 2425, 51^v

Greppis, Mafiolus de (S)   MS 4° E 850, 167^v

Grimanij (Gennari), Familie in Siena, erwähnte Mitglieder   MS 4° R 7536, 12^r
- Antonius / Antonio
- Johannes filius ser Antonii / Giovanni di ser Antonio

Grippus (Greppo / Greppus), Familie in Como, erwähnte Mitglieder   MS 4° R 6351, 28^v
- Hieronymus / Gieronimo
- (Iohannes) Antonius

Groningen (s. a. Selwerd, Stadtteil)

– Angaben zu Währungen und Bußzahlungen   MS 8° NA 5255, 136^v
– Beschlüsse des Rates   MS 8° NA 5255, 137^v
– Stadtbuch   MS 8° NA 5255, 5^r
– Oldermannsbuch   MS 8° NA 5255, 116^r
– Privilegien, Urkunde   MS 8° NA 5255, 111^v
– Sammlung von Rechtsbestimmungen   MS 8° NA 5255, 137^r

Großrudestedt (Ort bei Erfurt), erwähnt   MS 4° H 3365/2, Fragm. 3

Gualdo, Familie in Vicenza, erwähnte Mitglieder
– Franciscus de   MS 8° R 7520, 24^v
– Hieronimus de   MS 8° R 7520, 19^r, 21^r

Guido (Guiden), Familie in Siena, erwähnte Mitglieder   MS 4° R 7536, 12^r, 13^r
– Giovanni di Niccolò di / Johannes olim Nicolai de
– Niccolò di / Nicolaus de

Güntzel, Paul (Direktor der Bibliothek des Reichsgerichts)
– Korrespondenz mit Glauning, Otto   MS 4° Ph. 1767, Beilage
– Korrespondenz mit Leidinger, Georg   MS 4° B 6023, Beilage

Gurgo, Galeatio a / Galeotius de (Vicenza)   MS 8° R 7520, 34^r

Halberstadt
– Domstift, Kanoniker, Dechanten
– – → Gotgemak, Albrecht
– – Dryburg, Konrad von   MS 4° H 3365/2, 273^v

Halle (?) → Provenienz I

Harrassowitz → Leipzig, Buchhandel

Härtwig, Hildegard (kommis. Leiterin der Bibliothek des Reichsgerichts)
– Korrespondenz mit Frings, Theodor   MS 4° Ph. 1767, Beilage

Hauere, Cesare dele   MS 4° R 2425, 119^v

Heberle, J. M. (Köln)   MS 2° B 3565

Hebräisch, Eintrag   MS 4° E 5162, 49vb

Heidelberg
– → Provenienz I
– Einbandwerkstatt ‚Johannes Attribut II' → Einbände

– Heiliggeist-Stift
– – Kanoniker → Becker, Hartmann von Eppingen
– Kurfürst → Friedrich I. von der Pfalz
– Universität, Lehrer
– – → Becker, Hartmann von Eppingen; Bissinger, Johannes; Dryburg, Konrad von; Schröder, Johannes; Soltau, Konrad von; Wacker von Sinsheim, Peter

Heilige
– → Abdo; Abundius, Comensis, Bf.; Agapitus; Ägidius, Abt; Agnes; Alban von Mainz; Anastasius, Persa; Andreas, Apostel; Anna; Antonius, Abt; Apollinaris, Bf.; Augustinus, Aurelius; Barnabas; Basilidis und Gefährten; Beatrix, von Rom; Benedictus, de Nursia; Cäcilia; Calixtus I., Papst; Cassianus, von Imola, Bf.; Celsus, Treverensis; Christina, von Bolsena; Chrysogonus, von Aquileia; Clemens I., Papst; Crescentia; Dionysius, von Paris; Decem milium militum; Dominicus; Duodecim fratres martyres; Elisabeth, von Thüringen, Landgräfin; Emerentiana; Euphemia, von Chalkedon; Euticius (Eutichio), Comensis, Bf.; Fabianus, Papst; Faustinus; Felicissimus; Felicitas; Felix II., Papst; Gervasius; Heinrich II., Kaiser; Hilaria; Hippolytus, Romanus; Jacobus, der Ältere; Johannes Baptista; Johannes, Evangelist; Judas Thaddäus; Kilianus; Laurentius; Lucia; Ludovicus, episcopus Tolosanus; Ludwig IX., König von Frankreich; Marcellus, Papst; Marcus et Marcellianus; Margareta, von Antiochia
– Maria
– – Assumptio BMV   MS 2° Philos. 373, 14ra; MS nov. 2, 3ra; MS nov. 3, 240va
– – Visitatio BMV   MS 2° Philos. 373, 12ra; MS nov. 3, 40ra, 50va
– → Maria Magdalena; Martha, von Bethanien; Martin, von Tours; Matthäus; Maurus, von Subiaco; Maximinus Treverensis; Modestus; Nazarius; Nikomedes; Onuphrius, eremita; Paulus, Apostel; Petrus, Apostel; Prisca, von Rom; Processus und Martinianus; Protasius; Prudentiana; Quiriacus;

Rochus; Romanus; Sabina; Sebastian; Sennis; Septem fratres martyres; Sergius und Bachius; Severinus; Simon, Apostel; Simplicius; Sixtus II., Papst; Stephanus I., Papst; Susanna; Thomas, Apostel; Tiburtius; Timotheus, Apostel; Urban I., Papst; Viktor I., Papst; Vincentius; Vitus

Heilige Festtage im Kirchenjahr, ausgewählte
- Coena domini   MS 2° Philos. 373, 18ra; Fragment 47, 2^v
- Exaltatio s. crucis   MS nov. 2, 5ra
- Hebdomada sancta   Fragment 47, 1^r, 2a^r
- In divisione apostolorum   MS 2° Philos. 373, 13vb
- Parasceve   MS 2° Philos. 373, 18va; MS nov. 2, Beilage

Heinrich von Veldeke
- Servatius, Fragment   MS 4° Ph. 1767

Heinrich II., Heiliges Römisches Reich, Kaiser, Hl.   MS 2° Philos. 373, 13va

Helpericus (Autissiodorensis?)
- Liber de computo   Fragment 109

Henderson, George junior (P)   MS 2° H 797/1–2

Henricus de Segusio (Hostiensis)
- Summa aurea, zitiert   MS 4° B 6023, 39^v
- zitiert   MS 4° A 10842, 2rb

Herculeus, Paulus, Cancellarius (S)   MS 4° R 7786, 144^r

Hessen, evtl. Hersfeld oder Fulda → Provenienz I

Heverlee (Stadtteil von Löwen/Leuven, Belgien)
- Prämonstratenserstift Parkabtei (Abdij van 't Park)
- – Bibliotheca Parcensis (P)   MS 2° H 797/1–2

Hieronymus, Sophronius Eusebius
- Commentaria in evangelium Matthaei, Auszüge   MS nov. 4/1, 1ra, 2va; MS nov. 4/2, 7ra

Hieronymus q. Bernardini (Vicenza)   MS 8° R 7520, 27^r

Hilaria, Hl.   MS nov. 2, 1ra

Hildesheim, Domstift
- Kanoniker → Dryburg, Konrad von
- Propst   MS 4° H 3365/3, 225^r

Hippolytus, Romanus, Hl.   MS nov. 3, 23u^{va}

Hittorp, Familie in Köln (P?)   MS 2° B 3565
- Gottfried
- Melchior

Hopfgarten, Nicolaus (Erfurt)   MS 4° H 3365/1

Horatius Flaccus, Quintus
- Saturae (Sermones), Fragment   MS 4° Ph. 1941, S. 5
- De arte poetica, Fragment   MS 4° Ph. 1941, S. 1

Horis, Familie in Vicenza, erwähnte Mitglieder
- Aloysius ab   MS 8° R 7520, 39^r
- Baptista ab   MS 8° R 7520, 24^v

Hostiensis → Henricus de Segusio

Immel, Antonius de   MS 4° E 850, 7^r

Imola, Johannes de
- Repetitio zu X 2.24.28, c. ‚Cum contigat de iure iurando'   MS 2° E 2785, 11^r

Index → Findehilfen

Infortiatum → Corpus iuris civilis

Inhaltsverzeichnis → Findehilfen

Innocentius III., Papst
- Ordinarium   MS nov. 2

Innocentius VII., Papst
- Bulle ‚Dum attente consideratione'   MS 4° H 3365/3, 228^r

Institutiones → Corpus Iuris Civilis

Insula
- Ecclesia s. Eufemiae
- – → Fontanella, Ruchinus de, Archipresbyter

Isidorus Hispalensis
- De summo bono, Auszüge   MS 4° B 6023, 2rb
- Etymologiae, zitiert   MS nov. 5, 147ra
- Sententiae, Auszüge   MS 4° B 6023, 2rb

(Ps.-) Isidorus / Isidorus Mercator
- Collectio Decretalium: Anacletus, Papst, Epistola II et III, Auszüge   Fragment 26, 1va

Isolanis, Familie in Mailand, erwähnte Mitglieder   MS 4° E 5164, IV^v
- Gottardus de
- Pasius, filius quondam domini Gottardi de (P)

Italien → Provenienz I
Italienische Texte
– → Einträge; Verse, Gedicht; Statuti della fraglia de' maestri del legname di Vicenza; Statuti e ordinamenti del commune di Brenna presso Siena; Rede an die Bruderschaft; Urkunde, Abschrift, lat./ital.
Jacobus de Marchia
– Sermones de tempore   MS nov. 5, 164ra
– Sermones quadragesimales   **MS nov. 5**, 40ra, 40rb, 51ra, 51va, 109va, 109vb, 110^{rab}, 111ra, 112ra, 113ra, 122ra, 8,I^{ra}
– weitere Predigten   MS nov. 5, 10,I^{ra}, 10,I^{vb}, 12,II^{ra}, 12,II^{vb}, 13,I^{ra}, 14,I^{ra}
Jacobus de Voragine
– Legenda aurea, Auszug   MS nov. 3, 4o–u^{ra}, 5o–u^{va}, 8o–u^{ra}
– Sermones quadragesimales, Bearbeitung   MS nov. 5, 124ra
Jacobus, der Ältere, Hl.   MS nov. 3, 11u^{ra}
Jebeto, Zanfranciscus de (Vicenza)   MS 8° R 7520, 23^{v}
Jechaburg
– Stift St. Peter   MS 4° H 3365/3, 225^{r}
Johannes Baptista filius magistri Francisci de San Grigorio de Canova de Grabadona → Canova (de Grabadona), Familie (Como)
Johannes Baptista, Hl.   **MS Philos. 373**, 11ra; **MS nov. 2**, 4ra; **MS nov. 3**, 1o–u^{va}, 32u^{va}
Johannes, Evangelist → Evangelien
– Hl.   **MS 2° Philos. 373**, 14^{r}; **MS 2° Philos. 373**, 10rb, 11ra
Johannes Petrus de Ferrariis
– Practica iudicalis, Druck   MS 4° E 850, 11^{r}
Johannes, Teutonicus
– Glossa ordinaria zum Decretum Gratiani
– – Bearbeitung des Bartholomaeus, Brixiensis   MS 2° H 2328, 1^{r}
Judas Thaddäus, Apostel   MS nov. 2, 6vb
Juristische Texte → Corpus iuris canonici; Corpus iuris civilis
Karl IV., Heiliges Römisches Reich, Kaiser
– Bulla aurea, zitiert   MS 4° B 6023, 13^{v}
– Monogramm, Zeichnung   MS 4° R 2425, 66^{v}
– Privileg   MS 4° R 2425, 65^{v}

Karl VI., Frankreich, König   MS 4° H 3365/3, 226^{r}, 227^{r}
Karlsruhe, Oberlandesgericht (P)   **Fragment 29**
Kapitelverzeichnis → Findehilfen
Kemyn (Camyn), Gebhard (Erfurt)   MS 4° H 3365/3, 212^{r}
Kilianus, Hl.   **MS 2° Philos. 373**, 13ra
Kleinrudestedt (Ort bei Erfurt), erwähnt   MS 4° H 3365/2, Fragm. 3
Kluppel, Conradus (Fritzlar) (P)   4+ C 6463
Köln
– Buchwesen
– – → Heberle, J. M., Auktionator
– – → Hittorp, Gottfried, Verleger
– Kollegiatstift St. Kunibert
– – Dekan → Hittorp, Melchior
Kolo, Apatcz → Colo, Apicius
Kolophon → Schreibereinträge
Krebs, Michel   MS 4° 10842, 191va
Kröner, Gallus (P)   MS 4° Ph. 1767
Lambertengus (Lambertengo), Familie (Como)   MS 4° R 6351, 28^{v}
– Appolonius / Appolonio
– Balthasar / Baldassaro
– Johannes Baptista / Giovanni Battista
Lancaster, erwähnt   MS 8° P 14110, 1^{v}
Lanicis (?), Josephus a (Vicenza)   MS 8° R 7520, 5^{r}
Landrecht, von Selwerd   MS 8° NA 5255, 139^{r}
Laurantibus, Julianus de (Como)   MS 4° R 2425, 54^{r}
Laurentius, Hl.   **MS 2° Philos. 373**, 14vb; **MS nov. 2**, 2ra, 3vb; **MS nov. 3**, 20o^{rb}, 21u^{ra}
Lavizariis (Lavizari), Familie in Como, erwähnte Mitglieder
– Christophorus de   MS 4° R 2425, 40^{v}
– Johannes / Giovanni de   MS 4° R 2425, 23^{v}
Lectionarium
– dt. (Druck), Fragmente   **MS nov. 1**
– lat.
– – Fragmente   **MS nov. 4/1–2**
– – Lectionarium officii   **Fragment 29**, 1ra
Lectura
– → de Platea, Johannes, zitiert   MS 4° B 6023, 85^{v}

- → Decretetalia
- → in titulum de actionibus → Angelus de Gambilionibus
- → Rubrica de poenitentiis et remissionibus
- → super arborem consanguinitatis et affinitatis → Andreae, Johannes
- → super libros Institutionum → Becker, Hartmann von Eppingen
- → zu Dekretalen → Dryburg, Konrad von
- zur Promulgationsbulle (Rex pacificus) MS 4° H 3365/1, 6^v

Lee, John (P) MS 2° H 797/1–2
Leidinger, Georg (Historiker, München)
- Korrespondenz mit Güntzel, Paul MS 4° B 6023, Beilage

Leipzig
- Brandis, Moritz, Drucker, erwähnt MS 4° B 2668, 1^r
- Einbandwerkstatt Hans Wetherhan → Einbände
- Harrassowitz, Otto, Antiquariats- und Verlagsbuchhandlung (P) MS 2° H 797/1–2; MS 4° H 3365/1–3; 4+ C 6463; MS nov. 1; MS nov. 4/1–2; MS nov. 7; Fragment 26; Fragment 29; Fragment 47
- List und Francke, Antiquariat (P) MS 2° E 2785; MS 4° R 2425; MS 4° E 5164; MS 4° R 2425; MS 4° R 6351; MS 4° R 6739; MS 8° A 13703; MS 8° R 7520; 4+ C 6463; MS 4° E 850
- Reichsgericht, Bibliothek
- – Direktoren → Güntzel, Paul; Härtwig, Hildegard (kommis. Leiterin); Rath, Erich von; Schulz, Karl
- Serigsche Buchhandlung (P) MS 2° B 3565; MS 2° E 2785; MS 2° R 6593; MS 2° R 7787; MS 4° B 2668; MS 4° B 6023; MS 4° E 5164; MS 4° E 850; MS 4° Ph. 1767; MS 4° R 2425; MS 4° R 6351; MS 4° R 6739; MS 4° R 7536; MS 8° A 13703; MS 8° NA 5255; MS 8° P 14110; MS 8° R 7520; Inc 4+ E 3366, Fragment; MS nov. 1; MS nov. 5; MS nov. 6; Fragment 109
- Universität → Colo, Apicius
- Verlag Weiß und Schack MS 4° Ph. 1941

Lempertz, M., Auktionshaus (Bonn) MS 2° B 3565
Leonicenus, Petrus (Vicenza) MS 8° R 7520, 32^v
Leuven/Löwen → Heverlee (Stadtteil)
Lex Falcidia
- Verweis MS 4° E 5164, 13ra
- Verse über den Pflichterbteil MS 4° B 6023, 2^r

Liber Authenticorum (Novellae) → Corpus iuris civilis
Liber sacramentorum Augustodunensis, Auszüge 4+ C 6463, Fragment 1
Liber Sextus → Corpus iuris canonici
Liber statutorum communis Mantuae, Auszüge MS 2° R 6593, 7ra, 157ra
Libri feudorum → Corpus iuris civilis
Lichtenfels (Oberfranken)
- Zisterzienserkloster Langheim
- – Sekretär, Richter → Kröner, Gallus

Lignano, Johannes de
- erwähnt MS 2° E 2785, 26ra, 34ra; MS 2° H 797/1–2, MS 4° H 3365/1

Lincoln, erwähnt MS 8° P 14110, 5^v
Litolfis, Familie in Vicenza, erwähnte Mitglieder
- Gabriel de MS 8° R 7520, 22^v, 24^v
- Johannes Gabrielis de MS 8° R 7520, 22^v

Liturgische Texte
- → Breviarium; Breviarium Franciscanum; Graduale; Lectionarium; Missale; Missale Franciscanum; Passionale

Livoldi von Lüneburg, Dietrich (Erfurt) MS 4° H 3365/3, 212^r
Lollius, G. (S) MS 4° R 7786, Nr. 5
Lomazzo (Ort bei Como), erwähnt MS 4° R 2425, 66^v
Lombardei → Provenienz I
London
- Dominikanerkonvent → Trevetus, Nicolaus
- erwähnt MS 8° P 14110, 93^v
- → Fiott, John (P)
- Sotheby, Wilkinson und Hodge, Auktionshaus (P) MS 2° H 797/1–2; MS 4° E 5162; MS 8° P 14110

Losco, Attilio → Luschis, Attilius de

Lucia, Hl. **MS nov. 2**, 5ʳᵇ
Lucinus (Lucini / Lucino), Familie in Como, erwähnte Mitglieder **MS 4° R 6351**, 28ᵛ
– Joannes Antonius
– Julius Cesar / Giulio Cesare
– Octavius
– Petrus Antonius / Pietro Antonio de
Ludovicus, episcopus Tolosanus, Hl. **MS nov. 3**, 28uᵛᵃ
Ludovicus Marchio Mantuae (Luigi II., Mantova, Margravio)
– erwähnt **MS 2° R 6593**, 88ᵛ
– Mandat **MS 2° R 6593**, 154ᵛᵇ
– Schreiben an **MS 2° R 6593**, 164ʳ
Ludwig IX., König von Frankreich, Hl. **MS nov. 3**, Bl. 30uᵛᵃ
Lugius, Familie in Vicenza, erwähnte Mitglieder **MS 8° R 7520**, 43ʳ
– Camillus filius Pompei
– Pompeius
Lüneburg
– Pfarrkirche St. Johannis → Dryburg, Konrad von
Luschis (Losco), Familie in Vicenza, erwähnte Mitglieder
– Antonius de **MS 8° R 7520**, 6ʳ
– Antonius Nicolaus de **MS 8° R 7520**, 21ʳ, 21ᵛ, 22ᵛ, 23ʳ
– Attilius / Attilio de **MS 8° R 7520**, 31ʳ
– Franciscus de **MS 8° R 7520**, 22ᵛ
Luzzietti, Pio (P) (Rom) **MS 2° R 6593; MS 4° R 7395; MS 2° R 7787; MS 8° R 7438**
Maastricht, Raum → Provenienz I
Mactias, Pier (Perugia) **MS 2° E 2785**, 225ᵛᵃ
Madiis, Abondius de (S) (Como) **MS 4° R 6351**, 175ʳ
Madius, Johannes Baptista / Maggio, Giovanni Battista (Como) **MS 4° R 6351**, 28ᵛ
Magdeburg
– Erzbistum → Provenienz I
– Domdechant → Redekin, Johannes
Magdeburger Dienstrecht, Auszüge **MS nov. 1**, 5ʳᵃ
Maggio, Giovanni Battista → Madius, Joannes Baptista

Magliano, Ort (Toskana), erwähnt **MS 4° R 7536**, 12ʳ
Magnani, Antonio (P) **MS nov. 7**
Magnocavallo (Magnogaballius, Mangiacaballis), Familie in Como, erwähnte Mitglieder **MS 4° R 6351**, 28ᵛ
– Alexander de
– Franciscus de
– Papirius / Papirio de
– Petrus Antonius / Pietro Antonio de
Mailand
– → Provenienz I
– Orte
– – Porta Giovia (Porta Sempione) **MS 4° E 5164**, IVᵛ
– – San Vittore alla Crocetta (Pfarrbezirk) **MS 4° E 5164**, IVᵛ
– Personen
– – → Isolanis, Gottardus de; Isolanis, Pasius filius quondam domini Gottardi de, Notar; Morone, Gerolamo / Moronus, Hieronymus, Kanzler; Oldanus, Alexander, Notar; Orchius, Hieronymus / Orchio, Gieronimo (Como), Senator; Panigarollo, Bartholomeus, gubernator officii statuorum; Schenardis, Familie; Sforza, Francesco I., Herzog
– Statuten
– – → Statuta civitatis Mediolani
– – Zensurverordnungen (Cridae) **MS 4° R 6739**, 130ʳ
Mainz
– Benediktinerkloster St. Jakob
– – Abt Johann **MS 4° H 3365/3**, 212ʳ, 222ʳ
– Erzbischof
– – → Nassau, Adolf I. von; Nassau, Johann II. von Weinsberg, Konrad II. von
– Kollegiatstift St. Maria ad gradus und St. Stephan
– – Kanoniker → Unrowe, Conradus
– Kollegiatstift St. Johannes
– – Kanoniker → Bertoldi de Fredeburg, Nicolaus
Malado, Gasparus de (Vicenza) **MS 8° R 7520**, 25ʳ

Malaspine, Antonius (Como) MS 4° R 2425, 107^r

Malatestis, Johannes de (Mantua) MS 2° R 6593, 164^v

Malradius, Aloisius (Vicenza) MS 8° R 7520, 42^v

Mandata Sanctae Sedis de pecunia Sanctae Sedi a civitate Collis Scipionis debita (Collescipoli → Terni) MS 4° R 7786

Mandate, päpstliche → Alexander VI.; Martinus V.; Nicolaus V.; Pius II.; Sixtus IV.

Mantegna, Andrea
- Fresko → Mantua, Palazzo Ducale

Mantenia, Petrus de MS 4° H 3365/3, 226^v

Mantua
- → Provenienz I
- Ärzte und Mediziner
- - → Arrivabenus, Jacobus; Arrivabenus, Philippus; Caternus, Arnulphus; Cremaschus, Baptista; Delphinus, Antonius; Delphinus, Julius / Delfino, Giulio; Facinus, Johannes Maria; Fiçra, Baptista; Gabloneta, Hieronymus / Gabbioneta, Girolamo; Panicia, Ludovicus; Staghellinus, Laurentius; Suardus, Camillus / Suardi, Camillo
- Markgrafen und Herzöge
- - → Gonzaga, Francesco I.; Gonzaga, Federico II.; Gonzaga, Gianfrancesco I.; Luigi II., Margravio
- Notare und Sekretäre
- - → Agnellis, Carolus de / Carlo di; Agnellis, Hector de; Aldrovandis, Bartholomeus de; Andriasiis, Marsilius / Andreasi, Marsilio de; Arivabenis, Christophorus de; Arivabenis, Petrus de; Arivabenis, Turrius de; Arrivabene, Giacomo; Arrivabenis, Johannes; Bolzotis, Jacobus de; Burchis, Ludovicus de; Campora, An[...?]; Carnibus, Antonius filus Lodovici de; Carnibus, Lodovicus de; Constantia, Lodovicus de; Crema, Johannes de; Donesmontis, Johannes Thomeus de; Franciscus, Johannes; Gorno, Bernadeo de; Fulgosio, Rafaelle; Grandeis, Benevenutus; Malatestis, Johannes de; Mastinis (Mastino), Lucido de; Michaelibus, Paulus de; Nicolis, Benedictus de; Pendale, Tomasso; Ponte, Andreas de; Pretis, Jeronimus de; Scarampis, Lazaro de; Scopulus, Filippus; Scopulus, Nazarius; Sfondratis, Matheus de; Tubitus, Petrus; Veronensibus, Johannes Franciscus; Veronensibus, Johannes Jacobus de; Zorzonus, Ludovicus
- Palazzo Ducale
- - Camera degli Sposi, Fresko von Andrea Mantegna, erwähnt MS 2° R 6593
- Statuten
- - → Liber statutorum communis Mantuae
- - Statuta magnificorum dominorum medicorum almae civitatis Mantuae MS 2° R 6593, 170ra

Manzoni, Giacomo (P) (Rom) MS 4° R 7536; MS nov. 5

Marangonus, Peregrinus (Vicenza) MS 8° R 7520, 26^v

Marcellus I., Papst, Hl. MS 2° Philos. 373, 9ra; MS nov. 2, 6ra

Marchesinus, Valentinus de (Vicenza) (S) MS 8° R 7520, 1^r

Marcus, Antonius (Vicenza) MS 8° R 7520, 31^r

Marcus et Marcellianus, Hl. MS 2° Philos. 373, 10rb

Margaretha, von Antiochia, Hl. MS 2° Philos. 373, 13rb

Maria, Beata Virgo (Assumptio, Visitatio BMV) → Heilige

Maria Magdalena MS 2° Philos. 373, 9rb; MS nov. 3, 9u^{ra}

Martha, von Bethanien MS 2° Philos. 373, 9rb; MS nov. 3, 16o^{va}

Martin, von Tours MS nov. 2, 7va
- Exemplum (?) MS nov. 5, 40rb

Martinus V., Papst, Mandate MS 4° R 7786, Bl. III

Martyrologium → Ado Viennensis; Usuardus Sangermanensis

Masalius, Joannes (Como) MS 4° R 6351, 28^v

Masc(h)arellis, Familie in Vicenza, erwähnte Mitglieder MS 8° R 7520, 24^v

– Antonius filius Marci de
– Marcus de
Massaria, Familie in Vicenza, erwähnte Mitglieder
– Alouisio Antonio MS 8° R 7520, 35^v
– Bernardinus MS 8° R 7520, 26^v
Mastinis (Mastino), Lucido de (Mantua) MS 2° R 6593, 164^v
Matiis, Familie in Como, erwähnte Mitglieder MS 4° R 2425, 115^r
– Christophorus de
– Jeronimus filius domini Christophori
Matteio, Meio di (Brenna) MS 4° R 7536, 1^v
Matteis, Julianus de, Bischof von Bertinoro MS 4° R 2425, 118^r
Matthäus, Evangelist MS nov. 2, 5va; → Evangelien
Maurus, Laurentius / Moro, Lorenzo (Vicenza) MS 8° R 7520, 6^r
Maurus, von Subiaco, Hl. MS 2° Philos. 373, 9ra
Maximus Taurinensis
– Collectio sermonum antiqua, Fragment MS nov. 4/2, 6va
Maximinus Treverensis MS 2° Philos. 373, 14^v
Mazza, Tonio di (Brenna) MS 4° R 7536, 1^r
Meffreth
– Sermones de tempore et de sanctis, Druck MS nov. 1
Menaxio, Lucas de (Vicenza) MS 8° R 7520, 25^r
Menghius Foroliniensis, Philippus (P) MS nov. 4/1–2
Merate (Ort bei Como), erwähnt MS 4° R 2425, 119^v
Merzaro, Guido Baldo (Vicenza) MS 8° R 7520, 39^r
Michael de Massa
– Angeli pacis (Passionstraktat), Bearbeitung (?) MS nov. 5, 125ra
Michaelibus, Paulus de (Mantua) MS 2° R 6593, 153vb
Missale
  allg.

– – Proprium de sanctis, Fragmente MS 2° Philos. 373, Teil III, Bl. 9
– – Proprium de tempore, Fragmente MS 2° Philos. 373, Teil II, Bl. 5, Teil IV, Bl. 15
– – Fragment MS 4° B 6023, Fragment 1
– Missale Franciscanum
– – Commune sanctorum, Fragmente MS nov. 2, 8va
– – Dedicatio ecclesiae, Messformulare MS nov. 2, 15ra
– – Missae votivae, Fragmente MS nov. 2, 15va
– – Proprium de sanctis, Fragmente MS nov. 2, 1ra
Mitteldeutschland → Provenienz I
Mittelitalien → Provenienz I
Modestus, Hl. MS 2° Philos. 373, 10rb
Mollner, Ludwig (Erfurt) MS 4° H 3365/3, 215^v
Molvena, Bartholomeus (Vicenza) MS 8° R 7520, 1^r
Monachus, Johannes
– Glossa aurea zum Liber Sextus, zitiert MS 4° A 10842, 2ra
Monte, Familie in Como, erwähnte Mitglieder MS 4° R 2425, 115^r
– Donatus de
– Montolus filius ser Donati de
Monte, Petrus
– Repertorium iuris, Druck MS nov. 1
Morbio, Carlo (P) MS 2° E 2785; MS 4° E 850; MS 4° E 5164; MS 4° R 2425; MS 4° R 6351; MS 4° R 6739; MS 8° A 13703; MS 8° R 7520
Moro, Lorenzo → Maurus, Laurentius
Morone, Gerolamo / Moronus, Hieronymus (Mailand) MS 4° R 6739, 130^r
Moronis, Familie in Como, erwähnte Mitglieder MS 4° R 2425, 30^v
– Jacobus de
– Nicolaus de
Mugiasca (Mugiascha) de, Mainus (Como) MS 4° R 6351, 28^v
Mugkewin, Gerwicus de Spangenberg MS 4° H 3365/3, 212^r

München
- → Rosenthal, Ludwig, Antiquariat
Munden, Heinrich von (Erfurt) **MS 4° H 3365/3**, 215ᵛ
Muralto, Cristoforo (Como) **MS 4° R 2425**, 23ᵛ
Murario, Mattheo (Vicenza) **MS 8° R 7520**, 35ʳ
Muzano (Mutius), Familie in Vicenza, erwähnte Mitglieder
- Christoforus f. q. Johannis Gasparis Mucii de Pusterla **MS 8° R 7520**, 6ʳ, 22ᵛ
- → Pusterla, Baptista (f. Christofori Mucii) de
- Jacobus q. Petroli de **MS 8° R 7520**, 6ʳ, 21ʳ, 21ᵛ, 22ᵛ
- Johannes Gasparus de Pusterla **MS 8° R 7520**, 6ʳ, 22ᵛ
- Petrolus de **MS 8° R 7520**, 6ʳ, 21ʳ, 21ᵛ, 22ᵛ
Nassau, Adolf I. von, Erzbf. von Mainz **MS 4° H 3365/3**, Fragment 1
Nassau, Johann II. von, Erzbf. von Mainz **MS 4° H 3365/3**, Fragment 1, 222ʳ
Natta, Johannes Antonius / Nata, Giovanni Antonio (Como) **MS 4° R 6351**, 28ᵛ
Nazarius, Hl. **MS nov. 3**, 14uᵛᵃ
Negri, Sillano (Initiator)
- → Statuta civitatis et episcopatus Cumarum
- → Statuta civitatis Novariae
Nerdo, Stefanus de, Pfarrer **MS 4° R 2425**, 69ᵛ
Neumen
- in Linien-System **Fragment 47; MS 2° Philos. 373**, Teil I–II, IV
- interlineare **4° B 6023**, Fragment 1
Nicolaus V., Papst, Mandat **MS 4° R 7786**, Bl. IV
Nicolis, Benedictus de (Mantua) **MS 2° R 6593**, 152ᵛᵃ
Niederländische Texte → Groningen / Selwerd
Nigris, Familie in Vicenza, erwähnte Mitglieder
- Petrus de **MS 8° R 7520**, 6ʳ, 24ᵛ
- Virginius de **MS 8° R 7520**, 38ʳ

Nikomedes, Hl. **MS nov. 2**, 5ʳᵇ
Nino, Meio di (Brenna) **MS 4° R 7536**, 1ʳ
Notariatszeichen / Signa tabellionatus
- → Anghannuccij, Antonius (Siena); Ardunis, Ardunus Leonardus de (Siena); Baldunciis, Bartholomeus de (Vicenza); *Band*[...], Antonius Bartholomeus (Brenna); Benedictus, Lazarus / Benedetto, Lazzaro da Montalcino (Siena); Bonagentibus, Johannes (Vicenza); Canova (de Grabadona), Johannes Baptista filius Francisci de San Grigorio de (Como); Cixeris, Dominicus (Vicenza); Colzade, Marchabrunus (Vicenza); Domenico da Torrita, Francesco di (Siena); Dominicus, Marcus (Vicenza); Ferreto, Daniel quondam Iacobi de (Vicenza); Ferreto, Ferretus de (Vicenza); Fuisio, Bartholomeus de (Vicenza); Giusto (Gusti), Fabiano di Antonio di (Siena); Godis, Melchior de (Vicenza); Grimanij (Gennari), Johannes filius ser Antonii / Giovanni di ser Antonio; Guido (Guiden), Giovanni di Niccolò di (Siena); Horis, Baptista ab (Vicenza); Litolfis, Johannes Gabrielis de (Vicenza); Paiarinis (Paierinis), Bartholomeus Antonii de; Poccii de Calula, Johannes (Siena); Priuciis (Priutijs), Collatinus Johannis de (Vicenza); Roma, Jacobus de q. domini Johannis (Vicenza); Servatiris, Leoncius a (Vicenza); Stampa, Aeneas (Como); Trecerchi, Mino di Niccolò (Siena); Valmarana, Thomas Nicolai filius; Veronensibus, Johannes Franciscus de (Mantua)
- weitere **MS 4° E 5162**, 49ᵛᵇ; **MS 2° R 7787**, 38ᵛ; **MS 4° H 3365/2**, Fragment 1; **MS 4° R 7536**, 16ʳ
Notation → Neumen
Notitia urbis Romae regionum XIV, Ausschnitt **Fragment 14**, 1ʳ
Notizen
- finanzielle Verpflichtungen eines Studenten **MS 4° B 6023**, hinterer Spiegel
- juristische **MS 4° H 3365/2**, Iᵛ, 320ᵛ
- über Vorworte zu jurist. Werken **MS 4° B 6023**, 2ᵛ
Notker Balbulus

- Sequenzen MS 2° Philos. 373, 11va, 14ra
Novara
- → Provenienz I
- Antonius, Vicecomes gubernatorii Novariae MS 4° R 6739, 122^v
- → Morbio, Carlo
- → Statuta civitatis Novariae
Novellae → Corpus iuris civilis
Novelluccijs, Franciscus de (P) MS 8° A 13703, 178^v
Noxeto, Petrus de (S) MS 4° R 7786, Nr. 4
Nürnberg
- Benediktinerkloster St. Egidien
- - Buchschenkungen → Plaghal, Siegfried
- Ratsbibliothek
- - Buchschenkungen → Plaghal, Siegfried
Oberitalien → Provenienz I
Oberrheingebiet → Provenienz I
Odescalcus, Familie in Como, erwähnte Mitglieder MS 4° R 6351, 28^v
- Antonius
- Raimundus
Officia Ambrosii, Druck MS 2° Philos. 373, Teil III
Offizien
- → Lectionarium officii
- Reimoffizium
- - Anna, Hl. MS nov. 3, 12o+12u^{ra}
- - Visitatio BMV → Easton, Adam
Oldanus, Alexander (Mailand) MS 4° R 6739, 130^r
Oldermannsbuch → Groningen
Olginatus, Alexander / Olginato, Allesandro (Como) MS 4° R 6351, 28^v
Onuphrius, eremita, Hl. MS 2° Philos. 373, 10ra
Ooy, Willem van, Marschall MS 8° NA 5255, 111^v
Orchius alias Paravicinus, Hieronymus / Orchio Parauicino, Gieronimo (Como) MS 4° R 6351, 28^r
Orglano (Orglanus), Familie in Vicenza, erwähnte Mitglieder
- Cambio q. Filippi de MS 8° R 7520, 20^r
- Claudius / Claudio MS 8° R 7520, 1^v

- Filippo de MS 8° R 7520, 20^r
Oriano, Lanfrancus de
- Repetitiones, Druck MS 2° E 2785, Bl. 338
Orsii, Sebastiano (Vicenza) MS 8° R 7520, 37^r
Orvieto, erwähnt MS nov. 5, Nr. 3
Ostein, Grafen von MS 4° B 6023
Österreich → Provenienz I
Osterwieck, Pfarrer → Dryburg, Konrad von
Otto II. von Braunschweig MS 4° H 3365/2, Fragment 1
Ovidius Naso, Publius
- Ars amatoria, Fragment MS 4° Ph. 1941
- Epistolae Heroides, Fragment MS 4° Ph. 1941
- Remedia amoris, Fragment MS 4° Ph. 1941
Oxford
- Dominikanerkonvent → Trevetus, Nicolaus
Paiarinis (Paierinis), Familie in Vicenza, erwähnte Mitglieder
- Antonius q. Michaelis de MS 8° R 7520, 19^r
- Bartholomeus Antonii de MS 8° R 7520, 22^v
- Michael de MS 8° R 7520, 19^r
Paiellis, Familie in Vicenza, erwähnte Mitglieder
- Hieronymus de MS 8° R 7520, 26^r
- Ludovicus de MS 8° R 7520, 23^v
- Simon de MS 8° R 7520, 32^v
Panicia, Ludovicus (Mantua) MS 2° R 6593, 171ra
Panigarollo, Bartholomeus (Mailand) MS 4° R 6739, 130^r
Panormitanus → Tudeschis, Nicolaus de
Pantherius, Franciscus de (Como) MS 4° R 6351, 28^v
Paravicinus (Paraviccino), Familie in Como, erwähnte Mitglieder
- Antonius MS 4° R 2425, 99^r
- Johannes Mattheus / Paravicino, Giovanni Matteo MS 4° R 6351, 28^v
- → Orchius alias Paravicinus, Hieronymus
Parisius, Ansonus (P) MS 8° A 13703, 178^v

Passagerii, Rolandinus → Rolandinus, de Passageriis
Passio s. Christinae, Fragment Fragment 37, 1ᵛᵃ
Passio s. Quiriaci episcopi Hierosolymitani, Fragment Fragment 37, 1ᵛᵃ
Passionale, Fragment Fragment 37
Paulus, Apostel MS nov. 3, 3o+3uʳᵃ⁻ʳᵇ; MS 2° Philos. 373, 12ᵛᵃ
Pavia
– Universität
– – Student → Brandenburg, Hildebrand
Pellegrinis (Peregrinis / Peregrinus), Familie in Como, erwähnte Mitglieder
– Andreas de MS 4° R 2425, 91ʳ
– Antonius de MS 4° R 2425, 91ʳ
– Franciscus de MS 4° R 2425, 116ᵛ
– Hieronymus MS 4° R 6351, 28ᵛ
– Jacobus de MS 4° R 2425, 56ᵛ
– Ludovicus / Lodovico MS 4° R 6351, 28ᵛ
– Philippus / Filippo MS 4° R 6351, 28ᵛ
Pendale, Tomasso (Mantua) MS 2° R 6593, 166ʳ
Periglis, Angelus de (Perugia)
– Tractatus de paleis et olivis MS 8° A 13703, 162ᵛ
Perlascha, Eusebius de (Como) MS 4° R 2425, 99ʳ
Persig, Ludovicus (P) MS 4° Ph. 1941
Pertsch, Johann Heinrich (P) MS nov. 1; MS nov. 2
Perugia
– → Provenienz I
– Universität
– – → Baldus de Ubaldis; Bartolus de Saxoferrato; Galeottis di Piscia, Petrus quondam Bartholomei de; Gentilis, Jacobus (Prokurator); Mactias, Pier; Periglis, Angelus de
Petrus, Apostel MS nov. 2, 1ᵛᵃ; MS 2° Philos. 373, 12ᵛᵃ
Petrus Lombardus
– Libri IV Sententiarum, zitiert MS nov. 5, 12,IIᵛᵇ
– Commentarium in IV libros Sententiarum MS 8° NA 5255, Fragment

Pflanzen- und Kräuternamen, alphabetisch, dt.
→ Synonima apotecariorum, Register (?)
Phillipps, Thomas (P) MS 4° E 5162
– erwähnt MS 2° H 797/1
Picenus della Marca, Jacobus → Jacobus de Marchia
Piero, Tonio di (Brenna) MS 4° R 7536, 1ʳ
Pieve Santo Stefano (Ort bei Arezzo), erwähnt MS 4° E 5162
Piona
– Abtei San Nicola, Prior → Brago, Petrus de
Pistoris → Becker, Hartmann von Eppingen
Pius II., Papst, Mandat MS 4° R 7786, Bl. IV
Pizocharus, Gregorius (Vicenza) MS 8° R 7520, 25ʳ
Plaghal, Siegfried
– Excerpta novorum iurium MS 4° A 10842, 1ʳᵇ
Platea, Johannes de, zitiert MS 4° B 6023, 85ᵛ
Platzhalter-Namen (Tali, ... de / Talli, ... de) MS 4° E 850, 21ʳ; MS 4° R 2425, 5ʳ
Plebe sancti Stephani, Albertus de
– Aurora nova MS 4° E 5162, 36ᵛᵇ
Pleczichin, Hartung (Erfurt) MS 4° H 3365/3, 220ʳ
Plovenis, Baptista de (Vicenza) MS 8° R 7520, 23ʳ
Poccii de Calula, Johannes (Siena) MS 4° R 7536, 13ʳ
Polentus (?), Familie in Vicenza, erwähnte Mitglieder MS 8° R 7520, 28ʳ, 30ʳ
– Jacobus de
– Joannes Baptista q. Jacobi de
Ponte, Andreas de (Mantua) MS 2° R 6593, 154ʳᵃ
Ponzate (Ort bei Como)
– Pfarrei S. Brigidae, erwähnt MS 4° R 2425, 69ᵛ
Porcis / Porcellis, Petrus de → Adeln Petri (Adelupetri), Petrus
Porta, Familie in Como, erwähnte Mitglieder
– Amantius MS 4° R 6351, 29ʳ
– Antonius de la MS 4° R 2425, 23ʳ
– Lucas Antonius MS 4° R 6351, 28ʳ
– Paulus de la MS 4° R 2425, 116ᵛ

Porto, Nicolaus de (Vicenza)   MS 8° R 7520, 26ʳ
Prag
– Universität
– – Student → Dryburg, Konrad von
Pretis, Jeronimus de (Mantua)   MS 2° R 6593, 154ʳᵃ
Prioraeis, Hieronymus de (Vicenza)   MS 8° R 7520, 32ᵛ
Prisca, von Rom   MS 2° **Philos. 373**, 9ʳᵃ
Priuciis (Priutijs), Familie in Vicenza, erwähnte Mitglieder   MS 8° R 7520, 6ʳ, 19ʳ
– Collatinus Johannis de
– Johannes de
Processus und Martinianus   MS 2° **Philos. 373**, 12ʳᵇ; MS nov. 3, 6uᵛᵃ, 7uʳᵃ
Protasius, Hl.   MS 2° **Philos. 373**, 10ᵛᵃ
Provenienz I (Schriftheimat, Entstehungsort) – Länder, Regionen, Orte
– Deutschland
– – Brandenburg (?)   MS nov. 2
– – Erfurt   MS 4° H 3365/1–3
– – Franken   MS 4° A 10842
– – Halle, Raum (?)   MS nov. 1
– – Heidelberg (?)   MS 4° Ph. 1941; MS 4° B 6023
– – Hessen, evtl. Hersfeld oder Fulda   4+ C 6463, Fragment 2
– – Magdeburg, Erzbistum   MS nov. 1
– – Mitteldeutschland (?)   MS nov. 2
– – Mitteldeutschland, östliches   MS 4° B 2668
– – Oberrheingebiet (?)   MS 4° Ph. 1941
– – Süddeutschland (?)   **Fragment 14; Fragment 47**
– – Südwestdeutschland   MS 2° **Philos. 373**; MS 4° Ph. 1941
– – Thüringen, nordöstl.   MS nov. 1
– – westmittelbair. Raum   Inc 4+ E 3366, hinterer Spiegel
– – Worms, Bistum   MS 2° **Philos. 373**, Teil III
– England   MS 2° B 3565, Nr. 6–12
– – Nordengland (?)   MS 8° P 14110
– Frankreich   MS 2° B 3565, Nr. 6–12; **Fragment 109**
– – Autun (?)   4+ C 6463, Fragment 1
– – Nordfrankreich (?)   MS 2° B 3565, Nr. 3
– – Süddfrankreich (?)   MS 2° B 3565, Nr. 5
– Italien
– – Arezzo (?)   MS 4° E 5162
– – Bologna (?)   MS 2° H 2328; MS nov. 3; MS nov. 7; **Fragment 26**
– – Cascia (?)   MS nov. 5
– – Como   MS 4° E 850; MS 4° R 2425; MS 4° R 6351
– – Emilia-Romagna   MS nov. 3; MS nov. 4
– – Florenz (?)   MS 2° R 7787; **Fragment 29**
– – Foligno   MS 2° E 2785
– – Genazzano (bei Palestrina)   MS 4° R 7786
– – Lombardei   MS 4° E 850; MS 4° R 6739; MS nov. 6
– – Mailand (?)   MS 4° E 5164
– – Mantua   MS 2° R 6593
– – Mittelitalien   MS 4° E 5162; MS nov. 5; **Fragment 29; Fragment 37**
– – (Nord-?) Italien   MS 2° B 3565, Nr. 1–2, 4, 13–16
– – Novara (?)   MS 4° R 6739
– – Oberitalien   MS 2° H 797/1–2; MS 2° H 2328; MS 4° E 5164; MS nov. 3; MS nov. 4; MS nov. 6; MS nov. 7; **Fragment 26**
– – Perugia   MS 2° E 2785
– – Rimini (?)   MS 4° E 5162
– – Rom   MS 4° R 7786
– – Siena (?)   MS 4° R 7536
– – Sovicille (Ortsteil Brenna)   MS 4° R 7536
– – Toskana   MS 2° R 7787; MS 4° R 7536; MS 8° A 13703; **Fragment 29**
– – Umbrien   MS 2° E 2785; MS nov. 5
– – Vicenza   MS 8° R 7520
– Niederlande
– – Groningen   MS 8° NA 5255
– – Maastricht, Raum   MS 4° Ph 1767
– Österreich (?)   **Fragment 14; Fragment 47**
Provenienz II
→ Arolsen, Bad, Fürstlich Waldecksche Hofbibliothek; Beyer, Nicolaus; Böcking,

Eduard; Brandenburg, Hildebrand; Brüssel, Koninklijke Bibliotheek van België; Bülow, Friedrich Gottlieb von; Callepini, Jacobi; Clausen, Carlo; Cohen, Max, und Sohn, Buchhandlung; Corberon, Nicolas de; Dodd, Samuel; Erfurt, Benediktinerkloster St. Peter und Paul; Freiburg im Breisgau, Franziskanerkonvent; Galeottis de Piscia, Petrus quondam Bartholomei de; Henderson, George junior; Heverlee, Bibliotheca Parcensis; Isolanis, Pasius de; Kluppel, Conradus; Kröner, Gallus; Lee, John; Leipzig, Otto Harrassowitz, Antiquariats- und Verlagsbuchhandlung; Leipzig, Bibliothek des Reichsgerichts; Leipzig, List und Francke; Leipzig, Serigsche Buchhandlung; Luzzietti, Pio; Magnani, Antonio; Manzoni, Giacomo; Menghius Foroliniensis, Philippus; Morbio, Carlo; Novelluccijs, Franciscus de; Parisius, Ansonus; Persig, Ludovicus; Pertsch, Johann Heinrich; Phillipps, Thomas; Rosetti, Benedetto; Rova, Nicolaus de; Rodulphus, Dominicus; Sangiorgi, Guiseppe; Sossago, Josefo; Sumner, Gillyat; Wesselingk, Johannes Mauritius

Prudentiana, Hl.   MS 2° Philos. 373, 14^v

Publius Victor
– Descriptio urbis Romae → Notitia urbis Romae regionum XIV

Pusterla, Familie in Vicenza, erwähnte Mitglieder
– Baptista (f. Christofori Mucii) de   MS 8° R 7520, 22^v
– Evangelista (Petri) de   MS 8° R 7520, 23^r
– → Muzano (Mutius), Christoforus f. q. Johannis Gasparis Mucii de Pusterla
– Petrus de   MS 8° R 7520, 23^r

Quaestiones → Bartolus de Saxoferrato; Corneto, Tancredus de; Saxoferrato, Bartolus de
– Anonyme Quaestio ‚Si maritus non petit dotem'   MS 8° A 13703, 176^r

Quiriacus, Bischof, Hl.   **Fragment 37**, 1va, 2ra

Radbertus, Paschasius
– De Assumptione sanctae Mariae virginis, Auszug   MS nov. 3, 27o+27u^{ra}

Raimondus, (Antonius) Franciscus (Como)   MS 4° R 6351, 28^v

Rainaldi, Nicola de (Vicenza)   MS 8° R 7520, 19^r

Ramondus de / Raymondis → Raimondus, Franciscus

Ranconis de Ericinio, Albertus
– Sermo 27 (?), Fragment   MS nov. 5, 125ra

Rath, Erich von (Direktor der Bibliothek des Reichsgerichts) (P)   MS 2° H 2328

Ravenna, Bartholomaeus de, Prior   MS 4° H 3365/3, 226^v

Raymondis, Andreas de (Como)   MS 4° R 2425, 23^r

Rechnungen
– französische, erwähnt   MS nov. 6
– Vormundschaftsabrechnung   MS 4° Ph. 1941

Rede
– an die Bruderschaft, ital.   MS 8° R 7520, 2^v
– eines Juristen   MS 4° E 5162, Fragment, Bl. V^r
– Sermo in actu recommendationis doctoris   MS 4° H 3365/3, 229^r

Redekin, Johannes (Magdeburg)   MS 4° H 3365/2, 274^r

Register → Findehilfen

Registrum brevium regum Angliae (Register of writs)   MS 8° P 14110, 1^r

Repertorium
– aureum iuris canonici → De penitentiis et remissionibus
– in iure civili → Corpus iuris civilis
– in lecturas Iasonis Mayni, Druck   MS nov. 6, Trägerband

Repetitio → Corpus Iuris Canonici

Repetitionum in universas iuris canonici partes ... volumina sex, Druck   MS nov. 7, Trägerband

Rezonicus (Rezzonico), Familie in Como, erwähnte Mitglieder
– Camillus   MS 4° R 6351, 29^r
– Hieronimus / Gieronimo   MS 4° R 6351, 28^v

Riciis, Jeronimo de (Vicenza)   MS 8° R 7520, 23^v

Ridolfi, Domenico → Rodulphus, Dominicus
Riguccio, Mone di (Brenna)   MS 4° R 7536, 1ʳ
Rimini → Provenienz I
– → Arimino, Albertutius de (S)
– Pfarrkirche SS. Giovanni e Paolo   MS 4° E 5162, Fragment
Ripa, Familie in Como, erwähnte Mitglieder
– Johannes de   MS 4° R 2425, 34ʳ
– Petrus de   MS 4° R 2425, 41ʳ
Ritfogel, Hermannus (Erfurt)   MS 4° H 3365/3, 212ʳ
Rochus, Hl., erwähnt   MS 4° R 6739, 89ʳ
Rodach → Pertsch, Johann Heinrich
Rode (Diözese Paderborn)
– Pfarrkirche, Rektor → Fritzlar, Unrowe, Conradus
Rodulphus, Dominicus (P)   MS nov. 5
Rolandinus, de Passageriis
– Apparatus super Summa notariae (‚Aurora') MS 4° E 5162, 1ʳᵃ
– Summa artis notariae   MS 4° E 5164, 1ʳᵃ
– Tractatus de notulis   MS 4° E 5164, 107ʳᵃ
Rom
– → Provenienz I
– Basilica S. Giovanni in Laterano, erwähnt   MS 4° R 7786
– Bruderschaft S. Maria dell'Anima   MS 4° A 10842
– Galleria Borghese   MS 4° R 7536; MS nov. 5
– → Luzzietti, Pio, Antiquar (P)
– → Manzoni, Giacomo (P)
– → Notitia urbis Romae regionum XIV
Roma, Familie in Vicenza, erwähnte Mitglieder   MS 8° R 7520, 21ᵛ
– Jacobus de q. domini Johannis
– Johannes
Romanus, Hl.   MS nov. 3, 20o–uʳᵇ
Roncone, Galgano di (Brenna)   MS 4° R 7536, 1ᵛ
Rosenthal, Ludwig, Antiquariat, München (P)   MS 4° B 6023
Rosetti, Benedetto (P)   MS 4° E 5162
Rova, Nicolaus de (P)   MS 4° E 5164, 45ᵛ, 126ᵛ

Ru[...], Cornelius (Como)   MS 4° R 6351, 28ᵛ
Rubrica de poenitentiis et remissionibus (Lectura)   MS 4° B 2668, 120ʳ
Rugliano, Adriano (Vicenza)   MS 8° R 7520, 31ʳ
Ruscha, Ravazinus / Rusca, Ravazino (Como)   MS 4° R 2425, 23ᵛ
Rusconibus, Michael de   MS 4° R 2425, 84ʳ
Rymann von Rotenberg, Johannes (Erfurt)   MS 4° H 3365/3, 215ᵛ
Sabato, Jacobus de (Gravedona)   MS 4° R 2425, 104ᵛ
Sabina, Hl.   MS nov. 2, 4ʳᵃ
Sachsenspiegel → Eike von Repgow
Sächsisches Weichbild → Weichbild-Vulgata
Saint-Flour, Bistum
– Bischof   MS nov. 6
Sakramentar → Liber sacramentorum Augustodunensis
Sal(l)a, Familie in Como, erwähnte Mitglieder
– Abundius de   MS 4° R 2425, 40ᵛ
– Michaelle de   MS 4° R 2425, 34ᵛ, 58ʳ
Salcius Feltrensis, Johannesvictor (Vicenza)   MS 8° R 7520, 43ᵛ
Saledo, Ludovicus de (Vicenza)   MS 8° R 7520, 26ʳ
Salicetus, Bartholomäus, Verweise   MS 2° E 2785, 34ʳᵃ, 38ʳᵃ
Saluagno, Gregorio (Vicenza)   MS 8° R 7520, 41ʳ
Salutarius, Marcus   MS 4° E 5162, Fragment
San Juliano, Bartholomeo Carario de (Vicenza)   MS 8° R 7520, 32ᵛ
San Quirico (Ort bei Siena), erwähnt   MS 4° R 7536, 16ʳ
San Severino Marche   MS 2° E 2785, 225ʳᵇ
Sancto Gallo, Familie in Mailand, erwähnte Mitglieder   MS 4° E 5164, 126ᵛ
– Bonifatius de (P)
– Francesco de, Presbyter (P)
Sangiorgi, Guiseppe (P)   MS 4° R 7536
Saraceno (Saracenus), Familie in Vicenza, erwähnte Mitglieder
– Blasius de   MS 8° R 7520, 21ʳ
– Hieronymus q. Blasii de   MS 8° R 7520, 21ʳ

- Paulus Emilius   MS 8° R 7520, 1ᵛ
- Quintius   MS 8° R 7520, 38ʳ
Sardi, Agnolo (Vicenza)   MS 8° R 7520, 37ʳ
Scarampis, Lazaro de (Mantua)   MS 2° R 6593, 164ʳ
Schaffer, Claas, Amtmann → Selwerd
Schaffer, Johann, Amtmann → Selwerd
Scharpé, Louis
- Korrespondenz mit Schultz, Karl   MS 4° Ph. 1767, Beilage
Schedel, Hartmann
- Liederbuch, erwähnt   MS 4° B 6023, 1ʳ
Schemata
- Arbor affinitatis   MS 4° B 6023, 124ʳ
- Arbor consanguinitatis   MS 2° H 2328, 237ᵛ; 4° B 6023, 122ʳ
- moraltheologisch   MS 4° B 6023, IIᵛ
Schenardis, Familie in Como (und Mailand?), erwähnte Mitglieder   MS 4° E 850, 11ʳ
- Antonius de
- Franciscus de
- Marcus de
Schilder, Johannes (Erfurt)   MS 4° H 3365/3, 212ʳ
Schio (Scledo), Aluise / Aloysius de (Vicenza)   MS 8° R 7520, 34ʳ
Schreiber
- → Adeln Petri (Adelupetri), Petrus; Ardunis / Ardunus Leonardus de; Arimino, Albertutius de; *Band*[...], Antonius Bartholomeus; Benedictus, Lazarus / Benedetto, Lazzaro da Montalcino; Canova (de Grabadona), Johannes Baptista filius magistri Francisci de San Grigorio de; Casadeus, Simon; Cicero, Severinus; Cincius; Collis, Augustinus de; Dathus, Leonardus; Galeottis di Piscia, Petrus quondam Bartholomei de; Georgius quondam Almanie genitus; Giusto (Gusti), Fabiano di Antonio di; Greppis, Mafiolus de; Grimanij (Gennari), Johannes filius ser Antonii / Giovanni di ser Antonio; Guido, Giovanni di Niccolò de; Herculeus, Paulus; Lollius, G.; Madiis, Abondius de; Marchesinus, Valentinus de; Noxeto, Petrus de; Oldanus, Alexander; Torrita (Turrita), Francesco di Domenico; Trecerchi, Mino di Niccolò

Schreibereinträge
- Kolophon
- - Adeln Petri (Adelupetri), Petrus   MS 2° E 2785, 57ᵛᵃ; 225ʳᵇ
- - Arimino, Albertutius de   MS 4° E 5162, 49ᵛᵇ
- - Galeottis, Petrus quondam Bartholomei de (Florenz)   MS 8° A 13703, 178ᵛ
- - Georgius quondam Almanie genitus   MS 2° E 2785, 225ʳᵇ
- - Greppis, Mafiolus de (Como)   MS 4° E 850, 167ᵛ
- - Madiis, Abondius de (Como)   MS 4° R 6351, 175ʳ
- - Plebe sancti Stephani, Albertus de   MS 4° E 5162, 49ᵛᵇ
- - weitere   MS 4° E 850, 139ᵛ; MS 4° A 10842, 1ʳᵃ
- Schreibervers   MS 4° B 2668, 167ʳ; MS 4° E 5162, 49ᵛᵇ; MS 8° NA 5255, 15ʳ, 116ʳ
Schreibsprachen → Sprachen
Schröder, Johannes   MS 4° B 6023
Schulz, Karl (Direktor der Bibliothek des Reichsgerichts)
- Bleistifteinträge zur Provenienz   MS 4° Ph. 1767; Inc 4+ E 3366; MS 2° H 797/1; MS 4° E 5162; MS 8° NA 5255; 4+ C 6463
- Korrespondenz mit Scharpé, Louis   MS 4° Ph. 1767
Schwerin, Domstift
- Kanoniker → Dryburg, Konrad von
Scipio, Conradus → Kluppel, Conradus
Scledo, Aloysius de → Schio, Aluise
Scopulus (Scopulo), Familie in Mantua, erwähnte Mitglieder
- Filippus   MS 2° R 6593, 166ʳ
- Nazarius / Nazario   MS 2° R 6593, 170ʳᵃ
Scottus, Thomas
- Versus Scottorum   Fragment 14, 1ʳ
Scroffa, Nicolaus a (Vicenza)   MS 8° R 7520, 34ʳ
Sebastian, Hl.   MS 2° Philos. 373, 9ʳᵇ
Seghis, Familie in Vicenza, erwähnte Mitglieder   MS 8° R 7520, 1ᵛ
- Camillus
- Simon a, nomine Barth.

Segusio, Henricus de → Henricus de Segusio
Sellano, Jacobus de (Collescipoli)   MS 4° R 7786, Nr. 3
Selwerd (Stadtteil von Groningen)
– Gelder, Karel van (Herzog), Urkunde   MS 8° NA 5255, 111^v
– Landrecht von   MS 8° NA 5255, 139^r
– Schaffer, Claas, Amtmann   MS 8° NA 5255
– Schaffer, Johann, Amtmann
– – Offener Brief   MS 8° NA 5255, 149^v
Seneca, Lucius Annaeus
– Ad Lucillum epistolarum moralium lib. XX, zitiert   MS nov. 5, 113vb
– Troades, Kommentar → Trevetus, Nicolaus
Senis, Ianbaptista a (Vicenza)   MS 8° R 7520, 5^r
Sennis, Hl.   MS nov. 2, 1rb
Septem fratres martyres   MS 2° Philos. 373, 13ra; MS nov. 3, 8o+8u^{ra}
Sergius und Bachius, Hll.   MS nov. 2, 6ra
Sermones
– Collectio sermonum → Maximus Taurinensis
– einzelne → Auctor incertus; Augustinus, Aurelius; Bernardus Claraevallensis; (Ps.-) Chrysostomus, Johannes; Ranconis de Ericinio
– Sermones de tempore   MS nov. 4/1, 5ra
– Sermones de tempore et de sanctis, Druck → Meffreth
– Sermones quadragesimales → Jacobus de Marchia; Jacobus de Voragine
Servatiris, Leoncius a (Vicenza)   MS 8° R 7520, 23^r
Sesto, Benedetto (Vicenza)   MS 8° R 7520, 41^r
Severinus, Hl.   MS 2° E 2785, 225rb
Sfondratis, Matheus de (Mantua)   MS 2° R 6593, 153vb, 156ra
Sforza, Francesco I. (Mailand, Herzog), Auftraggeber
– → Statuta civitatis et episcopatus Cumarum
– → Statuta civitatis Novariae
– Promulgationsurkunde   MS 4° R 6351, 36^r
Siena
– → Provenienz I

– Notare   MS 4° R 7536
– – → Anghannuccij, Antonius; Ardunis, Ardunus Leonardus de; Benedictus, Lazarus / Benedetto, Lazzaro da Montalcino; Grimanij (Gennari), Johannes filius ser Antonii / Giovanni di ser Antonio; Guido (Guiden), Giovanni di Niccolò di / Johannes olim Nicolai de; Giusto (Gusti), Fabiano di Antonio di; Poccii de Calula, Johannes; Torrita (Turrita), Francesco di Domenico; Trecerchi, Mino di Niccolò
– → Statuti e ordinamenti del commune di Brenna presso Siena
– weitere Personen
– – → Bernhardinus von Siena; Grimanij (Gennari), Antonius / Antonio; Guido (Guiden), Niccolò di / Nicolaus de; Giusto (Gusti), Antonio di; Torrita (Turrita), Domenico
Siffridi, Johannes (Erfurt)   MS 4° H 3365/3, 220^r
Signa tabellionatus → Notariatszeichen
Simon, Apostel   MS nov. 2, 6vb
Simplicius, Hl.   MS nov. 2, 1ra; MS nov. 3, 5u^{ra}
Sixtus II., Papst, Hl.   MS nov. 3, 19u^{ra}
Sixtus IV., Papst, Mandat   MS 4° R 7786, Bl. V
Slotemaser, Heyner   MS 8° NA 5255, 199^v
Soltau, Konrad von, erwähnt   MS 4° H 3365/1
Someliana, Familie in Como, erwähnte Mitglieder   MS 4° R 2425, 12^v, 13^v, 51^v, 95^r
– Abundius filius quondam Johannis de
– Johannes de
Sondrio (Ort bei Como), erwähnt   MS 4° E 850 97^v, 109^r
Sossago, Josefo (P)   MS 4° E 5164, IV^v
Sotheby, Wilkinson und Hodge, Auktionshaus → London
Soviclle → Brenna (Ortsteil)
Spangenberg (Diözese Mainz), Pfarrkirche, erwähnt   MS 4° H 3365/3, 212^r
Speyer
– Bibliothek des Bischöflichen Priesterseminars (P)   **Fragment 29**

– Schönborn-Buchheim, Damian Hugo von, Bischof, erwähnt **Fragment 29**
Speyer, August → Arolsen, Bad
Sprachen / Schreibsprachen
– deutsch
– – alemannisch MS 4° Ph. 1941, Marginalien
– – mittelbairisch, westliches Inc 4+ E 3366, hinterer Spiegel
– – südrheinfränkisch MS 4° B 6023, 1ʳ
– – thüringisch, nordöstl. MS nov. 1
– griechisch, Eintrag MS 2° B 3565, 4ᵛ
– hebräisch, Eintrag MS 4° E 5162, 49ᵛᵇ
– italienisch
– – Einträge MS 2° R 6593, 164ʳ; MS 4° E 5162, IIIʳ; MS 4° R 2425, 119ᵛ; MS 4° R 6739, 130ʳ
– – senesisch MS 4° R 7536
– – venetisch MS 8° R 7520
– lateinisch MS 2° B 3565; MS 2° E 2785; MS 2° H 797/1–2; MS 2° H 2328; MS 2° Philos. 373; MS 2° R 6593; MS 2° R 7787; MS 4° A 10842; MS 4° B 2668; MS 4° B 6023; MS 4° E 850; MS 4° E 5162; MS 4° E 5164; MS 4° H 3365/1–3; MS 4° Ph. 1941; MS 4° R 2425; MS 4° R 6351; MS 4° R 6739; MS 4° R 7786; MS 8° A 13703; MS 8° P 14110; MS 8° R 7520; MS nov. 2; MS nov. 3; MS nov. 4/1–2; MS nov. 5; MS nov. 6; MS nov. 7; 4+ C 6463; **Fragment 14**; **Fragment 26**; **Fragment 29**; **Fragment 37**; **Fragment 47**; **Fragment 109**
– niederländisch
– – nordostmittelniederländisch MS 8° NA 5255
– – ostlimburgisch MS 4° Ph. 1767
Stadtbuch → Groningen; Selwerd
Staghellinus, Laurentius (Mantua) MS 2° R 6593, 171ʳᵃ
Stampa (Stampis), Familie in Como, erwähnte Mitglieder MS 4° R 2425, 3ʳ, 4ʳ, 39ʳ, 56ʳ, 70ᵛ
– Aeneas filius Joannis Petri de Grabadona de (S, P?) MS 4° R 2425, 3ʳ, 4ʳ, 39ʳ, 56ʳ, 70ᵛ
– Baptista de MS 4° R 2425, 4ʳ

– Joannes Petrus de Grabadona MS 4° R 2425, 3ʳ
Statuta civilia civitatis Bononiae, Druck **Fragment 26**, Trägerband
Statuta civitatis et episcopatus Cumarum MS 4° R 6351, 36ʳ
Statuta civitatis Mediolani, Auszug MS 4° R 6351, 292ʳ; MS 4° R 6739, 130ʳ
Statuta civitatis Novariae MS 4° R 6739, 1ʳ
Statuta Collegii iurisconsultorum Comensium, Druck MS 4° R 6351, 27ʳ
Statuta magnificorum dominorum medicorum almae civitatis Mantuae MS 2° R 6593, 170ʳᵃ
Statuta populi et communis Florentiae MS 2° R 7787, 3ʳ
Statuten
– Bologna
– – → Statuta civilia civitatis Bononiae, Druck
– Brenna / Siena
– – → Statuti e ordinamenti del commune di Brenna presso Siena
– Collescipoli (Ortsteil von Terni)
– – → Statutum Terrae Collis Scipionis
– Como
– – → Formularium instrumentorum civitatis Comensis
– – → Statuta civitatis et episcopatus Cumarum
– – → Statuta Collegii iurisconsultorum Comensium, Druck
– Florenz
– – → Statuta populi et communis Florentiae
– Mailand
– – → Statuta civitatis Mediolani
– Mantua
– – → Liber statutorum communis Mantuae
– – → Statuta magnificorum dominorum medicorum almae civitatis Mantuae
– Novara
– – → Statuta civitatis Novariae
– Vicenza
– – → Statuti della fraglia de' maestri del legname di Vicenza

Statuti della fraglia de' maestri del legname di Vicenza   MS 8° R 7520, 7ʳ

Statuti e ordinamenti del commune di Brenna presso Siena   MS 4° R 7536, 1ʳ

Statutum Terrae Collis Scipionis   MS 4° R 7786

Stephanus I., Papst, Hl.   MS nov. 2, 1ᵛᵇ; MS nov. 3, 17uᵛᵃ

Stetefeld von Eisenach, Johannes (Erfurt)   MS 4° H 3365/3, 215ᵛ

Stupanis, Familie in Como, erwähnte Mitglieder
– Antonius / Antonio de   MS 4° R 2425, 5ʳ, 21ʳ, 39ᵛ
– Laurentius de   MS 4° E 850, 11ʳ

Stuttgart
– Heilig-Kreuz-Stift, Kanoniker → Brandenburg, Hildebrand

Suardus, Camillus / Suardi, Camillo (Mantua)   MS 2° R 6593, 171ʳᵇ

Süddeutschland → Provenienz I

Südwestdeutschland → Provenienz I

Suganapis, Familie (Como), erwähnte Mitglieder   MS 4° R 2425, 38ʳ
– Antonius de
– Blaxinus de
– Donatus de
– Johannes de

Summa de auditione confessionis et de sacramentis → Auerbach, Johannes, Directorium curatorum

Sumner, Gillyat (Woodmansey, Antiquar) (P)   MS 4° H 3365/1–3

Su[n?]ano, Franciscus de (Vicenza)   MS 8° R 7520, 1ʳ

Susanna, Hl.   MS nov. 2, 2ᵛᵃ

Synonima apotecariorum
– Register zu (?), Fragment   Inc 4+ E 3366, hinterer Spiegel

Tabula
– ante celebrationem missae consideranda → (Ps.-) Bonaventura
– zu Lectura in titulum de actionibus → Angelus de Gambilionibus
– kalendarisch-astronomische Tafel (?)   MS 2° E 2785, 1ʳ

Taleaxiis (de Grabadona), Familie in Como, erwähnte Mitglieder   MS 4° R 2425, 3ʳ, 4
– Antonius de
– Paulus filius quondam ser Antonii de

Tali, ... de / Talli, ... de → Platzhalter-Namen

Tavernerio (Ort bei Como)
– Pfarrei S. Martini, erwähnt   MS 4° R 2425, 69ᵛ

Tennstedt, Johannes von (Erfurt)   MS 4° H 3365/3, 215ᵛ

Terentius Afer, Publius
– Andria, cum commento, Fragment   Fragment 14, 1ᵛ
– – mit deutscher Übersetzung, Druck → Agricola, Johannes
– Eunuchus, Federprobe   MS 4° B 6023, 1ʳ

Terni, Ortsteil Collescipoli
– Kirche S. Maria Maggiore, Vikare
– – → Cassia, Andreas Antonius de; Ciccarelli, Stephanus; Sellano, Jacobus de
– → Mandata Sanctae Sedis de pecunia Sanctae Sedi a civitate Collis Scipionis debita

Thomas, Apostel   MS nov. 2, 8ʳᵃ

Thomas de Cantiprato
– Bonum universale de apibus, erwähnt   MS nov. 5

Tiburtius, Hl.   MS nov. 2, 2ᵛᵃ; MS nov. 3, 22uʳᵃ

Timotheus, Apostel   MS 2° Philos. 373, 9ᵛᵃ

Tituli Decretalium Gregorii IX versificati → Corpus iuris canonici

Tonso, Petrus Anthonius de (Vicenza)   MS 8° R 7520, 19ᵛ

Tornerius, Peregrinus (Vicenza)   MS 8° R 7520, 26ᵛ

Torre, Paolo della → Turrianus, Paulus (Como)

Torrita (Turrita), Familie in Siena, erwähnte Mitglieder   MS 4° R 7536, 13ᵛ
– Domenico
– Francesco di Domenico

Toskana → Provenienz I

Tractatus
– de oppositionibus contra testes   MS 8° A 13703, 176ᵛ

- plurimi iuris, Druck **Inc 4+ E 3366**; **MS 4° Ph. 1767**, Trägerbände
Trecerchi (Tricerchius), Familie in Siena, erwähnte Mitglieder **MS 4° R 7536**, 16ʳ
- Mino di Niccolò / Minus Nicolai
- Niccolò / Nicolaus
Treffurt, Hartung von, Abt (Erfurt) **MS 4° H 3365/3**, 215ᵛ
Trevetus, Nicolaus
- Seneca, Troades, Kommentar **MS nov. 6**, 1ʳ
Tricerchius → Trecerchi, Familie (Siena)
Tubicina, Barteus (Vicenza) **MS 8° R 7520**, 30ʳ
Tubitus, Petrus (Mantua) **MS 2° R 6593**, 156ʳᵃ, 167ʳ
Tudeschis, Nicolaus de (Panormitanus)
- erwähnt **MS 2° H 797/1–2**
- zitiert **MS 4° A 10842**, 3ᵛᵇ, 29ʳᵃ
Tuitiensis, Rupertus
- Commentaria in evangelium sancti Iohannis, Fragment **MS nov. 3**, Bl. 21uʳᵃ
Turcon(i)us (Turchonis / Turcone), Familie in Como, erwähnte Mitglieder **MS 4° R 6351**, 28ᵛ
- Aluisius
- Ludowicus de / Lodovico
Turin → Clausen, Carlo (P)
Turrianus, Familie in Como, erwähnte Mitglieder **MS 4° R 6351**, 28ʳ
- Caspar
- Paulus
Tusco, Petrus de **MS 2° H 2328**
Umbrien → Provenienz I
Unrowe, Conradus (Fitzlar) **MS 4° H 3365/3**, 227ʳ
Unzola, Petrus de
- Apparatus super Summa notariae, Kommentar **MS 4° E 5162**, 1ʳ
Urbach, Johannes → Auerbach, Johannes
Urban I., Papst, Hl. **MS 2° Philos. 373**, 14ᵛ
Urban VI., Papst **MS 4° H 3365/2**, Fragment 1
Urkunden
- dt.
- - Original **MS 4° B 6023**, Fragment 2

- franz.
- - Original, erwähnt **Fragment 109**
- ital.
- - Abschrift **MS 8° R 7520**, 26ᵛ
- - Entwurf/Konzept **MS 4° E 850**
- ital./lat.
- - Abschrift **MS 4° R 6739**, 130ʳ
- lat.
- - Abschrift **MS 4° H 3365/1**, Fragment; **MS 4° H 3365/2**, 275ᵛ; **MS 4° H 3365/3**, Fragm. 1, 215ᵛ, 220ᵛ; **MS 4° R 6351**, 36ʳ; **MS 8° R 7520**, 1ʳ, 19ʳ, 26ᵛ
- - Entwurf/Konzept **MS 4° E 850**; **MS 4° H 3365/2**, 273ᵛ; **MS 4° H 3365/3**, 212ʳ; **MS 4° R 2425**, 5ʳ
- - Original **MS 4° H 3365/2**, Fragment 1 und 2; **MS 4° E 5162**, Fragment Bl. V; **MS 4° R 2425**, Fragment 1, Bl. 3/4; **MS 4° R 7786**, Nr. 1–7
- - → Bullen, päpstliche; Mandate, päpstliche
- niederl.
- - Abschrift **MS 8° NA 5255**, 111ᵛ
Usuardus Sangermanensis
- Martyrologium, Fragment **MS nov. 3**, Bl. 22uʳᵃ
Utonibus de Bellavo, Antonis de (Como) **MS 4° R 2425**, 101ʳ
Vachanis, Leo de (Como) **MS 4° R 2425**, 5ʳ, 9ʳ
Valla, Laurentius
- Laudatio iuris civilis **MS 4° B 6023**, 1ᵛ
Valla, Odorico de (Vicenza) **MS 8° R 7520**, 44ʳ
Valle, Ariminutius de **MS 4° E 5162**, Fragment
Valle, Johannes de (Como) **MS 4° R 2425**, 23ʳ
Valmarana, Familie in Vicenza, erwähnte Mitglieder
- Antonius de **MS 8° R 7520**, 32ᵛ
- Florius / Florio **MS 8° R 7520**, 34ʳ
- Johannes / Zuanne **MS 8° R 7520**, 1ᵛ
- Marcus Antonius **MS 8° R 7520**, 42ᵛ
- Nicolaus **MS 8° R 7520**, 32ʳ
- Thomas, Nicolai filius **MS 8° R 7520**, 1ᵛ, 32ʳ

Veldeke, Heinrich von → Heinrich von Veldeke

Veneciis, Hector Pasqualigo de (Vicenza) MS 8° R 7520, 21ʳ, 21ᵛ

Verden
- Bischof
- - Generalvikar → Dryburg, Konrad von
- - Otto II von Braunschweig-Lüneburg MS 4° H 3365/2, Fragment 1

Vergerio, Pier Paolo
- In Carolum Malatestam Invectiva MS 4° Ph. 1941

Verlatus (Verlatis), Familie in Vicenza, erwähnte Mitglieder
- Leonardus MS 8° R 7520, 1ᵛ
- Christophorus de MS 8° R 7520, 21ʳ

Veronensibus, Familie in Mantua, erwähnte Mitglieder MS 2° R 6593, 180ʳᵃ
- Johannes Franciscus filius Johannis Jacobi de
- Johannes Jacobus de

Verse
- dt.
- - Gedicht MS 4° B 6023, 1ʳ
- - → Geheimschrift
- - → Heinrich von Veldeke: Servatius
- ital.
- - Gedicht MS 4° E 5162, IIIʳ
- lat.
- - → Ausonius, Decimus Magnus
- - → Facetus
- - → Horatius Flaccus, Quintus
- - → Tituli Decretalium Gregorii IX. versificati
- - → über Friedrich I. von der Pfalz (Kurfürst)
- - → Verse zur Ars notariae MS 4° E 5164, 52ᵛᵃ
- - → Versus Scottorum → Scottus, Thomas
- - → weitere MS 4° E 5164, 52ʳᵃ
- - → zur Lex Falcidia MS 4° B 6023, 2ʳ

Verwaltungsschriftgut
- → Akten
- Einnahmen aus Landbesitz in Dörfern um Erfurt MS 4° H 3365/2, Fragm. 3
- Liste oder Rechnung MS 4° R 2425, Fragment 2

- Personen- und Ortsnamen, ital. MS 4° R 6351, 297ᵛ
- Zahlenangaben und Namen MS 4° R 6739, 130ᵛ

Vicenza
- → Provenienz I
- Abgeordnete der Stadt
- - → Anzololis, Leonelus de; Aurificibus, Bartholus de; B[er?]bazano, Christophorus de; B[er?]bazano, Johannes Traversinis de; Bisariis, Leonardus de; Capellis, Gabriel de; Chieregatis, Ieorgius Caromierus de; Chieregatis, Simandius / Simandio; Franchis, Petrus de; Ghellini (Ghellinus), Claudio / Claudius; Gualdo, Hieronimus de; Gurgo, Galeatio a / Galeotius de; Jebeto, Zanfranciscus de; Leonicenus, Petrus; Orglanus, Claudius / Orgian, Claudio; Paiellis, Ludovicus de; Paiellis, Simon de; Prioraeis, Hieronymus de; Rainaldi, Nicola de; Saraceno (Saracenus), Paulus Emilius; Schio (Scledo), Aluise / Aloysius de; Scroffa, Nicolaus a; Tonso, Petrus Anthonius de; Valmarana, Antonius de; Valmarana, Florius / Florio; Valmarana, Johannes / Zuanne; Verlatus, Leonardus
- Bruderschaft der Zimmerleute (Fraglia de' maestri del legname), Mitglieder
- - → Avianus, Franciscus; Baldo, Guido Merzaro; Bonellus, Antonius; Cerabolanus, Jacobus a; Ferramoscha, Hieronymo; *Lanicis* (?), Josephus a; Nigris, Virginius de; San Juliano, Bartholomeo Carario de; Saraceno (Saracenus), Quintius; Seghis, Camillus; Seghis, Simon a, nomine Barth.; Senis, Ianbaptista a; Sesto, Benedetto; Valmarana, Thomas Nicolai filius
- - → Statuti della fraglia de' maestri del legname di Vicenza
- Notare und erwähnte Personen
- - → Altavilla, Bapista q. Jacobi de; Altavilla, Jacobus de; Altavilla, Johannes Baptista de; Aviano, Augustinus q. domini Joannisjacobi; Aviano, Joannes Jacobus de; Baldo, Michael de; Baldo, Thomasius / Tomasinus q. Michaelis; Baldunciis,

Bartholomeus de; Basso, Paulo; Bonagentibus, Johannes filius co. Jo. Petri; Bonassutis, Paulus q. Bernardini de; Brunonis, Galisto; Burgo portae novae, Antonio de; Campsoribus, Bonaventura de; Camucijs, Moyse de; Cartrano, Nicolaus de; Cerraius, Franciscus; Cividado, Antonio de; Cixeris, Dominicus; Clivone, Janbernardus de; Colzade, Albertus de; Colzade, Gualdinelo de; Colzade, Marchabrunus filius Alberti de; Coro, Bortolamio; Dominicus, Marcus; Donato, Alouisius; Encio, Petrus; Ferrario, Galvano; Ferreto, Daniel quondam Iacobi de; Ferreto, Ferretus de; Ferreto, Iacobus de; Ferreto, Nicolaus Iacobi de; Ferro, Gregorio a; Fortezza, Ercole / Fortecia, Hercules; Fra' Marangono, Iohannebaptista del; Frachanzano, Melchiore; Fuisio, Bartholomeus de; Garzatoribus, Octavianus de; Godis, Melchior de; Godis, Petrus de; Golino, Franciscus de; Gualdo, Franciscus de; Hieronymus q. Bernardini; Horis, Aloysius ab; Horis, Baptista ab; Litolfis, Gabriel de; Litolfis, Johannes Gabrielis de; Lugius, Camillus filius Pompei; Lugius, Pompeius; Luschis, Antonius de; Luschis, Antonius Nicolaus de; Luschis, Attilius / Losco, Attilio de; Luschis, Franciscus de; Malado, Gasparus de; Malradius, Aloisius; Marangonus, Peregrinus; Marchesinus, Valentinus de; Marcus, Antonius; Masc(h)arellis, Antonius filius Marci de; Masc(h)arellis, Marcus de; Massaria, Alouisio Antonio; Massaria, Bernardinus; Maurus, Laurentius / Moro, Lorenzo; Menaxio, Lucas de; Molvena, Bartholomeus; Murario, Mattheo; Muzano (Mutius), Christoforus f. q. Johannis Gasparis Mucii de Pusterla; Muzano (Mutius), Johannes Gasparus de Pusterla; Muzano, Jacobus q. Petroli de; Muzano, Petrolus de; Nigris, Petrus de; Orglano, Cambio q. Filippi de; Orglano, Filippo de; Orsii, Sebastiano; Paiarinis (Paierinis), Antonius q. Michaelis de; Paiarinis (Paierinis), Bartholomeus Antonii de; Paiarinis (Paierinis), Michael de; Paiellis, Hieronymus de; Pizocharus, Gregorius; Plovenis, Baptista de; *Polentus* (?), Jacobus de; *Polentus* (?), Joannes Baptista q. Jacobi de; Porto, Nicolaus de; Priuciis (Priutijs), Collatinus Johannis de; Priuciis (Priutijs), Johannes de; Pusterla, Baptista (f. Christofori Mucii) de; Pusterla, Evangelista (Petri) de; Pusterla, Petrus de; Riciis, Jeronimo de; Roma, Jacobus de q. domini Johannis; Roma, Johannes; Rugliano, Adriano; Salcius Feltrensis, Johannesvictor; Saledo, Ludovicus de; Saluagno, Gregorio; Saraceno (Saracenus), Blasius de; Saraceno (Saracenus), Hieronymus q. Blasii de; Sardi, Agnolo; Servatiris, Leoncius a; Su[n?]ano, Franciscus de; Tornerius, Peregrinus; Tubicina, Barteus; Valla, Odorico de; Valmarana, Marcus Antonius; Valmarana, Thomas Nicolai filius; Veneciis, Hector Pasqualigo de; Verlatis, Christophorus de; Voltolina, Johannes de; Voltolina, Petrus q. Johannis de; Zanonis, Aloys de
– Orte
– – Borgo San Felice **MS 8° R 7520**, 2^r
– – Ecclesia s. Antonii **MS 8° R 7520**, 25^r
– – Salla de San Bouo **MS 8° R 7520**, 2^r
– – Salla hospitalis **MS 8° R 7520**, 25^r
Viktor I., Papst **MS nov. 3**, Bl. 14u^{va}
Vincentius, Hl. **MS 2° Philos. 373**, 9va
Vincolus, Manfredi **MS 4° E 5162**, Fragment
Vinzalius, Johannes **MS 4° E 850**, 11^r
Vitus, Hl. **MS 2° Philos. 373**, 10rb
Volkhardinghausen → Arolsen, Bad
Volpi da Socino, Bartolomeo → Statuta populi et communis Florentiae
Volpi, Gianantonio, Bf. von Como **MS 4° E 850**, 150^v
Voltolina, Familie in Vicenza, erwähnte Mitglieder **MS 8° R 7520**, 28^r
– Johannes de
– Petrus q. Johannis de
Vos, Carolus de **MS 8° NA 5255**, 115^v

Vulpis, Antonius de (Como) MS 4° R 2425, 116ᵛ
Wacker von Sinsheim, Peter MS 4° B 6023
Waldbott-Bassenheim, Grafen von, erwähnt MS 4° B 6023
Waldeck, Georg Viktor, Fürst von 4+ C 6463
Wappen
– Familie Galeotti di Pescia MS 8° A 13703, 1ʳ
Weber, Henricus MS 4° H 3365/2, Fragm. 3
Weichbildchronik, Fragmente MS nov. 1, 21ᵛᵃ
Weichbild-Vulgata, Fragmente MS nov. 1, 25ʳᵇ
Weinsberg, Konrad II. von, Erzbf. von Mainz MS 4° H 3365/3, 220ᵛᵛ
Weiss, Hans; Weiss, Hans (Erben)
– Druckwerkstatt (Berlin; Wittenberg) MS nov. 1 u. 2, Trägerbände
Wesselingk, Johannes Mauritius (P) MS 4° Ph. 1941
Westmittelbairischer Raum → Provenienz I
Wiedertäufer, Eidesformel gegen MS 8° NA 5255, 137ʳ
Wien
– Universität, Student → Brandenburg, Hildebrand

Wismar
– Nikolaikirche → Dryburg, Konrad von
Wittenberg
– Druckwerkstatt → Weiss, Hans
Woodmansey (bei Beverley, Yorkshire) → Sumner, Gillyat (Antiquar)
Worms, Bistum
– → Provenienz I
– St. Andreas-Stift
– → Becker, Hartmann von Eppingen, Kanoniker
Würzburg
– Stift Neumünster
– → Plaghal, Siegfried (Kanonikat)
York
– Ausstellungsort MS 8° P 14110, 1ʳ
Zaf(f)aronibus, Nicolaus de (Como) MS 4° R 2425, 34ʳ, 99ʳ
Zanonis, Aloys de (Vicenza) MS 8° R 7520, 34ʳ
Zasius, Udalricus
– In sequentes Digestorum titulos enarrationes, Druck **Fragment 29**, Trägerband
Zegalinus / Zigalinus, Marianus de (Como) MS 4° R 6351, 28ᵛ
Zorzonus, Ludovicus (Mantua) MS 2° R 6593, 166ʳ
Zutphen, Graf von → Gelder, Karel van

Nachweis der Sequenzen, Hymnen und Antiphonen

ANALECTA HYMNICA MEDII AEVII (AH)
- Bd. 4, Nr. 378   MS nov. 3, 16o^{va}
- Bd. 22, Nr. 317   MS nov. 3, 16o^{va}
- Bd. 23, Nr. 450   MS nov. 3, 3o+3u^{va}
- Bd. 24, Nr. 29   MS nov. 3, 4o+4u^{ra}, 5o+5u^{va}
- Bd. 25, Nr. 18   MS nov. 3, 12o+12u^{va}, 13o+13u^{ra}
- Bd. 50, Nr. 267   MS 2° Philos. 373, 14ra
- Bd. 52, Nr. 42   MS nov. 3, 4o+4u^{rb}
- Bd. 52, Nr. 102   MS nov. 3, 12o+12u^{va}
- Bd. 52, Nr. 117   MS nov. 3, 31o^{vb}
- Bd. 53, Nr. 104   MS 2° Philos. 373, 14vb
- Bd. 53, Nr. 163   MS 2° Philos. 373, 11rb
- Bd. 54, Nr. 193   MS 2° Philos. 373, 12ra

CORPUS ANTIPHONALIUM OFFICII (CAO)
- Nr. 1113   MS 2° Philos. 373, 2ra
- Nr. 1125   MS nov. 3, 3o+3u^{va}
- Nr. 1194   MS 2° Philos. 373, 1vb
- Nr. 1319   MS nov. 3, 32u^{va}
- Nr. 1438   MS nov. 3, 33u^{rb}
- Nr. 1530   MS 2° Philos. 373, 3rb
- Nr. 1566   MS nov. 3, 25o+25u^{vb}
- Nr. 1637   MS nov. 3, 21u^{ra}
- Nr. 1832   MS nov. 3, 12o–12u^{va}
- Nr. 2217   MS nov. 3, 27o+27u^{ra}
- Nr. 2394   MS 2° Philos. 373, 4rb
- Nr. 2762   MS nov. 3, 24o–24u^{va}
- Nr. 3171   MS 2° Philos. 373, 1vb
- Nr. 3320   MS 2° Philos. 373, 4vb
- Nr. 3597   MS nov. 3, 20o–20u^{rb}
- Nr. 3598   MS nov. 3, 20o–20u^{rb}
- Nr. 3707   MS nov. 3, 27o+27u^{ra}
- Nr. 3871   MS 2° Philos. 373, 1rb
- Nr. 3873   MS 2° Philos. 373, 4vb
- Nr. 4215   MS nov. 3, 24o–24u^{va}
- Nr. 4489   MS nov. 3, 3o+3u^{va}
- Nr. 4525   MS 2° Philos. 373, 1ra
- Nr. 4571   MS 2° Philos. 373, 1va
- Nr. 4831   MS nov. 3, 3o+3u^{va}
- Nr. 4942   MS nov. 3, 33u^{rb}
- Nr. 4982   MS 2° Philos. 373, 3rb
- Nr. 5275   MS 2° Philos. 373, 1ra
- Nr. 5367   MS 2° Philos. 373, 4rb
- Nr. 5454   MS nov. 3, 24o+24u^{va}
- Nr. 6030   MS 2° Philos. 373, 1ra, 3va
- Nr. 6270   MS 2° Philos. 373, 2va
- Nr. 6445   MS nov. 3, 25o+25u^{va}
- Nr. 6446c   MS nov. 3, 25o+25u^{va}
- Nr. 7270   MS nov. 3, 25o+25u^{vb}
- Nr. 7271   MS nov. 3, 21u^{ra}
- Nr. 7393   MS 2° Philos. 3733, 3va
- Nr. 7447   MS nov. 3, 32u^{va}
- Nr. 7480   MS nov. 3, 3o+3u^{vb}
- Nr. 7658   MS 2° Philos. 373, 3ra
- Nr. 7708   MS 2° Philos. 373, 2va
- Nr. 7797   MS nov. 3, 9u^{rb}
- Nr. 7908   MS 2° Philos. 373, 2ra
- Nr. 7916   MS 2° Philos. 373, 3ra
- Nr. 8015   MS nov. 3, 27o+27u^{ra}
- Nr. 100138   MS nov. 3, 16o+16u^{va}
- Nr. 100142   MS nov. 3, 12o+12u^{va}
- Nr. 100192   MS nov. 3, 31o^{vb}+31u^{va}
- Nr. 200058   MS nov. 3, 4o+4u^{ra}
- Nr. 200059   MS nov. 3, 4o+4u^{ra}
- Nr. 200129   MS nov. 3, 5o+5u^{rb}
- Nr. 200333   MS nov. 3, 31o^{vb}+31u^{va}
- Nr. 200353   MS nov. 3, 12o+12u^{vb}
- Nr. 200391   MS nov. 3, 31o^{vb}+31u^{vb}
- Nr. 201110   MS nov. 3, 4o+4u^{rb}
- Nr. 201841   MS nov. 3, 5o+5u^{rb}
- Nr. 202573   MS nov. 3, 31o+31u^{vb}
- Nr. 203365   MS nov. 3, 16o+16u^{va}
- Nr. 203822   MS nov. 3, 12o+12u^{vb}
- Nr. 204783   MS nov. 3, 12o+12u^{vb}
- Nr. 205004   MS nov. 3, 5o+5u^{rb}
- Nr. 600784   MS nov. 3, 13o+13u^{rb}
- Nr. 600836   MS nov. 3, 13o+13u^{rb}
- Nr. 600889   MS nov. 3, 13o+13u^{ra}

– Nr. 601679   **MS nov. 3**, 5o+5u^{vb}
– Nr. 602016   **MS nov. 3**, 5o+5u^{rb}
– Nr. 602252   **MS nov. 3**, 5o+5u^{rb}
– Nr. 602523   **MS nov. 3**, 13o+13u^{rb}
– Nr. 602647   **MS nov. 3**, 13o+13u^{ra}
– Nr. 604930   **MS nov. 3**, 16o+16u^{va}

Weitere Repertoriumsnachweise

BIBLIOTHECA HAGIOGRAPHICA LATINA ANTIQUAE ET MEDIAE AETATIS, EDIDERUNT SOCII BOLLANDIANI, 2 BDE., BRÜSSEL 1898–1901 (BHL)

– 483/484   **MS nov. 3**, 12o+12u^{vb}
– 1748   **Fragment 37**, 1ra
– 6947   **MS nov. 3**, 7u^{ra}
– 7022   **Fragment 37**, 1va

COLOPHONS DE MANUSCRITS OCCIDENTAUX DES ORIGINES AU XVIE SIÈCLE (COLOPHONS)

– Bd. I, Nr. 1290   **MS 4° B 2668**, 167^r
– Bd. V, Nr. 15290   **MS 2° E 2785**
– Bd. V, Nr. 15333–15335   **MS 8° A 13703**
– Bd. VI, Nr. 19984   **MS 8° NA 5255**, 116^r
– Bd. VI, Nr. 22158   **MS 4° E 5162**, 49vb

WALTHER, INITIA = WALTHER, HANS: INITIA CARMINUM AC VERSUUM MEDII AEVI

– Nr. 11220   **MS 4° E 5162**, Fragment
– Nr. 18798   **MS 4° B 2668**, 236^v

GESAMTVERZEICHNIS DER WIEGENDRUCKE (GW)

– 4152–4161   **MS nov. 1**
– 6499   **MS 2° E 2785**

– 9154   **Fragment 47**
– 11486   **MS nov. 1**
– M17000   **MS 2° E 2785**
– M22634   **MS nov. 1**
– M25263–25374   **MS nov. 1**
– M47346   **MS 4° Ph. 1767**

VERZEICHNIS DER IM DEUTSCHEN SPRACHBEREICH ERSCHIENENEN DRUCKE DES 16. JAHRHUNDERTS (VD 16)

– A 984   **MS nov. 1**
– A 2209   **MS 2° Philos. 373**
– A 1029   **MS nov. 1**
– B 6909   **MS nov. 1**
– D 758   **4+ C 6463**
– M 5071   **MS 4° Ph. 1941**
– T 533   **MS nov. 1**
– ZV 2324   **MS nov. 1**

CENSIMENTO NAZIONALE DELLE EDIZIONI ITALIANE DEL XVI SECOLO (EDIT16)

CNCE 6638   **Fragment 26**
CNCE 9818   **MS nov. 5**
CNCE 12755   **MS 4° R 6351**
CNCE 27720   **MS nov. 7**
CNCE 32268   **MS nov. 4/1 und 4/2**
CNCE 47416   **MS nov. 4/1 und 4/2**